EVOLUCIÓN DEL ESTADO VENEZOLANO 1958-2015:
DE LA CONCILIACIÓN DE INTERESES AL POPULISMO AUTORITARIO

ÍNDICE DE CONTENIDO

INTRODUCCIÓN

PRIMERA PARTE

EL ESTADO VENEZOLANO BAJO LA CONSTITUCIÓN DE 1961

SECCIÓN PRIMERA:
EL MARCO CONSTITUCIONAL

A. **ANTECEDENTES**

B. **FORMACIÓN Y CONTENIDO DE LA CONSTITUCIÓN DE 1961**

    a) CUESTIONES JURÍDICAS PREVIAS, PREPARACIÓN Y DISCUSIÓN DEL PROYECTO

    b) RASGOS FUNDAMENTALES DE LA CONSTITUCIÓN DE 1961

SECCIÓN SEGUNDA:
LOS PERÍODOS DE GOBIERNO BAJO EL RÉGIMEN DEMOCRÁTICO

A. **RÓMULO BETANCOURT Y EL COMIENZO DE LA REPÚBLICA CIVIL**

B. **RAÚL LEONI Y EL ENTENDIMIENTO NACIONAL**

C. **CALDERA, MONOPARTIDISMO Y PACIFICACIÓN**

D. **CARLOS ANDRÉS PÉREZ, ABUNDANCIA Y DISCRECIONALIDAD**

E. **LUIS HERRERA CAMPINS, NUEVA ABUNDANCIA Y NUEVA CRISIS**

F. **JAIME LUSINCHI, EL PACTO SOCIAL COMO CONSIGNA**

G. **CARLOS ANDRÉS PÉREZ II, VIRAJE Y CRISIS**

H. RAMÓN J. VELÁSQUEZ, INTERINARIA DE OCHO MESES
I. RAFAEL CALDERA II, EL FIN DE UNA ÉPOCA

SECCIÓN TERCERA:
EVOLUCIÓN DE LAS INSTITUCIONES PÚBLICAS BAJO LA CONSTITUCIÓN DE 1961

A. **LA CREACIÓN DE UNA INSTITUCIONALIDAD PARA LA DEMOCRACIA**

   a) ORGANIZACIÓN Y MODERNIZACIÓN DE LA ADMINISTRACIÓN PÚBLICA

   1. La planificación del desarrollo económico y social
   2. La reforma administrativa

      2.1 El régimen de los funcionarios públicos
      2.2 La planificación de las estructuras, los sistemas y los procedimientos

   3. La regionalización del desarrollo
   4. La modernización de la Hacienda Pública
   5. La nueva concepción del Municipio

   b) EL CONTROL SOBRE EL ESTADO Y LA ADMINISTRACIÓN PÚBLICA
   c) EL DESARROLLO DE LA INFRAESTRUCTURA, DE LOS SERVICIOS PÚBLICOS Y EL RESPETO A LOS DERECHOS HUMANOS
   d) EL DESARROLLO DE GUAYANA
   e) EL DESARROLLO DE LA DEMOCRACIA

B. **LAS REFORMAS SOBREVENIDAS**

   a) LA REFORMA ELECTORAL FRENTE A LA "PARTIDOCRACIA"
   b) EL PROCESO DE REFORMA DEL ESTADO, LA DESCENTRALIZACIÓN
   c) LA EVOLUCIÓN DE LA ECONOMÍA
   d) ENMIENDAS A LA CONSTITUCIÓN Y PROYECTOS DE REFORMA

      1) La enmiendas
      2) Los proyectos de reforma constitucional

SEGUNDA PARTE
EL ESTADO BAJO LA CONSTITUCIÓN DE 1999

SECCIÓN PRIMERA:
LOS ANTECEDENTES

SECCIÓN SEGUNDA:
FORMACIÓN Y CONTENIDO DE LA CONSTITUCIÓN DE 1999

A. EL PROCESO DE FORMACIÓN DE LA CONSTITUCIÓN DE 1999

    a) CUESTIONES PREVIAS
    b) EL DEBATE CONSTITUYENTE
    c) APRECIACIÓN SOBRE EL PROCESO CONSTITUYENTE

B. CONTENIDO GENERAL Y ORIENTACIÓN DE LA CONSTITUCIÓN DE 1999

    a) EL RÉGIMEN DE LAS GARANTÍAS CONSTITUCIONALES
    b) LA ORGANIZACIÓN DEL PODER PÚBLICO

        1. El Poder Público Nacional

            1.1. El Poder Legislativo Nacional
            1.2. El Poder Ejecutivo Nacional
            1.3. El Poder Judicial
            1.4. El Poder Ciudadano
            1.5. El Poder Electoral

        2. El Poder Público Estadal
        3. El Poder Público Municipal

SECCIÓN TERCERA:
LOS PERÍODOS DE LA REPÚBLICA AUTOCRÁTICA

A. EL PERÍODO "TRANSITORIO"

B. EL PRIMER PERÍODO DE CHÁVEZ (2000-2007)

    a) CONTROVERSIAS POR EL DECRETO 1011
    b) LA ACTUACIÓN DEL GOBIERNO EN LA ECONOMÍA Y LOS 48 DECRETOS LEYES
    c) EL PARO DEL 10 DE DICIEMBRE DEL 2001

- d) INICIO DE LA CONFRONTACIÓN CON LA IGLESIA
- e) AMENAZAS A LOS MEDIOS DE COMUNICACIÓN
- f) PROTESTAS DE LA OPOSICIÓN
- g) CRISIS EN PDVSA Y EN LAS DEMÁS EMPRESAS DE LA INDUSTRIA PETROLERA, NUEVOS PAROS Y MANIFESTACIONES
- h) PARO NACIONAL Y APOYO DE GERENTES Y TRABAJADORES DE LA INDUSTRIA PETROLERA AL PARO
- i) LOS HECHOS DE ABRIL DE 2002, SALIDA Y REGRESO DE CHÁVEZ A LA PRESIDENCIA
- j) NUEVAS PROTESTAS Y UN NUEVO PARO NACIONAL
- k) UN PROYECTO DE REFERENDO CONSULTIVO COMO SALIDA A LA CRISIS
- l) EL REFERENDO REVOCATORIO PRESIDENCIAL
- m) USO DE LAS MISIONES Y DE LOS FONDOS PARA PRESUPUESTARIOS
- n) CONFUSIÓN ENTRE LA FUNCIÓN PÚBLICA Y LA FUNCIÓN PARTIDISTA
- o) EL USO DE "LAS MOROCHAS" Y ABSTENCIÓN DE LA OPOSICIÓN EN ELECCIONES PARLAMENTARIAS DE 2005
- p) MÁS ENFRENTAMIENTOS Y FIN DEL PERÍODO
- q) LAS OBRAS PÚBLICAS EN EL PRIMER PERÍODO DE CHÁVEZ

C. **SEGUNDO PERÍODO DE CHÁVEZ (2007-2013)**
- a) LOS MOTORES CONSTITUYENTES
- b) LA LEY HABILITANTE DE 2007
- c) EL PROYECTO DE REFORMA CONSTITUCIONAL
    1. El Estado Socialista
    2. Una nueva geografía del poder para centralizar el Estado
        - 2.1 Las estructuras paralelas
        - 2.2 Los órganos territoriales del Poder Popular
        - 2.3 Centralismo y menoscabo de Estados y Municipios
    3. El Estado personalista
- d) LAS ACTUACIONES DEL GOBIERNO PARA IMPONER LA FALLIDA REFORMA CONSTITUCIONAL

1. Las actuaciones inmediatas post-referendo
2. El Paquete de los 26 decretos leyes
   2.1. Inconstitucionalidad de los decretos leyes
   2.2. El carácter centralizante de los decretos leyes
      i) El debilitamiento de las empresas privadas
      ii) Se crea la ilusión de participación y se introducen modos de intercambio superados por el progreso
      iii) Se aprueban nuevas normas de rango legal y se reforman leyes para incrementar los poderes presidenciales para manejar recursos públicos
      iv) Se potencia el centralismo con reformas al régimen jurídico de la Administración Pública
   2.3 Se lesiona el principio de responsabilidad de los funcionarios públicos
   2.4 La Fuerza Armada Nacional se define como una institución al servicio de los designios del Presidente
3. La enmienda Constitucional para establecer la reelegibilidad sucesiva ilimitada

e) LA ACELERACIÓN DEL PROCESO DE CONCENTRACIÓN DE PODERES EN EL PRESIDENTE
1. El desmantelamiento del Distrito Metropolitano de Caracas
2. Todas las propiedades a disposición del presidente
3. La ideologización forzada de los venezolanos
4. La manipulación del sistema electoral

D. **EL PERFIL DE CHÁVEZ Y DE SU GOBIERNO A LA MITAD DE SU SEGUNDO PERÍODO**
E. **CRISIS ECONÓMICA Y SOCIALISMO**

TERCERA PARTE
EL ESTADO VENEZOLANO SIN CONSTITUCIÓN

SECCIÓN PRIMERA:
INTRODUCCIÓN

SECCIÓN SEGUNDA:
EL ESTADO COMUNAL

A. **LA FIGURA DE LOS CONSEJOS COMUNALES**
   a) ANTECEDENTES

- b) REGULACIÓN INICIAL DE LOS CONSEJOS COMUNALES
- c) RÉGIMEN FINANCIERO INICIAL DE LOS CONSEJOS COMUNALES

B. EL ESTADO COMUNAL EN EL PROYECTO DE REFORMA CONSTITUCIONAL DE 2007

C. EL PAQUETE DE LEYES SOBRE EL ESTADO COMUNAL

- a) LOS PRINCIPIOS
    1. Sobre la fundamentación del Estado Comunal
    2. El socialismo
    3. La participación y la descentralización
- b) LOS ÓRGANOS DEL ESTADO COMUNAL
- c) LAS RELACIONES DEL PODER POPULAR CON EL PODER PÚBLICO

SECCIÓN TERCERA:
EL FUNCIONAMIENTO DEL ESTADO VENEZOLANO EN SITUACIÓN DE CARENCIA DE CONSTITUCIÓN

A. EL RÉGIMEN DE LA SUCESIÓN PRESIDENCIAL

- a) LOS ANTECEDENTES
    1. La situación de salud del Presidente
    2. La escogencia del candidato de la oposición
    3. La campaña electoral y la elección presidencial
    4. Las obras públicas en el segundo período de Chávez
- b) AGRAVAMIENTO DE LA SALUD DEL PRESIDENTE, ¿FALTA TEMPORAL O ABSOLUTA?
- c) CUESTIONES JURÍDICAS RELACIONADAS CON LA SUCESIÓN PRESIDENCIAL
    1. ¿Quién es el primer mandatario de Venezuela a partir del 9 de diciembre de 2012?
    2. Interrogantes sobre la persona que ejercería la titularidad de la Presidencia
- d) LA ELECCIÓN PRESIDENCIAL DE 2013
    1. Los resultados de la elección
    2. Capriles pide la nulidad de las elecciones ante la Sala Electoral

- 2.1 Denuncias sobre hechos anteriores al acto de votación
- 2.2 Denuncias sobre hechos durante el acto de votación
- 2.3 Actos posteriores a las votaciones
3. Sentencia de la Sala Constitucional y denuncia ante la Comisión Interamericana de Derechos Humanos (CIDH)

B. EL GOBIERNO DE NICOLÁS MADURO

a) EL PLAN DE LA PATRIA

b) ASPECTOS RESALTANTES EN EL INICIO DE LA GESTIÓN DE MADURO

1. Participación abusiva en la campaña electoral para las elecciones municipales
    - 1.1 El acompañamiento presidencial a los candidatos del gobierno
    - 1.2 El Dakazo
    - 1.3 Resultados electorales
2. Inseguridad personal y protesta estudiantil
3. Los intentos de diálogo
4. La censura a la prensa y las agresiones a periodistas
5. Acoso y destitución de diputados
6. Hostigamiento al Gobernador del Estado Miranda y acoso y encarcelamiento de Alcaldes
7. ¿Renuncia el gobierno al monopolio de la violencia legítima?
8. Un nuevo papel para la Fuerza Armada distante del que le asigna la Constitución
9. Crisis económica, protesta y represión

CUARTA PARTE
LAS TRANSFORMACIONES RECIENTES DEL ESTADO

SECCIÓN PRIMERA:
LOS CAMBIOS EN EL MODELO POLÍTICO

A. LOS OBJETIVOS

a) DEFINICIÓN DE LOS OBJETIVOS

1. Los objetivos en la etapa democrática
2. Los objetivos en el régimen autoritario

- b) LAS FORMAS DE ARTICULAR LOS OBJETIVOS
  1. El sistema de conciliación de intereses en el régimen democrático
  2. La articulación de objetivos en el régimen chavista

B. REVOLUCIÓN Y DERECHO
- a) LA NOCIÓN DE REVOLUCIÓN
- b) LA AUSENCIA DE SUJECIÓN DE LA REVOLUCIÓN AL ORDEN JURÍDICO

SECCIÓN SEGUNDA:
EL MODELO ECONÓMICO DEL RÉGIMEN

A. LOS ANTECEDENTES
B. EL SOCIALISMO PETROLERO

SECCIÓN TERCERA:
LAS TRANSFORMACIONES EN LOS PRINCIPIOS FUNDAMENTALES, EN LA ESTRUCTURA Y EN EL FUNCIONAMIENTO DEL ESTADO

A. LOS PRINCIPIOS FUNDAMENTALES DE LA CONSTITUCIÓN
- a) SOBRE LOS PRINCIPIOS DE INDEPENDENCIA, SOBERANÍA E INTEGRIDAD TERRITORIAL DE LA REPÚBLICA
- b) SOBRE LOS PRINCIPIOS DE IGUALDAD, JUSTICIA, LIBERTAD, SOLIDARIDAD, DEMOCRACIA, ÉTICA Y PLURALISMO POLÍTICO
- c) EL PRINCIPIO DEL ESTADO FEDERAL DESCENTRALIZADO
- d) SOBRE EL PRINCIPIO DEL GOBIERNO ALTERNATIVO

B. LAS TRANSFORMACIONES EN LA ESTRUCTURA Y FUNCIONAMIENTO DEL ESTADO
- a) LA UNIFICACIÓN DE LOS PODERES
- b) LA DEJACIÓN DE COMPETENCIAS POR LA ASAMBLEA NACIONAL
- c) EL PODER JUDICIAL COMO INSTRUMENTO DE "LA REVOLUCIÓN"

- d) EL FIN DE LA AUTONOMÍA DEL BANCO CENTRAL DE VENEZUELA
- e) LA MILITARIZACIÓN DEL ESTADO
- f) LAS TRANSFORMACIONES DE LA ADMINISTRACIÓN PÚBLICA
- g) EL ACOSO CONTRA LAS UNIVERSIDADES AUTÓNOMAS
- h) OTRAS INSTITUCIONES AUTÓNOMAS HOSTIGADAS POR EL GOBIERNO
- i) EL RÉGIMEN DE LA HACIENDA PÚBLICA
    1. Antecedentes
    2. El régimen de los ingresos públicos
    3. El régimen del gasto público
    4. Las reservas internacionales
- j) LA INEFICIENCIA DEL APARATO PÚBLICO

SECCIÓN CUARTA:
LAS TRANSFORMACIONES EN LA MANERA COMO SE EJERCEN LOS DERECHOS HUMANOS

A. DERECHOS Y GARANTÍAS CONTENIDOS EN LAS DISPOSICIONES GENERALES DEL TÍTULO III DE LA CONSTITUCIÓN
- a) DERECHO DE TODAS LAS PERSONAS AL LIBRE DESENVOLVIMIENTO DE LA PERSONALIDAD
- b) PROHIBICIÓN DE DISCRIMINACIONES Y LA GARANTÍA DE LA IGUALDAD
- c) EL DERECHO DE ACCESO A LA JUSTICIA
- d) EL AMPARO PARA GARANTIZAR LA VIGENCIA DE DERECHOS CONSTITUCIONALES
- e) DERECHO A DIRIGIR PETICIONES O QUEJAS Y A PEDIR AMPARO SOBRE DERECHOS HUMANOS A LOS ORGANISMOS INTERNACIONALES

B. DERECHOS CIVILES
- a) INVIOLABILIDAD DEL DERECHO A LA VIDA, A LA INTEGRIDAD Y A LA SEGURIDAD PERSONALES
- b) LIBERTAD DE PENSAMIENTO Y EXPRESIÓN
- c) DERECHO AL DEBIDO PROCESO

C. DERECHOS POLÍTICOS Y A LA PARTICIPACIÓN EN LA VIDA PÚBLICA

  a) DERECHO A ELEGIR Y SER ELEGIDO EN ELECCIONES AUTÉNTICAS
  b) DERECHO A DESEMPEÑAR LAS FUNCIONES PÚBLICAS PARA LAS CUALES SE HA SIDO ELECTO
  c) DERECHO A MANIFESTAR PACÍFICAMENTE Y SIN ARMAS

D. DERECHOS SOCIALES Y ECONÓMICOS

  a) LOS DERECHOS ECONÓMICOS
  b) LOS DERECHOS SOCIALES

   1. Las misiones y los derechos sociales
   2. Las misiones y la prestación de los servicios de salud
   3. El derecho a la educación
   4. El derecho a un nivel de vida adecuado

      4.1 La lucha contra la pobreza
      4.2 El derecho a la alimentación

   5. El derecho a la vivienda

SECCIÓN QUINTA:
LA PROFUNDIZACIÓN DE LA CRISIS

A. LA CRISIS ECONÓMICA

  a) LA CRISIS ESTRUCTURAL

   1. Venezuela raspada en economía
   2. Razones de la crisis estructural

  b) LA CRISIS TERMINAL

   1. No hay divisas para pagar la deuda
   2. La búsqueda de las divisas
   3. La búsqueda de los bolívares
   4. La "guerra económica"
   5. Las medidas del gobierno contra la supuesta guerra económica
   6. Reformas para obtener más bolívares

B. LA CRISIS INSTITUCIONAL Y MORAL
C. LA CRISIS POLÍTICA

a) Crisis por la posibilidad de cambio de gobernantes
b) La partidización de la Fuerza Armada
c) La opinión del país
d) Las evidencias de la corrupción
e) Violencia del gobierno y de particulares
f) Bandas de delincuentes monopolizan la violencia en las llamadas "zonas de paz"
g) Aumento de la tensión internacional y la presión de gobiernos extranjeros y de personalidades contra el de Venezuela
h) La crisis económica se transforma en crisis política

SECCIÓN SEXTA:
CONSIDERACIONES FINALES

A. LA REFORMA POLÍTICA
B. LA REFORMA ECONÓMICA Y SOCIAL
C. LA REFORMA INSTITUCIONAL

INTRODUCCIÓN

Las presentes consideraciones tienen por objeto analizar los cambios que se han producido en la institucionalidad del Estado venezolano en la etapa que comienza con el advenimiento del sistema democrático en 1958 y que se extiende hasta los días que corren. En esta reflexión me anima el propósito de dejar consignado mi testimonio personal sobre la organización y comportamiento de unas instituciones públicas que he conocido personalmente y en las cuales he actuado en diversos roles: como usuario de los servicios públicos; como funcionario público, generalmente en actividades de asesoría jurídica; como estudioso de la Administración Pública y del funcionamiento general del Estado y del sistema político, desde las diferentes responsabilidades que me ha tocado desempeñar en áreas como el sistema de planificación, la reforma administrativa, la reforma del Estado, el sistema electoral, el régimen de las Universidades; como magistrado accidental, por largos años, en el Tribunal de Carrera Administrativa, en la Corte Primera de lo Contencioso Administrativo y en la Sala Político Administrativa de la Corte Suprema de Justicia; como abogado en ejercicio en muy diversas materias del quehacer jurídico, aunque particularmente en todo lo relacionado con el Derecho Público; como profesor de Derecho Administrativo y de Finanzas Públicas en la Escuela de Derecho de la Universidad Central de Venezuela, de Teoría General de la Organización y de Finanzas Públicas en la Escuela de Estudios Políticos y Administrativos de la misma Universidad, de Derecho Tributario, de Organización Administrativa Venezolana, de Demandas contra los Entes Públicos, de Políticas Públicas, de Partidos Políticos y Grupos de Presión, de Derecho Electoral y de Sistemas Electorales Comparados en los cursos de Postgrado de la mencionada Universidad, y en otras Universidades del país. En gran medida, mi vida profesional ha girado en torno al Estado, sea como asesor de algunas de sus instituciones, sea como abogado litigante cuando he tenido que defender intereses particulares vulnerados por la acción estatal, sea como estudioso de las instituciones públicas con fines académicos.

En Venezuela ha ocurrido, comenzando desde hace algo más de una década y media, una división tajante de la sociedad en dos partes, derivada de la estrategia política de un régimen que utiliza la polarización y el enfrentamiento para mantenerse en el poder. En esas condiciones, todas las cosas, todos los hechos y todas las situaciones se presentan con, al menos, dos versiones, diferentes e incompatibles entre sí. No he pretendido en ningún momento ser ni parecer imparcial ante este panorama, sino mostrar las instituciones públicas en la forma como las he conocido, como las he vivido. Esta es mi versión, presentada de buena fe por una persona que desde siempre mantuvo una actitud crítica frente al funcionamiento de los poderes públicos y que ha dedicado parte importante de su vida a tratar de reformar esas instituciones, en beneficio de la colectividad. Como podrán ver, mi visión difiere de la versión oficial, pues el régimen gobernante ha puesto especial empeño en modificar la historia para presentarla de una manera que desconoce los logros del país en el período democrático y ensalza las ejecutorias de sus personeros, en una forma que no puede ser aceptada en forma acrítica. Precisamente por ello, he considerado mi deber mostrar a mis compatriotas, y sobre todo a los jóvenes que no tuvieron la vivencia del país que está desapareciendo, cómo las instituciones públicas han evolucionado desde la aurora del 23 de enero hasta mediados de 2015.

Pero esté trabajo persigue otro objetivo que considero fundamental: los acontecimientos recientes en el país, derivados de la crisis económica que se ha vuelto inocultable por la disminución de los precios del petróleo, y que ha afectado gravemente a un régimen que ya se encontraba en crisis por la ineficiencia que ha generado en el funcionamiento del Estado y la sociedad el modelo político que ha dividido y enfrentado al país, y el modelo económico que ha ocasionado la disminución y a veces la cesación de la producción, el endeudamiento y la corrupción, van a ocasionar, en el corto plazo, la necesidad de instaurar un nuevo régimen político, que funcione bajos supuestos muy diferentes a los que han estado vigentes en esta década y media de autoritarismo y neopatrimonialismo. En esa nueva etapa que se debe abrir para el país hay que tener presentes las experiencias vividas tanto en la República democrática como bajo el régimen que asumió el poder en 1999, para evitar errores y enderezar entuertos. Sobre todo, es necesario impedir que las circunstancias que hicieron naufragar el experimento democrático que se inició con tan buenos auspicios en enero de 1958 se hagan de nuevo presentes en el funcionamiento del Estado y de la sociedad, y que en esta segunda oportunidad para la democracia que se avecina seamos capaces de construir un régimen de convivencia, solidaridad y progreso que se perfeccione cada vez más, en beneficio de todos los venezolanos, sin discriminaciones ni exclusiones.

Con esta óptica, he dividido este libro en cuatro partes, así: en una primera parte narraré el proceso de establecimiento de la Constitución de 1961, con sus antecedentes, para luego considerar la evolución que tuvieron las instituciones públicas bajo ese marco jurídico, condicionada por un conjunto de factores históricos, políticos, económicos, sociales, culturales y otros, hasta llegar al momento en que el régimen político, que había nacido impulsado por los ideales que se habían manifestado el 23 de 1958, fue sustituido por otro.

En una segunda parte me referiré al régimen que, sin entrar en sus inicios en abierta confrontación con los valores sociales imperantes bajo la República Civil, partiendo del triunfo electoral que obtuvo en 1998, convocó a una Asamblea Nacional Constituyente y promovió la elaboración de una nueva Constitución que, en sus aspectos fundamentales, poco difería de la Carta de 1961. Seguidamente examinaré la evolución que tuvo ese régimen hacia la conformación de instituciones públicas muy diferentes a las que habían sido consagradas en la Ley Fundamental de 1999, y luego el intento fallido de modificar la Constitución para dotar de basamento jurídico a los cambios pretendidos –y en alguna medida ya implantados– que contradecían el texto constitucional vigente. Derrotado el proyecto de reforma constitucional por el referendo del 2 de diciembre de 2007, el país pensante ha visto con sorpresa la actuación de los gobernantes que, mediante leyes, decretos leyes y vías de hecho, han reeditado la reforma fallida y han decidido prescindir del ordenamiento constitucional para instaurar lo que llaman un "Estado socialista". En esas condiciones, no podíamos seguir estudiando la evolución del Estado bajo la Constitución de 1999, ni bajo ninguna otra, por lo que decidí abrir una tercera parte para considerar la situación del Estado Venezolano sin Constitución.

En una cuarta parte, analizaré las transformaciones más importantes que se han producido en el Estado Venezolano en los últimos años, para tratar de determinar el tipo de régimen que nos ha estado gobernando sin sujeción a Constitución alguna y para investigar los resultados que se han generado bajo ese sistema político por la acción de unos poderes públicos que por mucho tiempo han representado a la mitad del país, particularmente en cuanto a la forma como se están cumpliendo, o dejando de cumplir, las normas constitucionales que consagran los derechos humanos.

Para cerrar, consignaré unas reflexiones finales en las que pretendo dejar planteadas algunas acciones que deberán emprenderse en el futuro inmediato de nuestro país.

PRIMERA PARTE
EL ESTADO VENEZOLANO BAJO LA CONSTITUCIÓN DE 1961

En esta parte examinaremos, de un lado, el marco constitucional aprobado en 1961 para regular la estructura y el funcionamiento del Estado venezolano y, del otro, las características que el Estado fue adquiriendo en su evolución, producto del ordenamiento jurídico que se promulgó bajo la vigencia de esa Ley Fundamental y de las decisiones de trascendencia en el ámbito político, económico, social y cultural que se adoptaron bajo ese marco, así como de los hechos y acontecimientos de orden nacional e internacional que incidieron sobre la configuración del Estado venezolano.

SECCIÓN PRIMERA:
EL MARCO CONSTITUCIONAL

El 23 de enero de 1961 fue promulgada una nueva Constitución con el propósito de organizar los poderes públicos de un nuevo orden democrático, bajo la preeminencia del poder civil, y de garantizar la vigencia de los derechos humanos, valores estos que impulsaron al país a apoyar el movimiento político que derrocó la dictadura el 23 de enero de 1958. Esa Ley Fundamental se mantuvo en vigor hasta el 30 de diciembre de 1999, cuando fue derogada, aunque ya se había debilitado a comienzos de este último año. En las consideraciones que siguen, luego de mostrar los antecedentes del movimiento político que hizo cesar la dictadura en 1958, examinaremos el proceso de formación de la Constitución y el contenido de sus orientaciones básicas, el comportamiento del Estado en los ocho períodos de gobierno que se sucedieron durante su vigencia y la evolución de las instituciones públicas bajo ese marco constitucional.

A. ANTECEDENTES

A partir del golpe de Estado del 18 de octubre de 1945 (la Revolución de Octubre), que interrumpió la tímida evolución hacia la democracia que se había iniciado en el país a raíz de la muerte del dictador Juan Vicente Gómez, Venezuela entró en un período de inestabilidad política, en el cual podemos distinguir diversas etapas: 1. La de la junta cívico militar de gobierno, integrada por dos militares y cinco civiles, presidida por Rómulo Betancourt, que se extendió hasta el 15 de febrero de 1948, cuando tomó posesión Rómulo Gallegos, presidente electo bajo la Constitución sancionada y promulgada el 5 de julio de 1947[1]; 2. La del gobierno constitucional de Gallegos, que duró hasta el golpe de estado que lo derrocó el 24 de noviembre de ese mismo; 3. La de la Junta Militar de Gobierno, presidida por el teniente coronel Carlos Delgado Chalbaud hasta su asesinato, el 13 de noviembre de 1950; 4. La de la Junta de Gobierno, presidida por Germán Suárez Flamerich hasta el 2 de diciembre de 1952 y, a partir de esa fecha, por Marcos Pérez Jiménez, con el carácter de Presidente Provisional de la República; 5. La designación de Pérez Jiménez, el 15 de abril de 1953, como Presidente Constitucional de la República por Decreto de la Asamblea Constituyente de los Estados Unidos de Venezuela, conforme lo disponía la Constitución sancionada el 11 de ese mes en su Disposición Transitoria Segunda, en la cual se consagraba igual forma discrecional de nombramiento para los integrantes de la Cámara de Diputados y de la Cámara del Senado, de la Corte Federal y de la Corte de Casación, del Contralor General de la Nación, del Procurador General de la Nación, de los integrantes de las Asambleas Legislativas de los Estados, de los Concejos Municipales y del Consejo del Distrito Federal.

El gobierno de Pérez Jiménez se extendió hasta el 23 de enero de 1958, cuando el dictador huyó del país ante la presión de los ciudadanos y la desobediencia militar. Su gestión se caracterizó por numerosas y bien construidas obras públicas, tendentes a promover "la transformación racional del medio físico", como decía la propaganda oficial, por la represión inmisericorde de los adversarios políticos y, hacia los últimos años, por elevados niveles de peculado por parte de personeros del régimen.

Ese gobierno careció de sustento en la voluntad popular, pues Pérez Jiménez nunca fue electo Presidente de la República: primero fue designado por una Asamblea Constituyente fraudulenta en su integración; lue-

---

[1] Véase: Ingrid Jiménez Monsalve: Asamblea Nacional Constituyente 1946-47. Logros y fracasos de un programa democrático, en: Elena Plaza y Ricardo Combellas (coord.): *Procesos Constituyentes y Reformas Constitucionales en la Historia de Venezuela*, UCV, Tomo II, Caracas, 2005, pp. 587 y ss.

go, al vencimiento del período que tenía fijado, el gobierno decidió, sin fundamento alguno en la Ley Fundamental, que en lugar de elecciones se realizaría en diciembre de 1957 un plebiscito "mediante el cual se determinará si se está de acuerdo con las ejecutorias del régimen y, por consiguiente, si se considera que la persona que ha ejercido la presidencia de la República en este período debe ser reelegida".[2] El plebiscito, signado por el fraude y la coacción, se realizó el 15 de diciembre de ese año y, concluido el escrutinio, el Consejo Supremo Electoral (al cual renunció su Presidente, el Dr. Vicente Grisanti) proclamó al general Pérez Jiménez como Presidente electo, por efecto del siguiente resultado: votos favorables al gobierno: 2.374.190; votos desfavorables: 364.182, votos nulos: 186.013.[3]

Frente al gobierno dictatorial, los partidos políticos, principalmente el partido Acción Democrática (AD) y el Partido Comunista de Venezuela (PCV), y en menor grado Unión Republicana Democrática (URD) y el partido COPEI, habían tratado de socavar la base del régimen. Particularmente AD pagó un alto precio por sus actividades clandestinas, traducido en el asesinato de algunos de sus dirigentes más importantes y en el sometimiento a prisión de muchos de sus militantes, sin resultados visibles en su momento. No obstante, las cosas habían comenzado a cambiar. Muy importante en este sentido fue la pastoral del Arzobispo de Caracas, Monseñor Rafael Arias Blanco, del 1º de mayo de 1957, día de San José Obrero, en la cual denunció la ausencia de una política social del gobierno y que fue leída en los púlpitos de todas las iglesias del país.[4] Y también los acuerdos entre los principales partidos políticos: de un lado, para constituir la Junta patriótica, en junio de 1957; del otro, el Acuerdo de Nueva York entre Rómulo Betancourt, Jóvito Villalba y Rafael Caldera, el 20 de enero de 1958, para unir fuerzas a favor de la democracia.

Realizado el plebiscito el 15 de diciembre de 1957 y declarada la continuidad del Presidente de la República por el organismo electoral, el régimen lucía inconmovible. En los festejos que se realizaron en Caracas y en las principales ciudades para recibir el año nuevo, nadie se imaginaba que 23 días después se derrumbaría el régimen y el Presidente huiría del

---

[2] El Nacional, 5 de noviembre de 1957.

[3] Andrés Stambouli: "La crisis y caída de la dictadura de Marcos Pérez Jiménez" en Rodolfo Magallanes y Said Dahdah (edit): *12 textos fundamentales de la ciencia política venezolana*, Instituto de Estudios Políticos de la Facultad de Ciencias Jurídicas y Políticas de la Universidad Central de Venezuela, Caracas, 1999.

[4] Íntegramente trascrita por José Rivas Rivas en *su Historia Gráfica de Venezuela*, Ediciones Torán, Tomo 6, pp. 167 a 172.

país. En ese proceso tuvieron un papel destacado los partidos políticos, que habían dejado de lados sus diferencias para conformar una instancia de coordinación en la lucha por la libertad, la Junta Patriótica. Pero no menos importante fue el papel que cumplieron sectores militares, intelectuales, estudiantiles, empresariales y sindicales del país.

El 1º de enero de 1958 se produjo el alzamiento contra el régimen de la Base Aérea de Maracay, encabezado por el teniente coronel Hugo Trejo y el capitán Luis A. Peña, con apoyo en diversas guarniciones del país. Los aviones ametrallaron el Palacio de Miraflores, pero el movimiento fue develado en la madrugada del día siguiente. A pesar de ello, se había demostrado que la unidad monolítica del estamento militar que proclamaba el régimen no existía, con lo cual se abrieron las puertas para que la sociedad manifestara su descontento.

El 14 de enero circuló el manifiesto de los intelectuales contra la dictadura y en los días siguientes se pronunciaron en forma similar los médicos, abogados, farmacéuticos, banqueros y estudiantes. A las manifestaciones estudiantiles que se realizan en la Ciudad Universitaria de Caracas y en los Liceos Andrés Bello y Fermín Toro, se suman los estudiantes de las áreas urbanas de todo el país. El 17 de enero la Junta Patriótica convoca a una huelga general para el 21 del mismo mes, la cual paraliza a Caracas y a las principales ciudades. El 22 de enero en la noche la Marina y la guarnición de Caracas se declaran en desobediencia al gobierno, y a la 1:00 a.m. del día siguiente se constituye la Junta Militar de Gobierno, encabezada por el contralmirante Wolfgang Larrazábal, el oficial más antiguo, de la cual se excluyen dos militares al día siguiente para incorporar a dos civiles.

En los días posteriores al 23 de enero se evidenció el sentimiento a favor de la unidad nacional que existía en el país para enfrentar la posibilidad de un retroceso en la libertad conquistada y para institucionalizar la democracia como forma de gobierno y como instrumento para lograr el progreso social. El "espíritu del 23 de enero" se manifestó en formas muy diversas: en la integración de los comandos sindicales y de las organizaciones estudiantiles en todo el país, en la realización de actos interpartidistas a favor de la libertad y la democracia, en la consulta a los partidos para la designación de los altos cargos públicos, en las concentraciones públicas en repudio a los intentos de algunos sectores militares por retrotraer al país a situaciones superadas, en la cortesía y civilidad que reinaba en los sectores políticos, incluso entre aquellos que en el pasado se habían combatido ferozmente, en los pactos políticos que se suscribieron para garantizar la unidad ante la proximidad de una campaña electoral y para asegurar la persistencia del orden democrático y la gobernabilidad una vez electas las nuevas autoridades.

La necesidad de llegar a acuerdos políticos surgió en 1958 ante la evidencia de que no sería posible que los partidos postularan una candidatura unitaria para la presidencia de la República, luego de múltiples y vanos intentos, a través de reuniones y mesas redondas que se realizaron entre febrero y septiembre de ese año. Los principales de esos acuerdos fueron:

En primer lugar, el Pacto de Punto Fijo, suscrito entre los representantes de los partidos AD, URD y COPEI, el 30 de octubre de 1958, en la quinta Puntofijo, residencia de Rafael Caldera, quien había sido el redactor del proyecto, con base en una iniciativa de Rómulo Betancourt. En el texto de este documento se le consideró un "pleno acuerdo de unidad y cooperación" y su contenido se refería, por una parte, a declaraciones sobre aspectos inmediatos, como la libertad de los partidos firmantes de postular sus propios candidatos y las reglas de convivencia en la campaña electoral a iniciarse; por otra parte, y sobre todo, a los compromisos de mediano plazo, como son: la defensa de la constitucionalidad y del derecho a gobernar conforme al resultado electoral; el gobierno de unidad nacional que dure "por tanto tiempo como perduren los factores que amenazan el ensayo republicano iniciado el 23 de enero"; el programa mínimo común y la creación de una Comisión Interpartidista de Unidad Nacional encargada de vigilar el cumplimiento de este acuerdo.[5] El Partido Comunista, excluido del Pacto, lamentó en una declaración que se hubiera abandonado la búsqueda de una candidatura de unidad, pero destacó aspectos positivos en el Pacto, por lo que manifestó su "adhesión a los resultados electorales" y expresó su "sincero propósito de respaldo al Gobierno de Unidad Nacional, al cual prestaremos leal y democrática colaboración".[6]

En segundo lugar, la Declaración de Principios y el Programa Mínimo Común, el cual fue suscrito el 6/12/58, la víspera de las elecciones, por los candidatos presidenciales Rómulo Betancourt, Wolfgang Larrazábal y Rafael Caldera. En este documento se ratificaron las declaraciones a favor de la defensa de la democracia, la tregua política y la conformación de un gobierno de unidad nacional y se desarrolló el Programa Mínimo Común, cuyo propósito fue el de "realizar con sentido de permanencia la obra de recuperación democrática, cultural, espiritual y económica que reclama Venezuela". En este aspecto se establecieron definiciones de acción gubernamental en las áreas de Acción Política y Administración Pública, Política Económica, Política Petrolera y Minera, Política Social y Laboral, Política Educacional, Fuerzas Armadas, Política Inmigratoria y Política Internacional.

---

[5] Véase el texto completo del Pacto, así como de la Declaración de Principios y el Programa Mínimo Común en www.cs.usb.ve/sites/default/files/CSA 213/PACTO_PUNTO_FIJO.doc

[6] José Rivas Rivas: *Historia Gráfica de Venezuela*, op. cit. p. 213.

El 7 de diciembre de 1958 se realizaron las elecciones generales previstas, conforme al Estatuto Electoral sancionado por la Junta de Gobierno. Para la presidencia de la República triunfó Rómulo Betancourt, postulado por AD, con 1.284.092 votos, seguido por Wolfgang Larrazábal, candidato de URD y el PCV, con 903.479 votos, y por Rafael Caldera, candidato de COPEI y de otros dos partidos de menor caudal, con 423.262 votos. Para las Cámaras Legislativas los resultados fueron: AD, 32 senadores y 73 diputados; URD, 11 senadores y 34 diputados, COPEI, 6 senadores y 19 diputados; el PCV, 2 senadores y 7 diputados. Es oportuno señalar que en esas elecciones se aplicó la figura de los parlamentarios adicionales, mecanismo para perfeccionar la representación proporcional tanto en la Cámara de Diputados como en la de Senadores, que consistía en que a partidos que no habían triunfado en ninguna circunscripción, o que habían tenido menos adjudicaciones que las que les correspondían por el cociente nacional, pudieron serles asignados escaños por la suma nacional de votos que no había elegido directamente senadores o diputados.

El 19 de enero de 1959 se instaló el Congreso de la República y se designó Presidente de este a Raúl Leoni, quien presidía el Senado, y Vicepresidente a Rafael Caldera, quien presidía la Cámara de Diputados. El 13 de febrero siguiente Rómulo Betancourt tomó posesión del cargo de Presidente de la República.

B. FORMACIÓN Y CONTENIDO DE LA CONSTITUCIÓN DE 1961

A continuación nos adentraremos en el examen del proceso jurídico y político de formación de la Constitución, entre la instalación del Congreso y el 23 de enero de 1961, cuando se promulgó la nueva Ley Fundamental.

a) CUESTIONES JURÍDICAS PREVIAS, PREPARACIÓN Y DISCUSIÓN DEL PROYECTO

Para el momento en que se inicia el nuevo gobierno estaba vigente el Decreto Constitutivo de la Junta Militar de Gobierno, del 23/1/58, en el cual se disponía que dicha Junta asumiría todos los poderes del Estado y ejercería el Poder Ejecutivo de la Nación mientras se organizaban constitucionalmente los poderes de la República (art. 1º). En este Decreto se consagraba igualmente que "Se mantiene en plena vigencia el ordenamiento jurídico nacional, en cuanto no colida con la presente Acta Constitutiva y con la realización de los fines del nuevo Gobierno, a cuyo efecto la Junta Militar dictará, mediante Decreto refrendado por el Gabinete Ejecutivo, las normas generales y particulares que aconseje el interés de la República, inclusive las referentes a una nueva organización de las ramas del Poder Público" (art. 3).

Por lo tanto, el gobierno presidido por Rómulo Betancourt, que ya no era de facto, inicia sus funciones bajo la vigencia de la Constitución de 1953, con las (pocas) modificaciones introducidas por la Junta de Gobierno, pero sin la posibilidad de dictar actos constitucionales ni de promulgar decretos leyes, como lo había podido hacer la Junta de Gobierno. Ante la cuestión del procedimiento para dotar al país de una Constitución democrática, en la sesión del 28 de enero de 1959 cada una de las Cámaras designó una Comisión de 11 de sus miembros para estudiar y redactar un proyecto de Constitución. Las Comisiones acordaron sesionar conjuntamente, bajo el nombre de Comisión Bicameral de Reforma Constitucional, en el Palacio de las Academias, a partir del 2 de febrero de ese año. La Comisión Bicameral se integró con parlamentarios electos en las listas de los partidos, aunque algunos eran independientes, en forma proporcional, así: 8 de AD; 6 de URD; 5 de COPEI; 3 del PCV.

La primera cuestión que se planteó ante la Comisión, tal como se evidencia de las Actas correspondientes[7], fue la de determinar si el Congreso que se había instalado el 19 de enero anterior tenía facultades originarias o derivadas para producir un texto constitucional. La respuesta fue la que sugirió el senador Ambrosio Oropeza: "Elegidos, pues, los altos poderes del Estado en conformidad con una ley electoral inspirada a su vez en una constitución preexistente, obedientes esos mismos poderes a las normas de esa misma Constitución, es claro que ellos invistieron el carácter de autoridades constituidas. En consecuencia, el Congreso Nacional elegido el 7 de diciembre de 1958 se instala y conforma sus actuaciones acatando la Constitución de 1953".[8] Ello significaba que el Congreso no podía, formalmente, producir una nueva Constitución, sino reformar la Constitución de 1953, de acuerdo al procedimiento establecido en esta. Por ello, en la primera sesión de la Comisión Bicameral se designó una Subcomisión "para estudiar el procedimiento a seguir para una Reforma Constitucional Provisoria", pues en criterio del senador Gonzalo Barrios "la reforma es urgente, ya que es un problema moral mantener en vigencia una Constitución perezjimenista". La opción que se discutió fue la de realizar una reforma, de acuerdo al procedimiento previsto en la Constitución de 1953, que consistiría en tomar como proyecto la Constitución de 1947, hacerle modificaciones menores, y ponerla en vigencia con carácter provisional,

---

[7] Véase *La Constitución de 1961 y la Evolución Constitucional de Venezuela. Actas de la Comisión Redactora del Proyecto*, material recopilado y sistematizado por el Dr. Jesús María Casal Montbrun, Ediciones del Congreso de la República, Caracas, 1971.

[8] Ambrosio Oropeza: *La nueva Constitución venezolana 1961*. Caracas, 1971, p. 129.

mientras se efectuaba una revisión a fondo de sus disposiciones.[9] Esta posibilidad fue descartada porque entrar a analizar la Constitución de 1947 podía hacer renacer resquemores entre los actores políticos que se habían enfrentado en aquella oportunidad, y porque seguir el procedimiento de reforma constitucional consagrado en la Carta de 1953 no significaba ningún tipo de limitación para el Congreso en su función de crear un nuevo ordenamiento constitucional.

La Comisión Bicameral, en su segunda reunión, acordó "Tomar como base para la Reforma Constitucional la Constitución de 1947".[10] De este modo comenzó el proceso de elaboración de un proyecto de nueva Constitución, aunque formalmente lo que se formulaba era un proyecto de reforma constitucional, con la ventaja de que el trabajo se llevó a cabo en un ambiente de total cordialidad, sin las tensiones que origina la discusión pública ante la prensa, con la participación de juristas de primera línea, algunos de los cuales habían sido diputados a la Asamblea Constituyente de 1946.

La Comisión Bicameral realizó 198 sesiones para la preparación del proyecto, y continuó sesionado 52 veces más luego de consignado ante el Congreso el resultado de sus labores. En muchas reuniones se escucharon las opiniones de especialistas en la materia que se discutía y de altos funcionarios del Poder Público. El 14/6/1960, la Comisión remitió al Congreso el Proyecto de Constitución, con su Exposición de Motivos y se inició el proceso de discusión en las Cámaras Legislativas (tres discusiones en cada Cámara, de acuerdo al ordenamiento entonces vigente), para lo cual se convocó a sesiones extraordinarias. En el proceso de discusión del proyecto hubo varios votos salvados del Movimiento de Izquierda Revolucionaria (MIR), del Partido Comunista y también algunos del partido URD.

El 9/12/60 el Presidente del Congreso remitió al Ministro de Relaciones Interiores el Proyecto de Constitución para que lo hiciera llegar por enviados especiales a los Gobernadores y para que éstos, a su vez, lo remitieran a los respectivos Presidentes de las Asambleas Legislativas. Sobre este procedimiento es oportuno formular las siguientes consideraciones. A los efectos formales Venezuela continuó siendo, sin interrupciones desde 1864, un Estado Federal. En la teoría federal, la Constitución resulta de un pacto entre Estados hasta entonces soberanos, que establecen un acuerdo para formar una unión, con una norma superior, la Constitución, que rige en todos los aspectos en que los Estados han dado su consentimiento, con efectos derogatorios sobre los ordenamientos internos. Por tal razón, en la Constitución de los Estados Unidos de América, que fue el

---

[9] Actas de la Comisión Bicameral, en *loc. cit.*, p. 3.
[10] *Ibídem*, p. 5.

primer Estado federal de la historia, se dispuso que ni la Constitución ni las Enmiendas que se le hicieran a esta podrían entrar en vigor si no eran aprobada por una mayoría calificada de los Estados (inicialmente 9 de los 13 Estados, como mínimo). En la Constitución de 1953 se recoge este principio cuando se dispone que las reformas a la Constitución se considerarán válidas cuando las aprueben las dos terceras partes, por lo menos, de las Asambleas Legislativas, por el voto favorable de la mayoría absoluta de los componentes de cada Asamblea Legislativa (art. 141). En la teoría federal no se contempla acudir al referéndum para aprobar un proyecto de reforma de la Constitución porque los actores del pacto constitucional son los Estados miembros, no los electores, y porque ello podría conducir a que dicha reforma se impusiera a un número de Estados que estuvieran en desacuerdo con la modificación y que incluso podría ser la mayoría, si la aprobaba el número requerido de electores. Por ello, a pesar de que los Estados Unidos son el país donde se celebra el mayor número de referendos en el mundo, tal procedimiento no se aplica para la materia constitucional.

La Constitución fue sancionada por el Congreso, luego de verificada la conformidad de las Asambleas Legislativas requeridas, el 23 de enero de 1961 y fue promulgada por el Presidente de la República, en Consejo de Ministros, el mismo día.

b) RASGOS FUNDAMENTALES DE LA CONSTITUCIÓN DE 1961

Como aspectos generales de la nueva Carta, debemos decir que es la segunda de nuestras constituciones que contiene un programa económico y social a ser desarrollado en el tiempo, siendo la primera de ellas la de 1947. En efecto, tomando como ejemplo la Constitución mexicana de 1917 y la de Cuba de 1940, se incorporó en los textos constitucionales de los países latinoamericanos el propósito de alcanzar la justicia social a través de unas acciones concretas que los órganos del Poder Público debían realizar. En tal sentido, nuestras constituciones difieren sustancialmente de la de Norteamérica, en la que en forma escueta se establecen los límites de la actuación de la Unión, además de que se declaran los derechos de los ciudadanos en las enmiendas, porque estos no formaban parte del texto original.

Ahora bien, ese programa contenido en el texto de 1961 fue amplia y entusiastamente compartido por la sociedad venezolana durante varias décadas. Es cierto que hubo votos salvados de algunos grupos políticos, pero ellos se refirieron a aspectos puntuales relacionados con el propósito de limitar algunos poderes discrecionales de las autoridades políticas, o bien por el interés en consagrar de una vez ciertas innovaciones, que se habían dejado para ser adoptadas posteriormente, mediante desarrollos legislativos, como era la elección de los gobernadores de Estado. Pero para los partidos políticos y para el grueso de la población, las fórmulas constitucionales acogidas eran plenamente satisfactorias. En ello influyó, por una parte, el alto prestigio y la representatividad indiscutible de los partidos políticos que habían discutido y aprobado la nueva ley fundamental, por la otra, el clima de unidad en que se elaboró la Constitución, el deseo de buscar acuerdos y la cortesía que predominaba en el trato entre los partidos. Un ejemplo de ello es la intervención del diputado Gustavo Machado en la Comisión Bicameral, "quien en nombre del Partido Comunista manifestó que su partido no va a suscitar debate en torno a la inclusión de Dios Todopoderoso en el preámbulo de la Constitución".[11] En este aspecto el clima político fue muy diferente al que se vivió en la Constituyente de 1947, donde los líderes políticos tenían más interés en impresionar a las barras y a los ciudadanos (las sesiones se trasmitían por radio) que en llegar a acuerdos. Sobre este aspecto expresó Rafael Caldera, al referirse a la Constitución de 1961, que "A diferencia de la Carta de 1947, cuyos méritos no se pueden negar, tuvo como característica fundamental el haberse logrado por consenso, mientras que la Carta de 1947 llevó consigo una fuerte marca de conflicto".[12] El ambiente en que se desarrolló el trabajo de la Comisión Bilateral, y los subsiguientes debates parlamentarios, fue, tal vez, parecido al que se vivió en la Convención que se reunió en Filadelfia en la primavera y el verano de 1787, donde se discutieron las ideas de cada parte con toda mesura, sin periodistas, sin testigos, incluso sin que se levantaran actas de las sesiones, y de la cual resultó la Constitución de los Estados Unidos de América, uno de los documentos fundamentales del constitucionalismo moderno y el acto jurídico de mayor longevidad en la historia reciente de la humanidad, que aun mantiene su vigencia.[13]

Por otra parte, la Constitución sancionada en 1961 fue una carta moderna y flexible. Expresa el Dr. José Guillermo Andueza, quien había sido designado Secretario de la Comisión Bicameral, que el articulado de la Constitución de 1947 "fue analizado cuidadosamente con el fin de adaptarlo a las nuevas teorías constitucionales y a las nuevas realidades políticas y socio-económicas del país. Se consultaron las Constituciones venezolanas, las latinoamericanas y las europeas, principalmente la italiana, la

---

[11] Actas de la Comisión Bicameral, Tomo I, p. 13
[12] Rafael Caldera: Los causahabientes. De Carabobo a Punto Fijo, consultable en Internet, p. 77.
[13] C. Herman Pritchett: *La Constitución Americana*. Tea, Buenos Aires, 1965, p. 3. Véase especialmente a Catherine Drinker Bowen: *Miracle at Philadelphia. The story of the Constitutional Convención May to September 1787*. An Atlantic Monthly Press Book, 1966.

francesa y la alemana...".[14] En muchos aspectos fue la Constitución más avanzada de su tiempo, al punto de que fue tenida en cuenta para la redacción de la Constitución española de 1978. Y fue también una constitución flexible, porque sus disposiciones fueron redactadas con la suficiente amplitud para permitir que gobiernos inspirados en diferentes orientaciones pudieran encontrar cabida en ellas para realizar sus proyectos, siempre que, por supuesto, respetaran los principios democráticos y la vigencia de los derechos humanos. Bajo sus normas era factible que se instaurara un sistema económico liberal, un capitalismo de Estado o un régimen socializante, y a este aspecto se ha referido Brewer cuando ha señalado que esta Carta tenía la característica de que permitía "el establecimiento de un sistema político-económico y social no comprometido con ninguna corriente ideológica, de manera tal que, al contrario, sirviera a cualquiera de las corrientes ideológicas que, representadas en los partidos políticos, participaron en la elaboración de la Constitución".[15] Por otra parte, la Constitución estaba llamada a desarrollarse en el tiempo mediante una legislación que podía consagrar fórmulas diferentes, de acuerdo a las exigencias cambiantes de la evolución del país, y podía también ser objeto de modificaciones que no alteraran los principios fundamentales, mediante el sistema de las enmiendas, todo lo cual militó en favor de su permanencia en el tiempo.

No obstante lo anterior, la Constitución tomó partido por un sistema económico de mercado, desde el momento en que garantizaba el derecho de todos a dedicarse a la actividad lucrativa de su preferencia, con las limitaciones establecidas en las leyes, la promoción por el Estado de la iniciativa privada y el derecho de propiedad, con las limitaciones, obligaciones y cargas establecidas en las leyes. Ello no era incompatible con la propiedad del Estado sobre determinados medios de producción y se consagraba que el Estado "propenderá a la creación y desarrollo de una industria básica pesada bajo su control" (art. 97), además de que el Estado podía, por ley, "reservarse determinadas industrias, explotaciones o servicios de interés público por razones de conveniencia nacional" (art. 97). Esta regulación autoriza a sostener que el desiderátum constitucional era la existencia de un sistema de economía mixta, con un Estado social de Derecho, lo cual admitía matices en cuanto a la participación del Estado y de los particulares, según lo exigieran los intereses del conglomerado social, los cuales podían variar con el tiempo.

---

[14] Actas de la Comisión Bicameral, pp. XXIII y XXIV.
[15] Allan R. Brewer-Carías: "Estudio Preliminar" en *Las Constituciones de Venezuela*, Academia de Ciencias Políticas, Caracas, 1985, p. 140

Un aspecto importante de resaltar en la Carta de 1961 fue la búsqueda del equilibrio entre los poderes del Estado, para salvaguardar la democracia. En contraste con la amplitud de competencias que se ponían a cargo de la rama ejecutiva del Poder Público, en la cual se asignaba al Presidente, autorizado por el Congreso, la facultad de dictar medidas extraordinarias en materia económica y financiera, se regulaban ampliamente las facultades de autorización y de control de los cuerpos legislativos sobre la actuación de los órganos ejecutivos y se buscaba dotar a la rama judicial de la autonomía de que se había visto privada bajo los gobiernos militares precedentes. En general, la declaración sobre la colaboración entre los poderes para lograr los fines del Estado no tenía carácter retórico sino que se manifestaba en una fina arquitectura institucional, como nunca antes se había visto.

La Constitución de 1961 fue concebida como un conjunto normativo indisolublemente unido a la idea democrática, en este aspecto su amplitud y flexibilidad no permitía transacciones. Y también al progreso social de los venezolanos y a la vigencia plena de los derechos humanos. Con este propósito, se partió del análisis de la Constitución de 1947 para restablecer las normas de avanzada en ella consagradas, aunque tratando de limar los aspectos que habían causado enfrentamientos innecesarios como los que se produjeron en la asamblea constituyente que la elaboró.

En la parte dogmática, se incluyó un capítulo sobre los derechos sociales, ampliados con relación a la Carta que le sirvió de modelo, con disposiciones sobre la familia, la salud y la seguridad social que habían sido eliminados en 1953. En igual forma se restableció la garantía del *habeas corpus*, una innovación de la Constitución de 1947 que la dictadura había considerado inconveniente mantener. En los derechos políticos, se repuso el principio de la representación proporcional de los partidos en la formación de los cuerpos deliberantes, y se extendió el derecho de votar a los extranjeros en las elecciones municipales.

En la parte orgánica, se consagró que los senadores serían elegidos por el voto popular, como era en 1947, en lugar de atribuir esta competencia a las asambleas legislativas, como se hacía en el texto de 1953. El tema de la forma del Estado fue objeto de amplias discusiones en la elaboración de la Constitución sancionada en 1961, como lo había sido en la Asamblea Constituyente de 1946. En este aspecto se decidió avanzar cautelosamente hacia el fortalecimiento del federalismo y se incluyeron previsiones como la de la posibilidad de elegir a los gobernadores de los Estados, cuando así lo dispusiera la ley (artículo 22), lo cual tenía diversas consecuencias: de un lado, se posponía la reforma para el momento en que el país hubiera alcanzo una mayor madurez política y cultural y superado la situación de acoso a las instituciones democráticas, derivadas de amenazas de grupos favorables a la dictadura derrocada y de sectores políticos minoritarios que, a partir de enero de 1959, se habían comenzado a ilusionar con la posibilidad de replicar en nuestro país el sistema implantado en Cuba. De otro lado, que cuando llegara el momento de decidir la elección de los gobernadores no sería necesario reformar el texto constitucional vigente para adoptar esa reforma.

En 1961 se consagró la inelegibilidad del Presidente de la República para el período inmediatamente siguiente, como una transacción entre quienes sostenían la inelegibilidad absoluta, de un lado, y la reelección inmediata, del otro. Y se ampliaron las facultades de control del órgano legislativo nacional sobre las actuaciones de los funcionarios públicos, particularmente mediante las investigaciones, interpelaciones y votos de censura a los Ministros. Unas innovaciones importantes incluidas en esta Carta fueron, de un lado, el sometimiento de los militares a la autoridad civil y, del otro, la declaración de que los funcionarios públicos están al servicio de la Nación y no de parcialidad política alguna.

En otro orden de ideas, se unió la Corte Federal con la Corte de Casación para formar la Corte Suprema de Justicia, se separaron las funciones de la Procuraduría General de la República y del Ministerio Público, para dar mayor autonomía a este último, y se previó la creación del Consejo de la Judicatura, que había existido conforme a la Carta de 1947 con el nombre de Consejo de la Magistratura, y que había sido eliminado en 1953, con la finalidad de suprimir, según la nueva Carta, la competencia del Ministerio de Justicia en la designación y control de los jueces.

Pero además, en la Constitución de 1961 se incluyeron disposiciones innovadoras que no tienen antecedente en la Carta de 1947 ni en ninguna otra. Se consagró que Venezuela es un Estado Federal, "en los términos consagrado por esta Constitución", lo que significaba que nuestro federalismo se define en nuestra Ley Fundamental y que, incluso, puede separarse de la doctrina ortodoxa sobre lo que el federalismo significa. Se incluyó entre las garantías la figura del amparo constitucional, no sólo referido a la libertad personal, pues esta se protege con el *habeas corpus,* sino frente a todas las violaciones de derechos constitucionales. Se limitaron las facultades discrecionales del Presidente de la República para garantizar la seguridad pública; se consideraron venezolanos por nacimiento los extranjeros que hubieran ingresado al país antes de los siete años y hubieran cumplido determinadas condiciones; se creó la figura de los Ministros de Estado; se ampliaron las posibilidades de iniciativa de las leyes, la cual se otorgaba, en ciertos casos, a órganos públicos diferentes al Legislativo y al Ejecutivo, y a un número no menor de 20.000 electores, identificados de acuerdo con la ley; se previó la posibilidad de limitar los emolumentos de los funcionarios públicos, incluso los estadales y municipales; se confirió rango constitucional a la planificación del desarrollo económico y social; se pronunció por favorecer la integración latinoamericana y se introdujo un título sobre la inviolabilidad de la Constitución, sin precedentes entre nosotros.

En la Carta de 1961 se definió un innovador esquema para los Municipios, con relación al que existía en las Constituciones de 1947 y 1953, y que venía desde la Constitución de 1904. Se declaró que los Municipios serán autónomos y dotados de un Concejo Municipal cada uno, en lugar de la figura de Distritos Municipales, donde el Municipio era una división del Distrito, sin autonomía. Mientras no se dictara la correspondiente legislación, esta reforma se mantuvo congelada, a tenor de lo dispuesto en la Disposición Transitoria Primera de la Constitución.

A continuación examinaremos el comportamiento del Estado bajo un marco jurídico liberado de los constreñimientos dictatoriales, a cuyo efecto iniciaremos nuestro análisis desde la situación anterior a la vigencia de la nueva Constitución.

SECCIÓN SEGUNDA: LOS PERÍODOS DE GOBIERNO BAJO LA CONSTITUCIÓN DE 1961

La Junta de Gobierno presidida por Wolfgang Larrazábal contó desde su inicio con el mayor apoyo popular y la simpatía de todos los sectores del país, pero debió enfrentar dificultades de diversa naturaleza. Ante la grave carencia de empleo se había creado el Plan de Emergencia o Plan de Obras Extraordinarias, programa de corte keynesiano que permitió disminuir las tensiones sociales y conquistar adeptos para la democracia. Por ello, al producirse intentos de pronunciamiento militar, como el de junio de 1958, encabezado por el general Jesús María Castro León, Ministro de la Defensa; o el golpe frustrado del mayor Ely Mendoza Méndez y el teniente coronel Juan de Dios Moncada Vidal, en septiembre de ese año, la reacción popular, encabezada por los estudiantes, logró mantener la institucionalidad democrática que se comenzaba a formar.

Bajo el gobierno provisional se liberaron los presos políticos, se creó la Oficina Central de Coordinación y Planificación (CORDIPLAN), con la función de dirigir el sistema de planificación, y se formó la Comisión de Administración Pública para asesorar en la reforma de las organizaciones del Poder Ejecutivo. La decisión de Larrazábal de aceptar la postulación como candidato a la Presidencia de la República lo llevó a renunciar a la presidencia de la Junta de Gobierno y fue sustituido, el 18 de noviembre de 1958, por el Dr. Edgar Sanabria, hasta ese momento Secretario de la Junta. Sanabria logró, en su corta gestión, la firma del Decreto de creación de la Universidad de Oriente (UDO); que la Junta aprobara la Ley de Universidades, que dio autonomía a las máximas casas de estudio; que se sancionara la reforma legal que aumentó el impuesto sobre la renta para aumentar la participación del país del 50 al 60% en los beneficios de la explotación petrolera y la declaración de la serranía del Ávila como parque nacional.

En todo caso, el mérito principal de la Junta de Gobierno fue conducir el país hacia la entronización del régimen democrático, cuyos diversos períodos examinaremos seguidamente. El 7 de diciembre de 1958 tuvieron lugar las elecciones nacionales, en las cuales resultó electo Presidente de la República Rómulo Betancourt, para el período 1959-1964, seguido de Wolfang Larrazábal y Rafael Caldera. Betancourt asumió la presidencia el 13 de febrero de 1959.

A. RÓMULO BETANCOURT Y EL COMIENZO DE LA REPÚBLICA CIVIL

Conforme a lo acordado en el Pacto de Punto Fijo, al inicio del primer período democrático se constituyó un gobierno de coalición en el que participaron los partidos que lo habían suscrito. El gabinete ejecutivo se integró con dos ministros de AD, tres de URD, dos de COPEI y con personalidades independientes.

Desde el comienzo, el nuevo régimen se vio sacudido por crisis económicas y políticas. En lo económico, desde fines de 1957 se habían manifestado los primeros síntomas de una recesión económica, que se profundiza en los años siguientes. A ello contribuyó la baja de los precios del petróleo, los reclamos de empresarios de la construcción por obras ejecutadas durante el gobierno anterior y no honradas oportunamente y la fuga de capitales que pertenecían a personeros del régimen depuesto. Si bien el Plan de Emergencia había logrado contener los efectos críticos del desempleo, sobre todo de los obreros de la construcción, una de las primeras medidas del gobierno de Betancourt fue su eliminación progresiva, dado su costo y ausencia de controles, su sustitución por un Plan de Obras Extraordinarias (POE) y la incorporación de los trabajadores a las obras públicas que se iban decretando. El agravamiento de la crisis económica llevó al gobierno, en los meses finales de 1960, a dictar medidas económicas de emergencia que incluyeron: control de cambio, disminución de los sueldos de los funcionarios públicos en un 10% y devaluación de la moneda, de 3,35 a 4,30 bolívares por dólar. En lo político, no resultó fácil manejar un gobierno tripartidista, en el que cada componente trataba de descollar por su lado, sobre todo porque fue la primera vez que se formó un gobierno de coalición en el país.

Los intensos rumores sobre golpes de Estado y subversiones creaban zozobra en la población. El 1º de enero de 1959 se había formado un nuevo gobierno en Cuba, presidido por Fidel Castro, el cual desarrolló una política masiva de expropiaciones de empresas, sin compensación económica, y de fusilamientos de adversarios del nuevo régimen, lo que creó un modelo que ilusionó a sectores políticos del país y afectó el funcionamiento de las instituciones públicas de Venezuela. El 23 de enero de 1959, al conmemorarse el primer aniversario del derrocamiento de la dictadura, llegó Fidel Castro a Caracas y tuvo apariciones públicas en El Silencio, en el Aula Magna de la Universidad Central de Venezuela, en el Colegio de Abogados, en el Concejo Municipal y ante el Congreso Nacional, y además se entrevistó con Rómulo Betancourt, entonces presidente electo.

Entre los hechos que inquietaron a la opinión nacional, solamente en el año 1960, tenemos los siguientes:

En el mes de marzo comenzó un proceso de división en AD que se concretó el 12 del mes siguiente, con las expulsión de un grupo de dirigentes que constituyeron el Comité Nacional de Acción Democrática de Izquierda, el cual se transformó en julio siguiente en el Movimiento de Izquierda Revolucionaria (MIR) y designó a Domingo Alberto Rangel como su Secretario General.

El 20 de abril de ese año se alzó en la frontera con Colombia el general Jesús María Castro León, quien había sido removido en 1958 de su cargo de Ministro de la Defensa, y junto con otros oficiales, entre ellos el teniente coronel Juan de Dios Moncada Vidal, el mismo subversivo del 7 de septiembre de 1958, ingresaron al territorio nacional e intentaron sublevar, sin éxito, el cuartel Bolívar de San Cristóbal. Castro León fue capturado en la población de Capacho y el gobierno recibió el apoyo solidario del país frente al movimiento militar.

El 24 de junio se perpetró un atentado contra la vida del Presidente Betancourt mediante la explosión de un carro bomba en momentos en que se dirigía al Paseo Los Próceres para asistir a un desfile militar, con ocasión de conmemorarse un aniversario más de la Batalla de Carabobo y el Día del Ejército. En ese atentado perdieron la vida el Jefe de la Casa Militar, coronel Ramón Armas Pérez, y un transeúnte ocasional y resultaron heridas diversas personas. Betancourt recibió quemaduras en las manos de cierta gravedad y en el rostro, lo que no le impidió dirigirse al país desde la televisión ese mismo día, con las manos vendadas. Luego se comprobó que el acto terrorista había sido organizado por orden de Rafael Leonidas Trujillo, dictador de la República Dominicana. Venezuela acusó al dictador ante la OEA y todos los países miembros rompieron o suspendieron relaciones con ese régimen, lo que precipitó su caída.

El 26 de julio se celebró en Caracas un aniversario de la toma del Cuartel Moncada, en Cuba, con ocasión de lo cual se produjeron enfrentamientos en las cercanías de la Plaza Bolívar entre partidarios de la Revolución Cubana, que criticaban el régimen venezolano, y sostenedores de éste.

El 28 de agosto se inauguró en San José de Costa Rica la VII Conferencia de Cancilleres de la Organización de Estados Americanos (OEA), en la cual el Ministro de Relaciones Exteriores de Venezuela, Ignacio Luis Arcaya, miembro del partido URD, se negó a votar una moción que condenaba a Cuba por sus relaciones con la Unión Soviética. El embajador de Venezuela en Washington, Marcos Falcón Briceño, asumió la representación de Venezuela y Arcaya regresó al país, donde formalizó su renuncia al cargo. Falcón Briceño fue designado Canciller y el 17 de noviembre URD abandonó la coalición de gobierno, la cual quedó reducida a AD y COPEI.

El año siguiente fue también muy movido en el tema político:

El 23 de enero se promulgó la nueva Constitución y el 20 de febrero se sublevó en la Escuela Militar el coronel Edito Ramírez, Director de la Escuela Superior de Guerra, quien trató de penetrar en el Palacio de Miraflores, pero fue detenido por el gobierno.

El 10 de marzo el PCV adoptó una política insurreccional y pidió cambio del gobierno. El 25 de junio se alzó un contingente de militares en Barcelona, lo que se conoció como *el Barcelonazo*, mas el gobierno controló rápidamente la situación.

Entre el 16 y el 17 de diciembre se recibió en Caracas la visita del Presidente de los Estados Unidos, John F. Kennedy, acompañado de su esposa Jacqueline Bouvier Kennedy, la cual transcurrió sin incidentes.

El 28 de diciembre se reunieron, en paralelo, dos Comités Directivos Nacionales de Acción Democrática, lo que formalizó la segunda división del partido, esta vez entre la llamada vieja guardia (Betancourt, Leoni, Prieto Figueroa) y el partido AD-Oposición, (Ramos Giménez, Manzo González, Rondón Lovera), formado este por lo que se conocía como "el grupo Ars" (llamado así por la agencia privada de publicidad con este nombre cuyo lema era "Permítanos pensar por usted") y que constituyó después el Partido Revolucionario Nacionalista (PRN). Por efecto de esta división, la coalición AD-COPEI perdió la mayoría en la Cámara de Diputados.

Con el advenimiento de 1962 comenzaron las acciones subversivas de la izquierda pro-cubana: el 3 de abril se produjo el asalto guerrillero al Concejo Municipal de Humocaro Bajo (Estado Lara); el 10 fueron suspendidas las actividades del Partido Comunista y del MIR por decreto presidencial; el 22 el Ministro de la Defensa, general Antonio Briceño Linares, expresó a la Cámara de Diputados que en el país se había declarado una guerra de carácter revolucionario; el 4 de mayo se alzaron en armas en Carúpano efectivos de la Infantería de Marina y de la Guardia Nacional (*el Carupanazo*), bajo el mando del capitán de corbeta Jesús Teodoro Molina Villegas y otros oficiales y algunos civiles, pero el movimiento fue develado en dos días y se capturó, entre otros, al diputado del Partido Comunista Eloy Torres; el 2 de junio se sublevó un contingente militar en Puerto Cabello (*el Porteñazo*), bajo la conducción de los capitanes de navío Manuel Ponte Rodríguez, Pedro Medina Silva y Víctor Hugo Morales. El movimiento fue fuertemente reprimido, con el apoyo de una mayoría de oficiales afectos al gobierno, al costo de más de 400 muertos y 700 heridos.

En 16 de enero de 1963, un grupo de asalto guerrillero sustrajo obras de la Exposición Francesa de Pintura, las cuales fueron recuperadas enseguida; el 16 de febrero, miembros de las autodenominadas Fuerzas Armadas de Liberación Nacional (FALN) apresaron el buque de carga venezolano *Anzoátegui* y lo dirigieron a Brasil. El domingo 29 de septiembre de ese año se produjo el asalto del tren del Encanto, un transporte turístico familiar que partía de los Teques, el cual fue planificado y ejecutado por una brigada de las FALN y que arrojó como saldo 5 militares muertos y varios civiles heridos y que mereció la repulsa general de la población.

En otro orden de ideas, en el quinquenio betancurista se intensificaron las consultas con los más variados sectores de la sociedad para dar piso firme al experimento republicano; se regularizaron las relaciones con la Iglesia; se sancionaron a los principales validos de la dictadura; se dio inicio a la planificación con la aprobación del primer Plan de la Nación (1960-1964), el cual debió ser reformulado a fines de 1962 por efecto de la crisis económica que padeció el país en esos años; se dictaron las primeras normas para regular el régimen de los funcionarios públicos y se organizó el sistema de administración de personal del Ejecutivo Nacional; se estableció la llamada Doctrina Betancourt, en virtud de la cual el gobierno de Venezuela adoptó como política la de no reconocer los gobiernos de la región que no hubieran sido electos por el voto del pueblo y cuyo carácter representativo no fuera inobjetable; el 16 de agosto de 1963 el gobierno obtuvo la extradición del exdictador Marcos Pérez Jiménez, lo alojó en la cárcel y lo sometió a juicio; se inició el proceso de industrialización, comenzando por la sustitución de importaciones; se puso en marcha el proceso de reforma agraria, con la promulgación, el 5 de marzo de 1960, de la ley que le sirvió de base y en la que se trataron de armonizar los propósitos de justicia social con la producción en el campo, a cuyos efectos se establecieron amplios programas de otorgamiento de créditos a cargo del Banco Agrícola y Pecuario y se ejecutó un ambicioso plan de obras hidráulicas; se dio comienzo al desarrollo de Guayana, pues hasta entonces lo que existía eran estudios preliminares y una pequeña acería privada, lo cual fue transformado bajo el régimen democrático en el más importante proyecto de desarrollo nacional. El 29 de diciembre de 1960 se creó la Corporación Venezolana de Guayana como institución matriz para las empresas siderúrgicas, hidroeléctricas, de aluminio, de obras de infraestructura, de desarrollo urbano y de prestación de servicios públicos en el área de Guayana, en cuyo marco se fundó Ciudad Guayana el 2 de julio de 1961; se fomentó la organización de un recio movimiento sindical; se estableció la política de no más concesiones de hidrocarburos, se promovió la creación de la Organización de Países Exportadores de Petróleo (OPEP) y se creó la Corporación Venezolana del Petróleo (CVP) como una empresa petrolera pública, para preparar el camino hacia una posterior nacionalización de los hidrocarburos. El 22 de febrero de 1962, la representación de Venezuela en la ONU presentó ante el XVI período de sesiones de la Asamblea General una declaración en la que desconocía el laudo arbitral de 1899, porque con ese acto se despojaba a nuestro país de una parte importante de su territorio en la región de Guayana, como consecuencia de una transacción política en la cual Venezuela no estuvo representada. En los meses siguientes la representación de Venezuela logró que Inglaterra accediera a examinar los documentos en que se basa la reclamación del territorio Esequibo.

En este período de gobierno se hizo un esfuerzo notable para masificar la educación en todos los niveles, se creó el Instituto Pedagógico de Barquisimeto, el Instituto Nacional de Cooperación Educativa (INCE), el IPASME, se incrementó fuertemente la matrícula en las Universidades, así como en la primaria y la secundaria y se dio énfasis a la educación rural.

Pese a las dificultades políticas y económicas, en el período de Betancourt se realizaron obras públicas de gran significación. Se construyeron los embalses de Las Majaguas y Guanapito, de Burro Negro, Pueblo Viejo, Quebrada Seca, Lagartijo, Lavanderos, El Isiro y Santa Clara y la Planta de Tratamiento de Carayaca; las plantas termoeléctricas de El Convento, Planta Arrecifes (Unidad 5), Tacoa (Unidades 3 y 4)) y Planta Táchira, y para generación Hidroeléctrica la Planta Hidroeléctrica de Macagua I.[16] Entre las obras viales merecen destacarse: el puente Rafael Urdaneta sobre el Lago de Maracaibo, los Puentes Gemelos sobre el Río Guaire, el Puente Internacional Simón Bolívar en San Antonio del Táchira, el Via-

---

[16] En la enumeración de obras públicas en este período hemos seguido el trabajo de Eduardo Páez Pumar H., en José Curiel, Editor: *Del Pacto de Punto Fijo al Pacto de la Habana*, La Hoja del Norte, Caracas, 2014.

ducto La Bermeja en San Cristóbal, los puentes en San Rafael en Altagracia, La Restinga en Margarita y María Nieves sobre el Río Apure en San Fernando; los túneles de la Planicie, las carreteras Dos Caminos – El Pao, Tocuyito – Chivacoa, Valle La Pascua – Anaco, El Junquito – Colonia Tovar, Cumaná – Güiria, Guanare – Biscucuy, Coro – Barquisimeto y Moron – Coro. Las edificaciones hospitalarias más importantes fueron: los hospitales José Rafael Rangel en Villa de Cura, Salud Mental de El Peñón en Caracas, la ampliación del Hospital Universitario Ruiz y Páez en Ciudad Bolívar, Universitario Luis Razetti en Barcelona, el Instituto Oncológico Luis Razetti en Cotiza, Caracas, el Hospital Militar Carlos Arvelo, en Caracas, Universitario de Maracaibo, Centro de Neurosiquiatría Dr. Jesús Mata de Gregorio en Sebucán, Caracas, y Juan Montezuma Ginnari en Valera. Se construyeron los aeropuertos Jacinto Lara en Barquisimeto, Rómulo Gallegos en Boconó y Oro Negro en Cabimas, la Ciudad Universitaria del Zulia y el Parque del Este en Caracas.

El sector privado se incorporó a la actividad de edificación y construyó 30.723 viviendas, las cuales se sumaron a las 37.122 construidas por el sector público.

El 25 de diciembre de 1963, el Presidente del Banco Central de Venezuela, Alfredo Machado Gómez, declaró que, en el año que terminaba, la economía nacional había logrado una tasa de crecimiento entre 4 y 5%.[17]

Pero un mérito resaltante de esta etapa fue haber conducido el país, con una Constitución plenamente democrática, hacia un proceso electoral en el que, sin atender a los llamados a la abstención de la izquierda insurreccional, participaron como candidatos a la presidencia de la República Arturo Uslar Pietri por el Frente Nacional Democrático (FND), Wolfgang Larrazábal por Fuerza Democrática Popular (FDP), Raúl Ramos Giménez por Acción Democrática Oposición (AD-OP), Rafael Caldera por COPEI y Raúl Leoni por AD, y resultó electo como Presidente de la República para el período 1964-1969 el último de los nombrados, siendo esto la primera vez en nuestra historia que un presidente democráticamente elegido le entregaba el mando a un presidente de igual condición.

B. RAÚL LEONI Y EL ENTENDIMIENTO NACIONAL

Leoni inició su período con el propósito que había manifestado durante la campaña electoral: "Un gobierno de entendimiento nacional, de amplitud democrática y de entendimiento político". El Pacto de Punto Fijo había concluido al terminar el gobierno de Betancourt, por ello, ocho meses

---

[17] *Diccionario de Historia de Venezuela*, op. cit., tomo 1, p. 435.

después de su toma de posesión, Leoni formó una alianza que se llamó "Gobierno de Ancha Base", con la participación de AD, URD y el Frente Nacional Democrático (FND), partido este fundado por el intelectual Arturo Uslar Pietri.[18] COPEI había optado por actuar fuera del gobierno, en una oposición moderada que llamó "Doble A" (Autonomía de Acción). Esta alianza no duró todo el período de gobierno, pues en marzo de 1966 se separó el FND y en abril de 1968 hizo lo mismo URD, lo que obligó a Leoni a conformar en adelante su gabinete con gente de su partido y con independientes.

La guerra insurreccional seguía constituyendo el principal obstáculo para la gerencia pacífica del gobierno, pero Leoni, ayudado por su talante cordial, hizo notables esfuerzos para lograr la pacificación, sin descuidar la defensa del régimen democrático. Las disensiones internas de los partidos que alimentaban los núcleos guerrilleros dio sentido a la invitación que les hizo Leoni a que abandonaran la línea insurreccional y se incorporaran al juego democrático. A fines de 1964 el Congreso sancionó la Ley de Conmutación de Penas por Indulto o Extañamiento del Territorio Nacional, del cual se beneficiaron más de 250 procesados por actividades políticas.

La lucha guerrillera y antiguerrillera había desatado una ola de odio y de violencia sin precedentes en la era democrática, de la cual son muestra dos hechos: en primer lugar, el 18 de octubre de 1965 fue detenido por la Digepol el profesor Alberto Lovera, dirigente del PCV y quien tenía la responsabilidad de las finanzas de las FALN. El 27 de ese mismo mes su cadáver, irreconocible por la hinchazón y atado con una pesada cadena al cuello, fue rescatado por unos pescadores en las playas de Lecherías. Investigaciones posteriores instadas por su viuda validaron la hipótesis de que el profesor había muerto en una sesión de tortura y que el cadáver había sido arrojado al mar. En segundo lugar, el 1º de marzo de 1967 fue secuestrado a las puertas de un supermercado en los Palos Grandes el médico Julio Iribarren Borges, quien había sido presidente del Instituto Venezolano de los Seguros Sociales y hermano del canciller Ignacio Iribarren Borges. El doctor Iribarren era ajeno a todo activismo político, pero en forma inexplicable fue secuestrado, torturado y asesinado por una brigada de las autodenominadas Fuerzas Armadas de Liberación Nacional (FALN) y su cadáver fue abandonado dos días después a un costado de la Carretera Panamericana, cerca de los altos de Pipe.

Mientras esto ocurría, el gobierno se dedicaba a ejecutar o promover actividades favorables al desarrollo nacional: la extracción de petróleo alcanzó en 1968 la cifra record de 3.600.000 barriles diarios; la produc-

---

[18] *Ídem*, tomo 2, p. 931.

ción de hierro llegó ese año a 16 millones de toneladas, con utilidades para la Siderúrgica del Orinoco (SIDOR), por primera vez, de Bs. 24.000.000.[19] En 1966 se modificó la Ley de Impuesto sobre la Renta para cambiar su estructura y para producir al país mayores ingresos por el petróleo, se comenzaron a ver los resultados de la sustitución de importaciones con un aumento importante de la producción industrial y se constató el avance de los programas de reforma agraria, todo lo cual, junto con el aumento de la inversión pública en servicios educativos y de salud y en la construcción de obras públicas, generó un incremento importante en los niveles de empleo y en las remuneraciones de los trabajadores. En enero de 1967 entró en vigencia la nueva Ley del Seguro Social, cuyas prestaciones y cobertura territorial se ampliaron.

El Ministerio de Obras Públicas (MOP) ejecutó un Plan de Vialidad, bajo la dirección de Leopoldo Sucre Figarella, y se construyó la autopista La Araña – Coche, el distribuidor La Araña, los túneles de El Valle y El Paraíso, las autopistas Coche – Tejerías, Charallave – La Verota, Valencia – Puerto Cabello, el puente Angostura sobre el Orinoco, los puentes sobre los ríos Turbio y Caroní, el Puente Internacional José Antonio Páez, sobre el río Arauca, la segunda etapa (en trincheras) de la Av. Libertador, la autopista de Prados del Este, las avenidas intercomunales de El Valle y Antímano, de Cabimas – Ciudad Ojeda – Lagunillas – Bachaquero, la Av. Boyacá entre la Castellana y San Bernardino, la Circunvalación N° 1 de San Bernardino, la Avenida Intercomunal Barcelona – Puerto La Cruz, el Paseo Colón, la Av. Municipal de Puerto La Cruz y la 5ª Avenida de San Cristóbal. Además, se construyeron carreteras en los Estados Trujillo y Portuguesa, Guárico, Miranda, Apure, Zulia, Mérida, Táchira, Bolívar, Lara, Barinas, cuya identificación puede consultarse en el trabajo de Eduardo Páez-Pumar H., quien se basa en cifras oficiales.[20] En ese mismo trabajo puede obtenerse la información sobre obras hidráulicas, plantas termoeléctricas, edificaciones hospitalarias, aeropuertos, urbanismos, edificaciones escolares y obras emblemáticas como: la residencia presidencial La Casona, el edificio sede del Banco Central de Venezuela y el Edificio sede de la Corporación Venezolana de Guayana. Para no ser demasiado prolijos basta con señalar que, en este período, se crearon 1.010 planteles educativos desde preescolar hasta bachillerato. Por otro lado, en 1968 se inició la siembra de pinos Caribe en las sabanas de Uverito, en el sur de los Estados Monagas y Anzoátegui, programa este dirigido por el ingeniero J.J. Cabrera Malo, que cuenta hoy con 500.000 hectáreas sembradas con más de 400 millones de pinos.

---

[19] Fundación Polar, *Diccionario de Historia de Venezuela*, Segunda Edición, 1997, entrada *Leoni, Raúl, gobierno de*, Tomo 2, p. 932.

[20] *Del Pacto de Punto Fijo al Pacto de la Habana*, op.cit. pp. 146 y ss.

En este período el sector público construyó 112.130 viviendas y el privado 59.384 viviendas. La economía creció a un promedio de 7.5%, una de las más altas del mundo.

En educación, entre otros aspectos, se dio impulso a la educación rural, se autorizó la creación de la Universidad Metropolitana, se creó la Universidad Centro Occidental con sede en Barquisimeto, se creó el Consejo Nacional de Investigaciones Científicas y Tecnológicas (CONICIT).[21]

Sobre los grandes temas que llamaron la atención colectiva en esa época, debemos referir los siguientes:

En primer lugar, el gobierno continuó empeñosamente en defender sus derechos sobre la Guayana Esequiba. El 17 de febrero de 1966 se firmó en Ginebra, Suiza, el Tratado de Ginebra, por el cual se acordó constituir una Comisión Mixta para buscar un acuerdo práctico al diferendo. La actuación de la diplomacia en los meses siguientes fue intensa en el propósito de recuperar el territorio usurpado y el gobierno, con fundamento en el *Uti possidetis iuris,* ordenó la ocupación de la Isla fluvial de Anacoco, en la confluencia de los ríos Cuyuni y Venamo, frente la línea fijada como límite en el Laudo de 1899, y sobre cuya mitad oriental Guyana pretendía derechos, toma de posesión que se realizó el 12 de octubre de 1966, con la instalación de una Base de Seguridad de Venezuela, la cual persiste. Asimismo, el gobierno nacional vio con simpatía los reclamos de los rancheros y dirigentes amerindios de la región de Rupununi, los cuales habían sido discriminados y maltratados por el gobierno de Guyana y llegaron a sublevarse los primeros días de 1969 y a solicitar la protección de nuestro país, lo cual no pudo concretarse por la coyuntura política derivada del cambio de gobierno que estaba a punto de producirse en el país.

En segundo lugar, el 5 de febrero de 1967 se fugaron del Cuartel San Carlos de Caracas los guerrilleros Pompeyo Márquez, Guillermo García Ponce y Teodoro Petkoff, a través de un túnel excavado desde un abasto en las cercanías del cuartel, en una operación que había comenzado a planificarse desde marzo de 1964.

En tercer lugar, a pesar de que la actividad guerrillera se encontraba en decadencia en el país, el 8 de mayo de 1967 en la noche se produjo en la playa de Machurucuto, Estado Miranda, el desembarco de un grupo de 12 guerrilleros venezolanos entrenados en Cuba, y de agentes cubanos. Los

---

[21] María Antonieta Angarita Sergent: "Estudio Descriptivo y Análisis Comparativo de la Educación Venezolana entre 1958-1999 y 1999-2013", en José Curiel, edit: *Del Pacto de Punto Fijo al Pacto de La Habana, op. cit.*, pp. 252 y ss.

subversivos venían en dos embarcaciones, una de las cuales encalló y se ahogó un tripulante. Las embarcaciones fueron descubiertas por pobladores de la región, quienes denunciaron el hecho a las autoridades locales al día siguiente. En la noche del 10 las fuerzas armadas nacionales persiguieron a los guerrilleros, mataron a ocho y capturaron a dos, los cuales resultaron ser agentes cubanos. El Ejército decomisó los fusiles AK-47 que portaban los invasores y determinó por los seriales que pertenecían a un lote de armas que la República Socialista Checoslovaca había vendido a Cuba. A raíz de estos acontecimientos el gobierno venezolano rompió relaciones con el de Cuba.[22]

En cuarto lugar, en el horizonte mundial ocurrió un hecho que repercutió fuertemente en nuestro país, así como en otras naciones. En la noche del 20 al 21 de agosto de 1968, tropas de la Unión Soviética y de otros países del Pacto de Varsovia invadieron a la República Socialista de Checoslovaquia para sofocar un movimiento libertario que se había producido en ese país en los meses anteriores. En enero de 1968 había sido elegido Alejandro Dubcek como líder del Partido Comunista de Checoslovaquia y en su gestión había introducido un programa de reformas liberales que comprendía reformas económicas, limitaciones a los controles estatales y libertad de expresión, las cuales resultaban inaceptables para la dirigencia comunista tradicional. Las reformas tuvieron una vigencia de cuatro meses y ese breve período fue conocido como "La Primavera de Praga". Estos acontecimientos conmovieron a los partidos comunistas europeos y se produjeron disensiones y luchas internas que condujeron en Europa a la formación de movimientos llamados "eurocomunistas", divorciados del carácter autoritario que imperaba tras la llamada "Cortina de Hierro". En Venezuela la polémica también se hizo sentir, lo que incidió sobre el fin de la actividad guerrillera, que ya se sabía derrotada. Teodoro Petkoff, dirigente del PCV y guerrillero de fuste, publicó en 1969 el libro *Checoslovaquia: El Socialismo como problema*[23], en el que se criticaba fuertemente el modelo comunista soviético. Un grupo de dirigentes del Partido Comunista deciden retirarse del partido y constituir, algún tiempo después, el partido Movimiento al Socialismo (MAS), entonces calificado por los prosoviéticos como "troskista".

En quinto lugar, con motivo de la escogencia del candidato presidencial del partido AD a las elecciones presidenciales de diciembre de 1968,

---

[22] http://es.wikipedia.org/wiki/Incidente_de_Machurucuto. Con algunas diferencias en cuanto a la versión anterior: Héctor Pérez Marcano y Antonio Sánchez Gar-cía: *La invasión de Cuba a Venezuela: de Machurucuto a la revolución bolivariana*, Los Libros de El Nacional, Caracas, 2007

[23] Editorial Domingo Fuentes, 1969; Monte Ávila Editores, 1990.

se produjo la separación de un importante contingente de dirigentes y militantes del partido, liderizados por el precandidato Luis Beltrán Prieto Figueroa, quienes formaron el partido Movimiento Electoral del Pueblo (MEP). Este acontecimiento debilitó la opción del partido de gobierno y permitió el triunfo de Rafael Caldera, candidato del partido COPEI, por la mínima diferencia de 33.000 votos, quien gobernó entre 1969 y 1973.

Fue la primera vez en la historia de nuestro país que un partido de oposición accedía al gobierno por libres comicios.

C. CALDERA, MONOPARTIDISMO Y PACIFICACIÓN

Caldera había presidido la Cámara de Diputados mientras su partido integraba la coalición en el período de Rómulo Betancourt, y en ese carácter había realizado una importante labor en la redacción y aprobación de la Constitución de 1961. En 1969 Caldera llega al poder por la vía electoral, después de intentos fallidos en 1947, 1958 y 1963, impulsado por un imaginativo programa de gobierno y una consigna: "El cambio va". Pero con un triunfo electoral muy estrecho y con minoría en las Cámaras Legislativas, era lógico que buscara formar alianzas para asegurar la gobernabilidad, en lo cual no tuvo éxito y se vio obligado a conducir el primer gobierno monopartidista en la etapa democrática. Al asumir la presidencia, en su discurso ante el Congreso, Caldera afirmó: "En mis manos no se perderá la República", con lo cual quiso significar que la democracia había dejado de ser un experimento para convertirse en un modo de vida del país. Así fue efectivamente, pero manejar un Estado con un gobierno monopartidista con minoría en las Cámaras Legislativas resultó un experimento que nadie más quiso repetir. No obstante, en este período, el gobierno logró acuerdos puntuales con algunas de las fracciones parlamentarias para la aprobación de proyectos de ley o para la asignación de recursos presupuestarios a programas determinados.

La primera medida de significación que emprendió ese gobierno fue la de consolidar la política de pacificación, que ya había sido iniciada por Leoni. El propósito era el de desmovilizar las fuerzas guerrilleras que permanecían en armas, para lo cual procedió a invitar a los líderes guerrilleros a acogerse a la política de pacificación, lo que en la práctica significaba una amnistía, a legalizar el PCV en 1969 y el MIR en 1973, y a garantizar a los pacificados que no serían perseguidos por sus ideas políticas. Esa orientación tuvo éxito, un contingente importante de ciudadanos, algunos con altos niveles educativos, se incorporaron a la vida civil y el tema de la subversión de izquierda dejó de ser un motivo de preocupación para el gobierno y para el país.

La actitud del gobierno hacia las fuerzas subversivas tuvo sus repercusiones en su política exterior. La Doctrina Betancourt, que descartaba mantener relaciones con gobiernos antagónicos a los procesos democráticos, fue sustituida por la doctrina del pluralismo ideológico y la solidaridad pluralista, lo que permitió mantener relaciones con gobiernos latinoamericanos de cualquier signo, excepto con Haití y Cuba, aunque con este último se flexibilizó el trato, y se produjo una apertura hacia el bloque socialista.[24] En este período finalizó, sin resultado alguno, el plazo de cuatro años que se había establecido en el Acuerdo de Ginebra para la búsqueda de una solución práctica a la reclamación sobre la Guayana Esequiba. Deseoso el gobierno de mantener buenas relaciones con el bloque de países angloparlantes, sobre todo del Caribe, suscribió con Guyana, en 1970, el Protocolo de Puerto España, con el cual se congeló la reclamación por un período de 12 años.

En el ámbito económico, el gobierno aprobó el IV Plan de Desarrollo Económico y Social de la Nación, en el cual se preveía, por una parte, intensificar la política de sustitución de importaciones y, por la otra, ampliar el ámbito de actuación de las empresas nacionales. Desde 1969 Venezuela era miembro de la Corporación Andina de Fomento, organismo financiero al servicio de la integración subregional andina, y, después de un amplio proceso de consultas internas y de negociaciones hacia el exterior, se incorporó en 1973 al Pacto Andino. La decisión del controlar progresivamente la industria y el comercio de los hidrocarburos llevó al Estado dictar la Ley que reserva al Estado la industria del Gas Natural, del 26 de agosto de 1970, la Ley de Bienes Afectos a Reversión en las Concesiones de Hidrocarburos, del 30 de julio de 1971, conforme a la cual se establecieron pautas para la conservación de los bienes afectos a las concesiones de hidrocarburos por las empresas petroleras privadas, dado que tales bienes debían revertir al Estado, sin indemnización, al vencerse el período de las concesiones en 1983, y a promulgar la Ley que Reserva al Estado la Explotación del Mercado Interno de los productos derivados de Hidrocarburos (26 de junio de 1973). A ello se suma una serie de medidas de carácter fiscal, tales como el aumento de los impuestos a las empresas explotadoras de hidrocarburos y la fijación unilateral por el gobierno del precio de los hidrocarburos, el cual debía servir de base para la determinación de los impuestos y de las regalías a pagar al Estado por dichas empresas. Por otra parte, el gobierno decidió emprender una importante reforma del sistema aduanero para incorporar el país al proceso de integración andina. En cuanto a la parte tributaria, el objetivo era establecer el sistema de impuestos de acuerdo al valor de las importaciones (arancel *ad*

---

[24] *Diccionario de Historia de Venezuela, cit.*, tomo 1, p. 990.

valorem), en lugar del anticuado sistema que consistía en calcular los impuestos de importación según el número de unidades, el peso o las medidas de los artículos, que ya no existía en casi ningún país. Pero no podía hacerlo porque se lo impedía el Tratado de Reciprocidad Comercial con los Estados Unidos, por lo cual el gobierno se vio obligado a denunciar dicho tratado en 1972.

El gobierno de Caldera contó con un equipo de jóvenes y bien formados ingenieros que acometieron ambiciosos programas de obras públicas, las principales de las cuales fueron las siguientes[25]: se concluyó el proyecto del Metro de Caracas y para su construcción se ejecutaron obras de relocalización de servicios, el embaulamiento de la Quebrada de Caroata, construcción del puente Diego de Lozada y de la Estación Agua Salud del Metro; se construyeron los hospitales: General del Oeste, José Gregorio Hernández en los Magallanes, Alfredo Van Grieken en Coro, Jesús Yerena en Lídice, Central de Maracay, Rafael Zamora Arévalo en Valle de la Pascua y Universitario de los Andes, en Mérida. Entre las obras viales merecen citarse: segundo piso de la Autopista del Este, Distribuidor del Ciempiés, autopista Prados del Este – La Trinidad, Autopista Francisco Fajardo Tramo Distribuidor La Araña – Antímano, Avenida Boyacá Tramo Distribuidor Boyacá – La Castellana, Avenida Río de Janeiro, Tramo El Llanito – Chuao; los puentes 9 de Diciembre, Lara, Bolívar y Ayacucho, Viaducto los Chorros, distribuidores Baralt, Boyacá, La Castellana, Altamira y San Antonio de los Altos, avenida Panteón, autopistas Circunvalación del Este y Valencia – Campo de Carabobo, Distribuidor San Blas, también en Valencia, avenida Los Leones de Barquisimeto, Intercomunal Maracay – Palo Negro, avenida Mérida – La Punta – Puente Albarregas, Intercomunal Mérida – Ejido; autopistas Alta Vista – Matanzas en Puerto Ordaz, Barcelona – KM 52, Barquisimeto – Yaritagua, Barquisimeto – Carora (Primera Etapa), Intercomunal Coro – Punto Fijo (Primera Etapa Tramo Coro – Tacuato), carretera El Dorado – Santa Elena de Uairén, los puentes Santa Cruz de Guacas sobre el Río Uribante en Barinas, sobre el Río Limón (Puerto Mara – Puerto Guerrero), Cornelio Muñoz (Puerto Nutrias – Bruzual), entre otros. Entre las obras hidráulicas destacan: embalses de Durute, Cumaripa y Cabuy para riego; Jatira – Tacarigua (Tocuyo de la Costa), el Zamuro, la Becerra y Dos Cerritos para riego y abastecimiento de agua potable; Ocumarito, La Pereza y Puente Blanco, para abastecimiento de agua potable; las plantas de tratamiento de TM1 (Yare) y Enrique Burgoin en Mérida. La generación de electricidad se vio favorecida con las plantas termoeléctricas: Planta Barquisimeto, Planta Oscar Augusto Machado (Unidades 1 a 5) de la EDC y Rafael Ur-

---

[25] Eduardo Páez-Pumar H., *loc. cit.* p. 147 a 149.

daneta en Maracaibo y con la construcción de la Planta Hidroeléctrica de Santo Domingo. Se mejoraron 12 puertos y se construyeron los aeropuertos de la Chinita en Maracaibo, Josefa Camejo en Paraguaná y la 1ª etapa del nuevo Aeropuerto de Maiquetía. Como obras emblemáticas merecen citarse: el Poliedro de Caracas, el Museo de Bellas Artes de Caracas, el Teatro de Bellas Artes de Maracaibo, Edificio Sede de la Sociedad de Ciencias Naturales en el Marqués, Edificio Administrativo del Palacio de Miraflores, Comandancia General de la Aviación, Residencia Presidencial La Viñeta, la remodelación de la Zona Colonial de Coro. El sector público construyó en este período 191.918 viviendas y el sector privado 99.415, lo cual resultó menor a la meta trazada, pero que fue una cifra sin precedentes en el país.

Bajo la dirección del Ministerio de Obras Públicas el gobierno inició un programa de ocupación del territorio en el sur del país que se llamó La Conquista del Sur, con dos objetivos principales: de un lado, consolidar la soberanía en un área casi despoblada y poco atendida, con gran significación en cuanto a la preservación de los límites del país; del otro, realizar prospección de recursos naturales, particularmente en el área minera, para considerar la posibilidad de integrar esa zona al desarrollo nacional.

En educación, se crean importantes programas para niños y jóvenes: Arte y Cultura para Niños, Museo de los Niños, programa de televisión Sopotocientos, Programa Vacacional de la Fundación del Niño, Festival Juvenil de la Ciencia, Primer Congreso de Educación Primaria; se comienzan a organizar las comunidades educativas, se crea el bachillerato diversificado, en el cual se incluye la educación técnica y las escuelas normales; se reforma el sistema de evaluación en primaria, de acuerdo a las nuevas tendencias pedagógicas; se fundaron 28 instituciones públicas y privadas de educación superior, entre ellas se creó la Universidad Simón Bolívar y la Universidad Nacional Experimental Simón Rodríguez, cinco institutos universitarios de tecnología, cinco colegios universitarios, dos institutos pedagógicos experimentales; se organiza la Oficina de Planificación del Sector Universitario (OPSU).

En este período se emprendió la tarea de mejorar los niveles de eficiencia del gobierno. Se ejecutó un programa de reforma de la Administración y de planificación del desarrollo administrativo, vinculado con los objetivos de la planificación económica y social, se ejecutaron importantes programas de formación y de adiestramiento de funcionarios públicos, se organizó el sistema de administración de personal, con fundamento en la Ley de Carrera Administrativa, promulgada en septiembre de 1970, y se iniciaron los concursos para el ingreso a la Administración nacional; se determinó la división del país en regiones administrativas, conforme al Decreto de Regionalización, del 11 de junio de 1969, y se comenzó la formulación de planes regionales de desarrollo. Todos estos programas trajeron como consecuencia que, para fines del período de Caldera, el Poder Ejecutivo había sido objeto de una notable modernización en su estructura y funcionamiento y, además, por efecto de los controles a que se había visto sometido el gobierno por su condición minoritaria, la corrupción administrativa no era un problema que inquietara al país. También se realizó una reforma del Poder Judicial, con la aprobación de la ley sobre el Consejo de la Judicatura, el nombramiento de sus integrantes y el inicio de los concursos para jueces.

En el ámbito político, la atención nacional se vio atraída por aspectos como los siguientes:

En primer lugar, el Partido Comunista, cuya discusión interna sobre la validez del modelo soviético se había iniciado a raíz de la invasión a Checoslovaquia en 1968, se dividió formalmente en 1971 y dio origen al Movimiento al Socialismo (MAS), partido que alcanzó cierta significación en los años siguientes; mientras que otro grupo prefirió organizar el partido La Causa Radical (La Causa R), el cual alcanzó una importante votación en 1993.

En segundo lugar, el proceso de Renovación Académica, inspirado en movimientos que se sucedieron en diversas Universidades del mundo en 1968, entre ellos el mayo francés, y que había promovido importantes reformas en algunas Escuelas de la Universidad Central de Venezuela, había conducido a la parálisis de varias Facultades y al entorpecimiento general de la institución, debido a los factores radicales que habían capitalizado el movimiento. Como reacción, el gobierno, con el acuerdo del principal partido de la oposición (AD), decidió en 1969 intervenir la Universidad, tomar militar y policialmente el recinto universitario y solicitar del Congreso una reforma de la Ley de Universidades, que resultó sancionada el 2/9/70, en la cual se estableció la no reelegibilidad de las autoridades rectorales y sirvió de base para someter a procedimientos disciplinarios a algunas de dichas autoridades por el Consejo Nacional de Universidades. Este organismo, formado por los Rectores de todas las Universidades y otros funcionarios y presidido por el Ministro de Educación, designó en 1970 unas autoridades provisionales en la Universidad Central de Venezuela, mientras se hacían nuevas elecciones.

En tercer lugar, el dictador Marcos Pérez Jiménez, que había sido extraditado de los Estados Unidos en 1963 por delitos contra el patrimonio público, fue juzgado en el país y cumplió condena de cinco años, luego de la cual se había radicado en España. En las elecciones generales de 1968 compitió el partido Cruzada Cívica Nacionalista, que proclamaba su adhesión al liderazgo de Pérez Jiménez, y obtuvo una votación sorprendente, como resultado de la cual Pérez Jiménez resultó, en ausencia, electo senador por el Distrito Federal, pero esa investidura fue anulada por la Corte Suprema de Justicia. Para las elecciones generales de 1973, los sondeos de opinión mostraban que Pérez Jiménez, de ser postulado candidato presidencial, obtendría una altísima votación. Ante esta eventualidad, los partidos AD y COPEI decidieron promover una enmienda de la Constitución, que fue sancionada en mayo de 1973, la cual disponía que "No podrán ser elegidos Presidente de la República, Senador o Diputado al Congreso, ni Magistrado de la Corte Suprema de Justicia, quienes hayan sido condenados mediante sentencia definitivamente firme, dictada por Tribunales Ordinarios, a pena de presidio o prisión superior a tres años, por delitos cometidos en el desempeño de funciones públicas, o con ocasión de éstas". De este modo, se conjuró la posibilidad de una victoria electoral del exdictador.

En cuarto lugar, el funcionamiento institucional del Estado requería que, independientemente de quien tuviera una mayoría en un momento determinado, se establecieran unas reglas que permitieran la convivencia política y la gobernabilidad. En tal sentido, en este período de gobierno se llegó a un acuerdo entre los partidos AD y COPEI, conforme al cual el partido que hubiera postulado al candidato victorioso en las elecciones presidenciales tenía derecho a que se eligiera a un miembro de ese partido como Presidente del Senado, dado que este funcionario era el llamado a suplir la ausencia absoluta del Presidente de la República, mientras el Congreso efectuara nueva elección, o se realizara una nueva elección popular, si el Presidente electo no hubiera tomado posesión del cargo. Asimismo, que la presidencia de la Cámara de Diputados recaería en una persona postulada por el principal partido de la oposición, quien decidiría también al candidato que elegiría el Congreso como Contralor General de la República, para garantizar el control sobre la gestión del gobierno. Este acuerdo, nunca formalizado por escrito, se llamó el Pacto Institucional, y creó una relación privilegiada entre los partidos AD y COPEI, cuyos votos sumados hacían mayoría en las Cámaras Legislativas, la cual se manifestó en aspectos tales como el consenso para reformar la Ley de Universidades en 1970, para aprobar el ingreso de Venezuela al Pacto andino y para sancionar la Enmienda N° 1 de la Constitución.

Al final del gobierno de Caldera se produjo una situación en el medio oriente que repercutió de modo importante sobre la situación económica y política de nuestro país. Coincidiendo con la fiesta judía del Yom Kipur, el 6 de octubre de 1973, Siria y Egipto abrieron hostilidades contra Israel y ocuparon parte del territorio bajo su control en un conflicto armado de grandes proporciones. El 16 de octubre siguiente, cuando esta guerra todavía no estaba concluida, la Organización de Países Árabes Exportadores de Petróleo (que agrupaba a los países árabes miembros de la OPEP más Egipto, Siria y Túnez) y, además, Irán, tomaron la decisión de detener la producción de crudo y establecer un embargo para los envíos de petróleo hacia los Estados Unidos y algunos países europeos, especialmente Holanda, que habían apoyado a Israel en la guerra en curso, y también un boicot contra este país. Asimismo, la mayoría de los países de la OPEP acordaron reducir la producción entre un 15 y un 20% y, a continuación, hacerlo en un 5% al mes hasta que Israel abandonara los territorios ocupados, decisión esta última que luego fue abandonada. Estas reducciones de producción y la idea que existía entonces de que el petróleo estaba agotándose en el planeta, tal como lo sostenía el Informe del Club de Roma sobre "*Los límites del crecimiento*", condujeron a aumentos progresivos del precio del barril en los mercados internacionales hasta casi 12 dólares en diciembre de 1973, lo cual significaba que su precio se había cuadruplicado en el período de tres meses, con tendencia a seguir subiendo.

El 9 de diciembre de 1973 se realizó la elección presidencial en la cual, con su consigna "Democracia con Energía", resultó electo por una mayoría absoluta Carlos Andrés Pérez, postulado por el partido AD, como Presidente de la República para el período 1974-1979.

D. CARLOS ANDRÉS PÉREZ, ABUNDANCIA Y DISCRECIONALIDAD

El aumento de los ingresos presupuestarios por efecto de los nuevos valores del petróleo comenzó a ser percibido el primer año de la gestión de Pérez. El valor promedio de exportación del crudo pasó de US $ 4,22 por barril en 1973 a US $ 14,35 en 1974, lo que significó en términos de ingresos fiscales que los Bs. 14.000 millones que se percibieron en 1973, pasaron a Bs 42.000 millones en 1974 y que las reservas del internacionales en poder del Banco Central se elevaron de US $ 2.400 millones en 1973 a US $ 6.423 millones en 1974.[26]

Provisto el gobierno de inmensos recursos no comprometidos, y contando con una mayoría absoluta en ambas cámaras legislativas (28 senadores de 47 y 102 diputados de 200), en su discurso de toma de posesión el presidente Pérez anuncia una amplia reforma del Estado y una política de pleno empleo. El 31 de mayo de 1994 el Congreso dictó la Ley Orgánica que Autoriza al Presidente de la República para Dictar Medidas Ex-

---

[26] Tomás E. Carrillo Batalla y Rafael José Crazut: *Proceso histórico de la deuda externa venezolana* en el siglo XX, www.ance.msinfo.info/bases/biblo/texto/BA /BA.04.01.pdf

traordinarias en Materia Económica y Financiera, con fundamento en la cual el presidente dictó numerosos decretos-leyes para transformar el sistema económico del país. En particular, debemos destacar la reforma, por decreto, de la Ley Orgánica de la Hacienda Pública Nacional "en lo que se refiere a la unidad del tesoro, a fin de que pueda destinarse anualmente a la creación y mantenimiento del Fondo de Inversiones de Venezuela, el 50% de los ingresos fiscales obtenidos por impuestos de explotación del petróleo y gas y del impuesto sobre la renta sobre esos sectores...", y a crear un instituto autónomo, el Fondo de Inversiones de Venezuela, lo cual fue realizado al día siguiente. Asimismo, el presidente fue autorizado por el Congreso para reformar el sistema financiero nacional y el mercado de capitales y para estimular la transformación de la estructura de los sectores de la producción que lo requirieran y, con esa base, dictó decretos-leyes sobre el Banco Central de Venezuela, sobre Bancos y otros Institutos de Crédito, sobre el Mercado de Capitales, sobre Empresas de Seguros y Reaseguros, sobre el Sistema Nacional de Ahorro y Préstamo, sobre Asociaciones Cooperativas, sobre el Banco Industrial de Venezuela, sobre el Banco de los Trabajadores de Venezuela, y sobre nueve ámbitos legislativos más.

La creación del Fondo de Inversiones de Venezuela (FIV) tenía como propósito sustraer de la administración presupuestaria ordinaria, y del control del Congreso, ingentes sumas de recursos para destinarlos a programas de inversión. Por otra parte, el aumento de los ingresos ordinarios del presupuesto implicaba un incremento proporcional del situado constitucional que correspondía a los Estados. El situado de los Estados para 1974, que había sido estimado en el presupuesto aprobado en 1973 en la suma de 2.000 millones de bolívares, pasó a ser de 6.000 millones, es decir, se había triplicado de un año para otro. El gobierno tuvo dudas de que los Estados pudieran administrar sumas de esa magnitud con eficiencia y honestidad, por lo cual presentó al Congreso, con base en una previsión constitucional al respecto, un proyecto de Ley de Coordinación de la Inversión del Situado Constitucional con los Planes Administrativos Desarrollados por el Poder Nacional, la cual fue sancionada el 31 de julio de 1974, y en ella se dispuso que a los Estados se les entregaría solamente la mitad de la suma que les correspondía por situado, y la otra mitad se dejaba depositada en el Banco Central para financiar programas conjuntos con la Administración central, de acuerdo a los convenios, preparados por el Ejecutivo Nacional, que se suscribieran entre ambas partes.

En el período de Carlos Andrés Pérez se tomaron muchas y muy diversas medidas que afectaron el régimen económico y la vida cotidiana de las personas: se dictaron, entre otros, decretos sobre prohibición de cobro por entrada a las playas, sobre la obligación de los establecimientos comerciales de ofrecer al público baños higiénicos, sobre congelación de precios para los bienes de primera necesidad, sobre salario mínimo y aumento general de sueldos y salarios, sobre prohibición de despidos injustificados; se dictó un reglamento del Puerto Libre de Margarita, en sustitución de la Zona Franca que había sido creada por Caldera, se reglamentaron las inversiones extranjeras y se creó la Superintendencia de Inversiones Extranjeras (SIEX), en el marco del proceso de integración subregional andino; se exoneraron de impuestos a las actividades agropecuarias productoras de bienes de consumo diario y el 9 de septiembre de 1975 apareció publicada en la *Gaceta Oficial* la Ley de Remisión, Reconversión y Consolidación de las Deudas de los Productores Agropecuarios; se dictó el decreto que ordenaba extender los beneficios del Seguro Social para prestaciones por invalidez, incapacidad parcial, vejez, nupcias y muerte; se ordenó una rebaja del 10% de los gastos de funcionamiento de entidades públicas; en materia ambiental se decretó la demolición de las construcciones en el Parque Nacional Morrocoy y en junio de 1974 se dictó por decreto la Ley Orgánica del Ambiente, se creó el Ministerio del Ambiente y de los Recursos Naturales Renovables y se inició una política coherente en este sector.

En el mandato del presidente Pérez hubo mucha actividad en las relaciones internacionales: se establecieron relaciones con China comunista, con Cuba, con Bulgaria, con Gabón. El Presidente de la República adquirió gran protagonismo internacional, recibió a mandatarios extranjeros, entre ellos el Sha de Irán y los Reyes de España, efectuó numerosas visitas a otros países, participó en conferencias internacionales, entre ellas la Asamblea General de la Organización de las Naciones Unidas y la Conferencia de Jefes de Estado de la OPEP.[27] Por otra parte, el gobierno nacional cumplió un papel esencial en la creación del Sistema Económico Latinoamericano (SELA).

La política nacionalista con relación a las materias primas de producción nacional se acentuó en este período. Por acuerdo de la OPEP se aumentó en varias ocasiones el precio del petróleo; en octubre de 1974 se incrementó el impuesto a las empresas petroleras en un 3,5%, con efecto retroactivo desde enero de ese año.[28] El 26 de noviembre del mismo año, el Presidente dictó el Decreto Ley N° 580, por medio del cual "Se reserva al Estado, por razones de conveniencia nacional, la industria de la explotación del mineral de hierro. En consecuencia, a partir del 31 de diciembre de 1974, quedan extinguidas las concesiones, que para explotar este mineral, fueron otorgadas por el Ejecutivo Nacional". El 21 de agosto de 1975,

---

[27] *Diccionario de Historia de Venezuela, cit.*, tomo 3, pp. 552 y ss.
[28] *Ídem*, p. 552.

el Congreso de la República sancionó la Ley Orgánica que Reserva al Estado la Industria y el Comercio de los Hidrocarburos, la cual declaro extinguidas las concesiones de hidrocarburos otorgadas por el Ejecutivo Nacional, lo cual se haría efectivo el 31 de diciembre de ese año y significó un adelanto de la reversión de las concesiones petroleras, que debía tener lugar en 1983. Una medida de tanta significación se pudo adoptar por el aumento de valor del petróleo en los mercados internacionales, lo que permitió pagar una importante indemnización a las empresas petroleras, al igual que lo habían hecho otros países del oriente medio. En la Ley citada se autorizó al Ejecutivo para formar las empresas de exclusivo capital público que fueran necesarias para cumplir los fines establecidos, de donde resultó la creación de Petróleos de Venezuela (PDVSA) y de las empresas operadoras con el carácter de filiales de aquella. Se decidió mantener, para las empresas de la industria petrolera nacional, el mismo régimen jurídico tributario que había existido para las empresas concesionarias.

Por esos años se produjeron dos hechos vinculados con la actividad subversiva, a pesar de que esta ya estaba prácticamente extinguida: el 18 de enero de 1975 se evadieron del Cuartel San Carlos 23 exguerrilleros que purgaban pena de prisión en el establecimiento y el 27 de febrero de 1976 fue secuestrado el ciudadano norteamericano William Frank Niehaus, quien presidía en Venezuela la empresa trasnacional Owens-Illinois, la principal productora de envases de vidrio a nivel mundial. Niehaus estuvo secuestrado durante tres años y cuatro meses, hasta que, bajo el gobierno de Luis Herrera Campins, fue liberado por la Policía Técnica Judicial mientras era mantenido prisionero en una hacienda en el Estado Bolívar, en un encuentro fortuito en el que resultaron abatidos los militantes de la Liga Socialista y de la Organización de Revolucionarios (O.R.) en el Estado Bolívar José Aquino Carpio y Carlos Wilfredo Silva. En este hecho, al parecer, se dieron la mano actitudes políticas de izquierda con intereses económicos en el cobro del rescate.

El 9 de marzo de 1976 se aprobó el V Plan de la Nación (1976-1980), el cual se puso en vigencia por decreto presidencial. Este plan tuvo como orientación fundamental el incremento en grandes proporciones de la producción de las industrias básicas de Guayana: ampliación de Sidor, nuevas plantas de refinado de bauxita y de fundición de aluminio y diversas obras hidráulicas de gran magnitud en la región. La inversión prevista para estas obras fue una suma equivalente a 53.000 millones de dólares. Cuando se inicia la ejecución del plan el precio del petróleo había comenzado a bajar y el gobierno acometió un proceso de endeudamiento externo que alcanzaría grandes proporciones. Se ha señalado como un hecho curioso que Venezuela, al mismo tiempo que contraía deuda externa, otorgaba financiamientos a diversos países de América Latina. El 13 de enero de 1979, el Banco Central de Venezuela informa que, para el 28 de febrero anterior, la deuda pública externa alcanzaba a Bs. 31.000 millones, mientras que la interna era del orden de Bs. 19.148 millones.[29] En su momento, el jurista y experto petrolero Juan Pablo Pérez Alfonzo calificó el plan citado como "un plan de destrucción nacional"[30] y en esa posición estuvo acompañado por el economista Iván Pulido Mora, quien había criticado el programa de endeudamiento y por ello se había visto obligado a renunciar al cargo de Director General del Ministerio de Hacienda.

En este período se acometieron numerosas obras públicas de significación, tales como: embalses para riego, para riego y abastecimiento de agua potable y para abastecimiento de agua potable, como apoyo al plan de obras hidráulicas; plantas de tratamiento de agua; se inauguraron diversas plantas termoeléctricas y se completó la Primera Fase de la Planta Hidroeléctrica Raúl Leoni (Guri). Pueden citarse entre las principales edificaciones hospitalarias construidas: Hospital Miguel Pérez Carreño (el Pescozón) en Caracas, Hospital Universitario Dr. Ángel Larralde en Naguanagua, hospitales Juan Daza Pereira en Barquisimeto, de Niños Excepcionales en Catia La Mar, Materno Infantil Joel Valencia Parpacén en Petare, José María Benítez en La Victoria, Pablo Acosta Ortiz en San Fernando de Apure, Hospital Universitario Dr. Miguel Oráa en Guanare, Hospital Universitario Luis Razetti en Barinas, Dermatológico Dr. Martín Vegas de Catia La Mar, José F. Urdaneta de Calabozo, Estado Guárico, General de Santa Bárbara en Santa Bárbara del Zulia, Materno Infantil Raúl Leoni en Maracaibo, Joaquina de Rotondaro en Tinaquillo, Unidad Geriátrica Dr. Joaquín Quintero Quintero en Caricuao y los hospitales Materno Infantiles Cuatricentenario y Rafael Belloso Chacín en Maracaibo. Entre las principales obras viales del período están: Autopista Francisco Fajardo tramo Antímano – Caricuao, distribuidores Antímano y Caricuao, Viaducto Los Ocumitos de la autopista Coche – Tejerías, autopistas Caracas – Guarenas, Yaritagua – Chivacoa, autopista KM 42 – Anaco – Cantaura, autopista San Cristóbal – La Fría Tramos I, II y V, autopista Tinaco – San Carlos, autopista Barquisimeto – Carora (segunda etapa), Intercomunal Guarenas – Guatire, Intercomunal Santiago Mariño (Maracay – Turmero), Circunvalación N° 2 de Maracaibo, Intercomunal El Tigre – San José de Guanipa (El Tigrito), Intercomunal Coro – Punto Fijo (segunda etapa tramo Tacuato – Punto Fijo), segundo puente sobre el Río Caroní, puente sobre el Río

---

[29] *Diccionario de Historia de Venezuela, cit.*, tomo 3, p. 555.
[30] Véase: Juan Pablo Pérez Alfonzo: "Plan de destrucción nacional", Editorial Lisbona, 4° edición 1976, reproducido en la *Revista BCV,* vol. XXII, N° 1, enero-junio 2008, *Pérez Alfonso, Profecías cumplidas?*: www.bcv.org.ve/Upload/Publicaciones/rbcvs012008.pdf

Caparo y puente El Triunfo en Lara; se construyó el Aeropuerto Santiago Mariño en Nueva Esparta. En diciembre de 1977 se puso en funcionamiento el cable submarino para suministrar electricidad a la Isla de Margarita, proveniente de El Guri. El sector público construyó 149.293 viviendas y el sector privado 177.624 viviendas.[31]

El gobierno introdujo modificaciones en la estructura y funcionamiento de la Administración Pública, entre ellas algunas sugeridas por la Comisión de Administración Pública en el período anterior sobre el esquema ministerial, creó numerosos institutos autónomos y empresas del Estado, consagró las prestaciones sociales como derecho adquirido y dispuso que los funcionarios públicos también tendrían ese beneficio, amplió el ámbito de discrecionalidad del Ejecutivo en el nombramiento y remoción de funcionarios públicos.

En el sector de educación, se creó el programa de becas Gran Mariscal de Ayacucho y se le dotó de amplios recursos; se fundó el Sistema Nacional de Orquestas Juveniles e Infantiles de Venezuela, bajo la dirección del maestro José Antonio Abreu, se decretó la creación de 45 institutos de educación superior, entre ellos las Universidades experimentales Ezequiel Zamora (UNELLEZ), Francisco de Miranda (UNEFM), Rómulo Gallegos (UNERG), Universidad Nacional Abierta (UNA), la Universidad Nacional Experimental del Táchira (UNET), Universidad Politécnica Antonio José de Sucre (UNEXPO); el Colegio Universitario Francisco de Miranda, el Colegio Universitario de Maracaibo, los tecnológicos de La Victoria, Puerto Cabello, Valencia, El Tigre, Valera y Acarigua; los Institutos Universitarios Politécnicos de las Fuerzas Armadas y Luis Caballero Mejías, el IUT de San Felipe; se decretó la conversión de los cuatro Institutos de Formación de Oficiales de las Fuerzas Armadas Nacionales en Institutos Militares Universitarios; se creó la Fundación de Edificaciones y Dotaciones Educativas (FEDE), se inauguraron 135 bibliotecas, se creó la Biblioteca Ayacucho. Se crearon los programas de roperos escolares Negra Matea, los hogares de cuidado diario y multihogares, a través de la Fundación del Niño.[32]

El desempleo alcanzó la tasa de 4,3% en el segundo trimestre de 1978, la más baja desde que se llevan estadísticas en este ámbito.

---

[31] Eduardo Páez Pumar, *op. cit.*
[32] Véanse: Eduardo Páez-Pumar H., *loc. cit.*, pp. 149 y 150, y María Antonieta Angarita Sergent, *loc.cit.*, pp. 256 y 257.

El 3 de diciembre de 1978 tuvieron lugar las elecciones generales en el país y resultó electo Luis Herrera Campins, postulado por el partido COPEI, como Presidente de la República para el período 1979-1983.

E. LUIS HERRERA CAMPINS, NUEVA ABUNDANCIA Y NUEVA CRISIS

En su discurso de toma de posesión en el Congreso, Luis Herrera Campins expresó, para referirse al fuerte endeudamiento contraído por el gobierno de Pérez, que "recibo un país hipotecado". Si bien el monto de la deuda era importante, sobre todo en un país que no había contratado empréstitos externos en buena parte del siglo XX, o que lo había hecho moderadamente en los últimos quinquenios, las dificultades del período de Luis Herrera provinieron principalmente de los vencimientos que debió enfrentar al comenzar su gobierno y de los altos intereses. En esas circunstancias, sin embargo, el gobierno incurrió en nuevos endeudamientos, bien para financiar deudas vencidas, bien para disponer de dinero fresco con destino a las obras del período.

En el ambiente de esos años, el tema de la corrupción administrativa adquirió una gran importancia y se convirtió en un factor político, como nunca lo había sido. El caso Sierra Nevada, originado en el señalamiento de sobreprecio en la adquisición de un barco refrigerado en el período anterior, originó encendidos debates en el Congreso y en la opinión pública en 1980. La investigación parlamentaria contra el expresidente Pérez y otros altos funcionarios concluyó exonerando de responsabilidad administrativa por este hecho al Jefe del Estado. Por otra parte, en la campaña electoral de 1978 habían abundado denuncias sobre contratos para realizar obras en el período que culminaba, encomendadas a grupos de empresarios determinados, a quienes se señalaban como "los doce apóstoles", y se hablaba de complicidad de altos funcionarios en esas decisiones, lo cual, desde esa época, ha sido una constante en nuestro país, con implicaciones no solo legales o económicas, sino sobre todo políticas. En diciembre de 1982 el congreso sancionó la Ley Orgánica de Salvaguarda del Patrimonio Público, en la cual se tipificaron nuevos delitos contra la cosa pública, como el enriquecimiento ilícito, el peculado de uso, la malversación de fondos y el sobregiro en las partidas, se incrementaron las sanciones previstas y se creó el Tribunal Superior de Salvaguarda del Patrimonio Público, encargado de enjuiciar y sancionar los hechos de corrupción en el sector público.

En 1979 se produjo un hecho externo que tendría repercusiones en las finanzas del país. En enero es derrocado régimen del Sha de Irán y el poder se traslada a un grupo de clérigos musulmanes liderizados por el Ayatollah Khomeini. El nuevo gobierno no apoyaba la exportación del crudo y ordenó la expulsión todos los trabajadores extranjeros que laboraban en esa actividad, lo que ocasionó la suspensión de la exportación del petróleo. La producción petrolera de Irán pasó de 5 millones a 200 mil barriles diarios, lo que significó una reducción del 96% de la extracción, equivalente al 4% del consumo mundial. Otros países productores del crudo incrementaron la producción, pero aún así el déficit mundial en ese momento era de 2 millones de barriles diarios. No se había terminado de solventar esta situación cuando se produjo, en septiembre de 1980, el inicio de la guerra Irán-Irak, la cual se extendió por largos años. Estos hechos produjeron la llamada "segunda crisis del petróleo" y permitieron a la OPEP decidir el incremento del precio del crudo. La cesta venezolana llega a alcanzar 34 dólares el barril, sin precedentes hasta entonces, lo que significó que el presupuesto de ingresos estimado para el año siguiente aumentó así: Bs 57.076 millones para 1980, Bs. 76.205 millones para 1981, Bs. 87.400 millones para 1982, Bs. 95.382 millones para 1983. En este último año el Congreso aprobó un presupuesto estimado de Bs. 77.477 millones para 1984 debido a que los precios del petróleo habían comenzado a bajar en el mercado mundial en razón de que los países productores rehabilitaban pozos que habían sido abandonados por falta de estímulo económico, que la capacidad de los países de la OPEP era limitada para mantener elevados los precios del crudo, que países no-OPEP como México o Noruega aumentaban la extracción en cifras significativas y que las predicciones del Club de Roma sobre el agotamiento de las materias primas eran exageradas con respecto al petróleo.

A principios de 1983, la disminución de la producción y de los precios del petróleo creó una situación de crisis financiera en el país. A ello se agrega que los bancos norteamericanos y europeos, que habían llenado sus bóvedas de dinero provenientes de los países árabes, habían ofrecido créditos a bajos intereses a los países del llamado "tercer mundo", para luego aumentarlos, de modo que las tasas de interés preferencial de los bancos norteamericanos pasaron del 10% en 1977 al 19% en 1981.[33] La situación de fuga de divisas, déficit en la balanza de pagos y colapso en los niveles de reservas internacionales, ocasionada por un endeudamiento irracional y exagerado, no era exclusiva de Venezuela, situaciones similares se repitieron en diversos países de América Latina y la primera manifestación del *default* se dio con la moratoria de México para pagar sus compromisos financieros con el exterior. Ante la crisis financiera que se veía venir se produjo una fuga de los capitales privados que aprovecharon el bajo costo de la divisa en el mercado nacional, el cual se había mantenido inalterado desde el gobierno de Betancourt. Por ello, el gobierno se vio obligado a suspender la venta de divisas el 18 de febrero de 1983 (*"el*

---

[33] Eduardo Páez-Pumar H., *loc. cit.* p. 151.

viernes negro") y a establecer en los próximos días un control de cambio con un régimen diferencial (RECADI), lo que significó una fuerte devaluación de nuestro signo monetario, que se acentuó en los meses y en los años siguientes.

En el período de Luis Herrera se realizaron por primera vez las elecciones municipales separadas de las nacionales (1979), se aprobó por consenso de todas las fracciones políticas la Ley Orgánica de Educación, se implantó el Ciclo Básico Común de nueve años, lo que extendió por tres años la educación obligatoria, y se promulgó la Ley Tutelar del Menor (1980); se aseguró el financiamiento para el Metro de Caracas mediante la sanción de una Ley Programa; se aprobó el VI Plan de la Nación (1981); se tomaron medidas de austeridad para cerrar la brecha fiscal; se promulgó una reforma del Código Civil para, entre otros aspectos, atender al mejoramiento de la condición de la mujer; se intervino el Banco de los Trabajadores por irregularidades en su gestión; se recondujo el presupuesto por falta de aprobación por el Congreso del proyecto presentado por el Ejecutivo Nacional para regir durante 1983, situación que nunca antes se había producido; se inició la renegociación de la deuda externa, estimada para ese momento en US $ 50.000 millones. El 24 de julio de 1983, con motivo del Bicentenario del Natalicio del Libertador Simón Bolívar, se recibió en Venezuela la visita de los Jefes de Estado de los países bolivarianos y de otras naciones, y estuvieron presentes en el país el Rey de España y Nelson Mandela, a quienes les fue otorgado el Premio Internacional Simón Bolívar, instituido ese año por la UNESCO a solicitud de Venezuela. Mandela, además, recibió el Doctorado Honoris Causa de la Universidad de Carabobo.

El gobierno de Luis Herrera fue activo en las negociaciones con Colombia para delimitar las áreas marinas y submarinas, de acuerdo a los principios que se habían venido decantando como producto de las Conferencias de las Naciones Unidas sobre el Derecho del Mar, una de cuyas sesiones se había realizado en Caracas en 1974. La comisión negociadora, integrada por representantes de Venezuela y de Colombia, después de múltiples reuniones elaboró un proyecto de acuerdo entre octubre y noviembre de 1980, el cual fue conocido como la Hipótesis de Caraballeda. El presidente Herrera decidió someter ese proyecto a consultas con los diversos sectores de la opinión nacional y en una reunión celebrada en Fuerte Tiuna, a la que asistieron unos 2.000 oficiales de las Fuerzas Armadas, el Ministro de Relaciones Exteriores expuso el contenido de la Hipótesis y se suscitó una reacción adversa entre los asistentes, lo cual paralizó la negociación.

En materia de obras públicas, la labor del gobierno fue extensa. Se construyeron los internados judiciales de Anzoátegui en Barcelona, el

Rodeo I en Guatire y el de Porlamar, así como el centro penitenciario de Aragua y el de Los Llanos en Guanare; entre las obras hidráulicas, se construyeron diversos embalses para riego y la represa de El Guapo para el control de crecientes e inundaciones, abastecimiento de agua para Barlovento, suministro de agua a los sistemas de riego y el mantenimiento de las condiciones ecológicas de la Laguna de Tacarigua; plantas de tratamiento de agua y el embalse Uribante para generación hidroeléctrica, así como las plantas termoeléctricas Planta Centro (unidades 1 a 3), TACOA (unidades 8 y 9), Ramón Laguna (unidad 14) y la Central Hidroeléctrica Uribante – Caparo. Como edificaciones hospitalarias merecen citarse: los hospitales materno-infantil Dr. Pastor Oropeza en Caricuao, Rafael Rangel en Boconó, Simón Bolívar en Ocumare del Tuy, Hugo Parra León en el Puerto de Altagracia, Eugenio de Bellard en Guatire, Samuel Darío Maldonado en San Antonio del Táchira, Padre Justo de Rubio en Rubio, Uyapar en Puerto Ordaz, Patrocinio Peñuela Ruiz en San Cristóbal, Pedro García Clara en Ciudad Ojeda, Pastor Oropeza en Barquisimeto, Domingo Guzmán Lander (Hospital de Las Garzas) en Barcelona, Adolfo Pons en Maracaibo y el Hospital Militar Cnel. Elbano Paredes Vivas en Maracay. Las principales obras viales de este período son: ampliación del Distribuidor La Araña, nuevos túneles de La Planicie, ampliación de la Autopista de Prados del Este, Distribuidor Prados del Este, avenida Boyacá tramo San Bernardino – Avenida Baralt, Distribuidor y prolongación de la Avenida Baralt, Av. La Armada y Av. Aeropuerto en Vargas, Autopista Guacara – Bárbula, Distribuidor Yagua, Av. Don Manuel Belloso en Maracaibo, distribuidores La Chinita y Santa Lucía, Intercomunal Alí Primera (Punto Fijo – Judibana), Intercomunal Punto Fijo – Punta Cardón, Av. Juan Bautista Arismendi (Punta de Piedras – La Asunción), Intercomunal Barinas – Barinitas, San Fernando de Apure – Biruaca, autopista Ciudad Bolívar – Puerto Ordaz, autopista Ciudad Guayana – Upata, carretera La Victoria – Colonia Tovar, carretera Caicara del Orinoco – Puerto Ayacucho, viaducto Miranda (sobre el Río Albarregas) en Mérida, autopista Chivacoa – San Felipe, distribuidores Guama y San Felipe, autopista El Palito – Morón, autopista José Antonio Páez tramo Agua Blanca – Ospino, Intercomunales El Hatillo – La Boyera y La Encrucijada – Cagua – Villa de Cura – San Juan de los Morros.

En el período de Luis Herrera se inaugura la Línea 1 del Metro de Caracas y entran en operación los tramos Propatria – La Hoyada en enero de 1983 y La Hoyada – Chacaíto en abril de ese año. Como obras emblemáticas de este período pueden citarse: el Museo de los Niños, el Teatro Teresa Carreño, el Ateneo de Caracas, el edificio sede de PDVSA, la culminación del edificio sede del Ministerio de Educación, las torres de oficinas del Parque Central, el Archivo General de la Nación, el edificio sede del Ministerio de la Defensa, la Plaza Bicentenario de Miraflores, el Parque del Oeste, el Monumento de la Virgen de la Paz en Trujillo y la infraestructura para los IX Juegos Panamericanos en 1983, que comprendía: el Complejo Deportivo Naciones Unidas (que incluye el Gimnasio Cubierto de Usos Múltiples José Beracasa y el Complejo de Piscinas Olímpicas), el Estadio Brígido Iriarte, el Estadio de Mampote, la Cancha de Bowling de Mampote, el Gimnasio José Joaquín Papa Carrillo y el Parque Miranda, el Estadio de Palo Verde y la Villa Panamericana de Guarenas, el gimnasio vertical de La Vega, además de los estadios de Barquisimeto y de Barcelona y el complejo deportivo de Ciudad Bolívar.

En la presidencia de Luis Herrera el sector público construyó 186.673 viviendas y el sector privado 391.893 viviendas.[34]

En el sector de Educación, además de las reformas derivadas de la Ley Orgánica de Educación, incluyendo la creación y dotación de 183 bibliotecas, y de otras iniciativas como la designación de un Ministro de Estado para el Desarrollo de la Inteligencia o el seguro escolar, se construyen 180 nuevos liceos, y 563 nuevos grupos escolares, se crean 19 instituciones de educación superior, entre las que se incluyen: las Universidades de Guayana, Rafael María Baralt y la Pedagógica Experimental Libertador (UPEL), en la que se concentraron todos los centros de formación docente; en el Zulia se crean tres Universidades: la Cecilio Acosta, la de la Costa Oriental del Lago y la del Sur del Lago; en Caracas se fundan los Tecnológicos de la Policía Metropolitana y la Policía Científica (que dieron origen a la actual Universidad de la Seguridad), de la Marina Mercante (hoy Universidad Marítima del Caribe), el Tecnológico de Ejido. Se crea el Instituto de Estudios Avanzados (IDEA) y el Museo de Arte Contemporáneo de Caracas.

El 4 de diciembre de 1983 se realizaron las elecciones para la presidencia de la República, en las que resultó electo Jaime Lusinchi, postulado por el partido AD, para el periodo 1984-1989.

F. JAIME LUSINCHI, EL PACTO SOCIAL COMO CONSIGNA

Lusinchi llega al poder con una amplia ventaja (56% de los votos) y con una cómoda mayoría en las Cámaras Legislativas. Las elecciones municipales que se celebraron seis meses después confirmaron y ampliaron la mayoría del partido AD (66%). Con este apoyo le fue muy fácil obtener la sanción por el Congreso de una Ley Habilitante que lo autorizó para dictar decretos leyes durante un año, a partir de mayo de 1984.

---

[34] *Ídem*, pp. 152 y 153.

El gobierno se enfrentó desde el comienzo al problema de la deuda externa, que según el presidente ascendía a la suma de Bs. 175.000 millones, por lo que se iniciaron las conversaciones para lograr su refinanciamiento, por efecto del cual la deuda pública externa bajó de 38.675 millones de dólares en 1983 a 32.176 millones de dólares en 1988.[35] El valor del barril de petróleo se desplomó de $25,89 en 1985 a $12,82 en 1986, lo que redujo al 50% los ingresos previstos, y durante el quinquenio el precio de la cesta venezolana promedió $19,28. Sin embargo, el desempleo, que había recibido en 11% al comenzar el período, cerró en 1988 en 7,4%.[36]

Es de observar que bajo el régimen de Lusinchi el país no incurrió en endeudamiento externo porque los bancos no estaban dispuestos a prestarle al país mientras no se culminara el proceso de refinanciamiento. Ante el desequilibrio de las fianzas públicas el gobierno acudió a la devaluación de la moneda mediante el expediente de establecer cambios diferenciales (cuatro tipos de cambio según el destino de los fondos), aumento del precio de la gasolina y anuncio sobre bono compensatorio de transporte, propósito de disminuir los gastos de funcionamiento de los ministerios, elevación del porcentaje de los depósitos de la banca para créditos agropecuarios y promesa de analizar las fuentes de los endeudamientos para determinar los que eran ilegales y hacer las denuncias correspondientes.[37]

En noviembre de 1984 el Ministro de Cordiplán, Luis Raúl Matos Azócar, dio a conocer el VII Plan de la Nación, cuyo diagnóstico en general era acertado (necesidad de superar la sociedad rentista y establecer una sociedad productiva basada en el trabajo, sin la dependencia de los recursos petroleros, promover la agricultura, la industria y el turismo, modernizar el Estado). Las estrategias fundamentales se referían, en lo económico, a la liberación de las fuerzas productivas para generar el crecimiento; en lo social, al establecimiento de una sociedad más justa; en lo político, a la profundización de la democracia. Para lograrlo se proponía, en primer lugar, un Pacto Social, que luego dio origen a la Comisión Nacional de Costos, Precios y Salarios (Conacopresa), de carácter tripartito, en la que participaban representantes del Ejecutivo Nacional, de los empresarios y de los trabajadores, para fijar los precios en función de los costos de las empresas. En segundo lugar, una reforma del Estado, para "redimensionarlo y restituir su jerarquía", de donde se originó la designación de la Comisión Presidencial para la Reforma del Estado (COPRE), en diciembre de 1984.

---

[35] http://obrasdelademocraciavenezolana.blogspot.com/2013/05/la-obra-de-lusinchi.html
[36] http://www.elmundo.com.ve/noticias/actualidad/noticias/las-claves-economicas-del-gobierno-de-jaime-lusinc.aspx
[37] *Diccionario de Historia de Venezuela, cit.*, tomo 2, pp. 1040 y 1041.

El VII Plan contenía conceptos no bien delimitados como el referido a un tercer sistema de propiedad, el "Sistema de Cooperación Económico" cuyo objetivo era el de "extender el acceso a la propiedad empresarial a sectores de menores recursos, equilibrando con ellos las relaciones de propiedad", lo que "implicaba la privatización de varias empresas estatales para conformar las bases sobre las cuales crear y desarrollar dicho sistema".[38] Este plan no tuvo efectiva vigencia para orientar la acción gubernamental por las discrepancias que se suscitaron en cuanto a sus orientaciones, lo que acarreó la renuncia del ministro Matos Azócar unos pocos meses después de haberse presentado el plan.

Más adelante nos referiremos al programa de reforma del Estado que se encargó a la COPRE, particularmente a la reforma electoral y a la descentralización y que incluía, en este último aspecto, la elección de los gobernadores como reforma principal.

A los escándalos de corrupción denunciados del período anterior se agregaron nuevas situaciones, varias de ellas vinculadas con el régimen cambiario, con el manejo de la deuda pública y con las sospechas que despertaba la actuación de la secretaria privada del presidente, con la cual contrajo nupcias después de haber concluido su mandato presidencial.

En el período de Lusinchi se recibió la visita del Papa Juan Pablo II (enero de 1986), la primera vez que un Sumo Pontífice de la Iglesia Católica pisaba suelo nacional. Al año siguiente se produjo el incidente de la corbeta Caldas, de la Armada colombiana, cuando dicho barco navegó por aguas del Golfo de Venezuela, zona que no ha sido delimitada entre ambos países y que Venezuela considera como parte de su territorio. La situación llegó a un estado de máxima tensión, pero la intervención del Secretario General de la OEA y del Presidente de Argentina, Raúl Alfonsín, evitaron que se llegara a las vías de hecho. Asimismo, durante este período, el 29 de julio de 1984 se produjo el secuestro de un avión de la Línea Aeropostal Venezolana que viajaba de Caracas a Curazao con 82 personas a bordo. Los secuestradores eran un haitiano y un dominicano, quienes exigían dinero, armas y un helicóptero para huir con sus hijos de la aeronave y amenazaban con volar el avión si el gobierno no cumplía con las condiciones impuestas. El avión se encontraba en Curazao, pero el gobierno de Holanda cedió la operación de rescate a Venezuela. El presidente Lusinchi dispuso que un grupo de comando de la Disip, encabezado por el comisario Henry López Sisco, realizara el operativo, el cual con-

---

[38] *Ibídem*, p. 1041.

cluyó exitosamente cuando los piratas aéreos fueron abatidos por el comando policial, luego de una crisis que duró tres días[39].

Durante la gestión de gobierno de Lusinchi se ejecutaron importantes obras públicas[40] en el marco del Plan Trienal de Inversiones. En materia hidráulica, se construyeron diversos embalses para riego, para abastecimiento de agua potable y para riego y abastecimiento de agua, se construyeron dos plantas de tratamiento de agua en Nueva Esparta, se concluyeron los embalses para generación de hidroelectricidad de las Doradas – San Agatón, Masparro y la segunda etapa de El Guri y se pusieron en funcionamiento las plantas termoeléctricas de Planta Centro (unidades 4 y 5) y Ramón Laguna (unidades 15 a 17), así como las Centrales Hidroeléctricas de Peña Larga, Las Doradas – San Agatón y Raúl Leoni (Guri) segunda etapa. En este período, la capacidad instalada de generación eléctrica aumentó en 6834 megavatios, el mayor incremento de la historia gracias a la finalización del Guri y también a la conclusión de las obras de Planta Centro, la mayor infraestructura para la generación de electricidad de origen térmico de América Latina.[41]

Como edificaciones hospitalarias merecen citarse los hospitales: Psiquiátrico Pampero en Lara, Gervasio Vera Custodio en Upata, Dermatológico Venereológico Cecilia Pimentel en La Concepción, Zulia, Israel Ranuárez Balza en San Juan de los Morros, Dr. Pastor Oropeza en Carora, Victorino Santaella Ruiz en Los Teques, José Antonio Vargas (Hospital de la Ovallera) en Palo Negro, Rafael Calles Sierra en Punto Fijo, Manuel Noriega Trigo en Maracaibo y Domingo Luciani en el Llanito, Caracas. Las obras viales más importantes del período son: autopista Guatire – Chuspita, Túnel La Vuelta Grande, Viaductos Kempis y Chuspita, autopista Puerto Píritu – Barcelona, autopista José Antonio Páez tramo Avispero – Distribuidor Guanipa en Barinas, Distribuidor Guanapa, Intercomunales Puerto La Cruz – Guanta, La Trinidad – La Boyera y El Cuji – Tamaca en Lara. Se construyó el Paseo Vargas en Caracas, se construyeron los aeropuertos José Leonardo Chirinos en Coro y José Antonio Anzoátegui en Barcelona y se pusieron en operación los tramos de la Línea 2 del Metro de Caracas: Zoológico – Las Adjuntas – La Paz (octubre de 1987) y La Paz – El Silencio (noviembre de 1988), así como el tramo Chacaíto – Los Dos Caminos de la Línea 1 (abril de 1988), lo que totaliza

---

[39] http://elvenezolanonews.com/conozca-la-vida-y-obra-del-presidente-jaime-lusinchi/

[40] Eduardo Páez-Pumar H., *loc. cit.*, pp. 153 y 154.

[41] http://obrasdelademocraciavenezolana.blogspot.com/2013/05/la-obra-de-lusin chi.html

21 estaciones del sistema, la cifra más elevada en un quinquenio de gobierno. Durante el gobierno de Lusinchi el sector público construyó 262.291 viviendas, entre ellas los apartamentos de la Urbanización Juan Pablo II, y el sector privado 367.739 viviendas.

En este período fueron decretados 6 parques nacionales: San Esteban, San Luis, Cinaruco – Capanaparo, Guaramacal, Dinira y Páramos Batallón y la Negra. En la agricultura, el país logró autoabastecimiento en muchos productos; y la superficie bajo regadío creció en 25.244 hectáreas.[42] En el ámbito educativo, se creó la Comisión Presidencial para el Estudio del Proyecto Educativo Nacional (COPEN), bajo la coordinación de Arturo Uslar Pietri, se estableció el programa del vaso de leche escolar, se decretaron 15 instituciones de educación superior, de las cuales seis son del sector privado; se fundaron 103 bibliotecas y 23 museos.

Al final de su período de gobierno, a pesar de las dificultades financieras por las que atravesó y de los señalamientos de corrupción administrativa, Jaime Lusinchi gozaba de una gran popularidad.

El 4 de diciembre de 1988 se realizaron las elecciones presidenciales, en las cuales resultó victorioso el candidato del partido AD, Carlos Andrés Pérez, con una holgada mayoría, para cumplir el período de gobierno de 1989 a 1994. Fue la primera vez que en nuestro país una persona era electa para un segundo período presidencial en elecciones competitivas.

G. CARLOS ANDRÉS PÉREZ II, VIRAJE Y CRISIS

El 2 de febrero de 1989 Carlos Andrés Pérez tomó posesión del cargo de Presidente de la República en un acto realizado en el Teatro Teresa Carreño, con asistencia de numerosos Jefes de Estado y de gobierno extranjeros, en medio de un ambiente de optimismo y alegría. Pero Pérez había recibido el país en una situación financiera deplorable. Lusinchi, para mantener el gasto público en un nivel elevado para asegurar la victoria de su partido en las elecciones que se aproximaban, a falta de una crisis en el medio oriente, se había sentido obligado a utilizar las reservas internacionales operativas casi hasta el agotamiento. El 2 de enero de 1989, en el interregno entre el triunfo de Pérez y la trasmisión del mando, "Lusinchi anunció la suspensión del pago de la deuda a partir del próximo

---

[42] *Ídem*

17 de enero, pasándole a su sucesor el problema, como en su momento también le fue pasado a él por el gobierno de Luis Herrera Campins".[43]

Para enfrentarse a la grave situación de la economía nacional y de las finanzas públicas que tenía por delante, Pérez contaba con dos líneas estratégicas fundamentales: una profunda reforma del Estado y un audaz programa de ajuste económico.

En el primer aspecto, el presidente Pérez había dado su respaldo entusiasta a las propuestas de la COPRE de que la selección de los gobernadores de los Estados se hiciera por elección popular, directa y secreta, lo que había conducido a la aprobación de la Ley sobre Elección y Remoción de los Gobernadores de Estado, como lo veremos luego, y tenía por delante el inicio del proceso de transferencia de competencias y recursos del Poder Nacional a los Estados, como la siguiente fase en el proceso de descentralización, a lo cual también Pérez le dio su mayor apoyo. Asimismo, la COPRE se había pronunciado a favor de una reforma del sistema electoral para introducir elementos de personalización del voto en la elección de miembros de los cuerpos deliberantes, en lugar del sistema de listas cerradas y bloqueadas, por colores de partidos, como se había hecho hasta entonces, lo cual tenía como efecto político un debilitamiento de las facultades de las cúpulas partidistas en la selección de los candidatos. Esta reforma contó también con el apoyo del Presidente Pérez.

Pero lo que tuvo mayor repercusión, y no precisamente positiva en el grueso de la población, fue el programa de reestructuración de la economía que anunció Pérez el 16 de febrero, unos días después de asumir el cargo de presidente, y que fue llamado "El Paquete Económico" o "El Paquete". Es oportuno señalar que seis días antes el Presidente Pérez había suprimido el régimen de cambio diferencial que existía desde febrero de 1983, a cargo de RECADI, para dar inicio a sus reformas económicas y había establecido un sistema de flotación del valor de la divisa. El programa de Pérez se ajustaba con cierta fidelidad a la orientación llamada neoliberal, que se había iniciado en Austria, por obra sobre todo de los economistas Ludwig von Mises y Friedrich von Hayek, y difundido ampliamente en esos años, sobre todo desde las Universidades norteamericanas y particularmente en la Escuela de Economía de la Universidad de Chicago, bajo el liderazgo de Milton Friedman, y tomaba en cuenta el fracaso de la economía planificada, que ya se evidenciaba en la Unión Soviética y en los países ubicados bajo su área de influencia.

---

[43] Margarita López Maya en *Diccionario de Historia de Venezuela, op. cit.*, tomo 2, p. 1043.

El programa económico de Pérez significaba un cambio de rumbo con relación a lo que se había venido haciendo en la economía desde 1958, por ello, el nombre que se dio al VIII Plan de la Nación que recogía esa orientación era adecuado: *El Gran Viraje*. El plan tenía dos aspectos: la reestructuración de la economía y la solución al problema de la deuda externa. En el primer aspecto, el objetivo era liberar a la economía para hacerla productiva y competitiva, para lo cual se contemplaba: privatización de empresas públicas y promoción de la inversión extrajera en el país; liberación de precios de las mercancías, con la sola excepción de 18 productos de la cesta básica; proceso de concertación bancaria con respecto a las tasas de interés; unificar las tasas cambiarias en lugar del régimen de cambio diferencial; aumentar progresivamente el precio de los derivados de hidrocarburos en el mercado nacional y sincerar (aumentar) el precio de los servicios públicos; bajar progresivamente los aranceles de importación, de acuerdo a los compromisos internacionales, con el fin de lograr una mejor calidad de los productos nacionales, hasta entonces sobreprotegidos por impuestos de importación; política de apoyo a microempresas. Como medidas compensatorias para paliar el efecto de estas medidas se preveía: aumento promedio del 30% del sueldo de los empleados públicos y concertación libre entre CTV y Fedecámaras por un aumento similar; subsidio a los productos de la cesta básica, subvenciones directas a las personas a través de los programas siguientes: subsidios a los préstamos hipotecarios para vivienda, beca alimentaria, hogares de cuidado diario, transferencias alimentarias dirigidas a los niños hasta los 14 años, a las madres embarazadas y a los lactantes; reforzamiento de programas sociales, tales como: consolidación de barrios, organización de un sistema de seguridad social, ampliación de los ambulatorios de salud, entre otros. Con relación a la Administración Pública se tenía previsto la congelación de cargos y la reforma de los trámites que se exigían a las actividades económicas, para hacerlos más expeditos. Frente al tema de la deuda, se contemplaba: aceptación de las condiciones del Fondo Monetario Internacional, según los términos expresados en la Carta de Intención que el gobierno suscribió, y obtención de préstamos del Banco Mundial y el Banco Interamericano de Desarrollo para reestructurar la deuda con plazos más largos y menores intereses.

Para ejecutar su programa económico, el gobierno conformó su gabinete con la participación de expertos en el tema, la mayoría personas jóvenes, políticamente independientes y con una excelente formación académica. Es oportuno observar que si bien las propuestas relativas a la descentralización se habían formulado en la COPRE, no hubo ningún documento de este organismo que avalara el programa económico, a pesar de que en el equipo técnico al servicio de la Comisión había especialistas que simpatizaban abiertamente con esta orientación.

Las primeras medidas adoptadas conforme al programa económico fueron: la liberación de las tasas de interés anunciada por el Banco Central de Venezuela el 18 de febrero de 1989 y el aumento del precio de la gasolina de alto y medio octanaje, el 26 de febrero siguiente. Los transportistas exigieron un aumento significativo de los precios de los pasajes por el aumento de la gasolina y la Cámara del Transporte anunció un paro para el 27 de febrero, con fin de presionar al gobierno para que autorizara los aumentos de precios en el sector. Los choferes de autobuses comenzaron a cobrar desde ese día tarifas superiores a las autorizadas en rutas interurbanas (Guarenas – Caracas), lo que produjo que grupos de usuarios atacaran a los autobuses y quemaran algunas unidades de transporte. Ese mismo día en la mañana se produjeron los primeros saqueos de comercios en Guarenas, los cuales se replicaron en algunas zonas populares de Caracas, como Caricuao. Progresivamente, estimulados por la difusión de las imágenes televisivas de los saqueos, la violencia se extendió en forma de marea a otras zonas de la capital y a áreas urbanas de otras ciudades, como Maracay, Valencia, Barquisimeto, Mérida y Ciudad Guayana y se incrementó con la destrucción de locales comerciales, desde abastos a supermercados, talleres y pequeñas fábricas, quema de cauchos, incendio de autobuses y formación de barricadas en algunos barrios. Al día siguiente la violencia continuó y se amplió, incluso con intentos de penetrar en zonas residenciales de clase media y alta. El gobierno se vio sorprendido por hechos como estos, de carácter inédito en el país, que se presentaban como una protesta social espontánea, masiva e inesperada, ante la cual los funcionarios policiales no podían o no querían extremar medidas represivas, antes bien, a veces se sumaban a ella. Al mediodía del 28, el presidente reunió el Consejo de Ministros y resolvió restringir algunas garantías, entre ellas las de reunión, manifestación, tránsito e información, decretó el toque de queda a partir de esa misma tarde, suspendió las actividades académicas y encomendó a las Fuerzas Armadas el restablecimiento del orden público. Unas horas después comenzó la acción represiva de los militares, con una intensidad nunca antes vista, y el saldo resultante fue, según informaciones oficiales, de unos 300 muertos y alrededor de 1.000 heridos (hay cálculos extraoficiales que llegan a triplicar esas cifras), casi todos civiles, y de pérdidas materiales cuantiosas. Durante los días siguientes se sucedieron algunas situaciones violentas, pero decrecieron rápidamente y a los diez días se restituyeron las garantías.

El gobierno, en términos generales, mantuvo inalterado su programa económico, aunque algunos aspectos del mismo, como nuevos aumentos al precio de la gasolina, hubieron de ser pospuestos. Las cifras de la economía no reflejaron en los meses iniciales que las medidas adoptadas fueran exitosas, antes por el contrario mostraban una fuerte contracción de la economía, particularmente en la construcción y la manufactura, y una tasa de inflación sin precedentes. Pero pronto comenzaron a mejorar los indicadores macroeconómicos: el déficit en la balanza de pago fue menor, las reservas internacionales se incrementaron, disminuyó el déficit público. En cambio, los indicadores de la situación social eran alarmantes, por el incremento de los niveles de pobreza, sobre todo de la pobreza crítica.

Durante el año 1990 algunos indicadores económicos mostraban signos positivos, otros, como la tasa de inflación o el nivel de desempleo, eran desalentadores. En 1991, en cambio, hubo una importante recuperación de la economía, impulsada sobre todo por una mejoría significativa de las cuentas fiscales. En el crecimiento de la economía en esa época influyeron, por una parte, el aumento de los precios del petróleo como consecuencia de la Guerra del Golfo, que se había iniciado en agosto de 1990 cuando 34 países, con el respaldo de la ONU, abrieron hostilidades contra Irak en represalia a la invasión a Kuwait que había hecho aquel país. Por otra parte, por efecto de los ingresos que produjo la privatización de la CANTV y de VIASA. Ambos tipos de ingresos eran de carácter no recurrente y el aumento del precio del petróleo tuvo corta duración. En cuanto a los indicadores sociales, hubo una ligera mejoría en las cifras de empleo y en el consumo global de alimentos, pero los niveles de pobreza continuaban incrementándose.[44]

El 3 de diciembre de 1989 tuvieron lugar las primeras elecciones de Gobernadores de Estado en Venezuela y también la primera elección de Alcaldes, conforme a las leyes aprobadas en el marco de la descentralización, para el período 1990-1993. En medio de la situación económica apremiante de esos meses, estos procesos contribuyeron a oxigenar el ambiente político, hasta ese momento dominado por los partidos AD y COPEI, pues el Partido MAS logró el triunfo en el Estado Aragua y el partido La Causa R ganó en el Estado Bolívar, con sus candidatos Carlos Tablante y Andrés Velásquez, respectivamente.

En agosto de 1990, un grupo de ciudadanos destacados en sus actividades respectivas ("Los Notables") dirigieron una comunicación al presidente Pérez, a los senadores y diputados al Congreso y a los partidos políticos, en la que le expresaron su preocupación por la evolución política, económica y social del país y formularon un conjunto de propuestas para "hacer efectiva la representación democrática, la participación popular, y lograr una economía productiva para una sociedad más libre, más justa, más segura de sí misma..", entre las cuales se incluía: reforma del sistema electoral para introducir elementos de personalización del sufragio, legislación sobre los partidos políticos en aspectos como democracia interna,

---

[44] Margarita López Maya, *loc. cit.*, pp. 555 y ss.

sus recursos, finanzas, publicidad y costo de las campañas electorales; reformas para asegurar la independencia, respetabilidad y eficacia del Poder Judicial, modificaciones legales para sancionar con mayor eficacia la corrupción administrativa, y otras más.[45]

Por esta época se planteaba en el gobierno el tema de la restitución de las garantías económicas. En efecto, desde 1939, al iniciarse la Segunda Guerra Mundial, el gobierno había restringido los derechos económicos garantizados por la Constitución, sobre todo el referido a la libertad de industria y comercio, con lo cual se entendía que el Ejecutivo Nacional podía, mediante decretos, establecer limitaciones, prohibiciones y obligaciones a la actividad económica de los particulares, sin tener que recurrir, para este objeto, a la ley que debía sancionar el Parlamento, dado que el principio general es que las libertades y garantías declaradas en la Constitución sólo se pueden regular conforme a la ley. La promulgación de la Constitución de 1961, el 23 de enero de ese año, implicaba que se restituían automáticamente las garantías que se encontraban suspendidas o restringidas, y que se derogaban, en la misma forma, todos los decretos que se hubieran promulgado con fundamento en la suspensión o restricción de garantías, lo cual tenía unas consecuencias difíciles de prever. Para evitar ese efecto, luego de promulgada la Constitución, el presidente Betancourt procedió ese mismo día a dictar el decreto N° 455 por el cual: "Se suspenden en todo el territorio nacional las garantías establecidas en el ordinal 1° del artículo 60 y en los artículos 62, 63, 64, 66, 71 y 115 de la Constitución Nacional" (art. 1°) y "se restringen en todo el territorio nacional las garantías constitucionales previstas en los artículos 92 y 96 en las medidas que lo determine el Presidente de la República, en Consejo de Ministros" (art. 2°). Esa situación se mantuvo en los años y décadas siguientes, y algunos juristas opinaban que la suspensión de garantías es una situación excepcional y transitoria, por lo que era contrario a los principios constitucionales convertirla en un estado permanente. Otras personas, por el contrario, consideraban que la derogatoria de ese decreto traería como consecuencia la desaparición de una maraña de decretos en los que se fundamentaba el régimen económico de la República, por lo que había que analizar con calma ese tema. La COPRE estudió el asunto y concluyó que la Constitución autorizaba a que por ley se introdujeran limitaciones, restricciones y prohibiciones a las actividades económicas privadas y que a lo largo de los años se había dictado un conjunto de leyes, por el órgano legislativo nacional o por decretos-leyes, para establecer regulaciones en aspectos tan diversos como la protección al consumi-

---

[45] Ver el texto en: http://www.noticierodigital.com/forum/viewtopic.php?p= 13879036 &sid=a02738034db2a5ae2ba18c9245ddf2ac

dor, el régimen de la inversión de los capitales extranjeros, la prohibición de monopolios, la protección ambiental, la reserva al Estado de determinadas actividades industriales y comerciales y muchas otras, por lo cual no había ningún riesgo o peligro al derogar los decretos fundamentados en la suspensión de garantías. Con ese aval, el Ejecutivo Nacional dictó el 4 de julio de 1991 el decreto N° 724, por el cual se derogó el decreto que mantenía suspendidas las garantías económicas. Al tomar esa decisión, el Ejecutivo Nacional expresaba su disposición de que, en el futuro, las limitaciones a las garantías económicas serían establecidas por acto del Poder Legislativo, lo que implicaba una autolimitación de las facultades discrecionales de aquel. Ello no significaba que el Ejecutivo hubiera quedado impedido de suspender las garantías cuando una situación de emergencia así lo requiriera y, si lo hacía, podía en cualquier momento dictar los decretos que considerara necesarios para regular la economía.

Las medidas económicas del gobierno habían tenido un elevado costo social y político. Las manifestaciones de protesta de sindicatos y de grupos de ciudadanos particularmente afectados por la situación económica, paros de trabajadores y disturbios se sucedían día a día y el prestigio del presidente se encontraba en su nivel más bajo, pese a sus anuncios de fuertes inversiones dirigidas al mejoramiento de los más necesitados ("el Megaproyecto Social"). Al comenzar el mes de febrero de 1992, Pérez viajó a Davos, Suiza, para asistir a un foro anual en el que participaban inversionistas de diferentes nacionalidades, con el objetivo de promover las inversiones extranjeras en Venezuela. A su regreso, en la noche del 3 de ese mes, un golpe de Estado encabezado por el teniente coronel Hugo Rafael Chávez Frías estaba en marcha para tomar el poder. Los alzados, oficiales militares de mediana y baja graduación conduciendo personal de tropa, habían tratado de apresar a Pérez en la Residencia Presidencial de La Casona pero este, alertado por el ministro de la Defensa, se había trasladado al Palacio de Miraflores. De allí logró escapar hasta llegar al canal de televisión Venevisión, desde donde pudo dirigirse a la Nación para dar instrucciones a los mandos militares y pedir el apoyo popular, lo que desconcertó a los golpistas y fue un factor fundamental en el fracaso del movimiento. De todos modos, el pronunciamiento militar había tenido grandes proporciones, se realizaron acciones en Maracaibo, Maracay y Valencia y hubo fuertes enfrentamientos en diversos puntos de Caracas, incluso con armas pesadas, particularmente en el aeropuerto de La Carlota y en La Casona, con saldo de muchos muertos y heridos. En el debate que se desarrolló en el Congreso durante la mañana del mismo 4 de febrero, en el cual representantes de los partidos AD y COPEI, entre otros, habían condenado enérgicamente la intentona golpista, causó sorpresa el discurso del expresidente Caldera, quien expresó: "Es difícil pedirle al pueblo que se inmole por la libertad y por la democracia, cuando piensa que la libertad y la democracia no son capaces de darle de comer", lo cual fue interpretado como un aval sutil a la rebelión.

En los días siguientes se mantuvo una situación de inestabilidad, tanto en el gobierno como en el país. Las protestas contra el gobierno y su política económica (*"el paquetazo"*, lo llamaban ahora), y contra otras iniciativas del oficialismo, como la solicitud de aprobación del IVA, eran frecuentes, con forma de manifestaciones, cacerolazos y paros laborales.

El 28 de febrero el presidente Pérez anuncia nuevas medidas para superar la crisis, tales como: congelación de tarifas eléctricas, ampliación del plan de construcción de viviendas para la clase media, financiamiento de unidades de transporte, masificación del suministro de agua, aumento de los hogares de cuidad diario, proyecto de medicinas genéricas, extensión del Programa Alimentario Materno Infantil (PAMI), relanzamiento del Programa de Becas Gran Mariscal de Ayacucho, recuperación de hospitales, designación de un Consejo Consultivo para presentar al Presidente de la República proposiciones sobre la situación política, económica, social e institucional del país.

En un foro realizado en la Asociación Pro Venezuela el 29 de febrero, el expresidente Caldera planteó como salida a la crisis la renuncia del presidente Pérez y la convocatoria de una Asamblea Constituyente. El 1º de marzo, Arturo Uslar Pietri solicitó la renuncia del presidente y su sustitución conforme a lo dispuesto en la Constitución. Pérez, con el respaldo su partido AD, manifestó su decisión de mantenerse en el cargo hasta el fin del período constitucional en 1994. Sobre la convocatoria de la Constituyente formularemos unas consideraciones en la Segunda Parte de este libro, ahora nos limitaremos a señalar que los juristas de mayor prestigio habían expresado en esa oportunidad que, no estando prevista en la Constitución entonces vigente la figura de la Asamblea Constituyente, era necesario reformar previamente la Constitución para darle la base jurídica requerida para su convocatoria.

El 11 de marzo de 1989 el Consejo Consultivo designado por Pérez luego del intento de golpe de Estado, presidido por Ramón J. Velásquez e integrado además por Pedro Pablo Aguilar, Pedro A. Palma, Ruth de Krivoy, Pedro Rincón Gutiérrez, Domingo F. Maza Zavala, Julio Sosa Rodríguez y José Mélich Orsini, luego del proceso de consultas realizado, concluyó el Informe que presentó al Presidente de la República, en el cual se incluían consideraciones sobre los siguientes aspectos: en el orden ético, con respecto a los funcionarios públicos, se observan muchos casos de corrupción, de impunidad, de prepotencia, de desatención a los deberes de los cargos, de falta de coherencia, así como la ausencia de mecanismos de participación de la sociedad civil para contrarrestar estas situaciones; se analizan los cambios que ha tenido el país desde mediados de los años setenta y que han producido desajustes cada vez mayores en el nivel de vida, generados, entre otros factores, por la forma como se administraron los fabulosos ingresos petroleros. Por ello, para superar la emergencia, el camino es el propósito de enmienda: es necesario reformar la Constitución para lograr: una reforma integral del Poder Judicial, establecer el procedimiento de referéndum como vía expedita para la consulta del pueblo; decidir si conviene dar por terminados los períodos actuales de la Presidencia de la República, de los integrantes de la Cámara de Diputados y del Senado, de las Asambleas Legislativos de los Estados y de la Corte Suprema de Justicia, el voto de conciencia en los cuerpos deliberantes, garantizado por un sistema de votación secreta; establecer las bases de una ley de partidos políticos, de leyes que regulen los sindicatos, gremios profesionales y demás formas asociativas de interés colectivo, para garantizar la elección de los directivos por las bases, control de sus finanzas y otros aspectos para permitir la participación colectiva. La reforma constitucional debe incluir una cláusula transitoria conforme a la cual un resultado negativo del referéndum conlleve la convocatoria automática de la Constituyente, la cual debe quedar reglamentada en el texto de la Constitución; a las Fuerzas Armadas les corresponde un importante papel en las tareas inherentes al desarrollo nacional y debe ratificarse su apoliticismo, su naturaleza no deliberante y su acato al poder civil. Sobre la reforma judicial se menciona la erosión de la credibilidad de la Corte Suprema de Justicia y la participación de algunos jueces y funcionarios policiales en el inmoral comercio de decisiones judiciales, se alude a la existencia de un sistema carcelario que irrespeta fundamentales derechos humanos, el deterioro de los cuerpos policiales, la conducta cada vez más corrompida de abogados, defensores de presos, fiscales, registradores, etc. Es necesario mitigar las influencias perturbadoras de los partidos políticos en la designación de quienes integran los órganos del Poder Judicial; e incluir en la reforma la estructura auxiliar de la justicia, lo que incluye el Ministerio Público, la asistencia judicial gratuita, la policía, el sistema penitenciario, el ejercicio de la abogacía y la educación jurídica.

Para los efectos expuestos se proponen como medidas inmediatas: la elección de los cinco Magistrados de la Corte Suprema de Justicia, cuyo período vence el mes en curso (marzo de 1989), para sustituirlos por profesionales del derecho con cualidades relevantes en lo científico y en lo moral, y en igual forma suplir las faltas que se produzcan; para lo cual se requiere de un acuerdo leal en los partidos; reformar la Ley Orgánica de la Corte Suprema de Justicia para establecer nuevas salas, en vista del gran número de expedientes que esperan ser resueltos, o la ampliación de las salas existentes, elevando el número de Magistrados; la reforma de la Ley Orgánica del Consejo de la Judicatura, para separar la función disciplinaria sobre los jueces, la cual debe ser entregada a un órgano jurisdiccional especializado, y la reforma parcial de la Ley de Carrera Judicial, para establecer los concursos de oposición en vez de los de credenciales y la prohibición de jueces provisorios. Los proyectos de estas reformas deberían estar concluidos por un grupo de trabajo en un plazo no mayor de treinta días.

Como medidas ulteriores se sugieren en este Informe: aprovechar la reforma de la Constitución para revisar todas las normas sobre el Poder Judicial y el Ministerio Público, mayores exigencias sobre la idoneidad técnica y moral de los miembros de la Corte Suprema de Justicia, elección por mayoría calificada y en votación secreta de las Cámaras, previa consulta con los usuarios del sistema judicial sobre los candidatos que se propongan; creación de una Sala Constitucional; modificar el régimen presupuestario del Poder Judicial, para asegurar su independencia y suficiencia de los recursos; promover la creación y funcionamiento de los Jueces de Paz o tribunales de pequeñas causas; reforma de los procedimientos judiciales para "desacralizarlos" y simplificarlos y hacerlos más rápidos; se recomienda que los establecimientos carcelarios e internados judiciales se encomienden a las Gobernaciones de los Estados, la promulgación de una ley que regule la profesionalización de los Registradores Públicos, Registradores Mercantiles y Notarios, estableciendo criterios técnicos para su nombramiento y permanencia en los cargos y transformar los arcaicos sistemas de registros de la propiedad inmobiliaria y de la actividad comercial. En cuanto a las relaciones con Colombia, los acuerdos que proponga la Comisión Negociadora nombrada por el presidente debe ser sometida a la más amplia consulta.

El Consejo Consultivo observa que la crisis es global, pero tiene especiales relieves en lo económico y social. Por la forma como se aplicaron, los ajustes macroeconómicos han causado efectos negativos en el bienestar colectivo, han contribuido a aumentar la inconformidad popular y han extendido la pauperización. Sin pretender establecer un programa de gobierno, el Consejo recomienda que se suspendan los aumentos programados en el precio de la gasolina, hasta tanto se establezca un régimen racional de precios que tome en cuenta nuestra condición de país energético; estabilizar los precios de productos que conforman la cesta básica popular, los precios de las medicinas y las tarifas de los servicios públicos. Con relación al sector agropecuario se recomienda, entre otros aspectos: detener la política compulsiva de apertura comercial; reformular la política de financiamiento a la agricultura, incorporar a los productores en la formulación, ejecución y evaluación de las políticas y medidas que afecten al sector; atender a la solución del problema de la tenencia de la tierra. En la política social se aconseja: programas especiales de financiamiento para la renovación del parque de vehículos, para la microempresa, para la construcción de viviendas para la clase media, civil y militar y de autoayuda familiar en los barrios; programas recreacionales y turísticos para la clase media y baja; programas masivos de capacitación profesional; liquidar el IVSS cuya estructura está colapsada, regionalizar los hospitales e implantar un nuevo sistema de Fondos de Pensiones, entre otros aspectos.

También se formulan recomendaciones sobre política petrolera, política fiscal, monetaria y cambiaria, reforma financiera, política comercial; sobre educación, particularmente en cuanto a la educación básica y secundaria diversificada y educación superior; ciencia y tecnología; sobre salud, sobre descentralización y relaciones con los Estados; sobre seguridad de personas y bienes; sobre servicios públicos esenciales al ciudadano; sobre comunicación social.[46]

En los meses siguientes se presentaron diversos conflictos y paros laborales y gremiales, el presidente hizo varias remodelaciones a su gabinete y el 18 de julio asistió a la clausura de la XLVIII Asamblea Anual de Fedecámaras, en la que pronunció un discurso y anunció la creación de una comisión para estudiar la privatización de las empresas de Guayana, con participación del sector laboral, del sector empresarial, del Fondo de Inversiones de Venezuela (FIV) y de la Corporación Venezolana de Guayana (CVG).

El 27 de noviembre de ese mismo año se produjo la segunda asonada militar (el 27N), por integrantes de la logia del golpe anterior, esta vez dirigido por oficiales de rango superior, y con participación de civiles de extrema izquierda. Aviones Broncos de la Fuerza Aérea asentados en Maracay y pilotados por oficiales rebeldes volaron sobre Caracas, bombardearon el Palacio de Miraflores, la Base Aérea Francisco de Miranda y sedes de la policía política, pero fueron contenidos por aviones F-16 leales al gobierno, los cuales derribaron un Bronco. También los golpistas tomaron la sede de la televisora del gobierno y difundieron un video donde se mostraba a Hugo Chávez llamando a la rebelión, pero este se encontraba preso en Yare II. El objetivo inmediato del golpe era capturar al Presidente de la República y liberar al comandante Chávez, pero Carlos Andrés Pérez tuvo acceso a la señal de Televén desde donde anunció que el gobierno tenía controlada la situación, lo cual era cierto. En la tarde unos golpistas se rindieron y otros se trasladaron en aviones militares al Perú, donde el presidente Fujimori les dio protección. En la noche se produjeron

---

[46] Puede verse el texto completo del Informe en el diario El Nacional, del 20 de marzo de 1992.

enfrentamientos entre la policía y bandas delictivas, saqueos en algunas ciudades y un motín en el Reten de Catia, el cual fue sofocado, con el saldo de un grupo de presos escapados y numerosos muertos. También la cifra de muertos y heridos por las actividades del golpe fue elevada. Se detuvieron a 500 personas entre oficiales y suboficiales, más 800 militares sin rango y 40 civiles, de los cuales 97 resultaron condenados por los tribunales militares y posteriormente indultados por los gobiernos de Velásquez y Caldera.

Nueve días después de la intentona golpista de noviembre tuvo lugar la segunda elección de gobernadores de Estado, esta vez con dos nuevos Estados, Amazonas y Delta Amacuro, que anteriormente eran territorios federales. En estas elecciones COPEI, solo o en alianza con el MAS, obtiene la mayoría de las gobernaciones, seguido por AD, el MAS se hace con dos gobernaciones, La Causa R mantiene la gobernación de Bolívar y triunfa en la Alcaldía de Caracas.

El 11 de marzo de 1993, el Fiscal General de la República se dirigió a la Corte Suprema de Justicia para pedirle que determine si hay mérito para el enjuiciamiento del Presidente de la República por la utilización que este había hecho a principios de 1989 de la partida secreta, por un monto de 250 millones de bolívares. El 20 de mayo siguiente, la Corte Suprema de Justicia, integrada parcialmente por nuevos Magistrados desde al año anterior de acuerdo a la petición de "Los Notables" y del Consejo Consultivo designado por el presidente Pérez, declaró que, sin pronunciarse sobre la materia de fondo, encontraba que había méritos para el enjuiciamiento de Pérez por la utilización de fondos públicos incluidos en el presupuesto como "gastos de seguridad y defensa" (partida secreta). Remitido el expediente al Senado el mismo día, este se reunió al día siguiente y autorizó, por unanimidad, el enjuiciamiento del presidente Pérez, por lo que la presidencia de la República fue asumida interinamente por Octavio Lepage, presidente del Senado, tal como lo prevé el ordenamiento constitucional. El 5 de junio de 1993, sin que todavía se hubiera clarificado si la ausencia del titular de la presidencia era temporal o absoluta, el Congreso designó al historiador Ramón J. Velázquez como Presidente de la República, para cumplir el resto del período para el cual había sido electo Pérez. El 31 de agosto de ese año, las Cámaras Legislativas declararon la falta absoluta de Pérez y ratificaron la designación de Velásquez como presidente Interino.

La sentencia condenatoria contra Carlos Andrés Pérez no se produjo sino el 30 de mayo de 1996,[47] mas no por el delito de peculado doloso sino por el de malversación de fondos públicos, el cual estaba tipificado en la Ley Orgánica de Salvaguarda del Patrimonio Público, promulgada bajo el primer gobierno de Pérez, así: "El funcionario público que ilegalmente diere a los fondos o rentas a su cargo una aplicación diferente a la presupuestada o destinada, aún en beneficio público, será penado con prisión de seis meses a tres años, pudiendo elevarse la pena en una tercera parte si como consecuencia del hecho resultare algún daño o se entorpeciere algún servicio público" (art. 60). En este caso, la malversación habría consistido en que el Presidente de la República, en fechas 8 y 10 de marzo de 1989, habría dispuesto de una suma de dinero, que en el momento equivalía a 17 millones de dólares, para utilizarla presuntamente para velar por la seguridad de la señora Violeta Chamorro, candidata a la Presidenta de la República de Nicaragua en dura competencia contra el movimiento sandinista gobernante en ese país, de lo cual infirió la Corte que fondos púbicos destinados a la seguridad interior habrían sido usados para la seguridad exterior. Diversos señalamientos se han hecho a la actuación de la Corte Suprema de Justica, del Senado y del Congreso en este caso, encaminados a demostrar que, antes que una decisión apegada al Derecho, el propósito había sido el de resolver una crisis política.

Pese a las situaciones que se vivieron durante el segundo período de gobierno de Carlos Andrés Pérez, reducido a cuatro años y tres meses, en esta etapa se construyeron los embalses de Agua Viva, en el Estado Trujillo, y de El Hueque, en el Estado Falcón, y se repotenciaron las unidades 7 a 9 de la planta eléctrica de Tacoa. Entre las obras viales construidas merecen citarse: los aeropuertos Juan Pablo Pérez Alfonzo en el Vigía, Alberto Carnevali en Mérida, Antonio José de Sucre en Cumaná y Arturo Michelena en Valencia; la autopista La Peñita – Charallave, el puente Angosturita sobre el Río Caroní, autopista Centro Occidental tramo San Felipe – El Chino, Distribuidor Marín, Distribuidor el Peñón, autopista Guacara – Bárbula tramo Yagua – Naguanagua, Distribuidor Bárbula, Circunvalación Norte de Maracay (Av. José Casanova Godoy), Intercomunal Quíbor – El Tocuyo, Distribuidor El Rodeo, Autopista Florencio Jiménez en Barquisimeto, autopista General Cruz Carrillo (Intercomunal Trujillo – Valera), avenida Expresa N° 1, Puerto Ordaz – San Félix, terminal de Pasajeros de Puerto Ordaz. Las principales construcciones hospi-

---

[47] Véase el texto completo de la sentencia en: Universidad Católica Andrés Bello, *Revista de la Facultad de Derecho* N° 48, Caracas, diciembre de 1993, consultable en: biblioteca2.**ucab**.edu.ve/anexos/biblioteca/marc/texto/Revderecho48.pdf

talarias en el período fueron: los hospitales Materno Infantil Ana Teresa de Jesús Ponte en Macuto, Los Samanes en Maracay, Psiquiátrico San Juan de Dios en Mérida, Dr. José León Tapia en Socopó, Barinas, José Antonio Páez en Guasdualito, José Leonardo Fernández (Binacional de Paraguaipoa), Agustín Rafael Hernández en Juan Griego, entre otros. En el cuatrienio de Pérez el sector Público construyó 231.865 viviendas y el sector privado 82.168 viviendas.[48]

En materia educativa, en este período se realizaron programas de atención alimentaria a los menores (beca alimentaria), se elaboró el Plan Decenal de Educación, en armonía con los planes de la Unesco, se pusieron en funcionamiento programas de descentralización de la educación básica y diversificada, se crearon programas de mejoramiento de la enseñanza y de atención integral a los niños de las áreas rurales, se aprobó la Ley sobre los Derechos del Niño, se ejecutaron los programas de matemática interactiva y de "una computadora para cada escuela". Se autorizó el funcionamiento de las Universidades privadas "Rafael Belloso Chacín", en Maracaibo, "Nueva Esparta" en Caracas y "Fermín Toro" en Barquisimeto; se crearon los institutos universitarios de tecnología "Juan Pablo Pérez Alfonzo" en Valencia, y el IUT del Estado Delta Amacuro, en Tucupita.[49]

El 5 de junio de 1993, Ramón J. Velásquez asume la Presidencia de la República para concluir el período de gobierno de Carlos Andrés Pérez, que debía terminar en febrero de 1994.

H. RAMÓN J. VELÁSQUEZ, INTERINARIA DE OCHO MESES

Ramón J. Velásquez era una persona de prestigio en el país debido a su obra de intelectual, de historiador, de periodista, de político independiente y por su gestión al frente de la Comisión Presidencial para la Reforma del Estado (COPRE), entre 1984 y 1986, etapa en la que se definieron los principales lineamientos de la reforma, sobre todo en lo relativo al proceso de descentralización, y por haber presidido el Consejo Consultivo designado por el Presidente Pérez luego de la intentona golpista del 4F, el cual hizo importantes propuestas para reorientar la acción de gobierno.

Pero la tarea que se encomienda a Velásquez es la de conducir el país hacia el proceso electoral de diciembre de 1993 para buscar la normalización institucional del país y, al mismo tiempo, adoptar algunas medidas que facilitaran la gestión del próximo gobierno. A estos efectos se le ofrece el respaldo de las organizaciones políticas representadas en el Congre-

---

[48] Eduardo Páez Pumar H., *loc. cit.*, pp. 156 y 157.
[49] María Antonieta Angarita Sergent, *loc. cit.*, p. 259.

so, el cual le aprueba una ley habilitante que lo autoriza a dictar decretos leyes en el ámbito financiero durante el tiempo de su interinaria.

Sobre este aspecto debemos señalar que, desde el inicio de su gobierno, Carlos Andrés Pérez había llegado a acuerdos con el Fondo Monetario Internacional (FMI) para obtener el respaldo de este organismo en el programa de reformas económicas que se proponía emprender. En la Carta de Intención que le dirigió el presidente Pérez al FMI se contemplaba un nuevo diseño tributario en el cual lo más importante era la creación del Impuesto al Valor Agregado (IVA), que existía en la mayoría de los países, mas no entre nosotros. Este propósito requería de la aprobación del Congreso, mediante ley de creación del tributo, pero reiteradamente las fracciones políticas representadas en el parlamento negaron al gobierno de Pérez la sanción de la ley solicitada. El presidente Velásquez negoció con los partidos la aprobación de la ley del IVA, y a cambio ofreció que los Estados y Municipios tendrían una participación significativa en los ingresos que produjera el nuevo tributo. En esas condiciones, el Congreso sancionó, en septiembre de 1993, la Ley de Impuesto al Valor Agregado, la cual entró en vigencia el 1º de octubre de ese año, con una alícuota del 10%, la cual fue aumentada ese mismo año al 15%. El Presidente Velásquez dictó el 25 de noviembre siguiente, autorizado por la Ley Habilitante, el Decreto Ley que Regula los Mecanismos de Participación de los Estados y Municipios en el Producto del Impuesto al Valor Agregado y el Fondo Intergubernamental para la Descentralización. Asimismo, el gobierno de Velásquez, igualmente autorizado, dictó decretos leyes como el que crea el Impuesto a los Activos Empresariales, y los que reforman leyes como las de Timbre Fiscal, Arancel Judicial, Registro Público, Impuesto sobre la Renta y leyes relativas al ámbito financiero: Ley General de Bancos y otros Institutos Financieros, Ley del Sistema Nacional de Ahorro y Préstamo, Ley de Política Habitacional y Ley del Deudor Hipotecario.

Por otra parte, el gobierno de Velásquez dictó diversos decretos de rango administrativo propuestos por el Despacho del Ministro de Estado para la Descentralización,[50] con el interés de instrumentar mecanismos para impulsar el proceso de descentralización, pero los cuales tuvieron poca incidencia en los hechos.

Al final del mandato interino de Velásquez, el sistema financiero se vio sacudido por una crisis bancaria que se manifestó inicialmente por una

---

[50] *Informe sobre la Descentralización en Venezuela 1993,* Memoria del Dr. Allan R. Brewer-Carías, Ministro de Estado para la Descentralización (junio 1993 – febrero 1994).

corrida bancaria a principios de febrero de 1994 que obligó al gobierno a intervenir el Banco Latino, seguida por un proceso de insolvencia masiva que se manifestó plenamente en el siguiente período constitucional y que requirió de auxilios financieros del gobierno por una cifra sin precedentes, superior a un billón (un millón de millones) de bolívares. Como resultado de ese proceso muchos bancos desaparecieron, otros fueron adquiridos por grupos privados, sobre todo extranjeros, y el régimen bancario del país cambió notablemente.

En las elecciones del 6 de diciembre de 1993 resultó Rafael Caldera electo Presidente de la República, postulado por su partido Convergencia y un grupo de partidos de izquierda: Partido Comunista, Movimiento al Socialismo (MAS) y Movimiento Electoral del Pueblo (MEP), así como por un conjunto de minipartidos, para ejercer su segundo mandato, esta vez en el período 1994-1999.

I. RAFAEL CALDERA II, EL FIN DE UNA ÉPOCA

Al concluir su primer mandato en 1974, Caldera se había mantenido en la actividad política. En la condición de senador vitalicio que ejercía como expresidente de la República, tuvo la iniciativa de señalar que parecía llegado el momento para introducir cambios en la Ley fundamental de 1961, y fue designado presidente de una comisión de reforma constitucional, lo cual le permitió estrechar contactos con los más diversos sectores de la vida nacional para recibir sugerencias sobre el contenido que debía tener la reforma. Asimismo, Caldera presidió una comisión para elaborar una Ley Orgánica del Trabajo, tema en el cual tenía mucha experiencia por su participación en la primera legislación laboral del país y por su actividad docente.

El ordenamiento constitucional exigía que una persona no podía ejercer un segundo mandato presidencial sino luego de diez años de concluido el anterior, de modo que Caldera no podía ser candidato nuevamente sino en 1983. En esa oportunidad participó en la justa electoral pero resultó vencedor Jaime Lusinchi. En 1988 su partido COPEI había optado por la candidatura presidencial de Eduardo Fernández, quien no pudo vencer a Carlos Andrés Pérez. En 1993 Caldera logró su propósito, pero no como candidato de COPEI sino de Convergencia, un partido que había creado para esos fines y que, como antes dijimos, obtuvo el apoyo de tres organizaciones de izquierda y de diversos minipartidos, lo que en conjunto fue llamado "El chiripero".

Caldera tomó posesión del cargo de presidente el 2 de febrero de 1994, en condiciones inéditas. Desde el inicio del régimen democrático en 1958, era la primera vez que un presidente había sido electo sin el apoyo de AD o COPEI y que entraba a gobernar sin el respaldo de un partido fuerte y con un Congreso disgregado entre diferentes fuerzas políticas. El 25 del mismo mes de febrero, como una señal de las dificultades que venían, la opinión nacional fue sacudida por el asalto que hizo un grupo de guerrilleros colombianos al puesto fluvial que mantienen nuestras fuerzas armadas en Cararabo, Estado Apure, sobre el Río Meta, fronterizo con Colombia. Ocho de los 31 jóvenes militares del puesto fueron cruelmente masacrados en una forma nunca antes vista, y fueron sustraídas numerosas armas y municiones.

El 26 de marzo de ese año, Caldera firmó el sobreseimiento de los juicios de Hugo Chávez y de otros militares que habían participado en los movimientos del 4F y del 27N y que estaban presos o refugiados en el exterior, con lo que terminó la liberación de los conspiradores de 1992.

La primera medida en lo económico que tomó Caldera en cumplimiento de sus promesas electorales fue la eliminación del IVA y lo hizo mediante un procedimiento novedoso: derogó una ley por un decreto administrativo. Pero seguidamente, el 25/5/94, creó, por Decreto Ley fundado en una Ley Habilitante, el Impuesto al Consumo Suntuario y a las Ventas al Mayor (ICSVM), conforme al cual se aplicaba una alícuota general del 16,5%, y alícuotas adicionales del 10 y del 20 % a determinados consumos calificados como suntuarios. En este caso, se trataba de una modalidad de IVA en la que no se pechaba el último eslabón del consumo, sino que se le trasladaba de hecho el impuesto, de manera que en el precio final no se informaba al consumidor sobre el tributo que se le cargaba.

Cuando Caldera inició su mandato ya estaba en curso la más terrible crisis del sistema financiero que ha tenido el país, la cual se trató de enfrentar mediante auxilios financieros por el Fondo de Garantías y Depósito Bancario (FOGADE), para no tener que intervenir ni cerrar bancos. Esta orientación no tuvo éxito y el 14 de junio de ese año fueron intervenidos los bancos Maracaibo, Barinas, Construcción, La Guaira, Amazonas, Confinanzas – Metropolitano y el Fondo Fiveca, y posteriormente, entre los meses de agosto y enero siguientes, el Estado se erigió en propietario de los bancos Venezuela, Consolidado, Andino, el grupo financiero Latinoamericana – Progreso, los bancos Federal, Principal, Italo Venezolano y el Profesional. De este modo, pasaron a propiedad del Estado el 60% de las instituciones financieras privadas, mientras se sucedían los señalamientos de irregularidades en el manejo de los auxilios financieros por parte de muchos banqueros, la mayor parte de los cuales huyó al exterior.

Por causa de estos hechos, el 27 de junio de 1994, en la noche, Caldera anunció en cadena de radio y televisión que en Consejo de Ministros había decretado la suspensión de las garantías previstas en la Constitución en los artículos 60 (libertad y seguridad personales), 62 (inviolabilidad del hogar doméstico), 64 (libre tránsito), 96 (libertad de industria y comercio), 99 (derecho de propiedad) y 101 (procedimiento de expropiación), y que se había establecido un control de cambios y de precios, como medidas impostergables para enfrentar la inestabilidad del sistema financiero y evitar los movimientos especulativos que podían llevar el bolívar a una situación irrecuperable. El Poder Legislativo se opuso a estas medidas y, con los votos de los partidos AD, COPEI y Causa R, el 22 de julio restituyó las garantías suspendidas, excepto la correspondiente al artículo 96, medida esta que el Congreso podía adoptar con fundamento en el texto constitucional. Con ello se evidenció la existencia de un grave enfrentamiento entre los poderes, el cual se agravó cuando el presidente, inmediatamente, procedió a suspender de nuevo las garantías restituidas por el Legislativo y propuso una consulta popular para determinar si la actuación del Ejecutivo contaba o no con el apoyo del país. Actores políticos no representados en el Congreso pedían a Caldera que, a imitación de Fujimori, suspendiera a los otros poderes y convocara a una Asamblea Constituyente, pero la tensión bajó cuando el partido AD accedió a permitir que el gobierno desarrollara su política para enfrentar la crisis económica. A estos efectos, en abril del año siguiente, el Congreso le otorgó a Caldera una ley habilitante que le permitió dictar decretos leyes para perseguir delitos económicos y manejar emergencias financieras.

En las terceras elecciones de gobernadores, celebradas el 4 diciembre de 1995, el partido AD triunfó en la mayoría de las gobernaciones seguido de COPEI y el MAS, ambos partidos solos o en alianza y, además, COPEI le aportó la mayoría de los votos al candidato de la Causa R en el Zulia, Francisco Arias Cárdenas, quien había sido uno de los principales dirigentes del movimiento golpista del 4F y después había colaborado con el gobierno de Caldera como director del Programa Alimentario Materno Infantil (PAMI). El partido Proyecto Venezuela ganó la gobernación de Carabobo y Convergencia, eje del gobierno, la de Yaracuy.

El segundo mandato de Caldera tuvo dos etapas claramente diferenciadas: en una primera, trató de revertir las reformas liberales, pues tal como se ha afirmado "Las promesas electorales de Rafael Caldera en 1993 consistieron en criticar acremente el Programa de Ajustes del Presidente Pérez. Prometió al electorado actuar totalmente en sentido contrario: eliminar el IVA, detener 'la hemorragia de privatizaciones', no aumentar el precio de la gasolina y jamás firmar acuerdos con el Fondo Monetario Internacional. En resumen, como dijo, desmontar el 'paquete hambreador del pueblo' de 1989".[51] Pero tuvo dificultades para sostener esa orientación por la severa crisis financiera que debió enfrentar, a la que se agregó la baja de los precios petroleros, la inflación, la fuga de capitales y la disminución de las reservas internacionales. La suspensión de las garantías constitucionales y el control de cambios y de precios no fueron medidas idóneas para contrarrestar las tendencias negativas de la economía y el petróleo se cotizaba con un precio promedio de ocho dólares el barril. Por todo ello, en abril de 1996 Caldera se vio obligado a iniciar una nueva etapa de su gobierno, con un programa que se llamó "la Agenda Venezuela" bajo la dirección de un nuevo ministro de Planificación, el economista Teodoro Petkoff, quien liderizaba el partido aliado Movimiento al Socialismo (MAS).

En líneas generales, la orientación económica del gobierno de Caldera en esta etapa no tenía mayores diferencias con *El Gran Viraje* de Carlos Andrés Pérez, pues se llegó a un acuerdo con el Fondo Monetario Internacional (FMI) para obtener respaldo y recursos para la reestructuración de la economía; se creó el Servicio Nacional Integrado de Administración Tributaria (SENIAT) y se incrementó la tributación; se aumentó el precio de la gasolina (entre el 500 y el 600%); se continuó el proceso de privatización de activos del Estado, se privatizó SIDOR, varias entidades bancarias, al igual que los hoteles Meliá Caribe y Meliá Puerto La Cruz, Trujillo, Maracay, Tamá y Humboldt, incluyendo con este último el teleférico, y se inició la privatización de las empresas de electricidad de Guayana, la cual no se culminó; se estableció la liberación del régimen cambiario para permitir al mercado fijar el valor de la divisa; se desarrolló el proceso de apertura a la inversión privada en actividades de extracción de petróleo; se estimuló la participación de empresas extranjeras en la construcción, mantenimiento y administración de carreteras y autopistas bajo el régimen de concesión. Además, como producto de un acuerdo tripartito (patronos, trabajadores y gobierno), se modificó la legislación del trabajo en cuanto al sistema de prestaciones sociales, para que estas se cancelaran anualmente o se depositaran en fideicomisos y no al terminar la relación de trabajo, calculadas sobre el último sueldo, con lo cual se eliminaba el llamado "efecto retroactivo". En otro sentido, se creó el Fondo de Estabilización Macroeconómica, con el fin acumular ahorros cuando el petróleo tuviera precios elevados y de proveer de recursos al Estado cuando dichos precios tuvieran una baja sensible. Como medidas compensatorias para los sectores de menores recursos, se buscó una mayor eficacia en la aplicación de los programas sociales (subsidios al transporte público y familiar y el programa alimentario).

---

[51] El Universal, Caracas, 31 de agosto de 2014.

Las medidas del gobierno no suscitaron las reacciones negativas que cabría esperar de acuerdo a lo ocurrido en situaciones anteriores, entre otras razones, porque el gobierno había logrado crear un clima contrario a las prácticas corruptas, lo cual se expresó en iniciativas como *la Convención contra la Corrupción,* un tratado propuesto por Venezuela a los países miembros de la Organización de Estados Americanos (OEA) y adoptado en Caracas el 29 de marzo de 1996.

Con las medidas instrumentadas por el gobierno en el marco de la Agenda Venezuela se logró un claro mejoramiento de algunos indicadores económicos: se estabilizó el tipo de cambios, se recuperó el sistema financiero, se aumentó la inversión extranjera. Otros, en cambio, como la inflación, alcanzaron cotas nunca antes vistas, entre el 80 y el 100% entre 1995 y 1996. A ello se agregó que al final del período se produjo una inesperada disminución de los precios del petróleo, hasta llegar a un promedio de ocho dólares el barril en los últimos meses, lo que trastocó las posibilidades de recuperación general de la economía y de mejoramiento de la situación de los más pobres.

Bajo el segundo gobierno de Caldera se ejecutaron importantes obras de servicio público: se construyeron embalses para riego y agua potable (El Diluvio y Vílchez, Macarao y Taguaza); se construyeron plantas de tratamiento de aguas servidas de la Mariposa, los Guayos en el Estado Carabobo y Taiguaiguay en el Estado Aragua; se adelantó el proyecto Yacambú – Quíbor, llevando el túnel de transvase y la presa a un 73,61% y 83,99% de su construcción, respectivamente, se construyeron los embalses Macagua II y Camburito – Caparo para generación hidroeléctrica; se incorporaron cuatro unidades de 100 Mw en la Planta eléctrica Oscar Augusto Machado, de la Electricidad de Caracas; se inauguraron las plantas hidroeléctricas Macagua II y Macagua III en el Estado Bolívar y Camburito – Caparo en el Estado Táchira. Entre las edificaciones hospitalarias merecen citarse los hospitales: Sor Juana Inés de la Cruz en el Estado Mérida, el de Táriba en el Táchira, Dr. Lino Arévalo en Tucacas, Materno Infantil Dr. Armando Arcay Solá (Maternidad del Sur) en Valencia, Militar Tcnel. Francisco Valbuena en Maracaibo, Núcleo Médico Asistencial Tcnel. César Bello D'Escriban en Ciudad Bolívar. Las principales obras viales del período fueron: autopista Circunvalación Norte de Guarenas, autopista Gran Mariscal de Ayacucho tramos Unare – El Hatillo, El Peñón – Los Bordones, El Tacal – Plan de Mesa y San Esteban – Santa Fe, autopista José Antonio Páez tramo San Carlos – La Catalda, autopista Centro Occidental tramo Chino – La raya (Urama), Distribuidor La Raya, Distribuidor Hoyo de la Puerta, autopista Leopoldo Sucre Figarella en Puerto Ordaz, Intercomunal Charallave – Ocumare del Tuy, Av. Luisa Cáceres de Arismendi (Pampatar – La Asunción – Juan Griego) tramos I y II, Distribuidor Aramo, Distribuidor Guacuco, Intercomunal Julio Centeno (Valencia – San Diego), Intercomunales La Victoria – El Consejo, Vereda del Lago en Maracaibo y la autopista Mérida – El Vigía, con sus túneles Estanques, Caña Brava y Santa Teresa. Se construyó el aeropuerto Florencio Gómez en Maracay, se puso en operación la línea 3 (plaza Venezuela – El Valle) del Metro de Caracas. En el período se inauguraron los centros penitenciarios de Mérida, de Uribana (cárcel modelo) en Lara, la ampliación de los recintos penitenciarios de Bolívar, Zulia y Lara y el Centro Experimental de Reclusión y Rehabilitación de Jóvenes Adultos (CERRA), en Maracay. Como obras emblemáticas: se construyó la ciudad deportiva de San Felipe; se inauguraron los Museos Jacobo Borges y Cruz Diez en Caracas y el Templo Votivo de La Coromoto en Guanare. En el quinquenio, el sector público construyó 285.409 viviendas y el privado 83.257 viviendas.[52]

En el ámbito educativo, en el segundo mandato de Caldera se elaboró y aplicó un nuevo diseño curricular; se fortalecieron las bibliotecas de aula; con el sector privado se desarrolló el programa "cada empresa una escuela"; se promulgó la Ley del Libro y la Ley Orgánica de Protección al Niño y al Adolescente (LOPNA); se estableció el programa Samuel Robinson, para el ingreso a las Universidades; se estableció el Fondo Nacional de Investigaciones Petroleras, mediante acuerdo con Universidades públicas y privadas; se implantó el programa "Compromiso Educativo Anticorrupción"; se creó el Centro de Reflexión y Actualización del Profesorado (CRAP), se apoyó el programa de escuelas integrales, dentro del marco de la descentralización.

Para el año 1998 coincidían las elecciones de gobernadores y alcaldes, con sus períodos de tres años cada uno de ellos, con la elección presidencial, con su período de cinco años. El 28 de mayo de ese año, el Congreso reformó la Ley Orgánica del Sufragio y Participación Política para introducir un conjunto de disposiciones transitorias en virtud de las cuales se decidía que las elecciones de gobernadores, de senadores, de diputados al Congreso y de diputados a las asambleas legislativas de los Estados correspondientes al período que se iniciaba en 1999 se realizarían el segundo domingo del mes de noviembre de ese año; que las elecciones de Alcaldes, concejales y miembros de juntas parroquiales se pospondrían para el segundo semestre de 1999, por lo que quedaban prorrogados los mandatos respectivos. En ejecución de estas disposiciones, el Consejo Nacional Electoral convocó para la celebración del primer grupo de elecciones el 8

---

[52] Eduardo Páez Pumar H., *op. cit.* pp. 158 y 159

noviembre de ese año, mientras que la elección presidencial tendría lugar el 6 de diciembre siguiente.

El año 1998 estuvo signado por fuertes variaciones en las preferencias de los electores en cuanto a los candidatos presidenciales, según lo revelaban las encuestas, y por diversos movimientos de los partidos políticos frente a esos cambios. Inicialmente la candidata Irene Sáez acaparaba las mayores simpatías por su gestión al frente de la Alcaldía de Chacao, y el partido COPEI decidió apoyarla en su aspiración presidencial. En AD se debatía en torno a si postulaban como candidato presidencial a Claudio Fermín o a Luis Alfaro Ucero, y fue este último el que obtuvo la nominación. Dos precandidatos con bajos porcentajes iniciales en las encuestas comenzaron a ascender en las preferencias electorales: a un ritmo menor, el gobernador de Carabobo Enrique Salas Römer, quien había transformado su partido regional Proyecto Carabobo en un partido nacional, el Proyecto Venezuela, y, en forma acelerada, Hugo Rafael Chávez Frías. Este último, que había encabezado la intentona golpista de 1992, y que, derrotado y encarcelado, había sido favorecido por el sobreseimiento de su causa que le otorgó Caldera en 1994, luego de ser dado de baja en el ejército, había abandonado la posición abstencionista que había tenido en las elecciones regionales y locales de 1995, había constituido un partido político, el Movimiento V República (MVR), y había manifestado su disposición de participar en la justa presidencial de 1998. La evolución de las encuestas mostraron a los partidos AD y COPEI el peligro que significaba la posibilidad del triunfo de Chávez, quien expresaba su decisión de reunir una asamblea constituyente para modificar radicalmente la institucionalidad existente, y en respuesta promovieron la modificación del cronograma electoral, retiraron las postulaciones a sus candidatos respectivos Alfaro Ucero e Irene Sáez y decidieron apoyar en alianza a Salas Römer para la candidatura presidencial.

En las elecciones de noviembre el MVR, con el apoyo de los partidos: Comunista, Patria Para Todos (PPT) y Movimiento Electoral del Pueblo (MEP), que habían conformado el llamado Polo Patriótico, ganó ocho gobernaciones, AD otras ocho, COPEI cuatro, Proyecto Venezuela una y Convergencia una. En el Congreso, las fuerzas en contienda quedaron representadas así: AD 19 senadores y 62 diputados; Polo Patriótico 18 senadores y 62 diputados; COPEI 7 senadores y 27 diputados; Proyecto Venezuela 3 senadores y 22 diputados, Convergencia 2 senadores y 4 diputados.

El 6 de diciembre se celebraron las elecciones presidenciales como estaba previsto y Chávez ganó con el 56,2% de los votos contra un 39,97% de Salas Römer; la abstención fue del 47,56%. De este modo, era la segunda vez que obtenía el triunfo un candidato postulado por partidos diferentes al llamado *status*, y para Venezuela significó que el año 1999 sería no solamente el fin de una centuria y de un milenio sino también de una época.

SECCIÓN TERCERA: EVOLUCIÓN DE LAS INSTITUCIONES PÚBLICAS BAJO LA CONSTITUCIÓN DE 1961

Cuando se promulga una Constitución se establece un modelo del país que se quiere formar, pero ese objetivo no se logra de inmediato, es necesario un proceso que puede ser largo para encuadrar la sociedad preexistente en el nuevo marco normativo. Pero los resultados que se obtienen al cabo de los años no siempre coinciden con la imagen que se tenía cuando se aprobó la Constitución. Por una parte, porque esa imagen generalmente no estaba delineada con exactitud y daba pie a diferentes interpretaciones sobre lo que se quería lograr; por la otra, porque la realidad impone sus constreñimientos al quehacer humano y muchas veces el país es conducido por derroteros que no estaban previstos. Por ello, lo que resulta es a veces mejor, a veces peor. En particular, en el caso de la Constitución de 1961, hemos señalado que muchas de sus normas debían ser desarrolladas por la ley, lo que implicaba que el órgano legislador podía escoger entre varias opciones. Con esto presente, es obvio que para conocer lo que es un país no basta con estudiar sus normas fundamentales, sino que es necesario considerar cómo esas disposiciones se aplican en la vida de los pueblos y cómo evoluciona el sistema político, el sistema económico y el sistema social, condicionados por la historia, la geografía, los recursos naturales, la cultura, las circunstancias internacionales y, en alguna medida, por el azar.

En las líneas que siguen me referiré, de un lado, a las acciones que acometen los dirigentes del país para actualizar el plan implícito en la Constitución de 1961, del otro, a los programas que posteriormente se consideraron necesarios para corregir situaciones inconvenientes que se habían presentado en la evolución de las instituciones públicas y de la sociedad.

A. LA CREACIÓN DE UNA INSTITUCIONALIDAD PARA LA DEMOCRACIA

Bajo la Constitución de 1961 se planificaron y ejecutaron programas destinados a organizar los poderes públicos conforme a lineamientos sugeridos en sus normas, a crear un desarrollo de la infraestructura, de los servicios públicos, del respeto a los derechos humanos y de un ambiente de convivencia como nunca antes se había conocido.

a) ORGANIZACIÓN Y MODERNIZACIÓN DE LA ADMINISTRACIÓN PÚBLICA

La necesidad de organizar la República de acuerdo a las exigencias de una democracia moderna se hizo presente en Venezuela desde la instauración del gobierno provisional de 1958 y se continuó con los gobiernos electos que siguieron, antes y después de la vigencia de la Constitución de 1961. No es que Pérez Jiménez hubiera dejado desorganizado el país, sino que todavía bajo ese régimen existía un Estado y una Administración estructurada para un país semicampesino y aislado de las corrientes modernas, con una baja presión demográfica y en donde el enfoque social y la exigencia de respeto a los derechos humanos no existían.

Las acciones de los gobierno para organizar y modernizar la Administración Pública se manifestaron inicialmente en cuanto a la introducción y fortalecimiento de la planificación del desarrollo económico y social y la reforma administrativa, y se extendieron simultánea o sucesivamente a otros campos que luego examinaremos.

1. La Planificación del desarrollo económico y social

En el Decreto ley N° 492, del 30/12/1958, se establecieron las bases para la formación de un sistema de planificación del desarrollo y se creó la Oficina Central de Coordinación y Planificación (Cordiplan) como órgano encargado de conducir ese proceso. Con ese fundamento se inició la actividad de planificación, entendida esta como un conjunto de acciones encaminadas al mejor aprovechamiento, en el tiempo y en espacio, de cantidades limitadas de recursos, la cual se inspiró en las experiencias europeas de postguerra, particularmente en la de Francia, en las cuales se trataba de conciliar la eficacia económica con la existencia de un Estado de Derecho y unas libertades de los ciudadanos garantizadas por la Constitución. Se trataba, pues, de una planificación democrática o indicativa, en la cual lo principal era la coordinación de las actuaciones de los organismos del sector público en función de unos objetivos económicos y sociales predeterminados, y el establecimiento de mecanismos de estímulo para incitar al sector privado a encuadrar su comportamiento en las previsiones del Plan de la Nación. Como sistema administrativo, la planificación se realiza a través de un conjunto de organismos situados en diversos niveles de la Administración Pública, cuya dirección superior corresponde al Presidente de la República, quien es auxiliado en estas funciones por Cordiplan.

En la Constitución de 1961 se otorgó rango constitucional a la planificación (artículos 98, 191 y 229). En 1976 se dictó la Ley Orgánica de la Administración Central, en la cual se redefinieron las atribuciones de Cordiplan, y en marzo de 1983 fue promulgada la Enmienda N° 2 de la Constitución, en cuyo artículo 2 se incorporó el Congreso a la actividad de planificación, mediante la aprobación por las Cámaras Legislativas, en sesión conjunta, de las líneas generales del Plan de Desarrollo Económico y Social de la Nación.

En el sistema de planificación se prevé, además, la existencia de planes sectoriales, a los que se agregan, a partir de 1969, la formulación de los planes regionales. Por otra parte, con la promulgación de la Ley Orgánica de Régimen Presupuestario, el 30 de julio de 1976, se define el presupuesto como instrumento de la planificación y se hace obligatoria la adopción de los presupuestos por programas en todos los niveles de la Administración. De este modo, en forma progresiva se va incorporando la planificación a la actividad normal de los diferentes organismos que conforman la Administración, incluyendo los Estados y los Municipios, se crean los procedimientos técnicos para hacerlo y se atiende al adiestramiento de los funcionarios encargados de aplicarlos.

Para el momento en que termina el siglo XX, se habían elaborado y puesto en vigor nueve planes de la Nación, aunque las vicisitudes económicas y políticas que afectaron al país y a la Administración habían interferido muchas veces en el proceso de ejecución de esos planes. En particular, la estructura económica del país, basada en los ingresos que suministra una materia prima, el petróleo, cuyo precio está sujeto a contingencias de diferente tipo que escapan a la determinación nacional, no es la más propicia para que las previsiones de un plan puedan ser ejecutadas en forma normal.

2. La Reforma Administrativa

La preocupación de la Junta de Gobierno de 1958 por mejorar la eficiencia de la Administración Pública se expresó con la promulgación del Decreto 287, del 26/06/1958, por el cual se creó la Comisión de Administración Pública (CAP), dependiente de la Presidencia de la República, cuya tarea inicial fue la de proponer las normas para regular el régimen de los funcionarios públicos, con la asesoría de expertos de las Naciones Unidas. Las tareas de la Comisión se extendieron a otras áreas hasta llegar en 1972 a proponer una reforma general de la Administración Pública nacional.

2.1 El régimen de los funcionarios públicos

Cuando se inicia el período democrático en Venezuela, en 1958, no existía una regulación general sobre el régimen de los funcionarios o empleados públicos ni ninguna norma que estableciera los derechos y deberes de los titulares de la función pública, por lo que había una total discrecionalidad del gobierno en el nombramiento y remoción de los funcionarios y en la determinación de sus remuneraciones. La CAP, con la asesoría de una empresa extranjera, comenzó sus estudios sobre esta materia y los avances logrados fueron recogidos por el presidente Betancourt al dictar el Decreto N° 394, del 14/11/60, por el cual se dictó el Reglamento de Administración del Personal para los Servidores del Gobierno Nacional. Este decreto no reglamentó ninguna ley sino que constituyó una autolimitación de las facultades discrecionales que tenía el gobierno. En ese decreto se establecieron los mecanismos básicos para el nombramiento y la remoción de funcionarios, se consagró un sistema disciplinario y se atribuyó a la CAP la condición de organismo central del Sistema Nacional de Administración de Personal. Con este carácter, la CAP elaboró e implantó, por primera vez en Venezuela, un Manual de Clasificación de Cargos, un proyecto de tabla de remuneraciones y un conjunto de procedimientos técnicos para el sistema que se estaba formando.

En 1962 se creó la Escuela Nacional de Administración Pública, adscrita a la CAP, con lo cual esta tuvo a su cargo tres áreas: el adiestramiento de funcionarios, la administración de personal y la asesoría en organización y métodos a los órganos y entes del Ejecutivo Nacional. Como parte del proceso de reforma administrativa, e impulsado por circunstancias políticas relacionadas con el cambio que significaba el acceso al gobierno de un partido de oposición, el Congreso sancionó la Ley de Carrera Administrativa, la cual fue promulgada el 4/9/70, con base en el proyecto elaborado por la CAP y tomando en cuenta la experiencia de diez años de esta en la gestión de recursos humanos. En esta ley se eleva de rango la Oficina Central de Personal, que ya existía en la CAP, y se crea el Tribunal de la Carrera Administrativa, a cargo de tres jueces (en realidad fueron juezas las primeras) escogidos por concurso, encargados de velar por la vigencia de la ley y el respeto a los derechos de los funcionarios.

2.2 La planificación de las estructuras, los sistemas y los procedimientos

En 1969, con ocasión del cambio de gobierno, se introdujo un cambio importante en el funcionamiento de la CAP. Por Decreto N° 28, del 9 de abril de ese año, se adscribió la Comisión a Cordiplan y se designó un equipo de profesionales de alto nivel, presidido por el jurista Allan R. Brewer-Carías, para llevar a cabo un ambicioso programa de reforma administrativa. Se partía del supuesto de que la Administración se había venido formando por la agregación de órganos y entes, sin que ello estuviera precedido de un plan preestablecido, y de que la Administración debía ser objeto de un desarrollo planificado, para que a su vez tuviera la capacidad necesaria para inducir los procesos de cambio en lo económico y en lo social que el país requería y que habían sido definidos en los planes de la Nación. Y también que esa revisión debía ser un proceso permanente de adecuación de las organizaciones a las exigencias del desarrollo.

Ese enfoque condujo a que se propusieran reformas en la estructura, en los sistemas y en los procedimientos administrativos, muchas de las cuales se acogieron en los años siguientes. El proceso de reforma administrativa fue muy novedoso en su formulación y en las propuestas que de allí salieron. Se incorporó a todos los organismos del Ejecutivo Nacional en la tarea de hacer el diagnóstico de cada uno de ellos y se discutieron a todos los niveles los proyectos de reformas estructurales y de los sistemas. En la parte estructural se presentaron propuestas de reorganización del esquema ministerial, como por ejemplo, para darle la importancia que requería la institucionalización de un organismo responsable del desarrollo ambiental, que hasta entonces estaba desatendido, se propuso la creación de un Ministerio del Ambiente y de los Recursos Naturales Renovables, de agrupar las funciones atinentes al desarrollo urbano y a la vivienda para formar el Ministerio de Desarrollo Urbano y Vivienda y de separar del Ministerio de Obras Públicas, el cual desaparecería, los programas que se pondrían a cargo del Ministerio de Vialidad y Transporte. Ese esquema fue posteriormente acogido en la Ley Orgánica de la Administración Central, promulgada el 26/12/1976. Asimismo se hicieron propuestas sobre diferentes ámbitos de la estructura organizativa del Ejecutivo, así como de los sistemas y procedimientos, las cuales se recogen en los dos tomos del libro *Informe sobre la Reforma de la Administración Pública Nacional*, publicado por la Comisión de Administración Pública en 1972.

Por otra parte, la CAP promovió la creación de un organismo internacional para intercambiar experiencias sobre los procesos de reforma administrativa y de capacitación de funcionarios públicos, de donde resultó la creación del Centro Latinoamericano de Administración para el Desarrollo (CLAD), auspiciado por la ONU, con sede en Venezuela y cuyo primer presidente fue un venezolano.

3. La regionalización del desarrollo

Este programa fue iniciado desde Cordiplan como política global con la promulgación del Decreto sobre Regionalización Administrativa, del 11 de junio de 1969. La regionalización partía del supuesto de que los Estados en Venezuela, en general, son entidades muy pequeñas o poco pobladas y con insuficientes recursos para emprender aisladamente grandes proyectos de desarrollo y para permitir la utilización óptima de los recursos humanos, materiales y financieros que estaban a su disposición. Por ello, se proponía la creación de un nivel superior al de las entidades federales para efectos de la planificación, la coordinación y la promoción del desarrollo. Después de los estudios correspondientes, se llegó a la conclusión de que las regiones debían ser ocho, cada una de las cuales englobaba varias entidades federales, excepto la del Zulia, donde la región coincidía con el Estado. En cada región se crearía una Corporación Regional de Desarrollo, siguiendo el ejemplo de las existentes Corporación Venezolana de Guayana (CVG) y la Corporación de los Andes (Corpoandes); se crearía también un órgano de planificación, la Oficina Regional de Coordinación y Planificación (Orcoplan), un mecanismo de coordinación, el Consejo Regional de Gobierno (Corego), a cargo de los Gobernadores de las entidades federales de la región, y un órgano para la concertación de las políticas entre el sector público y la iniciativa privada, el Consejo Regional de Desarrollo (Corede).

Con esta institucionalidad se comenzó el proceso de planificación y de desarrollo regional, en el cual tuvieron especial significación, además de las corporaciones preexistentes ya mencionadas, los organismos encargados de elaborar los planes y proyectos, como la Fundación para el Desarrollo de la Región Centro Occidental (Fudeco) o la Corporación para el Desarrollo de la Región Zuliana (Corpozulia). En estos organismos se concentraron grupos de especialistas de alto nivel en estas funciones, que fueron semilleros para la formación de gerentes del desarrollo en todo el país y que tuvieron mucha importancia cuando se emprendió, años después, el proceso de descentralización.

4. La modernización de la Hacienda Pública

Cuando se inicia el período democrático, en 1958, Venezuela contaba con una administración hacendística bien organizada, bajos los parámetros definidos por las reformas de Román Cárdenas, a partir de 1913, y que condujo a la aprobación de la Ley Orgánica de la Hacienda Pública Nacional, por una parte, y por la otra, de Alberto Adriani en 1936. Pero esa organización resultaba insuficiente para un Estado en evolución, al cual se le había incorporado el manejo de recursos muy elevados y de finalidades muy diversas, como era la gestión de una política social y de unos servicios públicos que no existían en la hacienda clásica. Por ello, bajo los gobiernos democráticos se introdujeron importantes modificaciones en el régimen de la hacienda pública en sus diversos aspectos. En materia aduanera, desde 1970 se adoptó el sistema arancelario *ad valorem*, con una codificación de términos actualizada. Con relación a la materia presupuestaria, se establece el presupuesto por programas y se le vincula con la planificación nacional; se dicta la Ley Orgánica de Régimen Presupuestario en 1976, se fortalecen las competencias de la Contraloría General de la República para controlar los ingresos, los gastos y los bienes públicos y para efectuar averiguaciones administrativas; se dicta la Ley Orgánica de Salvaguarda del Patrimonio Público, en la cual se actualizan los tipos delictivos sobre conductas lesivas a la Hacienda Pública y se crea un tribunal especial, de alto nivel, para sancionar los delitos contra la cosa pública. En la materia tributaria, en 1982 se sanciona el Código Orgánico Tributario, en conformidad con los lineamientos del Modelo de Código

Tributario para América Latina, se crean nuevos tributos como la contribución al Instituto Nacional de Cooperación Educativa (INCE) y se perfeccionan otras como la del Seguro Social; se crea el Impuesto al Valor Agregado (IVA) en el ámbito nacional y se modernizan los tributos municipales. En 1980, el gobierno designa una Comisión de Estudio y Reforma Fiscal, presidida por el Dr. Tomás Enrique Carrillo Batalla, la cual formula numerosas y bien fundadas propuestas para la reforma tanto del sistema fiscal como de la administración tributaria. El 10/8/94, por decreto presidencial, se fusionan Aduanas de Venezuela, Servicio Autónomo (AVSA), y el Servicio Nacional de Administración Tributaria (SENAT) para dar paso a la creación del Servicio Nacional Integrado de Administración Aduanera y Tributaria (SENIAT), un organismo de recaudación de tributos nacionales a cargo de un personal altamente calificado y con el soporte de las tecnologías más actualizadas.

A partir de 1990, con el inicio del proceso de descentralización, se comienza también la reforma de las haciendas estadales y municipales, para permitirles administrar los recursos incrementados por las transferencias de recursos provenientes del aumento del situado constitucional, de las asignaciones económicas especiales derivadas de minas e hidrocarburos, de los aportes del Fondo Intergubernamental para la Descentralización (FIDES), de la creación de tasas estadales y de los recursos asignados a los Estados con motivo de la transferencia de competencias y de servicios. Por estas transferencias, los Estados fueron creando su hacienda propia, en la que se incluían los ingresos por la administración y aprovechamiento de carreteras, puentes, autopistas, puertos y aeropuertos públicos de uso comercial y se comenzó la tributación estadal, aunque limitada a la percepción de ingresos por papel sellado y los impuestos sobre minerales no metálicos, salinas y ostrales de perlas.

5. La nueva concepción del Municipio

En la Constitución de 1904 se fijó un esquema de la organización de los Municipios que se mantuvo vigente hasta avanzado el siglo XX. Los Estados se organizaban en Distritos y estos en Municipios; en cada Distrito había un Concejo Municipal y en cada Municipio una junta comunal, la cual era designada por el Concejo Municipal y carecía de personalidad jurídica y de patrimonio propio. El conjunto del Concejo Municipal y los Municipios, representado por el Presidente del Concejo Municipal, se llamaba la Municipalidad y en ella residía la autonomía y la personalidad jurídica.

En la Constitución de 1961 se expresó la disposición de cambiar esta situación, cuando se estableció que "Los Municipios constituyen la unidad política primaria y autónoma dentro de la organización nacional. Son personas jurídicas..." (art. 25), lo que significó que se identificaron los conceptos de Municipio y Municipalidad. Pero para hacer realidad un cambio tan trascendental era necesario que se promulgara una ley sobre la materia, pues en la Disposición Transitoria Primera de la Constitución se había dispuesto que "Mientras se dictan las leyes previstas en el Capítulo IV del Título I de la Constitución, se mantiene en vigencia el actual régimen y organización municipal de la República". La Ley Orgánica de Régimen Municipal (LORM) entró en vigencia en 1978 y, conforme a lo dispuesto en la Constitución, se deja a las Asambleas Legislativas la determinación del ámbito de los nuevos Municipios, el cual no podía ser muy diferente al de los Distritos porque la LORM exigía que para crear un Municipio se requería una población de, al menos, 12.000 habitantes y un centro poblado no menor de 2.500 habitantes.[53] Con esta ley se separan las elecciones municipales de las nacionales, para evitar que estas influyeran sobre aquellas, y así se realizaron los comicios municipales del año siguiente.

Para el año 1989 el tema de la reforma municipal se incorpora al proceso de la reforma del Estado, lo que permite acelerar los cambios requeridos, entre ellos, la reforma de la LORM de ese año, en la cual se separan las funciones legislativas y de control, que corresponden al Concejo Municipal, y las de gobierno y administración, que se asignan al Alcalde, figura que se crea en esa reforma. Y también la reforma de la Ley Orgánica del Sufragio (LOS), ese mismo año, con base en la Enmienda Constitucional de 1983, para establecer un sistema electoral diferente para el Municipio, en el cual el elector pudiera votar por personas y no por partidos, lo que se concretó en un sistema de listas abiertas con representación proporcional que se aplicó en las elecciones locales de 1989.

Con estas reformas, más las que se originaron del proceso de descentralización, para finales del siglo XX el Municipio venezolano había sido objeto de una profunda transformación bajo el imperio de la Constitución de 1961.

b) EL CONTROL SOBRE EL ESTADO Y LA ADMINISTRACIÓN PÚBLICA

En los gobiernos de la República Civil hubo especial preocupación porque se establecieran múltiples controles sobre la Administración Pública. Las Cámaras Legislativas, que son el principal organismo de control en los regímenes democráticos, cumplieron su papel de manera bastante satisfactoria. Con el llamado Pacto Institucional, se convino en

---

[53] Véase: Allan R. Brewer-Carías: *Instituciones Políticas y Constitucionales*, Tomo II, Universidad Católica del Táchira y Editorial Jurídica Venezolana, Caracas, 1996, pp. 593 y ss.; y José Luis Villegas Moreno: *Doscientos años de municipalismo*, Universidad Católica del Táchira y Fundación de Estudios de Derecho Administrativo, Caracas, 2010, pp. 33 y ss.

que si bien el Senado sería presidido por un partido afín al gobierno, la Cámara de Diputados, que es la que tiene mayores competencias en la materia presupuestaria, financiera y de contraloría, estaría bajo la dirección del principal partido de oposición, lo que garantizaba una amplia supervisión sobre las actividades del gobierno. En el organismo de identificación y extranjería se estableció un novedoso y eficaz mecanismo de control. El Director era designado por el gobierno pero correspondía a la oposición decidir el nombramiento del Fiscal General de Cedulación, el cual tenía poderes de veto sobre las actividades sometidas a su control, sobre todo la emisión de cédulas y pasaportes, lo que disminuía las posibilidades de corrupción administrativa y de ventajismo electoral del gobierno. En el Consejo Supremo Electoral, transformado en Consejo Nacional Electoral en 1997, estaban representados los principales partidos, un miembro era designado en representación del bloque de partidos minoritarios y había una cuota de independientes que actuaban como fiel de la balanza. En el seno del organismo había delegaciones de los partidos, con pleno acceso a todas las informaciones en materia electoral y administrativa y los controles de unos sobre los otros, en general, funcionaban bien.

El Poder Judicial, en estos períodos, ejerció su función de control sobre los demás poderes. En la República Civil se desarrolló la jurisdicción contencioso administrativa encargada de velar por la legalidad de la actuación de los órganos del Poder Público, en una forma como no la ha habido nunca, ni antes ni después. La anulación de actos de la Administración por violación de ley y la condena al restablecimiento de las situaciones jurídicas lesionadas por la actuación ilegal de los organismos públicos, incluso por desviación de poder, era algo normal. La independencia del Poder Judicial quedó manifestada de muchas maneras, la más resaltante fue el enjuiciamiento y la destitución del Presidente en funciones Carlos Andrés Pérez, sin precedentes en nuestra historia y sin equivalente en casi ningún país, pese a que no era evidente la infracción de ley en el caso que dio lugar a su condena. La previsión constitucional sobre la acción de amparo, que permaneció congelada durante años, de pronto comenzó a utilizarse aún antes de que se promulgara la ley que regularía esta institución, y llegó a constituirse en el principal medio de defensa de las personas contra los actos de los poderes públicos, e incluso de los particulares, que violaban derechos constitucionalmente garantizados.

La Contraloría General de la República, que nunca bajo la República Civil estuvo a cargo de una persona afecta al gobierno, cumplió sus funciones con plena autonomía y responsabilidad.

c) EL DESARROLLO DE LA INFRAESTRUCTURA, DE LOS SERVICIOS PÚBLICOS Y EL RESPETO A LOS DERECHOS HUMANOS

El propósito de transformar racionalmente el medio físico para crear la infraestructura que requería un Estado moderno, que había orientado la política de Pérez Jiménez, fue continuado por la República Civil. La reseña de las obras públicas ejecutadas por los sucesivos gobiernos que tuvo el país entre 1959 y 1998 sirve para evidenciar que la democracia no se quedó atrás en la obra física realizada, y también para mostrar que dos cambios importantes se habían producido: de un lado, que las obras se distribuían a lo largo y ancho de la geografía nacional, con el objetivo expreso de buscar la armonía en el desarrollo territorial, mediante la disminución de los desequilibrios entre las regiones; del otro, que en el desarrollo de la infraestructura estaba presente una finalidad social que no se había observado bajo la dictadura. En efecto, además de las obras viales (autopistas, carreteras, vías de penetración agrícola, circunvalaciones, intercomunales, puentes, túneles, distribuidores de tránsito, el Metro de Caracas y el inicio de sistemas subterráneos y superficiales de transporte en otras ciudades, puertos y aeropuertos), y de edificaciones emblemáticas, sobre todo para promover el turismo, en la República Civil abundaron las obras que permitían la mejor prestación de los servicios públicos: represas y embalses para generar hidroelectricidad, suministro de agua potable a las poblaciones o riego para los cultivos; plantas de electricidad térmicas e hidroeléctricas; plantas de tratamiento de aguas servidas y de agua para el consumo humano; acueductos; cables submarinos; hospitales generales, especializados o de referencia, centros de salud y ambulatorios; ciudades universitarias, edificaciones universitarias, liceos, escuelas y planteles de preescolar; bibliotecas y museos; teatros y salas de conciertos, de conferencias y de usos múltiples; estadios y complejos deportivos; internados judiciales y centros penitenciarios. Asimismo se edificaron sedes para la prestación de servicios públicos en todos los niveles del Estado. En los períodos de gobierno de la República Civil se edificaron más viviendas por año y por habitante que en cualquier otra etapa del país, había dotaciones de viviendas construidas por el Estado para las personas más pobres y había viviendas de interés social a las que tenían acceso familias de recursos bajos y medianos.

En otro orden de ideas, los servicios públicos de atención médica en los hospitales y ambulatorios funcionaban razonablemente bien, con el personal requerido y con las medicinas y materiales necesarias para atender a los pacientes, mientras el desarrollo de los servicios privados de salud eran cada vez más numerosos y modernos; había una respuesta bastante adecuada para garantizar la seguridad de los bienes y de las personas, los índices sobre inseguridad e impunidad eran manejables, sobre todo en comparación con lo que vino después; conseguir un espacio para enterrar a un familiar no era una tragedia adicional; en los registros y notarías y en las oficinas de identificación y extranjería se atendía debidamente a los usuarios; los trámites eran bastante sencillos, pues en los procesos de reforma administrativa se había puesto especial cuidado en que así fuera, lo cual desestimulaba la exigencias de pagos indebidos a los usuarios; los servicios domiciliarios funcionaban adecuadamente: el agua llegaba todos los días, con el grado de potabilidad exigido por las normas técnicas, la luz no se interrumpía sino excepcionalmente, había acceso al gas doméstico, la basura era recogida sistemática y oportunamente.

Con el proceso de descentralización se fortaleció la prestación de servicios públicos por los Estados y Municipios. Un experto en el tema se refería en 1996 a los logros concretos de la descentralización en los siguientes términos:

> Ya existen escuelas oficiales donde uno se encuentra con procesos de calidad. Escuelas hermosas, aulas bien dotadas de recursos para el aprendizaje, maestros activos, niños contentos. Son las escuelas integrales de Mérida, o las solidarias de Aragua, o las activas de Bolívar, o las participativas del Zulia o las escuelas modelo de Trujillo. (...)
>
> Existen hospitales públicos que funcionan adecuadamente. Y sistemas de salud bien gerenciados. En Lara hay experiencias muy importantes que ponen en manos de la comunidad organizada servicios odontológicos. Todas iniciativas desde los estados.
>
> Puertos que funcionan, salinas que antes daban pérdidas y que ahora producen; aeropuertos seguros y cómodos, carreteras bien mantenidas, agricultores productivos gracias al crédito oportuno y barato, pequeños y medianos empresarios que reciben asistencia técnica y crediticia, casas bien hechas para la gente pobre, servicios educativos y de salud bien administrados con participación municipal, centros de calidad para la atención al menor y a los ancianos y muchos otros ejemplos a lo largo y ancho del país.[54]

Por supuesto que en obras públicas y en la prestación de los servicios había muchos aspectos que mejorar, pues el nivel de exigencias de los pobladores había aumentado considerablemente a medida que avanzaba la etapa de la República Civil. Algo similar ocurría en lo concerniente al respeto a los derechos humanos. Es necesario reconocer que en los años de la subversión armada hubo casos flagrantes de violación de derechos

---

[54] Francisco González Cruz: "Balance y perspectivas de la descentralización en Venezuela" en *La Descentralización en Venezuela,* Rectorado de la Universidad del Zulia, Maracaibo, 1977, pp. 248 y 249.

humanos: detenciones ilegales, torturas, e incluso desapariciones de personas y muertes. Pero en general, los poderes públicos se movilizaron para sancionar a los funcionarios responsables, lo cual se logró en la mayor parte de los casos. Por ello, como regla, las personas sentían que había libertad de expresión, que los medios de comunicación eran respetados en el cumplimiento de sus funciones, que se podía manifestar pacíficamente sin temor a la agresión por cuerpos de seguridad o a la imposición de penas; que desde el Estado no se incitaba al odio social y a la lucha de clases; que se garantizaba la propiedad privada, que se seguía el procedimiento para la expropiación de bienes y que las confiscaciones no existían. Los ciudadanos podían salir a la calle, incluso hasta altas horas de la noche, sin el temor de ser agredidos o asesinados, lo cual no significa que no se produjeran hechos aislados en tal sentido; había cierta confianza en que los tribunales decidirían conforme a la ley y la justicia, se podía demandar al Estado por infracciones al ordenamiento jurídico, era posible lograr la nulidad de actos administrativos contrarios a derecho o la emisión de una sentencia de amparo cuando se lesionaban derechos constitucionales; los derechos laborales y a la contratación colectiva eran exigibles y la vigencia de la libertad de industria y comercio permitía que las mercancías de la dieta diaria y los productos de uso corriente se encontraran en las bodegas, mercados municipales y supermercados, a precios accesibles. No había discriminaciones fundadas en motivos políticos, o eran excepcionales, y no existían listas de ciudadanos excluidos de atención o considerados enemigos en sus relaciones con los poderes públicos; regía la libertad de cátedra en la enseñanza oficial, pues no existía una ideología oficial en contradicción con el pluralismo político consagrado en la Constitución, y las Universidades disfrutaban de autonomía sin necesidad de que esta estuviera consagrada en la Constitución. Los derechos políticos tenían plena vigencia, los ciudadanos podían proclamar sus simpatías políticas sin temor a represalias y había confianza en los resultados que proclamaban los organismos electorales. En general, en la sociedad había un clima de cordialidad entre las personas y el país no estaba dividido en grupos irreconciliables.

d) EL DESARROLLO DE GUAYANA

Una mención especial merece la actuación sucesiva de los diferentes gobiernos para darle continuidad a los programas que permitieron el desarrollo de Guayana. En una zona famosa por sus bellezas naturales, pero con poca población y sin ninguna actividad económica de significación, el Estado venezolano fue capaz de crear un complejo industrial, minero, siderúrgico, de aluminio y de hidroelectricidad de gran envergadura, partiendo de unos estudios que se iniciaron entre 1945 y 1948 por la recién creada Corporación de Fomento, y que luego se continuaron a mediados de los cincuenta por una comisión presidida por Rafael Alfonzo Ravard. La concepción del desarrollo de Guayana vinculando el desarrollo industrial e hidroeléctrico, con una política social y de respeto al ecosistema, es obra de la democracia, tanto en la planificación como en la ejecución, y para ello fue necesario adoptar decisiones estratégicas y planes de inversión en aspectos como: la creación de la Corporación Venezolana de Guayana (CVG), el 29/12/1960; la fundación de Ciudad Guayana, cuya primera piedra fue colocada el 2/7/61, luego de los estudios realizados por expertos del Instituto Tecnológico de Massachusetts, de la Universidad de Harvard y de urbanistas venezolanos, la cual cuenta hoy con más de un millón de habitantes; la creación de la Siderúrgica del Orinoco, como una empresa de gran aliento, con procesos integrados, partiendo de una pequeña acería existente; la nacionalización de la industria del hierro y la creación de Ferrominera del Orinoco; la formación de un conjunto de empresas para la extracción de la bauxita y su transformación en aluminio: Alcasa, Bauxiven, Interalúmina, Venalum, Carbonorca; se establecieron, con fondos nacionales e internacionales, cinco plantas productoras de pellas y briquetas; se sembraron más de 500 mil hectáreas de pinos en la orilla norte del Orinoco; se crearon las condiciones para la instalación de otras industrias: metalmecánica y metalúrgica, de refractarios para transformar hierro y aluminio, empresas de servicios y de insumos; se crearon dos Universidades: la Universidad Nacional Experimental Antonio José de Sucre (UNEXPO), formadora de ingenieros metalúrgicos, eléctricos, mecánicos y electrónicos y la Universidad Nacional Experimental de Guayana (UNEG), y se establecieron núcleos importantes de Universidades como la Universidad Católica Andrés Bello (UCAB), la Universidad Gran Mariscal de Ayacucho (UGMA), la Universidad Bicentenaria de Aragua (UBA), a lo cual se agrega media docena de institutos universitarios. Con los recursos humanos así formados se pudo gerenciar el desarrollo de la hidroelectricidad, derivada de grandes obras construidas como un sistema de represas (Guri I y II, Macagua I, II y III, inicio de Caruachi y Tocoma), y de turbinas. "Ciudad Guayana es el núcleo con mayor concentración de ingenieros de toda América Latina en proporción a su número de habitantes",[55] y el desarrollo de Guayana es el programa de desarrollo de más aliento –concebido, iniciado y realizado por la democracia– en toda la historia de Venezuela.

---

[55] Damián Prat y Alfredo Rivas Lairet como coautor: "Guayana antes y hoy", en José Curiel editor: *Del Pacto de Punto Fijo al Pacto de la Habana, cit.*, pp. 105 y ss.

e) EL DESARROLLO DE LA DEMOCRACIA

A partir de 1958, se instaura en Venezuela un sistema democrático que dura hasta finales del siglo. Esa etapa ha sido llamada de diversas maneras, sobre todo el "Puntofijismo" o la "República Civil". En el primer caso se hace con la intención de resaltar tanto el protagonismo de los partidos en esa etapa como de los acuerdos a que llegan (para permitir la gobernabilidad o para repartirse el poder, según la óptica de quien se exprese). Desde un punto de vista técnico, esa denominación es incorrecta: el pacto de punto fijo se celebró para durar el período de los cinco años en que Rómulo Betancourt fue Presidente, y tuvo como firmantes a tres partidos: AD, COPEI y URD, aunque el tercero se retiró de la coalición de gobierno anticipadamente. Pero luego se celebraron otros acuerdos: el gobierno de ancha base, en el período de Leoni (AD, URD, FND), el pacto institucional, cuya finalidad no era constituir una alianza de gobierno sino el establecimiento de ciertas normas para el mejor funcionamiento del sistema y el control de la actuación del gobierno (nombramiento de las directivas de las Cámaras Legislativas, del Contralor General de la República, del Fiscal General de Cedulación); la "Guanábana", como se llamaba – generalmente con carácter despectivo– a los acuerdos entre AD y COPEI, la triple alianza, acuerdo entre COPEI, el MAS y la Causa R, para modificar la Ley Orgánica del Sufragio en 1997 y para la elección de los directivos del Congreso, etc. Pero desde un ángulo no tan técnico, se ha llamado también el Pacto de Punto fijo o el Puntofijismo a todo el período que va desde 1958 a 1998, lo cual es aceptado pacíficamente por muchos, y ese lapso coincide con la denominada etapa de la República Civil. En este último caso, lo que se trata es de evidenciar el sometimiento del estamento militar al poder civil, lo que se expresa en Presidentes civiles (entre los cuales habría que incluir, por su comportamiento, al vicealmirante Wolfgang Larrazábal), en el cumplimiento de la Constitución, que establecía el carácter no deliberante de las fuerzas armadas, como también lo hace, sin que se acate, la Constitución de 1999, y la intervención del Senado en el ascenso de los militares, de coronel en adelante, y en el de la Ley Orgánica de las Fuerzas Armadas, en la cual se establecían incompatibilidades entre los militares como funcionarios públicos y el ejercicio de determinadas actividades o el desempeño de ciertos cargos, y la exclusión del voto de los militares, lo cual nunca estuvo prohibido en la Constitución. Con el nombre de la República Civil se ha pretendido marcar un contraste entre lo que existía antes y lo que vino después y sobre este aspecto volveremos en las consideraciones finales de este documento.

Lo cierto es que la etapa a que nos referimos tuvo unas características especiales por el desarrollo de una cultura democrática, como nunca había existido en el país, por lo que también es llamada el período democrático. La alternabilidad democrática prevista en la Constitución funcionó perfectamente, la separación de poderes y la colaboración entre ellos se cumplió en la forma contemplada en la Ley Fundamental; las elecciones, con sus imperfecciones, tuvieron la credibilidad necesaria para dotar de legitimidad a los funcionarios electos; en el funcionamiento del Estado y de la Administración se sembró la idea de que los recursos públicos no podían ser utilizados para el ventajismo electoral, que la corrupción debía ser perseguida, que los derechos humanos debían ser respetados, que el sistema de mérito no solo era el más legítimo sino el que producía la mayor eficiencia en la gestión de la función pública. Pero además de los aspectos institucionales o jurídicos, en este período se desarrolló un clima de tolerancia entre los venezolanos, de respecto a las opiniones ajenas, de cordialidad entre adversarios a pesar de las rivalidades políticas. La convivencia entre organizaciones políticas de distinto signo se hizo frecuente desde el inicio de la democracia, especialmente entre los partidos que años antes eran irreconciliables y que ahora compartían responsabilidades de gobierno por formar parte de una alianza, y, posteriormente, con la instauración de la elección de los gobernadores de los Estados, por la coordinación y cooperación que existía entre titulares de las gobernaciones procedentes de distintos partidos y de estos con el Ejecutivo Nacional. El sistema democrático venezolano, por sus características y por su duración, era tenido como ejemplo en toda América Latina.

Todo ello a pesar de los intentos de alterar el discurrir democrático: por los golpes de estado intentados por militares que se sucedieron en los inicios de esta etapa, con el propósito de retrotraer el país a la situación de dictadura anterior, por los pronunciamientos militares que vinieron luego con marcado sesgo antidemocrático de izquierda, por la guerra de guerrillas que sufrió el país durante casi una década, con la cual se pretendía implantar en Venezuela un gobierno calcado en el modelo cubano.

Durante el período de la República Civil el gobierno, y el país, sufrieron las consecuencias de erradas políticas económicas en que se había incurrido en algunos momentos, como el endeudamiento externo, que aunque era de una magnitud manejable, se había contratado con vencimientos a corto plazo y altos intereses, de lo cual se derivaron situaciones inconvenientes e incluso críticas, como la inflación, el alto costo de la vida y la desmejora en las condiciones de vida de amplios sectores de la población, sobre todo los de menores recursos. Pero el sistema democrático se mantuvo y resistió el embate de pronunciamientos militares como los de 1992, cuya preparación se había iniciado con más de diez años de antelación y que venían equipados con unas técnicas publicitarias y con un programa social, en una forma que hasta entonces era desconocida. Ese rechazo se debió a que la cultura democrática, que proscribía las vías de hecho para cambiar gobiernos, se había introducido tan profundamente en el espíritu de los venezolanos, y sus efectos eran tan duraderos, que se extendieron más allá, cuando la República Civil ya no existía, lo que hizo fracasar el intento de abril de 2002.

B. LAS REFORMAS SOBREVENIDAS

A lo largo de los cuarenta años de duración del régimen democrático se observó una evolución que va desde la etapa que Diego Bautista Urbaneja llama "de mística democrática", en la cual "la reinstauración de la democracia en 1958 vino acompañada de una gran esperanza colectiva en la creación de un régimen político de alta calidad ética, por contraste con la dictadura que se acababa de derrocar y uno de cuyos vicios más denunciados era la corrupción",[56] a la siguiente, la de "la rutinización", que se inicia desde el primer gobierno de Carlos Andrés Pérez y en la cual la carga inercial que soporta el sistema, por la tupida red de intereses va resultando cada vez más difícil de revertir; pasando por "la gran campanada", el viernes negro bajo el gobierno de Luis Herrera "por el cual el país se enteró de que la manera en que había venido viviendo y funcionando no podía continuar y de que era necesario buscar otra".[57] En los años que siguieron se va acentuando progresivamente el descontento de la gente y los partidos democráticos se ven obligados a introducir correctivos en el funcionamiento del sistema, de los cuales consideraremos seguidamente los que estimamos más importantes.

a) LA REFORMA ELECTORAL FRENTE A LA "PARTIDOCRACIA"

La Junta de Gobierno de 1958, bajo la presidencia de Wolfgang Larrazábal, en ejercicio de las facultades de legislar que se había autoatribuido, dictó un decreto contentivo de la Ley Electoral en el que se consagró un sistema electoral de listas cerradas y bloqueadas con representación proporcional de las minorías, en la elección de los cuerpos deliberantes en todos sus niveles. Como en nuestra democracia está permitido el voto de los analfabetas, las votaciones se hacían seleccionando tarjetas, cada una de un color o combinación de colores diferentes, con los símbolos del partido. Cada elector seleccionaba dos tarjetas: una grande, para la elección del Presidente de la República, y otra pequeña para los cuerpos deliberantes, de modo que al escoger una tarjeta pequeña el elector votaba al mismo tiempo por los candidatos postulados por el partido al que co-

---

[56] Diego Bautista Urbaneja: *La política venezolana desde 1958 hasta nuestros días*, Temas de Formación Sociopolítica 7, Centro Gumilla, UCAB, Caracas, 2012, p. 30.

[57] *Ídem*, p. 69

rrespondía para el Senado, la Cámara de Diputados, la Asamblea Legislativa del Estado y el Concejo Municipal de la jurisdicción. El sistema era rudimentario pero lucía adecuado para un país con una democracia que se iniciaba y con un nivel cultural bajo. De esta manera, se realizaron las elecciones nacionales, conjuntamente con las elecciones regionales y locales, correspondientes a los años 1958, 1963, 1968, 1973, 1978 (a partir de 1979 se separan las elecciones de concejales), 1983 y 1988.[58] Desde 1982 había comenzado una discusión, promovida por el Consejo Supremo Electoral, en torno a la reforma del sistema electoral, dado que el mecanismo de votación que se aplicaba y la simultaneidad de los procesos impedía la relación directa entre el elector y el elegido y el partido se constituía en un intermediario inevitable, con el consiguiente fortalecimiento de la llamada "partidocracia". Para evitarlo era necesario introducir elementos de personalización del sufragio, pero se consideraba que la Constitución entonces vigente no lo permitía porque establecía, en su artículo 113, que la legislación electoral debía "consagrar el derecho de representación proporcional de las minorías". Por esta razón, para permitir los cambios en el sistema electoral, fue necesario introducir primero una modificación de la Constitución, lo cual se hizo con la Enmienda N° 2, del 16 de marzo de 1983, en la que se incluyó en su artículo 1° una norma conforme a la cual:

> Para las elecciones de miembros de los Concejos Municipales podrá adoptarse un sistema electoral especial y distinto del que rige para las elecciones de Senadores, Diputados y miembros de las Asambleas Legislativas.
>
> Para las elecciones de estas últimas, también podrá acordarse un sistema especial, semejante o diferente del que se disponga para las elecciones de Concejales.

La crisis que se manifestó el "viernes negro" (18 de febrero de 1983) exigía que para enfrentarla se introdujeran reformas no solo económicas sino en el funcionamiento del sistema político. En los años posteriores se realizaron intensos debates sobre el sistema electoral más conveniente para perfeccionar la representatividad de los cuerpos deliberantes y sobre la organización de los partidos políticos,[59] discusiones estas que tuvieron

---

[58] Véase la voz *Elecciones*, en Fundación Polar: *Diccionario de Historia de Venezuela*, 2da. Edición, Tomo 2, Caracas, 1997, p. 205.

[59] Véase: Boris Bunimov-Parra: "Proposición para una reforma parcial del sistema electoral venezolano", en *Sistemas Electorales, Acceso al Sistema Político y Sistema de Partidos, cit.*, pp. 141 y ss.; Arístides Torres: "Los límites de la reforma electoral en Venezuela", en *Reformas Electorales y Partidos Políticos,* Publicaciones del Consejo Supremo Electoral, Caracas, 1986, pp. 97 y ss.; Juan Carlos Rey: "Reformas del sistema electoral venezo-

como escenarios más importantes el Consejo Supremo Electoral –que con motivo de celebrar los cincuenta años de su creación promovió la celebración de foros y conferencias que fueron objeto de numerosas publicaciones– y la Comisión Presidencial para la Reforma del Estado (COPRE), desde su instalación a comienzos de 1985.[60]

De esos debates resultó, en primer lugar, la reforma de la Ley Orgánica del Sufragio para introducir un sistema de listas abiertas con representación proporcional, propuesto por el MAS y que se aplicó en las elecciones municipales de 1989, y, en segundo lugar, una nueva reforma de la misma ley, en agosto de 1989, para consagrar un sistema de representación proporcional personalizado propuesto por el senador Pedro Pablo Aguilar, inspirado en el sistema electoral alemán, para las elecciones nacionales y regionales y, con modalidades diferentes, para las elecciones municipales.[61] Estos sistemas se aplicaron en las elecciones nacionales, regionales y municipales que se realizaron hasta 1998, como una respuesta de la República Civil frente a las distorsiones en el sistema político que se habían generado por la aplicación rutinaria y consecutiva del sistema electoral adoptado en 1958.

b) EL PROCESO DE REFORMA DEL ESTADO, LA DESCENTRALIZACIÓN

A raíz de la suspensión de la libre convertibilidad del bolívar, el 18 de febrero de 1983, en el país se planteó la necesidad de reflexionar sobre las modificaciones que habían de introducirse para corregir los entuertos que habían conducido a esa situación. Ese mismo año, en diciembre, se realizaron las elecciones presidenciales en las que resultó triunfador el médico

---

lano", *ibídem*, pp. 119 y ss.; José Enrique Molina: "La reforma electoral municipal", *Ibídem*, pp. 159 y ss.; Álvaro Silva Calderón: "Listas abiertas y no bloqueadas", en Franklin Guzmán y Luis Alvaray (coord): *La Reforma del Sistema Electoral Venezolano*, Consejo Supremo Electoral, Caracas, febrero de 1986, pp. 139 y ss.

[60] Sobre los debates de la época, véase mi estudio: "Consagración, auge y declinación del principio de representación proporcional en el derecho electoral venezolano" en la *Revista Politeia* N° 39, Caracas, diciembre de 2007, consultable en Internet.

[61] José Enrique Molina V.: "La Reforma del Sistema Electoral Venezolano", en Franklin Guzmán y Luis Alvaray (coord): *La Reforma del Sistema Electoral Venezolano, op. cit.*, pp. 25 y ss.; Pedro Pablo Aguilar: "Proposición de Copei: Sistema electoral mixto" y Filipo Vagnoni: "Explicación técnica de la proposición de Copei", en Franklin Guzmán y Luis Alvaray (coord): *La Reforma del Sistema Electoral Venezolano, cit.*, pp. 43 a 49 y 50 a 65, respectivamente.

Jaime Lusinchi. Luego de su toma de posesión en el cargo, y efectuadas las consultas del caso, Lusinchi promulgó el 17/12/84 el Decreto N° 403, por el cual se creó la Comisión Presidencial para la Reforma del Estado (COPRE), en cuyo primer *considerando* se declara: "Que la sociedad venezolana exige la adopción de medidas que aseguren el establecimiento de un Estado moderno, esencialmente democrático y eficiente, en el cual los postulados de la Constitución adquieran plena vigencia y la participación ciudadana constituya un elemento efectivo en la toma de decisiones de los Poderes Públicos". Al designar a los miembros de la COPRE, el Presidente buscó plasmar una amplia representación de la vida nacional: los principales partidos políticos, el sindicalismo, el empresariado, las universidades, las fuerzas armadas, las actividades culturales, las profesiones liberales, entre otros sectores, y proporcionó al organismo asesor las facilidades materiales para el cumplimiento de sus funciones.

La COPRE realizó un impresionante proceso de consultas con los líderes nacionales,[62] con los diferentes sectores y grupos de opinión de la vida nacional, con profesionales y técnicos nacionales y extranjeros, organizó subcomisiones internas para estudiar los problemas, realizó foros en muchas ciudades del interior, participó en innumerables debates, reflexionó sobre los problemas de la democracia y de la gobernabilidad y sobre las aspiraciones de la sociedad y produjo un cuerpo de proposiciones desarrolladas en cerca de veinte libros, las cuales se resumen, en los aspectos básicos, en un tomo: *La Reforma del Estado, Proyecto de Reforma Integral del Estado*, 1988. Las propuestas de la COPRE se refirieron al cambio político, a la descentralización, al fortalecimiento del Estado de Derecho, a la profesionalización de la Administración Pública, al nuevo papel del Estado en la formulación de Políticas Públicas, al rol del Estado en una nueva estrategia económica, a la formulación de políticas en el sector social, a la política educativa del Estado y a las reformas institucionales requeridas, a la cultura, entre otros aspectos. Asimismo, la COPRE le dio un impulso definitivo a la iniciativa de crear la figura del Alcalde, lo que significaba la separación de la función ejecutiva en el Municipio, que correspondía hasta entonces al Presidente del Concejo Municipal, y que se encomendó al Alcalde a ser electo directamente por la población, conforme se dispuso en la reforma de la Ley Orgánica de Régimen Municipal del 15/6/89.

En las presentes consideraciones ponemos el enfoque en las reformas políticas, que son las que tienen mayor ímpetu transformador para todos los sectores y ámbitos. Antes nos hemos referido a la reforma del sistema electoral y ahora lo haremos con relación a la descentralización.

---

[62] Véase, COPRE: *CONSULTAS, El Liderazgo Nacional*, Documentos para la Reforma del Estado, 2 volúmenes, Caracas, marzo de 1986.

En este aspecto se parte de la constatación de que Venezuela ha sido objeto de un proceso de centralización de sus instituciones, el cual comienza desde el gobierno de Guzmán Blanco en 1870, es decir, apenas unos años después de que se proclama el federalismo como forma del Estado, que es contrario al centralismo, tal como lo ha hecho notar Brewer-Carías.[63] Luego ese proceso de centralismo se continúa con Gómez y con los gobiernos siguientes y se profundiza bajo el régimen democrático que comienza en 1958. Si bien el centralismo fue necesario durante mucho tiempo para dar unidad al Estado venezolano, llega un momento que se convierte en disfuncional para la eficacia en la gestión de los servicios públicos y para la participación de la sociedad en la definición de las políticas de desarrollo, como ocurría en la década de 1980. Diversos factores contribuyeron a potenciar el centralismo en Venezuela avanzado el siglo XX, el más importante es el de la estructura económica del país, en la cual el petróleo origina ingresos exclusivamente para el poder nacional, del cual dependen el aparato público y, en gran medida, la actividad privada. A ello se añade que los avances técnicos que se producen después de la primera guerra mundial y la adopción de técnicas de planificación que se ponen en boga luego de la segunda, recomiendan la centralización en la toma de decisiones para uniformizar los procesos administrativos y productivos y para aprovechar las ventajas de la economía de escala. Piénsese en que sin una actuación centralizada del Ministerio de Sanidad no hubiera sido posible realizar la campaña sanitaria que concluyó con la erradicación de la malaria en Venezuela. Pero además, entre nosotros, la implantación de un sistema electoral de listas cerradas y bloqueadas militó a favor de la centralización política, la cual se mantuvo en la Constitución de 1961 para permitir enfrentar los retos que planteaban los golpistas favorables al régimen dictatorial anterior y los nostálgicos del sistema cubano.

Pero esa misma centralización fue la que produjo en Venezuela el alejamiento entre el gobierno y el ciudadano y generó dificultades para mantener la eficiencia en la gestión de los servicios públicos, para reactivar el aparato productivo, combatir la corrupción y otros más. En tal virtud, en un documento dirigido por la COPRE al Presidente Lusinchi el 21 de mayo de 1986, sobre Las Reformas Políticas Inmediatas, le planteó que "La Comisión viene desarrollando, junto con otras instituciones del Estado, un diseño global de descentralización que debe coadyuvar a la elección directa de los gobernadores dentro de un plazo prudencial", y que un proyecto en tal sentido podría ser conocido por el Congreso de la República en las sesiones de 1987. Lusinchi no estuvo de acuerdo con esta

---

[63] Allan R. Brewer-Carías: Estudio Preliminar en *Las Constituciones de Venezuela*, cit. p. 75.

propuesta y la COPRE siguió estudiando la materia. En un segundo documento, esta vez del 13 de mayo de 1987, titulado "Lineamientos Generales para una Política de Descentralización Territorial en Venezuela", la COPRE expresó que no bastaba con hacer reformas en las estructuras administrativas o en los sistemas y procedimientos, sino que era necesario revisar las relaciones del Estado con la sociedad, para dotar a esta de la capacidad necesaria para controlar la actuación de sus representantes y gerentes públicos, partiendo del supuesto de que "…es imposible dotar de mayor eficacia al aparato público o de mayor legitimidad al sistema político sin un fortalecimiento de la sociedad organizada en sus diferentes ámbitos y esferas, para definir sus prioridades y para controlar la actuación de sus mandatarios o representantes. *A una sociedad subdesarrollada en el aspecto sociopolítico generalmente corresponde una administración ineficaz y corrupta…*".[64] A tales fines era necesario ampliar la participación de la sociedad en la toma de decisiones de los poderes públicos y ello podía lograrse, principalmente, con la instauración de una nuevo sistema electoral que permitiera la relación directa entre los electores y los elegidos y de un audaz proceso de transferencia de competencias y recursos del Poder Nacional hacia los Estados y de esos hacia los Municipios. Vale la pena transcribir el razonamiento usó la COPRE para reiterar al Presidente de la República su propuesta de descentralización, porque su contenido mantiene plena vigencia en los tiempos que corren:

> La actual coyuntura se caracteriza por la exigencia creciente de sacrificios a la población, para contrarrestar los efectos de políticas erradas adoptadas en años anteriores, a consecuencia de las cuales el país carga con una pesada deuda externa, el decurso de la economía ha perdido dinamismo y el sentimiento general es de pesimismo ante el porvenir. No obstante, en la adopción de esas políticas el sistema social no participó y en ocasiones no fue siquiera oportunamente informado, en tanto que sí está participando en soportar las consecuencias negativas que se desprenden de las mismas. En esas condiciones, existe la idea en la sociedad de que una vinculación mayor entre esta y sus instituciones públicas y un mayor nivel de participación en las decisiones que corresponden a estas, o bien impide que tales políticas erradas se adopten, o bien confiere mayor legitimidad al pedimento de sacrificios que se haga a la sociedad por sus gobernantes.

---

[64] *Lineamientos Generales para una Política de Descentralización Territorial en Venezuela*, documento de la COPRE dirigido al Presidente de la República el 13 de mayo de 1987, en Folletos para la discusión, Ediciones de la COPRE, N° 7, Caracas, julio de 1987.

El Presidente Lusinchi había instaurado la práctica de designar en los cargos de gobernadores a los secretarios generales del partido de gobierno, por lo que la elección popular de estos funcionarios significaba un debilitamiento de la figura presidencial, al no poder ejercer en esta materia una facultad discrecional que le permitía la Constitución. A partir de ese momento, las relaciones entre la COPRE y el Presidente quedaron resentidas y la posibilidad de llevar adelante la reforma parecía alejarse. No obstante, surgieron factores que impulsaron la idea motora de la descentralización cuando menos se esperaba. Carlos Andrés Pérez, que se había manifestado contrario a la idea de elegir a los gobernadores y en un foro realizado en Maracaibo había expuesto en su intervención un compendio de las objeciones que se le hacían a esta propuesta,[65] en su discurso de orden con motivo de conmemorarse los 30 años del 23 de enero de 1958, precisamente en la urbanización caraqueña de ese mismo nombre, apoyó decididamente la proposición de la COPRE, en lo que fue calificado como "un giro copernicano", sin haber consultado previamente con el partido que lo postulaba a la presidencia. No podía ignorar Pérez las implicaciones que traería esa reforma en el funcionamiento del Estado y en la limitación de facultades que hasta entonces ejercía discrecionalmente el Presidente de la República. Por otra parte, el aspirante a la candidatura presidencial por COPEI, Eduardo Fernández, había expresado, a principios de enero de ese año electoral, que era partidario de un acuerdo entre los principales partidos para sancionar un conjunto de leyes que favorecerían al que saliera electo presidente ("un paquete al ganador"), entre las cuales incluía a la elección de los gobernadores, pero en una reunión en la COPRE había aclarado que se refería a los gobernadores de las regiones,[66] no de los Estados, para lo cual era necesaria una modificación de la Constitución. Lo cierto es que la proposición de Pérez tuvo un fuerte impacto en la opinión pública, que según las encuestas se inclinaba hacia esa reforma de modo determinante, y la COPRE aprovechó la coyuntura para redactar un proyecto de Ley sobre Elección y Remoción de los Gobernadores de Estado y para presentarla ante el Congreso, a través de los parlamentarios miembros de ese organismo. Ese proyecto fue aprobado casi por unanimidad (un solo voto contrario) de las Cámaras Legislativas en sesión conjunta, como lo requería el artículo 22 de la Constitución entonces vigente. La ley, sancionada el 29/8/88, fue objeto de una reforma de

---

[65] Carlos Andrés Pérez: Exposición ante la *I Asamblea para la Reforma del Estado,* organizada por la Cámara de Industriales del Estado Zulia, Maracaibo, 5 al 7 de noviembre de 1986.

[66] Exposición ante la COPRE realizada en el Palacio de Miraflores, publicada en: *CONSULTAS, El Liderazgo Nacional*, Documentos para la Reforma del Estado, Caracas, marzo de 1986, Volumen I, pp. 189 y 190.

menor significación promulgada el 13/4/89. Por cierto, es oportuno aclarar que la aprobación de esta ley no fue influida por los sucesos del 27 y 28 de febrero de 1989, porque para ese momento ya la decisión estaba tomada y la ley había sido promulgada.

Seguidamente, el 28/12/89 el Congreso sancionó la Ley Orgánica de Descentralización, Delimitación y Transferencia de Competencias del Poder Público, la cual sirvió de base para el proceso de transferencias que se inició al poco tiempo, con la participación, la colaboración y la presión de los ciudadanos de los Estados, que se habían organizado en las llamadas COPRE estadales. A partir de ese momento se comenzó la elección de Gobernadores y Alcaldes y las comunidades regionales y locales tuvieron, en su ámbito respectivo, líderes institucionales que se encargaron de velar por la continuación del proceso de descentralización y que estaban obligados, jurídica y políticamente, a responder ante las comunidades que los habían elegido. Hay que observar que en el proceso de descentralización se puso el énfasis en la elección de gobernadores y en la transferencia de competencias y recursos hacia los Estados porque el objetivo era crear una nueva autonomía, mientras que la autonomía municipal ya existía, con sus competencias y recursos determinados, y la elección de Alcaldes no era una medida que, en sí misma, significara una mayor descentralización sino una reforma interna para permitir una mayor eficacia en la gestión de las competencias municipales y para dotar de mayor legitimidad al ejecutivo local. En todo caso, los Municipios resultaron beneficiados por la descentralización porque se les incrementaron los recursos del situado, se les otorgaron nuevos ingresos como los provenientes del FIDES, se les asignaron nuevas competencias como la justicia de paz y se les transfirieron competencias y servicios de los Estados y del Poder Nacional. Por otra parte, en el marco de la descentralización se dio un gran impulso a las asociaciones de vecinos y se crearon redes de participación de los ciudadanos en los asuntos locales, sin condicionarlos a la pertenencia a ningún partido político.

Este proceso de descentralización fue considerado en América Latina como la iniciativa más audaz que se había emprendido en nuestro continente para reformar el Estado, y una evaluación sobre los resultados de la descentralización, realizada en 1996 conjuntamente por el Programa de las Naciones Unidas para el Desarrollo (PNUD), el Banco Mundial (BM) y el Banco Interamericano de Desarrollo (BID), permitió la emisión de los siguientes conceptos: "Desde el punto de vista político, la elección de los gobernadores y alcaldes ha inducido al surgimiento de un nuevo liderazgo, a una regionalización y a una municipalización de la vida política, con sus características particulares, a menudo muy diferentes de las que se observan en el ámbito nacional. Desde el punto de vista administrativo, se ha puesto en evidencia la existencia de una importante capacidad para manejar recursos, proyectos y programas –aún no desarrollada a plenitud– y, en general, se observa una mayor satisfacción del ciudadano con los servicios públicos. Se han generado también nuevas organizaciones y formas de participación ciudadana y del sector privado que apuntan al desarrollo de una institucionalidad más eficiente".[67]

c) LA EVOLUCIÓN DE LA ECONOMÍA

El crecimiento económico que había tenido el país en las primeras décadas del período democrático por efecto de la política de sustitución de importaciones dejó paso a una etapa de estancamiento que se atribuye al agotamiento del modelo entonces vigente, lo cual también se dio en otros países de América Latina. Los momentos de fuertes ingresos para el país por el incremento de los precios del petróleo, como ocurrió en los años 1974-75 y 1981-82, además de ser de corta duración, no pudieron animar el sistema económico, que se veía constreñido por una cadena de círculos viciosos, y que en un documento de la COPRE de 1988 se enumeran así: "indiscriminada protección por parte del Estado, generadora de ineficiencias que luego, al impedir el acceso al mundo exterior, imponen niveles aún mayores de protección; mercados estrechos que, al determinar costos elevados y precarias economías de escala, frenan las exportaciones y, por esa vía, el ingreso que podría ampliar los mercados internos; retraso tecnológico que acentúa el aislamiento, al no permitir los niveles de productividad necesarios".[68] Era indispensable abrir la economía hacia el exterior mediante la adopción de una estrategia global en la que, sin desechar la sustitución de importaciones, se aprovecharan las ventajas comparativas, se definieran los incentivos económicos para la exportación de rubros distintos al petróleo y se adoptaran las medidas necesarias, entre ellas, y sobre todo, las políticas educativas, para acometer una nueva etapa de nuestro proceso de desarrollo. Pero la tarea no era fácil, había que transformar a nuestras empresas para hacerlas competitivas, en el mercado latinoamericano para comenzar, y luego en la economía global. En el primer aspecto, la integración latinoamericana era la vía adecuada para evitar las barreras que impedían el acceso a otros países, y Venezuela suscribió en 1960 el Tratado de Montevideo, por el cual se creó la Asociación Latinoamericana de Libre Comercio (ALALC) con ese propósito. Ante el

---

[67] Ángel G. Hernández (coord.): *La Descentralización. Diálogo para el desarrollo*, Banco Mundial, PNUD, BID, Editorial Nueva Sociedad, Caracas, 1998, p. 172.

[68] COPRE: *La Reforma del Estado, Proyecto de Reforma Integral del Estado*, Volumen 1, Caracas 1988.

estancamiento de ese proceso, en 1973 nuestro país se hace parte del grupo Andino que se había creado con el Acuerdo de Cartagena, pero también esta iniciativa perdió vitalidad luego de unos éxitos iniciales. A Venezuela no le quedaba más remedio que acometer una transformación profunda de la economía para colocar productos diferentes al petróleo en los mercados exteriores, lo que significaba pasar de una economía rentista a una economía productiva, con todo lo que eso significa. A esos fines, había una serie de propuestas de destacados economistas nacionales que se consignan en el libro de la COPRE "El rol del Estado venezolano en una nueva estrategia económica".[69]

Un propósito como el indicado no era la tarea de un gobierno sino de toda una sociedad, porque superar las dificultades y obstáculos que se presentarían requería de un consenso general y un esfuerzo común y, sobre todo, de un compromiso para que los costos económicos no recayeran sobre los sectores más vulnerables del país y para que los costos políticos no fueran aprovechados por el oportunismo partidista. Carlos Andrés Pérez, al iniciar su segundo período de gobierno en 1989, manifestó su disposición de acometer esa tarea, pero lo hizo en el peor momento y con la estrategia más errada. Cuando Pérez asume la presidencia, las reservas internacionales operativas eran casi inexistentes, el déficit fiscal estaba por el orden del 6.1% del PIB, el control de cambio de régimen diferencial había producido una gran sobrevaluación de la moneda, la inflación estaba por el 30%, los precios del petróleo se encontraban en un nivel muy bajo y el gobierno debía honrar, durante los primeros meses de 1989, compromisos de deuda vencida por sobre los 5.000 millones de dólares, para lo cual no había la disponibilidad requerida. En esas condiciones, Pérez anuncia su programa de reestructuración económica sin haber negociado los apoyos políticos requeridos, sin haber adoptado todavía y puesto en vigor las medidas compensatorias para los grupos sociales más pobres, sin haber preparado a la opinión pública sobre los efectos de las reformas que vendrían. Pero además, Pérez había quedado marcado desde su primer gobierno por la señal de la corrupción, como consecuencia del publicitado caso del barco "Sierra Nevada". No olvidemos que el recuerdo de la abundancia de dinero en aquel período había sido un factor que, en el sentimiento popular, militó a favor de su elección en 1988, de allí que Pérez no había sido electo para imponer sacrificios a la población sino para traer de nuevo la prosperidad. Por ello, ante la nueva realidad, la reacción popular fue la de la protesta violenta. Los sucesos del 27 y 28 de febrero de 1989, por su parte, no hicieron sino hundir los índices macroeconómicos, de por sí muy críticos, y hacer más difícil la instauración de

---

[69] Volumen VII, Ediciones de la COPRE, Caracas, 1988.

una economía productiva, que era el objetivo que se debía perseguir. Las consecuencias de la inestabilidad y de los resentimientos que produjo el intento de reformar la economía en un escenario inadecuado, acometida por un líder que no tenía la *auctoritas* requerida y con una metodología de *shock* incomprensible para la mayoría, tuvo sus causahabientes en lo político, que fueron los que alzaron con la habilidad necesaria la bandera de la oposición a la reestructuración de la economía: Rafael Caldera en 1993 y Hugo Chávez Frías en 1998.

En todo caso, bajo la República Civil existió, en importantes sectores de la sociedad, plena consciencia sobre el rumbo errado que estaba tomando la economía pública y sobre las medidas que eran requeridas para rectificar el rumbo. La experiencia de los intentos fallidos de introducir esos cambios, y de los errores que se cometieron al tratar de hacerlo, servirá para el momento en que el país decida tener una economía productiva.

d) ENMIENDAS A LA CONSTITUCIÓN Y PROYECTOS DE REFORMA

En la Constitución de 1961 se consagró la posibilidad de introducir cambios en el ordenamiento constitucional mediante dos figuras: la enmienda y la reforma general de la Constitución, ambas sometidas a procedimientos diferentes.

1) Las enmiendas

La figura de la enmienda fue tomada de la Constitución de los Estados Unidos, de 1787, con la cual se buscó armonizar la unidad y continuidad del texto original con la necesidad de hacerle las adaptaciones que los nuevos tiempos o las exigencias sociales requirieran. En el artículo 245 de nuestra Ley Fundamental de 1961 se reguló el procedimiento de las enmiendas, y se dispuso que "Las enmiendas serán numeradas consecutivamente, y se publicarán de seguida de la Constitución, sin alterar el texto de ésta, pero anotando al pie del artículo o artículos enmendados la referencia al número y fecha de la enmienda que lo modifique" (numeral 6). Dos enmiendas se promulgaron durante la vigencia de la Constitución que analizamos, en la siguiente forma:

La Enmienda N° 1, del 11/5/73, tuvo dos propósitos: uno, de carácter inmediato, conjurar la posibilidad de que Marcos Pérez Jiménez pudiera ser electo Presidente de la República en las elecciones de 1983 o que pudiera crear una situación política inconveniente por su postulación para ese cargo; el otro, de naturaleza permanente, de establecer la sanción adicional de inelegibilidad, con relación a los principales cargos del Estado, para todos los que hubieran sido condenados mediante sentencia definitivamente firme, dictada por Tribunales Ordinarios, a pena de prisión o presidio superior a tres años, por delitos cometidos en el desempeño de funciones públicas o con ocasión de éstas.

La Enmienda N° 2, del 16/3/83, se refirió a varios aspectos contemplados en diversos artículos así:

El artículo 1° aludía a la posibilidad de adoptar un sistema electoral particular para la elección de los miembros de los Concejos Municipales y también para miembros de las Asambleas Legislativas de los Estados. La enmienda era necesaria porque permitía establecer, en esos casos, sistemas electorales que no estaban sujetos al principio de representación proporcional establecido en el artículo 113 del texto constitucional como un mandato para la legislación electoral, sin excepciones, lo cual eliminaba obstáculos para fortalecer el principio de la personalización del sufragio y la relación directa entre electores y elegidos.

En el artículo 2° se expresaba el propósito de dictar una ley orgánica sobre pensiones y jubilaciones que fuera igualmente aplicable a los funcionarios o empleados públicos al servicio de la administración central o descentralizada de la República, de los Estados y de los Municipios. Se requería de una enmienda constitucional para lograr ese propósito, pues los Estados y los Municipios disfrutaban de autonomía, la cual les otorgaba la potestad de regular el régimen de sus respectivos poderes públicos.

En el artículo 3° se dispuso que "en el primer año de cada período constitucional, las sesiones ordinarias de las Cámaras comenzarán, sin necesidad de previa convocatoria, el día 23 de enero o el día posterior más inmediato posible". Este cambio no tenía como propósito principal honrar la fecha de comienzo de la etapa democrática, sino resolver un problema práctico: el período constitucional del Presidente de la República comenzaba, según esa Carta, dentro de los diez días siguientes a la instalación del Congreso, la cual tenía lugar, sin necesidad de previa convocatoria, el 2 de marzo de cada año, en conmemoración a la fecha en que se había instalado el primer Congreso de la República, en 1811, o el día posterior más inmediato posible. Por otra parte, la persona electa Presidente de la República debía prestar ante el Congreso el juramento de cumplir los deberes del cargo dentro de los primeros diez días que seguían a la instalación de las Cámaras Legislativas al inicio del período constitucional, lo que generalmente ocurría entre el 10 y el 12 de marzo. Ahora bien, como las elecciones se celebraban el primer o segundo domingo de diciembre, transcurría mucho tiempo entre el momento de la elección y el de la toma de posesión, lo cual generaba la posibilidad de que la Administración saliente pudiera efectuar compromisos presupuestarios que disminuyeran, para la administración entrante, la posibilidad de disponer de tales recursos. Para resolver esa situación era necesario modificar la Constitución para anticipar el inicio del período de sesiones parlamentarias y también porque el período del Presidente saliente, en este caso Luis Herrera Campins, y el de los Senadores y Diputados, resultaban recortados aproximadamente en 45 días.

Los artículos 4º y 5º de esta enmienda se refieren a la figura de la Comisión Legislativa, la cual se creó con el propósito de acelerar la discusión y sanción de determinadas leyes. De acuerdo al texto constitucional, los proyectos de ley se-rían objeto de dos discusiones en cada Cámara y que, si había disparidad de criterio entre ellas, se reunirían en sesión conjunta para someter a votación los artículos en que hubiera discrepancia. En el artículo 4º se dispuso que al inicio de cada período constitucional las Cámaras Legislativas en sesión conjunta designarían una Comisión Legislativa integrada por 23 miembros, con sus respectivos suplentes, quienes serían elegidos de manera que reflejaran en lo posible la composición política del Congreso. En el artículo siguiente se establecía que las Cámaras en sesión conjunta, en reunión expresamente convocada con 24 horas de anticipación, por lo menos, podían autorizar a la Comisión Legislativa para discutir y aprobar proyectos de leyes individualmente determinados, mediante acuerdos que contaran con el voto de las dos terceras partes de los miembros presentes. Los proyectos aprobados por la Comisión Legislativa serían remitidos al Presidente del Congreso, quien convocaría a ambas Cámaras para una sesión conjunta, luego de 15 días de recibidos los proyectos, en la cual estos serían discutidos y podían ser aprobados, con o sin modificaciones, efectuado lo cual el Presidente los declaraba sancionados. De este modo se aceleraba notablemente el proceso de formación de las leyes sometidas a este procedimiento.

El artículo 6º tenía como propósito facilitar el funcionamiento de las Cámaras Legislativas. En efecto, esta materia corresponde ser regulada en el Reglamento Interno del Congreso, pero en el artículo 156 de la Constitución se pautaba que "El quórum no podrá ser en ningún caso inferior a la mayoría absoluta de los miembros de cada Cámara". Ocurría que algunas veces había dificultades para reunir el quórum, e incluso que algunas fracciones parlamentarias rompían el quórum para impedir determinadas discusiones o votaciones, por lo cual se dispuso en este artículo que "Las Cámaras podrán sesionar y funcionar con el número de sus miembros que determine el reglamento, el cual en ningún caso podrá ser inferior a la tercera parte de sus integrantes. Para el acto de votación han de estar presentes la mayoría absoluta de los miembros de las Cámaras".

En el artículo 7 se incluyó la innovación de que el Ejecutivo Nacional, en el transcurso del primer año de cada período constitucional, presentaría para su aprobación, a las Cámaras en sesión conjunta, las líneas del plan de desarrollo económico y social de la nación. La finalidad de esta norma no era darle carácter vinculante a los lineamientos del plan sino comprometer al Poder Legislativo en la actividad de planificación, con lo que se aspiraba a que el Congreso se sintiera obligado políticamente –no jurídicamente– a aprobar los presupuestos y las normas que fueran necesarias para la ejecución del plan.

Como puede verse, las Enmiendas a la Constitución aprobadas durante la República Civil no tuvieron como objetivo concentrar poderes en el Presidente de la República ni incrementar sus facultades discrecionales, ni permitirle reelegirse indefinidamente, contrariando el texto original del pacto constitucional –antes por el contrario, se recortó el período presidencial–, sino su finalidad fue la de incorporar una mayor exigencia en cuanto a la ética en la elección de los gobernantes y altas autoridades del país, facilitar el funcionamiento de las instituciones de gobierno, comprometer a la rama legislativa del Poder Público en la tarea de la planificación, obligando a la concertación entre diferentes partidos en función del interés general, y evitar el ventajismo por quienes ejercían la función de gobierno.

2) Los proyectos de reforma constitucional

A mediados de 1985, la COPRE decidió invitar a venezolanos que habían ocupado importantes posiciones en la política o en la conducción del Estado o que eran líderes intelectuales en el país para que expusieran sus ideas sobre la reforma del Estado. Con posterioridad a la intervención del presidente Lusinchi le correspondió al ex presidente Rafael Caldera hacer su exposición ante el plenario de la COPRE, en la sesión celebrada en el Palacio de Miraflores. Caldera comenzó por referirse a la Constitución entonces vigente y expuso que "Tengo la convicción de que, en términos generales, se reconoce que esta Carta Fundamental, la que ha logrado mayor consenso en la historia de nuestro país, debe ser el marco cuyos parámetros sirvan de guía al proceso de reforma del Estado. Se necesita más, realizar todo el proyecto político contenido en la Constitución, que lanzarse por el camino que la historia desautoriza totalmente, que lanzarse siempre de fracaso en fracaso, a cambiar a cada paso el texto de la Carta Fundamental".[70] No obstante, Caldera expresó que había algunos temas sobre los cuales creía conveniente que se reflexionara con vistas a unas posibles enmiendas, sin que hubiera apuro en tal cometido, porque lo importante era lograr el consenso requerido, y señaló diversos ámbitos. Con relación al Estado de Derecho indicó como temas: el reconocimiento de mayores derechos a los venezolanos por naturalización; el posible encuadramiento de la idea de región en el ordenamiento constitu-

---

[70] Véase "El Liderazgo Nacional", Documentos para la Reforma del Estado, Caracas, 1986, Volumen I, p. 35.

cional; considerar el referéndum entre los motivos para introducir en el futuro una enmienda constitucional; la posibilidad de alargar el período presidencial a seis años (no lo dijo pero se entendió que sin posibilidad de reelección), con elecciones a mitad de período para Diputados al Congreso y a las Legislaturas y para los concejales, e incluso, si se aprobaba la ley sobre elección de los Gobernadores, determinar para estos, igualmente, un período de tres años; la figura del "ballotage" para la elección del Presidente de la República, es decir, la doble vuelta cuando alguno de los candidatos no hubiera obtenido la mayoría absoluta; establecer que la elección de Magistrados a la Corte Suprema de Justicia, del Fiscal General de la República y del Contralor General de la República se haga con una mayoría calificada de las dos terceras partes de los votos del Congreso, para obligar a entendimientos que conduzcan a la elección de independientes; establecer un período de nueve años para los Magistrados del Tribunal Supremo de Justicia, los cuales se renovarían por terceras partes cada tres años; autorizar al Congreso para establecer una especie de Ley de Régimen Político en el que se establecieran determinados límites al funcionamiento de las Asambleas Legislativas, por ejemplo en materia de gastos; estudiar la posibilidad de restablecer la agrupación de Municipios en Distritos; estudiar la conveniencia de una enmienda para resolver algunos de los problemas que se han creado con la figura del Consejo de la Judicatura; sobre las facultades extraordinarias del Presidente de la República en materia económica, estudiar la posibilidad de aclarar que esa norma no se refiere a una delegación para legislar, sino a dictar medidas que cesan cuando se vence el período para el cual fueron acordadas las facultades. Seguidamente se refirió Caldera a un conjunto de reformas legales y de nuevas leyes que consideraba necesario dictar, para hacer efectivos los principios del Estado de Derecho, del Estado Social y del Estado de Servicios consagrados en la Constitución.

El 21 de mayo 1986, la COPRE presentó al Presidente de la República su documento sobre las Reformas Políticas Inmediatas, al cual antes nos hemos referido, y posteriormente inició un proceso de reflexión sobre las reformas de mediano y largo plazo, en el que se utilizó como insumo, entre otros, los temas sugeridos para estudio por el ex presidente Caldera, al cual se agregaron otros temas que se consideró de importancia, como la creación de la figura del Primer Ministro Ejecutivo.

El 6 de junio de 1989 el Congreso aprobó la creación de una Comisión Bicameral de Revisión de la Constitución propuesta por el senador Godofredo González, y designó para presidirla al ex presidente y senador vitalicio Rafael Caldera; el 30 de junio de 1990 un grupo de opinión llamado el "Frente Patriótico", encabezado por los doctores Juan Liscano, Manuel Quijada y Manuel Alfredo Rodríguez, propuso la convocatoria a una

Asamblea Nacional Constituyente,[71] la cual no despertó mayor interés en el estamento político. El 4 de diciembre de 1990, los partidos políticos y el Ejecutivo Nacional suscribieron el Pacto para la Reforma propuesto por la COPRE, en el cual se determinan temas sobre diversas reformas políticas y administrativas, mas no se propuso la modificación de la Constitución.

La Comisión Bicameral del Congreso, antes mencionada, comenzó sus reuniones de revisión constitucional desde el mismo mes de junio de 1990 "a fin de detectar vacíos o insuficiencias cuya superación permitirían una mejor adecuación del texto a las nuevas exigencias institucionales del país",[72] y el 19 de dicho mes el equipo técnico de la COPRE se incorporó con carácter de asesor a la Comisión Bicameral, a la cual comunicó los estudios que se habían hecho en la materia. La Comisión Bicameral presentó su Informe en marzo de 1992, inmediatamente después del primer intento de golpe de Estado de ese año. La idea inicial era la de introducir una o varias enmiendas a la Constitución, conforme al procedimiento previsto en esta,[73] pero en el debate parlamentario se consideró más conveniente acudir al procedimiento de la reforma general de la Constitución, en vista de que los cambios propuestos se habían incrementado notablemente, entre ellos la incorporación de la figura de la Asamblea Nacional Constituyente, que permitiría una salida a la situación de crisis política que entonces se vivía, y dado que la reforma general comportaba la participación de los electores en un referendo, lo cual permitiría relegitimar las instituciones públicas. El proyecto fue aprobado por la Cámara de Diputados el 28 de julio de 1992 y sometido al Senado, el cual lo aprobó en primera discusión el 3 de septiembre de ese año. Seguidamente se suspendió la discusión y fue retomada luego de la instalación del gobierno presidido por el doctor Rafael Caldera. Por imperativo de normas parlamentarias, el proyecto pendiente al finalizar el período de una legislatura no podía ser discutido en la siguiente, sino que se requería que el proceso se cumpliera desde el principio, y así lo convinieron las principales fuerzas políticas. Reiniciada la discusión en el Senado, la Sub-comisión especial designada por la Comisión del Senado para el estudio del Proyecto de Reforma General de la Constitución presentó su Informe el 30 de septiembre de 1994.

---

[71] Humberto Njaim, Ricardo Combellas y Ángel Álvarez: *Opinión Política y Democracia en Venezuela*, Instituto de Estudios Políticos y Administrativos de la U.C.V., Colección 40 Aniversario, Caracas, 1998, pp. 115 y ss.

[72] Miriam Kornblith: "El caso Venezuela. Viabilidad y deseabilidad de la reforma constitucional en Venezuela: el intento 1989-92 y el proceso actual" en *Una Constitución para el ciudadano*, COPRE, 1994, p. 431.

[73] Rafael Caldera: "Enmiendas y reformas a la Constitución", *loc. cit.,* pp. 107 y ss.

En este proyecto se incluían las modificaciones que se habían introducido al texto constitucional vigente con las enmiendas y, además, las que habían sido consagradas en leyes como las relativas a la elección de los gobernadores y la transferencia de competencias, y las contenidas en la Ley Orgánica de Régimen Municipal, en la cual se preveía la figura de la parroquia en el ámbito municipal y los jueces de paz como competencia municipal. Por otra parte, se agregaron como propuestas muchas innovaciones que después fueron utilizadas en la confección de la Constitución de 1999, como las siguientes: en la declaración de derechos, la referida a la igualdad de la mujer o de las etnias, la consagración del derecho a recibir información oportuna y veraz, el derecho a una alimentación suficiente y sana y a disfrutar de un ambiente sano. Se contempló la diversidad de sistemas electorales y el financiamiento a los partidos, a los cuales se les aseguraba el financiamiento público (negado en 1999) y se les sometía a los mecanismos de control que estableciera la ley en el uso de sus ingresos; se previó la figura del defensor de los Derechos Humanos y se regularon sus atribuciones; se creó un capítulo sobre el referéndum, figura que ya existía en el ámbito municipal, y se distinguieron sus diferentes clases: consultivo, revocatorio de mandatos de funcionarios electos, aprobatorios de leyes o tratados, abrogatorio; el derecho de los venezolanos por naturalización con por lo menos 15 años de residencia en el país a ser postulados como diputados o senadores; revisión por la Corte Suprema de Justicia del carácter orgánico de las leyes sancionadas por el Congreso; inelegibilidad como Presidente de la República de quienes hubieran ejercido ese cargo por un período o más de la mitad de este, a partir de la reforma; se propuso la figura del Primer Ministro, de carácter ejecutivo, la cual fue adoptada en 1999 con el nombre de Vicepresidente Ejecutivo de la República; se propuso una jurisdicción disciplinaria de los jueces; se consagró la responsabilidad del Estado y de los jueces por errores judiciales; los requisitos de experiencia para ser Magistrado de la Corte Suprema de Justicia, la elección de estos la haría el Congreso por 12 años, previo examen de las condiciones de elegibilidad por una Comisión bicameral; los Magistrados del Tribunal Supremo de Justicia podrían ser destituidos por el Congreso con el voto de las dos terceras partes de sus miembros; se propuso una regulación amplia sobre la convocatoria, régimen electoral y funcionamiento de la Asamblea Nacional Constituyente, la cual no fue incluida en la Constitución de 1999. En el proyecto aprobado por la Comisión Bicameral se había previsto la creación del Consejo de la Magistratura, adicional al Consejo de la Judicatura, para examinar postulaciones a los cargos de Magistrados del TSJ y de otros altos funcionarios y para vigilar su actuación y también para revisar las actuaciones de los jurados de los concursos de oposición para los jueces de primera instancia y superiores. Este Consejo sustituía en el proyecto, y no recogía, las funciones asignadas a la propuesta de Caldera sobre la Alta Comisión de Justicia, de carácter ad-honorem, integrada por el Fiscal General de la República, quien la presidía, y por 24 venezolanos de intachable conducta y reconocida honorabilidad, a ser designados por el Congreso con participación de las instituciones jurídicas, docentes, profesionales y académicas, y de otros sectores de la sociedad civil, Comisión que hubiera tenido la facultad de destituir Magistrados de la Corte Suprema de Justicia, sin apelación ni recurso alguno.

Con la presentación del Informe por la Comisión del Senado para el estudio del proyecto de reforma constitucional, el 30 de septiembre de 1994, se terminó definitivamente la consideración de este tema, pues el país se encontraba sumergido en ese momento en la crisis financiera y bancaria y en muchos otros problemas que reclamaban una atención prioritaria. Para el jurista Tulio Alberto Álvarez "el proceso de revisión de la Constitución de 1961 no fue más que una forma de desviar la atención del país de la crisis política que se vivía en ese momento y, en el plano personal, una tribuna para promover la aspiración del presidente de la comisión de participar en el proceso electoral...Si hubiera existido voluntad real de adelantar las reformas, el propio presidente de la comisión pudo promoverla desde la Presidencia de la República".[74]

En todo caso, la amplia participación que se observó en el proceso de elaboración de propuestas para la reforma constitucional en esos años fue la clara demostración de que el liderazgo nacional estaba consciente de la necesidad de introducir reformas en el funcionamiento del sistema político y administrativo, adicionales a las que se habían aprobado en el proceso de descentralización, para garantizar la eficacia de la gestión pública y la pervivencia del régimen democrático. Pero la ausencia de decisiones audaces para lograr ese propósito fue la prueba de que el sistema político había caído en una especie de entropía que le impedía defenderse adecuadamente.

Hay un aspecto en particular que considero fundamental que se hubiera discutido debidamente y, sobre todo, que se hubiera sancionado como reforma constitucional, aun cuando ello hubiera implicado que aspectos tan importantes como los propuestos en el informe de la Comisión Bicameral se pospusieran para una oportunidad ulterior. La crisis política que se manifestó en Venezuela a partir de los sucesos del 27 de febrero de 1989 se atribuyó, con mucha razón, a la forma como estaba regulada la reelección presidencial en el texto de 1961. En la COPRE se estudiaron como fórmulas sustitutivas, de un lado, la consagración de la prohibición absoluta de la reelección presidencial con períodos largos, siguiendo el modelo mexicano, en el cual "todo ex-presidente mexicano queda, al término de su sexenio poco menos que reducido a una suerte de cadáver

---

[74] Tulio Alberto Álvarez: *La Constituyente. Todo lo que usted necesita saber*, Los Libros de El Nacional, Colección Ares, Caracas, 1998, p. 108.

político"[75]; del otro, la reelección inmediata, con períodos cortos (cuatro años), como en los Estados Unidos, luego de lo cual (haya habido o no reelección), el ex presidente adquiere una condición similar a la del modelo mexicano. En el proyecto de la Comisión Bicameral se optó por la primera posibilidad, manteniendo el período de cinco años. Personalmente me inclino por la segunda opción, aunque considero que cualquiera de las dos habría sido buena si se hubiera aprobado oportunamente. Pero lo que se hizo fue lo peor: mantener dos normas que, conjuntamente, fueron muy perjudiciales para la pervivencia de la democracia en Venezuela. Por una parte, la posibilidad de elegir a un ex presidente después de transcurridos dos períodos a partir de la culminación del mandato; por la otra, mantener para los ex presidentes de la República el carácter de senadores vitalicios. Por el efecto combinado de ambas normas, los ex presidentes no tuvieron la condición de sabios consejeros en el Senado, sino que actuaron como aspirantes activos a la reelección, para la cual podían postularse luego de concluido el tiempo de inhabilitación, lo que permitió a Caldera volver a la presidencia luego de 15 años de terminado su mandato, mientras que Carlos Andrés Pérez lo hizo 10 años después del fin de su período. En suma, desde 1968, cuando Caldera fue elegido, hasta 1998, cuando se realizaron las elecciones que dieron a Chávez como ganador, esto es, durante 30 años, la política en Venezuela estuvo girando en torno a dos personajes principales: Caldera y Carlos Andrés Pérez. Si a esto se agrega que en el seno de los partidos se habían consolidado unas tendencias oligárquicas que impedían el relevo generacional de la dirigencia partidista, estimuladas por el peso de los ex presidentes, en nuestro país se instaló una sensación de agobio y de agotamiento del sistema político, el cual se mostraba incapaz de resolver las crisis políticas, económicas y financieras que fueron surgiendo. Esas crisis habían sido (mal) manejadas por el movimiento civil y, ante el fracaso de este, por una constante histórica, surgió la opción del movimiento militar, del mismo modo como, años después, el fracaso del movimiento militar está dando vida a la opción civil.

Por ello, en 1998, al aproximarse el siglo XXI, que coincidía además con el inicio de un nuevo milenio, se habían creado en Venezuela las condiciones para que irrumpiera en el escenario político un caudillo, como ocurrió al final del siglo XIX, cuando Cipriano Castro sedujo al país con su audacia, su Revolución Restauradora y su lema "Nuevos hombres, nuevos ideales, nuevos procedimientos".

---

[75] Diego Bautista Urbaneja (coord), Humberto Njaim y Andrés Stambuli: "Las reformas Políticas", en *Reformas para el cambio, las transformaciones que la democracia reclama*, COPRE, Volumen 3, pp. 48 y siguientes, Caracas, 1993.

SEGUNDA PARTE
EL ESTADO BAJO
LA CONSTITUCIÓN DE 1999

En esta parte examinaremos, de un lado, el proceso político que condujo al establecimiento del nuevo marco constitucional aprobado en 1999 para regular la estructura y el funcionamiento del Estado venezolano, el contenido de la nueva Carta y las características que el Estado fue adquiriendo en su evolución, producto del ordenamiento jurídico que se promulgó bajo la vigencia de esa Ley Fundamental y de las decisiones de trascendencia en el ámbito político, económico, social y cultural que se adoptaron bajo sus disposiciones o fuera de ellas, así como de los hechos y acontecimientos de orden nacional e internacional que incidieron sobre la configuración del Estado.

Previamente, nos referiremos brevemente a los antecedentes que llevaron a la sanción de la Constitución de 1999.

SECCIÓN PRIMERA:
LOS ANTECEDENTES

Bajo las normas de la Constitución de 1961, el 6 de diciembre de 1998 fue electo el teniente coronel (r) Hugo Chávez Frías para desempeñar la Presidencia de la República, con una amplia mayoría (56,2%). Chávez había expresado en la campaña electoral que poco después de instalado su gobierno se impulsaría la convocatoria a una Asamblea Constituyente para relegitimar el sistema, refundar la República y establecer un nuevo contrato social.[1]

---

[1] Biblioteca de la Academia de Ciencias Políticas y Sociales: *Los candidatos presidenciales ante la Academia*, Serie Eventos N° 12, Caracas, 1998, p. 104.

En los años anteriores, juristas del país habían discutido sobre los mecanismos para convocar a una Asamblea Constituyente que no estaba prevista en nuestra Ley Fundamental y habían determinado, casi unánimemente, que era necesario modificar la Constitución, por vía de reforma o de enmienda, para prever la existencia de un nuevo órgano del Poder Público, la Asamblea Nacional Constituyente, y su forma de convocatoria y de elección. Esa fue la conclusión a que se llegó también en la Comisión Presidencial para la Reforma del Estado (COPRE) a finales de 1992. De lo contrario –se expresaba–, se estaría modificando la Constitución "por cualquier otro medio distinto del que ella misma dispone", y ante esa eventualidad "todo ciudadano, investido o no de autoridad tendrá el deber de colaborar en el restablecimiento de su efectiva vigencia", tal como se disponía en la Carta de 1961 (art. 250). Desde antes de iniciado el gobierno del presidente Chávez, sus partidarios sostenían que bastaba con que el pueblo se manifestara favorablemente, por medio de un referendo consultivo, para que se convocara al órgano constituyente, y en tal sentido invocaban el precedente que se había seguido en Colombia pocos años antes[2] y alegaban, como fundamento jurídico, lo dispuesto en el artículo 4º de la Constitución de 1961, según el cual "la soberanía reside en el pueblo, quien la ejerce, mediante el sufragio por los órganos del Poder Público". Por otra parte, en Venezuela se había consagrado la figura del referendo consultivo nacional (ya existía en el ámbito municipal, y también en el nacional, pero solo en el segundo caso para que los electores se pronunciaran sobre la reforma general de la Constitución) en la Ley Orgánica del Sufragio y Participación Política, del 30 de diciembre de 1997. En esta ley se disponía que el Presidente de la República, en Consejo de Ministros, el Congreso de la República por acuerdo adoptado en sesión conjunta de las Cámaras, o un número no menor al 10 % de los electores, podrían convocar la celebración de un referendo, "con el objeto de consultar a los electores sobre decisiones de especial trascendencia nacional" (art. 181). La cuestión entonces se centraba en el punto de determinar si por un referendo consultivo se podía crear un nuevo órgano del Poder Público (la Asamblea Nacional Constituyente), lo que según Brewer revelaba "el dilema del Estado constitucional moderno entre soberanía popular y supremacía constitucional", y que se manifestaba así: "O la soberanía popular era pura retórica, si no podía manifestarse directamente fuera del marco de la Constitución; o la supremacía constitucional se vería corrosivamente afectada si se permitía que el pueblo soberano, como titular

---

[2] Ricardo Combellas: *¿Qué es la Constituyente?*, Editorial Panapo, Caracas, 1998, pp. 101 y ss.

del Poder Constituyente, pudiera modificar la Constitución fuera de sus normas".[3]

Sometida la cuestión a la decisión de la Corte Suprema de Justicia, con ocasión de pronunciarse sobre un recurso de interpretación, el supremo órgano judicial, en Sala Político Administrativa, declaró el 19 de enero de 1999, con ponencia del Magistrado Humberto J. La Roche, que: "La interpretación que debe atribuirse al artículo 181 de la Ley Orgánica del Sufragio y Participación Política, respecto al alcance del referéndum consultivo que consagra, en cuanto se refiere al caso concreto objeto del recurso que encabeza las presentes actuaciones, es que: a través del mismo puede ser consultado el parecer del cuerpo electoral sobre cualquier decisión de especial trascendencia nacional distinto a los expresamente excluidos por la propia Ley Orgánica del Sufragio y Participación Política en su artículo 185, incluyendo la relativa a la convocatoria de una Asamblea Nacional Constituyente".[4] En la misma fecha, en otra sentencia dictada por la misma Sala con ponencia del Magistrado Héctor Paradisi León, se ratificó la decisión anterior.

Anticipándose a este criterio, Chávez, en su condición de presidente electo, había designado en los primeros días de enero de 1999, es decir, antes de tomar posesión del cargo, una comisión de trabajo que denominó Comisión Presidencial Constituyente integrada por Tulio Álvarez, Oswaldo Álvarez Paz, Ricardo Combellas, Javier Elechiguerra, Hermann Escarrá, Ernesto Mayz Vallenilla, Jorge Olavarría, Alfredo Peña, Manuel Quijada, Tarek William Saab y Ángela Zago, para asesorarlo en el procedimiento para echar a andar la idea, incluyendo el decreto de la convocatoria y las bases comiciales para la Asamblea Nacional Constituyente (ANC). Por ello, obtenido el aval de la Corte Suprema de Justicia, el mismo día de su toma de posesión, el presidente Chávez dictó el Decreto Nº 3, del 2/2/99, en el que decidió la realización de un referendo consultivo para que el pueblo se pronunciara sobre la convocatoria a una ANC y formuló la correspondiente solicitud al Consejo Nacional Electoral. Este organismo, en fecha 17 de febrero del mismo año, acordó "Convocar para el día 25 de abril del año en curso, el Referéndum para que el pueblo se pronuncie sobre la convocatoria de una Asamblea Nacional Constituyente", acto en el cual se preguntaría también a los electores si autorizaban al Presidente de la República para fijar, oída la opinión de los sectores políticos, sociales y económicos, las bases del proceso comicial para elegir a

---

[3] Allan R. Brewer-Carías: *Poder Constituyente originario y Asamblea Nacional Constituyente*, Editorial Jurídica Venezolana, Caracas, 1999, pp. 19 y ss.

[4] Véase el texto completo de la sentencia en A.R. Brewer-Carías, *op. cit.*, pp. 25 a 43.

los integrantes de la mencionada Asamblea. Ante un recurso de nulidad interpuesto, la Sala Político Administrativa de la Corte Suprema de Justicia (SPA) anuló la segunda pregunta del referéndum, sobre el otorgamiento de potestades al Presidente, y decidió que las Bases Comiciales serían fijadas por el Consejo Nacional Electoral, para ser consultadas a los electores, lo que hizo este cuerpo el 23 de marzo siguiente. Ante una nueva solicitud, la SPA reformuló el 13 de abril la base comicial octava, para eliminar la frase contenida en el acto del organismo electoral que calificaba a la ANC como "poder originario que recoge la soberanía popular".[5]

El 25 de abril de 1999 tuvo lugar el referéndum consultivo, con el siguiente resultado:[6] fueron emitidos 4.142.812 votos, lo que significa que concurrieron a votar el 45% de los electores inscritos en el Registro Electoral Permanente. De los votos consignados 2.820.556 se pronunciaron por el "SI" (71,21%), mientras que 1.141.792 fueron por el "NO" (28,79%).[7] En consecuencia, resultó aprobada la pregunta del referéndum redactada así: "¿Convoca usted una Asamblea Nacional Constituyente con el propósito de transformar el Estado y crear un nuevo ordenamiento jurídico que permita el funcionamiento de una Democracia Social y Participativa?". De igual manera, en las Bases Comiciales aprobadas en el referéndum se decidió que la ANC tendría carácter unicameral, estaría compuesta de 131 miembros, a ser electos así: 104 en 24 circunscripciones regionales, coincidentes con los Estados y el Distrito Federal, 24 en una circunscripción nacional y tres en representación de las comunidades indígenas, y tendría un tiempo de funcionamiento de 180 días, contados a partir del día de su instalación. A cada elector se le otorgaron "tantos votos como constituyentes se vayan a elegir en la circunscripción a que pertenezca" y un

---

[5] Sobre el proceso constituyente de 1999 véase: Alfonso Rivas Quintero: *Derecho Constitucional*, Valencia, 2002, pp. 93 y ss.; Tulio Alberto Álvarez: *La Constituyente*, Colección Aries. Libros de El Nacional Caracas, 1999; Allan R. Brewer-Carías: *Asamblea Constituyente y Ordenamiento Constitucional*, Biblioteca de la Academia de Ciencias Políticas y Sociales, Serie Estudios. N° 53 Caracas, 1999; Carlos Luis Carrillo Artiles: "Las singularidades del proceso constituyente en Venezuela", en la *Revista de Derecho Constitucional*, N° 2, enero-junio 1999, Editorial Sherwood, Caracas; Ricardo Combellas: "El proceso constituyente y la Constitución de 1999", en Helena Plaza y Ricardo Combellas (coord.): *Procesos constituyentes y reformas constitucionales en la historia de Venezuela: 1811-1999*, Tomo II, Universidad Central de Venezuela, Facultad de Ciencias Jurídicas y Políticas, Caracas, 2005.

[6] Consúltese la página Web: www.analitica.com/bitblioteca/anc.

[7] Fuente: Consejo Nacional Electoral, Boletín del 28/07/99, Dirección de Estadísticas Electorales.

máximo de 10 votos en la circunscripción nacional. El sistema plurinominal adoptado desatendía al principio, tradicional desde 1946, de la representación proporcional de las minorías y contenía novedades como la postulación de candidatos por iniciativa propia y el requisito de que cada candidato debía presentar un elevado número de firmas de apoyo a su postulación.

La elección de los integrantes de la ANC se realizó el 25 de julio de 1999, participó un 48,5% de los electores y se obtuvo el siguiente resultado: en las circunscripciones estadales, la alianza gubernamental, que asumió la denominación de Polo Patriótico, con el 56,31% de los votos válidos obtuvo 122 escaños, es decir, 98,08% de los cargos a elegir, mientras la alianza opositora, con el 43,69% de los votos emitidos, obtuvo 2 escaños, lo que representa el 1,92% de los cargos a elegir. Para la circunscripción nacional, el 65,74% de los votos válidos le representaron al Polo Patriótico el 83,33% de los escaños (20 puestos), mientras que la oposición, con el 34,26% de los votos, obtuvo el 16,66% de los escaños (4 puestos).

SECCIÓN SEGUNDA: FORMACIÓN Y CONTENIDO DE LA CONSTITUCIÓN DE 1999

En este segmento nos referiremos, de un lado, al proceso constituyente que tuvo lugar en el curso del año 1999, el cual produjo la Carta Fundamental objeto de estudio. Seguidamente, examinaremos el contenido general de la Constitución que nos rige y las líneas maestras que definen su orientación.

A. EL PROCESO DE FORMACIÓN DE LA CONSTITUCIÓN DE 1999

Hacía casi medio siglo que en Venezuela no se reunía una Asamblea con el expreso propósito de dotar al país de una nueva Ley Fundamental, pues, como antes señalamos, la Carta de 1961 había sido elaborada por el Congreso electo dos años antes, es decir, por un poder constituido, sin que ello significara limitación alguna en cuanto a sus poderes para formular una nueva Constitución. En las líneas que siguen expondremos el marco jurídico y político del proceso constituyente de 1999, la forma como se desarrollaron las discusiones que condujeron a la aprobación de la Constitución actualmente en vigor y nuestra apreciación sobre dicho proceso.

a) CUESTIONES PREVIAS

La ANC se instaló solemnemente el 3 de agosto de 1999 en el Aula Magna de la Universidad Central de Venezuela y sus sesiones plenarias siguientes se celebraron en el Hemiciclo de la Cámara de Diputados, en el Capitolio Nacional. En esa misma fecha el Presidente de la República solicitó ser recibido por la Asamblea para presentar algunas proposiciones sobre la Constitución a ser elaborada. El 5 de agosto siguiente compareció el Presidente ante la Asamblea y expuso sus ideas sobre el proceso revolucionario que vivía la República y sobre las innovaciones que consideraba debían incluirse en la nueva Ley Fundamental, entre otras: el Poder Moral, el Poder Electoral, el Vicepresidente de la República y el Consejo de Estado; que la Asamblea Constituyente pasara a ser una asamblea constituida para darle continuidad a las ideas; un Poder Judicial con un Tribunal Supremo de Justicia y unos jueces electos en las parroquias y en los Municipios. También abogó por "Un nuevo concepto de Federación que se aleje de los extremos de la anarquía y del centralismo y que recupere y ponga en orden los valores de la llamada descentralización que degeneró muchas veces en anarquía, anarquización de la República, para que no haya ningún gobernador, no puede haberlo; ningún alcalde, no puede haberlo, que piense o que llegue a pensar alguna vez en esta tierra que él es un cacique o un presidente de una republiquita que se llama un municipio o que se llama un estado...No, ese federalismo de la Primera República que fue nefasto, no podemos repetirlo; un nuevo federalismo con un nuevo concepto de unidad nacional, un federalismo que se guíe por un principio básico de la ciencia política como es el principio de la cosoberanía o la soberanía subsidiaria a la soberanía nacional".[8] En esa oportunidad el presidente consignó ante la Asamblea un documento denominado *"Ideas Fundamentales para la Constitución Bolivariana de la V República"*.

Con ocasión de discutirse el Estatuto de funcionamiento de la ANC, en la sesión del 7 de agosto siguiente se realizó un intenso y prolongado debate sobre el artículo 1º del proyecto de Estatuto, en el que se calificaba a la Asamblea como "depositaria de la voluntad popular y expresión de su soberanía, con las atribuciones del Poder Originario para reorganizar el Estado venezolano y crear un nuevo ordenamiento jurídico democrático" y se disponía que "La Asamblea, en uso de las atribuciones que le son inherentes, podrá limitar o definir la cesación de las actividades de las autoridades que conforman el Poder Público". Como consecuencia, "Todos los organismos del Poder Público, quedan subordinados a la Asamblea Nacional Constituyente y están en la obligación de cumplir y hacer cumplir los actos jurídicos estatales que emita dicha Asamblea Nacional". A este respecto, Allan R. Brewer-Carías, quien había sido electo como

---

[8] Diario de Debates de la Asamblea Nacional Constituyente, sesión del 5/8/99, p. 13.

miembro de la ANC, comenzó por señalar que "Por primera vez estamos en un proceso constituyente, con una Asamblea Constituyente electa democráticamente, en paz, sin que haya habido una ruptura constitucional previa". Esta Asamblea, agregó, "no está sometida a los poderes constituidos electos (...) pero la Constitución de 1961 sigue vigente y en el referéndum del 25 de abril, lamentable o afortunadamente, depende de como se le vea, no se le atribuyó a la Asamblea Nacional Constituyente potestad alguna para suspender, restringir o modificar, así sea temporalmente, la Constitución de 1961; sólo será cuando se apruebe la Constitución nueva por el referéndum aprobatorio, que la Constitución de 1961 quedará, por tanto, modificada", para concluir que la misión de la Asamblea Nacional Constituyente es elaborar una nueva Constitución. Diversos oradores intervinieron en el debate, entre ellos Hermann Escarrá, quien expuso que "El poder constituyente originario no está normado. El poder constituyente originario es un proceso político, no un proceso jurídico". En definitiva, se aprobó el artículo 1° del Estatuto en la forma propuesta con el agregado sugerido por Ricardo Combellas, incorporado como Parágrafo Segundo, de que "La Constitución de 1961 y el resto del ordenamiento jurídico imperante, mantendrán su vigencia en todo aquello que no colida o sea contradictorio con los actos jurídicos y demás decisiones de la Asamblea Nacional Constituyente".[9]

El criterio sustentado en ese artículo fue declarado válido por la Corte Suprema de Justicia en pleno, con ocasión de pronunciarse sobre la demanda de nulidad interpuesta por el diputado y entonces Presidente de la Cámara de Diputados del Congreso, Henrique Capriles, de los Decretos dictados por la ANC el 25 y el 30 de agosto de 1999, en los cuales se regulaban las funciones del Poder Legislativo Nacional, que coincidía en el tiempo con las deliberaciones de la ANC.[10] En su sentencia del 10 de octubre de ese año, la Corte desestimó la solicitud de nulidad –con los votos salvados de los Magistrados Héctor Grisanti, Hermes Harting, Humberto J. La Roche, Hildergard Rondón de Sansó y Belén Ramírez Landaeta–, por considerar que "del contenido de la pregunta N° 1 del Referendo Consultivo Nacional, aprobado el 25 de abril de 1999, y la Base Comicial Octava del mismo Referendo, se consagra una especie de supraconstitucionalidad de sus prescripciones"; que "la Asamblea Nacional Constitu-

---

[9] Véase el texto completo del Estatuto en el *Diario de Debates, cit.*, sesión del 7/8/99, pp. 144 y ss.

[10] Carlos Luis Carrillo Artiles, "El desplazamiento del principio de supremacía constitucional por la vigencia de los interregnos temporales", en *Revista de Derecho Constitucional*, N° 3, Editorial Sherwood, Caracas, julio-diciembre 2000.

yente no es un poder derivado, pues su función de sancionar una nueva Constitución implica el ejercicio del Poder Constituyente, el cual no puede estar sujeto a los límites del orden jurídico establecido, incluyendo la Constitución vigente"; que "el gobierno ordinario, en cualquiera de las tres ramas en que se distribuye su funcionamiento, es Poder Constituido, muy distante, de lo que organiza, limita y regula normativamente la acción de esos poderes constituidos, lo cual es función del Poder Constituyente"; que "el cambio constitucional dirigido a la supresión de la Constitución vigente, es un proceso no limitado tan sólo a la sanción de la nueva Constitución, sino al *interregno,* durante el cual, la Asamblea Nacional Constituyente actúa dentro del contexto jurídico donde rige transitoriamente, la Constitución anterior", que "el tiempo de vigencia de la Constitución de la República de Venezuela de 1961, no puede impedir ni obstaculizar el cumplimiento de la función de la Asamblea Nacional Constituyente, como sería la génesis del nuevo ordenamiento jurídico a que se refiere la pregunta N° 1 del Referendo Consultivo Nacional del 25 de abril de 1999", y que "si el proceso de cambio constitucional se iniciaba con el Referéndum, lo cual implicaría forzosamente la coexistencia del Poder Constituido y la Asamblea Nacional Constituyente, serían los Estatutos de Funcionamiento de dicha Asamblea, como normas de carácter supraconstitucional las cuales deberían definir el modo de esta coexistencia".

Esta sentencia sirvió de fundamento jurídico a los decretos de la Asamblea Nacional Constituyente ya dictados y a los sancionados posteriormente, incluso después de la promulgación de la nueva Constitución, en los aspectos en que diferían del ordenamiento constitucional contenido tanto en la derogada como en la nueva Carta Fundamental.[11] Entre los decretos más importantes de esta naturaleza pueden citarse los siguientes: decreto mediante el cual se ratifica al ciudadano Hugo Chávez Frías en el cargo de Presidente Constitucional de la República de Venezuela;[12] decreto mediante el cual se declara la reorganización de todos los órganos del Poder Público;[13] decreto mediante el cual se regulan las funciones del Poder Legislativo;[14] decreto mediante el cual se reorganizan las funciones de los órganos del Poder Público;[15] decreto mediante el cual se dicta la reforma parcial del decreto de regulación de funciones del Poder Legisla-

---

[11] Carlos Luis Carrillo Artiles, *op. cit.*
[12] *G.O.* N° 36.761 del 10-8-99.
[13] *G.O.* N° 36.764 del 13-8-99.
[14] *G.O.* N° 36.772 del 25-8-99, modificado por decreto publicado en la *G.O.* N° 36.776 del 31-8-99.
[15] *G.O.* N° 36.782 del 8-9-99.

tivo;[16] decreto mediante el cual se dicta el régimen de transición del Poder Público.[17]

En el Estatuto de Funcionamiento de la ANC se reguló un conjunto de asuntos relacionados con dicho Cuerpo, desde conceptos jurídicos de enormes implicaciones, como el examinado, hasta aspectos protocolares y de seguridad. En particular, destacamos ahora que en dicho instrumento se contempló la existencia de 20 Comisiones Permanentes, la mayoría de ellas referidas a los temas a considerar y una Comisión Constitucional, esta última "con el objeto de elaborar los informes finales, así como la redacción definitiva de los proyectos de normas aprobadas por la Asamblea y velará con especial atención por el cumplimiento de las bases comiciales aprobadas a través de referéndum" (art. 35). También se previó la posibilidad de crear Comisiones Especiales "para la realización de tareas determinadas o estudios específicos que se le indiquen de manera expresa" (Parágrafo Único del artículo 28).

b) EL DEBATE CONSTITUYENTE

En la sesión del 11 de agosto siguiente, la Asamblea designó a los integrantes de las Comisiones Permanentes. En la sesión del 9 de septiembre, la Comisión Permanente Constitucional presentó un proyecto de Preámbulo de la Constitución, con cuyo motivo se suscitó un amplio debate sobre la proposición de llamar a la nueva Carta "Constitución Bolivariana". Brewer-Carías apuntó a este respecto que "una Constitución federal para mí no es bolivariana. Uno de los más grandes detractores del Federalismo durante todo el siglo pasado fue precisamente el Libertador Simón Bolívar, quien abogó por una constitución centralista". Ortega Díaz contestó que "El centralismo de Bolívar no es una cosa consustancial. No es genético en Bolívar el poder centralista". Otros constituyentes arguyeron que "Bolívar no era contrario a la idea federal" (Roberto Jiménez) y que "a Bolívar no le quedaba sino luchar contra un federalismo propuesto por la oligarquía territorial latifundista, en un país sin carreteras, sin comunicaciones, con un territorio desintegrado, con una población fundamentalmente analfabeta..." (Enrique Peraza). El debate se suspendió para continuarlo cuando se fuera a aprobar la Constitución.

En la sesión del 12 de octubre, el constituyente Hermann Escarrá, presidente de la Comisión Constitucional, desde la tribuna de oradores, hizo una presentación general, por capítulos, del contenido del proyecto de Constitución. En el tema que nos ocupa anunció que el proyecto "Define

---

[16] *G.O.* N° 36.776 del 31-8-99.
[17] *G.O.* N° 36.857 del 27-12-99.

de manera contundente, no sólo al Estado Federal sino al proceso definitivo de la descentralización". Entre otros aspectos informó que el proyecto contiene novedades como un período presidencial de cuatro años y la doble vuelta electoral.[18]

En la sesión siguiente (18/10/99), los presidentes de las Comisiones Permanentes de la Asamblea presentaron sus exposiciones sobre el Proyecto de Constitución, en la siguiente forma:

El constituyente Manuel Vadell, presidente de la Comisión de las Disposiciones Fundamentales de la Soberanía y de los Espacios Territoriales, expresa el énfasis que se le da a la ética en las Disposiciones Fundamentales; a la formulación de un "Estado social de derecho, de administración descentralizada"; al establecimiento de los mandatos revocatorios; a "las referendas consultivas" (*sic*) y a la adopción de la expresión espacio geográfico venezolano para sustituir la de territorio.[19]

José Vielma Mora, presidente de la Comisión de Integración y Relaciones con la Comunidad Internacional consideró el impacto de la globalización sobre nuestro sistema constitucional, reafirmó la postura nacional de acatar los principios básicos del Derecho Internacional (Carta de la O.N.U. y de la O.E.A.) y el mantenimiento de la democracia como sistema político.[20]

Willian Lara, como presidente de la Comisión de Participación Política, pidió apoyo para que el sufragio se considerara un derecho, no un deber, expuso el diseño conceptual de democracia participativa y protagónica, los diferentes tipos de referendos, la innovación sobre el Poder Electoral y sobre la Sala Electoral en el Alto Tribunal de Justicia.[21]

Elías López Portillo, en nombre de la Comisión del Poder Público Nacional, habló sobre "una novísima aportación al constitucionalismo mundial como es la integración de dos nuevos poderes que vienen a romper con la clásica división que hasta ese momento se había mantenido casi universalmente: el Poder Moral o Ciudadano y el Poder Electoral. Asimismo informó que "También establecimos un Capítulo II, que es el que establece las competencias del Poder Público Nacional, haciéndose énfasis en la descentralización y proponiendo una transferencia de esos poderes que

---

[18] Diario de Debates de la Asamblea Nacional Constituyente, sesión N° 20, del 12-10-99, p. 7.

[19] *Ibídem*, pp. 2 a 4.

[20] *Ibídem*, pp. 4 a 6.

[21] *Ibídem*, pp. 6 a 8.

hasta ahora estaban en absoluto dominio del poder nacional, transfiriéndolos al poder público estadal y por supuesto, al poder público municipal, lo cual va a reforzar nuestra propuesta de la mayor descentralización del Estado Venezolano dentro de un sistema federal, que por supuesto, va a ser objeto aquí en esta Asamblea Nacional Constituyente, de una larga y profunda reflexión".

El presidente de la Comisión sobre Forma de Estado, Federalismo, Descentralización, Asuntos de Estados y Municipios y otras Entidades Locales, Segundo Meléndez, afirmó que "Una verdadera participación ciudadana conduce a compartir poder y a crear la estructura institucional que lo haga posible, sin sacrificio de la eficacia y eficiencia, a redistribuir competencias, a descentralizar, conservando la integridad de la nación y la coherencia de su accionar en pos de unos propósitos comunes. Este razonamiento nos conduce a la definición de la República como un Estado Federal, regido por principios de integridad territorial, solidaridad, coordinación, concurrencia, cooperación, subsidiaridad y corresponsabilidad y a definir la descentralización como un elemento estratégico fundamental de la política nacional de desarrollo, a los fines de la profundización de la democracia, como vía para acercar el poder al pueblo y ejercer la democracia protagónica". Con respecto a las competencias exclusivas de los Estados se refirió a "las condiciones para la celebración de los acuerdos relativos a la definición de las competencias concurrentes entre el Poder Nacional y los estados, y para las transferencias de los estados a los municipios, quedando habilitado el legislador para el desarrollo de estas previsiones". También expuso que "En el anteproyecto se asientan las bases de un sistema hacendístico propio a favor de los estados para darle una sólida capacidad de gestión a tono con la asignación de cometidos y responsabilidades precisas dentro de la tarea general del desarrollo". Seguidamente trazó los lineamientos generales de la organización de los Estados, Municipios y figuras submunicipales y manifestó su insatisfacción por no haberse llegado a un acuerdo sobre la situación institucional del área metropolitana de Caracas.

La Comisión del Poder Ejecutivo, por órgano de su presidente, Ricardo Combellas, se refirió a la innovación de la figura del Vicepresidente Ejecutivo, a ser designado por el Presidente, quien "presidirá nada más y nada menos que el máximo organismo de coordinación del nuevo federalismo venezolano, el Consejo Federal de Gobierno". Aludió a la posibilidad de disolver la Asamblea Nacional cuando se produzca un choque institucional, a la incorporación de la figura del balotaje, "doble vuelta presidencial muy exitosa, por lo demás, en el resto de los países de Latinoamérica donde se ha incorporado"; la reelección inmediata del presidente, después de haber cumplido un período de 5 años, aunque la opinión personal del exponente era de que el período se limitara a cuatro años; la revocación del mandato; la innovación de que el Presidente pueda fijar el número, organización y competencias de los Ministros; la ampliación de las potestades del Presidente para dictar decretos leyes, por efecto de la delegación legislativa; la incorporación del Consejo de Estado, como una figura de alta asesoría del Presidente con una integración plural.

Elio Gómez Grillo, presidente de la Comisión de la Administración de Justicia, mencionó las líneas generales del trabajo cumplido: la creación del Tribunal Supremo de Justicia, en el que se agrega a las salas existentes, la sala constitucional, la social y la electoral; la regulación de la carrera judicial, de la justicia de paz, la descentralización y privatización del sistema penitenciario, el mantenimiento de instancias transitorias para la reorganización del Poder Judicial, entre otros aspectos.

Miguel Madriz Bustamante, presidente de la Comisión del Poder Moral o Contralor, informó sobre la creación de la figura del Defensor del Pueblo y la organización e integración del Poder Ciudadano.

Allan R. Brewer-Carías, presidente de la Comisión de Ciudadanía y Nacionalidad, se refirió a las proposiciones en esta materia: la restricción del carácter absoluto del *ius sanguini* y del *ius soli,* el establecimiento de requisitos más estrictos para el otorgamiento de la naturalización, la casi equiparación de los naturalizados con los venezolanos por nacimiento, la admisión del principio de la doble nacionalidad, el principio de que el venezolano por nacimiento no puede ser privado de su nacionalidad; y las regulaciones correspondientes a la ciudadanía con las innovaciones propuestas.

La Comisión de Derechos Humanos y Garantías Constitucionales, Derechos Individuales, Seguridad Ciudadana, Régimen Penitenciario y Derecho a la Información, por voz de su presidente Tarek William Saab, se refirió a aspectos como la desaparición forzosa de personas, la imprescriptibilidad de los crímenes de guerra y de lesa humanidad y la prohibición del uso de armas de fuego y sustancias tóxicas en las manifestaciones pacíficas, entre otros puntos.

El Vicepresidente de la Comisión del Poder Legislativo, Mario Isea, expuso un resumen de las propuestas de la Comisión que presidía David De Lima, en la cual no se había llegado a un criterio definitivo entre la organización bicameral o unicameral del órgano Legislativo Nacional; sobre la simplificación del proceso de formación de las leyes, llegando a una discusión en cada Cámara si se adoptaba el modelo bicameral; la eliminación de los senadores vitalicios, la despartidización de los poderes públicos, el voto conciencia de los miembros del Poder Legislativo; la eliminación de la atribución de este de designar al Contralor y Magistrados del Tribunal Supremo de Justicia, la revocatoria del mandato de los parlamentarios; la iniciativa de las leyes por parte de los estados, entre otros aspectos.

El presidente de la Comisión de Educación, Cultura, Ciencia y Tecnología, Deporte y Recreación, Edmundo Chirinos, aludió a los valores de la cultura, a la obligación de los medios de comunicación social de difundir todas las manifestaciones de la cultura, particularmente la cultura que nos es más propia; a la educación obligatoria hasta el nivel universitario, a la gratuidad de la enseñanza, a la importancia de nuevas tecnologías como Internet, a la despartidización de la educación, a la educación ambiental y a los granujillos de la calle.

Marisabel de Chávez, presidenta de la Comisión de Derechos Sociales y de la Familia, expuso el amplio proceso de consultas que había realizado la Comisión y los diferentes aspectos a que se refrían las propuestas presentadas en el proyecto, entre ellos "la equidad de género".

José Luis Meza, presidente de la Comisión de Régimen del Ambiente y Calidad de Vida, Derechos de Tercera y Cuarta Generación y Ordenamiento Territorial, se refirió particularmente a los derechos ambientales.

La Comisión de los Derechos de los Pueblos Indígenas y la Relación del Estado con los Pueblos Indígenas, por voz de su presidenta, Nohelí Pocaterra, mencionó el proceso de investigación y consulta, tanto nacional como internacional, que había realizado la Comisión y se refirió a las especificidades que plantea la salvaguarda de la identidad cultural de los pueblos indígenas.

Francisco Visconti, presidente de la Comisión del Sistema de Defensa y de las Fuerzas Armadas Nacionales, resumió las propuestas de la Comisión sobre la doctrina democrática de seguridad y defensa, el nuevo rol de las Fuerzas Armadas en la sociedad venezolana, las zonas fronterizas, el secreto militar, la justicia militar, el servicio militar y la cultura popular.

Manuel Quijada, presidente de la Comisión para la Modificación y Protección de la Constitución, explicó las propuestas sobre la incorporación de la figura de la Asamblea Constituyente, y se refirió ampliamente a las razones que habían privado en la Comisión para no acoger el proyecto de artículo presentado por el Ejecutivo, según el cual: "Se reconoce el derecho del pueblo a la desobediencia civil con el objeto de restablecer el orden constitucional democrático, alterado por la trasgresión de las normas relativas a la forma de gobierno y el sistema político, o por graves violaciones de los derechos consagrados en esta Constitución, cuando dichas acciones son violentas y ajenas a los procedimientos de reforma constitucional, asamblea constitucional o asamblea constituyente y se ejercen contrariando la soberanía popular".

El presidente de la Comisión de lo Económico y lo Social, Alfredo Peña, discurrió sobre el equilibrio que se había logrado en la Comisión entre los roles del mercado y el Estado, sobre las amplias libertades económicas, sobre la Estabilidad Macroeconómica, sobre el principio del equilibrio fiscal, sobre la autonomía del Banco Central de Venezuela, sobre el sistema tributario, sobre los derechos de los trabajadores y la democracia sindical.

El 19 de octubre se inició la primera discusión del proyecto de Constitución. Ese día se discutió la proposición de Eliécer Otaiza de "cambiar el nombre de la República de Venezuela por el de República Bolivariana de Venezuela" y fue negada por 75 votos contra 35.

La primera discusión del proyecto se extendió hasta la sesión del 9 de noviembre de 1999. El 12 de ese mismo mes se inició la segunda discusión del proyecto. En esa oportunidad Eliécer Otaiza replanteó su proposición de cambiar el nombre al país por el de República Bolivariana de Venezuela. A pesar del criterio contrario de la oposición y de algunos constituyentes del grupo gubernamental (José León Tapia, Elio Gómez Grillo, Manuel Quijada y Hermann Escarrá), la proposición fue aprobada por mayoría.

El 17 de noviembre se concluyó la segunda discusión del proyecto de Constitución y en la sesión del día siguiente los miembros de la Asamblea procedieron a estampar sus firmas en el documento. Ese mismo día se sancionó por la Asamblea un Decreto para convocar un referendo aprobatorio sobre el proyecto de texto constitucional, conforme a lo previsto en la base comicial novena aprobada en el referéndum consultivo del 25 de abril del mismo año, a realizarse el 15 de diciembre de 1999. Seguidamente se hizo entrega del proyecto aprobado a la directiva del Consejo Nacional Electoral, a los fines de su difusión y sometimiento al referéndum aprobatorio, y al Presidente de la República.

En la fecha prevista tuvo lugar el referendo aprobatorio de la Constitución, con el siguiente resultado: concurrieron a votar 4.819.056 personas, lo que representó el 44,38% de los electores inscritos. De ellos, 3.301.475 se pronunciaron por el SÍ a la pregunta "Aprueba usted el proyecto de Constitución elaborado por la Asamblea Nacional Constituyente", lo que equivale a 71,38% de los votantes efectivos.[22] El 20 de diciembre se proclamó la nueva Constitución y se ordenó la publicación correspondiente.

---

[22] Fuente: Consejo Nacional Electoral. Boletín del 20/12/99, Dirección de Estadísticas Electorales.

Antes de clausurar sus sesiones, la Asamblea dictó un decreto sobre el Régimen de Transición del Poder Público, designó y juramentó a los miembros del Tribunal Supremo de Justicia, al Fiscal General de la República, al Contralor General de la República, al Defensor del Pueblo y a los miembros de la Comisión de Funcionamiento y Reestructuración del Poder Judicial; aprobó y promulgó la Ley Especial sobre el Régimen del Distrito Metropolitano de Caracas; designó y juramentó a los miembros de la Comisión Legislativa Nacional (llamado coloquialmente "El Congresillo"), órgano previsto en el Régimen de Transición del Poder Público para cumplir las funciones del Poder Legislativo Nacional mientras se realizaran las elecciones de miembros de la Asamblea Nacional, y luego le amplió sus atribuciones en otro decreto; decretó un Régimen Transitorio de Remuneración de los más altos funcionarios de los Estados y de los Municipios; decretó la destitución del Alcalde del Municipio Maneiro del Estado Nueva Esparta; aprobó el Estatuto Electoral para las elecciones de relegitimación de los Poderes Públicos, otorgó exenciones al pago del impuesto al valor agregado a favor de los entes públicos (aunque se dice que a los contratistas) que hubieran ejecutado obras de emergencia relacionados con los trágicos sucesos en el Estado Vargas a partir del día del referendo aprobatoria de la Constitución y fijó la fecha de las elecciones de relegitimación para el 28 de mayo de 2000.

Sobre la aprobación del Decreto sobre el Régimen de Transición del Poder Público el profesor Ricardo Combellas, quien había participado en las deliberaciones de la ANC por la fracción gubernamental, emitió su opinión así:

...el denominado régimen transitorio, infausta decisión de la ANC de incalculables efectos negativos sobre el futuro institucional de la República, por lo menos en el corto y mediano plazo. En efecto, el 22 de diciembre de 1999, es decir, siete días después de refrendada popularmente la Constitución, la ANC sancionó el Decreto mediante el cual se dicta el Régimen de Transición del Poder Público, en virtud de lo cual se disolvieron y reconstituyeron todas las ramas del Poder Público, al nivel local, estadal y nacional (salvo la rama ejecutiva, las gobernaciones de los estados y las alcaldías, con la notable excepción en este último supuesto, dada la comisión de presuntos hechos irregulares, del alcalde del municipio Maneiro del estado Nueva Esparta).

El susodicho régimen transitorio no fue contemplado en las disposiciones transitorias de la Constitución, refrendadas el 15 de diciembre, y estaba en franca contradicción con las bases comiciales que rigieron la convocatoria constituyente, pues si bien éstas autorizaban la aprobación de actos constituyentes, la condición es que lo fueran antes de la decisiva sanción de la Constitución. Además de irrespetarse las formalidades constitucionales, el régimen transitorio colidía con el espíritu participativo de la nueva carta magna, pues los funcionarios y magistrados designados en ejecución del decreto no se sometieron (independientemente de su capacidad y honorabilidad que no entro aquí a juzgar) al escrutinio público ni a ninguna suerte de procedimiento transparente, sencillamente se designaron a dedo, en evidente contradicción con las pautas de selección establecidas en la Constitución de 1999.

Ello resultó particularmente odioso en el caso del Consejo Nacional Electoral, cuya clara parcialización rendiría frutos amargos con la suspensión de los comicios nacionales el 28 de julio de 2000, y en la designación de una Comisión Legislativa Nacional, denominada popular y peyorativamente como "Congresillo", con amplísimas atribuciones legislativas,[34] contraloras, autorizativas e investigativas, integrado por 11 ex constituyentes y 10 ciudadanos cooptados por la ANC de la sociedad civil, rompiendo con el dogma democrático del Estado de derecho, de añeja raigambre que se remonta al derecho medieval, estampado en la célebre fórmula jurídica, *quod omnes tangit debet ab omnibus approbari* (lo que a todos concierne debe ser aprobado por todos), y que modernamente Rousseau recoge en su Contrato Social como principio intangible del constitucionalismo: Las leyes no son sino las condiciones de la asociación civil, y el pueblo, sometido a las leyes, debe ser su autor; sólo corresponde a los que se asocian regular las condiciones de la sociedad. El argumento aducido por el TSJ (producto, a su vez, de la transición) para legitimar el régimen transitorio lo constituyó el manido de la supraconstitucionalidad, interpretado extensivamente como manto encubridor del maltrato de los principios y valores democráticos de la novedosa Constitución.

El régimen transitorio, además, significó en la práctica la desvirtuación de otro principio cardinal del Estado de derecho de raigambre democrático, el equilibrio de los poderes, subvertido en los hechos por la preponderancia abusiva del presidente Chávez, al desmembrarse en su beneficio los resortes de control establecidos en la Constitución.[23]

La nueva Carta fue publicada en la *Gaceta Oficial* N° 36.860, del 30 del mismo mes y año, y por tanto vigente desde esa fecha, y publicada

---

[23] Ricardo Combellas: "El proceso Constituyente y la Constitución de 1999", Revista *Politeia*, Instituto de Estudios Políticos UCV, N° 30, Caracas enero 2003. Ver el mismo texto en: http://www2.scielo.org.ve/scielo. php?script= sci_arttext&pid=S0303-97572003000100010&lng=es

nuevamente, junto con la Exposición de Motivos, y con algunas modificaciones en su texto, en la *Gaceta Oficial* N° 5.453 Extraordinario del 24 de marzo del 2000.[24] La ANC clausuró sus sesiones el 30 de enero de 2000, en un acto solemne realizado en Ciudad Bolívar, en el lugar donde había sesionado el Congreso de Angostura en 1819.

c) **APRECIACIÓN SOBRE EL PROCESO CONSTITUYENTE**

El proceso que se cumplió en la ANC durante el segundo semestre de 1999 para la formulación y sanción de la Constitución estuvo signado desde el inicio por la confrontación de opiniones, la que comenzaba porque un grupo de ciudadanos se resentía de que sus votos valían menos que los oficialistas para elegir representantes a la Asamblea, por la supresión del principio de representación proporcional, seguida de otro grupo, en parte coincidente con el anterior, que le negaban legitimidad al órgano constituyente porque no estaba previsto en el ordenamiento constitucional.[25] En su desarrollo, este proceso fue distinto al que se siguió en 1961 y tuvo notables semejanzas con el de 1947. En efecto, con este último el parecido radica en que existía una mayoría aplastante de miembros de la Asamblea pertenecientes a la tendencia gubernamental, que creía firmemente en que estaba llevando adelante un proceso revolucionario, cuyo propósito era "refundar" la República, bajo nuevas concepciones éticas y políticas, y que se sentía poco o nada propensos a celebrar acuerdos o entendimientos con la minoría opositora, a la que tildaba de corrupta. En esas condiciones, el voto mayoritario negó a la minoría la posibilidad de efectuar aportes a la nueva Carta, como no fueran de carácter puramente técnico o de forma.

El proceso que condujo a la formulación de la Constitución de 1961 había sido muy diferente, como tuvimos oportunidad de examinar en el capítulo anterior. La semejanza de aquél proceso fue más bien con el que tuvo lugar en los Estados Unidos durante la primavera y el verano de 1787 y que condujo a la sanción de la Constitución de ese país aún vigente. En ambos casos existía la voluntad de oír las ideas de los demás y de llegar a

---

[24] Sobre las modificaciones en la segunda publicación véase: Allan R. Brewer-Carías: *La Constitución de 1999*, Editorial Jurídica Venezolana, Caracas, 2000, pp. 282 y ss.

[25] Véase: Ramón Guillermo Aveledo: "Sobre los riesgos de reformar la Constitución por medio no establecido en ella (Visión del proceso constituyente venezolano de 1999" *en El Nuevo Derecho Constitucional Venezolano*. Ponencias al IV Congreso de Derecho Constitucional en homenaje al doctor Humberto J. LA Roche, UCAB, Caracas 2000, pp. 31 y ss.

las transacciones a que hubiera lugar para lograr que el texto a ser aprobado reflejara, en lo posible, el consenso de los representantes. Pero además, la Ley Fundamental de 1961 tuvo, más que ninguna de las anteriores, una aspiración de permanencia en el tiempo, lo que condujo a que sus previsiones fueran redactadas con una gran generalidad, de modo que pudieran servir a gobiernos de distinto signo, como efectivamente ocurrió. La Constitución de 1999, en cambio, aparece indisolublemente unida al régimen fundado por Chávez, y desde el primer momento quedó claro que su suerte sería la que correspondiera a este régimen.

La Constitución de 1961 fue discutida y sancionada por un Congreso ordinario, esto es, por un órgano constituido, bajo el procedimiento de reforma de la Constitución previsto en la Carta entonces vigente (la de 1953). La de 1999 lo fue por una Asamblea Constituyente especialmente convocada al efecto y dotada de poderes originarios, conforme lo declaró la misma Asamblea y lo ratificó la Corte Suprema de Justicia.[26] Esta última Asamblea careció de límites en sus decisiones, como no fueran las bases comiciales aprobadas en el referendo consultivo del 25 de abril de ese año. Por su parte, los legisladores de 1961 no tuvieron limitación alguna en cuanto al fondo de las discusiones y sí en relación con los procedimientos, porque estaban sometidos a las normas constitucionales vigentes para el momento. Por esta misma razón, mientras la nueva Constitución no fuera promulgada, aquellos parlamentarios no adoptaron ninguna disposición que pudiera modificar el ordenamiento constitucional en vigor, lo que sí hicieron los constituyentes de 1947 y los de 1999.

En el proceso de 1961, el Poder Ejecutivo no manifestó interés alguno en influir sobre las discusiones que tenían lugar en el Congreso. En 1999, en cambio, el Presidente de la República se hizo presente en la ANC, expuso las ideas fundamentales que debían incluirse en el texto a ser redactado y las consignó por escrito, emulando en esta forma el gesto del Libertador ante el Congreso de Angostura de 1819. La diferencia estuvo en que las ideas principales del Libertador no fueron aceptadas por los constituyentes de la época.

El proceso de consultas de 1999 fue muy superior al que se hizo en los meses previos a 1961, para la redacción de la nueva Constitución. Los legisladores del inicio de la etapa democrática tenían un altísimo nivel de representatividad y las asesorías que solicitaron fueron más bien en aspectos técnico-jurídicos. Los constituyentes de 1999 pidieron la opinión de los venezolanos sobre los diferentes aspectos relacionados con la tarea que tenía por delante y recibieron sugerencias por escrito de todo el país,

---

[26] Alfonso Rivas Quintero, *op. cit.*, pp. 65 y ss.

lo cual no significó que las acogieran. Cada una de las comisiones de la Asamblea se reunió con numerosos grupos de personas interesadas en los aspectos correspondientes, con expertos y con profesores de las materias objeto de estudio. La mayor cantidad de personas con conocimientos y dispuestas a contribuir con ideas al trabajo de los representantes en el reciente proceso constituyente, puede deberse tanto al incremento del nivel cultural que se había producido en los cuarenta años de democracia anteriores, como a la mayor conciencia del valor de la Constitución como norma destinada a regir relaciones importantes en la sociedad, fenómeno este último de carácter mundial.

Sobre el texto discutido y aprobado finalmente por la ANC es importante tener presente las observaciones de Ricardo Combellas, quien había participado como miembro de la Asamblea y quien señaló que "…contábamos al menos con cuatro versiones: la carta firmada solemnemente por los constituyentes el 19 de noviembre de 1999; la versión profusamente editada para que los ciudadanos conocieran el proyecto de Constitución que refrendarían el 15 de diciembre; la Constitución publicada en la *Gaceta Oficial de la República* el 30 de diciembre y, por último, el texto publicado con la correspondiente exposición de motivos (por cierto, que yo recuerde, nunca la conocimos ni menos la discutimos ni aprobamos los constituyentes antes del 15 de diciembre), el 24 de marzo de 2000, en virtud de que se había incurrido en 'errores de gramática, sintaxis y estilo en la versión publicada el 30 de diciembre'. …La polémica se desató motivado a que no se subsanaron únicamente errores formales, sino que se tocó y modificó el fondo de algunos artículos constitucionales. Tuvieron que pasar 16 meses para que el TSJ decidiera que el texto auténtico era el publicado originalmente el 30 de diciembre de 1999".[27]

B. CONTENIDO GENERAL Y ORIENTACIÓN DE LA CONSTITUCIÓN DE 1999

La Asamblea Nacional Constituyente de 1999 utilizó como anteproyecto para sus discusiones a la Constitución de 1961. Algunas de las reformas introducidas tienen más un contenido político que jurídico, económico o social, tal es el caso del nuevo nombre de la República. Sin embargo, la Carta a que nos referimos presenta indudables innovaciones con respecto a la anterior, tal como lo examinaremos seguidamente al considerar el régimen de las garantías y la organización del Poder Público.

---

[27] Ricardo Combellas: "El proceso Constituyente y la Constitución de 1999", *cit*.

Previamente señalaremos que en los Principios Fundamentales que se proclaman en el Título I de la Constitución se incluyen declaraciones muy rotundas sobre la democracia, el Estado de Derecho y de justicia, el respecto a la dignidad de las personas, la autodeterminación nacional, la ética, el pluralismo político, el Estado federal descentralizado, entre otros, y que al examinar la evolución de las instituciones públicas se hará patente que a estas nociones se les asigna posteriormente un sentido distinto al originario y que difiere del que se les atribuye en los países democráticos, lo cual ocurre también con muchos de los derechos que se garantizan en el texto constitucional.

a) EL RÉGIMEN DE LAS GARANTÍAS CONSTITUCIONALES

Así como la Constitución de 1961 fue considerada en su momento como la Carta Fundamental más avanzada en el derecho comparado desde el punto de vista de los derechos que garantizaba, puede decirse lo mismo de la Constitución de 1999. En efecto, en la Asamblea Nacional Constituyente se hizo una investigación lo más profunda posible sobre las constituciones promulgadas recientemente en Iberoamérica y en otros países, para obtener informaciones sobre las declaraciones de derechos de última generación, con la finalidad de incorporarlas en la Carta venezolana. En algunos casos se reiteraron garantías que ya estaban contenidas en la Constitución de 1961, en otros se introdujeron modificaciones de diferente naturaleza: encontramos derechos que aparecen ahora expresados con más énfasis, o que fueron vertidos en la Constitución después de haber sido consagrados en la legislación durante el período anterior; existen casos de normas que son una actualización, desde el punto de vista técnico o jurídico, de principios anteriormente consagrados, pero también se incluyeron derechos que constituyen verdaderas innovaciones en nuestro ordenamiento jurídico y, que por su grado de sofisticación, son novedades para el derecho comparado, tal como lo veremos al examinar el Título III sobre los deberes, derechos y garantías. Previamente debemos decir que el elenco de derechos garantizados no se agota en este Título, porque, por ejemplo, en el Título VI sobre el Régimen Socioeconómico y la Función del Estado en la Economía se consagran propósitos del Estado, y correlativamente derechos a los particulares, como el de la garantía de la seguridad alimentaria de la población, el derecho de los agricultores a que se compensen las desventajas propias de la actividad agrícola, la protección a los asentamientos y comunidades de pescadores artesanales (art. 305), la garantía a la población campesina de un nivel adecuado de bienestar (art. 306), el derecho de los campesinos y demás productores agropecuarios a la propiedad de la tierra y la promoción y protección a las formas asociativas para garantizar la producción agrícola (art. 307); la promoción y protección a la pequeña y mediana industria, las cooperativas, y otras

(308), a la artesanía e industrias populares (309); las medidas que garanticen el desarrollo de la actividad turística (310). En otro orden de garantías, en el artículo 350 se legitima el derecho de los venezolanos a desconocer "cualquier régimen, legislación o autoridad que contraríe los valores, principios y garantías democráticas o menoscabe los derechos humanos", aspecto este que adquirió especial relevancia con ocasión de los sucesos de abril de 2002, al cual luego nos referiremos.

El Título III aparece dividido en varios Capítulos, relativos a disposiciones generales, a los derechos civiles, a los derechos políticos, al referendo popular, a los derechos sociales y de las familias, a los derechos culturales y educativos, a los derechos económicos, a los derechos de los pueblos indígenas y a los derechos ambientales. Nos referiremos a las principales innovaciones que encontramos en esos Capítulos.

En el Capítulo de Disposiciones Generales se incorpora el principio de la progresividad en el goce y ejercicio de los derechos (art. 19), lo que significa que los beneficios adquiridos no pueden ser desmejorados, tal como se establece en el artículo 89,1 de la misma Constitución cuando se pauta que "Ninguna ley podrá establecer disposiciones que alteren la intangibilidad y progresividad de los derechos y beneficios laborales". Al garantizar la igualdad ante la Ley no se limita la Constitución a prohibir las discriminaciones, sino que alude a la adopción de "medidas positivas a favor de personas o grupos que puedan ser discriminados, marginados o vulnerados" (art. 21,1), lo que se entiende como la consagración de la discriminación positiva en favor de los más débiles, para asegurar un mínimo de igualdad en los hechos. Se inspira en el proyecto de la Comisión Bicameral Especial de Revisión Constitucional presidida por Caldera (1989-1993) la declaración de que "Los tratados, pactos y convenciones relativos a derechos humanos, suscritos y ratificados por Venezuela, tienen jerarquía constitucional y prevalecen en el orden interno, en la medida en que contengan normas sobre su goce y ejercicio más favorables a las establecidas por esta Constitución y la ley de la República, y son de aplicación inmediata y directa por los tribunales y demás órganos del Poder Público" (art. 23). Es igualmente novedosa entre nosotros la consagración del derecho de toda persona de "acceso a los órganos de la administración de justicia para hacer valer sus derechos e intereses, incluso los colectivos o difusos", en cuanto concierne a estos últimos, y la garantía de la justicia gratuita (art. 26); la garantía del *habeas data* (art. 28); el carácter imprescriptible de las acciones para sancionar los delitos de lesa humanidad, violaciones graves a los derechos humanos y los crímenes de guerra (art. 29); el derecho de acudir a instancias internacionales para solicitar el amparo a los derechos humanos (art. 31). En este capítulo se constitucionalizan disposiciones que existían en la ley como son las que definen características de la acción de amparo (art. 27) y la obligación de indemnizar a las víctimas de violaciones de derechos humanos (art. 30), que ya estaba como disposición general en el Código Civil (art. 1185).

En el Capítulo sobre la nacionalidad y ciudadanía se introducen modificaciones al régimen jurídico preexistente, se garantiza que la nacionalidad no se pierde por optar o adquirir otra nacionalidad, lo que se traduce en el derecho a la doble o a la múltiple nacionalidad (art. 34); el derecho a renunciar y a recuperar la nacionalidad venezolana (art. 36). En otro sentido, se limitan los derechos de ciudadanía a los venezolanos que tengan doble nacionalidad, por cuanto se les prohíbe ejercer cargos como el de Presidente de la República y otras dignidades importantes en el ámbito nacional, Gobernadores y Alcaldes en Estados o Municipios fronterizos (art. 41).

En el Capítulo sobre los derechos civiles se reiteran derechos antes declarados, se constitucionalizan aspectos que eran de rango legal y se incluyen como innovaciones la prohibición de la desaparición forzada de personas (que nunca estuvo permitida), la garantía de que ninguna persona será sometida sin su libre consentimiento a experimentos científicos, o a exámenes médicos o de laboratorio, excepto cuando se encontrare en peligro su vida o por otras circunstancias que determine la ley (art. 46,3). Se reiteran, enfatizan, aclaran y amplían los derechos relacionados con el debido proceso en las actuaciones judiciales y administrativas (art. 49), con expresa declaración sobre la presunción de inocencia que ampara a todas las personas (que ya estaba en el Código Orgánico Procesal Penal) y se incluye como novedad el derecho de toda persona de solicitar al Estado "el restablecimiento o reparación de la situación jurídica lesionada por error judicial, retardo u omisión injustificados", que fue tomado del proyecto Caldera. Se proclama la libertad de tránsito (art. 50), el derecho a formular peticiones y a obtener oportuna y adecuada respuesta, donde lo nuevo reside en que la respuesta debe ser "adecuada" (art. 51). Se declara que "el uso de armas o sustancias tóxicas por parte del funcionariado policial y de seguridad estará limitado por principios de necesidad, conveniencia, oportunidad y proporcionalidad, según la ley" (art. 55). Se distingue entre el derecho de las personas de expresar libremente el pensamiento (art. 57), la comunicación libre y plural y el derecho a recibir información, la que debe ser oportuna, veraz e imparcial y sin censura, y se reconoce el derecho de réplica y rectificación (art. 58). Junto a la libertad religiosa, se garantiza la independencia y autonomía de las iglesias y confesiones religiosas, así como el derecho de las familias a que los hijos reciban la educación religiosa que esté de acuerdo con sus convicciones (art. 59). En la declaración sobre el derecho de toda persona a la protección de su honor, vida privada, intimidad, propia imagen, confidencialidad y reputación, se agrega la limitación al uso de la informática que pueda lesionar esos valores (art. 60).

En la Sección Primera del Capítulo sobre los derechos políticos se hace énfasis en el derecho a participar libremente en los asuntos públicos (art. 62). El sufragio deja de ser un deber y se convierte en un puro derecho, en tanto que se garantiza no sólo la representación proporcional sino la personalización del sufragio (art. 63),[28] lo cual ya había sido adoptado en la Ley Orgánica del Sufragio y Participación Política Se incorpora al texto constitucional la inhabilitación de los [funcionarios públicos] condenados por delitos cometidos durante el ejercicio de sus funciones y otros que afecten al patrimonio público (art. 65), que había sido el motivo para la Enmienda N° 1 de la Constitución de 1961. El derecho de los electores a que sus representantes rindan cuentas públicas, transparentes y periódicas sobre su gestión (art. 66), configura una innovación de esta Carta. Se prohíbe el financiamiento a las asociaciones con fines políticos con fondos provenientes del Estado, lo cual contradice las propuestas de la COPRE, el Proyecto Caldera y las opiniones de estacados politólogos como Juan Carlos Rey y Ángel Álvarez, y se prevé la postulación de candidatos por iniciativa propia (art. 67), como una reacción contra el derecho exclusivo de las organizaciones políticas en esta materia. Se prohíbe el uso de armas de fuego y sustancias tóxicas en el control de manifestaciones pacíficas (art. 68). Se menciona un conjunto de medios de participación y protagonismo del pueblo en ejercicio de su soberanía, en lo político, en lo social y en lo económico (art. 70). En la Sección siguiente, se regulan los diferentes tipos de referendo: el consultivo (art. 71), el revocatorio (art. 72), el aprobatorio (art. 73) y el abrogatorio (art. 74) y se establecen las condiciones para cada uno de ellos. Estos artículos fueron tomados de las previsiones del proyecto Caldera sobre reforma constitucional, de 1992. Decía Caldera en 1993 que "Algunos objetaron el Referéndum Revocatorio, diciendo que eso no existía en otras partes, a lo que respondimos que Don Simón Rodríguez, en su libro sobre Sociedades Americanas decía: 'En América o inventamos o erramos'; si no somos capaces nosotros de traer una fórmula, pues realmente estamos condenados a llevar siempre una existencia parasitaria".[29] Con relación a la revocatoria de los mandatos García Pelayo había acotado que "Esta institución

---

[28] Véase: Manuel Rachadell: "El régimen electoral en la Constitución de 1999", en la *Revista Politeia* N° 26, Instituto de Estudios Políticos de la Universidad Central de Venezuela, Caracas, 2001.

[29] Rafael Caldera: Conferencia Inaugural en el III Congreso Venezolano de Derecho Constitucional: *El Derecho Constitucional en el umbral del siglo XXI*, Universidad de Carabobo, Valencia, noviembre de 1993, p. 41.

ha sido desarrollada especial y casi exclusivamente en algunos de los Estados norteamericanos (*recall*) y en la constitución soviética".[30]

En el texto constitucional encontramos un capítulo sobre Derechos Sociales y de las Familias, en el que se incluyen derechos consagrados en leyes o en tratados internacionales y en el que se incorporan diversas innovaciones. Se aclara que la protección a la maternidad comienza desde la concepción y se extiende durante el embarazo, el parto y el puerperio, se aseguran servicios de planificación familiar y se remite a la ley el establecimiento de las medidas para garantizar la efectividad de la obligación alimentaria (art. 76). Se declara que las uniones estables de hecho entre un hombre y una mujer que cumplan los requisitos establecidos en la ley producirán los mismos efectos que el matrimonio (art. 77). Se dispone que las pensiones y jubilaciones otorgadas mediante el sistema de seguridad social no podrán ser inferiores al salario mínimo urbano (art. 80). Se proclama el derecho de toda persona a una vivienda adecuada, segura, cómoda, higiénica, con servicios básicos esenciales (art. 82). Se garantiza la salud como parte del derecho a la vida (art. 83); el sistema público nacional de salud será gratuito (art. 84), mientras que el sistema de seguridad social será contributivo, sin que se pueda excluir de su protección a las personas carentes de recursos (art. 86). El trabajo del hogar será reconocido como actividad económica que crea valor agregado y produce riqueza, y las amas de casa tienen derecho a la seguridad social (art. 88). En las relaciones laborales prevalecerá la realidad sobre las formas o apariencias; se garantiza a los trabajadores un salario mínimo vital, que será ajustado cada año, tomando como una de las referencias el costo de la canasta básica (art. 91). Toda mora en el pago de las prestaciones sociales genera intereses (art. 92). Los integrantes de las directivas de las organizaciones sindicales estarán obligados a hacer declaración jurada de bienes (art. 95). Se extiende a los trabajadores del sector público el derecho a la negociación colectiva y a la huelga (arts. 96 y 97), que ya existía en diversos ámbitos.

Se incorpora un capítulo sobre los derechos culturales y educativos que incluye declaraciones sobre la creación cultural y la protección a la propiedad intelectual (art. 98), la protección del patrimonio cultural (art. 99), especialmente el de las culturas populares (art. 100). Los medios de comunicación tienen el deber de coadyuvar a la difusión de los valores culturales y deberán incorporar subtítulos y traducción a la lengua de señas venezolanas, para las personas con problemas auditivos (art. 101). Se incluyen declaraciones sobre la educación como servicio público funda-

---

[30] Manuel García Pelayo: *Derecho Constitucional Comparado*, Alianza Universidad Textos, Madrid 1984, p. 184.

mentado en el respeto a todas las corrientes del pensamiento y en cuya promoción participan las familias y la sociedad junto al Estado (art. 102), sobre la gratuidad de la enseñanza (art. 103) y sobre las condiciones para impartir la educación (art. 104), sobre la autonomía universitaria y la inviolabilidad del recinto universitario (art. 109), tal como lo garantiza la Ley de Universidades desde 1958, sobre el derecho al deporte y a la recreación (art. 111).

En los derechos económicos se detalla el contenido de la libertad económica (art. 112). A la prohibición de los monopolios se agrega el abuso de la posición de dominio en el mercado (art. 113), que ya estaban regulados por ley. Se repiten conceptos sobre el derecho de propiedad y la prohibición de confiscaciones, cuyos términos se amplían (arts. 115 y 116). Se incluyen normas sobre propaganda engañosa y control de calidad (art. 117) y se reitera el derecho de los trabajadores y de la comunidad a desarrollar asociaciones de carácter social y participativo (art. 118).

El capítulo sobre los derechos de los pueblos indígenas es amplio y detallado y algunas de sus declaraciones fueron tomadas del proyecto Caldera. El Estado reconoce la existencia de los pueblos y comunidades indígenas, su organización social, política y económica, sus culturas, usos y costumbres, idiomas y religiones, así como su hábitat y derechos originarios sobre las tierras que ancestral y tradicionalmente ocupan (art. 119). Se garantiza que el aprovechamiento de los recursos naturales en los hábitats indígenas por parte del Estado, se hará previa consulta a las comunidades indígenas respectivas (art. 120). Se garantiza a los pueblos indígenas el derecho a su identidad étnica y cultural (art. 121), a la salud, con reconocimiento de su medicina tradicional (art. 122), a mantener y promover sus propias prácticas económicas, con garantía del goce de los derechos que confiere la legislación laboral (art. 123), a la propiedad intelectual colectiva de los conocimientos (art. 124), a la participación política, mediante normas que garanticen la representación indígena en la Asamblea Nacional y en los cuerpos deliberantes de las entidades federales y locales (art. 126).

Por último, se consagra un capítulo a los derechos ambientales, en lo fundamental tomado del proyecto Caldera: el derecho de todos a disfrutar individual y colectivamente de una vida y de un ambiente seguro, sano y ecológicamente equilibrado, y la protección del Estado al ambiente, a la diversidad biológica, genética y otros, lo que incluye, como novedad, que "El genoma de los seres vivos no podrá ser patentado" (art. 127); la política de ordenación del territorio (art. 128), la exigencia de estudios de impacto ambiental y sociocultural para todas las actividades susceptibles de generar daños a los ecosistemas, la prohibición de entrada al país de desechos tóxicos y peligrosos, así como de la fabricación y uso de armas nucleares, químicas y biológicas (art. 129).

En la Constitución de 1999 son muy reiteradas las declaraciones en favor del derecho de las personas a participar en los asuntos públicos. Al examinar la evolución del Estado quedará evidenciado que a la expresión participación, como a la descentralización, se le asignó posteriormente un sentido particular, que difiere del que originalmente tenía.

b) LA ORGANIZACIÓN DEL PODER PÚBLICO

En el proceso Constituyente se dio un importante debate sobre la forma del Estado Venezolano, que concluyó con la declaración contenida en el artículo 4 de la Constitución, según la cual: "La República Bolivariana de Venezuela es un Estado Federal descentralizado en los términos consagrados en esta Constitución...". Más adelante tendremos ocasión de referirnos a las normas y principios sobre descentralización y federalismo consagrados en el texto constitucional y a la evolución que condujo a que Venezuela sea cada vez más un Estado altamente centralizado. Ahora nos referiremos a que en la Ley Fundamental que examinamos se incluye un Título (el IV), sobre el Poder Público y otro (el V), sobre la Organización del Poder Público Nacional, en los cuales se configura la distribución de los poderes en el Estado.

El Título IV Del Poder Público[31] se divide en cinco Capítulos. El primero, sobre Disposiciones Fundamentales, comienza con un artículo que define la repartición de los poderes: "El Poder Público se distribuye entre el Poder Municipal, el Poder estadal y el Poder Nacional. El Poder Público Nacional se divide en Legislativo, Ejecutivo, Judicial, Ciudadano y Electoral". (art. 136). En los artículos siguientes se regulan aspectos fundamentales del Estado de Derecho, como son el principio de legalidad (art. 137), la nulidad de los actos usurpados (art. 138), la responsabilidad de los funcionarios (art. 139); la responsabilidad patrimonial del Estado por daños imputables a la Administración Pública (art. 140). En las siguientes Secciones, relativas a la Administración Pública, a la función pública, a los contratos de interés público y a las relaciones internacionales, se formulan principios que, en algunos casos, son de aplicación general y en otros se refieren especialmente al Poder Nacional.

---

[31] Carlos Luis Carrilo Artiles: "La composición del Poder Público en la Constitución de la República Bolivariana de Venezuela". *Libro homenaje a Enrique Tejera París, Temas sobre la Constitución de 1999"*, Caracas, 2001, pp. 53 y ss.

El Capítulo II de este Título trata de la competencia del Poder Público Nacional, el Capítulo III del Poder Público Estadal, el IV del Poder Público Municipal y el V del Consejo Federal de Gobierno. Nos referiremos seguidamente a los diferentes niveles del Poder Público.

1. El Poder Público Nacional

En la Constitución se regula, en primer lugar, las competencias del Poder Público Nacional: son las que expresamente se mencionan en 32 numerales del artículo 156 de la Constitución, más "Toda otra materia que la presente Constitución atribuya al Poder Público Nacional, o que le corresponda por su índole o naturaleza" (art. 156,33), declaración esta última que reproduce una igual de la Constitución de 1961. Sobre la enumeración de competencias del Poder Nacional debemos señalar que, a pesar de que se toman en cuenta algunos logros del proceso de descentralización, en general el texto de 1999 es más centralista que el que resultó de las transformaciones del Estado bajo la Constitución de 1961.

En segundo lugar, en el Título VI "De la Organización del Poder Público Nacional", se establecen las normas fundamentales sobre la distribución del Poder Público Nacional, y a las tradicionales ramas Legislativa, Ejecutiva y Judicial, se agregan el Poder Ciudadano y el Poder Electoral.

1.1   El Poder Legislativo Nacional

La modificación más importante que trae la Carta de 1999 con relación al Poder Legislativo Nacional es la consagración de la Asamblea Nacional, organismo unicameral en cuya integración se contempla la representación proporcional con una base poblacional diferente, y al número de diputados resultante se le agregan tres diputados por cada entidad federal –en un intento infructuoso de compensar la eliminación del Senado–, más los diputados que elijan los pueblos indígenas de acuerdo con lo que establezca la ley electoral, respetando sus tradiciones y costumbres (art. 186) y que por efecto de la Disposición Transitoria Séptima son tres, uno por cada región indígena, mientras no se dicte aquella ley. Los diputados duran 5 años en el ejercicio de sus funciones, pueden ser reelegidos por dos períodos consecutivos como máximo (aspecto este modificado en 2008 por la Enmienda N° 1 de la Constitución, relativa a la reelegibilidad sucesiva ilimitada), y ejercen un mandato revocable en las condiciones establecidas en la Constitución. Se suprime la figura de los diputados adicionales, no porque lo diga la Constitución, sino porque así se considera en la Exposición de Motivos de ésta, redactada tres meses después de publicada aquella. El voto de los diputados estará sujeto únicamente a su conciencia, tal como lo proponía el proyecto Caldera con respecto a los diputados y los senadores.

En el proceso de formación de las leyes encontramos ciertas novedades, algunas resultan de la estructura unicameral y otras, como la iniciativa legislativa que se asigna a los Estados, por órgano de los Consejos Legislativos, la cual no ha tenido aplicación en la práctica, como tampoco la ha tenido los diversos mecanismos de consulta a organismos públicos y a la sociedad civil que se consagran en la nueva Constitución.

1.2 El Poder Ejecutivo Nacional

Se ejerce por el Presidente de la República, quien es el Jefe del Estado y del Ejecutivo Nacional, por el Vicepresidente Ejecutivo, los Ministros y demás funcionarios que determinen la Constitución y la ley (arts. 225 y 226). El mandato del Presidente es de 6 años, sujeto a revocación al cumplir la mitad del período, en las condiciones determinadas por la Constitución. En el proceso de formulación de la Constitución se eliminó la norma que preveía la doble vuelta electoral (*ballotage*) para la elección del Presidente, prevista en el proyecto original. En el texto inicial el Presidente podía ser reelegido y por una sola vez, para un período adicional (art. 230), pero en la Enmienda de 2008 se introduce la reelección indefinida para todos los órganos del Poder Público cuyos titulares son elegidos. Se fortalecen los poderes del Presidente al atribuírsele competencia para dictar decretos con fuerza de ley, previa autorización de la Asamblea Nacional por ley habilitante, los cuales no están, como antes, limitados a la materia económica y financiera; de promover a oficiales a partir del grado de coronel o capitán de navío, función ésta que en todas las Constituciones anteriores requerían de la autorización del Congreso, o específicamente del Senado; y se le atribuye competencia para fijar por decreto el número, organización y competencia de los ministerios y del Consejo de Ministros, atribución que antes estaba reservada a la ley.

La figura del Vicepresidente Ejecutivo es equivalente al Primer Ministro Ejecutivo estudiado por la COPRE e incorporado al Proyecto Caldera, y el hecho de ser nombrado y removido libremente por el Presidente lo convierte en un Ministro con un rango especial. Este funcionario es un colaborador del Presidente y tiene la atribución de presidir el Consejo Federal de Gobierno.

1.3 El Poder Judicial

La regulación sobre el Poder Judicial (que ahora incluye también el sistema de justicia) presenta novedades importantes. En la parte conceptual se expresa que "La potestad de administrar justicia emana de los ciudadanos o ciudadanos y se imparte en nombre de la República por autoridad de la ley", en términos similares a lo propuesto en el proyecto Caldera, y se declara que "El sistema de justicia está constituido por el Tribunal

Supremo de Justicia, los demás tribunales que determine la ley, el Ministerio Público, la Defensoría Pública, los órganos de investigación penal, los o las auxiliares y funcionarios de justicia, el sistema penitenciario, los medios alternativos de justicia, los ciudadanos o ciudadanas que participan en la administración de justicia conforme a la ley y los abogados autorizados o abogadas autorizadas para el ejercicio" (art. 253. En la parte organizativa, el Tribunal Supremo de Justicia funciona en Sala Plena y en las Salas Constitucional, Políticoadministrativa, Electoral, de Casación Civil, de Casación Penal y de Casación Social, lo que aumenta en tres las Salas que antes tenía. La Sala Constitucional, tomada del proyecto Caldera, asume las funciones que se habían previsto en la Carta de 1961 para una Sala Federal, que nunca llegó a crearse, y algunas de la Sala Plena. Particularmente importantes son las competencias que se le asignan a esta Sala, entre las que encontramos el ejercicio de la jurisdicción constitucional, la interpretación de la Constitución, con carácter vinculante para las demás Salas del Tribunal Supremo y para los demás tribunales de la República y la revisión de sentencias definitivamente firmes, estas dos últimas competencias carentes de precedente entre nosotros (arts. 266, 335 y 336), y las cuales se ejercen, por criterio jurisprudencial primero y por reforma legal luego, con respecto a las otras Salas del Tribunal Supremo, incluyendo la Sala Plena.

Los Magistrados del Tribunal Supremo de Justicia son designados por la Asamblea Nacional para cumplir un período único de 12 años (art. 264), tal como se sugería en el proyecto Caldera. Por otra parte, en este Capítulo se incluyen diversas regulaciones nuevas sobre el Poder Judicial, entre las cuales se destacan: la consagración de una partida que se asignará al sistema de justicia no puede ser menor del 2% del presupuesto ordinario nacional, para su efectivo funcionamiento, el cual no podrá ser reducido o modificado sin autorización previa de la Asamblea Nacional (art. 254), lo cual no ha tenido aplicación; la consagración de la gratuidad de la justicia; la asunción de las competencias del Consejo de la Judicatura por el Tribunal Supremo de Justicia. Debemos señalar que la Constitución de 1945 había suprimido el Poder Judicial de los Estados que había existido desde la Constitución de 1811, y que a partir de aquella fecha el Poder Judicial ha sido exclusivamente nacional. Pero sin que hubiera estado precedida de una amplia discusión, dado el significado de sus previsiones, en la Constitución que examinamos se incorporó una norma conforme a la cual: "La ley regulará la organización de circuitos judiciales, así como la creación y competencia de tribunales y cortes regionales a fin de promover la descentralización administrativa y jurisdiccional del país" (art. 269), norma ésta que no ha tenido ninguna aplicación. Se crea la Justicia de Paz, inspirada en la innovación que se había introducido por ley en 1994, de acuerdo a la propuesta de la COPRE, y que había sido incorporada al proyecto Caldera. No obstante, la Justicia de Paz, que en su formulación original se había asignado a la competencia municipal, en reformas posteriores se atribuye a los consejos comunales.

1.4 El Poder Ciudadano

Este fue el nombre que en definitiva se asignó a una nueva rama del Poder Público Nacional que debía reproducir el Poder Moral previsto en el Proyecto de Constitución que preparó el Libertador para ser discutido por el Congreso en Angostura, en 1819, y que no fue aprobado por los legisladores en aquella oportunidad. Este Poder, creado en la Constitución de 1999 y que ninguna semejanza tiene con el proyecto de Bolívar, se ejerce por el Consejo Moral Republicano, integrado por el Defensor del Pueblo, el Fiscal General de la República y el Contralor General de la República (art. 273) y tiene como funciones "prevenir, investigar y sancionar los hechos que atenten contra la ética pública y la moral administrativa; velar por la buena gestión y la legalidad en el uso del patrimonio público, el cumplimiento del principio de legalidad en toda la actividad administrativa del Estado; e igualmente, promover la educación como proceso creador de la ciudadanía, así como la solidaridad, la libertad, la democracia, la responsabilidad social y el trabajo" (art. 274), competencias estas que, a lo largo de la vigencia de la Constitución de 1999, han permanecido sin aplicación.

1.5 El Poder Electoral

Este Poder se constituye con la elevación a este rango de un organismo que ejercía, con autonomía de los demás poderes, la competencia de órgano rector de los procesos electorales y de los referendos: el Consejo Nacional Electoral (CNE). En la Carta de 1999 se determinan las funciones del Poder Electoral y entre las nuevas reglas merecen citarse: la iniciativa legislativa ante la Asamblea Nacional que se otorga al CNE, cuando se trata de leyes relativas a la materia electoral (art. 204,6); la concesión expresa de potestades reglamentarias sobre la materia electoral, que venía ejerciendo desde su creación el Consejo Supremo Electoral, antecesor del actual organismo rector en este ámbito (art. 293); la función de organizar las elecciones de los sindicatos, gremios profesionales y organizaciones con fines políticos conforme a la ley, y de otras organizaciones de la sociedad civil cuando éstas lo soliciten o así lo ordene la Sala Electoral del Tribunal Supremo de Justicia (art. 293,6). Los órganos del Poder Electoral se rigen por los principios de independencia orgánica, autonomía funcional y presupuestaria, despartidización de los organismos electorales, imparcialidad y participación ciudadana; descentralización de la administración electoral, transparencia y celeridad del acto de votación y escrutinio (art. 294). En la práctica, ni la regulación constitucional ni la contenida en la Ley Orgánica del Poder Electoral se han traducido en autonomía, despartidización o descentralización del ente electoral, cuya actuación es severamente cuestionada por los grupos políticos diferentes a los oficialistas, lo cual no ocurría bajo el imperio de la Constitución anterior.

2. El Poder Público Estadal

En el artículo 16 de la Constitución, en el capítulo referido a la División Política, se introduce una norma que es muy inconveniente para los Estados: habiendo desaparecido los territorios federales por habérseles dado la categoría de Estados, sin embargo se pueden crear nuevos territorios dentro de determinadas áreas de los Estados cuando así lo disponga la ley orgánica de división político territorial y lo ratifique un referendo aprobatorio en la entidad respectiva, territorios que luego, por ley especial, pueden a su vez tener la categoría de Estados. Con base en esta disposición, podrían crearse nuevos Estados mediante segregación de territorios de los existentes, lo cual evidencia un serio menoscabo del principio de autonomía y del federalismo descentralizado. A pesar de ello, en el artículo 159 se ratifica el tradicional principio de que los Estados son entidades autónomas e iguales en lo político.

Sobre los gobernadores de los Estados, se incorpora en el texto de la Ley Fundamental el principio de su elección que ya había sido decidida por ley de 1988, pero se suprime la figura de la remoción de los gobernadores por el voto de censura del órgano legislativo estadal. Igualmente se elimina la Convención de Gobernadores, por considerarse innecesaria debido a la creación del Consejo Federal de Gobierno. El período de los gobernadores se amplía a cuatro años, y por efecto de la enmienda constitucional de 2008 pueden ser reelegidos sin límite temporal. Se considera una desmejora de la condición del gobernador la previsión de que este funcionario rinde cuenta ante la Contraloría del Estado y no ante el órgano legislativo del Estado y también la de que el órgano de relaciones del Estado con la Asamblea Nacional es el Consejo Legislativo y no el gobernador.

Las Asambleas Legislativas pasan a llamarse Consejos Legislativos y el número de diputados que los integran se fija en la Constitución, según la población, entre 7 y 15 integrantes (art. 162), los cuales ejercen sus funciones por períodos de cuatro años. Por disposición del artículo 162 de la Constitución que examinamos "La ley nacional regulará el régimen de la organización y el funcionamiento del Consejo Legislativo", con cuyo fundamento ha dictado la Asamblea Nacional, el 4 de septiembre de 2001, la Ley Orgánica de los Consejos Legislativos de los Estados, en la cual se establecen pautas minuciosas sobre el funcionamiento de estos órganos. La existencia de una regulación nacional en esta materia es una muestra del propósito de uniformización y de centralismo que impregna la Carta de 1999, como también lo veremos al examinar otros aspectos como la regulación del situado constitucional.

En la Constitución se incluyen numerosas declaraciones en favor de la descentralización, se establecen disposiciones sobre la distribución de competencias y recursos entre los niveles del Poder Público previstos en la Constitución y se anuncia una ley orgánica sobre la Hacienda Pública de los Estados, que hacía prever una profundización del proceso de descentralización que se había ejecutado en la última década del siglo XX, pero en la evolución de las instituciones públicas se evidencia un fortalecimiento del centralismo y del autoritarismo que contradice no sólo el espíritu sino la letra de la Ley Fundamental, tal como tendremos oportunidad de destacar más adelante.

3. El Poder Público Municipal

La regulación sobre los Municipios presenta pocos cambios con respecto a la contenida en la Constitución de 1961. En líneas generales, se incorporan las normas que se habían sancionado en la Ley Orgánica de Régimen Municipal de 1978, con algunas innovaciones: en las condiciones para establecer los Municipios se hace una mención especial a los Municipios con población indígena; cuando se regula la figura de las mancomunidades se dispone que los Municipios podrán "acordar entre sí o con los demás entes públicos territoriales, la creación de modalidades asociativas intergubernamentales para fines de interés público relativos a materias de su competencia" (art. 170), lo cual se fundamenta en la experiencia de la Policía Metropolitana de Caracas, que se formó en 1969 por un acuerdo entre los Concejos Municipales del Distrito Federal y del Distrito Sucre del Estado Miranda, el Gobernador del Distrito Federal, el Gobernador del Estado Miranda y el Ministro de Relaciones Interiores; se repiten las figuras de los Alcaldes y del Concejo Municipal, que estaban en la ley, pero se les extiende el período a cuatro años; se introduce una enumeración detallada de las competencias municipales, siguiendo la ley de 1978, y se incorpora entre estas la justicia de paz (art. 178,7), que estaba en la ley de 1994[32], aunque posteriormente se les retira esta competencia por ley, en provecho de los consejos comunales. En cuanto a los ingresos municipales, se repiten los que estaban en la Constitución anterior, a los que se agregan los que habían sido creados por leyes. El 8 de junio de 2005 se dictó la Ley Orgánica de Poder Público Municipal, publicada en la *Gaceta Oficial* N° 38.204 del 08 de junio de 2005, a la cual ya se le han hecho cuatro reformas parciales.[33]

---

[32] *Gaceta Oficial* N° 4.817, del 21/12/94.

[33] Véase el libro: *Ley Orgánica del Poder Público Municipal*, con estudios de Allan R. Brewer-Carías, Fortunato González, José Ignacio Hernández, Luis Fraga Pittaluga, Manuel Rachadell, Adriana Vigilanza, Daniela Urosa Maggi

Se regula la figura de las parroquias, entendidas como ámbitos de gestión no autónomos dentro del territorio municipal, que estaban contempladas en la Ley Orgánica de Régimen Municipal y cuyas autoridades, las Juntas Parroquiales, son electas en la forma prevista en la Ley Orgánica del Sufragio y Participación Política. En el régimen instalado en 1999 ha habido una política intencional de dejar sin uso esta figura y sustituirla por otras que no están en la Constitución.

Se incorpora a la Constitución los Distritos Metropolitanos, que constituyen un sistema de gobierno municipal a dos niveles y que ya estaban previstos en la Ley Orgánica de Régimen Municipal desde 1978, sin que se hubiera creado ninguno hasta el presente. Se establece, como innovación, que "Cuando los Municipios que deseen constituirse en un distrito metropolitano pertenezcan a entidades federales distintas, corresponderá a la Asamblea Nacional su creación y organización" (art. 172). La exigencia de la consulta popular a la población afectada para que el Consejo Legislativo del Estado defina los límites y organice un distrito metropolitano (es decir, lo cree), hace que esta figura tenga poca o ninguna utilización.

Ante el problema de la existencia de diversas jurisdicciones en el área metropolitana de Caracas, lo que suscitaba dificultades para la coordinación, en el proceso constituyente se planteó la creación del Distrito Capital, al cual se asignaría el ámbitos de los Municipios del Estado Miranda que forman parte de la Gran Caracas, pero la reacción que suscitó el desmembramiento de dicho Estado hizo descartar esta fórmula. En su lugar, se aprobó la sugerencia de Brewer de lograr la unidad mediante la creación de un sistema de gobierno municipal a dos niveles, es decir, establecer un Distrito Metropolitano con un ámbito territorial que abarcara los Municipios del Distrito Capital (el plural hace pensar en la creación de varios municipios en la jurisdicción del Municipio Libertador) y los correspondientes del Estado Miranda, lo cual se consagró en el último aparte del artículo 18 de la Constitución. Se dispuso igualmente que la misma ANC dictaría la ley especial para desarrollar esta previsión, pero al redactarse la Disposición Transitoria Primera de la Constitución se incurrió en error y se aludió a la "ley sobre el régimen especial del Distrito Capital", en lugar de referirse al Distrito Metropolitano de Caracas. En definitiva, la ANC fusionó ambos conceptos y dictó la Ley Especial sobre el Régimen del Distrito Metropolitano de Caracas, del 28/2/2000, en la cual asignó al Alcalde Metropolitano las competencias y recursos de un Distrito Metropolitano y las del Gobernador del Distrito Capital, incluido el situado

---

y Belén Pérez Chiriboga, Editorial Jurídica Venezolana, 3ª Edición, Caracas, 2007.

constitucional que correspondía a esta entidad federal.[34] Cuando las elecciones de Alcalde Metropolitano fueron ganadas por un candidato opositor al gobierno nacional, la Asamblea Nacional dictó dos leyes para dejar sin efecto lo decidido por la Asamblea Nacional Constituyente: la Ley sobre el Régimen y Organización del Distrito Capital, del 7/4/2009, y la Ley Especial de Transferencia de Recursos y Bienes Administrados Transitoriamente por el Distrito Metropolitano de Caracas al Distrito Capital, del 28/4/2009. Por efecto de estas leyes fueron separadas las funciones que corresponderían a un gobernador del Distrito Capital, que quedaron a cargo de un funcionario de libre nombramiento y remoción del Presidente de la República, y las del Distrito Metropolitano de Caracas. Asimismo, se privó al Distrito Metropolitano de Caracas de la mayor parte de sus recursos, incluso del subsidio de capitalidad, que se asignó al Distrito Capital, como si la Capital de la República fuera una entidad federal.[35]

Por otra parte, en la Disposición Transitoria Tercera, numeral 3, de la Constitución se prevé la figura del Distrito del Alto Apure, la cual se desarrolla en la Ley Especial que crea el Distrito del Alto Apure, del 16/11/2001, con la cual se pretende resolver la situación de los habitantes de los Municipios José Antonio Páez y Rómulo Gallegos, que están ubicados en el extremo occidental de dicho Estado, mientras la capital de la entidad está en el extremo oriental, lo cual agrava la desatención de un área limítrofe con Colombia, azotada de problemas de abigeato, contrabando y narcotráfico. Con la idea de solucionarlos, se establece una institucionalidad de gobierno municipal a dos niveles, en la cual participan los Municipios y, como nivel supramunicipal, el Alcalde Distrital y el Cabildo Distrital, con el carácter de funcionarios electivos, con su régimen hacendario propio, en el cual se incluye una tercera parte, por lo menos, del situado del Estado Apure. Si bien la fórmula adoptada significa mayores recursos y una especie de vice-gobernatura en la entidad, su efecto es desvincular el área de los dos municipios de las autoridades del Estado Apure, en detrimento del principio federal, de la autonomía e igualdad de los Estados y de la planificación y coordinación en lo interno de la entidad federal.

---

[34] Véase mi trabajo: "¿Distrito Capital o Distrito Metropolitano?", en *El Derecho Público a comienzos del siglo XX, Estudios en homenaje al profesor Allan R. Brewer Carías*, Tomo III, Instituto de Derecho Público, Universidad Central de Venezuela, Caracas, Madrid, 2003, p. 3271 y ss.

[35] Sobre las incoherencias apuntadas y otras, véase: Allan R. Brewer Carías: *Federalismo y Municipalismo en la Constitución de 1999*, E.J.V y Universidad Católica del Táchira, Caracas, 2001; Lizzet Fernández Parra e Iliany Mata Ponte: "Breves comentarios sobre la Ley Especial del Distrito Metropolitano de Caracas" en la *Revista de Derecho Administrativo*, N° 8, enero-abril 2000, Editorial Sherwood, Caracas, pp. 245 y ss.; Manuel Rachadell: *"¿Distrito Capital o Distrito Metropolitano?" cit.*

SECCIÓN TERCERA:
LOS PERÍODOS DEL RÉGIMEN AUTOCRÁTICO

En esta parte hemos utilizado la expresión "autocrático" para referirnos al régimen instaurado por Chávez, puesto que desde el principio este gobernante logró centralizar el poder, someterlo a sus dictados personales, dejar sin efecto la separación de poderes y el principio de legalidad y actuó como si el golpe de Estado que había intentado en 1992 hubiera triunfado. Como luego veremos, estos rasgos autocráticos se fueron pronunciando al extremo de que el gobierno se desvinculó del ordenamiento constitución y formó lo que en ciencias políticas se llama un "régimen neopatrimonialista", el cual examinaremos en la cuarta parte de estas reflexiones.

A. EL PERÍODO "TRANSITORIO"

Llamamos período "transitorio" el lapso que transcurre entre la juramentación irregular de Chávez como Presidente de la República, el 2 de febrero de 1999, y la nueva juramentación ante la Constitución de 1999, que había entrado en vigor el 30 de diciembre de este último año. Calificamos como irregular la primera juramentación porque Chávez expresó, en lugar de su compromiso de hacer cumplir la Constitución y las leyes, lo siguiente: "Juro ante Dios, ante la patria y ante mi pueblo, sobre esta moribunda Constitución, que haré cumplir e impulsaré las transformaciones democráticas necesarias para que la República nueva tenga una Carta Magna adecuada a los tiempos". Reunida la ANC, esta aprobó el 9 de agosto de 1999 ratificar al ciudadano Hugo Rafael Chávez Frías como Presidente de la República de Venezuela y lo convocó para una sesión solemne que se realizó el 11 de agosto para tomarle el juramento de rigor. El acto se efectuó en la fecha indicada y nuevamente Chávez se abstuvo de jurar su disposición de cumplir la Constitución entonces vigente.

De acuerdo al Decreto sobre el Régimen de Transición del Poder Público, dictado por la ANC, era necesario realizar una nueva elección de los funcionarios electos, incluyendo la del Presidente de la República y la de diputados a la Asamblea Nacional, la cual tuvo lugar el 30 de julio de 2000. En esas elecciones triunfó Chávez, con un porcentaje de votos superior al de la primera elección, e incrementó el número de diputados que lo apoyaban, luego de lo cual se procedió a su tercera juramentación como Presidente de la República, el 19 de agosto de 2000. Ante la duda que se había presentado sobre la fecha de terminación del mandato de Chávez, el Presidente de la Asamblea Nacional, Willian Lara, acudió ante la Sala Constitucional del Tribunal Supremo de Justicia para interponer un recurso de interpretación. La Sala, en su sentencia del 16/5/2001 estableció lo siguiente: a)...el inicio del actual período del Presidente es la fecha de su toma de posesión, previa juramentación ante la Asamblea Nacional, el día 19/08/99, de acuerdo con los artículos 3 y 31 del Decreto sobre el Estatuto Electoral del Poder Público, y la duración es la de un período completo, es decir, por seis años, a tenor de lo dispuesto en el citado artículo 3 *eiusdem*; si se admitiera el acortamiento del actual período se violaría este artículo; b) el próximo período constitucional comienza el 10/01/07, según lo dispone el artículo 231 de la Constitución de la República Bolivariana de Venezuela; c) el Presidente de la República deberá continuar en el ejercicio de sus funciones de acuerdo con lo establecido en el artículo 231 de la Constitución de la República Bolivariana de Venezuela, es decir, hasta el 10/01/07, ya que, de otro modo, habría que enmendar la Constitución de la República Bolivariana de Venezuela en el sentido de señalar, como inicio del mandato presidencial siguiente el día 19 de agosto, en vista de que el actual período concluye el mismo día y el mismo mes del año 2006, conforme lo prevé el artículo 3 del Decreto sobre el Estatuto Electoral del Poder Público, a menos que se desaplique el artículo 231 de la Constitución de la República Bolivariana de Venezuela, lo cual sería inconstitucional y, enmendador, por ende, de la norma suprema. También sería inconstitucional la reducción del mandato, según se indica en a).

En tal virtud, el lapso comprendido entre el 2 de febrero de 1999 y el 19 de agosto de 2000, que la Sala Constitucional calificó "de transición", no se contó para el período presidencial.

Los aspectos más importantes durante ese período se relacionaron con el proceso de convocatoria de la ANC y las actividades que en ella se realizaron, a las cuales antes nos hemos referido.

El 17 de febrero de 1999 Chávez solicitó del Congreso la aprobación de una Ley Habilitante para dictar, durante seis meses, actos con valor, fuerza y rango de ley en materia económica y financiera, sin pasar por el órgano legislativo. Aprobada la solicitud en abril de ese año, con ese fundamento el Ejecutivo dictó 53 decretos leyes, entre ellos el Decreto con Rango y Fuerza de Ley por el cual se establece el Impuesto sobre el Débito Bancario, del 28/4/1999.

A finales de ese mismo mes de febrero, Chávez lanzó el Plan Bolívar 2000, a cargo del Ministerio de la Defensa, en el cual, según una especialista en el tema militar, "se desplegó aproximadamente 70.000 efectivos para distribuir comida, vacunar y construir caminos. Participaron en la construcción y mantenimiento de infraestructura, servicios de salud, distribución de comida, tareas de alfabetización. Este plan buscó también disminuir el desempleo, ofreciendo trabajo bajo la dirección de mandos militares. En función de ello y pese a lo que se había adelantado en los planes previos a la toma del poder los militares cumplieron tareas de venta de comestibles en mercados populares. La Fuerza Aérea se encargó de proveer transporte en áreas rurales a través de las Rutas Sociales y la Armada desarrolló el Programa Pescar 2000, para asistir a la industria pesquera. Poco menos de una tercera parte de la tropa participó durante el primer año. El plan se coordinó desde instalaciones militares y estuvo bajo el mando de los comandantes de las guarniciones".[36]

Este Plan tuvo el carácter de actividad de emergencia y se realizó sin vinculación con los organismos encargados de prestar los servicios. Su verdadera función fue la de crear un sentimiento de simpatía hacia los militares y al gobierno, como parte de la estrategia política y electoral del régimen. La poca transparencia en la utilización de los recursos que se le asignaron, el manejo de fuertes sumas de dinero en efectivo para sus actividades y las acusaciones de corrupción hacia sus directivos desprestigiaron el plan, hasta llevarlo a su progresiva desaparición, tres años después de creado.

B. EL PRIMER PERÍODO DE CHÁVEZ (2000-2007)

Conforme a lo dispuesto por la Sala Constitucional del Tribunal Supremo de Justicia, el primer período presidencial de Chávez se inició con su juramentación el 19 de agosto de 2000. En los meses siguientes se produjeron dos motivos de controversias entre el gobierno y la sociedad que marcarían las relaciones entre ambos sectores hacia el futuro.

a) CONTROVERSIAS POR EL DECRETO 1011

Una de las primeras medidas del gobierno en este período fue la aprobación del Decreto 1011, del 4 de octubre de 2000, por el cual se dicta la reforma del Reglamento del Ejercicio de la Profesión Docente y se crea la figura de los supervisores itinerantes, con amplias facultades para determinar si en un establecimiento educativo, público o privado, se cumplen o no las previsiones legales o reglamentarias y para recomendar la intervención del plantel educativo y la suspensión de su directiva, caso en el cual se designará el personal directivo interino correspondiente. En el Decreto no se previó que tales supervisores debían ser escogidos mediante concurso de méritos, por lo que se entendió que eran libremente nombrados por el gobierno. Además, por la manera inconsulta como se elaboró el decreto y las declaraciones de personeros del gobierno contra la educación privada se suscitó una gran inquietud en sectores importantes de la sociedad

---

[36] Francine Jácome: *Venezuela frente al contexto andino y hemisférico ¿Cambios en la doctrina de seguridad?* (1999-2005), ILDIS, junio de 2006.

sobre la política del gobierno con relación a la educación. El meollo de la discusión en los días que siguieron se refería a si la educación es una política de Estado, cuya regulación debe ser aplicado hacia el futuro por los gobiernos que vengan, independientemente de la orientación ideológica que tengan, por lo que sus líneas fundamentales deben ser objeto de una discusión amplia y constructiva, que abarque el consenso de los diferentes sectores de la sociedad, o si la educación obedece a una política del gobierno actual, destinada a consolidar y ampliar el apoyo de la sociedad al régimen que detenta el poder. Es decir, si el concepto de Estado Docente que se delinea en la Constitución iba a ser sustituido por el de Gobierno Docente, el cual asumiría el control de todos los servicios educativos, tanto públicos como privados, con una visión partidista y excluyente. La aprobación de este decreto significó una ruptura de la búsqueda de consensos y una etapa de confrontaciones en este ámbito que no se veía en el país desde la aprobación del Decreto Ley N° 321, del 30 de mayo de 1946.

A partir de este momento, con la consigna *"Con mis hijos no te metas"*, comienza en Venezuela la etapa de las manifestaciones de calle en las que participan gruesos sectores de la población. No obstante, el ambiente se distiende cuando el 21 de agosto de 2001 la Asamblea Nacional aprueba en primera discusión, por unanimidad, el proyecto de Ley Orgánica de Educación que había sido elaborado por la Comisión Permanente de Educación, Cultura, Deportes y Recreación de dicho órgano legislativo, en consulta con organizaciones de la sociedad civil. En este proyecto se incluyen mejoras técnicas al régimen vigente, se afirma el carácter de servicio público estratégico que el Estado asume como función indeclinable, de carácter popular y gratuito, se mantiene el principio de corresponsabilidad de la sociedad y la familia en la educación, se reitera la garantía constitucional de "respeto a todas las corrientes del pensamiento, con la finalidad de desarrollar plenamente la personalidad y el potencial creativo de cada ser humano en una sociedad democrática, multicultural y plurilingüe" y se regula la carrera docente basada en el mérito. El Presidente de la República se refirió a este proyecto como contrario a los principios revolucionarios y dijo que, de serle llevado para su firma, lo rechazaría "golpeándolo con el bate de Sammy Sosa".[37] A partir de ese momento comienzan los esfuerzos del gobierno por imponer un Proyecto de Ley Orgánica de Educación (PLOE) que estableciera la ideología socialista y la discrecionalidad del Ejecutivo, lo cual no logra hasta el 15 de agosto de 2009 con la aprobación de una ley basada en un proyecto que se mantuvo oculto hasta que se inició la discusión en la Asamblea Nacional.

---

[37] Luis Brevo Jáuregui: *Crónica histórica de la educación* en Ediciones de la Memoria Educativa Venezolana, Tomo I, 1999-2001, p. 232, consultable en Internet.

b) LA ACTUACIÓN DEL GOBIERNO EN LA ECONOMÍA Y LOS 48 DECRETOS LEYES

El segundo motivo de controversias se originó por las diferencias de fondo entre el gobierno y los empresarios sobre la manera de entender el papel del Estado en la economía. Ante los anuncios que hizo el gobierno a partir de la aprobación de la Ley Habilitante del 11 de noviembre de 2000, en la cual se autorizó al Presidente de la República, en Consejo de Ministros, a dictar por un año decretos con rango, valor y fuerza de ley que no están sujetos, como en la Constitución de 1961, a la adopción de medidas de urgencia en materia económica y financiera, sino que se refieren a materias de toda naturaleza. Desde mediados de 2001, el gobierno anunció los temas sobre los que versarían los decretos leyes a ser aprobados y les expuso a los empresarios las orientaciones básicas de las legislaciones en proyecto. En una de las diversas reuniones que sostuvieron dirigentes empresariales con Chávez y otros personeros del área económica gubernamental se pusieron en evidencia los criterios muy distantes sobre la concepción de la economía. Comentó el Presidente de Fedecámaras, Pedro Carmona, que en una de las varias reuniones que celebraron entre el grupo directivo del organismo empresarial con el Presidente y sus principales ministros responsables de la política económica, esta vez el 22 de agosto del 2001 en el Despacho Presidencial en Miraflores, Chávez les expresó que "el sector privado debía ocuparse más del tema de la pobreza, planteándome la insólita propuesta de que promoviera la recolección de dinero organizando 'tómbolas', poniendo como ejemplo las dádivas que él a diario concedía a los menesterosos en las puertas de Miraflores o de la Residencia de La Casona", a lo cual comenta Pedro Carmona que le respondió en esta forma:

> Destaqué las cifras del desempleo abierto y la economía informal y le dije a Chávez, con visible intranquilidad de sus obsecuentes colaboradores: "Presidente, le propongo un reto: diseñar un plan nacional a cinco años para elevar la inversión privada que ha caído casi a cero, a niveles de entre 15 y 20 por ciento del PIB, es decir entre US$ 15 y 20 millardos por año y así impulsar el crecimiento, generar un millón de nuevos puestos de trabajo, reducir el desempleo abierto a no más de un 10%, la economía informal por debajo del 40% formalizando 1,5 millones de empleos y abrir oportunidades al medio millón de jóvenes que se incorpora anualmente al mercado laboral". Añadí la propuesta de un plan para elevar las exportaciones no petroleras a US$ 10 millardos en cinco años para diversificar la economía y fortalecer el empleo. Al final indagué: ¿qué le parece el reto, Presidente?, a lo cual respondió: "me gustan los retos" y yo sin demoras alegué: "si es así, estamos dispuestos a hacerlo realidad". Chávez in-

sistió en el papel decisorio del gobierno, a lo cual expresé: "la responsabilidad del gobierno es gobernar y decidir; no queremos invadir sus competencias, pero sí participar conforme a la Constitución y a los intereses de la nación". Chávez anticipaba con ello la intención de gobernar con decisiones excluyentes, conforme a la visión e intereses propios de la "revolución".[38]

Señalaba también Carmona que en sus muchas reuniones con el gabinete económico hizo proposiciones de diverso tipo: "A título de ejemplo, presentamos la iniciativa de un plan a doce años, trabajado con la Cámara Venezolana de la Construcción, para edificar más de 200.000 viviendas por año, con el aporte de los sectores público, privado y del ahorro interno, para erradicar el déficit habitacional al final del lapso, con una inversión total de US$ 40 millardos, generar cerca de un millón de empleos e impulsar el crecimiento del PIB por varios años a cerca del 8 por ciento interanual".

A partir de septiembre de 2001, los empresarios comenzaron a pedir al gobierno que les permitieran conocer los proyectos de decretos leyes, para emitir opinión sobre sus disposiciones y para formular proposiciones, particularmente en aspectos que pudieran afectar las actividades empresariales, como serían las concernientes a las leyes de tierras, ley de hidrocarburos, ley de zonas costeras, ley de pesca, leyes sobre bancos y seguros, y fundamentaron su solicitud en el derecho a la participación que consagra la Constitución en sus artículos 62 y 211, en los que se incluye la participación de la sociedad civil organizada en la formulación de las leyes, el cual era reglamentado en el artículo 136 de la Ley Orgánica de la Administración Pública, entonces vigente, en el sentido de regular un proceso de consultas que debían realizarse "cuando los órganos o entes públicos, en su rol de regulación, propongan la adopción de normas legales, reglamentarias o de otra jerarquía". En el artículo 137 de la misma ley se concluía que "El órgano o ente público no podrá aprobar normas para cuya resolución sea competente, ni remitir a otra instancia proyectos normativos que no sean consultados, de conformidad con el artículo anterior. **Las normas que sean aprobadas por los órganos o entes públicos o propuestas por éstos a otras instancias serán nulas de nulidad absoluta si no han sido consultadas según el procedimiento previsto en el presente Título** " (destacado nuestro).

---

[38] Véase el libro de Pedro Carmona Estanga: *Mi testimonio ante la historia*, en el blog: http://pcarmonae.blogspot.com/2011/03/mi-testimonio-ante-la-histo ria-pedro.html

El gobierno se negó en forma a veces grosera a mostrar los proyectos de ley a los empresarios, pese a las reiteradas e insistentes solicitudes en tal sentido expuestas a través de los directivos de Fedecámaras, lo cual creó inquietud en los sectores empresariales. El presidente de la cúpula empresarial pidió asimismo que se constituyera una Mesa de Diálogo para considerar las implicaciones de los proyectos que preparaba el gobierno, sin respuesta positiva. A todas estas, las fuerzas productivas del Estado Zulia habían realizado en octubre de 2001 un paro regional para protestar la invasión de tierras auspiciadas por el partido de gobierno y por la asignación de parcelas por el gobierno, en las cuales existían bienhechurías realizadas por particulares a través de décadas, sin reconocerles a los propietarios ningún derecho a indemnización.

El Presidente de la República rechazó airado las pretensiones de los empresarios y el 13 de noviembre de 2001 aprobó 48 decretos leyes fundamentados en la ley habilitante, algunas de los cuales ni siquiera habían sido terminadas y sus textos no aparecieron en la publicación oficial.

Los organismos empresariales pidieron al gobierno que revisara los proyectos que se fueron conociendo, e incluso sugirieron que, dado que se había agotado la potestad del Ejecutivo de reformar los decretos leyes por el vencimiento de la autorización legislativa, se permitiera a la Asamblea Nacional establecer una *vacatio legis* con relación a, por lo menos, diez de los decretos leyes, para realizar las consultas que se habían omitido en su proceso de elaboración y sanción, pero la respuesta fue que esa era una decisión tomada, no sujeta a revocación.

Para ese momento habían claras señales de descontento en amplios sectores de la población, incluso entre obreros y las personas de menores recursos, como también en la clase media, por la situación económica que reducía la capacidad adquisitiva de las familias, sin excluir de estas a las de los militares, y que elevaba los índices de desempleo en el país, y comenzó a oírse el ruido de las cacerolas en el país por primera vez en el siglo XXI. Las respuestas del Presidente y de altos funcionarios gubernamentales eran de descalificación de las protestas, incluso de burlas.

c) **EL PARO DEL 10 DE DICIEMBRE DEL 2001**

El 20 de noviembre de 2001 el Presidente de Fedecámaras anunció que, ante la negativa del gobierno, en la cúpula empresarial se estaba considerando la posibilidad de convocar a un paro de un día como medida de protesta por los decretos leyes inconsultos. Diversas Cámaras de empresarios del país se sumaron a idea, e incluso lo hizo la principal central sindical de país, la Confederación de Trabajadores de Venezuela (CTV). El 28 de noviembre el Consejo Nacional y la Asamblea Extraordinaria de Fedecámaras aprobaron por unanimidad el llamado al paro, el cual quedó fijado para el 10 de diciembre siguiente, si el gobierno no detenía la aplicación de, al menos, 10 de las leyes aprobadas.

Al mismo tiempo, el Presidente se enfrentaba a los sindicalistas, al desconocer el resultado de las elecciones de la CTV realizadas el 25 de noviembre de ese año. En la Asamblea Nacional se había formado una Comisión de Entendimiento Nacional, presidida por el diputado Alejandro Armas, para revisar con los empresarios los aspectos más polémicos de los decretos leyes, y llegaron a realizar una reunión, pero el Presidente desautorizó la iniciativa el 21 de diciembre. Al día siguiente el diputado Alejandro Armas fue excluido de la Comisión mencionada y separado de la dirección de la Fracción Parlamentaria del partido oficialista.

En la fecha indicada se realizó el paro cívico de 12 horas, con la participación de la mayoría de los establecimientos comerciales y empresas del país, pese a las acciones intimidatorias que había realizado el gobierno contra los empresarios, especialmente los vinculados con los medios de comunicación y los bancos. Un cronista venezolano relata la reacción del gobierno el día del paro, así:

> En un acto en la Plaza Caracas, el presidente comenzó su discurso entonando las notas del Himno Nacional y la canción de la Guerra Federal: "oligarcas temblad, viva la libertad". Allí expresó: "Quieren pleito, tendrán pleito". "Ahora van a saber cómo el cambur verde mancha". Dijo, además, que revisaría cuántos bancos que se pararon manejan fondos del Estado y que el "pleito" también era con aquellos agrupados en Fedecámaras que están buscando contratos en la industria petrolera. Ese mismo día viajó a la ciudad de Barinas, donde promulgó una de las leyes más cuestionadas por Fedecámaras: la Ley de Tierras y Desarrollo Rural. Allí anunció que "para iniciar desde ya la revolución agraria" había asignado 12 millardos de bolívares. Para el presidente no había tiempo que perder ni concesión que hacer a sus contrarios. Como en otras oportunidades, respondía radicalizando su posición. Sobre la polémica Ley de Tierras reconoció que si bien "los oligarcas piden seis meses para aplicarla", él había decidido "no esperar ni un día más porque tenemos 200 años esperando". En otras declaraciones, el presidente Chávez calificó de inmorales a los miembros de la directiva de Fedecámaras y dijo "no dialogaré con ellos". "Con más razón promulgaré las leyes que han sido aprobadas". "Jamás voy a ir a donde me inviten…ni siquiera considerar la posibilidad de traicionar a un pueblo mil veces traicionado…olvídense se-

ñores de Fedecámaras...El 11 de diciembre, Chávez promulgó la Ley de Pesca y Acuacultura en compañía de Fidel Castro.[39]

En los primeros días de 2002, como una reacción contra el paro convocado por Fedecámaras, el Presidente reorganizó el gabinete ejecutivo para incluir personas de su mayor confianza y más avenidas con su estilo. Diosdado Cabello fue nombrado Vicepresidente Ejecutivo de la República, en sustitución de Adina Bastidas, quien pasó al Despacho de la Producción y el Comercio; Aristóbulo Istúriz asumió el Ministerio de Educación, Cultura y Deportes, Héctor Navarro el de Educación Superior, Rafael Vargas en el Ministerio de la Secretaría de la Presidencia, María Cristina Iglesias en el Ministerio del Trabajo, Ramón Rodríguez Chacín en el Ministerio de Relaciones Interiores y de Justicia, por la renuncia de Luis Miquilena, quien a partir de ese momento se separó del régimen chavista, como lo había hecho unos días antes Ignacio Arcaya, embajador ante los Estados Unidos.

d) INICIO DE LA CONFRONTACIÓN CON LA IGLESIA

Un nuevo frente de controversias se abre cuando el presidente Chávez critica duramente al Nuncio Apostólico de la Santa Sede, Monseñor André Dupuy, por haber manifestado, en nombre del Cuerpo Diplomático, en un acto celebrado en Miraflores con ocasión de la conmemoración del 23 de enero, que "sería una lástima que la radicalización o politización excesiva del proceso que impulsa el presidente Chávez pusiera en segundo plano los objetivos de la revolución bolivariana".[40] Seguidamente señaló Chávez que él dudaba que los demás miembros del Cuerpo Diplomático estuvieran de acuerdo con Monseñor Dupuy, quien no era sino el embajador de un gobierno extranjero. La Conferencia Episcopal y los ex Cancilleres de la República apoyaron al Decano del Cuerpo Diplomático, mientras Chávez continuaba sus críticas en programas de radio y por Aló Presidente.

e) AMENAZAS A LOS MEDIOS DE COMUNICACIÓN

El siguiente tema de enfrentamientos fue el de la libertad de los medios de comunicación. Mientras la oposición expresaba su preocupación por una Ley de Contenidos que el gobierno había anunciado para regular la actividad de los medios audiovisuales, grupos de partidarios del oficialis-

---

[39] Luis Loaiza Rincón: "Cronología Venezolana 2002-2012" en Libertad y Democracia, Universidad de los Andes, 27/11/2012, ver: http://lloaizar.wordpress.com /2012/11/27/cronologia-venezolana-1992-2012/

[40] Analítica.com: http://analitica.com/actualidad/actualidad-nacional/que-la-politica-no-deje-de-lado-objetivos-humanitarios/

mo protestaban ante el diario El Nacional por su línea crítica frente al gobierno. La embajadora de los Estados Unidos en Venezuela, Donna Hrinak, manifestó su inquietud por estas protestas, que podrían ser consideradas como intimidatorias, y el Bloque de Prensa Venezolano expresó su repudio a estos hechos y anunció que acudiría ante la Comisión Interamericana de Derechos Humanos para denunciar la situación. El 30 de enero de 2002, la periodista Ibéyise Pacheco, junto con las periodistas Marta Colomina, Patricia Poleo y Marianella Salazar divulgan un video en el que se muestran conversaciones entre el ejército venezolano y la guerrilla colombiana (FARC), y del cual se evidencia la colaboración que existía entre ambos y que se manifestaba por ejemplo, en el suministro de alimentos de los militares venezolanos a la guerrilla. El Canciller de Colombia pidió explicaciones al gobierno venezolano sobre estos hechos. De inmediato comenzaron a hacerle llamadas telefónicas a la primera de las periodistas mencionadas y el 1º de febrero fue colocado un artefacto explosivo en el diario *"Así es la Noticia"*, que dirige la periodista Pacheco, "el cual detonó destruyendo la puerta principal de acceso al edificio donde funciona el periódico". Posteriormente, la periodista Pacheco fue objeto de amenazas contra su persona a través de llamadas telefónicas, volantes, y publicaciones, que la periodista informó haber recibido hasta el día 7 de marzo de 2002. Denunciada la situación ante la Comisión Interamericana de Derechos Humanos, esta acordó medidas cautelares a favor de las periodistas mencionadas.

El cronista Luis Loaiza Rincón informa que "El Presidente de la República, Hugo Chávez, dio nuevamente una rueda de prensa. Sin embargo, esta duró poco. Una pregunta sobre si se sentía responsable de los ataques a medios de comunicación, no gustó al mandatario. 'Esas son las cosas que, día tras día, me alejan de tu corazón querida mía (…) estos encuentros entre nosotros se han venido trasformando en eso, es una recurrencia de temas, de discos rayados'. Dijo que esos encuentros deberían servir para contestar preguntas relevantes sobre el acontecer nacional y que el motivo de la rueda de prensa eran las celebraciones del 4-F. Por ello rogó que se circunscribieran a ese tema 'si los muy dignos periodistas consideran que ese tema no es importante, yo doy por concluida la rueda de prensa'".[41]

En el Informe de la Relatoría para la Libertad de Expresión de la Comisión Interamericana de Derechos Humanos de 2003, correspondiente a la sección Venezuela, pueden consultarse los casos de amenazas, intimidaciones, agresiones físicas y asesinatos de periodistas durante ese año.[42]

---

[41] Luis Loaiza Rincón, *op. cit.*
[42] http://www.iidh.ed.cr/comunidades/libertadexpresion/docs/le_relatoria/informe% 20anual%202002. htm

f) PROTESTAS DE LA OPOSICIÓN

El anuncio del gobierno de la declaración del 4F como día de júbilo, para celebrar los diez años del golpe fallido de 1992, provocó confrontaciones en el país. El gobierno organizó una nutrida marcha, encabezada por Chávez, que recorrió la capital y fue transmitida en cadena nacional, mientras los opositores, en una jornada que llamaron de "luto activo", realizaban cacerolazos e invitaban a apagar las luces a las 8:45 p.m., cuando comenzara la alocución de Chávez. Por otra parte, el 4F de ese año se realizó una concentración convocada por la CTV frente a la sede de esa institución.

El 7 de febrero se hizo presente en el Foro "Voces por la Democracia", organizado por el diario El Nacional en el hotel Caracas Hilton a favor de la libertad de expresión, el coronel de la aviación Pedro Vicente Soto Fuentes, quien portando su uniforme militar tomó la palabra y, para sorpresa de todos, expresó el daño que le está haciendo a la nación el gobierno de Hugo Chávez, lo cual fue trasmitido en vivo por Globovisión. El militar fue detenido y luego dado de baja, pero numerosos oficiales de alta graduación siguieron su ejemplo y se manifestaron en desobediencia frente al régimen.

g) CRISIS EN LA INDUSTRIA PETROLERA, NUEVOS PAROS Y MANIFESTACIONES

En las semanas y meses siguientes la atención pública se centró en la situación de PDVSA. El 31 de enero de 2002 el general del Ejército Guaicaipuro Lameda envió una carta al Presidente Chávez en la que renunciaba al cargo de presidente de PDVSA, por no estar de acuerdo con la orientación del gobierno y renunció a su condición de militar. A continuación fue creciendo la inquietud entre los trabajadores de la industria por las informaciones que circulaban sobre la politización de PDVSA, para la época una de las empresas más importantes del mundo. El 8 de febrero Chávez nombró presidente de la empresa al economista, político y experto petrolero Gastón Parra Luzardo, y a una nueva Junta Directiva, lo cual intensificó los temores en la industria: los integrantes del nuevo equipo, con el presidente a la cabeza, habían combatido tenazmente las orientaciones principales de PDVSA: la apertura petrolera, los cambios de patrón de refinación, los proyectos de la Faja, los proyectos para la explotación del gas, la internacionalización de la industria.

En PDVSA se sucedieron las manifestaciones de disgusto por esas designaciones, que ponían en riesgo los principios meritocráticos imperantes en las empresas de la industria petrolera, los cuales se habían establecido a partir de la gestión del general Rafael Alfonso Ravard, el primer presidente luego de la nacionalización, y que eran una continuación de los criterios que se aplicaban en las empresas trasnacionales concesionarias de hidrocarburos. Los gerentes y trabajadores de la industria organizaban protestas, asambleas, paros y pedían la renuncia de los recién nombrados directivos. Por estos días, el contralmirante Carlos Molina Tamayo emitió una declaración en la que expresó, entre otros aspectos, su "rechazo al control ejercido por el presidente Chávez sobre el Poder Legislativo y el Poder Judicial; a la reiterada acción del presidente Chávez para debilitar la capacidad operativa de la Fuerza Armada Nacional, mermando su moral al tratar de ponerla al servicio de su partido e intereses políticos intentando conformar milicias al estilo cubano [...] le hago un llamado a la Fuerza Armada Nacional y al pueblo a que manifiesten públicamente su rechazo a la posición antipatriótica del presidente Chávez y soliciten su renuncia".[43] Las asambleas y concentraciones tanto de los trabajadores petroleros como de la sociedad civil se comienzan a realizar en el espacio abierto frente a la sede de PDVSA Chuao, el cual es bautizado "Plaza de la Meritocracia". A fines de febrero, 3.000 gerentes de PDVSA se declaran en Asamblea Permanente.

El 5 de marzo se suscribe entre la CTV y Fedecámaras un documento llamado "Bases para un acuerdo democrático". El acto tuvo lugar en la Quinta Esmeralda de Caracas, fue auspiciado por la Universidad Católica Andrés Bello y contó con la participación de Luis Pedro España y Teodoro Petkoff.

Los primeros días de marzo fueron pródigos en paros y manifestaciones. El lunes 4 la Federación Médica Venezolana convoca a un paro por 48 horas con un alto acatamiento en el interior del país. La CTV organiza tomas de las oficinas del Ministerio de Trabajo en tres estados. En Caracas la organización realiza una manifestación frente al despacho ministerial de la salud. Al día siguiente, las siete federaciones magisteriales del país convocan a un paro nacional por 48 horas. acatado en un 96%, según los organizadores, en reclamo de la revisión de concursos, la entrega de créditos, la implementación de un plan de vivienda y la derogación de la Ley sobre el Estatuto de la Función Pública, que les confería la condición de empleados públicos.[44]

Por otro lado, cerca de 20 mil mujeres marchan en Caracas en conmemoración del Día Internacional de la Mujer exigiendo la renuncia de

---

[43] El Nacional, 18 de febrero de 2002.
[44] Clacso: *Observatorio Social de América Latina (OSAL). Venezuela*: Cronología del conflicto social enero a abril de 2002, en: http://www.clacso.org.ar/institucional/1h.php

Chávez junto a AD, COPEI, el Movimiento al Socialismo (MAS), Primero Justicia y La Causa R, mientras medio millar de trabajadores de institutos autónomos adscritos al Ministerio de Salud y Desarrollo Social manifiestan frente a la Fiscalía General de la República para pedir la realización de una averiguación administrativa contra la titular del despacho. Por su parte, la Federación Médica Venezolana convoca a un paro indefinido que es acatado –según los organizadores– por 23 mil galenos de los hospitales dependientes del MSDS y del IVSS.[45]

En este ambiente, informa un cronista que el 14 de marzo "La división de inteligencia del ejército confirma que en el barrio la Dolorita del 23 de Enero, desconocidos están entregando armas cortas y largas, granadas y municiones, presuntamente a miembros de los círculos bolivarianos. El general Vásquez Velasco le comunica este hecho al general en jefe Lucas Rincón, quien posteriormente no toma ninguna acción".[46] Los Círculos Bolivarianos son estructuras de participación comunitaria pero también político partidista, con financiamiento público, que habían sido creados por Hugo Chávez el 11 de junio de 2001 y que tuvieron gran importancia en los acontecimientos que se sucederán posteriormente.[47]

h) PARO NACIONAL Y APOYO DE GERENTES Y TRABAJADORES DE LA INDUSTRIA PETROLERA AL PARO

El 7 de abril de 2002, Chávez, en su programa dominical *Aló Presidente*, al compás de un pito que va sonando, anuncia el despido de los principales gerentes de PDVSA. A fines de marzo la CTV había convocado a un paro general de 24 horas a realizarse el 9 de abril, en protesta por las actuaciones del gobierno y en solidaridad con los trabajadores de PDVSA, el cual fue apoyado por Fedecámaras, por los partidos políticos de oposición y por numerosas organizaciones de la sociedad civil. El paro se cumplió exitosamente y los organizadores decidieron extenderlo por 48 horas más y luego convertirlo en indefinido. Para el 11 de abril se convocó a una marcha desde el Parque del Este hasta la Plaza de la Meritocracia.

---

[45] *Ibídem*.
[46] Véase Cronograma del 11 de abril de 2002, en: http://11abril2002.wordpress.com/2012/04/12/cronograma-11-de-abril-del-2002-i/
[47] Nelly Arenas y Luis Gómez Calcaño: "Los círculos bolivarianos. El mito de la unidad del pueblo", *Revista Venezolana de Ciencia Política*, N° 25, enero/junio 2004, pp. 5-37.

i) LOS HECHOS DE ABRIL DE 2002, SALIDA Y REGRESO DE CHÁVEZ A LA PRESIDENCIA

El 11 de abril fue una larga y accidentada jornada. Desde las primeras horas de la mañana comenzaron a llegar manifestantes a la Avenida Francisco de Miranda y otros se fueron directamente a la Plaza de la Meritocracia. La plaza se ve desbordada por una multitud de participantes, los organizadores deciden entonces que se haga una marcha hacia la plaza Venezuela, se discute entre ellos sobre las acciones a tomar; un grupo, que interpreta el sentimiento de la gran mayoría, dice: ¡A Miraflores! Y hacia allá se encamina la multitud. Desde la televisora VTV voces de personeros oficialistas llaman al pueblo a impedir la manifestación hacia el palacio presidencial. Cuando la cabeza de la marcha llega al final de la Avenida Bolívar, unos toman hacia El Calvario, otros hacia la Avenida Baralt, otros hacia la Plaza O'leary. A partir de ese momento los hechos se vuelven confusos, las versiones son divergentes. Hubo muchos disparos y al final resultaron 19 muertos y unos 100 heridos, unos del gobierno y otros de la oposición, la mayoría del segundo bando. Mientras ocurrían esos hechos de violencia, Chávez daba un discurso con orden de ser trasmitido en cadena nacional, lo cual impedía a las estaciones televisoras mostrar lo que ocurría. Las televisoras Radio Caracas y Venevisión partieron sus pantallas para mostrar simultáneamente la cadena presidencial y las personas heridas y muertas por los disparos.

La orden de Chávez de activar el Plan Ávila, dada al mediodía del 11 de abril, y desobedecida por el general Rosendo, encargado de ejecutarla, porque eso implicaba usar tanques y armas de guerra para restablecer el orden público, lo cual significaba masacrar a los manifestantes, produjo una fuerte reacción entre altos oficiales de la fuerza armada, quienes se declararon públicamente en desobediencia ante el Presidente, a quien le solicitaban la renuncia al cargo, como también lo hicieron personalidades del mundo político como Luis Miquilena, ex ministro de Relaciones Interiores y Justicia. Para las primeras horas de esa noche era evidente que existía una crisis de gobernabilidad y un vacío de poder en el país. Las horas transcurrían ante la angustia general y a las 3:15 a.m. del 12 de abril, el alto mando militar, por la voz del Inspector General de la Fuerza Armada y Jefe del Alto Mando Militar, general en jefe Lucas Rincón Romero, anunció ante los medios de comunicación social lo siguiente: "Los miembros del Alto Mando Militar de la República Bolivariana de Venezuela deploran los lamentables acontecimientos sucedidos en la ciudad capital en el día de ayer. Ante tales hechos, se le solicitó al señor Presidente de la República la renuncia de su cargo, la cual aceptó. Los integrantes del Alto Mando ponen sus cargos a la orden los cuales entregaremos a los oficiales que sean designados por las nuevas autoridades".

El país estuvo varias horas sin gobierno, pues nadie sabía dónde estaba el Vicepresidente Ejecutivo de la República, encargado de suplir la falta del presidente. A las 4 p.m. de ese día, el doctor Pedro Carmona Estanga se juramentó como nuevo Presidente de la República y su primer acto fue dictar un decreto en el cual se restablecía el nombre de la República de Venezuela, se suspendía de sus cargos a los diputados principales y suplentes a la Asamblea Nacional; se decretaba la reorganización de los poderes públicos para recuperar su autonomía e independencia y asegurar una transición pacífica y democrática, a cuyo efecto se destituían de sus cargos ilegítimamente ocupados al presidente y demás magistrados del Tribunal Supremo de Justicia, así como al Fiscal General de la República, al Contralor General de la República, al Defensor del Pueblo y a los miembros del Consejo Nacional Electoral; se suspendía la vigencia de los 48 decretos con fuerza de ley, dictados de acuerdo con la Ley Habilitante del 13 de noviembre de 2000 y se anunciaba la instalación de una comisión revisora de dichos decretos-leyes, integrada por representantes de los diversos sectores de la sociedad.

En la madrugada de ese día, Chávez se había trasladado a la sede de la cúpula militar en Fuerte Tiuna, donde fue detenido y enviado a la Base Naval de Turiamo y luego a la Isla de la Orchila. Por circunstancias relacionadas con diferencias entre los partidarios del cambio de gobierno, por divisiones internas en el sector militar y por la fuerte presión de los sectores chavistas, Chávez fue restituido en el poder el 14 de abril, menos de 48 horas del anuncio de su renuncia. Desde Miraflores Chávez se dirigió al país, con el crucifijo en la mano, y llamó a la calma y a la concordia. Poco después anunció la aceptación de la renuncia de los directivos de PDVSA, que había recibido en medio de los acontecimientos del 11 de abril.

Sobre la calificación jurídica de los acontecimientos ocurridos, el Tribunal Supremo de Justicia en Pleno, con ocasión de pronunciarse en un antejuicio de méritos contra cuatro altos oficiales de la fuerza armada, dictó el 14 de agosto de 2002 una sentencia según la cual no ocurrió un golpe de estado en Venezuela, sino un vacío de poder. El Presidente de la República descalificó groseramente a los magistrados cuando dijo: "Esos once magistrados que aprobaron la sentencia no tienen moral para tomar ningún otro tipo de decisión, son unos inmorales y deberíamos publicar un libro con sus rostros para que el pueblo los conozca. Pusieron la plasta y se fueron de vacaciones, porque lo que pusieron es una plasta".[48] Este solo hecho pone de manifiesto que, luego de los acontecimientos de abril,

---

[48] Ver el video con el discurso del Presidente en: http://sunoticiero.com/index.php/videos-not/19323-asisucedio-chavez-dijo-que-magistrados-del-tsj-pusieron-la-plasta-pero-nadie-lo-multo-video

Chávez había mantenido sin cambios su política y su estilo de gobierno. Posteriormente, el 11 de marzo de 2005, luego de la designación de nuevos magistrados, la Sala Constitucional del Tribunal Supremo de Justicia decidió un recurso de revisión contra esa sentencia y la anuló por razones formales, sin pronunciarse sobre el fondo de la cuestión.

Es oportuno señalar que la solicitud de renuncia del Presidente de la República y las acciones de rebeldía contra el régimen se fundamentaban en el artículo 350 de la Constitución, en el cual se establece que "El pueblo de Venezuela, fiel a su tradición republicana, a su lucha por la independencia, la paz y la libertad, desconocerá cualquier régimen, legislación o autoridad que contraríe los valores, principios y garantías democráticos o menoscabe los derechos humanos". El 27 de junio de 2002, los abogados Elba Paredes Yéspica y Agustín Hernández se dirigieron a la Sala Constitucional del TSJ para solicitar la interpretación de esta norma, dado que "El contenido del artículo en cuestión es 'ambiguo, impreciso, y lo hace inoperante, es abstracto y no congruente con la misma Constitución y sus principios'. La ambigüedad consistiría en que admite distintas interpretaciones y es dudoso e impreciso porque alude a valores, principios y garantías, que son términos abstractos y genéricos", y además, que "El artículo no tiene tradición ni precedente en Constituciones anteriores". El 22 de enero de 2003 la Sala dictó sentencia sobre la interpretación solicitada y expuso que "sólo debe admitirse en el contexto de una interpretación constitucionalizada de la norma objeto de la presente decisión, la posibilidad de desconocimiento o desobediencia, cuando agotados todos los recursos y medios judiciales, previstos en el ordenamiento jurídico para justiciar un agravio determinado, producido por '*cualquier régimen, legislación o autoridad*', no sea materialmente posible ejecutar el contenido de una decisión favorable. En estos casos quienes se opongan deliberada y conscientemente a una orden emitida en su contra e impidan en el ámbito de lo fáctico la materialización de la misma, por encima incluso de la propia autoridad judicial que produjo el pronunciamiento favorable, se arriesga a que en su contra se activen los mecanismos de desobediencia, la cual deberá ser tenida como legítima sí y solo sí –como se ha indicado precedentemente– se han agotado previamente los mecanismos e instancias que la propia Constitución contiene como garantes del estado de derecho en el orden interno, y a pesar de la declaración de inconstitucionalidad el agravio se mantiene".[49]

---

[49] Sobre el tema de del derecho a la rebelión y la desobediencia civil en Venezuela véanse los trabajos de René Molina Galicia: "La Sala Constitucional y la desobediencia civil" y de Luis Salamanca y Eloísa Avellaneda: "El artículo 350: ¿rebelión, resistencia o desobediencia civil" en el libro *Desobediencia ci-*

Por otra parte, la proposición de los diputados de oposición de que se aprobara una ley para nombrar una "Comisión de la Verdad" que investigara sobre los acontecimientos del 11 de abril fue denegada por el oficialismo. Los rastros de los hechos de violencia de ese día fueron borrados y nunca se estableció legalmente los nombres de los autores de los disparos, algunos de los cuales eran francotiradores apostados en los techos de edificios próximos al Palacio de Miraflores.

j) NUEVAS PROTESTAS Y UN NUEVO PARO NACIONAL

La tensión en el país no había disminuido, sino todo lo contrario. El gobierno se negaba a reincorporar en sus cargos a los gerentes de PDVSA destituidos y los 48 decretos leyes impugnados por Fedecámaras y la CTV se estaban aplicando plenamente. El 22 de octubre de 2002 un grupo de 14 militares activos se instalaron en la Plaza de Francia y se declararon en "desobediencia legítima" de acuerdo al texto constitucional. Pedían la renuncia del Presidente de la República y la celebración de nuevas elecciones. El sitio se convirtió en un lugar de reunión permanente de opositores al régimen, los militares y otros invitados daban discursos y miles de personas hacían acto de presencia para expresarles su solidaridad, incluso se montaron carpas para acompañar a los disidentes. Esta situación de hecho duró casi un año y en la estrategia del gobierno estaba dejar que las cosas siguieran su curso.

A fines de noviembre de 2002, Fedecámaras convocó a un paro nacional de 24 horas para el 2 de diciembre, lo cual fue respaldado por la CTV. El paro fue prorrogado consecutivamente, y el 5 de ese mes se le sumaron los trabajadores de la industria petrolera. El país quedó en su mayor parte paralizado, "sólo continuaron trabajando algunas empresas del Estado, el transporte público terrestre y aéreo, los servicios de agua, luz y teléfono, y los medios de comunicación públicos y privados, aunque estos últimos decidieron suspender la programación habitual y la emisión de publicidad, sustituyéndola por programación política e informativa las 24 horas del día. Sólo se transmitían cuñas de índole político que apoyaban la continuación o no del paro y la realización de protestas y marchas en distintos puntos del país, aupadas por la Coordinadora Democrática o por el Gobierno".[50] Las concentraciones de opositores continuaban diariamente en la Plaza de Francia. El 6 de diciembre un ciudadano de origen portugués

---

vil en Venezuela. Dos ensayos. Colección Ensayos Jurídicos, Caracas, 2003; y Jorge Pabón Raydan: *Artículo 350 de la Constitución, ¿se consagra un derecho a la rebelión.* Serie: Trabajos de ascenso Nº 8, Facultad de Ciencias Jurídicas y Políticas de la Universidad Central de Venezuela, Caracas 2006.

[50] Véase: http://es.wikipedia.org/wiki/Paro_petrolero_de_2002-2003

se presentó en la Plaza y comenzó a disparar a mansalva sobre los asistentes, de lo cual resultaron tres personas muertas y 22 heridas de bala. De estas, una señora murió ocho años después por las heridas recibidas, pese a las operaciones que le hicieron, incluso en los Estados Unidos.

El paro se mantuvo todo el mes de diciembre, lo cual perjudicó notablemente a los comerciantes que no abrieron sus negocios en la época de mayores ventas. También los ciudadanos se vieron afectados por la escasez de diversos rubros, sobre todo de gasolina y otros combustibles, así como de alimentos, pero había la decisión de seguir. A mediados de enero de 2003 el paro comenzó a decaer y el 3 de febrero se dio por terminado, sin haber alcanzado su objetivo. Cuando el gobierno hubo restablecido su control total sobre la industria petrolera procedió a despedir a más de 18.000 trabajadores, sin reconocerles sus prestaciones sociales ni entregarles sus haberes en la Caja de Ahorros en la mayoría de los casos.

k) UN PROYECTO DE REFERENDO CONSULTIVO COMO SALIDA A LA CRISIS

Los partidos de oposición, agrupados en la Coordinadora Democrática, y diversas organizaciones de la sociedad civil comenzaron a recoger firmas para activar un referendo consultivo para formular a los electores la siguiente pregunta: "...*¿Está usted de acuerdo con solicitar al Presidente de la República Ciudadano Hugo Rafael Chávez Frías, que de manera inmediata renuncie voluntariamente a su cargo?*". El 4 de noviembre de 2002 representantes de la Coordinadora Democrática consignaron ante el Consejo Nacional Electoral (CNE) las planillas contentivas de 2.200.000 firmas de electores, muy superior a la cantidad requerida, y el 3 de diciembre de ese año el ente comicial consideró ajustado a derecho el procedimiento seguido y decidió que el referéndum consultivo tendría lugar el 3 de febrero de 2003. El acto del CNE había sido impugnado ante la Sala Electoral del Tribunal Supremo de Justicia porque según el Estatuto Electoral del Poder Público, dictado para regir las primeras elecciones del Poder Público luego de la vigencia de la nueva Constitución, las que se realizaron el 30 de julio de 2000, el ente comicial adoptaría decisiones con cuatro de sus cinco integrantes, mientras que según la Ley Orgánica del Poder Electoral, que ya estaba vigente, el *quorum* requerido era la mayoría simple, es decir, tres Rectores. La Sala Electoral decidió el 22 de enero de 2003, con ponencia del magistrado Luis Martínez Hernández, que "1) Se ordena a la actual Junta Directiva del Consejo Nacional Electoral, abstenerse de realizar aquellos actos que no resulten indispensables para garantizar el normal funcionamiento administrativo del referido órgano, y especialmente, abstenerse de iniciar la organización de procesos electorales, referendarios, u otros mecanismos de participación ciudadana en los asuntos públicos, así como suspender los ya iniciados de ser el caso, hasta tanto se resuelva la presente controversia. 2) Se ordena a la actual Directiva del Consejo Nacional Electoral abstenerse de sesionar con la presencia y participación como Miembro Principal, del ciudadano LEONARDO PIZANI. 3) Se suspenden los efectos de la Resolución emanada del Consejo Nacional Electoral distinguida con el N° 021203-457 del 3 de diciembre de 2002, publicada en la Gaceta Electoral N° 168 del 5 de diciembre de 2002". A todo evento, el mismo 22 de enero de 2003 la Sala Constitucional dictó sentencia en una solicitud de interpretación del artículo 71 de la Constitución, interpuesta por unas personas que consideraban que el referendo consultivo no tenía efectos vinculantes y que, por tanto, esa figura no podía ser utilizada para producir el mismo efecto que el referendo revocatorio, en la que decidió lo siguiente: "…con fundamento en los razonamientos precedentes, esta Sala considera que el resultado del referéndum consultivo previsto en el artículo 71 de la Constitución de la República Bolivariana de Venezuela no tiene carácter vinculante en términos jurídicos, respecto de las autoridades legítima y legalmente constituidas, por ser éste un mecanismo de democracia participativa cuya finalidad no es la toma de decisiones por parte del electorado en materias de especial trascendencia nacional, sino su participación en el dictamen destinado a quienes han de decidir lo relacionado con tales materias". Por otra parte, en sentencia del 5 de junio de 2002, ante un recurso de interpretación interpuesto por Sergio Omar Calderón y William Dávila sobre los referendos revocatorios de los gobernadores de Estado, la Sala Electoral había dejado establecido que "en atención a los requisitos exigidos por la Constitución de 1999, la revocación del mandato del funcionario electo, sólo procede cuando ha transcurrido, al menos, la mitad del período para el cual fue elegido."

l) EL REFERENDO REVOCATORIO PRESIDENCIAL

A mediados de 2002 la Organización de Estados Americanos (OEA), había comenzado a intervenir para promover acuerdos entre las partes en la búsqueda de salidas pacíficas a la crisis venezolana y entre octubre y noviembre el Secretario General de dicha organización, Cesar Gaviria, estuvo muy activo en su función de facilitador designado para tal fin.[51] En Agosto de 2003, el Tribunal Supremo de Justicia, ante la falta de acuerdo en la Asamblea Nacional entre el oficialismo y la oposición para el nombramiento de los rectores del CNE, procedió a hacer dicha designación

---

[51] Véase: Juan Carlos Morales Manzur: "La Organización de Estados Americanos y la mediación en conflictos internos: el caso venezolano 2002-2004", en *Revista de Ciencias Sociales*, v. 16, N° 2, Maracaibo jun. 2010, en http://www.scielo.org.ve/scielo.php?pid=S1315-95182010000200014&script=sci_ar ttext

así: tres personas favorables al gobierno y dos a la oposición. Con la facilitación de la OEA, a finales de 2003 se suscribió el *Acuerdo CNE-OEA sobre el procedimiento de observación de recolección de firmas a celebrarse entre el 21 y 24 de noviembre (para diputados) y el 28 de noviembre y el 1 de diciembre de 2003 (para presidente).*

En esas condiciones, la oposición había dispuesto activar la celebración de un referendo revocatorio del presidente Chávez, con fundamento en el artículo 72 de la Constitución, lo que abriría la posibilidad de una nueva elección a tenor de lo dispuesto en el artículo 233 de la misma Ley Fundamental. Para solicitar la convocatoria de referendo revocatorio del Presidente se requería un número de firmas no menor del 20% de los electores inscritos en la correspondiente circunscripción (en este caso en el país), lo que equivalía, según el CNE, a 2.452.179 firmas. En agosto de 2003 la oposición había presentado al organismo comicial cerca de 3,2 millones de firmas, pero este las había rechazado alegando que habían sido recogidas anticipadamente a la mitad del período presidencial, por lo que se debió reiniciar el proceso de recolección de firmas. El Presidente de la República sostuvo que tenía derecho a conocer los nombres y la identidad de las personas que solicitaban la revocación de su mandato, y el organismo electoral le dio la información a la persona designada por el Presidente, el diputado Luis Tascón. A partir de ese momento comenzaron a despedir funcionarios públicos que habían firmado la solicitud, tal como lo reconoció el Ministro de Salud Roger Capella cuando declaró a la Associated Press que «todos aquellos que firmaron para activar el referéndum contra el presidente Chávez deberían ser despedidos del Ministerio de la Salud».[52] Asimismo, se utilizó este pretexto para presionar a personas y a empleados de empresas privadas que tenían contratos con el gobierno. En noviembre de 2003, la oposición presentó las planillas que demostraban haber recolectado 3.6 millones de firmas, pero el CNE declaró que solo 1.9 millones de ellas eran válidas. De las otras, eran inválidas 0.5 millones por pertenecer a personas no inscritas en el registro electoral o por corresponder a menores de edad, personas fallecidas o extranjeros. Otras eran dudosas (876.017 firmas) porque en algunos grupos de firmas los datos personales (no las firmas) habían sido escritas por una misma persona (las llamadas "firmas planas"), ante lo cual la oposición alegó se trataba de personas asistidas, pues los encargados del centro de recolección podían ayudar a poner los datos de personas con dificultades y luego les indicaban donde firmar. "La decisión del CNE dio origen a manifestaciones violentas que resultaron en la muerte de 9 personas, 339

---

[52] http://es.wikipedia.org/wiki/Refer%C3%A9ndum_presidencial_de_Venezuela _de _2004

arrestos y 1200 heridos".[53] Apelada la decisión del CNE ante la Sala Electoral del Tribunal Supremo de Justicia, esta decidió que de las 1.1 millones de firmas dudosas 800.000 eran válidas, lo que llevaba el total de firmas válidas a 2.7 millones, cifra superior a la requerida. En este proceso, como en el que se llevó a cabo en la Sala Constitucional para conocer de la apelación, del cual resultó anulada la sentencia de la Sala Electoral, se presentaron diversas incidencias que tuvieron por efecto retardar las decisiones, lo cual ha sido estudiado por Brewer en su libro *El secuestro del Poder Electoral y la confiscación del derecho a la participación política mediante el referendo revocatorio presidencial: Venezuela: 2000-2004*,[54] en el cual se analizan todos los aspectos jurídicos relacionados con el referendo revocatorio de 2004, incluso lo relativo al plazo de cinco días que dieron a los solicitantes para "reparar" sus firmas, en una movilización que la oposición llamó "El Reafirmazo".

Lo cierto es que la oposición logró reunir las firmas requeridas y el CNE convocó al referendo revocatorio para realizarse el 15 de agosto de 2004, es decir, un año después de haberse presentado las firmas requeridas. La razón de todo ese retardo fue explicada meses después por Chávez en la alocución que dirigió el 12 y el 13 de noviembre de 2004 en el teatro de la Academia Militar, en Caracas, a los responsables de alto nivel de su partido, sobre "las líneas estratégicas de actuación para los próximos años" en el cual expuso, el segundo día, lo siguiente:

> Hay una encuestadora internacional recomendada por un amigo que vino a mitad del 2003, pasó como 2 meses aquí y fueron a Palacio y me dieron la noticia bomba: "Presidente, si el referéndum fuera ahorita usted lo perdería." Yo recuerdo que aquella noche para mí fue una bomba aquello, porque ustedes saben que mucha gente no le dice a uno las cosas, sino que se la matizan. Eso es muy malo. "No, estamos bien, estamos sobrados." Entonces fue cuando empezamos a trabajar con las misiones, diseñamos aquí la primera y empecé a pedirle apoyo a Fidel. Le dije: "Mira, tengo esta idea, atacar por debajo con toda la fuerza", y me dijo: "Si algo sé yo es de eso, cuenta con todo mi apoyo." Y empezaron a llegar los médicos por centenares, un puente aéreo, aviones van, aviones vienen y a buscar recursos, aquí la economía mejoró, organizar los barrios, las comunidades.[55]

---

[53] *Idem*

[54] Consultable en Internet

[55] http://www.emancipacion.org/descargas/El_nuevo_mapa_estrategico.pdf. La ex-posición del Presidente fue editada por la asesora presidencial Martha Harnecker, ha sido ampliamente difundida en Internet (incluso en la página web

En la fecha prevista tuvo lugar el referendo revocatorio, con el siguiente resultado: SI (a favor de la revocación): 3.989.008 votos (40.6%); NO (en contra de la revocación): 5.800.629 votos (59,1%). El Presidente del CNE declaró que Chávez debía terminar su mandato en enero de 2007.

Sobre este resultado ha expresado una profesora de Derecho y de Ciencias Políticas lo siguiente: "...más allá de las dudas razonables del resultado porque la mayoría de las encuestadoras daban una diferencia muy cerrada entre ambas opciones, las innumerables irregularidades del proceso, el incumplimiento repetido de los lapsos legales para la convocatoria, la aplicación de normas sobrevenidas, la manera poco transparente como se implementó el voto electrónico, el uso indiscriminado de los recursos del Estado en la propaganda oficial, la parcialidad de los poderes públicos, y todos los obstáculos suscitados el día de la elección, constituyen elementos de juicio que nos llevan a concluir que el referéndum revocatorio presidencial fue una elección semicompetitiva".[56] Estas características del proceso del revocatorio son aplicables a cualquiera de las elecciones del sector público realizadas en Venezuela desde 1999.

m) USO DE LAS MISIONES Y DE LOS FONDOS PARAPRESUPUESTARIOS

Después de los sucesos de abril de 2002, y ante la perspectiva de un referendo revocatorio con posibilidades de perderlo, los recursos incrementados producidos por el aumento de los precios del petróleo estimularon al Presidente a inventar fórmulas para ganarse la simpatía popular sin preocuparse por los costos en que se incurriera y que sustituyeran los proyectos que había promovido antes sin ningún éxito: los gallineros verticales (cría de aves de corral en los techos de las casas) y los cultivos organopónicos en terrenos urbanos. Con la ayuda de Cuba surgió la primera de las misiones: la Misión Barrio Adentro, que fue creada el 4/6/2003, para prestar servicios ambulatorios de salud en los barrios. En poco tiempo la cantidad de médicos integrales comunitarios venidos de Cuba alcanzaron una cifra de 20.000, la cual se siguió incrementando. Estos médicos, sobre todo en los primeros tiempos, vivían en viviendas humildes en los cerros y sus servicios, que guardaban poca relación con la medicina moderna, fue-

---

de la Guardia Nacional (www.poderpopulargn.mil.ve/view/documentoShow.php?id=16-12k-En caché) y, además, publicada en forma de libro (Martha Harnecker (edit.): *Intervenciones del Presidente de la República el día 12 de noviembre de 2004 en la reunión sostenida con gobernadores y alcaldes en el Teatro de la Academia Militar*, Caracas, 2004).

[56] Ingrid Jiménez Monsalve: "Autoritarismo electoral en Venezuela", *Revista Memoria Política*, Vol. 1, N° 1, Valencia, 2012, p. 97.

ron muy apreciados por los pobladores. El gobierno venezolana pagaba (y paga) al gobierno de Cuba una importante cantidad de dólares por estos servicios, de la cual los médicos reciben una mensualidad modesta. Estos no tienen con el gobierno nacional una relación laboral ni de empleo público ni pueden acudir a los organismos y tribunales encargados de proteger a los trabajadores en caso de incumplimiento de los empleadores. Esta misión se ramificó en la Misión Barrio Adentro Deportivo, para lo cual trajeron entrenadores deportivos de Cuba; luego se creó la Misión Milagro, para trasladar a Cuba personas para ser operadas de cataratas; la Misión Robinson, para enseñar a leer y a escribir, con la innovación de que los que se inscribían para estos fines recibían un estipendio mensual, lo que hizo que proliferaran las inscripciones, incluso de personas que habían cursado varios años de educación primaria; la Misión Rivas, para dotar de títulos de bachiller a quienes no lo tenían; la Misión Sucre, para proveer de cupos en la educación superior a los bachilleres de menores recursos; la Misión Mercal, para poner al alcance de los más desposeídos los alimentos a precios subsidiados, y varias más. Algunas de estas misiones fueron decayendo con el tiempo, mientras que otras, como la Mercal, fueron adquiriendo una importancia creciente en la medida en que la inflación hizo más difícil la adquisición de alimentos. En general, las misiones son programas creados sin una previa planificación y han funcionado desvinculadas de los organismos permanentes, con un rendimiento que tiene poca relación con su elevado costo, pero aún así generalmente los usuarios han agradecido los servicios que prestan. En el caso de la misión Barrio Adentro, el gobierno se centró en la atención ambulatoria y descuidó totalmente los servicios hospitalarios, de modo que cuando los módulos de Barrio Adentro comenzaron a ser abandonados los pacientes quedaron sin la requerida atención a la salud. Por otra parte, la desmejora de los servicios de medicina científica y de las condiciones de trabajo de los médicos nacionales hizo que se potenciara la fuga de estos profesionales al exterior, en perjuicio de los pacientes.

El otro aspecto, y sobre el cual volveremos luego, fue el de la creación de fondos paralelos al presupuesto. Todo comenzó cuando el Presidente de la República solicitó al Banco Central de Venezuela "un millardito" de dólares de las reservas excedentes para invertirlos en programas de desarrollo agrícola. El organismo regulador del circulante monetario no podía atender tal pedimento porque se lo impedía el artículo 320 de la Constitución, según el cual "el Banco Central de Venezuela no estará subordinado a directivas del Poder ejecutivo y no podrá convalidar o financiar políticas fiscales deficitarias". Pero sobre todo, porque si lo hacía se estaría ejecutando una acción que elevaría las presiones inflacionarias, que el Banco estaba obligado a contener. En efecto, el Banco Central tenía esas divisas porque había pagado su contravalor en bolívares al ente que las generaba (generalmente PDVSA), si se las entregaba al Ejecutivo gratuitamente, este tendría que vendérselas nuevamente al Banco, de modo que por unas mismas divisas el gobierno estaba recibiendo dos veces su valor en moneda nacional, lo que equivalía a crear una masa inorgánica de bolívares, esto es, a imprimir billetes sin respaldo. El 9 de enero de 2004, la Asamblea Nacional aprobó un acuerdo para exhortar al Banco Central a conceder lo solicitado por el Presidente, ante lo cual el Banco accedió. Con ese dinero, PDVSA creó el Fondo de Desarrollo Económico y Social (FONDESPA), cuyo capital se duplicó al poco tiempo, y luego se decidió que esos 2.000 millones de dólares tendrían carácter de fondo rotatorio, es decir, que a medida que se gastaban los recursos se iban reponiendo. Seguidamente se creó el Fondo de Desarrollo Nacional (FONDEN), el cual se alimentaría con las "reservas excedentes" del Banco Central, a cuyo efecto se hizo una reforma de la Ley del Banco Central de Venezuela para establecer la figura de las "reservas excedentes", que son aquellas que sobrepasan el nivel adecuado de reservas que debe tener el Banco Central, nivel este que es estimado por el mismo Banco. También se nutre el FONDEN con las divisas que le transfiera PDVSA de las cantidades que no requiera utilizar de los fondos de divisas que se autoriza a crear en el artículo 113 de la reforma legal. En el Diario El Nacional del 6/3/2006, se informa que "El ministro de Finanzas reveló hace dos días que en el FONDEN se acumulan 8,3 millardos de dólares para financiar proyectos del Gobierno. Sin embargo, aclaró que esa cifra no incluye los 4 millardos de dólares que transferirá el Banco Central de Venezuela de las reservas internacionales y los 5 millardos de dólares que el ministro calcula enviará PDVSA al fondo ese año, con pagos semanales por el orden de 100 millones de dólares. Es decir, en total, este fondo que el Gobierno también administra manejará más de 17,3 millardos de dólares este año".[57] Por otra parte, en El Universal del 19/3/2006 se insertan las declaraciones del Director del Banco Central Domingo Maza Zabala, quien informa que "Este año se entregarían los $4,2 millardos de acuerdo con la interpretación de la ley en cuanto a reservas excedentarias. Explicó que si bien no comparte el criterio de reservas excedentarias, la legislación ha establecido esa figura" (p. 2-2).

Seguidamente el gobierno siguió creando nuevos fondos como el Fondo Miranda, el Fondo Simón Bolívar, el Fondo Chino. Todos esos fondos tienen en común que son recursos del Estado que no ingresan al Tesoro Nacional, como lo exige la Constitución, que son gastados sin la autorización por vía presupuestaria y sin ningún tipo de control, además de que se

---

[57] http://www.el-nacional.com/Articulos/DetalleArticulo.asp?Id=76897&IdSeccion =177

gestionan con total ausencia de transparencia, hasta el punto de que constituyen cajas negras en el manejo de las finanzas públicas, con el agravante de que su monto llega a superar al presupuesto del Estado, lo que permite el ventajismo electoral y la corrupción administrativa y desata la inflación. A ello se agrega que, en la medida en que las fuentes originales de financiamiento comienzan a decrecer, se permite que los fondos mencionados contraten empréstitos sin pasar por la autorización por ley de la Asamblea Nacional, en violación de lo dispuesto en la Constitución de la República.

n) CONFUSIÓN ENTRE LA FUNCIÓN PÚBLICA Y LA FUNCIÓN PARTIDISTA

Desde el primer momento del régimen chavista se rompe la barrera que existía entre la actividad partidista y el ejercicio de funciones públicas, cuando Chávez, siendo Presidente de la República, es designado presidente del Partido MVR. A ello sigue la creación de los llamados "factores bolivarianos", que son organizaciones que, al mismo tiempo, cumplen funciones partidistas y son considerados como organismos públicos a los efectos del financiamiento de sus actividades con recursos estatales y a la capacidad de recibir transferencias de servicios del Poder Público. Estas innovaciones son violatorias del orden constitucional y legal. En efecto, en Constitución de 1999, siguiendo a la de 1961, se consagró que "Los funcionarios públicos y funcionarias públicas están al servicio del Estado y no de parcialidad alguna" (art. 145); en la Ley del Estatuto de la Función Pública, del 13/11/2001, se prohíbe a los funcionarios públicos: "Realizar propaganda, coacción política u ostentar distintivos que los acrediten como miembros de un partido político, todo ello en el ejercicio de sus funciones" (art. 40,2), y en la Ley contra la Corrupción se contempla que "El funcionario público que abusando de sus funciones, utilice su cargo para favorecer o perjudicar electoralmente a un candidato, grupo, partido o movimiento político, será sancionado con prisión de un (1) año a tres (3) años" (art. 68).

No obstante, se comienza por crear los Círculos Bolivarianos[58] que según la información gubernamental "son grupos organizados, conformados por el pueblo en un número variable que puede oscilar entre siete (07) a once (11) personas, las cuales se reúnen para discutir los problemas de su comunidad y canalizarlos a través del organismo competente, para buscar su pronta solución, basándose en lo consagrado en la Constitución Nacional de la República Bolivariana de Venezuela", y que tienen entre

---

[58] Véase: Raúl Arrieta Cuevas: *Círculos Bolivarianos. La democracia participativa según Chávez*, Veporlibertad, Caracas, agosto de 2003.

sus tareas fundamentales la de "Ser parte de los nuevos sujetos de descentralización que la ley contempla a nivel de las parroquias, las comunidades, los barrios y vecindades a los fines de garantizar el principio de corresponsabilidad en la gestión pública de los gobiernos locales y estadales"[59]. Estos "círculos Bolivarianos" –hoy venidos a menos–, en sus inicios pretendieron cumplir un papel similar al de los Comités de Defensa de la Revolución en Cuba, y su inclusión en la organización estatal se evidencia de informaciones oficiales, en las que se señala, por ejemplo, que "El máximo dirigente de los Círculos Bolivarianos será el Presidente de la República Bolivariana de Venezuela. La sede a nivel nacional e internacional en donde se llevarán los registros en lo que respecta a los Círculos Bolivarianos será el Palacio de Miraflores".[60]

La identificación de estructuras partidistas y administrativas también se observa en el caso de la Unidad de Batalla Electoral (UBE), que se define oficialmente como "la organización de base de todas las fuerzas bolivarianas para implementar la estrategia electoral en la comunidad, que opera en una zona de batalla electoral entendida como un área geográfica variable delimitada en torno al centro de votación. Próximamente se determinará el mapa exacto de cada una de dichas zonas. Se integran a la misma todos los factores bolivarianos (misiones, Partidos Políticos y Movimientos Sociales, Frentes Estudiantiles y Juveniles, Organizaciones Comunitarias, etc.)"[61]

Pues bien, en la alocución dirigida por el Presidente de la República a líderes partidistas y altos funcionarios del gobierno en el Teatro de la Academia Militar los días 12 y 13 de noviembre de 2004, a que antes nos referimos, aquél expresó que: "Volviendo a la estructura social que brotó de la batalla de Santa Inés, no permitamos que se la lleve el viento, vamos a estructurarla ya, ahora mismo, con amplitud, con mucho liderazgo. Los comités de salud que están en torno a Barrio Adentro, las unidades de batalla, ahora vamos a llamarla endógenas, unidades de batalla endógenas. Hay que transformar las unidades de batalla electorales en unidades de batallas endógenas. En aquellos estados donde va haber referendo revocatorio contra diputados de oposición deben mantener carácter electoral hasta que terminen ese proceso en diciembre, pero esos son una minoría, no es la mayoría. Y las patrullas conectadas por cierto con las UBE's, las cooperativas, los estudiantes de las misiones. En eso tienen un papel muy importante que jugar los alcaldes, los líderes políticos, los partidos, los

---

[59] http://portal.gobiernoenlinea.ve/cartelera/CirculosBolivarianos.html
[60] http://portal.gobiernoenlinea.ve/cartelera/RequisitosConformarCB.pdf
[61] http://www.gobiernoenlinea.ve/misceláneas/maisanta/maisanta8.html

gobernadores".⁶² Esa transformación se produjo y en tal sentido se expresa en la página web del Ministerio de Comunicación e Información que "Originadas como grupos de campaña del gobierno bajo el marco del referéndum presidencial, las Unidades de Batalla Endógena contribuyen en mejorar, a pasos agigantados, la calidad de vida de las personas que habitan los barrios venezolanos. Establecidas en cada una de las parroquias del país, estas organizaciones de base son punta de lanza de la democracia participativa y protagónica de la Venezuela bolivariana".⁶³

Por otra parte, debemos señalar que, ante la proximidad del proceso comicial, las UBE recuperan la finalidad electoral que tenían antes. En efecto, en Internet se informa que "Correctamente el presidente Chávez planteó este jueves en un acto de celebración de 7 años de revolución que para ganar las elecciones presidenciales de diciembre hay que reactivar las UBE's, Unidades de Batalla Electoral, para organizar a la población y empezando a montarlas desde ahora. De hecho ha llamado a organizar una batalla de Santa Inés 2", que "Estas UBE's no deben quedarse en el terreno electoral, es necesario que se conviertan en la estructura estatal alternativa al actual estado de la V Republica" y que "Estas unidades de batalla electoral UBE's deben servir como unidades de batalla por el socialismo, UBS, antes y después de las elecciones de diciembre."⁶⁴

Como puede verse, desde los inicios del régimen actual hay una tendencia a borrar los linderos entre lo público y lo partidista, lo cual se observa, por ejemplo, con ocasión de la campaña para elegir al Presidente de la República, en diciembre de 2006, cuando el Ministro de Energía y Petróleo y Presidente de la empresa estatal petrolera, expuso, unas semanas antes, en una asamblea de funcionarios del sector, que "la nueva PDVSA es roja, rojita, de arriba abajo", y que "Aquí estamos apoyando a Chávez, que es nuestro líder, que es el líder máximo de ésta Revolución, y vamos a hacer todo lo que tengamos que hacer para apoyar a nuestro Presidente, y el que no se sienta cómodo con esa orientación, es necesario que le ceda su puesto a un bolivariano".⁶⁵ De inmediato el Presidente pro-

---

⁶² http://www.emancipacion.org/descargas/El_nuevo_mapa_estrategico.pdf
⁶³ http://www.mci.gob.ve/boletinespanol.asp?param=71
⁶⁴ http://backgammon1.spaces.live.com/?_c11_BlogPart_FullView=1&_c11_Blog-
Part_BlogPart=blogview&_c=BlogPart&partqs=amonth%3D2%26ayear%3D 2006
⁶⁵ El discurso fue grabado clandestinamente y publicado en la televisión y en Internet. El texto completo de la trascripción puede verse en: http://blogs.periodistadigital.com/xmlsrv/atom.php?blog=259. Véase también: http://ruiontheherald.blogspot.com/2006/11/chavistas-dicen-que-Pdvsa-es-de-ellos.html

puso concederle al ministro "el premio nobel de la publicidad por la frase PDVSA es roja rojita", y agregó: "¿Qué dirían si me oyeran hablándole a los militares, qué dirían si oyeran a los comandantes hablándole a sus soldados?"[66] El 4/11/2006, el Presidente, en un encuentro con trabajadores petroleros del Estado Anzoátegui, saludó la postura del ministro Ramírez y aseguró que Pdvsa no es la única institución roja, rojita en el país y expresó que "La Fuerza Armada venezolana es roja rojita también, y cada día lo será más. La Fuerza Armada es cada día más bolivariana y revolucionaria. Cada día Venezuela será más roja rojita, más bolivariana, patriótica y socialista, porque ese es el camino de la salvación del ser humano".[67]

o) EL USO DE "LAS MOROCHAS" Y ABSTENCIÓN DE LA OPOSICIÓN EN LAS ELECCIONES PARLAMENTARIAS DE 2005

Ante la proximidad de las elecciones parlamentarias a realizarse en diciembre de 2005, se suscitó el tema de las llamadas "Morochas". En el sistema electoral venezolano aplicable a los cuerpos deliberantes, los votos lista que obtienen las agrupaciones o asociaciones políticas determinan el número de escaños que le corresponde a cada una de ellas, pero de ese cupo se les restan los puestos que hayan obtenido en las circunscripciones nominales. La sustracción de los cargos nominales es de la esencia de nuestro sistema electoral, porque es la única manera de mantener su integridad, pues de lo contrario éste se convertiría en dos sistemas contradictorios yuxtapuestos y se violaría el principio de la representación proporcional que garantiza la Constitución. No obstante, para las elecciones parlamentarias del 30 de julio de 2000, el grupo político dirigido en el Estado Yaracuy por el entonces gobernador Lapi encontró una fórmula para evitar la sustracción de votos: consistió en organizar dos agrupaciones políticas diferentes, de las cuales una postuló para la lista y la otra para los circuitos y en desatar una intensa campaña para votar por "Las Morochas de Lapy". Por tratarse formalmente de dos agrupaciones diferentes, entonces los escaños que obtenía la Morocha N° 1 en los circuitos, no se sustraerían de los que corresponderían a la lista que había postulado la Morocha N° 2. Como consecuencia de esta maniobra, la Morocha N° 1 obtuvo el triunfo en las tres circunscripciones del Estado para la Asamblea Nacional, y, además, con el 40,79% de los votos que obtuvo la lista de la Morocha N° 2, se le adjudicó uno de los dos diputados de la representa-

---

[66] http://www.eluniversal.com/2006/11/08/elecc_art_61965.shtml; http://ipsnoticias.net/nota.asp?idnews=39266

[67] http://soc.culture.venezuela.narkive.com/QcOeQ42y/seria-advertencia-de-hugo-para-bush

ción proporcional, los cuales se sumaron a los tres ganados en los circuitos. De allí que, las Morochas de Lapy, con el 40,79 % de los votos lista –que según antes dijimos son los que determinan la cuota de representantes que, en total, corresponden a las organizaciones políticas o a las alianzas electorales en la entidad federal–, obtienen 4 diputados, es decir, el 80 % de los puestos a elegir, mientras el Movimiento V República, con el 40% de los votos obtiene sólo un diputado (el 20% de los escaños a elegir), y los demás partidos ninguno, en violación al principio constitucional de la representación proporcional. El 11 de agosto de 2000, el ciudadano Juan José Rachadell, candidato a diputado a la Asamblea Nacional en esa elección, impugnó la totalización y adjudicación efectuada con los siguientes argumentos:

...la legislación electoral vigente no prohíbe que una organización política efectúe postulaciones únicamente para la elección nominal, ni tampoco que otra presente sus postulaciones exclusivamente para la elección por lista. Desde este punto de vista, la actuación de las MOROCHAS DE LAPY, formalmente, se ha ceñido a la legislación electoral. Pero visto el procedimiento en su conjunto, se evidencia que se trata de una manipulación para evitar las consecuencias legalmente previstas, como es que los puestos obtenidos en las circunscripciones nominales por los votos emitidos a favor de las organizaciones que conforman una unidad, como son las MOROCHAS DE LAPY, se resten de la cuota de escaños que les corresponden según el voto lista, todo ello con el fin de obtener una representación electoral superior a la que les corresponde por las normas vigentes.

Lo que evidencia que se trata de organizaciones políticas que conforman una unidad –y por ello se pone de manifiesto el fraude a la ley– es precisamente el llamado que hace el Gobernador Lapi para votar por sus MOROCHAS en la forma que se indica en la propaganda electoral: un voto nominal por la organización LAPY y un voto lista por CONVERGENCIA. La asignación a los electores de dos votos (uno nominal y otro por lista) tiene por finalidad conciliar los principios constitucionales de elección personalizada con la representación proporcional, y en ningún caso para que sean utilizados para obtener una doble representación, como ha resultado en el caso que examinamos. De allí que, en este caso, manteniéndose una apariencia formal de legalidad, se infringen los principios consagrados en la Constitución y en la legislación electoral, lo cual es característico del FRAUDE A LA LEY.

Las situaciones que configuran el FRAUDE A LA LEY han sido ampliamente estudiadas en la doctrina. Para no abundar demasiado sobre los rasgos que caracterizan a dicha figura, nos limitaremos a citar, en primer lugar, al jurista español Alberto Sols Lucía, quien señala que el fraude a la ley fue calificado por la doctrina francesa *"comme le loup revêtu de la peau de l'agneau"* (el lobo recubierto de la piel de cordero)...

Después de extenderse sobre el concepto y las características del fraude a la ley, el recurrente solicitó, con fundamento en el artículo 293 de la Constitución que garantiza la aplicación de los principios de representación proporcional y personalización del sufragio, la nulidad del Acta de Totalización, Adjudicación y Proclamación de diputados a la Asamblea Nacional que había realizado la Junta Regional Electoral del Estado Yaracuy, y que se totalizaran nuevamente los votos considerando las organizaciones políticas LAPY y CONVERGENCIA (las MOROCHAS DE LAPY) como una sola organización política, con sujeción a la legislación vigente. En la resolución del caso, el Consejo Nacional Electoral otorgó prevalencia al aspecto formal y decidió que "no puede este organismo electoral considerar y establecer que las referidas agrupaciones con fines políticos se refieren a una sola, como pretende el recurrente, pues es evidente que en este organismo electoral reposa el registro individual de cada una de ellas como entes de participación electoral totalmente distintas una de otra".[68]

Con este precedente, para las elecciones de representantes a los Consejos Legislativos de los Estados, a realizarse el 31 de octubre de 2004, el oficialismo presentó postulaciones con dos organizaciones políticas: el Movimiento V República (MVR) y la Unidad de Vencedores Electorales (UVE), este último constituido expresamente con el objetivo de conformar unas "Morochas". El resultado fue que ambos partidos, con apenas el 36,8% de los votos, obtuvieron el 61% de los cargos.[69] Para la elección de diputados a la Asamblea Nacional, a realizarse el 4 de diciembre de 2005, las organizaciones políticas oficialistas manifestaron, antes de iniciarse el proceso de postulaciones, la disposición que tenían de acudir nuevamente al mecanismo de "Las Morochas", ante lo cual los ciudadanos Jesús Manuel Méndez Quijada y Henry Ramos Allup, actuando con el carácter respectivo de Presidente y Secretario General del partido político Acción Democrática, interpusieron ante la Sala Constitucional del TSJ, acción de amparo constitucional contra "la amenaza de violación de los derechos establecidos en los artículos 62, 63, 67 y 293 de la Constitución de la República Bolivariana de Venezuela, por parte del Consejo Nacional Electoral (CNE) y de las demás autoridades electorales, desde que en el inmi-

---

[68] Véase *Gaceta Electoral de la República Bolivariana de Venezuela* N° 103, exp. 39, pp. 22 y ss.

[69] Véase: http://www.analitica.com/va/politica/opinion/4487125.asp

nente proceso de postulación de candidatos a diputados a la Asamblea Nacional se continuará practicando el sistema de postulación conocido como 'las morochas', que representa una clara violación de esos derechos y un fraude a la Constitución". En su decisión del 27 de octubre de 2005, la Sala sentenció que "Sobre la petición del accionante de aplicar el control concentrado la Sala destaca que esto es propio de una acción de nulidad por inconstitucionalidad y en consecuencia tratándose la presente de una acción de amparo se declara improcedente la solicitud".

Faltando unos días para la realización de los comicios, los partidos de la oposición anunciaron su disposición de retirarse del proceso electoral e hicieron un llamado a sus militantes para que se abstuvieran de votar en esas elecciones, con el argumento de que no estaba garantizada la imparcialidad de la organización electoral. Por ello, los partidos oficialistas obtuvieron el 100% de los escaños a elegir para la Asamblea Nacional, con una abstención del 75% de los electores inscritos para votar. De esta forma, se conformó una Asamblea Nacional monocolor, que es lo más alejado de los principios de participación política y de representación proporcional de las opciones políticas que postula la Constitución.

p) MÁS ENFRENTAMIENTOS Y FIN DEL PERÍODO

Diversos hechos contribuyeron a intensificar la polarización y los enfrentamientos en los meses siguientes:

En primer lugar, el 17 de noviembre de 2004 muere en un atentado con explosivos el fiscal Danilo Anderson, responsable de investigaciones sobre los autores del golpe de Estado de abril de 2002 y de la mayor parte de los casos con incidencia política, como el de las personas que firmaron el respaldo al Decreto de Pedro Carmona. De inmediato importantes personeros del régimen hacen recaer la responsabilidad en factores de la oposición, se captura a tres personas como presuntos autores materiales y dos ciudadanos resultan muertos. Se inician las investigaciones bajo la premisa de que los autores intelectuales era empresarios y periodistas de oposición, se le da mucha publicidad a las declaraciones de un "testigo estrella", pero al poco tiempo se evidencia que este no decía la verdad y que las cosas no eran como parecían y un manto de silencio cae sobre el caso hasta el día de hoy.

Las elecciones regionales y locales que debían realizarse a fines de septiembre de 2004 fueron pospuestas por el CNE para el 31 de octubre de ese año. De esos comicios salió fortalecido el gobierno, quien ganó 22 de las 24 gobernaciones y 270 Alcaldías de 335. La abstención fue alta y abundaron las acusaciones de ventajismo y fraude en el proceso.

En 20 de marzo de 2005 Chávez advierte de una posible invasión militar de Estados Unidos a su país y anuncia que la reserva militar pasa a depender directamente de la Presidencia de la República; el 23 de abril siguiente, Chávez ordena el retiro de los militares de EE UU de los cuarteles venezolanos y pone fin al programa bilateral de intercambio militar que venía desde 1951.[70]

Luego de ser ratificado en el cargo de Presidente, a partir de 2005 Chávez ordenó, con fundamento en la Ley de Tierras aprobada en el 2002, la expropiación de latifundios y tierras aparentemente improductivas, "para dársela a quien la quiera trabajar, por la seguridad alimentaria y para profundizar la revolución",[71] generalmente sin reconocer el pago de bienhechurías y siempre sin aceptar los efectos de la prescripción adquisitiva sobre tierras baldías. Sobre el tema de las expropiaciones volveremos más adelante.

En agosto de 2006 se formalizan las principales candidaturas para la elección presidencial que tendría lugar a fines de ese año. De un lado, Chávez aspirante a la reelección, del otro, Manuel Rosales, Gobernador del Estado Zulia, apoyado por 41 partidos opositores. Las elecciones las gana Chávez con el 62% de los votos y el 10 de enero toma posesión del cargo para el período 2007-2013. Como presidente electo, Chávez anuncia el 15 de diciembre su disposición de crear un partido único de respaldo a su gobierno, con el nombre de Partido Socialista Unido de Venezuela (PSUV), con lo que desaparecería el Movimiento V República (MVR) y se sumarían a la nueva organización otros partidos que apoyaban su proyecto revolucionario, lo cual por cierto no llegó a realizarse porque esos partidos mantuvieron su autonomía formal.

g) LAS OBRA PÚBLICAS DEL GOBIERNO EN EL SEPTENIO

Siguiendo la relación que hace el ingeniero Eduardo Páez Pumar sobre las obras públicas construidas en Venezuela desde 1958 hasta 2012, en lo que corresponde al gobierno de Chávez entre el período transitorio y su primer período de gobierno, es decir, entre 1999 y 2006, ambos inclusive, encontramos esta información: en la etapa que examinamos no hubo plan de obras públicas y no se construyó ningún embalse, apenas se reparó el embalse de El Guapo, que había sido destruido por las intensas lluvias de 1999, las mismas que causaron el deslave en el Estado Vargas. En estos

---

[70] http://www.noticias24.com/venezuela/noticia/101551/cronologia-venezuela-recuerda-diez-anos-del-golpe-de-estado-de-abril-contra-chavez/

[71] http://chavezvive.com/hugo-chavezexpropiacion-de-latifundios/

ocho años se inauguraron las plantas termoeléctricas Termozulia I en Zulia, Termobarrancas I en Barinas, Argimiro Gabaldón – Palavecino en Lara, Pedro Camejo en Carabobo, Ureña en Táchira, y la Planta Hidroeléctica Caruachi en Bolívar. Las principales edificaciones hospitalarias fueron los Hospitales José María Vargas en Valencia, Especialidades Pediátricas en Maracaibo, Agustín R. Zubillán en Barquisimeto, Materno Infantil Samuel Darío Maldonado en Barinas y Cardiológico Infantil en Caracas. Las obras viales más importantes fueron: autopista José Antonio Páez (tramo Ospino – Avispero), autopìsta Gran Mariscal de Ayacucho (tramos Chuspita – Caucagua, Caucagua – Higuerote y El Tacal – Plan de la Mesa), Distribuidor El Peñón – El Tacal, autopista Barcelona – Ciudad Bolívar (tramo Cantaura – El Tigre), II Puente sobre el Orinoco (Puente Orinokia), carretera Distribuidor La Viuda (El Tigre) – Distribuidor Palital – Puente Orinokia, carretera Distribuidor Los Pozos (Maturín) – Distribuidor Palital, Empalme Puente Orinokia con Distribuidor Ciudad Bolívar, Distribuidores Palital, La Viuda, Los Pozos, Ciudad Bolívar y el puente sobre el río Morichal Largo. Se construyeron o ampliaron los polideportivos de Pueblo Nuevo en Puerto La Cruz, Maturín, Mérida, Barquisimeto y Barinas. Entran en operación los tramos de la Línea 4: Capuchinos – Zona Rental en agosto 2006 y El Valle – La Rinconada en octubre 2006 y de la Línea 3: El Valle – La Rinconada. Entran en operación también el primer tramo del Metro de los Teques y el Ferrocarril del Tuy (tamo La Rinconada – Charallave – Cúa). Se construye el edificio sede del Sistema Nacional de Orquestas Juveniles de Venezuela (Centro Nacional de Acción Social para la Música de Caracas). En este septenio el sector público construye 231.383 viviendas y el sector privado 103.079 viviendas.

C. SEGUNDO PERÍODO DE CHÁVEZ (2007-2013)

Desde el inicio de su segundo período Chávez viene dispuesto a introducir cambios radicales en la estructura y funcionamiento del Estado venezolano. El 8 de enero, toma juramento a su gabinete y anuncia que se nacionalizará "todo lo que ha sido privatizado". El 1° de mayo siguiente, el gobierno acomete el proceso de nacionalizaciones, comenzando por tomar el control operativo de las actividades primarias relacionadas con los hidrocarburos en la Faja del Orinoco (centro del país), las cuales se encomiendan a PDVSA.

Chávez sabía que, para el cumplimiento de sus planes de montar un nuevo Estado centralista, socialista, personalista, autoritario y con reelección indefinida, el marco constitucional establecido en 1999 no le servía. Por eso trata, en primer lugar, de hacer aprobar una reforma profunda de la Constitución, de la manera que examinaremos seguidamente, y comienza por acudir a la figura de los motores constituyentes.

a) LOS MOTORES CONSTITUYENTES

El 10 de enero de 2007, el teniente coronel (r) Hugo Chávez pronunció un discurso ante la Asamblea Nacional con ocasión de su tercera juramentación como Presidente de la República, esta vez para el período 2007-2013, y en esta oportunidad anunció, alentado por la contundencia de su triunfo, además de su propósito de consagrar en la Constitución la reelección indefinida del Presidente, el inicio de una nueva etapa en el proceso revolucionario, caracterizada por la profundización y radicalización de las medidas para instaurar el "socialismo del siglo XXI". A estos fines, se refirió Chávez en su alocución a los cinco motores constituyentes de la Revolución, en la siguiente forma:

El primer motor sería la propuesta de Ley Habilitante ("ley de leyes revolucionarias, madre de leyes"), que permitiría al Ejecutivo legislar sobre las materias necesarias para adelantar los cambios hacia el socialismo.

Como segundo motor se refirió a "la reforma integral y profunda de nuestra Constitución", para lo cual designaría una comisión encargada de preparar el proyecto. En este aspecto el Presidente se preguntó: "¿Es que Venezuela necesariamente debe estar dividida políticamente, territorialmente como está?" Y se respondió: "Hay otros modos de organización territorial. Yo diría que a nivel de estados la situación no es grave, pero donde sí es grave...es a nivel municipal...Esa es la Cuarta República viva, burocracia, corrupción, ineficiencia...está intacto el modelo, cambiémoslo...Hay que llevar a nivel constitucional al Poder Comunal...y no llamarlo el sexto poder ¡No!...Ese debe ser el primer poder".[72]

El tercer motor de la revolución es "la jornada nacional denominada Moral y Luces, que comprende una campaña de educación moral, económica, política y social que va más allá de las escuelas, pues estará presente en los talleres, en los campos, en los núcleos endógenos y demás entes populares".[73] En realidad, este motor se refería a la implantación de un modelo educativo y propagandístico basado en las ideas del Che Guevara sobre "el hombre nuevo".

El cuarto motor, según Chávez, sería la nueva geometría del poder, "integrado por la nueva manera de distribuir los poderes político, económico, social y militar sobre el espacio nacional". A estos fines se refirió al

---

[72] El Universal, Caracas 13 de enero de 2007, p. 2-3.
[73] *Ibídem*

propósito de "revisar la distribución político-territorial del país y generar la construcción de sistemas de ciudades y de territorios federales", lo que "representa una innovación en la búsqueda de una forma que se adapte mucho más a nuestra realidad y a nuestras aspiraciones." En esa oportunidad expresó el Presidente que "Sobre ese territorio federal concentraríamos todo el esfuerzo político, económico, social, para ir transitando el camino hacia una ciudad comunal, luego ciudades socialistas donde no haga falta juntas parroquiales ni alcaldías, sino poder comunal".[74]

Por último, se refirió a la explosión revolucionaria del poder comunal como quinto motor constituyente, el cual, según el mandatario nacional, "tiene mayor fuerza y dependerá del éxito de los anteriores ejes revolucionarios de esta nueva era de la administración pública".[75]

Durante el acto de juramentación Chávez concluyó su discurso con la frase "Patria, socialismo o muerte, venceremos".[76] A partir de ese momento, parlamentarios, funcionarios públicos y, sobre todo, militares se consideraron obligados a utilizar ese lema, que se inspira en uno parecido de la Revolución Cubana.

Nos referiremos seguidamente a las principales acciones emprendidas por el gobierno para imponer su proyecto "socialista".

b) LA LEY HABILITANTE DE 2007

En ejecución de los anuncios antes expuestos, comenzó Chávez por hacer una solicitud a la Asamblea Nacional de una ley habilitante, que le permitiera dictar decretos leyes, a lo cual el órgano legislativo respondió solícitamente. En efecto, 20 días después la Ley Habilitante había sido sancionada y se habían otorgado al Presidente once ámbitos de legislación (con incorporación de algunos que no habían sido pedidos), redactados en la forma más amplia posible, para permitirle dictar decretos leyes, incluso de carácter orgánico, sobre cualquier aspecto que considerara conveniente, durante los próximos 18 meses, contados a partir de publicación. Este plazo debía permitir al Presidente legislar antes y después de la reforma constitucional en proyecto, la cual se daba por aprobada dada la amplia mayoría que había votado en favor de la reelección de Chávez. Bajo este supuesto, el Presidente comenzó a dictar decretos leyes sin preocuparse de que carecieran de sustentación en la Ley Fundamental vigente, toda vez que las nuevas normas de la Constitución les daría la base necesaria. Nos

---

[74] El Universal, Caracas. 11 de enero de 2007, p. 1-2.
[75] El Universal, Caracas. 13 de enero de 2007, p. 1-2.
[76] Diario El Universal, Caracas 13 de enero de 2007.

referiremos en este momento a los primeros decretos leyes publicados con fundamento en la delegación a que nos referimos.

En primer lugar, el 21/2/2007 apareció publicado en la *Gaceta Oficial* el Decreto N° 5197, con Rango, Valor y Fuerza de Ley Especial de Defensa Popular contra el Acaparamiento, la Especulación, el Boicot y cualquier otra conducta que afecte el Consumo de los Alimentos o Productos sometidos a Control de Precios, en el cual, entre otros aspectos, se declara que son servicios públicos esenciales las actividades de producción, fabricación, importación, acopio, transporte, distribución y comercialización de alimentos o productos sometidos a control de precios, y que ese servicio debe ser prestado en forma continua, regular, eficaz, eficiente, ininterrumpida, en atención a la satisfacción de las necesidades colectivas, y en caso de no hacerse así se dota al Ejecutivo de facultades para declarar el comiso, la confiscación y la ocupación de las empresas, sin indemnización alguna. De esta manera, actividades privadas que se realizan al amparo de la garantía de la libertad de industria y comercio, pasan a tener una subordinación al Estado como si fueran entes públicos, en violación también de la garantía de la propiedad privada.

En segundo lugar, el 6 de marzo del 2007, el Presidente, en ejercicio de las facultades que le otorgó la Ley Habilitante, promulgó el Decreto N° 5.229, con rango, valor y fuerza de ley, por el cual se dictó la Ley de Reconversión Monetaria, en cuyo artículo 1 se estableció que "A partir del 1° de enero de 2008, se reexpresa la unidad del sistema monetario de la República Bolivariana de Venezuela, en el equivalente a un mil bolívares actuales. El bolívar resultante de esta reconversión, continuará representándose con el símbolo "Bs.", siendo divisible en cien (100) céntimos. En consecuencia, todo importe expresado en moneda nacional antes de la citada fecha, deberá ser convertido a la nueva unidad, dividiendo entre 1.000, y llevado al céntimo más cercano". Chávez sintió la necesidad de adoptar esta medida ante el proceso acelerado de devaluación del bolívar que se había producido durante su gestión de gobierno, pues el bolívar había pasado de valer 573 bolívares por dólar norteamericano el 2 de febrero de 1999, fecha de toma de posesión de Chávez, hasta Bs. 1.600 por dólar el 5 de febrero de 2003, cuando se estableció el control de cambio en el país y se creó la Comisión de Administración de Divisas (CADIVI); el 9 de febrero de 2004 se devaluó la moneda y se estableció el cambio de Bs. 1.920 por dólar; y el 5 de marzo de 2005 se lleva el cambio a Bs. 2.150 por dólar, el cual se mantuvo hasta que se produjo la reconversión monetaria. La medida consistió en retirar tres (3) ceros al signo monetario, de modo que cuando la reforma entró en vigencia en la fecha indicada el dólar pasó a cotizarse a Bs. 2,15. Como entre el 1/1/2008 y el 31/12/2011 estaba permitida la circulación de monedas con la antigua y con la nueva denominación, a esta última se llamó "bolívar fuerte" y se representaba con la abreviación Bs.F. Por otra parte, a partir del primer día del año 2012 salieron de circulación los billetes de Bs. 50.000, Bs. 20.000, Bs. 10.000, Bs. 5.000 y Bs. 1.000, así como las monedas metálicas de Bs. 1.000, Bs. 500 y Bs. 100, Bs. 50, Bs. 20 y Bs. 10. Esta medida no tenía una significación práctica, como no fuera facilitar la contabilidad, pero desde el punto de vista psicológico creó en mucha gente la impresión de que se había fortalecido nuestro signo monetario frente al dólar.

En tercer lugar, mediante Decreto Ley N° 5.384, publicado en la *Gaceta Oficial* el 22/6/2007, el presidente dictó la Ley Orgánica de Creación de la Comisión Central de Planificación, en la que se desconoció la autonomía de los Estados y de los Municipios. Unos días antes, el Presidente se había referido en su programa "Aló Presidente" N° 286 al texto que se dictaría y había expresado que "Se acabó la autonomía de los entes del Estado, centralización, sobre todo en la planificación, luego en la ejecución ustedes ejecutan, pero resulta que aquí heredamos un estado descuartizado. Planificación centralizada por categoría globales por sectores, por macro-sectores."

Es oportuno recalcar que la Ley Habilitante había autorizado al Ejecutivo Nacional a utilizar los poderes de legislar que se le conferían por dicha la ley incluso después que se aprobara, si fuera el caso, la reforma constitucional en proyecto, por lo que la legislación delegada, supuestamente, completaría y desarrollaría el ordenamiento constitucional, lo que explica que el Presidente se hubiera referido a la ley de plenos poderes como un "motor constituyente". Diversas objeciones se le hicieron a esta ley en un estudio realizado por una comisión de profesores de Derecho Constitucional designado por el Consejo de la Facultad de Ciencias Jurídicas y Políticas de la Universidad Central de Venezuela, entre ellas que se había conferido una delegación condicionada, lo cual no está previsto en el texto constitucional.[77] En todo caso, nos referiremos ahora al proyecto de reforma constitucional para luego continuar con los decretos promulgados por delegación de la Asamblea Nacional.

c) EL PROYECTO DE REFORMA CONSTITUCIONAL

El 17 de enero de 2007, el Presidente de la República designó por decreto el Consejo Presidencial para la Reforma de la Constitución, el cual quedó integrado por la Presidente de la Asamblea Nacional, quién lo presidiría y por cinco diputados más, por la Presidenta del Tribunal Supremo de Justicia, quien actuaría como Secretaria Ejecutiva del Consejo; por el

---

[77] http://www.juri.ucv.ve/cambio_constitucional/index.html

Defensor del Pueblo, el Ministro del Poder Popular para el Trabajo y Seguridad Social, la Procuradora General de la República, el Fiscal General de la República, por un escrito y un abogado. Este Consejo fue designado con carácter temporal "para que se avoque (*sic*) al estudio y preparación de un anteproyecto de reforma constitucional que, sin modificar la estructura y principios fundamentales del texto constitucional, pueda convertirse en un instrumento idóneo para la obtención de los fines superiores del Estado, a través de la edificación de una serie de propuestas que permitan adaptar el texto constitucional al nuevo modelo basado en los cambios profundos que el pueblo reclama y en el nuevo orden económico, político y social para la República" (artículo 1).[78] Asimismo, se dispuso que "El Consejo Presidencial informará permanentemente al Presidente de la República sobre sus avances, los cuales se realizarán de conformidad con los lineamientos del Jefe del Estado **en estricta confidencialidad**" (art. 2, destacado nuestro).

Mientras el Consejo Presidencial realizaba su trabajo, el domingo 27 de mayo de 2007, a las 11:59 de la noche, se extinguía la señal de la estación Radio Caracas Televisión (RCTV), la más antigua del país. El 28 de diciembre del año anterior, Chávez había informado que no renovaría la concesión de RCTV a su vencimiento debido a la posición tomada por RCTV durante el golpe de Estado de 2002". En realidad, el cierre de RCTV se inserta dentro de la política de hegemonía comunicacional que adelanta el gobierno, tal como se ha evidenciado de un conjunto de hechos, a los cuales nos referiremos más adelante.

A mediados del mes de junio de 2007 se filtraron en la prensa nacional, especialmente en el diario *El Universal*, diversos documentos que contendrían las propuestas que el Consejo Presidencial para la Reformas Constitucional le hace al Presidente de la República,[79] divulgación esta que infringiría la cláusula de confidencialidad que limitaba la posibilidad de hacer públicas las hipótesis que se manejaban, antes del anuncio oficial del Presidente.

El 15 de agosto de 2007, el Presidente entregó a la Asamblea Nacional su Anteproyecto para la Primera Reforma constitucional (que una vez presentado se convierte en proyecto), acompañado de una Exposición de Motivos que llevaba el siguiente título: "Anteproyecto para la 1era. Reforma Constitucional. Propuesta del Presidente Hugo Chávez. Agosto de

---

[78] http://www.asambleanacional.gov.ve/ns2/noticia.asp?numn=10425
[79] El texto completo puede ser consultado en: http://www.eluniversal.com /2007/06/26/reformaconstitucional2.pdf

2007". En este documento se sintetiza el propósito de los 33 artículos de la reforma (pp. 4 y 5), así:

- Desmontar la superestructura que le da soporte a la producción capitalista, tanto en el plano constitucional y legal como en lo epistemológico y ético.
- Dejar atrás la democracia representativa para consolidar la democracia participativa y protagónica; donde se contemple la insurgencia del poder popular como hecho histórico necesario en la construcción de la sociedad socialista del Siglo XXI.
- Establecer un nuevo cuerpo normativo, filosófico y epistemológico que dé cuenta de las nuevas relaciones de los seres humanos con su entorno para la preservación de la vida en el planeta.
- Crear un enfoque socialista nuevo "a la venezolana", inventar, ingeniar, y construir de acuerdo a las enseñanzas de nuestros pueblos originarios, la afrovenezolanidad y el aporte cultural de nuestros próceres.
- Fomentar la pluripolaridad internacional que trascienda la polaridad de la hegemonía imperial existente, a través de nuevos esquemas de integración política que conduzcan a la construcción de nuevos bloques de Poder.
- Sentar las bases para la construcción de un nuevo modo de producción fundamentado en nuevas relaciones de producción, nuevas formas de propiedad, la democratización del capital que permita el control del poder popular en la producción y la distribución de los bienes y servicios.
- Inclusión del derecho fáctico de la propiedad social de todos los venezolanos y venezolanas, como forma de distribuir la riqueza colectiva de la nación incluyendo, en el proceso productivo a todos los sectores del país, haciendo uso razonable de los recursos naturales.
- Geometría del poder
- Continuidad presidencial

En la Asamblea Nacional el proyecto fue objeto de algunas modificaciones a las reformas propuestas por el Presidente y se agregaron 36 artículos más,[80] seguramente con la anuencia del Presidente. El proyecto finalmente aprobado por el órgano parlamentario fue entregado al Consejo

---

[80] Véase: Allan R. Brewer-Carías: "Estudio sobre el proyecto de Reforma Constitucional 2007" (Inconstitucional y fraudulentamente sancionado el por la Asamblea Nacional el 2-11-07), consultable en Internet.

Nacional Electoral para ser sometido a referendo, organizado en dos bloques, en la siguiente forma: en el bloque "A" se incluyeron los 33 artículos enviados por el Presidente, al cual se agregaron 13 artículos más, relacionados con la propuesta inicial, para llegar a 46 artículos. En el boque "B" se agruparon principalmente los 23 artículos surgidos de la discusión en la Asamblea Nacional, para llegar a un gran total de 69 artículos. Cada bloque sería votado por separado con la siguiente pregunta: ¿Aprueba usted el proyecto de Reforma Constitucional con sus Títulos, Capítulos, Disposiciones Transitorias, Derogatoria y Final, presentado en dos bloques y sancionado por la Asamblea Nacional, con la participación del pueblo y con base en la iniciativa del Presidente Hugo Chávez?

El referendo se realizó el 2 de diciembre de 2007 y tuvo el siguiente resultado, de acuerdo al segundo Boletín publicado por el Consejo Nacional electoral, contentivo del 94% de las Actas escrutadas: en el Bloque A, por la Opción SÍ 4.404.626 votos (49,34%); Opción NO 4.521.494 (50,65%). En el Bloque B, por la Opción Sí: 4.360.014 votos (48,99%); Opción NO 4.539.707 votos (51,01%). Abstención: 43,85%. Oficialmente, no fueron escrutadas casi 2.000 actas, lo que representa el 6% de las actas totales, es decir 200.000 electores. El reporte definitivo de la votación con el 100% de las actas no se ha publicado. La Presidenta del CNE declaró, al publicar el segundo Boletín que esos resultados eran irreversibles y al preguntarle sobre si estas Actas podrían modificar el resultado al representar teóricamente 200 mil electores, siendo la diferencia entre el SI y el NO de 116.868 votos, respondió que "Los 200 mil electores a los que se refiere es el total de ciudadanos habilitados para sufragar en las mesas que no han sido contabilizadas, y se infiere que el comportamiento de la abstención en estas mesas es similar al cómputo general que ubica la deserción de electores en 43,85%".[81] El 7 de diciembre Tibisay Lucena declaró que los resultados del segundo boletín, con 94% de las actas escrutadas, son los resultados finales.[82]

Como el proyecto fue negado por los electores, nos referiremos solamente a los aspectos más importantes del Estado que se pretendía establecer con esta reforma y que luego han sido impuestos por el régimen sin fundamento constitucional.

1. El Estado Socialista

En el Proyecto se incorpora un conjunto de declaraciones para evidenciar el propósito de "construir el socialismo venezolano como único ca-

---

[81] http://www.eluniversal.com/2007/12/08/imp_pol_art_cne-proclama-al-bloq_631111

[82] http://es.wikipedia.org/wiki/Refer%C3%A9ndum_constitucional_de_Venezuela_de_2007

mino a la redención de nuestro pueblo, a la salvación de nuestra patria y a la construcción de un nuevo mundo...", tal como se expresa en la exposición de motivos. La mención al propósito de establecer el socialismo se encuentran en los siguientes artículos del proyecto: 16, 70, 103, 112, 113, 158, 184.3, 299, 300, 318 y en las Disposiciones Transitorias Primera y Octava.[83] A este respecto se observa que el Presidente, al promulgar el decreto de nombramiento del Consejo para la Reforma Constitucional, había expresado que el anteproyecto se elaboraría "sin modificar la estructura y principios fundamentales del texto constitucional". Ello en virtud de que en el artículo 342 de la Constitución se establece que "La reforma constitucional tiene por objeto una revisión parcial de esta Constitución y la sustitución de una o varias de sus normas que no modifiquen la estructura y **principios fundamentales del texto constitucional**" (destacado nuestro). Ahora bien, en el Título I de la Constitución, PRINCIPIOS FUNDAMENTALES, se incluye la siguiente declaración: "Venezuela se constituye en un Estado democrático y social de Derecho y de Justicia, que propugna como valores superiores de su ordenamiento jurídico y de su actuación, la vida, la libertad, la justicia, la igualdad, la solidaridad, la democracia, la responsabilidad social y, en general, la preeminencia de los derechos humanos, la ética y **el pluralismo político**" (destacado nuestro). Con esta base, se incluyen en la Constitución normas como la contenida en el artículo 102, según la cual: "La educación es un servicio público y **está fundamentada en el respeto a todas las corrientes del pensamiento**, con la finalidad de desarrollar el potencial creativo de cada ser humano y el pleno ejercicio de su personalidad en una sociedad democrática basada en la valoración ética del trabajo y en la participación activa, consciente y solidaria en los procesos de transformación social, consustanciados con los valores de la identidad nacional y con una visión latinoamericana y universal" (destacado nuestro). De modo pues que la modificación de un principio fundamental de la Constitución, como es el del pluralismo político, no podía ser hecha mediante el procedimiento de la reforma constitucional, sino que requeriría que el pueblo convocara "una Asamblea Nacional Constituyente con el objeto de transformar el Estado, crear un nuevo ordenamiento jurídico y redactar una nueva Constitución" (art. 347). De allí se sigue que la pretensión de establecer el socialismo como ideología del Estado venezolano, tal como se dispone en el artículo 299 del proyecto donde se dispone que "El régimen socioeconómico de la República Bolivariana de Venezuela se fundamenta en los principios socialistas…", así como cualquier otra modificación de principios fundamenta-

---

[83] El texto completo del proyecto puede consultarse en: http://www.morochos.org/2007/11/documento-final-del-proyecto-de-reforma.html

les, como la que veremos luego sobre el principio del gobierno alternativo, no podía hacerse por una reforma constitucional como la intentada en 2007, porque se hubieran violado expresas normas de la Ley Fundamental. El criterio que expresamos es el mismo que sostuvieron los profesores de Derecho Constitucional Roberto Viciano Pastor y Rubén Martínez Dalmau, de la Universidad de Valencia, España, quienes fueron asesores del gobierno en la formulación de la Constitución de 1999, así: "Sobre la propuesta incitada por el Presidente y aprobada por la Asamblea Nacional, opinan que debió hacerse mediante Asamblea Constituyente, pues sus alcances sobrepasan los contemplados constitucionalmente para reformas y, de haberse aprobado, hubiese resultado en un texto constitucional con algunos grados de incoherencia".[84] En igual sentido se había pronunciado Brewer en su obra *"Estudio sobre el proyecto de REFORMA CONSTITUCIONAL 2007 (Inconstitucional y fraudulentamente sancionado por la Asamblea Nacional el 2-11-07)"*, antes citada.

La derrota que sufrió el proyecto en el referendo constitucional del 2D haría innecesario ahondar en este tema, pero la inclusión de otros principios fundamentales en el mismo proyecto de 2007 y, sobre todo, las actuaciones encaminadas a implantar los proyectos de reformas desechados, acudiendo luego a figuras inadecuadas como leyes y decretos leyes, nos obliga a volver sobre esta materia, lo cual haremos más adelante. Entretanto, parece conveniente indagar sobre lo que, en concreto, significa para el Presidente, los proyectistas de la reforma y la Asamblea Nacional la implantación del socialismo, y a estos efectos encontramos las normas en particular que exponemos seguidamente

En primer lugar, se amplía el ámbito de la economía pública por la introducción de disposiciones que permiten mayores reservas al Estado de actividades económicas que pueden hacerse por ley, para corregir un supuesto error en la Constitución vigente, que limita las posibilidades de reserva. Se incluye, pues, la posibilidad de que la República podrá asumir sectores de la producción agrícola, pecuaria, pesquera y acuícola indispensables a tal efecto, y podrá transferir su ejercicio a entes autónomos, empresas públicas y organizaciones sociales, cooperativas o comunitarias (art. 302). Sin embargo, no se determina cuál de las diversas figuras que se prevén en el ordenamiento jurídico son aplicables a las propiedades de los particulares que sean "asumidas" por el Estado: la ocupación, la expropiación, la confiscación o el comiso. Asimismo, esa ampliación se

---

[84] Luis E. Lander: "La reforma Constitucional y su Referendo", en la *Revista Venezolana de Economía y Ciencias Sociales*, volumen 14, N° 2, Caracas, agosto de 2008, publicado también en: http://www.scielo.org.ve/scielo.php?pid=S1315-64112008000200006&script=sci_arttext

produce por la introducción de una norma que servía de base para hacer ocupaciones previas de propiedad sin consignar el precio estimado. En todos estos casos lo que se pretendía era dar base constitucional a medidas gubernamentales que se venían ejecutando con desconocimiento de la garantía de la libertad de industria y comercio y del derecho de propiedad, lo que significaba implantar en la ley fundamental, para casos determinados, factores de inseguridad jurídica, que ya existían en la práctica.

En segundo lugar, se pretendía agregar a la propiedad privada (muy debilitada) y a la propiedad pública otras formas de propiedad como la propiedad social (directa e indirecta), la propiedad colectiva y la propiedad mixta. Estos conceptos resultan muy confusos, porque en lugar de referirse a los posibles titulares de la propiedad se pretende consagrar formas diversas de propiedad. Como ejemplo de lo afirmado podemos señalar que el Presidente de la República, en su discurso del 15/08/2007, de presentación del Proyecto de reforma ante la Asamblea Nacional, expresó que: "La indirecta por ejemplo Pdvsa, Pdvsa es propiedad social, pero, bueno, gestionada por el Estado, pero es de todos los ciudadanos", sin caer en cuenta que, con ese argumento, todas las propiedades del Estado son sociales. Más adelante se refiere Chávez a que la propiedad social directa se haría a través de figuras como el comodato, lo que revela es que no hay un tipo nuevo de propiedad. En igual sentido, la propiedad mixta no es una nueva forma de propiedad, sino la posibilidad de efectuar asociaciones entre entes públicos y personas particulares, sobre lo cual hay una larga experiencia en el país.

En tercer lugar, se establecen modificaciones con respecto a la propiedad privada como las siguientes: de un lado, se suprime el artículo 112, que en la Constitución de 1999 tiene el siguiente texto: "Todas las personas pueden dedicarse libremente a la actividad económica de su preferencia, sin más limitaciones que las previstas en esta Constitución y las que establezcan las leyes, por razones de desarrollo humano, seguridad, sanidad, protección del ambiente u otras de interés social. El Estado promoverá la iniciativa privada, garantizando la creación y justa distribución de la riqueza, así como la producción de bienes y servicios que satisfagan las necesidades de la población, la libertad de trabajo, empresa, comercio, industria, sin perjuicio de su facultad para dictar medidas para planificar, racionalizar y regular la economía e impulsar el desarrollo integral del país". De este modo se elimina el principio de la libertad económica. De otro lado, se prohíben los latifundios y se dispone que "La República determinará mediante Ley la forma en la cual los latifundios serán transferidos a la propiedad del Estado, o de los entes o empresas públicas, cooperativas, comunidades u organizaciones sociales capaces de administrar y hacer productivas las tierras" (art. 307). Sobre este aspecto, el Presidente expuso ante la Asamblea Nacional, al presentar el Proyecto, que "hay que recordar que el latifundio no es sólo aquella gran extensión ociosa, no, si usted tiene en tierras tipo 1 ó tipo 2, 100 hectáreas o 500 hectáreas ociosas eso es latifundio". En tal virtud, en la norma transcrita parecía consagrarse una forma de confiscación de las tierras –incluso de mediana extensión– que, por decisión administrativa discrecional, se considerasen como latifundios. Se prevé que "Se confiscarán aquellos fundos cuyos dueños ejecuten en ellos actos irreparables de destrucción ambiental, los dediquen a la producción de sustancias psicotrópicas o estupefacientes o la trata de personas, o los utilicen o permitan su utilización como espacios para la comisión de delitos contra la seguridad y defensa de la nación" (art. 307) y que "La ley creará tributos sobre las tierras productivas que no sean empleadas para la producción agrícola o pecuaria" (art. 307).

En cuarto lugar, la economía se fundaría en empresas sin fines de lucro, y a estos efectos en el proyecto se expresaba en forma reiterada la obligación del Estado de promover la constitución de figuras empresariales de distinta naturaleza para realizar actividades industriales, comerciales o de servicios, para asumir la prestación de servicios públicos o para encargarse de áreas de la economía que la Constitución sustrae de la actividad privada. En tal sentido se menciona en diversos artículos el estímulo a empresas comunitarias y demás formas asociativas, organizaciones financieras y microfinancieras comunales, organizaciones cooperativas y cooperativas de propiedad comunal, cajas de ahorro comunales, redes de productores libres asociados, unidades de producción socialistas, formas de trabajo voluntario; empresas de propiedad social, colectiva y mixta; mutuales y otras formas asociativas, organizaciones sociales capaces de administrar y hacer productivas las tierras, empresas o entidades regionales, empresas públicas municipales, empresas comunales de servicios, las comunidades organizadas, los Consejos Comunales, las Comunas y otros entes del Poder Popular. De modo general, "ante el agotamiento del Modelo de Desarrollo Capitalista", se pensaba construir un patrón productivo dejando de lado la preocupación por la eficacia, bajo la premisa del "socialismo petrolero" aspecto este el que nos referiremos al analizar el modelo económico del régimen.

En quinto lugar, en el Proyecto de modificación constitucional se añaden dos derechos sociales a los numerosos proclamados en la Carta de 1999, como son: la creación por ley de un "Fondo de estabilidad social para trabajadores y trabajadoras por cuenta propia", que se formaría con los aportes del Estado y de los interesados y que permitiría garantizar los derechos laborales fundamentales, tales como jubilaciones, pensiones, vacaciones, reposos, prenatal, post natal y otros que establezcan las leyes, en beneficio de trabajadores no dependientes como taxistas, transportistas, comerciantes, artesanos, profesionales y todo aquel que ejerza por cuenta propia cualquier actividad productiva para el sustento de si mismo y de su familia (art. 87), lo cual podía haberse hecho sin necesidad de una reforma constitucional. A ello se agrega la disposición de que "A objeto que los trabajadores y trabajadoras dispongan de tiempo suficiente para el desarrollo integral de su persona, la jornada de trabajo diurna no excederá de seis horas diarias ni de treinta y seis horas semanales y la nocturna no excederá de seis horas diarias ni de treinta y cuatro semanales". Asimismo se establece que los patronos deberán "programar y organizar los mecanismos para la mejor utilización del tiempo libre en beneficio de la educación, formación integral, desarrollo humano, físico, espiritual, moral, cultural y técnico de los trabajadores y trabajadoras" (art. 90), lo cual hace pensar que se pretendía que el mayor tiempo libre de los trabajadores sería utilizado en tareas de ideologización socialista.

2. Una nueva geografía del poder para centralizar el Estado

En el Proyecto que examinamos se observa el propósito de crear o de suministrar base constitucional a unas estructuras nuevas del sector público, sin suprimir las anteriores, lo que crea un paralelismo o duplicidad entre ambos órdenes de estructuras y se refleja tanto en la organización de la administración pública, como en la administración presupuestaria.

2.1 Las estructuras paralelas

En efecto, en la Constitución que resultaría de la reforma se mantienen los órganos de la estructura federal y municipal: de un lado, los Estados, con sus Gobernadores y Consejos Legislativos; el Distrito Federal, que sustituye al Distrito Capital, y las Dependencias federales; del otro, los Municipios, con sus Alcaldes y Concejos Municipales, y las Parroquias con sus Juntas Parroquiales. Pero a esta estructura se agrega un conjunto de instituciones, entes y órganos del nuevo centralismo, entre las cuales se incluyen: las Provincias Federales, los Territorios Federales, los Municipios Federales, los Distritos funcionales, las ciudades (incluyendo las ciudades comunales y las ciudades federales), las Comunas; las Comunidades, con sus consejos comunales y sus formas de agregación comunitaria político territoriales: las federaciones y confederaciones de comunidades; las Regiones Marítimas y los Distritos Insulares; las Regiones Especiales Militares con fines estratégicos y de Defensa; las Autoridades Especiales en situación de contingencia y desastres naturales.

Es oportuno señalar que cuando en el proyecto se utiliza la expresión "federal" no se hace con la finalidad de fortalecer el federalismo sino de crear unas instituciones que dependen del "gobierno federal", como eran los territorios federales antes de que estos se convirtieran en Estados. Por esta razón, en el proyecto se suprime el Distrito Metropolitano de Caracas y se vuelve a la figura del Distrito Federal, a cargo de un funcionario de libre nombramiento y remoción. De modo que, tanto en la teoría como en la práctica, se va evidenciando cada vez más el propósito de convertir el "Estado federal descentralizado" en un Estado unitario y centralizado.

En el proyecto que examinamos se muestra la preocupación por darle base constitucional a las misiones, que no la tienen, y a este respecto se había incluido una disposición conforme a la cual: "Las categorías de Administraciones Públicas son: las administraciones públicas burocráticas o tradicionales, que son las que atienden a las estructuras previstas y reguladas en esta Constitución; y las misiones, constituidas por organizaciones de variada naturaleza creadas para atender a la satisfacción de las más sentidas y urgentes necesidades de la población, cuya prestación exige de la aplicación de sistemas excepcionales e incluso experimentales, los cuales serán establecidos por el Poder Ejecutivo mediante reglamentos organizativos y funcionales".

2.2 Los órganos territoriales del Poder Popular

En el artículo 136 del proyecto se dispone que "El Poder Público se distribuye territorialmente en la siguiente forma: el poder popular, el poder municipal, el poder estatal y el poder nacional", y en el mismo artículo se declara que "El Poder Popular se expresa constituyendo las comunidades, las comunas y el autogobierno de las ciudades, a través de los consejos comunales, los consejos obreros, los consejos campesinos, los consejos estudiantiles y otros entes que señale la ley". De esta manera se regulan, y a veces solo se mencionan en el proyecto, organismos como las comunidades, con sus consejos comunales; las comunas, las mancomunidades de comunas, los consejos de base gremial y otros, los cuales se crean como estructuras paralelas a la organización anterior, pero que tienen el propósito, en algún momento, de sustituir a los Estados, Municipios, Parroquias y demás organismos del Poder Público preexistentes. Como parte de esta estrategia se contempla en el proyecto un conjunto de previsiones sobre unas instituciones paralelas de la hacienda pública, como son los fondos dependientes directamente del Presidente de la República, sin intervención de la Asamblea Nacional ni de los organismos contralores previstos en la Constitución, y de diversas normas destinadas a disminuir las competencias y los recursos que han correspondido a los Estados y a los Municipios.

Toda la construcción del Poder Popular se realiza con el propósito de poner a depender del Presidente de la República un conjunto de organizaciones "comunitarias" de distinto ámbito, lo cual hace pensar en un mecanismo de participación social cuando es precisamente todo lo contrario:

son mecanismos de distribución de recursos del Estado hacia las comunidades, sin control de ningún tipo, dentro de la idea del "socialismo petrolero", a cambio del cual la sociedad renunciaría a las posibilidades de autogobierno para someterse a la jerarquía presidencial. Esas estructuras han sido formuladas de diversa manera, en distintos momentos, por lo que, antes que dedicarnos ahora a profundizar en el modelo que se proponía en la fallida reforma constitucional, estudiaremos este aspecto en la tercera parte, cuando nos refiramos a la figura del Estado Comunal que, al margen de la Constitución y en contradicción con sus principios, se ha venido formando con fundamento en leyes y decretos leyes.

2.3 Centralismo y menoscabo de Estados y Municipios

En la Tercera Parte de estas consideraciones nos referiremos particularmente a la política de centralización del poder que impone el régimen gobernante, sin atender a las declaraciones y disposiciones que se habían incluido en el texto constitucional a favor de la descentralización. No fue necesario esperar al proyecto de reforma constitucional para que el régimen evidenciara su política centralizadora, ya se había mostrado, en la práctica, en el desconocimiento de la autonomía del Banco Central de Venezuela, la cual se suprime en el proyecto, y en el acoso, desde diversos flancos, a la autonomía universitaria, la cual se modifica en el proyecto para desmejorar la calidad académica de las instituciones.

Con relación a los niveles del Poder público, en el proyecto se disminuyen las competencias y recursos de los Estados y de los Municipios y se omite la promulgación de leyes exhortadas por la Constitución que se refieren a la ampliación de la Hacienda Estadal, a la cual se le había prometido la transferencia de ramos tributarios y la asignación de los ingresos que resultaran de la venta de terrenos baldíos, lo cual nunca se hizo.[85] Incluso una figura que se había creado en el artículo 185 de la Constitución de 1999, como es el Consejo Federal de Gobierno, el cual se define como "el órgano encargado de la planificación y coordinación de políticas y acciones para el desarrollo del proceso de descentralización y transferencia de competencias del Poder Nacional a los Estados y Municipios",[86] en el proyecto de reforma constitucional se convierte en el Consejo Na-

---

[85] Véase mi estudio sobre: "El Régimen jurídico de la Hacienda Pública Estadal" en: *Revista de Derecho Público*, Editorial Jurídica Venezolana, N° 103, Caracas (julio-septiembre) (2005)

[86] Sobre los antecedentes y objetivos de este órgano véase mi artículo: "El Consejo Federal de Gobierno y el Fondo de Compensación Interterritorial", en: *Revista de Derecho*, Tribunal Supremo de Justicia, N° 7, Caracas, 2002, pp. 417 y ss.

cional de Gobierno y pasa a ser lo contrario, es decir, la institución encargada de menoscabar las competencias y los recursos de los Estados y Municipios a favor de los órganos del Poder Popular. A estos efectos se propone en el proyecto que "El Consejo Nacional de Gobierno es un órgano, no permanente, encargado de evaluar los diversos proyectos comunales, locales, estadales y provinciales, para articularlos al Plan de Desarrollo Integral de la Nación, dar seguimiento a la ejecución de las propuestas aprobadas y realizar los ajustes convenientes a los fines de garantizar el logro de sus objetivos".

3. El Estado personalista

A partir del proceso constituyente de 1999 se ha venido conformando un ordenamiento jurídico en torno a una persona, no a unas instituciones. En Venezuela no se centralizan competencias y recursos en determinados entes u organismos, sino sobre todo en la figura del Presidente de la República. Además de las amplísimas competencias que se atribuyen al Presidente en la Constitución de 1999, en el Proyecto de reforma se amplían esas competencias, sobre todo en los siguientes aspectos:

De un lado, se conceden al Presidente facultades para designar los titulares de las de las nuevas estructuras propuestas de la nueva geografía del poder y se le otorga el control sobre las organizaciones del poder popular. Pero además, se le asignan competencias para regular materias que son de la reserva legal y que, sin embargo, no requieren de habilitación legislativa. Así por ejemplo, en la Disposición Transitoria Novena del proyecto se consagra que "Hasta tanto se dicten las normas que desarrollen los principios establecidos en el artículo 112 de esta Constitución, el Ejecutivo Nacional podrá, mediante decretos o decreto ley, regular la transición al Modelo de Economía Socialista, y en la Disposición Transitoria Décima Segunda se pauta que "Corresponderá al Presidente o Presidenta de la República, en Consejo de Ministros, por vía de decreto, regular el régimen de transición del Distrito Metropolitano de Caracas al Distrito Federal; en consecuencia, designará la máxima autoridad del Distrito Federal en sustitución del Alcalde Metropolitano de Caracas, y todas las competencias, atribuciones, entes adscritos, bienes y personal, serán asumidos inmediatamente por el Distrito Federal, mientras se dicte la ley sobre la materia".

Para reforzar el carácter personalista del régimen, en el proyecto de reforma constitucional se suprimía la autonomía del Banco Central, consagrada en los artículo 318 y 320 de la Constitución vigente y en su lugar se disponía que "El Ejecutivo Nacional, a través del Banco Central de Venezuela, en estricta y obligatoria coordinación, fijarán las políticas monetarias y ejercerán las competencias monetarias del Poder Nacional"... "El Banco Central de Venezuela es persona de derecho público sin autonomía para la formulación y el ejercicio de las políticas correspondientes, y sus funciones estarán supeditadas a la política económica general"; "Las reservas internacionales de la República serán manejadas por el Banco Central de Venezuela bajo la administración y dirección del Presidente o Presidenta de la República, como administrador o administradora" (art. 320), y que "En el marco de su función de administración de las reservas internacionales el Jefe del Estado establecerá, en coordinación con el Banco Central de Venezuela y al final de cada año, el nivel de las reservas necesarias para la economía nacional, así como el monto de las reservas excedentarias, las cuales se destinarán a fondos que disponga el Ejecutivo Nacional para inversión productiva, desarrollo e infraestructura, financiamiento de las misiones y, en definitiva, el desarrollo integral, endógeno, humanista y socialista de la Nación" (art. 321). De este modo, en el proyecto de reforma constitucional se configura al Presidente como autoridad monetaria, porque se le confiere jerarquía sobre el Banco Central de Venezuela, cosa que no ocurre en ningún país civilizado del mundo.

Pero además, también en el proyecto se inviste al Presidente de la autoridad militar efectiva. Como antecedente en este aspecto hay que señalar que, ante el deseo de Chávez de presentarse en actos oficiales con uniforme militar y de ser considerado como un oficial por sus colegas, incluso cuando realiza actividades partidistas, se había introducido en la Ley Orgánica de la Fuerza Armada Nacional un artículo conforme al cual: "El Presidente de la República Bolivariana de Venezuela tiene el grado militar de Comandante en Jefe, y es la máxima autoridad jerárquica de la Fuerza Armada Nacional" (art. 40) y se le se atribuye competencia, que antes no tenía, para ejercer "la Suprema Autoridad Jerárquica en todos sus Cuerpos, Componentes y Unidades, determinando su contingente" (art. 236, numeral 6). Para darle base constitucional a estas reformas legales, se disponía en el proyecto que el Presidente no tiene la función simbólica de actuar como Comandante en Jefe de la Fuerza Armada, como podría corresponderle a cualquier civil que ejerciera la primera magistratura para evidenciar el sometimiento de la autoridad militar a la civil, sino que le incumbiría el mando militar efectivo en la forma antes expuesta, con el derecho de usar un uniforme militar especialmente diseñado por el mismo Chávez.

Por otra parte, al mismo tiempo el Presidente de la República es el presidente del principal partido de gobierno, sin tener en cuenta que "Los funcionarios públicos y funcionarias públicas están al servicio del Estado y no de parcialidad alguna" (art. 145). Tan poco respeto existe en el régimen hacia la Ley Fundamental, que en el proyecto de reforma constitucional ni siquiera se pensó en suprimir la disposición citada para evitar la contradicción entre la norma y la realidad. En su carácter de Presidente del PSUV, el Presidente de la República gira instrucciones a los diputados a la Asamblea Nacional de su partido y de las organizaciones políticas aliadas de que le aprueben las leyes habilitantes que redacta el Ejecutivo Nacional, lo que se hace cada vez con mayor frecuencia, incluso en los casos en que la Asamblea Nacional, con la mayoría oficialista que detenta, podría fácilmente realizar su función de legislar. En definitiva, lo que parece querer demostrarse con la delegación legislativa, es que en este país es el Presidente de la República quien legisla y ejerce los demás poderes del Estado.

En el mismo sentido, el presidente ha tomado gusto a demostrar su poder personal y lo hace de diversas maneras, sobre todo cuando desde su programa televisivo dominical, o desde una cadena nacional, en forma improvisada imparte instrucciones a sus subordinados, decide la ejecución de obras, determina el destino de créditos adicionales, decreta confiscaciones de empresas o haciendas de particulares, otorga becas, empleos, ayudas, subsidios o beneficios de cualquier naturaleza a sus seguidores y define los lineamientos de la política internacional del país, a cuyo efectos los funcionarios del servicio exterior están obligados a escuchar las alocuciones presidenciales para saber lo que les corresponde hacer.

En el esquema que ha venido funcionando en Venezuela de personalismo presidencial, hasta el extremo de convertir esa figura en una suerte de monarca, la limitación de dos períodos de seis años cada uno para ejercer la presidencia era insostenible. Por ello, en el proyecto de reforma se proponía una modificación del artículo 230 de la Constitución para establecer que "El período presidencial es de siete años. El Presidente o Presidenta de la República puede ser reelegido o reelegida de inmediato para un nuevo período". Sobre este aspecto, el Alcalde Metropolitano de Caracas, en ese momento figura importante del régimen, declaraba a la prensa que "Chávez es el símbolo y la encarnación del proceso que él mismo ideó y, por lo tanto, merece la oportunidad de la continuidad administrativa", y agregaba lo siguiente: "Uno puede preguntarse quién eligió a Bolívar para que fuera Libertador y dirigiera todas esas guerras, pero nadie plantea eso. Se podría decir ¿y quién determinó que Cristo jugara ese rol, por qué no salió ningún apóstol diciendo que eso no era así, que quería un referendo? Nadie se plantea disputarle el liderazgo a Chávez. Él será presidente hasta que el pueblo quiera".[87]

Debemos observar que el procedimiento de la reforma constitucional que se había adoptado para establecer la reelegibilidad sin límites del Presidente de la República era inadecuado para ese fin, ya que el principio

---

[87] Diario El Universal Caracas 26/08/2007.

del gobierno alternativo está incluido en el artículo sexto de la Constitución, que forma parte del Título I, PRINCIPIOS FUNDAMENTALES, y, como antes dijimos, dicho procedimiento "tiene por objeto una revisión parcial de esta Constitución y la sustitución de una o varias de estas normas que no modifiquen la estructura y **principios fundamentales** del texto constitucional" (art. 342, destacado nuestro). Ello significa que la supresión del principio del gobierno alternativo sólo podría hacerse mediante la convocatoria de una Asamblea Nacional Constituyente, pero ese no fue el criterio que privó en la Sala Constitucional del Tribunal Supremo de Justicia, tal como lo veremos al examinar la enmienda constitucional de 2009, la cual permitió potenciar los rasgos personalistas del régimen.

d) **LAS ACTUACIONES DEL GOBIERNO PARA IMPONER LA FALLIDA REFORMA CONSTITUCIONAL**

En este aspecto nos referiremos a las actuaciones posteriores al referendo del 2 de diciembre de 2007, con énfasis en el paquete de 26 decretos leyes sancionados por el Presidente entre julio y agosto de 2008.

1. Las actuaciones inmediatas post-referendo

El Presidente manifestó su propósito de buscar la implantación de las reformas rechazadas por el pueblo y en tal sentido expresó que "por ahora no pudimos... Para mí esta no es una derrota. Es un por ahora"[88]. Incluso se refirió a la posibilidad de promover una reforma constitucional, bajo el procedimiento de la enmienda, sin tomar en cuenta que la Constitución vigente dispone que "La iniciativa de Reforma Constitucional que no sea aprobada, no podrá presentarse de nuevo en un mismo período constitucional a la Asamblea Nacional" (art. 345).

En todo caso, el Presidente ha optado, por ahora, por resucitar algunas de las medidas rechazadas en el referendo popular, mediante actos administrativos y decretos leyes, entre los que podemos citar:

1.1. Por Resolución Conjunta de los Ministerios del Poder Popular para la Defensa y la Infraestructura, N° 5273, del 15/1/2008, se concretó el anuncio que había hecho el Presidente el 13 del mismo mes en su programa "Aló Presidente" N° 300, de eliminar los peajes de las vías de comunicación terrestres establecidos por las gobernaciones de los Estados, haciendo caso omiso a que, conforme a la Constitución, es de la competencia exclusiva de los Estados: "la conservación, administración y aprovechamiento de carreteras y autopistas nacionales..." (art. 164, numeral 10).

---

[88] http://www.eluniversal.com/2007/12/03/refco_ava_chavez:-por-ahora-no_03 A 1239721

1.2. En un acto realizado en el Paseo Los Próceres, de la ciudad de Caracas, el 13/2/2008, el Ministro del Poder Popular para las Relaciones Interiores y Justicia asumió, en ejecución del Decreto del Presidente de la República N° 5.814, del 14 de enero anterior, la dirección, administración y funcionamiento de la Policía Metropolitana, que hasta ese momento había estado a cargo de la Alcaldía Metropolitana de Caracas, tal como lo había anunciado el Jefe del Gobierno en el Programa Aló Presidente N° 303. Para realizar este acto no importó que, según la Ley Especial sobre el Régimen del Distrito Metropolitano de Caracas, dictada por la Asamblea Nacional Constituyente a comienzos del año 2000, compete a este organismo los "Servicios de policía de orden público en el ámbito metropolitano, así como de policía administrativa con fines de vigilancia y fiscalización en las materias de su competencia" (art. 19, numeral 8).

1.3. En la *Gaceta Oficial* Extraordinaria N° 5.880 apareció publicado el Decreto N° 5.895, con Rango, Valor y Fuerza de Ley Orgánica del Servicio de Policía y del Cuerpo de Policía Nacional, que había sido sancionada por el Ejecutivo Nacional el 26 de febrero de ese mismo año. En ese instrumento, que el Tribunal Supremo de Justicia declaró constitucional, se someten los servicios de policía que prestan los Estados y los Municipios, por expresa autorización de la Constitución, a la jerarquía del órgano rector nacional, el cual puede intervenirlos cuando lo decida el Ejecutivo Nacional. La policía nacional, además, asume competencias sobre las materias de orden público, tránsito, aeroportuaria, migración, drogas, antisecuestro y grupos armados irregulares, que siempre habían correspondido a la Guardia Nacional, lo cual se inserta en la previsión contenida en el Proyecto de Reforma Constitucional –rechazado en el referendo del 2 de diciembre de 2007– de eliminar dicho componente militar.

1.4. El 15/4/2008, la Sala Constitucional del Tribunal Supremo de Justicia, ante un recurso de interpretación interpuesto por el Ministerio Público, sentenció que "si la legislación base otorga las competencias a un determinado órgano o ente público para la intervención y asunción de competencias, corresponde a dicho órgano el ejercicio de dicha potestad, pero cuando la legislación no faculta a los órganos de policía correspondientes, para incidir en ese grado en la prestación de un servicio público, corresponde al Ejecutivo Nacional por órgano del Presidente de la República en Consejo de Ministros, decretar la intervención para asumir la prestación de servicios y bienes de las carreteras y autopistas nacionales, así como los puertos y aeropuertos de uso comercial, en aquellos casos que a pesar de haber sido transferidas esas competencias, la prestación del servicio o bien por parte de los Estados es deficiente o inexistente, sobre la base de los artículos 236 y 164.10 de la Constitución de la República Bolivariana de Venezuela". En esta sentencia, el supremo órgano judicial agregó que "la presente interpretación vinculante genera una necesaria revisión y modificación de gran alcance y magnitud del sistema legal vigente. De ello resulta pues, que la Sala exhorte a la revisión general de la Ley Orgánica de Descentralización, Delimitación y Transferencia de Competencias del Poder Público, Ley General de Puertos y la Ley de Aeronáutica Civil, sin perjuicio de la necesaria consideración de otros textos legales para adecuar su contenido a la vigente interpretación".

Dos días después, la plenaria de la Asamblea Nacional aprobó, en primera discusión, en una sesión ordinaria de 90 minutos, la reforma parcial de tres leyes: la Ley Orgánica de Descentralización, Delimitación y Transferencias de Competencias del Poder Público, la Ley General de Puertos y la Ley de Aeronáutica Civil (estas dos últimas sin los informes respectivos). En los tres casos, la fundamentación fue la sentencia de la Sala Constitucional antes citada y el objetivo permitir al Presidente de la República revertir las competencias transferidas a los Estados en el proceso de descentralización, haciendo caso omiso a las disposiciones constitucionales que regulan las materias respectivas. No obstante, las reacciones que ocasionaron estas reformas en amplios sectores de la población obligó a la Asamblea Nacional, por instrucciones del Presidente de la República, a posponer la discusión iniciada hasta que pasaran las elecciones regionales y locales previstas para el mes de noviembre de 2008.

1.5. Por similares consideraciones, ante la alarma nacional y la lluvia de críticas que había suscitado el Decreto Ley sobre Inteligencia y Contrainteligencia promulgado el 28/5/2008, el Presidente lo derogó doce días después, al darse cuenta –expresó– que en ese texto se incluían disposiciones que lesionaban derechos constitucionales, además de que se creaba la obligación de los ciudadanos de denunciarse unos a otros (ley sapo, la llamaban).

1.6. El rechazo al proyecto de reforma constitucional para conformar una "nueva geometría del poder" y un "poder popular", no desestimuló al Presidente en su propósito de instaurar, por otras vías, los lineamientos de su propuesta. En tal sentido, el mandatario nacional anunció el 12/1/2008 que, con base en "una vieja ley y en vista de que no se aprobó el referendo para la reforma constitucional,...se revisará la regionalización del país, con lo cual se recrearán regiones de desarrollo". "No sólo administrativas – agregó–, sino geopolíticas. Yo no podré llamarlos Vicepresidentes ni llamarlas provincias, pero sea cuál sea el nombre, van a ser muy importantes". Pero además, el Presidente anunció el 16/3/2008 el lanzamiento "de la próxima misión revolucionaria, cuyo nombre será Misión 13 de Abril, la cual fortalecerá el poder popular para la creación de las comunas socialistas", sin tomar en cuenta el rechazo popular a sus iniciativas en tal sentido.

1.7. La negación que hicieron los electores al proyecto de suprimir la garantía de la libertad económica no fueron óbice para que el gobierno continuara su política de ocupaciones, confiscaciones y expropiaciones de establecimientos industriales y comerciales, amparado ahora en un Decreto Ley inconstitucional como la denominada "Ley Especial de Defensa Popular contra el Acaparamiento, la Especulación, el Boicot y Cualquier Otra Conducta que Afecte el Consumo de Alimentos o Productos Declarados de Primera Necesidad o Sometidos a Control de Precios", y asimismo ha promovido, prohijado y protegido las invasiones de inmuebles privados, e incluso públicos (como la ocurrida en la Estación Experimental San Nicolás, de la Universidad Central de Venezuela), por parte de grupos violentos amparados por el gobierno, cuando no las ha efectuado el gobierno mismo.

1.8. En el seno del gobierno se discute un proyecto de Decreto Ley de Salud que tiene como objetivo centralizar en el ministerio del ramo todos los servicios públicos de salud, en forma similar a como lo hacía la fracasada Ley Orgánica del Sistema Nacional de Salud, de 1987, que nunca llegó a aplicarse porque el país se pronunció mayoritariamente por una organización descentralizada de los servicios de atención médica. A este respecto no debe olvidarse que en el artículo 84 de la Constitución de 1999 se manda que el sistema público de salud debe ser descentralizado, aunque sabemos que las disposiciones de la Ley Fundamental del país no tienen carácter vinculante para el régimen, quien la viola reiterada e impunemente. Estaba previsto que ese decreto ley fuera promulgado a fines de mayo de 2008, pero la reacción negativa que ha suscitado la centralización de la salud ha ocasionado que la sanción del proyecto se posponga *sine die*.

1.9. Luego del rechazo del cuerpo electoral al proyecto de reforma constitucional, en el que se consagraba, entre otros aspectos, la declaración de que Venezuela es un Estado socialista, el Presidente de la República ha perseverado en esta idea, sin tomar en cuenta los efectos que tiene la derrota de su propuesta. Esas actitudes del Presidente se manifiestan de diversas formas:

En primer lugar, en su insistencia de mantener el Proyecto Nacional Simón Bolívar, Primer Plan Socialista –PPS– 2007–2013, que había presentado el 30/9/2007 en su programa dominical N° 296, antes de realizarse el referendo sobre el proyecto de reforma constitucional. En igual forma se conserva la vigencia del Decreto N° 5.545, del 28/8/2007, por el cual se crea la Comisión Presidencial para la Formación Ideológica y Política y la Transformación de la Economía Capitalista en un modelo de Economía Socialista, "la cual tendrá por finalidad el estudio, formulación, coordinación, seguimiento y evaluación del Plan Extraordinario 'Misión Che Guevara', con el objeto de incorporar a los miembros de la comunidad organizada en el proceso de transformación económica y social del Estado, incorporando con otros programas sociales" (*sic*).

En segundo lugar, el 27/5/2008 aparecieron publicados en la *Gaceta Oficial* N° 38.939 veintidós (22) decretos, referidos cada uno a una institución cultural financiada por el Estado, en los que se modifica el objeto de cada fundación, principalmente para incluir la mención de que ellas están orientadas a "la construcción de una sociedad socialista, en aplicación del Plan de Desarrollo Económico y Social de la Nación, así como de los lineamientos, políticas y planes emanados de la Comisión Central de Planificación", todo ello en violación de la voluntad popular expresada en el referendo del 2 de diciembre de 2007. Esas instituciones son: Misión Cultura, Biblioteca Ayacucho, Casa Nacional de las Letras Andrés Bello, Centro de Estudios Latinoamericanos Rómulo Gallegos, Editorial El Perro y la Rana, Imprenta del Ministerio de la Cultura, Librerías del Sur, Distribuidora Venezolana del Libro, Centro Nacional de la Fotografía de Venezuela, Museos Nacionales, Red de Arte, Casa del Artista, Centro Nacional del Disco, Compañía Nacional de Danza, Orquesta Filarmónica Nacional, Fundación Vicente Emilio Sojo, Teatro Teresa Carreño, Cinemateca Nacional, Distribuidora Nacional del Cine Amazonia Films, La Villa del Cine, Centro Nacional de la Historia y el Centro de la Diversidad Cultural.

En tercer lugar, luego de la derrota del proyecto de reforma constitucional, el gobierno intensificó sus esfuerzos por imponer una reforma del curriculum del sistema educativo, con el objetivo de imbuir a los estudiantes de las ideas marxistas y de formar un "hombre nuevo", capacitado para actuar en concordancia con la ideología socialista. Con la reforma curricular se pretende reescribir la historia para, entre otros aspectos, destacar el papel de las fuerzas armadas, soslayar períodos históricos (como el de la "República Civil" que se inicia el 23 de enero de 1958) y ensalzar la figura del Presidente Chávez. Este proyecto suscitó una enconada oposición de padres y representantes, de maestros, de gremios docentes, y de un sector mayoritario de la población. De modo desafiante, el Presidente llegó a proponer a comienzos de abril de 2008 un referendo para decidir entre el proyecto del gobierno y uno que elaborara la oposición, pero las encuestas indicaron al régimen la poca popularidad de su propuesta, por lo que el Presidente declaró, unos días después, que la discusión sería pospuesta para el año próximo, luego de las elecciones regionales y municipales. El tema sigue pendiente.

2. El Paquete de los 26 decretos leyes

Cuando las familias venezolanas se disponían a tomar sus vacaciones anuales, tranquilizadas por las reiteradas manifestaciones del Presidente de suspender la adopción de medidas controversiales hasta después de las elecciones regionales y locales de noviembre de 2008, en la *Gaceta Oficial* extraordinaria del 31 de julio de ese año, ya para concluir el día, apareció anunciada la promulgación de un "paquete" de 26 decretos leyes, varias de ellos con el rango de orgánicos, los cuales fueron conocidos en los días siguientes, cuando fueron publicados en gacetas extraordinarias. En la medida en que se fueron revelando los textos correspondientes, se evidenció que se establecían regulaciones de fuerte impacto sobre la sociedad venezolana, en diversos aspectos que luego examinaremos. Nos referiremos al contenido de esos decretos leyes, pero antes debemos observar que, desde la Universidad, se hicieron cuestionamientos sobre la juridicidad del paquete en su conjunto.

2.1 Inconstitucionalidad de los decretos leyes

En la primera semana del mes de agosto de 2008, un grupo importante de académicos formuló las siguientes objeciones globales al paquete de decretos leyes.

En primer lugar, los 26 decretos leyes son inexistentes por haber sido publicados fuera del lapso fijado en la ley habilitante. En efecto, la publicación de las normas se hizo en la *Gaceta Oficial* en los primeros días del mes de agosto, pero la habilitación concedida al Presidente vencía el 31 de julio a medianoche. Por ello, la simple mención al nombre de los decretos leyes en la Gaceta del 31/7/2008, que serían después dados a conocer en una gaceta extraordinaria, no cumple el requisito de la publicación, indispensable para que una ley entre en vigencia, y ésta se produjo cuando el Presidente carecía de poderes de legislar.

En segundo lugar, a diez (10) de los decretos leyes se les da el rango de leyes orgánicas, pero sólo la Asamblea Nacional puede dictar leyes orgánicas. En efecto, el artículo 203 de la Constitución regula un procedimiento especial para sancionar una ley orgánica: se requiere que el proyecto sea admitido por una mayoría calificada de integrantes de la Asamblea Nacional, lo cual no puede ser cumplido por el Presidente, y se reserva a las leyes orgánicas las materias fundamentales como la regulación de derechos constitucionales de las personas, precisamente con la finalidad de proteger a los ciudadanos de los abusos del Poder Ejecutivo.

En tercer lugar, se violó el principio de participación del pueblo en la formación de las leyes, consagrado en el artículo 211 de la Constitución, y desarrollado en el artículo 136 de la Ley Orgánica de la Administración Pública. Conforme a estas disposiciones, el Presidente de la República tenía la obligación, que también incumbe a la Asamblea Nacional cuando legisla, de consultar los proyectos de leyes o decretos leyes con la sociedad civil, y de no hacerse las normas así dictadas serían nulas, de nulidad absoluta (art. 137 de la misma ley), lo cual ocurrió en el presente caso.

2.2 El carácter centralizante de los decretos leyes

Los decretos leyes se orientaron, en general, a imponer algunos de los objetivos que se había propuesto el Presidente con el fracasado proyecto de reforma constitucional. Si se examinan con detalle los decretos leyes, en casi todos ellos se observa un propósito común: la concentración del poder en el Ejecutivo, esto es, en manos del Presidente, a través de la introducción de normas que tienen las siguientes finalidades:

i) El debilitamiento de las empresas privadas

En primer lugar, las empresas de los particulares pasan a ser "instrumentos del interés general" (es decir del gobierno) y están sujetas a nuevos y más amplios controles que son ejercidos discrecionalmente por el Ejecutivo, para lo cual en la mayoría de los decretos se introducen disposiciones en las que se declaran bienes y actividades de los particulares como de utilidad pública o de interés público, social o nacional, o como servicios esenciales, lo que permite someterlos a rígidos sistemas de autorización o de supervisión, y que facultan al gobierno, en determinados supuestos, para proceder a decomisar los bienes, confiscarlos, ocuparlos o expropiarlos, según el caso, en forma expedita. En tal sentido tenemos, por ejemplo, lo dispuesto en el Decreto con Rango, Valor y Fuerza de Ley para la Defensa de las Personas en el Acceso a los Bienes y Servicios, en el que se declara de utilidad pública e interés social: todos los bienes necesarios para desarrollar las actividades de producción, fabricación, importación, acopio, transporte, distribución y comercialización de alimentos, bienes y servicios declarados de primera necesidad, lo que permite decretar la expropiación de bienes de particulares sin cumplir el requisito de la declaratoria de utilidad pública e interés social que debe hacer previamente la Asamblea Nacional.

Además, las actividades mencionadas se consideran como servicios que deben ser prestados en forma continua, regular, eficaz, eficiente, ininterrumpida, en atención a las necesidades colectivas, como si fueran servicios estatales. Si se incumplen las condiciones de prestación, el órgano competente podrá tomar las medidas necesarias para garantizar la efectiva prestación del servicio, llegando incluso hasta la ocupación o la confiscación, lo que deja sin efecto la garantía de la libertad de industria y comercio. De forma similar se introducen normas de similar naturaleza en decretos leyes como los que contienen la Ley Orgánica de Seguridad y Soberanía Agroalimentaria, la Ley del Régimen Prestacional de Vivienda y Hábitat, la Ley del Transporte Ferroviario Nacional, la Ley de Salud Agrícola Integral y la Ley del Instituto Nacional de la Vivienda.

En segundo lugar, para las actividades de vigilancia e intervención sobre las actividades y los bienes de los particulares, el gobierno cuenta con la colaboración de organismos semipúblicos y semiprivados, pero en todo caso partidizados, como son los consejos comunales, cuyos integrantes pueden ser menores de edad y que por lo tanto no responden de los daños que pueden causar a las actividades o a los bienes de los particulares. En la reforma de la Ley Orgánica de la Administración Pública se contempla que los consejos comunales y demás formas de organización comunitaria son entes que coadyuvan a la Administración Pública en el cumplimiento del principio de eficiencia en la utilización de recursos públicos (lo que les permite, entre otros aspectos, velar por el pago de las obligaciones tributarias de los particulares), y con esa orientación **encontramos previsiones en decretos leyes como la** Ley para el Fomento y Desarrollo de la Economía Popular, la Ley Orgánica de los Espacios Acuáticos, la Ley para la Defensa de las Personas en el Acceso a los bienes y servicios, la Ley de Canalización y Mantenimiento de las Vías de Navegación, la Ley del Transporte Ferroviario Nacional, la Ley **Orgánica de Seguridad y Soberanía Agroalimentaria y la** Ley de Crédito para el Sector Agrario.

ii) Se crea la ilusión de participación y se introducen modos de intercambio superados por el progreso

En primer lugar, se fortalecen las actividades de los consejos comunales, que se presentan como mecanismos de participación popular, pero que en realidad son dependencias de la Presidencia de la República, sujetas a actuar como "factores bolivarianos", es decir, encargados de enaltecer la figura del jefe del Estado, a los fines de lograr su permanencia en el poder sin límite de tiempo. A través de estos organismos, y de otros de similar textura, se producen transferencias de recursos públicos con fines clientelares, sin obligación de rendir cuenta. En forma contradictoria con la vigencia del principio de la participación, en la Ley Orgánica de Turismo se incluyen declaraciones en favor de la actuación popular en la actividad de turismo, pero se suprime el Consejo Nacional de Turismo, del que formaban parte los prestadores de servicios turísticos del sector privado.

También en el ámbito económico, en el Decreto Ley para el Fomento y Desarrollo de la Economía Popular y, en menor medida en el decreto Ley para la Promoción y Desarrollo de la Pequeña y Mediana Industria y demás Unidades de Producción Social, se introducen normas que contemplan **nuevas formas** de empresas y unidades económicas de propiedad social y **de organización comunitaria, tales como:** empresas de propiedad social directa o comunal, empresas de propiedad social indirecta, empresas de producción social, empresas de autogestión. Asimismo, se prevé un Sistema Alternativo de Intercambio Solidario con figuras como el trueque comunitario directo e indirecto y la moneda comunal. Figuras de este tipo fueron rechazadas en la consulta referendaria del 2-D, porque los sectores populares ya vieron el fracaso de programas presidenciales como los gallineros verticales o los cultivos organopónicos en áreas urbanas. Las empresas comunitarias y autogestionarias son mecanismos que permiten evadir la legislación laboral, y el trueque y la moneda comunal constituyen un regreso a prácticas superadas por el progreso de los pueblos, como era la utilización de fichas para el pago de obligaciones laborales.

Sobre la ilusión de participación, debemos señalar la innovación que contiene el Decreto con rango, valor y fuerza de Ley Orgánica de la Administración Pública, de suprimir la consulta obligatoria en el proceso de elaboración de normas por el Ejecutivo Nacional, lo que incluye los decretos leyes, prevista anteriormente en el artículo 136 de esa misma Ley, sin tomar en cuenta que la participación de la sociedad está consagrada en la Constitución. (art. 211).

iii) Se aprueban nuevas normas de rango legal y se reforman leyes para incrementar los poderes presidenciales para manejar recursos públicos

Es el caso del decreto Ley de Creación del Fondo Social, para la Captación y Disposición de los Recursos Excedentarios de los Entes de la Administración Pública Nacional, en el que se dispone que la transferencia de recursos excedentarios al Fondo se realizará a solicitud de la Comisión Central de Planificación una vez obtenida la necesaria aprobación del Presidente de la República, quien decide también sobre la utilización de los recursos. Por otra parte, en la Ley del Banco de Desarrollo Económico y Social de Venezuela (Bandes) se amplía el ámbito de actuación de este Instituto, el cual realiza operaciones de inversión en el país y en el extranjero, conforme a las determinaciones del Presidente. Asimismo, se modifica un artículo de la Ley Orgánica de la Administración Financiera del Sector Público, para liberar a los institutos autónomos y a los institutos públicos cuyo objeto principal sea la actividad financiera, así como a las sociedades mercantiles del Estado, del requisito de ley especial autorizatoria para realizar operaciones de crédito público; y en su lugar, esa autorización será concedida por el Presidente en Consejo de Ministros.

iv) Se potencia el centralismo con reformas al régimen jurídico de la Administración Pública

Con los decretos leyes se retoma el objetivo de la reforma constitucional de someter a los Estados y Municipios a la potestad jerárquica del Presidente, de disminuirles los recursos y de desconocer sus competencias, al mismo tiempo que se amplían las potestades del Ejecutivo Nacional y se suprimen normas que consagran las exigencias de responsabilidades o que imponen deberes a los titulares del poder central.

En primer lugar, en la reforma de la Ley Orgánica de la Administración Pública, se amplía el ámbito de vigencia de sus disposiciones, para hacerlas obligatorias para los Estados, Distritos Metropolitanos y Municipios; se fortalecen y amplían las competencias de la Comisión Central de Planificación; se dispone que los consejos comunales son entes públicos que pueden asumir la prestación de servicios públicos que por la Constitución y las leyes son de carácter municipal. Y se le da rango legal a las Misiones, cuya existencia y naturaleza se había pretendido regular en la rechazada reforma constitucional. Pero tal vez la innovación más significativa en este decreto ley es la introducción de la figura de las Autoridades Regionales, con el siguiente texto: "La Presidenta o Presidente de la República podrá designar autoridades regionales, las cuales tendrán por función la planificación, ejecución, seguimiento y control de las políticas, planes y proyectos de ordenación y desarrollo del territorio aprobados conforme a la planificación centralizada, así como, las demás atribuciones que le sean fijadas de conformidad con la ley, asignándoles los recursos necesarios para el eficaz cumplimiento de su objeto" (art. 70). Aunque en esta norma no se consagra expresamente la potestad jerárquica de las autoridades regionales sobre los Estados y Municipios de su jurisdicción, se observa que la mención a la planificación centralizada ("Se acabó la autonomía de los entes del Estado", había dicho el Presidente cuando creó dicha Comisión) y a la ordenación del territorio, hace evidente la pretensión del caudillo de revivir la figura de las Provincias Federales, a cargo de un funcionario designado por el Presidente, que había sido derrotada en el referéndum del 2-D. Por cierto que es tanta la aversión de Chávez hacia todo tipo de autonomía, que en esta ley se cambia la denominación de los institutos autónomos por la de institutos públicos.

En segundo lugar, con el decreto Ley de Simplificación de Trámites Administrativos se somete directamente a los Estados y Municipios a las disposiciones de esta ley nacional y se suprime el carácter supletorio que se le asignaba en la versión anterior. Por otra parte, se incorpora a los consejos comunales, así como a otras formas de organización popular, en el diseño, supervisión y control de los planes de simplificación de trámites administrativos, lo cual les da facultades de supervisión sobre los Estados y Municipios.

En tercer lugar, en el decreto Ley del Régimen Prestacional de Vivienda y Hábitat se dispone que la elaboración de los planes y programas por parte de los Estados, Municipios, parroquias y comunidades, se sujetará a los lineamientos del ministerio del ramo, con lo que se pretende desconocer competencias constitucionalmente asignadas a entidades del federalismo descentralizado y a los órganos del Poder Público Municipal, y someterlos a los dictados de un ministerio.

En cuarto lugar, se continúa con la política presidencial de desconocer competencias estadales y municipales. En la mayor parte de los decretos leyes se ignora la existencia de los Estados, de los Municipios y de las Parroquias, y en cambio se reconocen como interlocutores válidos en el proceso de transferencia de competencias y de recursos, así como en la asignación de facultades que competen a los entes locales, a los consejos comunales y a otras figuras partidizadas dependientes del primer mandatario.

2.3 Se lesiona el principio de responsabilidad de los funcionarios públicos

En la Ley Orgánica de la Administración Pública, de 2001, se había incluido, entre las normas sobre la responsabilidad de los funcionarios públicos, una disposición que preveía la actuación del Ministerio Público y de la Defensoría del Pueblo en el ejercicio de las acciones en favor de los particulares cuyos derechos humanos hubieran sido violados o menoscabados por un acto u orden de un funcionario público o funcionaria pública, para hacer efectiva la responsabilidad civil, laboral, militar, penal, administrativa o disciplinaria en que hubiere incurrido dicho funcionario o funcionaria, sin perjuicio del derecho de los agraviados de acceder a la justicia (art. 10). Pues bien, esta disposición se suprime en el decreto que reforma dicha ley, con lo cual se desmejora el régimen de responsabilidades por la violación de derechos humanos.

2.4 La Fuerza Armada Nacional se define como una institución al servicio de los designios del Presidente

En la Constitución vigente se pauta que "La Fuerza Armada Nacional constituye una institución esencialmente profesional, sin militancia política, organizada por el Estado para garantizar la independencia y soberanía de la Nación y asegurar la integridad del espacio geográfico, mediante la defensa militar, la cooperación en el mantenimiento del orden interno y la participación activa en el desarrollo nacional, de acuerdo con esta Constitución y con la ley. En el cumplimiento de sus funciones, está al servicio exclusivo de la Nación y en ningún caso al de persona o parcialidad política alguna" (art. 328). Sin hacer caso de esta norma el Presidente ha obligado a la Fuerza Armada a actuar, de hecho, como una fuerza pretoriana a su servicio personal y a proclamar consignas en favor del socialismo. El Presidente trató de dotar de base constitucional a su comportamiento ilícito y propuso en su proyecto de reforma de la Constitución, de un lado, la supresión de la norma antes transcrita, para ser sustituida por una en sentido contrario, y del otro, el agregado del calificativo Bolivariano para la Fuerza Armada Nacional y para sus componentes, pero el pueblo negó estas modificaciones.

Ahora, en el decreto Ley Orgánica de la Fuerza Armada Bolivariana, se adjetiva el nombre de la Institución, lo que debe entenderse como la pretensión de legalizar la utilización de los componentes militares como instrumentos partidistas, al servicio de los intereses personalistas del Presidente, en contravención al ordenamiento constitucional vigente, y además:

En primer lugar, se crea la Milicia Nacional Bolivariana, dependiente directamente del Presidente de la República en los aspectos operacionales. Sus funciones son, entre otras, entrenar, preparar y organizar al pueblo para la defensa integral, con el fin de complementar el nivel de apresto operacional de la Fuerza Armada Nacional Bolivariana, contribuir al mantenimiento del orden interno, seguridad defensa y desarrollo integral y coadyuvar a la independencia, soberanía e integridad del espacio geográfico de la nación. Es de observar que en el proyecto de reforma constitucional negado el 2-D, se proponía sustituir la Reserva Militar por la Milicia Popular Bolivariana, de modo que la norma que comentamos es una reedición de aquella.

En segundo lugar, el Presidente de la Republica tiene el **grado militar** de comandante en jefe –con el porte de las insignias correspondientes, especialmente diseñadas al efecto–, es la máxima autoridad jerárquica de la Fuerza Armada Nacional Bolivariana, ejerce la línea de mando operacional en forma directa o a través de un militar en servicio activo y dirige directamente el Comando Estratégico Operacional. Esta asignación tan reiterada de funciones militares del Presidente contradice la tradición nacional, según la cual el título de Comandante en Jefe de las Fuerzas Armadas Nacionales que se asigna al Jefe del Estado no había significado mando militar efectivo, ni lo autorizaba a portar insignias militares, sino que era –como ocurre en todos los países democráticos del mundo– el símbolo del sometimiento de la fuerza militar al poder civil. En el decreto ley que examinamos se dispone, además, que el "El carácter que se adquiere con un grado o jerarquía es permanente y sólo se perderá por sentencia condenatoria definitivamente firme que conlleve pena accesoria de degradación o expulsión de la Fuerza Armada Nacional Bolivariana, dictada por los Tribunales Penales Militares". De esta manera se prevé que el Presidente de la República conservará su grado militar aún cuando sea separado del cargo de Jefe del Estado, y además tendrá una jerarquía superior a los de otros Presidentes que lo sucedan, por ser más antiguo en el grado de Comandante en Jefe. De este modo, Chávez pretendía prolongar su mandato en forma vitalicia.

En tercer lugar, el Presidente de la República podrá crear Regiones Estratégicas de Defensa, y ello sería inobjetable si no fuera por el temor que existe de que los comandantes de ellas pretendan asumir funciones jerárquicas sobre gobernadores de Estado y alcaldes.

3. La enmienda Constitucional para establecer la reelegibilidad sucesiva ilimitada

El rechazo que hizo el pueblo al proyecto de reforma constitucional presentado por el presidente significó para éste un duro golpe en la consolidación de su poder personal sobre el país, particularmente en cuanto a lo que más le interesa, la posibilidad de la reelección sin límites. Esa negativa popular perjudicaba gravemente los planes presidenciales, porque significaba, como lo decía la oposición, que "Chávez tiene fecha de caducidad", es decir, no podía gobernar más allá de febrero de 2012. No se esperaba que Chávez presentara nuevamente su propuesta de consagrar la reelegibilidad ilimitada (llamada comúnmente reelección indefinida) porque, según la Constitución, "La iniciativa de reforma constitucional que no sea aprobada no podrá presentarse de nuevo en un mismo período constitucional a la Asamblea Nacional" (art. 345). Por ello, la disminución de la popularidad del mandatario se hizo evidente en los pobres resultados obtenidos por el oficialismo en las principales ciudades del país –sobre todo en Caracas– en la elección de gobernadores y alcaldes del 23-11-2008, en la que el presidente puso su prestigio a favor de los candidatos, para transformar los comicios en un plebiscito sobre su ascendencia política. Chávez anunció el domingo siguiente de la elección de gobernadores y alcaldes su proyecto de hacer aprobar una enmienda de la Constitución, con la única finalidad de permitir su reelección sucesiva ilimitada, sin tomar en consideración la norma constitucional antes trascrita.

Ante la Sala Constitucional del Tribunal Supremo de Justicia comparecieron el 11/12/2008 el ciudadano Amante Vero Crincoli Paternostro y la Fundación Verdad Venezuela para pedir que la Sala declare "Que la modificación de los principios fundamentales de la Constitución sólo puede realizarse vía de convocatoria de una Asamblea Nacional Constituyente y no por enmienda o reforma" y si "la prohibición a la que hace referencia el artículo 345 constitucional está dirigida al contenido de la propuesta originaria rechazada que, eventualmente impediría una segunda activación de los mecanismos de Reforma regulados en el Título IX de la Constitución en el mismo período constitucional". El 3/2/2009 dicha Sala, con ponencia del magistrado Francisco Carrasquero, decidió que "la reelección, amplía y da progresividad al derecho de elección que tienen los ciudadanos, y optimiza los mecanismos de control por parte de la sociedad respecto de sus gobernantes", que el principio del gobierno alternativo "lo que exige es que el pueblo como titular de la soberanía tenga la posibilidad periódica de escoger sus mandatarios o representantes" y que la prohibición de replantear la modificación constitucional se refería a que no podía hacerse, en el mismo período, mediante el procedimiento de una nueva reforma constitucional, mas sí por el procedimiento de la enmienda.

El magistrado Pedro Rondón Haaz, en su voto salvado sobre esta sentencia expresó, entre otras razones, que una reelección "sin límite temporal alguno, contradice en forma insalvable el carácter alternativo –que no alternable– que tiene y tendrá siempre el Gobierno de la República Bolivariana de Venezuela y de las entidades políticas que la componen, de conformidad con el artículo 6 de su Constitución", que "así como no es lo mismo reelección que reelección sucesiva o continua, tampoco es lo mismo reelección sucesiva que reelección sucesiva *permanente*, es decir, *sin límite temporal*" y que "la posibilidad de la reelección sucesiva continua no puede volver a someterse a consulta de quien ya manifestó su voluntad al respecto dentro de este período constitucional, ni a través de la reforma a que se refieren los artículos 342 y siguientes de la Constitución de la República Bolivariana de Venezuela ni por medio de la enmienda que regulan los artículos 340 y 341 *eiusdem* y así ha debido ser declarado". Al día siguiente de esta sentencia, Chávez expresó que podía presentar un proyecto de enmienda cada año.[89]

Por otra parte, la inclusión de los gobernadores, alcaldes, diputados y representantes a los Consejos Legislativos entre los beneficiarios de la reelección indefinida, la cual había sido inicialmente negada, fue uno de los factores que hicieron que esta vez el referendo popular, que se realizó el 15 de febrero de 2009, fuera favorable a la propuesta presidencial,[90] con una diferencia de 54,85% a 45,14%.

e) **LA ACELERACIÓN DEL PROCESO DE CONCENTRACIÓN DE PODERES EN EL PRESIDENTE**

Alentado por su éxito en el referendo sobre la enmienda de la Constitución, Chávez anunció su propósito de acelerar y radicalizar el proceso encaminado a instaurar en Venezuela lo que llama "el socialismo del siglo XXI", que si lo examinamos atentamente no significa otra cosa que el fortalecimiento de su poder personal, para mantenerse indefinidamente en la jefatura del Estado.

Los aspectos más relevantes de esta política son los siguientes:

1. El desmantelamiento del Distrito Metropolitano de Caracas

En la discusión que se dio en la Asamblea Nacional Constituyente de 1999 se consideraron varias fórmulas para dotar de unidad política y administrativa a la ciudad de Caracas, centro poblado que se extiende sobre

---

[89] http://www.noticias24.com/actualidad/noticia/23895/chavez-en-cnn-entrevistado-por-patricia-janiot/

[90] Véase el texto de la Enmienda N° 1 de la Constitución en la *Gaceta Oficial* N° 5.908, extraordinario, del 19/2/2009.

la jurisdicción del entonces Distrito Federal y el Estado Miranda, principalmente. Temerosos del costo político que significaba despojar al Estado Miranda de sus municipios más poblados (Chacao, Baruta, Sucre y El Hatillo) para conformar, junto con el Distrito Federal, una nueva entidad federal, el Distrito Capital, los constituyentes decidieron acoger la propuesta de Brewer-Carías de buscar la unidad de Caracas mediante la conformación de un sistema de gobierno municipal a dos niveles, sin desmembrar al Estado Miranda. La misma Asamblea Nacional Constituyente se reservó, conforme a la Disposición Transitoria Primera de la Constitución, la potestad de dictar la ley especial que organizaría la figura a que se refiere el artículo 18 de la Constitución, la cual efectivamente sancionó y promulgó. En la *Ley Especial sobre el Régimen del Distrito Metropolitano de Caracas* se asignaron al nuevo ente las competencias y los recursos del Distrito Federal, el cual fue sustituido por aquel, se reguló la figura del Alcalde Metropolitano y del Cabildo Metropolitano, se le fijaron sus competencias, que se extienden al ámbito territorial de los Municipios del Estado Miranda que forman parte del área metropolitana de Caracas, y se le atribuyeron unos recursos: el Situado constitucional, que sólo puede ser invertido en el área del extinto Distrito Federal, el subsidio de capitalidad, los aportes de los Municipios que lo forman, y otros.

En las elecciones del año 2000 resultó electo como Alcalde Metropolitano de Caracas el licenciado Alfredo Peña, con el apoyo del polo gubernamental. No obstante, luego del primer año de ejercicio de sus funciones, Peña comenzó a coincidir con la oposición, y al poco tiempo pasó a ser un opositor abierto a la política del régimen. Ante esta situación, un grupo de diputados del gobierno presentó en agosto de 2002 un proyecto de *Ley Orgánica sobre el Régimen del Distrito Capital*, con la intención de crear unas autoridades similares a las de un Estado, y para disminuir sensiblemente las competencias y los recursos del Distrito Metropolitano, en contravención a lo decidido por la Asamblea Nacional Constituyente.

En los comicios para el período que se iniciaba en 2004, fue electo como alcalde metropolitano un partidario del gobierno, Juan Barreto, por lo que el proyecto a que nos referimos, por no ser necesario para los fines políticos que se perseguían, fue engavetado. Pero aún así el presidente no estaba conforme con la figura de un gobernador electo en el Distrito Capital y, para no correr riesgos, en el proyecto –fallido– de reforma constitucional que presentó a la Asamblea Nacional el 15 de agosto de 2007 proponía que se creara nuevamente el Distrito Federal, con la finalidad de designar a sus autoridades.

Ante la proximidad de las elecciones que se celebrarían en noviembre de 2007, el propio alcalde metropolitano, quien preveía que el gobierno perdería las elecciones en Caracas, solicitó del ejecutivo nacional que asumiera competencias fundamentales del Distrito Metropolitano, como eran: la Policía Metropolitana y los servicios de salud y de educación, los cuales pasaron a depender de los ministerios correspondientes, sin ningún fundamento legal y en abierta infracción al ordenamiento constitucional. Electo Antonio Ledezma, dirigente de oposición, como alcalde metropolitano, las hordas oficialistas comenzaron su labor de hostigamiento: le impidieron tomar posesión del cargo en la fecha prevista, lo agredieron físicamente, dañaron la fachada del edificio donde debía despachar, además de que el gobierno le retuvo las asignaciones financieras que le correspondían.

Como parte de la escalada oficialista para concentrar todos los poderes en manos del Presidente, la Asamblea Nacional sancionó el 7/4/2009 la *Ley Especial sobre la Organización y Régimen del Distrito Capital*. Conforme a esta ley, el Jefe o la Jefa de Gobierno que se crea es de libre nombramiento y remoción del Presidente de la República y no tiene fijado ningún período para ejercer sus funciones, y se dispone que el Distrito Capital no contará con un órgano legislativo propio, sino que esas funciones se atribuyen a la Asamblea Nacional, con lo cual se suprime la participación popular en la escogencia de sus autoridades y también se impide que a esos funcionarios se les aplique el referendo revocatorio, el cual está reservado para autoridades electas.

Pero lo más grave de todo en el régimen del Distrito Capital que se estableció es que se violó un principio fundamental de la Constitución, pues en el artículo 6, que forma parte del TÍTULO I, DISPOSICIONES FUNDAMENTALES, se establece que "El gobierno de la República Bolivariana de Venezuela y de las entidades políticas que la componen es y será siempre democrático, participativo, electivo, descentralizado, alternativo, responsable, pluralista y de mandatos revocables" (destacado nuestro). Es indudable que, según lo dispone el artículo 16 de la Constitución, el Distrito Capital es una entidad política de la República y, por lo tanto, sus autoridades están sujetas al principio electivo y a la revocabilidad de los mandatos, por lo cual no podía el legislador crear para dirigirlo la figura del Jefe de Gobierno de libre nombramiento y remoción del Presidente de la República, pues para hacerlo era necesario convocar una Asamblea Nacional Constituyente para suprimir unos principios fundamentales de nuestra Carta Magna.

En el ámbito financiero, con esta ley se despoja al Distrito Metropolitano de Caracas del situado constitucional, del subsidio de capitalidad y de otros ingresos. El desmantelamiento de la figura creada por el Constituyente, por la sola razón de tener una autoridad electa por la oposición, fue culminada con dos leyes posteriores: la *Ley Especial de Transferencia de Bienes y Recursos Administrados Transitoriamente por el Distrito Metropolitano de Caracas al Distrito Capital,* publicada en la *Gaceta Oficial* del 4 de mayo de 2009, y la *Ley del Régimen Municipal a Dos Niveles del Área Metropolitana,* sancionada el 26 de agosto de este mismo año. De esta forma, el Distrito Metropolitano de Caracas quedó como un ente nominal, privado de la mayor parte de sus competencias y de sus recursos, los cuales fueron transferidos a un ente colocado bajo la jerarquía del Presidente de la República.

2. Todas las propiedades a disposición del Presidente

En la Exposición de Motivos del intento fallido de reforma constitucional de 2007 se expresaba el propósito de "construir el socialismo venezolano como el único camino a la redención de nuestro pueblo, a la salvación de nuestra patria y a la construcción de un nuevo mundo…" Estudiados atentamente tanto el proyecto como las medidas anteriores y posteriores del gobierno sobre este aspecto, se observa que no ha existido en ningún momento la disposición de estatizar o socializar los medios de producción en general, sino de crear un marco jurídico que permita al gobierno apoderarse, por vía de expropiaciones, ocupaciones, comisos o confiscaciones, de determinadas propiedades de los particulares: precisamente las de aquellos que no muestran simpatías por el régimen. También la paralización de establecimientos industriales por falta de insumos para la producción, ocasionada porque el ente administrador de las divisas (CADIVI) no las otorga oportunamente, es causal de ocupación de empresas.

Por otra parte, blandiendo la Ley de Tierras y Desarrollo Agrario, los funcionarios del Instituto Nacional de Tierras (INTI), habían ocupado, para mediados del 2009, aproximadamente 2,5 millones de hectáreas, de las cuales apenas 50.000 hectáreas muestran algún nivel de productividad. Pero "los campesinos no han recibido títulos de propiedad de esos terrenos. Son ahora del Estado".[91]

En la madrugada del 15 de agosto de 2009 la Asamblea Nacional sancionó, sin ninguna discusión, el proyecto de Ley de Tierras Urbanas, donde se establece un procedimiento administrativo (no judicial) para que el Ejecutivo Nacional ocupe las tierras privadas en las áreas urbanas y periurbanas que se encuentran (a juicio del gobierno) subutilizadas u ociosas o con edificaciones en ruinas, que presenten fallas de construcción, deterioradas, que estén inhabitadas o declaradas inhabitables, y se establece que "los propietarios de los inmuebles, terrenos y parcelas que se encuentren en las condiciones de tierras urbanas aptas, están obligados a enaje-

---

[91] Ver artículo: *Cedice indica que el Estado será el gran propietario,* diario El Universal, 28/8/2009, p. 1-10.

narlos a favor de la República conforme al principio al derecho de preferencia". En todos los casos, los mecanismos que se establecen para calcular el valor de los inmuebles ocasionan una pérdida patrimonial para los propietarios.

Asimismo, en la Asamblea Nacional se ha discutido un proyecto de Ley de Propiedad Social, cuyo texto no se ha hecho público. Entendemos que se trata de una manera de reeditar normas rechazadas del proyecto de reforma constitucional del 2007, en la que se definía a la propiedad social como "aquella que pertenece al pueblo en su conjunto y a las futuras generaciones". Ante el apoderamiento de propiedades por el Estado, expresa el Centro de Divulgación del Conocimiento Económico para la Libertad, CEDICE, que "...en manos estatales están 65% de los medios de producción" y que esta cifra puede seguir creciendo.[92]

3. La ideologización forzada de los venezolanos

En septiembre de 2007, creyendo que la reforma constitucional que consagraba la declaración de Venezuela como Estado socialista sería aprobada, el Ministro de Educación, Adán Chávez, presentó al país un proyecto de Curriculum Bolivariano,[93] con el que pretendía, en forma subrepticia, y a veces no tanto, inducir en los estudiantes actitudes favorables a la lucha de clases y una concepción de la historia y de la sociedad acordes con lo que los partidarios del régimen entienden como socialismo. Con este propósito, se omiten las actuaciones de personalidades como José Antonio Páez, José María Vargas y Manuel Gual, se obvia de los programas educativos creaciones intelectuales de tanto valor como las que realizó Andrés Bello, se pretende borrar logros de la República Civil que tuvimos entre 1958 y 1998 y, en general, se colocan contenidos en los programas sobre aspectos que buscan resaltar la política gubernamental, sin análisis crítico, como el estudio de "los convenios de cooperación más importantes como el Alba y Mercosur", sin considerar experiencias de integración de mayor aliento, en el mundo y en América Latina. En su conjunto, los programas se proponen "formar un hombre nuevo", desvinculado de sus raíces y de su trayectoria, con franco menosprecio de los aportes de la cultura europea en la formación de la nacionalidad.

Con la misma intención, el régimen cercena la libertad de expresión y busca promover la autocensura en los medios de comunicación social. En mayo de 2007 se comenzó por acallar la voz del canal de televisión RCTV, e igual medida se ha anunciado por el gobierno contra el canal de

---

[92] *Ibídem*
[93] Véase la página web: http://150.187.142.39/IE/Noticias/seb%20primaria.pdf

televisión Globovisión, lo cual se concretó después mediante compra de sus acciones. El último de julio de ese año, el gobierno anunció el retiro de las concesiones para operar a 34 estaciones de radio y el organismo regulador de las telecomunicaciones, CONATEL, expresó que eran 240 las emisoras radiales que tenían procedimientos administrativos abiertos para privarlas de las concesiones.[94]

Además, las radioemisoras y televisoras privadas se ven obligadas a suspender sus programaciones para sumarse a las cadenas presidenciales que se han tomado varios millares de horas programación desde que Chávez tomó posesión de la presidencia. En esos eventos, se somete a los habitantes del país a un intento de adoctrinamiento descarado (aunque bastante inútil), se desconoce el derecho de los ciudadanos al sano esparcimiento y se profieren a menudo expresiones soeces, sin tomar en cuenta que se realizan en horario infantil.

Dentro de la política de implantar en el país un pensamiento único –el que define el Presidente de la República–, se encuadra la sanción por la Asamblea Nacional de la Ley Orgánica de Educación (LOE), el 15 de agosto de 2009. En el procedimiento legislativo se violaron elementales normas sobre la formación de las leyes, establecidas en la Constitución y en el Reglamento Interior y de Debates del órgano legislativo, entre otras las que establecen que las leyes serán objeto de dos discusiones en la Asamblea Nacional y la que obligan a la consulta a la sociedad. Dejando estos aspectos aparte, debemos señalar que el propósito de adoctrinamiento que persigue esta ley es obvio, en violación al respeto a la pluralidad de pensamientos que garantiza la Constitución. En efecto, las reiteradas referencias al pensamiento bolivariano como fundamento del sistema educativo que se hacen en la LOE (artículo 6, numeral 1, literal l y numeral 2, literal c; artículos 14 y 30), no se refieren a las ideas que expuso el prócer entre 1811 y 1830, sino a la versión del Presidente de la República sobre lo que pensaba Bolívar. Para Chávez *"El pensamiento de Bolívar, era un pensamiento socialista..."* (discurso en la celebración *del 88º* Aniversario de la Aviación Militar Nacional Bolivariana); *"El 'Che' era como Bolívar, fue como Bolívar, vivió como Bolívar y murió como Bolívar"* (discurso en los actos conmemorativos del 177 aniversario de la muerte de El Libertador, en diciembre de 2007). Es más, Chávez llegó a decir: *"Le comentaba a Bolívar... No, a Fidel. Bueno, Fidel es como Bolívar"* (discurso del 14 de julio de 2009, durante el acto de graduación de maestría en Educación por un convenio entre Cuba y Venezuela, realizado en Caracas).[95] Lo an-

---

[94] http://wwwmeridadigital.blogspot.com/2009_07_03_archive.html
[95] http://www.talcualdigital.com/especiales/Viewer.aspx?id=23524

terior nos permite concluir que las referencias al ideal bolivariano en la Ley Orgánica de Educación no son sino una argucia para incluir en el curriculum educativo contenidos que persigan adoctrinar a los estudiantes en la versión chavista del pensamiento socialista.

Pero además, en la LOE se asigna a organizaciones sociales de la comunidad, y se menciona específicamente a los consejos comunales, en ejercicio del Poder Popular, "un rol pedagógico liberador para la formación de una nueva ciudadanía con responsabilidad social" (art. 18). Como sabemos, los consejos comunales, en la mayoría de los casos, han sido utilizados por el gobierno como instancias partidistas, pues su creación y el financiamiento de sus proyectos depende del Presidente de la República. Asimismo se prevé la existencia de los *consejos estudiantiles*, figura que formaba parte del Poder Popular que se pretendía crear en la reforma constitucional de 2000, y que el pueblo rechazó en el referendo del 2D.

Con relación a la educación universitaria se menoscaba, y en algunos aspectos se desconoce, la autonomía universitaria, en infracción al ordenamiento constitucional, y se amplían los integrantes de la comunidad universitaria con derecho a votar para elegir a las autoridades universitarias, una medida de corte demagógico aplicable sólo a las universidades autónomas, en infracción al artículo 109 de la Constitución.

4. La manipulación del sistema electoral

Anteriormente nos habíamos referido a la significación que tuvo para el país el establecimiento del sistema de representación proporcional de los partidos establecido por la Asamblea Constituyente de 1946 como una conquista muy apreciada por el país. El sistema de representación proporcional de los partidos en los cuerpos deliberantes. También a su desaparición en el interregno perezjimenista y a los efectos que generó el sistema de listas cerradas y bloqueadas que se aplicó durante varias décadas y a los esfuerzos que se hicieron en la etapa democrática para corregir la excesiva intermediación de los partidos, hasta llegar, a partir de 1993 a aplicar un sistema que armonizaba la representación proporcional con la personalización del sufragio.

Para la elección de los integrantes de la Asamblea Nacional Constituyente de 1999 el gobierno logra imponer un sistema que desconoce la representación proporcional y que le asegura una abusiva sobrerrepresentación, la cual se potencia por la utilización de la figura del llamado "kino".[96] En la Constitución se había suprimido la figura de los parlamenta-

---

[96] Una explicación detallada sobre los sistemas electorales utilizados en el país hasta 2006 puede verse en mi trabajo: "El principio de representación pro-

rios adicionales (en realidad fue en un documento posterior, "La Exposición de Motivos de la Constitución"), que era un mecanismo utilizado desde 1946 para perfeccionar la representación proporcional y que en el período democrático que comienza en 1958 permitió que partidos pequeños pudieran tener uno o más parlamentarios, por los votos que habían obtenido en los Estados y que no habían elegido a ninguno, o que resultaran subrepresentados, cuando esos votos alcanzaran o superaran el promedio nacional.

Posteriormente, para la elección de diputados a la Asamblea Nacional y a los consejo Legislativos se manipuló el sistema electoral con la figura de "Las Morochas", de evidente carácter fraudulento, para obtener una sobrerrepresentación en los cuerpos deliberantes,[97] a lo que se agrega la distorsión del registro electoral y el ventajismos electoral que se manifestó en muchos otros aspectos, como son:

En primer lugar, en la Constitución se había dispuesto que "No se permitirá el financiamiento de las asociaciones con fines políticos con fondos provenientes del Estado" (art. 67). Contrariando la tradición establecida bajo el régimen democrático, se privó a los partidos de oposición de todo auxilio financiero, mientras el partido de gobierno ha usufructuado en forma grosera los recursos, los bienes y el personal del Estado, incluso ha utilizado a militares con fines electorales, para el logro de su preponderancia política. El uso de recursos públicos se evidencia en el transporte de los partidarios del oficialismo; se establece la obligatoriedad de que los funcionarios públicos asistan a los actos político-partidistas del régimen y se asignan dineros públicos a los particulares por asistencia a los actos políticos del oficialismo; se discrimina a los opositores en el otorgamiento de cargos públicos o de contratos con entes públicos; los medios de comunicación social (estaciones de radio, de televisión y periódicos) pertenecientes al Estado, que son muchos, se utilizan sin pudor para hacer proselitismo a favor del partido de gobierno; se manejan los recursos financieros con toda libertad, dada la complacencia de los organismos contralores hacia el gobierno.

En segundo lugar, en el año 2000, por decreto ley, se suprime la figura del Fiscal General de Cedulación que se había creado en 1972. Este fun-

---

porcional en el Derecho electoral Venezolano", en la Revista *Politeia,* N° 39, segundo semestre de 2007, Instituto de Estudios Políticos de la UCV, *y* en el artículo "**Consagración, auge y declinación del principio de representación proporcional en el Derecho Electoral venezolano**", en http://rrmlegal.com/es/blog

[97] *Ibídem*

cionario tenía el cometido, con el apoyo de un cuerpo nacional de fiscales, de velar por que el proceso de cedulación y de nacionalización de personas se efectuara conforme al Derecho, sin parcialización hacia ningún partido político.[98]

En tercer lugar, se cierran las oficinas de vigilancia sobre los procesos electorales que tenían los partidos en el Consejo Nacional Electoral, se elimina la figura de los representantes de partidos en la conformación de este órgano, el cual se integra con personas supuestamente independientes. Decimos "supuestamente", porque muchos de ellos, antes y después de cumplir la función electoral, habían desempeñado actividades partidistas a favor del régimen gobernante y, además, porque demostraron una actuación claramente parcializada en su actuación en el Poder Electoral.

No obstante, lo peor estaba por venir: el 31 de julio de 2009, la Asamblea Nacional sancionó la Ley Orgánica de Procesos Electorales (LOPRE), con la cual se acaba con la representación proporcional y se incrementan los poderes de la organización electoral para dictar reglamentos y diseñar circuitos, con el propósito asegurar la preponderancia del oficialismo en los cuerpos deliberantes. El sistema establecido es llamado por Dieter Nohlen un sistema segmentado,[99] aún cuando en realidad son dos sistemas electorales distintos y paralelos que no guardan relación uno con el otro, tal como se dice expresamente en el artículo 8 de la LOPRE. Esto significa que el total de escaños que corresponde a una agrupación política no lo determina el voto lista, y que los candidatos electos en los circuitos no se restan de los que le corresponden a la agrupación política conforme al voto lista, tal como se preveía en la legislación anterior. En este sistema, cuando el número de diputados a elegir sea igual o mayor a diez, se elegirán tres cargos por lista, de acuerdo al principio de representación proporcional, y los demás en circunscripciones nominales, según el principio de personalización. Cuando el número de diputados a elegir es inferior a diez, se elegirán 2 diputados por lista y los demás por circunscripciones nominales. De allí resulta que en 4 entidades federales se eligen, en cada una, 3 diputados por lista, y en cada una de las otras 18 solamente 2 diputados en esta forma.[100] Conforme a este sistema, en una entidad muy

---

[98] http://anthonydaquin.wordpress.com/2013/04/07/la-invencin-del-cne-venezola no-cubano/

[99] Dieter Nohlen: *La Democracia. Instituciones, conceptos y contexto,* especialmente el Capítulo V: "Sistema electoral y jurisdicción constitucional. El caso alemán - con una mirada a Venezuela". Instituto Iberoamericano de Estudios Constitucionales, Sección Peruana, Lima, 2010.

[100] http://www.cne.gov.ve/elecciones/2010/parlamentarias/documentos/Circun Cargos_a_Elegir_2010.pdf

poblada, como lo es el Estado Zulia, en la que se eligen 15 diputados, de ellos sólo 3 corresponden a la lista, es decir, que se aplica el principio de representación proporcional al 20% de los cargos a elegir. En total, de los 165 diputados a elegir, 113 se escogerán en circunscripciones nominales (incluyendo los 3 diputados indígenas, que se eligen en circuitos uninominales especiales) y sólo 52 por representación proporcional. Obsérvese el contraste con lo dispuesto en la Ley Orgánica del Sufragio y Participación Política, en la cual el voto lista determinaba la cantidad de escaños que correspondían a cada organización política, y el voto nominal establecía quiénes eran los elegidos, es decir, que ambos principios se aplicaban plena y armónicamente en forma simultánea. En todo caso, la distribución de puestos entre las entidades federales le otorga una sobrerrepresentación a los Estados menos poblados, que son la mayoría y en los que domina el gobierno, en perjuicio de los más poblados, que son más favorables a la oposición.

De allí que el sistema que resulta es predominantemente mayoritario, lo que potencia el grado de polarización que ha introducido el régimen en la política del país y hace que las personas estén dispuestas a votar por cualquier candidato, con tal sea del grupo de su simpatía, lo que representa un atraso de décadas en nuestro sistema político

Pero además, en la LOPRE se autoriza al CNE, como se había hecho desde que se adoptó el sistema electoral de representación proporcional personalizada, para que determine la conformación de las circunscripciones en las cuales se elegirán los candidatos nominales. Como novedad se señala que en esta ley se modifica el criterio anterior de que no podrán dividirse Municipios para diseñar las circunscripciones, pues ahora "Para la elección de cargos nacionales y estadales, la circunscripción electoral podrá estar conformada por un municipio o agrupación de municipios, una parroquia o agrupación de parroquias, o combinaciones de ambas, contiguas y continuas de un mismo estado" (art. 19,1). Esta reforma, junto con la creación de los circuitos plurinominales cuando conviene al oficialismo, y que son técnicamente innecesarios, lo que ha hecho es ampliar las facultades del árbitro electoral y facilitar la introducción del llamado "*gerrymandering*", que consiste en el diseño de los circuitos electorales para favorecer a la parcialidad política que controla al órgano que tiene el poder de decisión en la conformación de las circunscripciones.[101] Tal nombre se deriva de un político norteamericano, Elbridge Gerry, quien por cierto suscribió la Constitución de ese país en 1787, y quien, como gobernador del Estado de Massachusetts, en su empeño por obtener la mayor

---

[101] http://informe21.com/lope/ley-organica-procesos-electorales-destruye-igualdad-del-voto

cantidad de escaños en las elecciones de 1812, hizo diseñar unos circuitos cuyos linderos fueron considerados como carentes de lógica, y que más bien parecían una salamandra (*mander*, en ingles). De allí la expresión "*gerrymander*": la salamandra de Gerry.

No es nuestro propósito entrar en estas consideraciones a exponer detalladamente la forma como se ha concretado el ventajismo a que nos referimos, remitimos a las explicaciones contenidas en nuestro artículo "El sistema electoral en la Ley Orgánica de Procesos Electorales"[102] y nos limitaremos ahora a señalar que el efecto que anunciábamos para las elecciones parlamentarias de 2010 se cumplió rigurosamente: la oposición, con una votación total de 5.877.646 votos, equivalente al 51,88% de los votos emitidos, obtuvo 67 diputados, mientras que el oficialismo, con una votación total de 5.451.422 votos, equivalente al 48,12% de los votos emitidos, obtuvo 98 diputados. Esto significa que la combinación de lo establecido en la LOPRE con las decisiones que adoptó el CNE configuraron una violación del principio de representación proporcional consagrado en la Constitución, porque este principio significa que el que tiene más votos debe tener más puestos y, en su lugar, los resultados muestran que el que tuvo menos votos obtuvo más puestos.

D. EL PERFIL DE CHÁVEZ Y DE SU GOBIERNO A LA MITAD DE SU SEGUNDO PERÍODO

Luego de la aprobación de la enmienda constitucional que concedió a Chávez el derecho de postularse para el cargo de presidente en forma sucesiva sin límites en el tiempo, independientemente de lo que estableciera el texto de la Constitución sobre el principio del gobierno alternativo, la Ley Fundamental se había modificado notablemente por leyes, decretos leyes y vías de hecho, y ahora aparecía dotada de unas características que no guardan relación con el texto constitucional de 1999, y particularmente las siguientes:

1. Por primera vez en un régimen que se califica de democrático, el Presidente ha logrado centralizar el Poder Público en sus manos: las decisiones importantes de todos las ramas del Poder Público requieren la anuencia o, al menos, la no oposición del Presidente. A esta sumisión escapan las gobernaciones de algunos Estados y de diversos Municipios, pero ello ha generado un clima de confrontación que, en algún caso (al-

---

[102] Manuel Rachadell: "El sistema electoral en la Ley Orgánica de Procesos Electorales", en: Juan Miguel Matheus (coord.): *Ley Orgánica de Procesos Electorales*, Editorial Jurídica Venezolana y Centro de Estudios de Derecho Público de la Universidad Monteávila, Caracas, 2010.

caldía de Maracaibo), ha obligado al titular del cargo a buscar en el extranjero protección a su integridad personal. Además, cada día se hacen más preocupantes las amenazas de enjuiciamiento a gobernadores (de Miranda, por ejemplo), que difieren de la política gubernamental.

2. El Presidente adopta decisiones, en forma discrecional, sobre inmensos volúmenes de recursos públicos, afectados en el presupuesto nacional o fuera de éste. Fondos de inversión que disponen de cantidades exorbitantes de divisas, se manejan por el presidente al margen de todo control, y se administran, al igual que las empresas del Estado – incluyendo PDVSA–, como gigantescas cajas negras, en las que lo único claro es el propósito de ejecutar los designios del "Comandante Presidente". Por otra parte, en la cotidianidad del funcionamiento de la Administración, el clientelismo se ha incrustado de una forma nunca vista en nuestra historia. Hoy es impensable que una persona pueda conseguir un nombramiento en un cargo público, una beca, un subsidio, un contrato, sin una expresa manifestación de adhesión al régimen.

3. El presidente no dirige el gobierno y la administración en beneficio de toda la colectividad, sino especialmente en favor de quienes lo apoyan y, para hacer más evidente este propósito, el jefe del Estado acumula en su persona esta condición con la de presidente del partido de gobierno. Animados por este ejemplo, los funcionarios públicos en todos los niveles se han transformado en activistas políticos, sin disimulo ni pudor. Desde hace años se perdió la imparcialidad en la conducción del Estado, las funciones partidistas y de gestión pública se han entremezclado hasta hacerse inseparables y la Ley contra la Corrupción no puede hacerse valer ante los tribunales, ni ante el Ministerio Público, ni ante los órganos contralores, excepto cuando se solicita su aplicación a opositores al gobierno.

4. El régimen insiste reiteradamente en que ha instaurado un sistema de participación de las organizaciones sociales como nunca ha existido, lo cual no es cierto. Es verdad que se han creado mecanismos de participación popular como los consejos comunales, pero éstas son organizaciones que, en los barrios populares, reciben dinero del gobierno a cambio de cantar loas a favor del caudillo. En realidad, no puede haber participación cuando todas las decisiones las toma el jefe del Estado, sin siquiera informar, antes del anuncio público, a sus colaboradores inmediatos.

5. El Presidente ha convertido a la fuerza armada nacional en una guardia pretoriana a su servicio, y esta ya no "constituye una institución esencialmente profesional, sin militancia política" sino que actúa en sentido contrario a lo dispuesto en la Constitución (art. 328). Por decreto ley, el presidente se ha conferido el grado militar de "Comandante en Jefe", el cual tiene carácter vitalicio, lo que sumado a su condición de presidente

del Partido Socialista Unido de Venezuela (PSUV), ha introducido la innovación de hacer coincidir la condición castrense con el activismo político.

6. El presidente ha definido como propósito de su gobierno el instaurar en Venezuela –y en otros países– el "Socialismo del Siglo XXI". En realidad, si se examina atentamente la política del gobierno, no se observa la disposición de crear un ordenamiento jurídico que permita la socialización o la estatización de los medios de producción. Antes por el contrario, lo que se evidencia es una política de apropiación selectiva de empresas, que son precisamente las que pertenecen a personas que difieren de la orientación gubernamental. De ese modo, se ha venido ampliando, cada vez más, el capitalismo de Estado, sin importar que las unidades productivas que se incorporan al sector público funcionen con ineficiencia, cuando no se paralizan totalmente. En realidad, lo esencial para el gobierno es incrementar los poderes del presidente sobre un conjunto burocrático cada vez más extenso, y el pregonado socialismo del siglo XXI no es sino la adopción de mecanismos para mantener en el poder al Presidente y al grupo que lo apoya, sin ningún límite temporal.

7. Con relación a las empresas privadas que subsisten, el Presidente conserva sobre ellas poderes de vida o muerte, principalmente a través del monopolio que mantiene sobre el otorgamiento de divisas y el control de precios. Pero además, la desactivación del aparato productivo que genera la política económica del gobierno obliga a éste a efectuar importaciones masivas, sobre todo de alimentos, lo que a su vez contribuye a deteriorar más aún la situación de los productores nacionales. En otro sentido, se ha venido creando una nueva clase de empresarios afectos al gobierno, sobre todo importadores, que, junto a los funcionarios enriquecidos, conforma lo que en el argot popular se denomina "la boliburguesía". En estos sectores se localizan los más fervientes partidarios de la reelección indefinida del presidente.

8. En la mayor parte de los países los mandatarios electos buscan resolver los conflictos que se presentan entre grupos de intereses o parcialidades políticas, y a estos fines desarrollan actividades de arbitraje o conciliación. En Venezuela, el jefe del Estado estimula la confrontación e incita al odio social, no sólo como una postura ideológica derivada de su creencia en la lucha de clases, sino principalmente por un interés electoral permanente: como los pobres son la mayoría de la población, la mejor manera que ha encontrado el Presidente para mantenerse indefinidamente en el poder no es gerenciando servicios públicos de calidad en favor de ellos, sino cultivando el resentimiento y procurando el incremento del número de personas en situación de pobreza. La violencia social que se ha desatado en Venezuela, que sin duda forma parte de una política de Estado, ha ele-

vado a niveles nunca vistos las estadísticas sobre la criminalidad en el país, hasta llegar a ser las segundas más altas del mundo.

9. El primer mandatario venezolano adelanta una política exterior de cultivar amistades con gobernantes de países pobres o en aprietos financieros, a los que hace donaciones en forma discrecional, sin cumplir ningún trámite para disponer de los dineros públicos. Asimismo, instaura relaciones de cordialidad con personajes de la farándula internacional, quienes derivan jugosos ingresos de esa "amistad", y efectúa viajes al exterior acompañado de una corte de adeptos (o adictos), con unas demostraciones de opulencia que son incompatibles con la situación de mengua que vive la mayor parte de la población. La llamada "petrochequera de Chávez" ha suscitado comentarios en muchos países, la mayor parte de las veces en tono de burla. Por otra parte, el régimen se hace cada vez más agresivo en sus relaciones con los Estados Unidos.

El 11 de septiembre de 2008, Venezuela expulsa al embajador estadounidense en Caracas en solidaridad con Bolivia. Al anunciar la medida ante sus seguidores, Chávez espetó: "¡Váyanse al carajo, yanquis de mierda, que aquí hay un pueblo digno!".[103] Al mismo tiempo toma partido por los radicales árabes en su confrontación con Israel e intensifica relaciones y negociados con dictadores de distintas partes del mundo.

10. En Venezuela la distancia que media entre las disposiciones constitucionales y las actuaciones del gobierno –así como las de todos los poderes del Estado–, que se amplía cada vez más, pone en evidencia una especie de esquizofrenia institucional, lo que genera un menosprecio total hacia el ordenamiento jurídico.

En particular, la figura del Presidente de la República luce en la mitad de su segundo período muy alejada del ideal consagrado en el proceso constituyente de 1999, a pesar del incremento de las facultades presidenciales que se consagró en aquella oportunidad. En efecto, la institución presidencial aparecía delineada como la de un gobernante austero, respetuoso del orden jurídico y de la alternabilidad republicana, conciliador frente a los conflictos legítimos que surgen en la sociedad, interesado en controlar la gestión de los dineros públicos y de promover el desarrollo económico del país, enemigo de la corrupción, pacifista, responsable de hacer respetar los derechos humanos, preocupado por la educación y por la salud de los venezolanos, a los cuales se les dotaría de servicios públicos que funcionarían descentralizadamente, cada vez mejores y con una cobertura cada vez más amplia. En la práctica, la figura presidencias ha adquirido rasgos contrarios a esa imagen.

---

[103] www.youtube.com/watch?v=Wroeezy2GYE

E. CRISIS ECONÓMICA Y SOCIALISMO

Entre 2002 y 2003, el precio del petróleo venezolano estaba en un promedio de 20 dólares el barril. El paro petrolero de diciembre de 2002 y comienzos de 2003, que produjo un fuerte descenso en la producción del petróleo, pero luego de cesado el conflicto la producción se recuperó y el precio del barril de la cesta venezolana comenzó a subir durante 22 trimestres continuos, en la siguiente forma, expresada en promedios anuales: 2004: $ 33,22; 2005: $ 48,36; 2006: $ 56,35; 2007: $ 64,74; 2008: $ $86,74. Durante estos años, en que el gasto público aumentó del 20% al 30 % del PIB, Chávez anunció y puso en actividad las misiones sociales, anunció su disposición de instaurar en Venezuela el socialismo, y luego aclaró que se trataría del socialismo petrolero; estableció acuerdos para favorecer a diversos países latinoamericanos con rebajas en el precio del petróleo; consolidó su política populista y clientelar; incrementó sus agresiones contra las empresas privadas; desconoció derechos y libertades de los ciudadanos; hizo aprobar una enmienda de la Constitución para reelegirse indefinidamente; descalificó a sus opositores y ganó elecciones con un fuerte componente de ventajismo.

Por efecto de la crisis mundial de 2008-2010, disminuyeron los precios del petróleo y Venezuela entró en recesión durante 18 meses, desde el segundo trimestre de 2009 hasta el tercer trimestre de 2010. No obstante, la disminución de la renta petrolera sólo se produjo durante 2009, con un promedio de 57,95 dólares por barril, pues de inmediato el precio del petróleo nacional comenzó a subir, así: 71,95 dólares en 2010; 101,06 dólares en 2011; 103,42 dólares en 2012; 98,08 dólares en 2013. Para el año 2010 Latinoamérica y el Caribe crecieron a un promedio del 6%, mientras Venezuela continuaba en recesión, con un PIB que cayó 1,4%, siendo, junto con Haití, los dos únicos países en decrecimiento, pero este último había sufrido un devastador terremoto a principios de ese año.[104]

La situación económica de Venezuela fue atribuida por políticos opositores y economistas independientes a la política del gobierno, que había traído como consecuencia la destrucción del aparto productivo, el endeudamiento y la escasez, mientras que para Chávez los problemas se originaban de la guerra económica promovida por el imperialismo norteamericano y la conspiración de la burguesía nacional.

En el tercer trimestre de 2010, el precio del petróleo comenzó su recuperación y esta hubiera sido una buena ocasión, después de la expe-

---

[104] http://es.wikipedia.org/wiki/Crisis_econ%C3%B3mica_de_Venezuela_de_2 009-2010#A.C3.B1os_previos

riencia reciente, para iniciar una rectificación en la orientación del gobierno, en el sentido de promover una economía productiva sustentable, en el marco del respeto a las garantías constitucionales y al Estado de Derecho. Pero en lugar de hacer eso, el régimen optó por profundizar su utopía comunista y crear un ordenamiento jurídico encaminado a establecer un Estado Comunal, total y absolutamente divorciado de las normas constitucionales que regulan la organización del sector público y en contradicción con ellas.[105]

Por ello, a partir de diciembre de 2010, ya el régimen no incurría en sus frecuentes e impunes infracciones al ordenamiento constitucional, sino que su rebelión contra la Carta que él mismo aprobara había llegar a ser de tal naturaleza y de tal gravedad, que no es exagerado afirmar que en Venezuela no existía una Constitución.[106]

---

[105] Véase: Asdrúbal Aguiar: *Historia inconstitucional de Venezuela 1999-2012*, Editorial Jurídica Venezolana, Caracas, 2012.

[106] Desde una perspectiva esencialmente jurídica, véase: Allan R. Brewer-Carías: *Estado Totalitario y desprecio a la ley. La desconstitucionalización. Desjuridificación, desjudialización y desdemocratización de Venezuela*, Editorial Jurídica Venezolana, Caracas, 2014.

TERCERA PARTE
EL ESTADO VENEZOLANO
SIN CONSTITUCIÓN

En esta Tercera Parte nos proponemos mostrar como el Estado Venezolano ha llegado a estar sin Constitución, una situación que no se veía tal vez desde que las tropas de Domingo Monteverde, autoproclamado este como representante del Rey de España, dominaron el territorio nacional y declararon inexistente la Constitución de 1811, que había sido sancionada por el primer Congreso de la República.

SECCIÓN PRIMERA:
INTRODUCCIÓN

La Constitución de 1999 nunca llegó a ser formalmente derogada, por lo cual no hay una fecha precisa de su pérdida de vigencia, sino que fue afectada por un proceso de mengua que se inicia tímidamente desde los primeros momentos del nuevo régimen, pero que se acelera notablemente al comenzar el segundo período de Chávez.

En efecto, cuando el presidente Chávez expuso al país su disposición de someter a discusión un proyecto de reforma de la Constitución y lo presentó a la consideración de la Asamblea Nacional, con un contenido que modificaba aspectos fundamentales de la organización del Estado, es porque consideraba que bajo el texto que la Asamblea Nacional Constituyente había promulgado el 30 de diciembre de 1999 no podía realizar el ideal de país que se había formado y que tiene como modelo a la República de Cuba, a la cual calificó como "el mar de la felicidad".[1] Si Chávez, una vez negado ese proyecto en el referendo constitucional del 2 de di-

---

[1] http://www.lasamapolasrd.com/2013_03_03_archive.html

ciembre de 2002 (2D), se hubiera resignado a gobernar con la Constitución de 1999, nuestro país tendría Constitución. Pero las acciones siguientes del Presidente para reeditar mediante leyes, decretos leyes, reglamentos y vías de hecho las reformas rechazadas, que conforme se va viendo apuntan a la conformación de un nuevo tipo de Estado, el Estado Comunal, que difiere sustancialmente del establecido en la Carta de 1999, se hace evidente que en el país hay una Constitución que no se cumple y otra Constitución que no termina de establecerse, porque suscita el rechazo de una mayoría de la población y porque carece de la necesaria legitimidad jurídica y política para regir la conducta de los ciudadanos. Es decir, que en Venezuela no hay Constitución.

En los párrafos que siguen trataremos de indagar sobre el modelo de Estado que Hugo Chávez Frías y su causahabiente han tratado de imponer en Venezuela, para luego considerar como ha funcionado el país bajo esa dicotomía, por no llamarla esquizofrenia, jurídica y política.

SECCIÓN SEGUNDA: EL ESTADO COMUNAL

La figura del Estado Comunal, tal como ha sido formulada por Chávez, significa una ruptura total con el modelo de Estado delineado en la Constitución de 1999. El Presidente estaba consciente de que existía una contradicción entre la organización del Poder Público consagrada en la Ley Fundamental y la idea del Estado Comunal que deseaba implantar, y por ello se sintió obligado a plantear al país una reforma constitucional que le diera sustento a su proyecto.

En efecto, la idea del Estado Comunal no estaba presente, con todas sus características, ni en las ofertas de la campaña electoral ni en el momento de elaborarse la Ley Fundamental que rige al país, más bien ha sido el producto de un proceso progresivo de formulación. Diversos momentos deben ser considerados en ese proceso: en primer lugar, la figura de los consejos comunales; en segundo lugar, el proyecto de reforma constitucional; en tercer lugar, las leyes sobre el Estado comunal, en las cuales el acento se desplaza de los consejos comunales a las comunas.

A. LA FIGURA DE LOS CONSEJOS COMUNALES

En la Constitución de 1999 no se menciona a los consejos comunales ni a las comunas. La primera vez que se utiliza esta expresión fue en la Ley de los Consejos Locales de Planificación Pública, del 16/5/2002, en cuyo artículo 8 se disponía lo siguiente: "El Consejo Local de Planificación Pública promoverá la Red de consejos parroquiales y comunales en cada uno de los espacios de la sociedad civil que, en general, respondan a la naturaleza propia del municipio cuya función será convertirse en el centro principal de la participación y protagonismo del pueblo en la formulación, ejecución, control y evaluación de las políticas públicas, así como viabilizar ideas y propuestas para que la comunidad organizada las presente ante el Consejo Local de Planificación Pública". En el artículo 4 de esta Ley se había dispuesto que "Sin menoscabo de las normas establecidas en la ley orgánica que regula el Poder Electoral, la elección de los representantes de las organizaciones vecinales y de los sectores de la sociedad organizada, es competencia de la asamblea de ciudadanos de la comunidad o sector respectivo, para lo cual, deberá ser convocado un representante de la Defensoría del Pueblo, de su jurisdicción, quien testificará en el acta de la asamblea de ciudadanos los resultados, de dicha elección. La ordenanza respectiva determinará la forma como se realizará la organización de los sectores involucrados de las comunidades organizadas, así como el mecanismo de elección de sus representantes".

De modo que los consejos comunales, junto con los consejos parroquiales, fueron inicialmente concebidos como instancias de participación en la actividad de los Municipios, sin mayor diferencia con las asociaciones de vecinos que ya existían. Esto nos conduce a estudiar los antecedentes de esta figura.

a) ANTECEDENTES

Un estudioso del tema de la participación social y política ubica los registros más remotos de procesos organizativos de las comunidades en nuestro país en 1934, cuando se fundaron los primeros conglomerados urbanos en San Agustín del Sur, La Vega y Antímano, y se crearon unas organizaciones comunitarias llamadas Ligas de Colonos, que luego pasarían a llamarse Juntas Profomento o Promejoras.[2] El autor que citamos expresa que "Lo que comenzó como formas organizativas para resolver problemas del espacio social que ocupaban adquiere mayor consistencia organizativa y fortaleza y se convierten en organizaciones populares, con capacidad de movilización comunitaria y de organizar protestas callejeras como instrumento de presión política al gobierno de Eleazar López Contreras. Una de estas manifestaciones tuvo que ver con las protestas en contra de los propietarios de casas destinadas al arriendo, que obligaron al gobierno a establecer por decreto un conjunto de regulaciones sobre el cobro de los alquileres". Diez años después, estas juntas se habían exten-

---

[2] Jesús E. Machado M: "Participación social y consejos comunales en Venezuela", en *Revista Venezolana de Economía y Ciencias Sociales, v.* 15 N° 1, Caracas, abr. 2009, consultable en Internet

dido por todo el país, pero la penetración de los partidos las hicieron decaer rápidamente. Luego, al inicio de los años 60, renacieron y fueron nuevamente utilizadas por los partidos en el gobierno y por ello perdieron importancia en sus funciones comunitarias. Esto ocurría porque el objetivo de las juntas era lograr la intervención del gobierno en la solución de problemas de la comunidad, no sólo en cuanto a la infraestructura física de los barrios, sino con relación a temas como la distribución de alimentos.

En 1964, con una orientación distinta, se creó en Cordiplan el Programa de Desarrollo de la Comunidad y se colocó bajo la dirección de la economista Carola Ravel, quien había instaurado programas de desarrollo comunal en su exilio mexicano. En Cordiplan se formó un equipo con Maritza Izaguirre, Ramón Piñango, Giovanna González y muchos otros[3] y se iniciaron programas de auténtico desarrollo comunal como los que se ejecutaron en alianza con los maestros rurales de El Mácaro, en el Estado Aragua, para promover la construcción de escuelas por las comunidades rurales. Luego, mediante acuerdos con la Fundación de Capacitación e Innovación para el Desarrollo Rural (CIARA), creada en el año 1966, se amplía la actividad a la construcción de acueductos, desarrollo de las comunidades rurales y unidades de producción, precursoras de las microempresas. Seguidamente Carola Ravel logra que en cada una de las gobernaciones de los Estados se establezcan Oficinas Regionales de Desarrollo de la Comunidad (ORDEC) y luego negocia con el gobierno para que este cree la Fundación para el Desarrollo de la Comunidad y Fomento Municipal (Fundacomun) y le otorgue los recursos para su funcionamiento en todo el territorio nacional. Esta institución se convierte en un centro de difusión de experiencias sobre el desarrollo comunal y comienzan a aplicar las ideas sobre el autodiagnóstico de las comunidades producidas por Paulo Freire, por Mc Clelland sobre la motivación al logro, y por Carolina Ware sobre la incorporación del trabajo social participativo. Al mismo tiempo, comenzó a promover un gran centro de investigación y formación de recursos humanos para el desarrollo de las comunidades, lo cual logra con la participación de la Organización de Estados Americanos y las Naciones Unidas (el CIADEC), en el antiguo campo petrolero de Jusepín, que luego se traslada a Maracay. Nos parece justo transcribir el homenaje que le hace Mercedes Pulido a Carola Ravel cuando esta concluye su ciclo vital: "Su último gesto fue donar lo poco que tenía, el apartamento donde vivía, al Hospital Ortopédico Infantil".[4]

---

[3] Mercedes Pulido de Briceño, *Participación y Desarrollo Social en Venezuela*, UCAB, Caracas, 1997, consultable en Internet.

[4] *Ibídem*, p. 130.

En el período siguiente (1969-1974), se conforma un equipo en el Banco Obrero que realiza experiencias notables de desarrollo de la comunidad a propósito de cumplir un programa de construcción de viviendas para las personas de menores recursos. Una importante investigación no sólo de ingeniería y de economía sino sociológica los llevó a instaurar programas como: las Urbanizaciones Populares, las Unidades Baño, Núcleo y Completas; los créditos populares, las Viviendas en Pendiente, los cuales, desafortunadamente, no tuvieron continuidad. En esos años, para desvincular la asignación de viviendas del Banco Obrero de la política partidista, se adoptó la práctica de elaborar una lista de las familias que, conforme a los estudios sociales, requerían con mayor urgencia de viviendas y luego se efectuaban sorteos para determinar las que resultarían adjudicatarias en primer lugar.

En 1978 se dicta la Ley Orgánica de Régimen Municipal con base en el proyecto que se había elaborado en FUNDACOMUN. Allí, por supuesto, se dedica un capítulo a la participación de las comunidades en el régimen municipal. Luego se dicta el Reglamento N° 1 de la Ley Orgánica de Régimen Municipal sobre las Asociaciones de Vecinos, aprobado por Decreto N° 3.130, del 6 de marzo de 1979. A partir de estas normas se produce un gran desarrollo de las Asociaciones de Vecinos, se contemplan las formas de determinar los ámbitos geográficos y se exonera de tasas el registro de las asociaciones ante las Oficinas Subalternas de Registro. No obstante, debemos observar que bajo la denominación de asociaciones de vecinos, que es la que se utiliza en adelante, se cobijan dos realidades completamente diferentes: de un lado, las juntas promejoras, que ya existían en los barrios, para llamar la atención del gobierno sobre sus problemas, ante lo cual este, generalmente, intervenía con fines de clientelismo político. Del otro, las asociaciones de vecinos que se comienzan a crear desde inicios de los años sesenta con una finalidad diferente, incluso contraria: para luchar por que el gobierno no intervenga en su hábitat para degradarlo y, sobre todo, para que el Municipio no realice cambios en la zonificación para aumentar la densidad del conglomerado, lo que deteriora la calidad de vida de los residentes. En 1961 se constituyó en Caracas la Asociación de Residentes de la Urbanización La Floresta (ARUFLO), la cual ha sido vista como emblemática en este tipo de instituciones por la manera enfática como ha defendido los intereses de sus asociados.

Pues bien, la figura de los consejos comunales se emparenta más con las juntas promejoras que con las asociaciones de vecinos. No obstante, la decisión de constituir a los consejos comunales en el pilar de la política social del gobierno viene dada más bien por influencias externas. La figura de los consejos comunales se inspira en los consejos populares creados en Cuba, conforme a la proposición que hizo en 1986 el Partido Comunista en su III Congreso, lo que dio origen a la implantación en la Habana de los primeros consejos en 1990, que luego se extienden a todo el país y cuya existencia se refrenda en la Constitución de 1992.[5] En efecto, en el artículo 104 de esta Constitución se consagra que: "Los Consejos Populares se constituyen en ciudades, pueblos, barrios, poblados y zonas rurales; están investidos de la más alta autoridad para el desempeño de sus funciones; representan a la demarcación donde actúan y a la vez son representantes de los órganos del Poder Popular municipal, provincial y nacional. Trabajan activamente por la eficiencia en el desarrollo de las actividades de producción y de servicios y por la satisfacción de las necesidades asistenciales, económicas, educacionales, culturales y sociales de la población, promoviendo la mayor participación de ésta y las iniciativas locales para la solución de sus problemas. Coordinan las acciones de las entidades existentes en su área de acción, promueven la cooperación entre ellas y ejercen el control y la fiscalización de sus actividades. Los Consejos Populares se constituyen a partir de los delegados elegidos en las circunscripciones, los cuales deben elegir entre ellos quien los presida. A los mismos pueden pertenecer los representantes de las organizaciones de masas y de las instituciones más importantes en la demarcación".

Ahora bien, entre los consejos populares de Cuba y nuestros consejos comunales existen diferencias importantes: aquellos son organismos de participación, de promoción, de fiscalización y de control de la gestión pública, mientras que a éstos se les agregan competencias de orden financiero. Pero sobre todo, y esto es lo más significativo, con la creación y regulación de los consejos comunales se introduce un nuevo nivel del poder público, de gran importancia y dotado de ingentes recursos, que no está previsto en la Constitución que nos rige, y ese nuevo nivel depende del Presidente de la República.

b) REGULACIÓN INICIAL DE LOS CONSEJOS COMUNALES

A principios del año 2006, en medio de las situaciones de emergencia provocadas por el colapso del viaducto N° 1 de la autopista Caracas-La Guaira, el Presidente de la República anunció que el gobierno daría prioridad a la creación y al financiamiento de los consejos comunales. Esta figura, que según la información oficial, "es el centro principal de la participación y protagonismo del pueblo en la formulación de ideas, propues-

---

[5] Véase: Jesús P. García Brigos "Cinco tesis sobre los consejos populares", artículo publicado en el número 31 de la *Revista Cubana de Ciencias Sociales*, año 2000, consultado en https://es.groups.yahoo.com/neo/ groups/foro_ centenario/ conversations/topics/9765

tas y proyectos que se puedan traducir y ejecutar como políticas públicas",[6] había sido conceptualizada así: "Pensamos que probablemente sean los Consejos Comunales (entendidos como organizaciones de base en espacios comunitarios reducidos) la mejor instancia de base de una comunidad para elaborar este plan, ya que ellos están conformados por representantes de las fuerzas vivas que activan en ella".[7] Los autores agregan que los consejos comunales "Suelen conformarse en el ámbito de lo que en Venezuela se ha conocido como asociaciones de vecinos, sólo que en este caso, no eligen una directiva, no requieren formalización legal, no cobran cuotas a sus afiliados, etcétera. Vecinos somos todos, es la premisa que distingue a esta instancia de organización de base". Contrariamente a esta visión informal en lo jurídico, la estación televisora oficialista VIVE, expresa el 27/2/2006 que desde el Ejecutivo Nacional se propone una reforma de la Ley de Participación Ciudadana a objeto de darle figura a los Consejos Comunales en formación, "el poder popular, constituyente, originario y organizado", en palabras del presidente Hugo Chávez. "No debemos adscribirlos (los Consejos) a las alcaldías ni a las gobernaciones: los estaríamos matando; hay que darles figura jurídica" a la iniciativa ciudadana, y "si hiciera falta hacer una ley nueva o modificar algunas de las que ya existen, que es lo que creo que hay que hacer, hagámoslo", asienta el Presidente.[8]

Por otra parte, es de destacar que, antes de la aprobación de la Ley de los Consejos Comunales, la Guardia Nacional había creado, por instrucciones del Presidente de la República, un programa de promoción de la constitución de estos organismos en diversos Estados del país,[9] como parte de la misión de fortalecer "la Unión Cívico-Militar para la Participación Ciudadana, el Desarrollo del Poder Popular y el Orden Interno".[10]

El 2-3-2006, la Comisión Permanente de Participación Ciudadana, Descentralización y Desarrollo Regional de la Asamblea Nacional presentó ante el órgano legislativo el proyecto de Ley Especial de los Consejos Comunales,[11] el cual fue aprobado en primera discusión el mismo día

---

[6] http://72.14.203.104/search?q=cache:0jYGU256zSwJ:portal.gobiernoenline a.ve/cartelera/ConsejoLocalPlanificacion.html+Al%C3%B3+Presidente+cre aci%C3%B3n+de+consejos+comunales&hl=es&gl=ve&ct=clnk&cd=6
[7] Haiman El Troudi, Martha Harnecker y Luis Bonilla, *op. cit*, p. 49.
[8] http://www.vive.gob.ve/inf_art.php?id_not=999&id_s=6&id_ss=1&p=5
[9] http://www.poderpopulargn.mil.ve/view/nosotros.php
[10] http://www.poderpopulargn.mil.ve/view/index.php
[11] Véase: http://www.asambleanacional.gov.ve/ns2/leyes.asp?id=735

y sancionado el 7 del mes siguiente.[12] La ley, que en definitiva fue denominada Ley de los Consejos Comunales, fue publicada en la *Gaceta Oficial*, N° 5.806, Extraordinario, del 10/4/2006. El nuevo instrumento legal definió estas figuras como "instancias de participación, articulación e integración entre las diversas organizaciones comunitarias, grupos sociales y los ciudadanos y ciudadanas, que permiten al pueblo organizado ejercer directamente la gestión de las políticas públicas y proyectos orientados a responder a las necesidades y aspiraciones de las comunidades en la construcción de una sociedad de equidad y justicia social" (art. 2) y determinó que "las comunidades se agrupan en familias, entre doscientos (200) y cuatrocientos (400) en el área urbana y a partir de veinte (20) familias en el área rural y a partir de diez (10) familias en las comunidades indígenas. La base poblacional será decidida por la Asamblea de Ciudadanos y Ciudadanas de acuerdo con las particularidades de cada comunidad, tomando en cuenta las comunidades aledañas" (art. 4,4). Igualmente se definió la Asamblea de Ciudadanos y Ciudadanas como "la máxima instancia de decisión del Consejo Comunal, integrada por los habitantes de la comunidad, mayores de quince (15) años" (art. 6).

En cada consejo comunal se organizarán comités de trabajo, que son el "colectivo o grupo de personas organizadas para ejercer funciones específicas, atender necesidades y desarrollar las potencialidades de cada comunidad" (art. 4,6), y a tales efectos se mencionan las siguientes áreas: salud, educación, tierra urbana o rural, vivienda y hábitat, protección e igualdad social, economía popular, cultura, seguridad integral, medios de comunicación e información, recreación y deportes, alimentación, mesa técnica de agua, mesa técnica de energía y gas, servicios, y cualquier otro que considere la comunidad de acuerdo a sus necesidades (art. 9). Cada comité tendrá un vocero o vocera, cuya función es la de "coordinar todo lo relacionado con el funcionamiento del Consejo Comunal, la instrumentación de sus decisiones y la comunicación de las mismas ante las instancias correspondientes". En su aspecto organizativo, cada consejo comunal, además de la asamblea de ciudadanos, está estructurado así: un órgano ejecutivo, integrado por los voceros y voceras de cada comité de trabajo; una Unidad de Gestión Financiera como órgano económico-financiero y una Unidad de Contraloría Social como órgano de control, cuyos integrantes son designados por la Asamblea de Ciudadanos.

Con la finalidad de someter los consejos comunales a la exclusiva regulación de las leyes y de los reglamentos nacionales, lo que significa transformarlos en organismos del Poder Nacional, desvinculados de la

---

[12] http://www.asambleanacional.gov.ve/ns2/leyes.asp?id=755

potestad organizatoria de los Estados y los Municipios, la Asamblea Nacional derogó el artículo 8 de la Ley de los Consejos Locales de Planificación Pública (Disposición Derogatoria Única de la Ley de los Consejos Comunales) y sancionó, el 6/4/2006, una nueva reforma de la Ley Orgánica del Poder Público Municipal, en la que se derogan los artículos 112, 113 y 114, los cuales contienen menciones sobre los consejos parroquiales y comunales como instituciones del Poder Público Municipal.

Como observación de carácter general habría que señalar que en Venezuela, sobre todo en las últimas décadas, hay un profundo desprestigio de los cuerpos deliberantes, lo que guarda relación con la pérdida de credibilidad de los partidos políticos. En ese terreno fértil de la antipolítica, toda actividad que se sustraiga de la vinculación con un órgano legislativo y se ponga bajo la dirección del Presidente de la República, quien además ha adquirido, como en el régimen actual, la potestad de disponer discrecionalmente de los dineros públicos, es bienvenida por los sectores populares.

c) RÉGIMEN FINANCIERO INICIAL DE LOS CONSEJOS COMUNALES

En la versión inicial de los consejos comunales, se preveía en el artículo 10 de la ley que los rige que "La unidad de gestión financiera es un órgano integrado por cinco (5) habitantes de la comunidad electos o electas por la Asamblea de Ciudadanos y Ciudadanas, que funciona como un ente de ejecución financiera de los consejos comunales para administrar recursos financieros y no financieros, servir de ente de inversión y de crédito, y realizar intermediación financiera con los fondos generados, asignados o captados" y que "A los efectos de esta Ley, la unidad de gestión financiera se denominará Banco Comunal. El Banco Comunal pertenecerá a un Consejo Comunal o a una Mancomunidad de consejos comunales, de acuerdo con el desarrollo de los mismos y a las necesidades por ellos establecidas". En el mismo artículo se pauta que "Serán socios y socias del Banco Comunal todos los ciudadanos y ciudadanas que habiten en el ámbito geográfico definido por la Asamblea de Ciudadanos y Ciudadanas y que conforman el Consejo Comunal o la Mancomunidad de consejos comunales" y que "El Banco Comunal adquirirá la figura jurídica de cooperativa y se regirá por la Ley Especial de Asociaciones Cooperativas, la Ley de Creación, Estímulo, Promoción y Desarrollo del Sistema Microfinanciero y otras leyes aplicables, así como por la presente Ley y su Reglamento. Los Bancos Comunales quedarán exceptuados de la regulación de la Ley General de Bancos y Otras Instituciones Financieras".

Entre las funciones de los Bancos Comunales (llamados microbancos en la versión inicial del proyecto de ley), están las de "promover la constitución de cooperativas para la elaboración de proyectos de desarrollo endógeno, sostenibles y sustentables", "promover formas alternativas de intercambio, que permitan fortalecer las economías locales" (trueques), "prestar asistencia social" y "realizar la intermediación financiera". En este aspecto observamos que los diferentes objetivos asignados a los Bancos Comunales eran contradictorios: en la medida en que cumplan sus funciones de asistencia social o de promoción de proyectos de interés general, disminuye la posibilidad de ejercer la intermediación financiera, es decir, son especies de pequeños bancos que deben ayudar a la gente, pero que también hacen préstamos que deben ser cobrados, con lo cual se acumulan en los mismos entes funciones asistenciales y financieras que no pueden ejecutarse al mismo tiempo sin que unas perjudiquen la eficiencia en el cumplimiento de las otras. En todo caso, todo este esquema de administración financiera fue cambiado posteriormente, como veremos más adelante.

Las fuentes de financiamiento de los consejos comunales, de acuerdo a esta ley, son las siguientes:

En primer lugar, aún antes de la aprobación de la Ley de los Consejos Comunales, se había comenzado el proceso de constitución y de financiamiento de estos organismos, y a estos efectos el gobierno informó el 12 de febrero de 2006 que para este año el Gobierno nacional tiene estipulado realizar la transferencia de 2,2 billones de bolívares a los vecinos organizados en los consejos comunales. La información fue dada a conocer por el ministro de Participación Popular, general Jorge Luis García Carneiro, quien indicó que la mitad de este presupuesto será entregado por las alcaldías y gobernaciones, y el resto por parte del Ejecutivo. Asimismo Informó que en el país ya se encuentran funcionando 7 mil consejos comunales, los cuales recibieron de manos del presidente Hugo Chávez, 19 mil millones de bolívares para que ejecutaran diversos proyectos en las áreas sociales, productivas, así como de infraestructura. Estimó García Carneiro en esa oportunidad que serían conformadas unas 50 mil de estas organizaciones comunitarias, de las cuales esperaban que 30 mil ya estuvieran formalizadas a finales de ese mismo año.[13]

En segundo lugar, se han aprobado reformas a leyes nacionales para garantizar fondos a los consejos comunales, así:

---

[13] http://www.temas.info.ve/modules.php?name=News_v2&file=article&sid=3626

El 7-3-2006 fue sancionada la reforma de la Ley que crea el Fondo Intergubernamental para la Descentralización (FIDES), para modificar la distribución de los recursos del Fondo en la siguiente forma: anteriormente, descontados los gastos de funcionamiento del Fondo, se asignaba a los Estados un 60% de los recursos y el 40% restante para los Municipios. Con la reforma legal se reduce el aporte a los Estados a un 42% y la parte de los Municipios a un 28%, mientras que el 30% es para los consejos comunales. Pero además, de los recursos que se consideran remanentes del ejercicio anterior, se asignará a las gobernaciones el 30%, a los Municipios, el Distrito Metropolitano de Caracas y el Distrito Alto Apure el 20%, y para los consejos comunales el 50%. La Ley del FIDES fue después derogada por la Ley Orgánica del Consejo Federal de Gobierno, a la que nos referiremos posteriormente.

El 9/3/2000 fue sancionada la reforma de la Ley de Asignaciones Económicas Especiales para los Estados y el Distrito Metropolitano de Caracas derivadas de Minas e Hidrocarburos (LAEE), para modificar el destino de los fondos allí contemplados en la siguiente forma: en el artículo 3, *eiusdem*, se disponía que "Los estados y el Distrito Metropolitano de Caracas deberán administrar los referidos recursos de manera armónica e integral, dando prioridad a las inversiones en los municipios donde se exploren o exploten dichos recursos. En todo caso, el porcentaje que se destine a los municipios del monto de las asignaciones económicas especiales de cada Estado y del Distrito Metropolitano de Caracas, no podrá ser menor de cuarenta por ciento (40%). Este porcentaje se distribuirá de conformidad con lo establecido en la Ley Orgánica de Régimen Municipal". Pues bien, a partir de la reforma de esta Ley, los recursos que según la Constitución (art. 156, numeral 16) corresponden a los Estados por este concepto, se disminuyen al 45%, para permitir el financiamiento directo de proyectos presentados por los Municipios (30%) y por los consejos comunales (25%). En esta reforma no se establece ningún criterio para la distribución de los fondos entre los consejos comunales.

En tercer lugar, en la Ley de los Consejos Comunales (2006) se creó "el Fondo Nacional de los Consejos Comunales, como servicio autónomo sin personalidad jurídica, el cual estará adscrito al Ministerio de Finanzas y se regirá por las disposiciones contenidas en esta Ley y su Reglamento. Tendrá una junta directiva conformada por un presidente o presidenta, tres miembros principales y tres suplentes, designados por el Presidente o Presidenta de la República, en Consejo de Ministros y Ministras" (art. 28). Dicho Fondo tiene por objeto "financiar los proyectos comunitarios, sociales y productivos, presentados por la Comisión Nacional Presidencial del Poder Popular en sus componentes financieros y no financieros" (art. 29). El 18/5/2006 se publicó en la *Gaceta Oficial* N° 38.439 el Reglamento del Fondo Nacional de los Consejos Comunales, en el que se ratifica que los proyectos autorizados serán aquellos que apruebe la Comisión Presidencial del Poder Popular, lo que significa que el presidente (no las comunidades) determina los proyectos comunitarios a ser financiados con los recursos del Fondo y ordena la asignación de los recursos correspondientes. Asimismo, se expresa que los recursos del Fondo se destinarán al financiamiento de los proyectos aprobados y a las donaciones, contribuciones, subvenciones y transferencias, que para la organización y financiamiento del Fondo especial se aplicarán los principios de corresponsabilidad del Estado y de los consejos comunales y que el Fondo estará sometido a los mismos controles internos y externos que se aplican a los servicios autónomos. En la Ley (art. 29) se había dispuesto que "La transferencia de los recursos financieros se hará a través de las unidades de gestión financieras creadas por los consejos comunales", es decir que, según las instrucciones del Presidente, los recursos se transfieren directamente a los Bancos Comunales.

En cuarto lugar, en la Ley de los Consejos Comunales se establecen fuentes adicionales de financiamiento para dichos organismos, tales como: transferencias de recursos de los Estados y los Municipios, los que provengan de la administración de los servicios que les sean transferidos por el Estado, los generados por su actividad propia, incluido el producto del manejo financiero de todos sus recursos, los provenientes de donaciones y cualquier otro generado de actividades financieras permitidos por la Constitución y la ley (art. 25).

Es oportuno señalar que en varios países (México, Argentina, Colombia, entre otros), desde hace varios años se vienen creando microbancos destinados a proveer a los sectores de menores recursos de créditos con intereses rebajados, sin la pesada tramitación y sin la exigencia de las garantías que son habituales en el sistema financiero. Pero en estos casos los microbancos se constituyen con el ahorro de los pobladores, aún cuando tienen el apoyo técnico y financiero de instituciones públicas nacionales y en algunos casos internacionales.[14] Pero la regulación de los Bancos Comunales que se hace en Venezuela es diferente: no se trata de captar ahorros de la población, sino de distribuir recursos desde el nivel central del gobierno a las comunidades que determine el Presidente de la República.

---

[14] Véase: http://72.14.203.104/search?q=cache:HAgIqlwQBQ4J: mediosindependientes.org/display.php3%3Farticle_id%3D109927+microbanco&hl=es&gl=ve&ct=cl nk&cd=2 (México);
http://72.14.203.104/search?q=cache:OV4SZrilq0J:www.larepublicadigital.com.ar/article.php3%3Fid_article%3D387+microbanco&hl=es&gl=ve&ct=cl nk&cd=1 (Argentina);
http://www.presidencia.gov.co/cne/2003/enero/15/05152003.htm (Colombia)

B. EL ESTADO COMUNAL EN EL PROYECTO DE REFORMA CONSTITUCIONAL DE 2007

Cuando hablamos del proyecto de reforma constitucional hay que tener presente que esta se manifiesta en tres documentos cuyos contenidos muestran diferencias significativas: lo que está en la Exposición de Motivos, el proyecto que presentó el Presidente a la Asamblea Nacional el 15 de agosto de 2007 y el documento que aprobó esta el 2 de noviembre de 2007 y que fue a sometido a referendo el 2 de diciembre, con el resultado que conocemos. Pues bien, en ninguno de esos documentos se hace referencia al Estado Comunal, sino que se consignan propuestas, de un lado, sobre una nueva geografía del poder y, del otro, sobre un nuevo poder que se crea: el Poder Popular, las cuales se interpenetran y se confunden.

En la versión del artículo 16 sometida a referéndum, relativo a la conformación del territorio nacional a los fines político-territoriales y de acuerdo con la nueva geometría del poder se establece que "Los Estados se organizan en Municipios", y en el literal siguiente se incluye el siguiente proyecto de norma: "La unidad política primaria de la organización territorial nacional será la ciudad, entendida esta como todo asentamiento poblacional dentro del municipio, e integrada por áreas o extensiones geográficas denominadas comunas. Las comunas serán las células sociales del territorio y estarán conformadas por las comunidades, cada una de las cuales constituirá el núcleo territorial básico e indivisible del Estado Socialista Venezolano, donde los ciudadanos y las ciudadanas tendrán el poder para construir su propia geografía y su propia historia, respetando y promoviendo la preservación, conservación y sustentabilidad en el uso de los recursos y demás bienes jurídicos ambientales". Como puede verse, el Municipio deja de ser "la unidad política primaria de la organización nacional", como se dice en la Constitución de 1999 (art. 168), y este carácter se traslada a la ciudad, la cual está integrada por comunas, y estas a su vez "serán las células sociales del territorio" y estarán formadas por las comunidades, en cada una de las cuales habrá un consejo comunal. El Municipio pasa a ser prácticamente un ámbito territorial, dentro del cual el legislador puede crear "otras entidades locales", dependientes del Ejecutivo Nacional y con capacidad para privar de competencias y recursos a las autoridades municipales. La sustracción de competencias se haría mediante las transferencias obligatorias y sin límites que deben hacerse, y ya se han hecho mediante leyes sin base constitucional, desde los Estados y los Municipios hacia los órganos del Poder Popular, tal como lo contempla el artículo 184 del proyecto que examinamos. Esto significa que se mantiene la estructura constitucional anterior del Poder Público y se agrega una nueva, que va "canibalizando" al Municipio. Hubiera sido interesante calcular el costo de dos conjuntos orgánicos paralelos, pero eso no pareció necesario porque el proyecto se formuló en momentos en que el precio del petróleo estaba en cotas muy elevadas. Ahora bien, según el artículo 136 propuesto "El Poder Público se distribuye territorialmente en la siguiente forma: el Poder Popular, el Poder Municipal, el Poder Estadal y el Poder Nacional. Con relación al contenido de las funciones que ejerce, el Poder Público se organiza en Legislativo, Ejecutivo, Judicial, Ciudadano y Electoral". En el primer aparte de este artículo se declara que "El pueblo es el depositario de la soberanía y la ejerce directamente a través del Poder Popular. Éste no nace del sufragio ni de elección alguna, sino de la condición de los grupos humanos organizados como base de la población". Obsérvese que en la concepción del régimen la democracia participativa se produce cuando no hay elecciones formalmente organizadas, sino unas asambleas tumultuarias donde se expresa la opinión a mano alzada, pero al final las decisiones corresponden al caudillo. En este sentido, en el aparte quinto del artículo 16 del proyecto final se dispone que "En las regiones marítimas, territorios federales, Distrito Federal, municipios federales, distritos insulares, provincias federales, ciudades federales y distritos funcionales, así como cualquier otra entidad que establezca esta Constitución y la ley, **el Presidente o Presidenta de la República designará y removerá las autoridades respectivas**, por un lapso máximo que establecerá la ley" (destacado nuestro).

Pero volviendo al artículo 136 de proyecto fallido de reforma constitucional, encontramos que en su último aparte se proponía que "El Poder Popular se expresa constituyendo las comunidades, las comunas y el autogobierno de las ciudades, a través de los consejos comunales, consejos de trabajadores y trabajadoras, consejos estudiantiles, consejos campesinos, consejos artesanales, consejos de pescadores y pescadoras, consejos deportivos, consejos de la juventud, consejos de adultos y adultas mayores, consejos de mujeres, consejos de personas con discapacidad y otros entes que señale la ley". Diversas observaciones suscita este proyecto de norma: de un lado, resulta confuso el concepto de Poder Popular, pues en el encabezamiento del artículo se había dicho que el Poder Popular forma parte de la distribución territorial del Poder Público, el cual además se organiza, de acuerdo a sus funciones, en cinco Poderes (la Constitución de 1961 no se refería a Poderes sino a ramas del Poder Público, partiendo del correcto supuesto de que el Poder Público es uno solo). Pues bien, la distribución territorial implica un límite geográfico, como el que tienen los Estados y los Municipios, pero los consejos antes mencionados no tienen un límite territorial sino que pueden estar ubicados en cualquier parte del territorio nacional, de donde se desprende que el Poder Popular es, a la vez, territorial y funcional, o no es ni lo uno ni lo otro. El tema es importante porque según el artículo 167 propuesto "A las comunidades, a los consejos comunales, a las comunas y otros entes del Poder Popular, les corresponderá una transferencia constitucional equivalente a un mínimo del cinco por ciento del ingreso ordinario estimado en la Ley de Presupuesto anual", además de otros ingresos, y se plantea la cuestión de cómo asignar su parte del situado a los consejos que no tienen base territorial (de trabajadores, de estudiantes, etc.), lo que hacía prever la proliferación de conflictos.

De otro lado, en el proyecto se habla reiteradamente de la ciudad o de la ciudad comunal, partiendo del supuesto de que Venezuela es un país puramente urbano, pero no lo es. Por eso, el campo queda fuera de la organización del Poder Popular y, presumiblemente, aquel viene a ser un agregado marginal de las ciudades, el patio trasero de estas.

C. EL PAQUETE DE LEYES SOBRE EL ESTADO COMUNAL

El año 2010 comienza con una modificación del control cambiario en vigor desde el 2003 y se establecen dos tipos de cambio: 2,60 y 4,30 bolívares, lo que significa una devaluación del 20 y del 100%, respectivamente, con relación a la tasa de cambio hasta entonces vigente de Bs. 2,15 por dólar norteamericano. A mediados de año el Presidente Uribe de Colombia denuncia la presencia de líderes de la FARC en territorio venezolano, a consecuencia de lo cual Chávez rompe relaciones diplomáticas con Colombia, las cuales se restablecen una vez que Juan Manuel Santos toma posesión de la presidencia de ese país. Entretanto, se desarrolla la campaña electoral para escoger diputados a la Asamblea Nacional, las cuales se realizan el 26 de septiembre, con el resultado de que la oposición, con casi el 52% de los votos, obtiene el 48% de los escaños en disputa, pero el gobierno, por primera vez, pierde la mayoría calificada en la Cámara. En paralelo, desde el comienzo del año, el gobierno acentúa su política de expropiaciones, que afectan a las diversas ramas de la actividad económica, tanto de pequeños y medianos establecimientos como a empresas de mayor tamaño. Anteriormente me he referido a las invasiones de fundos agrícolas que se venían produciendo desde principios del régimen, ahora aludiré a un caso emblemático que tuvo un trágico desenlace mientras el gobierno estudiaba la forma de consagrar legalmente su proyecto de Estado Comunal: el 30 de agosto de 2010 muere en el Hospital Militar de Caracas el productor agropecuario Franklin Brito, de un "shock séptico que le produjo un paro respiratorio", según lo determinó la autopsia. Brito había concluido estudios de Biología en la Facultad de Ciencias de la Universidad Central de Venezuela y era propietario de un fundo de medianas dimensiones (290 ha.) en el Estado Bolívar, que cultivaba personalmente y con miembros de su familia, y, al mismo tiempo, dictaba clases de Biología, Física y Matemáticas en el Liceo del pueblo cercano de El Guarataro, entre Ciudad Bolívar y Caicara del Orinoco. En el año 2003 el Instituto Nacional de Tierras (INTI) le dio cartas agrarias a otras personas, sin procedimiento expropiatorio alguno, las cuales ocuparon esas tierras. Ante la ausencia de respuesta a sus reclamos, Brito realizó muchas protestas y sucesivas huelgas de hambre para presionar la devolución de su propiedad, que llevaron su peso de 105 a 33 kilos. Franklin Bito había sido internado a la fuerza por la Policía Metropolitana en el hospital militar con un diagnóstico de trastorno mental, lo cual había sido rebatido por psicólogos que estudiaron el caso.[15] Dice Ángela Brito, hija de la víctima, que su padre estaba encerrado "en un cubículo que era un depósito de la terapia intensiva, al lado del aire acondicionado de la terapia intensiva que producía vibraciones que no lo dejaban dormir (…) Lo mantenía por debajo de una temperatura de 8° C que es la de una nevera".[16] En esas condiciones estuvo 252 días,[17] hasta que murió.

En otro aspecto, el sector comercial se vio afectado a comienzos de 2010 de ese año cuando se expropiaron a seis automercados de la cadena Éxito y a la cadena de automercados Cada, perteneciente al grupo francés Casino, y en abril se ocuparon unos galpones de las empresas Polar en Barquisimeto. En mayo el gobierno anuncia la expropiación de la Universidad Santa Inés, en Barinas, y ese mismo mes se expropia la empresa Molinos Nacionales (Monaca), mientras en junio se anuncia la "adquisición forzosa" de las empresas Envases Internacional y Aventuy, fabricantes de envases, de la empresa Industria Nacional Artículos de Ferretería y de diversos comercios en Caracas y en el interior y se ordena la nacionalización de 11 taladros petroleros propiedad de una empresa estadounidense. En octubre se expropia la sucursal en Venezuela de la empresa Owens Illinois, líder mundial en fabricar envases de vidrio, y Chávez ordena la expropiación de la firma Siderúrgica del Turbio (Sidetur), filial de Sivensa, el principal grupo siderúrgico privado de Venezuela. En noviembre se ordena la expropiación forzosa del Centro Comercial Sambil de la Candelaria, de la empresa textilera Silka y de los complejos urbanísticos Loma de la Hacienda, El Encantado, Mata Linda, El Fortín y San Antonio. Pero tal vez la medida de consecuencias más graves para la agricultura que tomó el gobierno en esta etapa fue la ocupación de la empresa Agroisleña, anunciada por Chávez el 3 de octubre en su programa dominical Aló Presidente N° 364 y ejecutada al día siguiente. Agroisleña era una empresa fundada en los años cincuenta por Enrique Fraga Afonso, natural de Islas

---

[15] http://prodavinci.com/2013/08/30/actualidad/el-caso-de-franklin-brito-a-tres-anos-de-su-muerte-por-pedro-enrique-rodriguez/

[16] http://eltiempo.com.ve/venezuela/suceso/hoy-se-cumplen-dos-anos-de-la-muerte-de-franklin-brito/63614

[17] http://www.talcualdigital.com/Nota/visor.aspx?id=85782&tipo=AVA

Canarias, quien comenzó por un negocio pequeño de venta de semilla de cebolla y que fue ampliando sus servicios a los agricultores hasta convertirse en una red que suministraba a los productores del campo agroquímicos, semillas, fertilizantes, equipos agrícolas y de riego, servicios de transporte, almacenamiento, asesoría técnica y financiamiento para la siembra y cosecha, además de que editaba libros sobre los temas que interesan a los agricultores y a los ganaderos.[18] Para el momento de su intervención por el gobierno otorgaba financiamientos a 18.000 productores para el cultivo de 320.000 hectáreas de tierra, incluyendo 200.000 de maíz, 30.000 de arroz, 10.000 de hortalizas, y proveía el 70% de los insumos que requerían los productores agrícolas, los cuales consideraban, en general, que Agroisleña les daba un trato honesto. El desmantelamiento de esta red, decidida en forma improvisada, para ser sustituida por una empresa estatal llamada Agropatria, produjo resultados que comenzaron a verse pronto por la escasez de productos agrícolas cultivados en el país, y por la creciente importación de estos, la cual ha sido insuficiente para combatir el síndrome de "los anaqueles vacíos". Seguidamente Chávez anunció la "recuperación" de 240.000 hectáreas en ese mismo mes de octubre y el doble en noviembre, la cual se realizaría en el sur del Lago, con el apoyo de fuerzas militares, en otras zonas del Zulia y en los Estados Lara y Apure principalmente.

Mientras esto ocurría, el gobierno preparaba y hacía sancionar por la Asamblea Nacional un conjunto de leyes Orgánicas sobre el Estado Comunal que cambiaron completamente, al menos en el papel, la estructura y el funcionamiento del Estado venezolano. La leyes dictadas sobre la materia en 2010 fueron: la Ley del Consejo Federal del Gobierno, del 9/2/2010; la Ley Orgánica de Contraloría Social, del 10/12/2010; la Ley Orgánica de Planificación Pública y Popular (10/12/2010); la Ley Orgánica del Poder Popular, 21/12/2010; la Ley Orgánica del Sistema Económico Comunal, del 21/12/2010; la Ley Orgánica de Contraloría Social, del 21/12/2010; la Ley Orgánica de las Comunas, del 21/12/2010; la Ley de Asignaciones Económicas Especiales Derivadas de Minas e Hidrocarburos, del 29/7/2010; las reformas de la Ley Orgánica del Poder Público Municipal, del 28/12/2010, de la Ley de los Consejos Locales de Planificación Pública, del 28/12/2010 y de la Ley de los Consejos Estadales de Planificación y Coordinación de Políticas Públicas, del 30/12/2010. En este paquete hay que incluir también la reforma de la Ley Orgánica de la Contraloría General de la República y el Sistema Nacional de Control Fiscal (*G.O.* N° 6.013 de 23/12/2010), con la finalidad de darle reconocimiento legal a la figura de la contraloría social y a las instancias del Poder Popular y para extender el control de aquel órgano a los Estados y Muni-

---

[18] http://www.cavespa.com/pages/viewnew.asp?CodArt=415

cipios. Previamente, se había dictado la Ley Orgánica de los Consejos Comunales, del 23/12/2009, que sustituyó a la ley de 2006; y con posterioridad se promulgaron: la Ley Orgánica de la Jurisdicción Especial de la Justicia de Paz Comunal, del 16/12/2011, y el Decreto con rango, valor y fuerza de Ley Orgánica para la Gestión Comunitaria de Competencias, Servicios y otras atribuciones, publicado en la *Gaceta Oficial* de la República Bolivariana de Venezuela del 28/6/2012.[19]

En ese frenesí legislativo de finales de 2010, la Asamblea Nacional aprovechó para dictar una Ley de Reforma Parcial de la Ley de Partidos Políticos Reuniones Públicas y Manifestaciones, publicada en la *Gaceta Oficial* N° 6.013 Extraordinario, de fecha 23/12/2010, para introducir la posibilidad de suspender o inhabilitar, parcial o totalmente, a diputados a la Asamblea Nacional. Un estudioso del tema, Jesús Rangel Rachadell, ha expresado que "Las razones para esta suspensión son el supuesto fraude a los electores por parte del diputado que se aparte de las orientaciones y posiciones políticas presentadas en el programa de gestión como oferta electoral, por lo que el derecho a cambiar de opinión, idea o línea de acción, o el de no estar sujetos a mandatos ni instrucciones, sino sólo a su conciencia, al ser personal su voto en la Asamblea Nacional (Art 201 CRBV), es desconocido por esta Ley. Se consideran conductas fraudulentas al electorado: votar en contra de los postulados del programa de gestión presentado a los electores en términos de su contenido programático y su orientación político-ideológica; hacer causa común con contenidos y posiciones políticas contrarias a la oferta del programa de gestión, o con fuerzas políticas contrarias a los movimientos sociales u organizaciones políticas que respaldaron el programa de gestión; y separarse del Grupo Parlamentario de Opinión perteneciente a la organización política o social que lo postuló, para integrar o formar otro Grupo Parlamentario de Opinión contrario al programa de gestión (Art 29 LPPyMP)".[20] La reforma de esta ley, que se ha conocido como "Ley antitalanquera", y que está prevista para ser aplicada solo a los parlamentarios oficialistas que pretendan cambiar de bando, no se relaciona con el Estado Comunal sino con el

---

[19] Sobre el paquete de leyes de 2010 véase: Allan R. Brewer-Carías, Claudia Nikken, Luis A. Herrera Orellana, Jesús María Alvarado Andrade, José Ignacio Hernández y Adriana Vigilanza, *Leyes Orgánicas sobre el Poder Popular y el Estado Comunal (*Los consejos comunales, las comunas, la sociedad socialista y el sistema económico comunal), Colección Textos Legislativos N° 50, Editorial Jurídica Venezolana, Caracas 2011

[20] http://rrmlegal.com/es/blog/22/la-ley-de-reforma-parcial-de-la-ley-de-partidos-politicos-reuniones-publicas-y-manifestaciones-o-como-desconocer-la-voluntad-popular

propósito del régimen de controlar los cuerpos deliberantes y fortalecer las conductas autoritarias que lo caracterizan.

La forma de otorgar una base jurídica al Estado Comunal que se propuso el presidente Chávez y que desconoce el ordenamiento constitucional ha sido muy poco técnica: la proliferación de leyes orgánicas, sin posibilidad de establecer una jerarquía entre ellas y con disposiciones que a veces se contradicen; las reiteraciones innecesarias, el exceso de declaraciones sin contenido normativo preciso, la falta de sistematización y otras fallas de esta naturaleza. No obstante, con un esfuerzo por ordenar la diversidad de leyes puede llegarse a determinar las líneas fundamentales del proyecto que se ha querido instaurar, el cual, hay que decirlo, es novedoso y en el fondo coherente en cuanto al objetivo político que persigue, aunque carece de asidero en el texto constitucional y desconoce elementales principios sobre gestión eficiente. En efecto, el resultado de la organización que se pretende instaurar, y que en realidad es una superestructura partidista, es incapaz de actuar eficientemente en el manejo de los asuntos que a todos interesan. En lo formal, distinta hubiera sido la situación si en el referendo constitucional del 2D hubiera resultado aprobado el proyecto sometido a consulta del pueblo por la Asamblea Nacional. Por ello, sin base jurídica y sin vinculación con la realidad, todo el tinglado del Estado Comunal no es sino, como lo dice la profesora Margarita López Maya, "un sueño adolescente de un Chávez que se convenció de que era posible materializarlo, porque hay recursos para hacerlo...Es la exageración del 'Estado Mágico' que nos definió (Fernando) Coronil...la propuesta del Estado Comunal es, a fin de cuentas, la utopía de un millonario".[21]

A pesar de ello, esa utopía hay que estudiarla no solo por razones académicas sino porque es algo más que un sueño: ella ha condicionado una inversión multimillonaria de recursos de los venezolanos, ha puesto a ejecutarla al complejo burocrático del Estado, ha servido para instaurar una estructura clientelar que ha sido muy útil para el régimen autoritario electoral que nos gobierna y es tan contradictoria con el sistema jurídico constitucional vigente que permite fundamentar nuestra afirmación de que, desde que el gobierno se dispuso a crear el Estado Comunal, en Venezuela no hay Constitución.

Sentado lo anterior, debemos comenzar por señalar que la ley que contiene la visión más general sobre el Estado Comunal es la Ley Orgánica del Poder Popular (en adelante LOPP). En esta Ley se define el Estado Comunal como una "Forma de organización político social, fundada en el Estado democrático y social de derecho y de justicia establecido en la

---

[21] David González: *El Estado Descomunal. Conversaciones con Margarita López Maya*, Libros de El Nacional, Caracas, 2013, p. 25.

Constitución de la República, en la cual el poder es ejercido directamente por el pueblo, con un modelo económico de propiedad social y de desarrollo endógeno sustentable, que permita alcanzar la suprema felicidad social de los venezolanos y venezolanas en la sociedad socialista. La célula fundamental de conformación del estado comunal es la Comuna" (Artículo 8, numeral 8).

No hay una Ley Orgánica sobre el Estado Comunal pero en la Ley Orgánica del Poder Popular (LOPP) se definen unos principios, unos órganos y unos procedimientos sobre el Estado Comunal, los cuales se desarrollan en leyes anteriores o posteriores, varias de ellas igualmente orgánicas.

a) LOS PRINCIPIOS

En esta parte nos referiremos, de acuerdo a la teoría que se expresa en las leyes sobre el Estado comunal, a su fundamentación jurídica, al socialismo que se declara y a la participación y descentralización.

1. Sobre la fundamentación del Estado Comunal

Sobre los principios constitucionales vigentes en los que supuestamente se fundamentaría el Estado Comunal, en la LOPP se menciona, en primer lugar, la soberanía: "El Poder Popular es el ejercicio pleno de la soberanía por parte del pueblo en lo político, económico, social, cultural, ambiental, internacional, y en todo ámbito del desenvolvimiento y desarrollo de la sociedad, a través de sus diversas y disímiles formas de organización, que edifican el estado comunal" (art. 2).

De acuerdo a esta definición, el Estado Comunal es una edificación que hace el Poder Popular en ejercicio de la soberanía, lo cual se reitera en el artículo siguiente donde se asienta que: "El Poder Popular se fundamenta en el principio de soberanía y el sentido de progresividad de los derechos contemplados en la Constitución de la República, cuyo ejercicio y desarrollo está determinado por los niveles de conciencia política y organización del pueblo". Esta norma parece decir que la organización del Estado venezolano no está determinada por la Constitución vigente, sino por la interpretación que se haga (que haga el caudillo de la Revolución) progresivamente en la medida que avance el nivel de conciencia del pueblo. En este aspecto coincidimos plenamente con Enrique Sánchez Falcón cuando expresa que "…es un derecho inalienable del pueblo venezolano definir soberanamente el orden social y político que libremente quiera darse. Nada ni nadie puede negarle ese derecho. Incluso, si el socialismo colectivista y estatizante fuere la opción escogida, tendría todo el derecho a adoptarla. Sin embargo, esa no es la fórmula escogida por los venezolanos en la Constitución vigente. Y por si fuera poco, esa fórmula fue expresamente rechazada por el pueblo venezolano en el referéndum que tuvo lugar el 2 de diciembre de 2007".[22]

No obstante, al parecer, la soberanía del pueblo está condicionada por su sometimiento al pensamiento del Libertador Simón Bolívar (tal como lo interpreta la Revolución) y al objetivo de alcanzar el socialismo, pues en el artículo 5 de la LOPP se expresa que "La organización y participación del pueblo en el ejercicio de su soberanía se inspira en la doctrina del Libertador Simón Bolívar, y se rige por los principios y valores socialistas de: democracia participativa y protagónica, interés colectivo, equidad, justicia, igualdad social y de género, complementariedad, diversidad cultural, defensa de los derechos humanos, corresponsabilidad, cogestión, autogestión, cooperación, solidaridad, transparencia, honestidad, eficacia, eficiencia, efectividad, universalidad, responsabilidad, deber social, rendición de cuentas, control social, libre debate de ideas, voluntariedad, sustentabilidad, defensa y protección ambiental, garantía de los derechos de la mujer, de los niños, niñas y adolescentes, y de toda persona en situación de vulnerabilidad, defensa de la integridad territorial y de la soberanía nacional". Por supuesto que esta declaración parte del supuesto (falso) de que Bolívar era socialista, porque de lo contrario habría una contradicción insalvable en el texto trascrito. Como aspecto curioso cabe destacar la inclusión del libre debate de las ideas entre los principios mencionados, cuando todo el conjunto está orientado a encallejonar el pensamiento de los ciudadanos y toda la acción del Estado, tiene como propósito la hegemonía cultural, para formar un "hombre nuevo". En los "espacios socialistas" que el régimen pretende ir creando, las personas de ideología diferente no tienen derecho de participar y sus ideas no pueden ser objeto de libre debate.

2. El socialismo

La experiencia histórica ha mostrado que los principios y valores que se atribuyen al socialismo en la norma que antes citamos estuvieron ausentes en el socialismo del siglo XX y en el del siglo XXI, a menos que se esté hablando del socialismo democrático que se ha instaurado en algunos países del norte del Europa, que algunos llaman socialdemocracia, o en el socialismo cristiano que ha orientado regímenes políticos en Alemania, Italia, Bélgica o Austria, y que algunos llaman socialcristianismo.

---

[22] Enrique Sánchez Falcón: "Las leyes del Poder Popular como el orden jurídico de una pretendida transición hacia el socialismo. Análisis crítico", en *Erga Omnes, Revista Jurídica* N° 7 / Año 2011, pp. 211 y ss., consultable en Internet.

Entre las definiciones que se incluyen en el artículo 8 de la LOPP está precisamente la de socialismo, así: "Es un modo de relaciones sociales de producción centrado en la convivencia solidaria y la satisfacción de necesidades materiales e intangibles de toda la sociedad, que tiene como base fundamental la recuperación del valor del trabajo como productor de bienes y servicios para satisfacer las necesidades humanas y lograr la suprema felicidad social y el desarrollo humano integral. Para ello es necesario el desarrollo de la propiedad social sobre los factores y medios de producción básicos y estratégicos que permita que todas las familias, ciudadanos venezolanos y ciudadanas venezolanas posean, usen y disfruten de su patrimonio, propiedad individual o familiar, y ejerzan el pleno goce de sus derechos económicos, sociales, políticos y culturales" (numeral 14). Por supuesto que hay muchas definiciones sobre lo que es el socialismo, esta es una de ellas, pero lo que está claro es que ese socialismo no es el que se ha pretendido implantar en Venezuela, y a ello nos referiremos posteriormente. Por ahora basta con señalar que, en la Constitución que nos rige, uno de los principios fundamentales es el pluralismo político (art. 2 y 4), lo cual excluye la consagración de una ideología oficial del Estado.

La vinculación del principio socialista con el Poder Popular y con el Estado Comunal viene dado, como muy bien lo señala Daniela Urosa, por el hecho de que "las organizaciones e instancias del Poder Popular deben dirigir su actuación a la construcción del modelo socialista. Este es, así, el objeto único y exclusivo de estas organizaciones, de lo cual se concluye que (i) el Poder Popular debe contribuir con este modelo socialista; (ii) la participación ciudadana no se reconoce para fines distintos al socialismo y (iii) la participación ciudadana, efectivamente, sólo puede ejercerse a través de las organizaciones del Poder Popular. Esto último se evidencia en el nuevo sistema de planificación, contenido en la Ley Orgánica de Planificación Pública y Popular (*G.O.* N° 6.011 extraordinario del 21 de diciembre de 2010), así como en la Ley Orgánica del Consejo Federal de Gobierno y su Reglamento".[23] Conforme a lo expuesto, los ámbitos que correspondan a los órganos del poder popular son "espacios socialistas", allí no se aplica el pluralismo político que consagra la Constitución en su artículo 2 como uno de los valores fundamentales del Estado democrático y social de Derecho y de Justicia. A ello debemos agregar que el propósito del régimen es que todo el territorio nacional pase a convertirse en un espacio socialista, donde el pluralismo político deberá estar ausente.

---

[23] Daniela Urosa Maggi. "Alcance e implicaciones del poder popular en Venezuela", en *Anuario de Derecho Público* / Centro de Estudios de Derecho Público de la Universidad Monteávila. Caracas, 4 (2011), consultable en Internet.

3. La participación y la descentralización

Otros principios que fundamentan el Estado Comunal son los de participación y de descentralización, pero no entendidos en la forma habitual, sino en la manera particular como lo hace el régimen. Con respecto al primero de los principios mencionados, basta con señalar que para participar debe haber, en primer lugar, información, pero el régimen se caracteriza porque las medidas y las normas que afectan a la colectividad no la conocen los ciudadanos, salvo los funcionarios iniciados, sino después de que salen en la *Gaceta Oficial*. En segundo lugar, deben haber relaciones de cooperación entre los integrantes de la comunidad nacional, pero en su lugar, en el Estado Venezolano, desde la entronización del régimen actual, lo que hay son relaciones de supra y subordinación, como corresponde a un Estado centralista y autoritario, con fuerte presencia militar, y sobre este aspecto tendremos ocasión volver al analizar la realidad del Estado venezolano que tenemos.

Con respecto al principio de la descentralización, hay que señalar que el gobierno tiene una forma particular de concebirlo. En efecto, Chávez nunca entendió lo que significaba la descentralización, y a este respecto resultan reveladoras sus expresiones en el Teatro de la Academia Militar, el 13 de noviembre de 2004, donde expone "las líneas estratégicas de actuación para los próximos años" y expresa que: "...hay gente nuestra que hoy sigue defendiendo de manera acrítica la descentralización, tal cual la planteó Carlos Andrés Pérez, que no es sino la desmembración de la unidad territorial, de la unidad nacional... tratando de conocer de dónde venían las decisiones, nos dimos cuenta que el llamado proceso de descentralización –tal como lo diseñaron y lo pusieron en marcha aquí en la IV República– fue parte de la estrategia de debilitamiento del estado nacional (aplausos)... El proceso revolucionario tiene que ir en sentido contrario, tiene que repotenciar la unidad nacional. A mí nunca me ha gustado ni siquiera la palabra descentralización, ¿saben por qué?, porque me suena a descabezamiento, descabezar, quitar la cabeza, descentrar, quitar el centro, y todo requiere un centro".[24] Por ello, Chávez en la campaña electoral, tanto en la de 1998 como en la del 2000, se refería a la "descentralización desconcentrada",[25] es decir, que él entendía que descentralización y desconcentración son lo mismo, cuando son conceptos no solamente diferentes sino antitéticos. En tal virtud, en el Estado Comunal –a contrapelo con

---

[24] Véase el libro editado por Martha Harnecker, *op. cit.*, y consúltese también en: http://www.emancipacion.org/descargas/El_nuevo_mapa_estrategico.pdf

[25] Véase el texto del Programa de Gobierno en la página web: http://www.analitica.com/bitblioteca/hchavez/programa2000.asp#territorio

lo que dice la Constitución– lo que se prevé no son procesos de descentralización sino de desconcentración o de delegación, donde hay un órgano que dicta actos jurídicos o ejecuta actos materiales en nombre de un superior, quien decide en última instancia. En consecuencia, en el Poder Popular la máxima autoridad es el Presidente de la República, quien ejerce sus atribuciones por medio del Ministro del Poder Popular para las Comunas y la Protección Social, tal como lo examinaremos seguidamente.

b) LOS ÓRGANOS DEL ESTADO COMUNAL

En este aspecto debemos reiterar la identidad, o incluso la confusión, que se produce entre los conceptos de Poder Popular y de Estado Comunal, por lo que se hace necesario, en la práctica, considerarlos como sinónimos o, en todo caso como partes de un conjunto en el cual se integran los órganos que resultan de la "Nueva Geografía del Poder". Ahora bien, los órganos del Poder Popular pertenecen a instancias o a funciones, también llamados ámbitos. En el numeral 9 del artículo 8 de la LOPP se definen las instancias del Poder Popular como aquellas "Constituidas por los diferentes sistemas de agregación comunal y sus articulaciones, para ampliar y fortalecer la acción del autogobierno comunal: consejos comunales, comunas, ciudades comunales, federaciones comunales, confederaciones comunales y las que, de conformidad con la Constitución de la República, la ley que regule la materia y su reglamento, surjan de la iniciativa popular". En las instancias se expresa la idea de una base territorial y un orden jerárquico en la estructura orgánica. De acuerdo a lo dispuesto en el artículo 15 de la LOPP, las instancias del Poder Popular para el ejercicio del autogobierno son:

1. El consejo comunal, como instancia de participación, articulación e integración entre los ciudadanos, ciudadanas y las diversas organizaciones comunitarias, movimientos sociales y populares, que permiten al pueblo organizado ejercer el gobierno comunitario y la gestión directa de las políticas públicas y proyectos orientados a responder a las necesidades, potencialidades y aspiraciones de las comunidades, en la construcción del nuevo modelo de sociedad socialista de igualdad, equidad y justicia social.

2. La comuna, espacio socialista que como entidad local es definida por la integración de comunidades vecinas con una memoria histórica compartida, rasgos culturales, usos y costumbres que se reconocen en el territorio que ocupan y en las actividades productivas que le sirven de sustento y sobre el cual ejercen los principios de soberanía y participación protagónica como expresión del Poder Popular, en concordancia con un régimen de producción social y el modelo de desarrollo endógeno y sustentable contemplado en el Plan de Desarrollo, Económico y Social de la Nación.

3. La ciudad comunal, constituida por iniciativa popular mediante la agregación de varias comunas en un ámbito territorial determinado.

4. Los sistemas de agregación comunal, que por iniciativa popular surjan entre los consejos comunales y entre las comunas.

A estos organismos hay que añadir, como otra instancia, los Distritos Motores del Desarrollo que se mencionan en la Ley Orgánica del Consejo Federal de Gobierno y su Reglamento. Según Sánchez Falcón, "En estos textos se las concibe [a estas entidades] como unidades de gestión territorial, creadas por el Presidente de la República, a las cuales se les asigna una Misión Distrital y el encargo de elaborar un Plan Distrital. Además, se les dota de una autoridad única distrital que tendrá como función principal administrar los recursos asignados a los proyectos del Distrito en función de la Misión y el Plan Distrital" (arts. 20, 21, 22 y 24 del Reglamento citado).[26] Asimismo, esta figura se regula en la Ley Orgánica de las Comunas (art. 4.8), igualmente dependientes del Jefe del Estado. De acuerdo al autor citado, en la legislación se concibe a los órganos que pertenecen a las instancias mencionadas como entes públicos territoriales, con excepción de los consejos comunales, que son órganos asociativos sin base territorial.[27] En cambio, para Daniela Urosa "el Poder Popular no tiene entidad territorial, esto es, no constituye un nivel político-territorial dentro de la estructura del Poder Público, como sí lo son el Poder Nacional, Estadal y Municipal. Por tanto, es una noción funcional, socio-política y no orgánica territorial, no debiendo confundirse el Poder Popular con el Estado Comunal". Por nuestra parte, consideramos, de un lado, que en el caso de los consejos comunales, aunque su origen sea asociativo, ha habido la intención de darle una base territorial, y probablemente en la práctica así funcione; del otro, que no puede establecerse la separación entre Poder Popular y Estado Comunal. La expresión Poder Popular se usó antes que la de Estado Comunal, pero es una tarea imposible hacer la distinción entre ambos, como también lo es la de establecer, en esta utopía, los límites entre la sociedad y el Estado y entre el Poder Público y la organización partidista. En realidad, el régimen no tiene interés en que se haga esta distinción.

---

[26] Ver: Enrique Sánchez Falcón: "Las leyes del poder popular como el orden jurídico de una pretendida transición hacia el socialismo. Análisis crítico". *Loc. cit.*

[27] *Ibídem*

Como observación de carácter general sobre los órganos del Poder Popular (o del Estado Comunal) de base territorial (o cuasi territorial), debemos señalar que la concepción oficialista ha evolucionado en el sentido de que, inicialmente, se dio la mayor importancia a los consejos comunales, posteriormente, en el proyecto de reforma constitucional de 2007 el énfasis se puso en la ciudad, cuando se declaró, en el proyecto de artículo 16, que "La unidad política primaria de la organización territorial nacional será la ciudad, entendida esta como todo asentamiento poblacional dentro del municipio, e integrada por áreas o extensiones geográficas denominadas comunas...". Y por último, en el paquete de leyes post-referendo la primacía se otorga a la comuna, cuando se declara en la LOPP que "La célula fundamental de conformación del estado comunal es la Comuna" (art. 8.8). Probablemente se consideró que los consejos comunales no tienen la escala requerida para recibir transferencias de competencias del Poder Nacional, de los Estados y de los Municipios y para prestar servicios públicos. Un ejemplo de ello lo tenemos en la figura de los Bancos Comunales. En la ley sobre los consejos comunales de 2006 se había previsto que se crearía un banco en cada consejo comunal y que aquellos se regirían por la Ley de Asociaciones Cooperativas, lo que hace pensar que se tenía en mente la creación de 50.000 Bancos Comunales, que era la cifra de consejos comunales que aspiraban a crear. Pero en la Ley de las Comunas se cambió esa orientación y se consagró que habría solo un Banco, el cual estaría en la Comuna y no en el consejo comunal, y en las disposiciones transitorias se dispuso que "quedarán disueltas las asociaciones cooperativas Banco de la Comuna socialista, en su carácter de unidades de gestión financiera de las comunas" y que sus activos, pasivos y operaciones serán transferidos al Banco de la Comuna.

La Ley Orgánica de las Comunas regula la organización interna de estas figuras como pequeñas repúblicas que constituyen "espacios socialistas" (art. 5 LOC), con su Constitución (la Carta Fundacional), sus leyes (las cartas comunales), su Poder Ejecutivo (el Consejo Ejecutivo), su Poder Legislativo (el Parlamento Comunal), su Poder Judicial (la Justicia Comunal), su Banco, su organismo Contralor (el Consejo de Contraloría Comunal), todos ellos bajo la rectoría de un ministro: el Ministro del Poder Popular para las Comunas y los Movimientos Sociales, que se creó por la fusión del Ministerio de la Economía Comunal, antes Ministerio de Economía Popular, y del Ministerio de Participación y Protección Social. En la Exposición de Motivos del Proyecto de Reforma de la Constitución, presentado por el Presidente de la República ante la Asamblea Nacional el 15/8/2007, se exponía un conjunto de ideas sobre la comuna, y en lo relacionado con la economía comunal se expresaba lo siguiente: "En el entendido que una comuna es un proyecto de vida en colectivo, el gobierno comunal tendrá la responsabilidad de coordinar la elaboración y puesta en práctica de un plan integral de producción para la comunidad que le garantice su base material, vinculado al plan económico nacional y tomando en cuenta que el modelo de producción socialista tendrá su preponderancia", y que "Una comuna debe producir la cuota de riqueza que le corresponde a las características y cantidad de su población, como contribución al bienestar del pueblo venezolano" (p. 35). Expresada así la función económica de las comunas, no puede uno menos que evocar la figura de los *Falansterios* concebida por Charles Fourier, uno de los principales autores del socialismo utópico del siglo XIX y que inspiró, a mediados de ese siglo, la creación de comunas o colonias en Ohio, Texas y Nueva Jersey, en los Estados Unidos, o de inmigrantes europeos en Argentina, y que "fue el modelo en el que se inspiraron las comunidades hippies".[28] En Internet leemos que "En 1967 Herbert Marcuse en la conferencia titulada *Das Ende der Utopie* manifestaba lo siguiente: 'No es por accidente que el trabajo de Fourier se está convirtiendo en tópico otra vez dentro de la *intelligentsia avant-garde* de izquierdas. Como Marx y Engels aceptaron, Fourier fue el único que hizo clara la diferencia cualitativa entre la sociedad libre y no libre. Y esto no lo hizo retroceder, como Marx en cambio todavía lo hacía, en el hablar en una sociedad posible en la cual el trabajo se convierte en juego, una sociedad en la cual hasta el trabajo socialmente necesario puede ser organizado en armonía con las necesidades liberadas genuinas del hombre'".[29]

c) LAS RELACIONES DEL PODER POPULAR CON EL PODER PÚBLICO

En las leyes del Poder Popular y en otras leyes preexistentes que se modifican se crea un conjunto orgánico y funcional complejo que tiene las siguientes características:

1. La organización del Poder Popular no deroga la estructura del Poder Público consagrada en la Constitución, las leyes y los reglamentos, antes por el contrario, en el artículo IV de la LOPP se regulan las relaciones del Poder Público (debería decir "de los órganos del Poder Público") con los órganos del Poder Popular. En esta parte hay que decir que el Poder Popular no se considera parte del Poder Público, por lo que era un error del Presidente de la República proponer, en su proyecto de reforma constitucional, la siguiente norma: "Artículo 136. El Poder Público se distribuye territorialmente en la siguiente forma: el Poder Popular, el Poder Municipal, el Poder Estadal y el Poder Nacional...". Es más, los órganos del Poder Público se diferencian netamente del Poder Popular, en que los

---

[28] http://es.wikipedia.org/wiki/Falansterio
[29] http://es.wikipedia.org/wiki/Falansterio

órganos electivos del Poder Público: el Presidente de la República, la Asamblea Nacional, el Gobernador del Estado, los Consejos Legislativos, el Alcalde, los Concejos Municipales (luego nos referiremos a las Juntas Parroquiales) forman parte de la democracia representativa, mientras que los órganos del Poder Popular son la expresión de la democracia participativa, al menos eso es lo que dicen los partidarios de las tesis oficialistas. Recordemos que, según la Constitución vigente "La soberanía reside intransferiblemente en el pueblo, quien la ejerce directamente en la forma prevista en la Constitución y la ley, e indirectamente, mediante el sufragio por los órganos que ejercen el Poder Público" y que en el proyecto fallido de reforma constitucional se había propuesta introducir un aparte en el artículo 136, conforme al cual: "El pueblo es el depositario de la soberanía y la ejerce directamente a través del Poder Popular. Este no nace del sufragio ni de elección alguna, sino que nace de la condición de los grupos humanos organizados como base de la población". Por ello, la elección de los órganos del Poder Público se hace mediante el sufragio, es decir, por medio del voto directo y secreto, mientras que la de los voceros del Poder Popular (al menos los de los consejos comunales) se hace inicialmente, de acuerdo a la legislación vigente, en asambleas populares, a mano alzada, en forma pública, y luego estos voceros, en la utopía que examinamos, escogen los órganos superiores, que son los que corresponden a las comunas, a las federaciones de comunas o a las confederaciones de comunas, mediante un sistema de agregación de organismos en el cual no existe el voto directo sino de segundo, de tercer o de cuarto grado. Esta forma de elección recuerda al sistema que instauró Guzmán Blanco en la Constitución de 1874 del "voto público, escrito y firmado", aunque este era más formal pero igualmente antidemocrático. En este orden de ideas, los diputados de la Asamblea Nacional se contradicen cuando aprueban la LOPP, conforme a la cual "El Poder Popular es el ejercicio pleno de la soberanía por parte del pueblo en lo político, económico, social, cultural, ambiental, internacional, y en todo ámbito del desenvolvimiento y desarrollo de la sociedad, a través de sus diversas y disímiles formas de organización, que edifican el estado comunal" (art. 2), porque ello significa que esos mismos diputados, que forman parte de la democracia representativa, están reconociendo que su elección no se hizo en ejercicio pleno de la soberanía.

2. Esos dos conjuntos orgánicos y funcionales, el del Poder Público y el del Poder Popular, dependen, en la utopía del Estado Comunal, del Presidente de la República. En efecto, este funcionario ha venido asumiendo competencias y funciones de otras ramas del Poder Público, en un proceso que ha borrado la separación de poderes, hasta convertirse en la cúspide del ordenamiento estatal y en el superior jerárquico de todos los órganos del Poder Público. Con respecto al Poder Popular, en el artículo 25 de la LOPP se consagra que "El Poder Ejecutivo Nacional, conforme a las iniciativas de

desarrollo y consolidación originadas desde el Poder Popular, planificará, articulará y coordinará acciones conjuntas con las organizaciones sociales, las comunidades organizadas, las comunas y los sistemas de agregación y articulación que surjan entre ellas, con la finalidad de mantener la coherencia con las estrategias y políticas de carácter nacional, regional, local, comunal y comunitaria". Lo dicho no significa que el Poder Popular dependa del Poder Público, más bien se los concibe como autónomos, pero ambos están subordinados al Jefe del Ejecutivo Nacional.

3. Las relaciones entre el Poder Público y el Poder Popular son, según la LOPP, de cooperación. En tal sentido se expresa en esta ley que "Los órganos, entes e instancias del Poder Público promoverán, apoyarán y acompañarán las iniciativas populares para la constitución, desarrollo y consolidación de las diversas formas organizativas y de autogobierno del pueblo" (art. 23). Sin embargo, se observa que ni en esta ley ni en ninguna otra se incluye una declaración en sentido contrario: el Poder Popular no está obligado a promover, apoyar y acompañar a las iniciativas del Poder Público, y ello por la razón que exponemos seguidamente.

4. Aunque el Poder Popular y el Poder Público funcionan en paralelo durante una etapa, no hay una coexistencia pacífica entre ellos, los primeros están pensados para succionar competencias, recursos, órganos y ámbitos territoriales y recursos de los segundos[30] hasta vaciarlos totalmente para luego formalizar su eliminación, en un proceso que ya ha comenzado, pero que debiera acelerarse si el Estado Comunal tuviera viabilidad.

4.1. Sustracción de competencias. El supuesto fundamento jurídico que se hace valer para estos fines son las disposiciones que están en la Constitución vigente sobre la descentralización, tales como la prevista en el artículo 165, sobre las transferencias de competencias y servicios de los Estados a los Municipios, y en el artículo 184, sobre la descentralización y transferencia de servicios de los Estados y Municipios a las comunidades y grupos vecinales. Sin embargo, las normas constitucionales lo que persiguen es una mejor manera de prestar los servicios públicos estadales y municipales, con el apoyo de las comunidades organizadas, por lo que los entes que transfieren deciden la oportunidad y la medida sobre las transferencias y mantienen el control sobre la actuación de los órganos o comunidades que reciben la transferencia, ya que la responsabilidad del Estado y del Municipio se mantiene en cuanto a las competencias y servicios que

---

[30] José Luis Villegas Moreno: "Jaque al municipio constitucional. La irrupción de la Comuna en el sistema territorial municipal", en *Anuario de Derecho Público* / Centro de Estudios de Derecho Público de la Universidad Monteávila. Caracas, 4 (2011), consultable en Internet.

se descentralizan. Pero cuando la transferencia la hace un órgano externo, la Asamblea Nacional o el Presidente de la República, con respecto a competencias o recursos municipales o estadales, y contra la voluntad de estos, no podemos hablar de transferencias sino de sustracción de competencias, de recursos, de órganos y de ámbitos territoriales. El procedimiento para estas llamadas "transferencias" está regulado sobre todo en la Ley Orgánica del Consejo Federal de Gobierno y su Reglamento y en el Decreto con rango, valor y fuerza de Ley Orgánica para la Gestión Comunitaria de Competencias, Servicios y otras atribuciones, los cuales no tienen otro propósito que el de vaciar de contenido a las instituciones regionales y locales del Poder Público.

4.2. La sustracción de recursos de los Estados y Municipios se ha venido haciendo de varias maneras. Inicialmente, mediante la disminución del situado constitucional, que en un principio se hacía por la vía de hecho de no entregar los recursos a los gobernantes locales desafectos al gobierno nacional y luego con fundamento en una nueva interpretación de lo que se entiende por ingresos ordinarios de la República, que son los que generan situado. En tal sentido se subestima, incluso a menos de la mitad, el monto del ingreso por la exportación de hidrocarburos y se consideran ingresos excedentes, por tanto ingresos extraordinarios, las sumas adicionales que recibe la República. Nos estamos refiriendo a la etapa de los muy altos precios del petróleo. Esos recursos "excedentes" no se ingresan al Tesoro Nacional, como lo ordena la Constitución en su artículo 314, sino que se transfieren, junto con las utilidades del Banco Central –que también se consideran extraordinarios, sin fundamento legal– a unos fondos extrapresupuestarios (como el Fondo Nacional de Desarrollo, FONDEN), que, junto con PDVSA, son manejados discrecionalmente por órdenes del Presidente de la República, sin someterse a los procedimientos presupuestarios ni al control de la Contraloría General de la República y cuyo movimiento financiero constituye una caja negra, no sujeta a auditoría ni a información a los ciudadanos.[31]

4.3. La sustracción de órganos. Con esa misma orientación se crean órganos que, por su naturaleza, deben estar vinculados con el Poder Público Municipal, como es el caso antes examinado de los consejos comunales, los cuales inicialmente estaban en el ámbito de los Municipios y luego, por reformas legales, se han hecho depender, en última instancia, de la presidencia de la República. Pero lo más grave es que órganos esenciales del Poder Municipal, como son las parroquias, que de acuerdo a la Consti-

---

[31] Véase mi libro: *Socialismo del siglo XXI, Análisis de la Reforma Constitucional propuesta por el Presidente Chávez en agosto de 2007*, FUNEDA, Editorial Jurídica Venezolana, Caracas, 2007.

tución deben ser creadas por el Municipio (art. 173), pasan a ser transferidas al Poder Popular, mediante el mecanismo de introducir la siguiente norma en la reforma de la Ley Orgánica del Poder Público Municipal sancionada por la Asamblea Nacional el 21/12/2010: "Sin perjuicio de la unidad de gobierno y gestión del Municipio, la parroquia será coordinada por una junta parroquial comunal integrada por cinco miembros y sus respectivos suplentes cuando corresponda a un área urbana y tres miembros y sus respectivos suplentes cuando sea no urbana, elegidos o elegidas para un período de dos años. Todos electos o electas por los voceros y voceras de los consejos comunales de la parroquia respectiva, la cual deberá ser validada por la asamblea de ciudadanos y ciudadanas, quienes en dicha elección deberán ser fiel expresión del mandato de sus respectivas asambleas de ciudadanos y ciudadanas" (art. 35, primer aparte). Con esta disposición las parroquias dejan de ser integrantes del Poder Público y se transforman en "espacios socialistas", en los cuales no hay elecciones, y que, indirectamente, pasan a depender del Presidente de la República.

4.4. Por último, se sustraen ámbitos territoriales del Poder Municipal para incorporarlos al Poder Popular, cuando se dispone en el último aparte del artículo 19 que "La comuna, como entidad local de carácter especial que se rige por su ley de creación, puede constituirse dentro del territorio del Municipio o entre los límites político administrativos de dos o más municipios, sin que ello afecte la integridad territorial de los municipios donde se constituya". Pero además, en esos ámbitos territoriales sustraídos a los Municipios se obliga a estos a prestar su colaboración a las comunas, incluso cuando se trata de tareas de planificación que están completamente desvinculadas de la planificación local que corresponde, por mandato constitucional a los Municipios (Véase el artículo 182 de la Constitución, sobre los Consejos Locales de Planificación Pública). No obstante, como lo ha señalado una autora nacional, el sistema de planificación local, que debe realizarse bajo la dirección del Municipio, ha pasado a ser parte del Sistema Nacional de Planificación Pública y Popular, lo cual la supedita a sus normas y principios.[32] A estos fines, en la reforma de la Ley Orgánica del Poder Público Municipal de 2010 se introduce la figura del Consejo de Planificación Comunal y se dispone "es deber de las instancias que conforman la organización del municipio, atender los requerimientos de los diversos consejos de planificación existentes en cada una de las comunas para el logro de sus objetivos y metas" (art. 112).

---

[32] María Alejandra Ochoa: "Reforma del Poder público Municipal al margen de la Constitución de la República Bolivariana de Venezuela", Vox localis, UIM, N° 35, Marzo 2011, consultable en Internet.

Sobre este proceso de asunción de competencias y recursos de los Estados y los Municipios por los órganos del Poder Popular ha dicho Brewer lo siguiente: "El Estado Comunal que se establece en la LOPP, cuyas manifestaciones ejercen el Poder Popular, se ha establecido como un 'Estado paralelo' al Estado Constitucional cuyos órganos electos por votación popular directa universal y secreta ejercen el Poder Público. Se trata de dos Estados establecidos en paralelo, uno en la Constitución y otro en una ley inconstitucional, pero con previsiones en la ley que de llegar a ser aplicadas, permitirán al Estado Comunal ahogar y secar al Estado Constitucional, comportándose como en botánica lo hace el árbol *Ficus benjamina L.*, originario de la India, Java y Bali, conocido como 'matapalo' que puede crecer como 'estranguladora', como epífitos, rodeando al árbol huésped hasta formar un tronco hueco, destruyéndolo".[33]

Se concluye entonces que el Estado Comunal, en concreto, es un oferta desvinculada de la realidad, sin precedentes en ningún país, que tiene como propósito mantener un caudillo en el poder, liberado de consultas electorales formales, para administrar sin rendir cuentas los recursos de la Nación, los cuales se aplicarán con el objetivo primordial de que esa estructura de poder se mantenga sin posibilidades de ser desplazada. Es decir, que la figura del Estado Comunal es parte del discurso populista que tiene como objetivo instaurar y mantener en Venezuela un régimen neopatrimonialista, tal como lo examinaremos en la Cuarta Parte de estas reflexiones, al referirnos a las formas de articular los objetivos que ha aplicado el régimen liderizado por Hugo Chávez.

SECCIÓN TERCERA:
EL FUNCIONAMIENTO DEL ESTADO VENEZOLANO EN SITUACIÓN DE CARENCIA DE CONSTITUCIÓN

Cuando nos referimos a que Venezuela es un Estado que carece de Constitución, inmediatamente surge la pregunta: ¿Cómo funciona un Estado sin Constitución? Pues muy simple, la voluntad de una persona o de un grupo de personas se convierte en la *Lex Superior* del país y se desvincula de lo que dice la Constitución, aunque en ocasiones pueda coincidir con esta. Un claro ejemplo lo tenemos en las interpretaciones jurídicas que se hicieron valer con ocasión de la sucesión presidencial, al producirse la falta absoluta del titular electo para el cargo sin haber tomado posesión del mismo.

---

[33] Allan R. Brewer-Carías: "La inconstitucional creación de un 'estado comunal del poder popular' en Venezuela y la desconstitucionalización del Estado de Derecho", publicado en *El Cronista del Estado Social y Democrático de Derecho*, N° 19, Editorial Iustel, Madrid 2011, consultable en Internet.

A. EL RÉGIMEN DE LA SUCESIÓN PRESIDENCIAL

En el año 2013 concluía el período constitucional del Presidente de la República y se iniciaba uno nuevo, lo cual debía ocurrir el día 10 de enero, conforme a lo previsto en la Constitución (art. 231). Ello implicaba que, de acuerdo a los precedentes, las elecciones debían celebrarse a principios de diciembre de 2012 y que el cronograma electoral debía estar determinado desde el año anterior. Pero en el transcurso de 2011 y 2012 ocurrieron diversos hechos y se asentaron distintos criterios jurídicos sobre el tema de la sucesión presidencial, cuyos antecedentes es necesario examinar.

a) LOS ANTECEDENTES

En el año 2011 se produjeron dos hechos de especial significación para el panorama político de Venezuela: la enfermedad de Hugo Chávez, de un lado y el inicio de los actos preparatorios de la campana electoral de 2012.

1. La situación de salud del Presidente

En 4 de marzo de 2011 Chávez anunció su decisión de postularse para las elecciones presidenciales del año siguiente. La primera señal de que el presidente estaba afectado en su salud vino dada por la suspensión de un viaje por Brasil, Ecuador y Cuba, prevista para mayo de ese año, y que no pudo realizarse en razón de presentar una dolencia en la rodilla.[34] No obstante, por mejora en el estado de salud del presidente, la gira pudo cumplirse a partir del 6 de junio siguiente.

El 8 y el 9 de junio Chávez fue objeto de exámenes médicos en La Habana y luego se anunció al país que debía ser operado en Cuba de un absceso pélvico, como efectivamente se hizo el 10 de junio. Por una sincronicidad entre el estado de salud del presidente y la situación de los servicios públicos en Venezuela, entre el mismo día 10 y el día siguiente, los estados Zulia, Trujillo, Mérida, Táchira y Barinas fueron afectados por un gran apagón debido a fallas en el sistema de generación eléctrica regional. Con respecto al Presidente, el gobierno anunció que "se encontraba iniciando un proceso de recuperación en compañía de sus familiares, su equipo médico y parte del equipo de gobierno". No obstante, el 20 de junio Chávez volvió a ser intervenido en la Habana y diez días después él mismo informó al país que "Se me detectó un tumor abscesado con presencia de células cancerígenas, lo cual hizo necesaria la realización de una segunda operación que permitió la extracción total de dicho tumor".

---

[34] La cronología que sigue es tomada parcialmente del diario El Universal, del 9 de diciembre de 2012, y de Noticias 24, del 5 de marzo de 2013.

En la madrugada del 4 de julio, en forma sorpresiva, Chávez regresó al país y manifestó su felicidad por estar "en la misma Patria, estar en la Habana, estar en Caracas, es la Patria Grande". Unos días después, el 16 de julio, Chávez emprendió su segundo viaje a la Habana, para el primer ciclo de quimioterapia. Regresó a Caracas una semana después y dijo que "no se detectó presencia de células malignas en ninguna parte" de su cuerpo.

El 1 de agosto de 2011, en un acto de juramentación de varios ministros, Chávez apareció en público con el pelo rapado y revelo que esto era producto del tratamiento al que se encontraba sometido para combatir el cáncer que le fue detectado en Cuba. Seis días después, Chávez viajó por una semana para aplicarse la segunda fase de la quimioterapia.

El 17 de septiembre, después de recibir a Evo Morales en Miraflores, Chávez viajó a la Habana por cuarta vez en función de su tratamiento, esta vez para su cuarto y último ciclo de quimioterapia. Regresó el 23 de septiembre siguiente. El 16 de octubre viajó a Cuba por quinta vez para "una revisión integral", regresó cuatro días después y anunció que "no hay células malignas en mi cuerpo". Seguidamente se trasladó al Táchira para pagar una promesa al Santo Cristo de la Grita y asistió al acto religioso vestido con uniforme militar.

Tras cuatro meses de mejoría, retomó muchas de sus actividades rutinarias, incluso su programa dominical por los medios audiovisuales, tras siete meses de suspensión. El 13 de enero de 2012, Chávez presentó ante la Asamblea Nacional el informe de su gestión anual de gobierno, con una alocución de más de nueve horas.

El 21 de febrero Chávez anunció que estuvo en Cuba y le fue detectada una "lesión" que puede ser cancerosa, por lo que deberá ser operado de nuevo. El 24 de febrero siguiente viajó por séptima vez a La Habana, fue operado el 26 y días después el vicepresidente Elías Jaua informó que a Chávez "se le realizó la extracción total de la lesión pélvica... no hubo complicación" y que se recupera satisfactoriamente. Una semana después fuentes oficiales confirman que el tumor que se le extrajo era "una recurrencia" del cáncer y que recibiría tratamiento con radioterapia. El 16 de marzo, luego de permanecer 21 días en Cuba, Chávez regresó al país. El 24 de marzo siguiente Chávez realizó su octavo viaje a Cuba, esta vez para aplicarse la radioterapia y regresó el 29 de marzo. El 31 de marzo vuelve a Cuba para una segunda sesión de radioterapia y así continuar el tratamiento. El 4 de abril, Jueves Santo, Chávez viajó directamente a Barinas y en una alocución muy emotiva le pide a Dios "La vida". El 7 de abril Chávez regresa a Cuba –por décima vez– para una tercera sesión de radioterapia y el 11 de abril, junto con su familia, aterriza en el Aeropuerto de Internacional de Maiquetía.

Para su décimo primer viaje a Cuba, dado que esperaba estar fuera del país por más de cinco días, Chávez solicitó el 14 de abril autorización para ausentarse del país, la cual le fue concedida. Después de 11 días regresó el 26 de abril, en forma discreta. El 30 de abril anunció su viaje a La Habana para continuar con el tratamiento de radioterapia y antes de salir se encomendó de nuevo a Jesucristo, a quien pidió "un milagro" en su lucha contra el cáncer. Previamente, Chávez había solicitado una nueva autorización a la Asamblea Nacional, la cual le fue concedida por todo el tiempo que considerara oportuno. El 11 de mayo Chávez regresó a Venezuela y afirmó que "que concluyó de manera exitosa el ciclo del tratamiento médico" y agradeció al pueblo venezolano por las muestras de apoyo.

2. La escogencia del candidato de la oposición

Después de un amplio proceso de discusiones y de consultas, en la Mesa de la Unidad Democrática (MUD), integrada por casi treinta organizaciones políticas, en los últimos meses de 2011 se había llegado al acuerdo de que el candidato de la oposición para enfrentarse a las aspiraciones reeleccionistas de Chávez sería escogido en elecciones primarias abiertas, en las cuales tendrían derecho a participar todas las personas inscritas en el Registro Electoral, lo que equivalía a unos 18 millones de venezolanos mayores de 18 años, incluidos 71.082 venezolanos residentes en el exterior. En ese mismo acto se elegirían a los candidatos de la oposición para las elecciones de alcaldes y gobernadores que no hubieran sido seleccionados por consenso, de acuerdo a las normas aprobadas. Se convino entre los partidos de la MUD que, para evitar las represalias del gobierno contra los opositores como ocurrió con los que firmaron para pedir el referendo revocatorio presidencial del 2004 (lista Tascón), era necesario impedir que se identificara a los electores, por lo que las Juntas Regionales en cada uno de los 23 estados y el Distrito Capital tenían la instrucción de destruir todos los cuadernos de votación utilizados, vencido el lapso de 48 horas para la impugnación de los actos y los resultados electorales.

Los candidatos que formalizaron su inscripción entre el 1º y el 3 de noviembre de 2011 para las primarias presidenciales fueron: Leopoldo López, María Corina Machado, Pablo Pérez, Pablo Medina, Enrique Capriles Radonsky y Diego Arria, con el compromiso de todos de apoyar al que resultara ganador. El primero de los nombrados anunció después el retiro de su candidatura para apoyar a Capriles. El acto de votación se realizó el 12 de febrero de 2012, con una participación de 3.059.024 electores, un 16.5% del padrón electoral, cifra muy superior a la estimada, si se tiene en cuenta que en las primarias del Partido Socialista Unido de Venezuela (PSUV), de carácter cerrado y para unas elecciones parlamentarias, habían participado unas 900 mil personas.

En las primarias presidenciales de la MUD resultó ganador Henrique Capriles Radonski, con el 64,2 % de los votos. El 14 de febrero, el ciudadano Rafael Velásquez, precandidato en las primarias al cargo de Alcalde en el Municipio Bruzual del Estado Yaracuy, interpuso ante la Sala Constitucional del Tribunal Supremo de Justicia acción de amparo contra el proceso de las primarias. Ese mismo día la Sala le dio entrada al expediente, designó ponente, admitió la acción y dictó una medida cautelar en la cual ordenó a la Mesa de la Unidad Democrática (MUD) no destruir los recaudos de las elecciones primarias de la oposición y que le entregara los cuadernos de votación para pronunciarse sobre la acción interpuesta. La Comisión Electoral alegó que la notificación le llegó tarde, después que los cuadernos habían sido incinerados, pero la Sala consideró que no era necesario esperar a la notificación porque la decisión había sido difundida por los medios de comunicación, lo que la convertía en un hecho notorio comunicacional y, en consecuencia, impuso una sanción de multa de 200 unidades tributarias a la Presidenta de la Comisión Electoral, Teresa Albánez, para ser pagada en un plazo perentorio, lo cual esta hizo.

3. La campaña electoral y la elección presidencial

En las leyes electorales desde 1958, y antes, se establecía que las elecciones presidenciales se celebrarían en el mes de diciembre, para que el mandatario electo pudiera tomar posesión de su cargo a principios del año siguiente. En la Ley Orgánica del Sufragio y Participación Política del 28 de mayo de 1998, la última bajo la Constitución de 1961, se disponía que "El Consejo Nacional Electoral fijará con seis (6) meses de anticipación por lo menos, y mediante convocatoria que deberá publicarse en la *Gaceta Oficial de la República de Venezuela*, la fecha de las elecciones indicadas en los artículos anteriores, para un día domingo de la primera quincena del mes de diciembre del año anterior a la finalización del periodo correspondiente" (art. 152). Recordemos que, según la Constitución promulgada en 1961, la toma de posesión del Presidente Electo debía realizarse dentro de los primeros 10 diez días siguientes a la instalación de las Cámaras Legislativas en el primer año del período constitucional, la cual ocurría el 3 de marzo. Y que en 1983, con motivo de discutirse la Enmienda N° 2 de la Constitución, se consideró que era muy largo el tiempo que transcurría entre la elección y la toma de posesión, por lo que se adelantó la instalación de las Cámaras para el 23 de enero. Pero en la Ley Orgánica de Procesos Electorales, del 5/7/2009, se suprimió la disposición antes trascrita de la Ley Orgánica del Sufragio y Participación Política y se dispuso que en el acto de convocatoria a elecciones el Consejo Nacional Electoral hará público el cronograma electoral, "el cual contendrá las etapas, actos y actuaciones que deberán ser cumplidos de conformidad con lo previsto en esta Ley" (art. 42).

En tal virtud, el máximo organismo electoral debía decidir sobre el día previsto para la elección presidencial de 2012. Si la fecha se fijaba para diciembre de ese año, conforme al precedente de larga data de hacer las elecciones en ese mes, el Presidente podría estar en condiciones de salud muy precarias o incluso sin vida, lo cual crearía al partido de gobierno la grave situación de sustituir su candidatura. Por ello, el 13 de septiembre de 2011, el CNE hizo pública la convocatoria a la elección presidencial, la cual se celebraría el 7 de octubre del año siguiente, mientras las demás elecciones serían separadas, así: las regionales en el mes de diciembre de 2012 y las locales en abril de 2013. El cronograma electoral se aprobó definitivamente el 30 de marzo de 2012 y allí se estableció que la presentación de postulaciones para la presidencia de la República se haría del 1º al 11 de junio y que la campaña electoral se extendería entre el 1º de julio y el 4 de octubre de 2012.

En la fecha establecida se dio inicio formal a la campaña electoral, cada uno de los contendores tratando de sacar ventajas a su situación. Chávez, con mayores recursos, aprovechaba su condición presidencial para incrementar su presencia en los medios, en días de conmemoraciones patrias, en graduaciones militares, en las frecuentes cadenas de radio y televisión, además de su innegable conexión con sectores populares. Su discurso estaba concebido para insistir en aspectos emocionales, su consigna era "Chávez, corazón de mi patria" y en su mensaje trataba de tocar el interés de los beneficiarios de los programas sociales del gobierno: "Chávez o el caos". Prometió nuevamente que obtendría 10 millones de votos, cosa que no logró, como tampoco en el 2006. Capriles, por su parte, hacía uso de su excelente condición física, por su salud y su juventud, y realizó una campaña extenuante por el territorio nacional, con visitas de casa por casa. Además, la actuación, o mejor, las omisiones del gobierno, le brindaban excelentes oportunidades para la crítica: el tema de la inseguridad era un filón inacabable. Después de 19 planes de seguridad en 14 años los homicidios, los secuestros, los robos, aumentaban día a día; el desabastecimiento de productos de la dieta básica golpeaba a la gran mayoría y las crisis de los servicios públicos, sobre todo los apagones y los cortes de agua, afectaban a la población.

Chávez sacó partido del esfuerzo que hacía pese a su enfermedad: "estoy en la calle, estoy sano". En su campaña utilizó especialmente los medios audiovisuales y se trasladaba por los pueblos en carrozas, para que el pueblo lo viera, sin agotarse excesivamente. Esta actitud del Presidente, con visos de heroicidad, logró entusiasmar a sus seguidores y fue un factor favorable en su campaña. De su lado, Capriles con su lema "Hay un camino" sumó votos en todo el país y hubo momentos en que lucía con aire de triunfador, lo que se reflejó incluso en muchas encuestas. En su programa de gobierno ofrecía mantener los servicios sociales del gobierno (misiones), pero agregaba que los haría más eficientes, con mayor cobertura y sin discriminaciones.

Chávez utilizaba frecuentemente epítetos descalificadores contra su opositor, tales como "escuálido", "burgués", "apátrida", "majunche" (de baja calidad), "fascista", "jalabola" (adulante).[35] Capriles, de su lado, evitaba la confrontación y mantenía un lenguaje respetuoso.

En plena campaña electoral se produjo la "tragedia de Amuay". A la una y 10 minutos de la madrugada del 25 de agosto de 2012 se sintió una fuerte explosión, seguida de un pavoroso incendio en la Refinería de Amuay, perteneciente a la estatal Petróleos de Venezuela (PDVSA), que forma parte del Complejo Refinador de Amuay, el principal de Venezuela y el segundo más grande del mundo, ubicado en la costa este de la Península de Paraguaná, en el Estado Falcón. Como consecuencia de este suceso, se produjeron 55 muertos, 156 heridos, cinco empleados de la refinería desaparecidos, 3.400 viviendas afectadas total o parcialmente y pérdidas en el complejo del orden de 1.100 millones de dólares. Las causas de la explosión, según informes técnicos, fueron una fuga masiva de gas no detectada, por problemas de falta de inversiones y de mantenimiento. El gobierno de inmediato atribuyó el hecho a un "sabotaje" vinculado con el proceso electoral, pero no presentó pruebas de su afirmación ni lo ha hecho posteriormente. La planta quedó funcionando a menos del 70% de su capacidad.

En el desarrollo de la campaña hubo diversos hechos violentos atribuibles sobre todo al oficialismo y en varias ocasiones los gubernamentales trataron de impedir la llegada del candidato Capriles a los sitios de las concentraciones, pero este los evitó usando medios alternativos, como lanchas, peñeros o motocicletas para llegar a su destino, tal como fue reseñado por la prensa independiente.[36]

Las elecciones se celebraron en la fecha prevista, con los ventajismos habituales del oficialismo (uso de bienes y de recursos públicos, parcialización de funcionarios electorales y militares a favor del candidato a la reelección y otros). El resultado oficial del escrutinio reflejó una victoria para Chávez, con 8.191.132 votos, equivalentes al 55,07%, sobre Capriles, quien obtuvo 6.591.304 votos, el 44,31%, con una participación de electores muy elevada (80,40%). La oposición consideró que Chávez hab-

---

[35] http://es.wikipedia.org/wiki/Elecciones_presidenciales_de_Venezuela_de_2012
[36] *Ídem*

ía sabido sacar partido de sus ventajas comparativas, legales o ilegales, pero que aun sin estas últimas hubiera obtenido el triunfo electoral. Por ello, pese a que se observaron los consabidos actos de ventajismo y la manipulaciones acostumbradas al sistema electoral (por ejemplo, mesas en que votó el 100% de los electores y todos a favor del candidato a la reelección), la oposición reconoció el triunfo de Chávez.

4. Las obras públicas en el segundo período de Chávez

En el segundo período de gobierno de Chávez, Venezuela recibió los ingresos petroleros más altos en toda su historia, con un barril de la cesta nacional que en varios años estuvo por encima de los 100 dólares. En este período la única obra hidráulica que construyó el gobierno en el país fue la ampliación del embalse El Diluvio en el Zulia, rebautizado como Tres Ríos, para riego y suministro de agua potable.[37] En el servicio de electricidad, en este período se presentó una aguda crisis del suministro por la fuerte sequía y la falta oportuna de inversiones en el sector para satisfacer el consumo creciente del fluido, pero antes se habían incorporado las plantas termoeléctricas Termozulia II en Zulia y Termobarrancas II en Barinas. A raíz de esta crisis el gobierno aprobó un plan de emergencia para instalar plantas eléctricas, que incluyó la incorporación de tres barcazas, una de las cuales dejó de funcionar a los tres meses, y la distribución de 55 plantas generadoras, a pesar de observaciones de ingenieros venezolanos. Se incorporaron plantas termoeléctricas en Nueva Esparta, en Vargas, en Miranda, en Zulia y en Carabobo. Entre los principales hospitales construidos en el sexenio están: Pediátrico Niño Jesús en San Felipe, Ana Francisca Pérez de León II en Petare, Materno Infantil Comandante Supremo Hugo Rafael Chávez Frías en El Valle, Dr. Tulio Carnevalli Salvatierra en Mérida, Oncológico del Táchira y el Hospital Militar José Ángel Álamo en Barquisimeto. Entre las obras viales pueden citarse: Tramo III de la Intercomunal Pampatar – La Asunción – Juan Griego, Distribuidor Mamera, Par Vial Acarigua – Barquisimeto, autopista José Antonio Páez tramo La Catalda – Agua Blanca, autopista Circunvalación Norte de Barquisimeto, Distribuidores Vergacha (Barquisimeto), Las Trinitarias, El Cují – Tamaca, Polígono de Tiro, Zona Industrial II, Moyetones y San Miguel, autopista Lara – Zulia tramos Distribuidor Punta Iguana – Sector Los Dulces y sector Los Dulces – carretera N (acceso a Ciudad Ojeda), Distribuidores Punta Iguana y San Benito, Par Vial Morón – Tucacas, autopista Gran Mariscal de Ayacucho tramo Distribuidor Aragüita – Las Lapas y autopista San Cristóbal – La Fría tramo IV a San Pedro del Río –

---

[37] Eduardo Páez Pumar: *Caracterización de las políticas públicas de infraestructura aplicadas en Venezuela, loc. cit.* pp. 165 y 166.

Distribuidor Colón. No se incorporaron nuevas líneas del Metro de Caracas, pero sí se inauguraron sistemas alimentadores como los Metrocables de Mariches y San Agustín. Durante este segundo período de Chávez se construyó un total de 467.019 viviendas. A partir de mayo de 2011 se creó la Gran Misión Vivienda, a la cual se le dieron ingentes recursos para construir viviendas de interés social. Pero las viviendas tenían el carácter de asignación familiar y no podían ser enajenadas como propiedad horizontal, con lo cual se eliminaron los programas sociales que subsidiaban la adquisición de los inmuebles y se detenía la movilidad social, porque los propietarios no podían vender este activo, generalmente el único que tenían, para adquirir otro de mejor calidad o darlo en hipoteca para inversión en el mejoramiento de la vivienda o de la calidad de vida.[38]

b) AGRAVAMIENTO DE LA SALUD DEL PRESIDENTE, ¿FALTA TEMPORAL O ABSOLUTA?

Luego de su victoria electoral, el Presidente se mantuvo de bajo perfil, tratando de recuperar fuerzas para reponerse de su enfermedad. Chávez dejó de mostrarse en televisión, excepto el 10 de septiembre, cuando apareció para asegurar que había derrotado el cáncer. Pero el 27 de noviembre de 2012, Chávez dirigió a la Asamblea Nacional solicitud de autorización para ausentarse del país por más de cinco días, en la que expuso que "cuando se cumplen seis meses de haber concluido la última terapia recibida se me ha recomendado iniciar un tratamiento especial consistente en varias sesiones de oxigenación hiperbárica que junto a la fisioterapia siguen consolidando el proceso de fortalecimiento de la salud que he venido experimentado". El mismo día recibió la autorización y realizó su decimo tercer viaje a Cuba en menos de un año y medio. Luego de nueve días de tratamiento regresó a Caracas, donde expreso que "Hoy es 7 de diciembre, se cumplen dos meses del triunfo de octubre, pero ayer se cumplieron 14 años de la victoria del 6 de diciembre de 1998, y estamos a ocho días de la victoria que viene el 16-D, venimos de victoria en victoria" (se refería a las elecciones de gobernadores próximas a celebrarse).

Chávez convocó para una cadena nacional al día siguiente, sábado 8 de diciembre, acompañado de algunos ministros y los principales dirigentes de su partido. A las 9:45 p.m. comenzó su intervención –su última alocución al país– en la que, entre otras cosas, hablando de su reciente viaje a Cuba, dijo lo siguiente:

> Fueron varios días de tratamiento, de seguimiento, sin embargo por algunos otros síntomas decidimos, con el equipo médico, adelantar exámenes, adelantar una revisión, una nueva revisión exhaustiva,

---

[38] *Idem*, p. 166.

y bueno lamentablemente, así lo digo al país, en esa revisión exhaustiva surge la presencia, en la misma área afectada, de algunas células malignas nuevamente.

Eso nos ha obligado a revisar, a revisar el diagnóstico, la evolución del tratamiento, a consultar expertos, y se ha decidido, es necesario; es absolutamente necesario, es absolutamente imprescindible someterme a una nueva intervención quirúrgica. Y eso debe ocurrir en los próximos días [...].

...si algo ocurriera, repito, que me inhabilitara de alguna manera, Nicolás Maduro no sólo en esa situación debe concluir, como manda la Constitución, el período; sino que mi opinión firme, plena como la luna llena, irrevocable, absoluta, total, es que –en ese escenario que obligaría a convocar como manda la Constitución de nuevo a elecciones presidenciales– ustedes elijan a Nicolás Maduro como Presidente de la República Bolivariana de Venezuela. Yo se los pido desde mi corazón.

El 10 de diciembre en la madrugada, Chávez llegó a la Habana en su décimo cuarta visita, y al día siguiente fue sometido a la operación programada, sin que se diera a conocer parte médico alguno sobre la situación de salud del Presidente. El 8 de enero de 2013, el presidente de la Asamblea Nacional, Diosdado Cabello, dio a conocer una carta que le dirigiera ese mismo día el Vicepresidente Maduro en el cual le expresa que "...el Comandante Presidente ha pedido informar que, de acuerdo con las recomendaciones del equipo médico que vela por el restablecimiento de su salud, el proceso de recuperación postquirúrgica deberá extenderse más allá del 10 de enero del año en curso, motivo por el cual no podrá comparecer en esta fecha ante la Asamblea Nacional, constituyendo un irrebatible motivo sobrevenido por el cual se invoca el artículo 231 de la Constitución de la República Bolivariana de Venezuela, a objeto de formalizar en fecha posterior la juramentación correspondiente ante el Tribunal Supremo de Justicia". Cabello anunció que, en sesión ordinaria de ese mismo día, el Cuerpo Legislativo había aprobado el siguiente texto: "Esta Asamblea Nacional le concede todo el tiempo necesario al presidente Chávez para que se recupere de la intervención quirúrgica en La Habana, Cuba".[39]

El 18 de febrero en la madrugada Chávez regresó al país y envió un mensaje a través de su cuenta de Twitter anunciando que "Aquí continuaremos el tratamiento". A su llegada, de acuerdo al parte oficial, fue ingresado al Hospital Militar Dr. Carlos Arvelo, sin más información ni imágenes, hasta el día de su fallecimiento, de acuerdo a la información oficial, el 5 de marzo de 2013.

---

[39] http://www.psuv.org.ve/temas/noticias/asamblea-nacional-concede-permiso-a-chavez-extender-su-reposo/#.VEKBE3sw2So

c) CUESTIONES JURÍDICAS RELACIONADAS CON LA SUCESIÓN PRESIDENCIAL

En el proceso de sucesión presidencial se presentaron diversas cuestiones de interés nacional que suscitaron la reflexión de los juristas.

1. ¿Quién es el primer mandatario de Venezuela a partir del 9 de diciembre de 2012?

El 9 de diciembre fue la fecha en que Chávez partió a Cuba en su último viaje. Este es un caso típico de falta temporal del Presidente de la República, la cual está prevista en el artículo 234 la Constitución, así:

> Las faltas temporales del Presidente o Presidenta de la República serán suplidas por el Vicepresidente Ejecutivo o Vicepresidenta Ejecutiva hasta por noventa días, prorrogables por decisión de la Asamblea Nacional por noventa días más.
>
> Si una falta temporal se prolonga por más de noventa días consecutivos, la Asamblea Nacional decidirá por mayoría de sus integrantes si debe considerarse que hay falta absoluta

El cargo de Vicepresidente Ejecutivo de la República, para ese momento, lo ocupaba el señor Nicolás Maduro, quien había sido designado para esa función por Chávez el 10 de octubre de 2012, tres días después de las elecciones presidenciales, en sustitución de Elías Jaua, quien había renunciado al cargo para aspirar a la Gobernación del Estado Miranda. Por tanto, correspondía a Maduro cubrir la falta temporal del Presidente. No obstante, ni en esa oportunidad ni en ninguna de las anteriores en que se había ausentado del país, desde que tomó posesión del cargo de presidente en febrero de 1999, Chávez había juramentado al Vicepresidente Ejecutivo para que cubriera su falta temporal, ni siquiera en los varios casos en que iba a estar inconsciente por someterse a anestesia general en razón de intervenciones quirúrgicas. Por ello, hasta ahora ha permanecido virgen la previsión constitucional según la cual "Son atribuciones del Vicepresidente Ejecutivo o Vicepresidenta Ejecutiva...8. Suplir las faltas temporales del Presidente o Presidenta de la República" (art. 239).

Conforme a lo expuesto, a partir del 9 de diciembre de 2012, Chávez continuó siendo Presidente de la República y Maduro Vicepresidente Ejecutivo. Por ese criterio, conociendo el presidente la gravedad de su situación cuando viaja a Cuba por décima cuarta vez, lo que hace es delegar en el Vicepresidente Ejecutivo algunas de las atribuciones de su cargo, y a tal fin, dicta el Decreto N° 9.315, del 9 de diciembre de 2012 (*Gaceta Oficial* N° 40.078 del 26/12/2012), por el cual atribuye al Vicepresidente Ejecutivo el ejercicio de las atribuciones y la firma de los actos que allí se señalan. Entre las competencias que no se delegan en el Vicepresidente Ejecutivo, y que por tanto su ejercicio se reserva el presidente Chávez, de acuerdo al estudio realizado por el jurista Jesús Rangel Rachadell, se encuentran:

"a) Nombrar y remover los Ministros, b) Dirigir las relaciones exteriores de la República y celebrar y ratificar los tratados, convenios o acuerdos internacionales; c) Dirigir las Fuerza Armada Nacional en su carácter de Comandante en Jefe, ejercer la suprema autoridad jerárquica de ella y fijar su contingente, d) Ejercer el mando supremo de la Fuerza Armada Nacional, promover sus oficiales a partir del grado de coronel o coronela o capitán o capitana de navío, y nombrarlos o nombrarlas para los cargos que les son privativos, e) Declarar los estados de excepción y decretar la restricción de garantías en los casos previstos en esta Constitución, f) Convocar a la Asamblea Nacional a sesiones extraordinarias, g) Reglamentar total o parcialmente las leyes, sin alterar su espíritu, propósito y razón, h) Negociar los empréstitos nacionales, i) Celebrar los contratos de interés nacional conforme a esta Constitución y la ley, j) Designar, previa autorización de la Asamblea Nacional o de la Comisión Delegada, al Procurador o Procuradora General de la República y a los jefes o jefas de las misiones diplomáticas permanentes, k) Formular el Plan Nacional de Desarrollo y dirigir su ejecución previa aprobación de la Asamblea Nacional, l) Conceder indultos, m) Fijar el número, organización y competencia de los ministerios y otros organismos de la Administración Pública Nacional, así como también la organización y funcionamiento del Consejo de Ministros, dentro de los principios y lineamientos señalados por la correspondiente ley orgánica, n) Disolver la Asamblea Nacional en el supuesto establecido en esta Constitución, o) Convocar referendos, p) Convocar y presidir el Consejo de Defensa de la Nación".

Conforme a lo expuesto, a partir del 9 de diciembre de 2012, el ejercicio de las competencias presidenciales se encontraba compartido entre dos funcionarios: el Vicepresidente Ejecutivo, quien ejercía (o podía ejercer) las atribuciones presidenciales que expresamente le había delegado el Presidente, de un lado, y del otro, el Presidente de la República, quien se había reservado todas las atribuciones no delegadas, antes enumeradas. Es cierto que el Presidente podía realizar actividades o dictar actos en el ámbito de las atribuciones que le había delegado al Vicepresidente Ejecutivo, pero su estado de salud no le permitía hacer tal cosa; pero es cierto también que el Vicepresidente Ejecutivo no podía ejecutar actividades ni dictar actos en los ámbitos que el Presidente se había reservado (y que éste no podía ejercer), porque ello constituiría extralimitación de atribuciones. En tal virtud, decisiones como el nombramiento de Elías Jaua como Ministro de Relaciones Exteriores, quien no había podido lograr su aspiración de ser electo Gobernador del Estado Miranda, fueron suscritas por el presidente Chávez el 15 de enero de 2012, en momentos en que se encontraba convaleciente en Cuba, y al pié del decreto se dice "Dado en Caracas". Por esta circunstancia y por el hecho de que la firma de Chávez suscitaba dudas razonables en cuanto a su autoría, dado los trazos impecables que se observaban, impropios de una persona en convalecencia reciente de grave enfermedad, en criterio de acreditados grafólogos, el partido COPEI solicitó el 16 de enero de 2013, ante la Sala Constitucional del Tribunal Supremo de Justicia, la nulidad del nombramiento de Elías Jaua como ministro,[40] además de que pidió que el ausente presentara "una fe de vida, es decir, la constancia de que está vivo, como lo hacen a todos nuestros pensionados cuando van a solicitar una autorización para cobrar su pensión". En su sentencia del 13 de junio de 2013, la Sala Constitucional declaró que la acción era inadmisible.

En todo caso, lo cierto es que durante la ausencia de Chávez el ejercicio de la Presidencia de la República estuvo compartida entre dos personas, supuesto muy inconveniente para los intereses de la República, y que se hubiera podido evitar nombrando a Maduro como encargado de la Presidencia.

En medio de la conmoción producida por la situación del Presidente, se realizó la campaña electoral para las elecciones regionales, que debían celebrarse el 16 de diciembre de 2012 para escoger a los gobernadores de los Estados y a los legisladores de los Consejos Legislativos. En su último mensaje, 12 días antes, Chávez había pedido a sus seguidores activarse para ganar estas elecciones y su imagen, su voz y sus dichos estuvieron presentes permanentemente en los medios audiovisuales, sobre todo en los oficiales. El uso de los bienes y de los recursos públicos por el oficialismo fue brutal y la parcialización de los funcionarios públicos y del componente militar, sobre todo de la milicia, fue descarado. El grupo gubernamental resultó ampliamente victorioso, pues ganó 20 de las 23 gobernaciones. La oposición, por su parte, resultó victoriosa en el Estados Amazonas, representada por el líder indígena Liborio Guarulla; en el Estado Miranda, donde se reeligió a Henrique Capriles como gobernador –pese al uso multimillonario de recursos que hizo su oponente, el exvicepresidente ejecutivo Elías Jaua–, y en el Estado Lara, donde triunfó Henry Falcón, un exmilitar que había participado al lado de Chávez en el golpe de estado de 1992 y que había roto hacía años con el chavismo.

---

[40] Véase: http://www.el-nacional.com/bbc_mundo/polemica-firma-Hugo-Chavez_0_120589325.html

2. Interrogantes sobre la persona que ejercería la titularidad de la Presidencia

Mientras Chávez se encontraba hospitalizado en La Habana, en Venezuela muchas personas se interrogaban sobre la situación jurídica de la titularidad de la presidencia, conforme al ordenamiento constitucional. No había duda de que Maduro podía ejercer temporalmente la presidencia, tal como Chávez lo había anunciado, hasta el fin del período, el cual se aproximaba rápidamente, pues el 10 de enero de 2013 cesaba el mandato presidencial, por aplicación de lo dispuesto en el artículo 231 de la Constitución. Pero aún así, Maduro no podía ejercer a plenitud las funciones de presidente interino porque Chávez no lo había dejado encargado y sólo le había delegado algunas funciones y porque el Vicepresidente Ejecutivo no podía, por sí mismo, declarar la falta temporal del Presidente, como tampoco lo podía hacer la Asamblea Nacional, sobre todo por respeto al Presidente ausente pero en ejercicio legal. Pero ese no era el problema más importante.

La cuestión que tenía mayores implicaciones jurídicas y políticas era lo que ocurriría el 10 de enero, dadas las disposiciones constitucionales, según las cuales no se admite la prórroga del período presidencial, este termina el 10 de enero y ese mismo día comienza uno nuevo, como ocurre en los Estados Unidos, donde la Constitución fija una fecha límite para el mandato del Presidente, así: "El término del presidente y vicepresidente expirará al mediodía del vigésimo día de enero…y entonces empezará el término de sus sucesores" (Sección II de la Enmienda XX de la Constitución), y esta regla se aplica aún en caso de reelección. En efecto, la condición de vicepresidente de Maduro duraba hasta el 10 de enero y cesaba al iniciarse el nuevo período, con la juramentación del presidente electo, quien a su vez podía designarlo nuevamente para este cargo. Pero Maduro, en tanto que Vicepresidente Ejecutivo, no podía asumir la presidencia el 10 de enero, porque el primer aparte del artículo 233 de la Constitución dispone que "Cuando se produzca la falta absoluta del Presidente electo o Presidenta electa antes de tomar posesión, se procederá a una nueva elección universal, directa y secreta dentro de los treinta días consecutivos siguientes. Mientras se elige y toma posesión el nuevo Presidente o la nueva Presidenta, se encargará de la Presidencia de la República el Presidente o Presidenta de la Asamblea Nacional".

Para los que consideraban que la última voluntad del Presidente era la de que lo sucediera Maduro, hay que advertirles que Maduro lo sucedería (si ocurría algo que lo inhabilitara de alguna manera) primero como vicepresidente encargado de la presidencia, si la inhabilitación se producía antes del 10 de enero, o después como presidente electo, si el suceso ocurría después de esa fecha y si Maduro hubiera ganado las nuevas elecciones. Pero nunca dijo Chávez que Maduro debía sucederlo si ocurría la falta absoluta antes de la juramentación, y si lo hubiera dicho habría incurrido en un grave desconocimiento del texto constitucional. Pero había algo más: Maduro no hubiera podido ser candidato si asumía la presidencia en su condición de Vicepresidente porque se lo impedía el artículo 229 de la Constitución, conforme al cual: "No podrá ser elegido Presidente o elegida Presidenta de la República quien esté en ejercicio del cargo de Vicepresidente Ejecutivo o Vicepresidenta Ejecutiva, Ministro o Ministra, Gobernador o Gobernadora y Alcalde o Alcaldesa, en el día de su postulación o en cualquier momento entre esta fecha y la de la elección".

En resumen: Maduro no podía asumir la Presidencia como encargado antes del 10 de enero porque Chávez había dispuesto que solo lo haría si ocurría algo que lo inhabilitara, lo que en su lenguaje quería decir que debía hacerlo en caso de su fallecimiento, y eso es lo que dispone la Constitución. Pero tampoco podía juramentarse como presidente interino el 10 de enero, porque tal función le correspondía, si se producía la falta temporal o absoluta del Presidente electo, al presidente de la Asamblea Nacional, cargo que en ese momento ejercía Diosdado Cabello. Si las cosas hubieran ocurrido en conformidad con la Constitución, el 10 de enero se habría juramentado Cabello como Presidente interino, hasta que Chávez pudiera asumir el cargo o, en caso de falta absoluta, hasta que se celebrara nueva elección y tomara posesión el Presidente electo, Maduro habría salido del gobierno y hubiera podido postularse como candidato a la presidencia si la falta fuera absoluta y, de haber ganado, se cumpliría la voluntad de Chávez. Desde el punto de vista jurídico, los pasos a seguir estaban claros.

Pero las cosas ocurrieron de otra manera. No sabemos si el Comando Político de la Revolución (organismo cívico-militar inventado en esos días, sin base legal, como cúspide del Poder) consideró que era un peligro permitir que Diosdado Cabello asumiera la presidencia de la República, porque con el poder en la mano Cabello hubiera podido, sin impedimento alguno o en medio de una crisis, postularse para la máxima magistratura, o si estimó que Maduro resultaría debilitado si aspiraba a la presidencia como un ciudadano de a pié, después de que el país, durante tantos años, había reelegido al presidente en ejercicio. Era necesario esgrimir una teoría para permitir que Nicolás Maduro continuara como Vicepresidente después del 10 de enero, para que asumiera la presidencia como interino si se producía posteriormente la falta absoluta de Chávez, y luego lanzarse de candidato para la reelección como Presidente, aunque ese procedimiento significara torcerle el brazo a la Constitución. Y eso fue precisamente lo que hizo la Sala Constitucional del Tribunal Supremo de Justicia.

Ante la Sala mencionada acudió el 21 de diciembre de 2012 la abogada Marelys D'Arpino, quien preside una Fundación dedicada a "contribuir a la difusión del socialismo",[41] para interponer un recurso de interpretación con relación al artículo 231 de la Constitución, en el cual solicitó el parecer del máximo tribunal sobre las cuestiones a que antes nos referimos y, en particular, las siguientes: "¿...*qué sucedería si no se tratase de un Presidente reelecto sino de un candidato electo a Presidente que no se presentara al acto de juramentación*"; "*¿Quién asume el cargo temporal de Presidente de la República en caso de que el candidato electo a Presidente no asista a la toma de posesión del cargo mediante juramento a realizarse el 10 de enero, de conformidad con el artículo 231 de la Constitución a los efectos de mantener la continuidad administrativa?*", "*¿Se consideraría una falta temporal o absoluta el caso de que el candidato electo a Presidente no siendo Presidente reelecto no acuda al acto de toma de posesión el 10 de enero del año correspondiente?*", "*... solicitamos a dicha Sala Constitucional que aclare o amplíe su decisión a los efectos de que defina si existe o no un lapso para que el Presidente reelecto proceda a juramentarse ante el Máximo Tribunal, o por el contrario se trata de un tiempo indeterminado que por ejemplo permita al Presidente reelecto juramentarse el último día de su mandato constitucional*", "*...solicitamos a dicha Sala aclare si el permiso del Presidente de la República para ausentarse fuera del país puede ser indefinido. Y en caso de que la respuesta fuera positiva requerimos se aclare si el Presidente de la República puede gobernar fuera de la República Bolivariana de Venezuela sin necesidad de regresar al país durante todo su mandato*", "*la base jurídica en la que se sustentó y precisamente dónde se establece en nuestra Constitución que la falta temporal la decreta el Jefe de Estado. Igualmente requerimos aclare si el Decreto a que se refiere debe suscribirse en Consejo de Ministros o no, y cuándo debe dictarse dicho Decreto. ¿Debe dictarse el Decreto antes de que se produzca la falta temporal o pudiera dictarse el mismo cuando la falta temporal se haya producido? En este último caso, en qué plazo dicho Decreto debe dictarse cuando la falta temporal se haya producido, o se trata de un lapso indefinido. En cualquier caso, solicito que se aclare si pudiera existir falta temporal en caso de que el Presidente no la decrete. Es decir, solicito que aclare si la única posibilidad de que exista falta temporal es que sea decretada por el Presidente, o existen otras posibilidades para que se produzca la falta temporal*".

---

[41] http://www.fundacionvenezuelatricolor.org/

El 9 de enero de 2013, al día siguiente del acto por el cual "Esta Asamblea Nacional le concede todo el tiempo necesario al presidente Chávez para que se recupere de la intervención quirúrgica en La Habana, Cuba", la Sala Constitucional del Tribunal Supremo de Justicia decidió lo siguiente:

i) Hasta la presente fecha, el Presidente Hugo Rafael Chávez Frías se ha ausentado del territorio nacional, por razones de salud, durante lapsos superiores a *"cinco días consecutivos"*, con la autorización de la Asamblea Nacional, de conformidad con lo previsto en el artículo 235 de la Constitución, la última de las cuales se encuentra plenamente vigente y fue ratificada en sesión de la Asamblea Nacional de fecha 8 de enero de 2013.

(ii) No debe considerarse que la ausencia del territorio de la República configure automáticamente una falta temporal en los términos del artículo 234 de la Constitución de la República Bolivariana de Venezuela, sin que así lo dispusiere expresamente el Jefe de Estado mediante decreto especialmente redactado para tal fin.

(iii) A diferencia de lo que disponían los artículos 186 y 187 de la Constitución de 1961, que ordenaban que en caso de existir un desfase entre el inicio del período constitucional y la toma de posesión, el Presidente saliente debía entregar el mandato al Presidente del Congreso y procederse *"como si se tratara de una falta absoluta"*; la Carta de 1999 eliminó expresamente tal previsión, lo cual impide que el término del mandato pueda ser considerado una falta absoluta (que, por otra parte, tampoco está contemplada en el artículo 233 constitucional como causal y sería absurdo en el caso de un Presidente reelecto y proclamado).

(iv) A pesar de que el 10 de enero próximo se inicia un nuevo período constitucional, no es necesaria una nueva toma de posesión en relación al Presidente Hugo Rafael Chávez Frías, en su condición de Presidente reelecto, en virtud de no existir interrupción en el ejercicio del cargo.

(v) La juramentación del Presidente reelecto puede ser efectuada en una oportunidad posterior al 10 de enero de 2013 ante el Tribunal Supremo de Justicia, de no poder realizarse dicho día ante la Asamblea Nacional, de conformidad con lo previsto en el artículo 231 de la Carta Magna. Dicho acto será fijado por el Tribunal Supremo de Justicia, una vez que exista constancia del cese de los motivos sobrevenidos que hayan impedido la juramentación.

(vi) En atención al principio de continuidad de los Poderes Públicos y al de preservación de la voluntad popular, no es admisible que ante la existencia de un desfase cronológico entre el inicio del período constitu-

cional y la juramentación de un Presidente reelecto, se considere (sin que el texto fundamental así lo paute) que el gobierno queda *ipso facto* inexistente. En consecuencia, el Poder Ejecutivo (constituido por el Presidente, el Vicepresidente, los Ministros y demás órganos y funcionarios de la Administración) seguirá ejerciendo cabalmente sus funciones con fundamento en el principio de la continuidad administrativa.

Ahora bien, según nuestro criterio, en el sistema constitucional que nos rige se distingue entre el inicio del período presidencial y la situación personal del candidato electo para el cargo de Presidente de la República, lo cual no debe confundirse. Lo normal es que el candidato electo (a quien se llama presidente electo una vez que ha sido proclamado como tal por el Poder Electoral), tome posesión en la fecha establecida en la Constitución, pero si no lo hace ello no significa que el período anterior se prorroga. El período constitucional comienza el 10 de enero, aunque la persona electa asuma el cargo con posterioridad, en cuyo caso se habría producido un supuesto de interinaria para llenar el vacío de titularidad en el cargo, o aun cuando deban realizarse nuevas elecciones por falta absoluta del electo que no ha tomado posesión del cargo. En este sentido, en sentencia del 16 de mayo de 2001, la Sala Constitucional había decidido que, de acuerdo con el régimen constitucional vigente, el período constitucional del presidente Hugo Chávez Frías concluye el 10.01.07, término en el cual comienza el próximo período presidencial, conforme lo dispone el artículo 231 de la Constitución de la República Bolivariana de Venezuela. No obstante, en la sentencia del 9 de enero se incurre en inexactitudes que podrían ser consideradas obvias, las principales de las cuales son: i) La finalización del período constitucional, el 10 de enero de 2013, sin que el presidente electo asuma el cargo mediante la prestación del juramento correspondiente ante la Asamblea Nacional o, en su defecto, por cualquier motivo sobrevenido, ante el Tribunal Supremo de Justicia, no significa –nadie lo ha alegado– que se haya producido falta absoluta del presidente electo, la falta podría ser temporal. Si este último fuera el supuesto, el presidente electo puede prestar el juramento posteriormente. ii) Si el presidente electo no puede prestar el juramento para asumir el cargo en la oportunidad fijada en la Constitución, ello no significa que el período constitucional se prorroga, sea con reelección o sin reelección, ni tampoco que el gobierno queda *ipso facto* inexistente. En nuestra historia constitucional se observa reiteradamente la preocupación por evitar la prórroga del período constitucional y a estos efectos se habían establecido mecanismos en las diversas constituciones. En la Constitución de 1961 se disponía que "El candidato electo tomará posesión del cargo de Presidente de la República mediante juramento ante las Cámaras reunidas en sesión conjunta, dentro de los diez primeros días de aquel en que deben instalarse en sus sesiones ordinarias del año en que comience el período constitucional. Si por cualquier circunstancia no pudiere prestar el juramento ante las Cámaras en sesión conjunta, lo hará ante la Corte Suprema de Justicia. Cuando el Presidente electo no tomare posesión dentro del término previsto en este artículo, el Presidente saliente resignará sus poderes ante la persona llamada a suplirlo provisionalmente en caso de falta absoluta, según el artículo siguiente, quién los ejercerá con el carácter de Encargado de la Presidencia de la República hasta que el primero asuma el cargo" (art. 186). La fórmula de 1999 debió ser modificada por la consagración de la reelección inmediata, que no existía en la de 1961, y, además, en lugar de establecer de nuevo un período para la juramentación del presidente electo ("dentro de los diez primeros días de aquel en que deben instalarse en sus sesiones ordinarias del año en que comience el período constitucional") el Constituyente optó por fijar una fecha del calendario: "el diez de enero del primer año de su período constitucional" (art. 231). Esta redacción es mucho más precisa y determinante sobre el comienzo y fin de período constitucional del presidente que la consagrada en la Constitución de 1961 y no abre ninguna posibilidad de prórroga del mandato a que nos referimos. iii) La Sala no podía interpretar que la ausencia del presidente electo el día de la toma de posesión daba lugar a que "el Poder Ejecutivo (constituido por el Presidente, el Vicepresidente, los Ministros y demás órganos y funcionarios de la Administración) seguirá ejerciendo cabalmente sus funciones con fundamento en el principio de la continuidad administrativa", sin que ninguna norma de la Constitución así lo dispusiera expresamente. Antes por el contrario, la Constitución pauta que el período constitucional en curso termina el 10 de enero y que ese mismo día comienza el nuevo período, esté o no el presidente electo para juramentarse. Si no está, se juramenta como interino quien debe suplirlo y, si la falta es temporal, se juramenta el electo cuando pueda hacerlo. Al hacer la distinción entre los casos en que haya reelección o no la haya, para ver si se aplica o no el artículo 231 de la Constitución, la Sala Constitucional ha legislado (¡en materia constitucional!). En otros países donde hay reelección y se fija un día específico para el fin del período, se juramente el sustituto del presidente electo, si este no puede hacerlo, como ocurre en los Estados Unidos de América, donde "El período del presidente y vicepresidente expirará al mediodía del vigésimo día de enero...y entonces empezará el período de sus sucesores". Ello en virtud del principio de improrrogabilidad de los mandatos, el cual significa que en el día y la hora (si esta se indica) señalados en la Constitución cesan o expiran los poderes presidenciales y comienzan los de su sucesor, sea este la misma persona, sea una persona diferente. Si no se indica la hora, como es el caso nuestro, los poderes presidenciales cesan a las 12 de la noche del 10 de enero. iv) Existe en nuestro derecho jurisprudencia sobre el principio de continuidad administrativa y se refiere al caso de que cuando un funcionario administrativo ha renunciado no puede abandonar el cargo mientras no sea sustituido, en interés del servicio. Ese criterio no es aplicable a la jefatura del Estado, donde hay una expresa regulación constitucional, la cual, precisamente, dispone lo contrario: las funciones no pueden prolongarse después del fin del período. v) La sentencia incurre en contradicciones: de un lado, señala que "no es necesaria una nueva toma de posesión en relación al Presidente Hugo Rafael Chávez Frías, en su condición de Presidente reelecto, en virtud de no existir interrupción en el ejercicio del cargo", y del otro que "La juramentación del Presidente reelecto puede ser efectuada en una oportunidad posterior al 10 de enero de 2013 ante el Tribunal Supremo de Justicia". De la primera afirmación se desprende que una persona reelecta varias veces sólo debe juramentarse la primera vez para acceder al cargo, las otras juramentaciones son opcionales, lo cual contradice el texto constitucional; de la segunda, que el presidente reelecto sí debe juramentarse, pero que puede hacerlo posteriormente, lo que significa que sí está obligado a juramentarse para tomar posesión del cargo, pues no se le dispensa del tal requisito cuando ejerce varios períodos consecutivos. No hay duda de que la juramentación del presidente electo (o reelecto) puede diferirse cuando las circunstancias le impiden hacerlo en la fecha fijada, pero es indudable que él no asume el cargo en este supuesto, sino la persona que debe suplirlo, conforme a la Constitución, con el carácter de interino. Ello significa que el período constitucional ya comenzó en la fecha indicada y que al presidente electo que no se ha juramentado en esa fecha se le disminuye el tiempo de su mandato tantos días como dure el retardo, si la falta es temporal.

Al día siguiente, 10 de enero, el abogado Alfredo Romero introdujo ante la Sala Constitucional una solicitud de aclaratoria y ampliación de la sentencia antes mencionada, sobre los siguientes aspectos, tal como aparecen expresados en la narrativa de la sentencia que decide sobre la solicitud:

"a. ¿Quién asume el cargo temporal de Presidente de la República en caso de que el candidato electo a Presidente no asista a la toma de posesión del cargo mediante juramento a realizarse el 10 de enero, de conformidad con el artículo 231 de la Constitución a los efectos de mantener la continuidad administrativa? [y] b. ¿Se consideraría una falta temporal o absoluta el caso de que el candidato electo a Presidente no siendo Presidente reelecto no acuda al acto de toma de posesión el 10 de enero del año correspondiente?".

Que, por otra parte, en el fallo cuya ampliación se requiere, a su juicio *"se establece un lapso indefinido o incierto para la juramentación del Presidente reelecto, tomando en cuenta que la misma sentencia señaló que dicha juramentación es obligatoria. En tal sentido, solicitamos a dicha Sala Constitucional que aclare o amplíe su decisión a los efectos de que defina si existe o no un lapso para que el Presidente reelecto proceda a juramentarse ante el Máximo Tribunal, o por el contrario se trata de un tiempo indeterminado que por ejemplo permita al Presidente reelecto juramentarse el último día de su mandato constitucional".*

En el mismo orden de ideas, señaló *"que la sentencia no establece cuándo dicha ausencia del Presidente fuera del país, con autorización de la Asamblea Nacional, puede considerarse como falta temporal. En tal sentido, solicitamos a dicha Sala aclare si el permiso del Presidente de la República para ausentarse fuera del país puede ser indefinido. Y en caso de que la respuesta fuera positiva requerimos se aclare si el Presidente de la República puede gobernar fuera de la República Bolivariana de Venezuela sin necesidad de regresar al país durante todo su mandato".*

Que, por otra parte, solicita se aclare *"la base jurídica en la que se sustentó y precisamente dónde se establece en nuestra Constitución que la falta temporal la decreta el Jefe de Estado. Igualmente requerimos aclare si el Decreto a que se refiere debe suscribirse en Consejo de Ministros o no, y cuándo debe dictarse dicho Decreto. ¿Debe dictarse el Decreto antes de que se produzca la falta temporal o pudiera dictarse el mismo cuando la falta temporal se haya producido? En este último caso, en qué plazo dicho Decreto debe dictarse cuando la falta temporal se haya producido, o se trata de un lapso indefinido. En cualquier caso, solicito que se aclare si pudiera existir falta temporal en caso de que el Presidente no la decrete. Es decir, solicita que aclare si la única posibilidad de que exista falta temporal es que sea decretada por el Presidente, o existen otras posibilidades para que se produzca la falta temporal".*

Al día siguiente, 11 de enero, la Sala Constitucional declaró inadmisible la petición de aclaratoria y ampliación señalada por considerar la Sala, en primer lugar, que el solicitante, abogado Alfredo Romero, carecía de la legitimidad requerida para formular el pedimento, lo cual contrariaba criterios anteriores de la misma Sala; en segundo lugar, que el día de la publicación de la sentencia el solicitante había rendido declaraciones ante diversos medios masivos de comunicación social, señalando despectivamente que el dictamen de esta Sala constituía *"una aberración jurídica"*, plagada de *"ambigüedades y contradicciones"*, por lo que expresó la Sala que "Siendo que los conceptos emitidos por el pretendido solicitante respecto de la decisión accionada, son ofensivos e irrespetuosos, en agravio de la función jurisdiccional que realiza este órgano de Administración de Justicia, debe la Sala declarar igualmente inadmisible la solicitud en cuestión"; en tercer lugar, que los aspectos sobre los cuales versaba la solicitud de aclaratoria y ampliación no estaban dentro de los asuntos tratados por la sentencia de la Sala.

Sobre la sentencia del 9 de enero de la Sala Constitucional, antes referida, Brewer opinó que "Fue conforme a esa sentencia entonces, que el Tribunal le impidió al Presidente de la Asamblea Nacional, Diosdado Cabello, que se encargase de la Presidencia de la República, tal como le correspondía conforme al principio democrático y que exigía la aplicación analógica de la norma que regula la falta absoluta del Presidente antes de su toma de posesión (art. 233), y en cambio aseguró la continuidad en la posesión de su cargo del Presidente de la República reelecto a pesar de estar postrado en una cama de hospital, y que el Vicepresidente Maduro a partir del 10 de enero de 2013 continuara ejerciendo el cargo de Vicepresidente Ejecutivo, consolidando así la usurpación de la voluntad popular, imponiéndole a los venezolanos un gobierno de hecho a cargo del Vicepresidente y sus Ministros, que habían sido designados por el Presidente Chávez en el período constitucional anterior (2007-2013), quienes continuaron ejerciendo sus cargos, situación que conforme a la sentencia de la Sala Constitucional debía continuar hasta que el Presidente se juramentara, lo que evidentemente era una falacia pues sin duda ya para ese momento todo el gobierno ya debía saber sobre la condición de salud del Presidente y la imposibilidad que ya habría de que efectivamente se pudiera juramentar y tomar posesión de su cargo".[42]

La noche del viernes 8 de marzo, es decir, tres días después del anuncio oficial sobre el fallecimiento de Chávez, Nicolás Maduro prestó el juramento como Presidente interino ante la Asamblea Nacional en el más puro estilo de su predecesor, así: "Diputado Diosdado Cabello, compañero y hermano, juro a nombre de la memoria heroica de nuestros pueblos indígenas, de Guaicaipuro, de nuestros libertadores y el más grande de ellos, Simón Bolívar; de Ezequiel Zamora y su ejército de desharrapados; juro a nombre de nuestros niños, niñas, los soldados de la patria, los obreros, de los campesinos; juro a nombre de la lealtad más absoluta al comandante Hugo Chávez que cumpliremos y haremos cumplir esta Constitución Bolivariana con la mano dura de un pueblo dispuesto a ser libre. Lo juro".

Pero todavía quedaban otros asuntos por resolver: por una parte, si estaba permitido que Nicolás Maduro pudiera postularse como candidato a la Presidencia, dado que el Vicepresidente Ejecutivo, por disposición del artículo 229 de la Constitución, estaba impedido de hacerlo; por la otra, si Nicolás Maduro debía separarse del cargo de Presidente interino que desempeñaba para realizar la campaña electoral, puesto que, conforme a la Ley Orgánica de Procesos Electorales, el principio es que "Salvo lo previsto en la Constitución de la República los funcionarios y las funciona-

---

[42] Allan R. Brewer-Carías: *Crónicas constitucionales XIII*, 7-3-2013, consultable en Internet

rias de la Administración Pública que se postulen en un proceso electoral, deberán separarse de manera temporal de sus cargos desde el día en que se inicie la campaña electoral hasta el día de la elección, ambas fechas inclusive", y que como excepción "los funcionarios y las funcionarias de elección popular que aspiren a la reelección en sus cargos, podrán permanecer en los mismos durante todo el proceso electoral" (art. 58). Este segundo asunto debía ser dilucidado, habida cuenta de que Nicolás Maduro no había sido objeto de elección popular y, por tanto, no aspiraba a la reelección.

El 6 de marzo de 2013, el abogado Otoniel Pautt Andrade interpuso ante la Sala Constitucional un recurso de interpretación sobre varios aspectos que, en líneas generales, se referían a asuntos tratados en la sentencia del 9 de enero, antes comentada. En su sentencia del 8 de marzo (dos días después), la Sala, en ponencia conjunta, decidió lo siguiente:

6. Con el fin de sistematizar las conclusiones vertidas a lo largo de esta decisión, se mencionan a continuación de manera resumida:

a) Ocurrido el supuesto de hecho de la muerte del Presidente de la República en funciones, el Vicepresidente Ejecutivo deviene Presidente Encargado y cesa en el ejercicio de su cargo anterior. En su condición de Presidente Encargado, ejerce todas las atribuciones constitucionales y legales como Jefe del Estado, Jefe de Gobierno y Comandante en Jefe de la Fuerza Armada Nacional Bolivariana;

b) Verificada la falta absoluta indicada debe convocarse a una elección universal, directa y secreta;

c) El órgano electoral competente, siempre que se cumpla con los requisitos establecidos en la normativa electoral, puede admitir la postulación del Presidente Encargado para participar en el proceso para elegir al Presidente de la República por no estar comprendido en los supuestos de incompatibilidad previstos en el artículo 229 constitucional;

d) Durante el proceso electoral para la elección del Presidente de la República, el Presidente Encargado no está obligado a separarse del cargo.

Es interesante señalar, de un lado, que ninguno de los aspectos que la Sala tuvo a bien tratar en esta sentencia habían sido objeto de la solicitud de opinión del accionante en interpretación; del otro, que la afirmación que hizo la Sala en el punto d) no estuvo de ninguna manera motivada en la sentencia, y hubiera sido interesante que lo hiciera porque Maduro no había sido electo Presidente ni aspiraba a la reelección, y por tanto no estaba exceptuado de la obligación de los funcionarios de separarse del cargo mientras duraba la campaña electoral.

d) LA ELECCIÓN PRESIDENCIAL DE 2013

Conforme al ordenamiento constitucional, ante la falta absoluta del presidente electo en octubre de 2012, había que convocar a una nueva elección para que el candidato que resultara victorioso cumpliera el período 2013-2019. A esos efectos, el Consejo Nacional Electoral convocó el 9 de marzo a las elecciones a realizarse el 14 de abril de 2013.

En este proceso se enfrentaron dos candidatos principales: Nicolás Maduro, habilitado por sentencia de la Sala Constitución para ser postulado como candidato, lo fue por el Gran Polo Patriótico, que tenía como eje principal al PSUV y como integrantes a otros 24 partidos aliados; y Henrique Capriles Radonsky, postulado por la Mesa de la Unidad Democrática (MUD), una coalición de 28 partidos.

El 2 de abril se inició oficialmente la campaña electoral, de corta duración pero muy intensa. Toda la campaña de Maduro estuvo centrada en su condición de elegido por Chávez, a quien los medios oficialistas permanentemente rendían tributo, e incluso culto. Maduro no mostró una idea propia en la campaña sino que se limitó a garantizar que su único cometido era cumplir "el legado de Chávez", a quien consideraba como su padre, y hacía promesas que debía saber que eran imposibles de cumplir si se mantenía dentro de ese legado, como la de que "vamos a torcerle el brazo completico al dólar paralelo y lo vamos a lograr".[43] En todos sus discursos, ampliamente difundidos por los medios, utilizaba el tono y el vocabulario descalificador de su mentor hacia su contrincante, a quien mencionaba como "candidato de la derecha", "burgués", "pitiyanky". En general, la campaña oficialista apelaba al sentimiento más que a la razón y tomaba para sí la herencia de los padres de la Patria, comenzando por el Libertador Simón Bolívar, quien según la publicidad oficialista era "socialista". Y también tomaba para sí los bienes y los recursos del Estado, la actividad de numerosos funcionarios públicos y de miembros de la fuerza armada y la posición preponderante en el Poder Electoral. Capriles, por su parte, aprovechó la ventaja de su capacidad de movilización por el territorio nacional y los continuos motivos de denuncia que le brindaba el gobierno, sobre todo en cuanto a la inseguridad de las personas, la inflación y alto el costo de la vida, la escasez y el desabastecimiento de productos fundamentales para las familias y el incremento de los niveles de desempleo por la creciente desactivación de las empresas, tanto públicas como privadas. De nuevo, dentro de su estilo de no ofender al contrario, Capriles hizo una campaña admirable.

---

[43] http://www.avn.info.ve/contenido/maduro-vamos-neutralizar-ese-factor-perturbardor-del-d%C3%B3lar-paralelo

Pero la oposición partía en una situación de desventaja. Hacía apenas cuatro meses el gobierno había tenido una victoria decisiva en las elecciones de gobernadores de Estado (20 gobernaciones contra 3) y el uso de la imagen y del culto a Chávez que hacía el oficialismo, se pensaba, debía contribuir a estimular a sus seguidores a hacerse presentes en las mesas de votación. No obstante, había factores cuya influencia sería difícil de cuantificar en el momento de la votación. De un lado la ausencia de Chávez, del otro, la poca capacidad de liderazgo de Maduro. La gente repetía en la calle "Maduro no es Chávez", sin embargo la mayoría de las encuestadoras le daban ventaja frente a Capriles.

En medio de la campaña electoral, la Junta Directiva de la estación televisora Globovisión anunció el 4 de abril que había aceptado una oferta de compra de las acciones de la empresa. Desde principios de marzo de 2013 se hablaba de una operación de venta del canal y el 11 de ese mes el presidente de la empresa, Guillermo Zuloaga, había informado que estaba en conversaciones para concretar la operación. Los antecedentes del caso vienen desde muy atrás. Como canal de noticias, desde el inicio de sus operaciones el 1º de abril de 1994, Globovisión difundía multitud de hechos que molestaba a los personeros de los gobiernos de turno: deficiencias en los servicios públicos, crímenes que mostraban la inseguridad personal en el país, negocios turbios de los altos funcionarios, censuras a la prensa y otros. Bajo el régimen de Chávez, el canal había sido objeto de muchas acciones de retaliación por el gobierno: sustracción de equipos, prohibición de ampliar su cobertura, amenazas a anunciantes, procedimientos administrativos sancionatorios por diversas causas, hasta llegar a 10 el número de esos procedimientos, imposición de elevadísimas multas, intervención del Banco de uno de sus accionistas importantes, Nelson Mezerhane, agresión física a las instalaciones y al personal de la planta. Para tratar de mantener en funcionamiento el canal, la empresa debió excluir de su personal a su Director General, el periodista Alberto Federico Ravell, accionista fundador de la empresa. Desde el cierre del canal de televisión RCTV, el 27 de mayo de 2007, y aún desde antes, otros canales de televisión habían decidido autocensurarse para evitar la ira del gobierno, no así Globovisión. Con el cambio de dueños vino el despido o la renuncia de los principales periodistas y de los más prestigiosos gerentes de la empresa, y el canal se unió al numeroso grupo de medios de comunicación que cantan loas al régimen o que se declaran imparciales frente al acontecer nacional.

1. El resultado de la elección

El resultado final de las votaciones en la elección presidencial resultó muy cerrado: de acuerdo a las cifras oficiales, con una participación del 79,68 de los electores esperados, ganó Maduro con 7.587.579 votos

(50,61%) contra 7.363.980 votos de Capriles (49,12%). Esa misma noche, ante el boletín del CNE, Capriles cuestionó el triunfo de Maduro y dijo: "Nosotros no vamos a reconocer un resultado hasta tanto no se cuente cada voto de los venezolanos", con el alegato de que, según su comando de campaña, se habían detectado al menos 3.500 irregularidades en el proceso electoral y en el acto de votación. La petición de Capriles, formulada también por el Rector del CNE Vicente Díaz, fue apoyada por los gobiernos de España, Francia Estados Unidos, Paraguay, el Secretario General de la OEA, José Miguel Insulsa,[44] y la Internacional Socialista. Inicialmente Maduro expresó su disposición a aceptar el recuento de votos. Capriles llamó a sus seguidores a marchar el miércoles siguiente (17 de abril) hasta el CNE para consignar la petición de recuento pero luego, ante los hechos de violencia que se habían sucedido el lunes anterior, con el saldo de varias personas fallecidas, y dado que Maduro había prohibido la manifestación, canceló la convocatoria y anunció otros medios de protesta. En todo caso, en la fecha prevista Capriles consignó su solicitud de auditoría del total de las actas y el CNE aprobó aceptar la verificación, en segunda fase, del 46% de las cajas, pero no permitió la revisión de los cuadernos de votación. El CNE, por su cuenta, inició la verificación en los términos acordados por la mayoría de los Rectores electorales y el 11 de junio siguiente anunció que había finalizado la auditoría del 100% de los votos (recuento de las papeletas y revisión de las Actas) e informó que los resultados confirmaban la victoria de Maduro, puesto que habían encontrado solo el 0,02% de error.[45]

2. Capriles pide la nulidad de las elecciones ante la Sala Electoral

El 2 de mayo de 2013, Henrique Capriles, asistido de abogados, interpuso ante la Sala Electoral del Tribunal Supremo de Justicia recurso contencioso electoral en contra de la elección presidencial realizada el 14 de abril de 2013, por el supuesto tasado en el numeral 2 del artículo 215 de la Ley Orgánica de Procesos Electorales, según el cual, será nula la elección *"cuando hubiere mediado fraude, cohecho, soborno o violencia, en la formación del Registro Electoral, en las votaciones o en los escrutinios y dichos vicios afecten el resultado de la elección de que se trate"*. Numerosos abogados y ciudadanos asistidos de abogados se hicieron parte en la causa para adherirse a los pedimentos de Capriles.

---

[44] http://es.wikipedia.org/wiki/Elecciones_presidenciales_de_Venezuela_de_2013

[45] *Ibídem*

El libelo de la demanda fue muy extenso, las denuncias de violaciones al ordenamiento jurídico se refirieron a aspectos muy diversos. Nos limitaremos a presentar un breve resumen de los hechos que dieron origen al recurso con la observación de que nunca antes se había intentado en Venezuela una solicitud de nulidad total de elecciones, con una fundamentación tan amplia, y a esos efectos se agruparon las denuncias de infracción al ordenamiento jurídico en tres categorías, según que los hechos hubieran ocurrido antes, durante o después del proceso de votación.

2.1   Denuncias sobre hechos anteriores al acto de votación

Como parte del contexto en que se produjo un conjunto de maniobras para burlar la voluntad de los electores, todo lo cual se califica como "corrupción electoral", en el libelo se narra la situación del país a raíz de la enfermedad del Presidente de la República y que permitieron al ciudadano Nicolás Maduro, señalado por Chávez como su sucesor, comenzar una campaña electoral anticipada, en vida de su mentor. Asimismo, se alude, como parte de la corrupción electoral, a las sentencias de la Sala Constitucional que permitieron, en primer lugar, que el Vicepresidente Ejecutivo asumiera la función de "Presidente Encargado", cuando esta figura no existe sino la de "Vicepresidente Ejecutivo encargado de la Presidencia de la República", en segundo lugar, que sin corresponderle por el ordenamiento constitucional Maduro había asumido ilícitamente la Presidente de la República a la muerte de Chávez, cuando tal función le correspondía al presidente de la Asamblea Nacional, y además se le había permitido postularse para el cargo de Presidente, que no podía hacerlo, y de paso sin tener que separarse temporalmente del ejercicio del cargo, como si fuera un candidato que aspirara a la reelección, sin haber sido nunca elegido. Igualmente se señalan en esta parte el abuso de exposición de Maduro a los medios de comunicación, sobre todo con ocasión de las exequias de Chávez, pero también antes y después, y la postulación de Maduro que hizo el partido PODEMOS, sin tener la posibilidad de hacerlo, lo que demuestra la colusión del CNE en esta fase. En el mismo sentido se denuncia la fijación de las votaciones para el 14 de abril, a fin de permitir que esta fecha se integrara con la conmemoración sobre los acontecimientos del 11, 12 y 13 de abril (de 2002) que hizo el régimen, a cuyo efecto la imagen del candidato y de su mentor coparon todos los medios de comunicación social.

Además del ventajismo en que incurrió el gobierno, en la parte específicamente electoral se denuncian numerosas infracciones a las normas sobre Registro Electoral: formación de registro con actuaciones discriminatorias, por ejemplo, contra venezolanos en el exterior y realización de cambios después de cerrados los lapsos correspondientes, como fue que el CNE le permitió a Maduro cambiar su sitio de votación sin atender la prohibición de hacerlo. Se constató la presencia en el Registro de más de 20.000 votantes homónimos, es decir con los mismos nombres y apellidos y, de estos, muchos con la misma fecha de nacimiento, así como personas con más de una cédula de Identidad ("doble o múltiple cedulados").

Al aproximarse la fecha de las votaciones, el CNE decidió el cierre de fronteras, lo que impidió a muchos electores ejercer su derecho al sufragio y el gobierno dispuso el cierre del consulado de Venezuela en Miami, lo que hizo que en la zona del exterior donde hay más venezolanos registrados para votar, estos tuvieran que desplazarse más de 1.000 kilómetros para hacerlo.

2.2 Denuncias sobre hechos durante el acto de votación

El proceso de votación estuvo signado por hechos de violencia. El CNE habilitó el Centro de Atención Popular, para recibir denuncias de particulares que presenciaran irregularidades, en el cual se recibieron 4.563 denuncias y se anunció una dirección de correo electrónico con el mismo fin, en el que se recibieron más de 19.500 correos con irregularidades durante el día de las votaciones, muchos con el respaldo exigido. Entre las irregularidades más frecuentemente denunciadas estaban: "abuso en la figura del voto asistido; actos de constreñimiento sobre electores para ejercer su derecho al voto; actividades proselitistas a favor del candidato Maduro en las cercanía de centros electorales; mensajes de campaña electoral, nuevamente, transmitidos por órganos y entes de la Administración; actos de campaña de funcionarios públicos; actos abusivos que impidieron o limitaron la actuación de testigos del Comando Simón Bolívar (de Capriles); problemas técnicos diversos con el sistema electoral; actuaciones indebidas de simpatizantes del candidato Maduro en los centros de votación para coaccionar el derecho al voto de los electores, incluso con actos violentos; movilizaciones indebidas de electores, en muchos casos usando recursos públicos; diversos actos de violencia en las horas cercanas e inmediatas al cierre de las mesas e impedimentos de hecho o fuerza para cerrar mesas en los términos establecidos en la Ley, entre otros". Los actos de violencia fueron generalmente atribuidos a grupos de motorizados partidarios del oficialismo, presuntamente armados, que actuaban en las proximidades de los centros de votación, particularmente cuando se acercaba la hora de terminación del proceso.

2.3 Actos posteriores a las votaciones

En el Capítulo 8 del libelo se alude a que los actos posteriores a las elecciones del 14 de abril de 2013 constituyen indicios que acreditan los actos abusivos realizados desde el gobierno nacional, con el propósito de favorecer la candidatura de Nicolás Maduro. En especial, la arbitraria reticencia en efectuar la auditoría sobre los resultados electorales, y en el Capítulo siguiente se explanan las debilidades institucionales del sistema electoral venezolano que favorecieron los actos de "fraude, cohecho, violencia y soborno", en especial, los indebidos actos de presión y abusos cometidos por funcionarios públicos.

3. Sentencia de la Sala Constitucional y denuncia ante la Comisión Interamericana de Derechos Humanos (CIDH)

El 20 de junio siguiente, la Sala Constitucional del Tribunal Supremo de Justicia, "en tutela de los derechos políticos de los ciudadanos y ciudadanas, del interés público, la paz institucional y el orden público constitucional, así como por la trascendencia nacional e internacional de las resultas del proceso instaurado" se avocó al conocimiento de esa causa y de otras más que, con el mismo objeto, cursaban en la Sala Electoral.

El 7 de agosto de 2007, la Sala Constitucional dictó su sentencia en la que estableció que "…de conformidad con lo dispuesto en el artículo 133.5 de la Ley Orgánica del Tribunal Supremo de Justicia, la demanda contencioso electoral objeto de estos autos debe ser declarada inadmisible, por contener conceptos ofensivos e irrespetuosos en contra de esta Sala y otros órganos del Poder Público. Por este mismo motivo, de conformidad con lo dispuesto en el artículo 121 *eiusdem*, la Sala impone al ciudadano **HENRIQUE CAPRILES RADONSKY**, titular de la cédula de identidad N° 9.971.631, multa por la cantidad de cien (100 U.T.) unidades tributarias, equivalentes a diez mil setecientos bolívares (Bs. 10.700,00) correspondientes al límite máximo establecido en el referido artículo de la Ley Orgánica del Tribunal Supremo de Justicia, por cuanto la Sala estima de la mayor gravedad los pronunciamientos ofensivos contenidos en el escrito libelar. Así se decide". Por otra parte, efectuado lo anterior, la Sala consideró "preciso señalar otras falencias del escrito que impiden que la causa sea abierta a trámite", a los cuales no parece necesario referirse.

En un solo día, la Sala Constitucional declaró inadmisibles diez (10) recursos contencioso electorales y uno por abstención sobre las elecciones del 14 de abril, a los que se había avocado. Los números de las sentencias van del 1111 al 1120, de modo que el régimen quedó, desde el punto de vista jurídico, con el panorama despejado.

Seis días después de que una falla en la transmisión de la electricidad produjera un apagón de larga duración en 18 de los 23 Estados y en la mayor parte de Caracas y un día antes de que se hiciera efectivo el retiro de Venezuela de la Comisión Interamericana de Derechos Humanos (CIDH), el 9 de septiembre de 2013 la MUD presentó ante este organismo la impugnación de las elecciones venezolanas del 14 de abril y pidió que se ordenara la celebración de nuevas elecciones. Sobre esta materia no existen precedentes y, creemos, no hay reales posibilidades de obtener una respuesta afirmativa.

B. EL GOBIERNO DE NICOLÁS MADURO

El 19 de abril de 20013, Nicolás Maduro es investido como Presidente de la República y promete cumplir con el legado de Chávez. La primera tarea de Maduro, sin embargo, es afianzarse ante la comunidad internacional como presidente legítimo de Venezuela. Para esos fines, por una parte, buscó el apoyo de los países del Alba, de Mercosur y de UNASUR y, por la otra, emprendió políticas de reclamo de subido nivel contra países cuyos gobiernos consideraba "inamistosos".

En este segundo aspecto, el ministro de Exteriores de España, José Manuel García Margallo, había expresado el 15 de abril de ese año que era necesario conocer el resultado del recuento de votos en Venezuela para tener certeza del veredicto final de los electores, ante lo cual Maduro llamó a consultas al embajador venezolano en Madrid. La cancillería española declaró que, una vez cumplidos los trámites legales para la proclamación de Maduro, el gobierno español lo reconocía y que esperaba que, en el marco de la Constitución, todos los actores políticos actúen con responsabilidad y respeto a las instituciones. El 1º de mayo Maduro acusa al gobierno de Estados Unidos de planear protestas violentas en Venezuela; el 29 de mayo el gobierno venezolano protesta por el gesto del presidente colombiano Juan Manuel Santos de recibir a Henrique Capriles en el Palacio de Nariño, por lo cual el presidente de la Asamblea Nacional, Diosdado Cabello, afirmó que desde Bogotá la oposición venezolana, junto con sectores políticos del vecino país, orquestan un plan para removerlos del poder. Posteriormente, en una reunión en Puerto Ayacucho, el 22 de julio siguiente, Maduro y Santos acordaron trabajar conjuntamente. A comienzos de mayo, el presidente Maduro se mostró muy enojado porque la Cancillería peruana había recibido a diputados y políticos opositores que fueron a Lima para denunciar la situación de persecución que viven en su país. El canciller peruano Rafael Roncagliolo expresó que Perú "invoca al diálogo en Venezuela y sugiere a Unasur evaluar el tema", ante lo cual Maduro llamó al embajador venezolano a consultas. Ante la intervención pacificadora del Presidente Ollanta Humala, el gobierno venezolano dio por solventado el incidente. El 5 de julio Maduro ofreció asilo al extécnico de la CIA Edward Snowden, acusado de divulgar información secreta de Estados Unidos.

a) EL PLAN DE LA PATRIA

Ya para concluir el mes de septiembre de 2013, el gobierno de Maduro cae en cuenta de que no había dado cumplimiento al deber constitucional de presentar a la Asamblea Nacional, en el tercer trimestre del primer año del período constitucional, las líneas generales del plan de desarrollo económico y social de la Nación, tal como lo exige el artículo 187.8 de la Ley Fundamental. Para solventar esa omisión, el gobierno hace revisar el programa de gobierno que había presentado Chávez al CNE, con el nombre de Programa de la Patria 2013-2019, al ser postulado como candidato presidencial el 11 de junio de 2012, para dar cumplimiento a la exigencia de la Constitución, la cual establece que "Los electores y electoras tienen derecho a que sus representantes rindan cuenta públicas, transparentes y periódicas sobre su gestión, de acuerdo con el programa presentado" (art. 66). En el caso del Presidente, la Ley Fundamental establece que, entre las atribuciones de la Asamblea Nacional, está la de "Aprobar las líneas generales del plan de desarrollo económico y social de la Nación, que serán presentadas por el Ejecutivo Nacional en el transcurso del tercer trimestre del primer año de cada período constitucional" (art. 187.8), norma esta que reprodujo, con las modificaciones que luego señalaremos, lo dispuesto en el artículo 7 de la Enmienda N° 2 de la Constitución de 1961.

Luego de diversos cambios que no variaron el contenido fundamental del documento, el programa de Chávez fue presentado por Maduro a la Asamblea Nacional a fines de septiembre (fecha imprecisa, incluso puede haber sido después) con el nombre de "Plan de la Patria 2013-2019", como una continuación del llamado "Proyecto Nacional Simón Bolívar; Primer Plan Socialista de Desarrollo Económico y Social de la Nación, 2007-2013". Ni en el primer caso ni en el segundo se trataba de verdaderos planes de desarrollo, pues el plan debe ser elaborado posteriormente con base en las líneas generales que resultaran aprobadas, cosa que el gobierno nunca hizo. En la Constitución de 1961 se establecía que "Dichas líneas cumplirán con los requisitos exigidos en la Ley Orgánica respectiva", ley que jamás se promulgó. Ni en la Constitución de 1999, ni en el Decreto con rango, valor y fuerza de Ley Orgánica de Creación de la Comisión Central de Planificación, dictada 12 de junio de 2007 y reformada también por decreto ley del 18 de enero de 2011, ni en la Ley Orgánica de Planificación Pública y Popular, que en conjunto llamaremos las normas sobre planificación, se pauta el procedimiento que debe seguir la Asamblea Nacional con el documentos sobre líneas generales del plan que reciba del Ejecutivo, a diferencia de lo previsto en la Constitución de 1961, en la que se establecía en la Enmienda N° 2, que el Congreso recibiría el documento mencionado "para su aprobación, por las Cámaras en sesión conjunta".

Ahora bien, la Asamblea Nacional puede aprobar actos mediante el procedimiento de la Ley o del acuerdo. En el caso del "Plan" remitido por Maduro, la Asamblea Nacional siguió el trámite del acuerdo, es decir, aplicó el procedimiento que había dispuesto la Enmienda N° 2 de la Constitución de 1961. En el debate sobre aprobación del plan el Diputado Juan Carlos Caldera expresó que el plan no se aprobaba por ley, porque no se estaba siguiendo el procedimiento pautado en la Constitución, ante lo cual el diputado Diosdado Cabello replicó que "Yo no soy abogado, pero ustedes los abogados enredan todo, esto se va a aprobar por la sencilla razón que es un plan propuesto por Chávez".[46] El 3 de diciembre de 2013, en horas de la noche, la Asamblea Nacional dictó un acuerdo "mediante el cual se aprueba en todas sus partes y para que surta efecto jurídico, y sea de obligatorio cumplimiento en todo el territorio de la República Bolivariana de Venezuela, las Líneas Generales del Plan de la Patria, Proyecto Nacional Simón Bolívar, Segundo Plan Socialista de Desarrollo Económico y Social de la Nación 2013-2019", acto este que, como acuerdo parlamentario, no requiere ser promulgado por el Presidente de la República. Ese día el presidente de la Asamblea Nacional había declarado a la prensa que "Es el documento más importante después de la Constitución de la República Bolivariana de Venezuela" y que "una vez sea aprobado el Plan de la Patria, este debe ser cumplido por todos los ciudadanos venezolanos".[47] A partir de ese momento, los altos funcionarios del gobierno, al unísono, comenzaron a declarar sobre la obligación de cumplir el Plan por ser una ley, incluso el Presidente de la República declaró que "El Plan de la Patria 2013-2019 se ha convertido la noche de este miércoles en ley de la República"[48] y en su blog se refiere a la ley del Plan de la Patria.[49]

Lo cierto es que el Plan de la Patria no es una ley, sino que se aprobó mediante un acuerdo de la Asamblea Nacional, y aunque hubiera sido aprobado por ley eso no le confiere carácter obligatorio al aludido documento. Las Academias Nacionales (Academia Nacional de Medicina, Academia de Ciencias Políticas y Sociales, Academia de Ciencias Físicas, Matemáticas y Naturales, Academia Nacional de Ciencias Económicas y la Academia Nacional de la Ingeniería y el Hábitat) publicaron el 12 de diciembre siguiente al acto parlamentario un comunicado conjunto en

---

[46] http://www.el-nacional.com/politica/Asamblea-Nacional-Plan-Patria-conver tirla_0_311969017.html

[47] www.aporrea.org/actualidad/n241128.html

[48] http://www.avn.info.ve/contenido/maduro-plan-patria-2013-2019-se-ha-conver tido-hoy-ley-rep%C3%BAblica

[49] http://www.nicolasmaduro.org.ve/programa-patria-venezuela-2013-2019/#.VErjeXsw2So

donde colocan el referido Plan en su justa dimensión y concluyen en que "el llamado Plan de la Patria pareciera ir dirigido a agudizar los conflictos existentes entre la gestión gubernamental o la actuación estatal y la Constitución o los principios democráticos. Antes que ser un programa para favorecer el sentido de pertenencia de todos los venezolanos, sin distingos ideológicos o de partido, a una misma República, propende a segregar o excluir, así como a degradar principios o derechos fundamentales como el pluralismo político, la participación democrática, la libertad de conciencia u opinión, y la libre iniciativa privada, entre otros".[50]

Afirmar que un plan de desarrollo es de obligatorio cumplimiento por los ciudadanos es ignorar la naturaleza de un plan. Pero además, en las normas sobre planificación no se establece el carácter vinculante de los planes de desarrollo. En el Decreto con rango, valor y fuerza de Ley de reforma parcial de la Ley Orgánica de Creación de la Comisión Central de Planificación, hoy derogado por la Ley Orgánica de Planificación Pública y Popular, se aclaraba que "Las normas y principios relativos a la planificación, organización, control y supervisión de la Administración Pública contenidas en la presente Ley, son de obligatorio cumplimiento para todos los órganos y entes de la Administración Pública y serán aplicadas de manera prevalente en el ordenamiento jurídico vigente", y asimismo que "Todo acto de rango legal o sublegal deberá ser dictado con observancia de los principios aquí establecidos" (art. 15). En realidad, los planes nacionales de desarrollo tienen una cierta obligación con respecto a los funcionarios públicos, en el sentido de que esos planes de mediano plazo deben dar lugar a un plan operativo para cada año, y los funcionarios deben elaborar este plan operativo de acuerdo al plan de mediano plazo, el cual, a su vez, debe servir de guía para la formulación del presupuesto anual. Decimos que esta obligación es relativa porque, en la práctica, esas coordinaciones no se respetan y menos en Venezuela, donde los ingresos públicos dependen de circunstancias externas como son las variaciones del precio del petróleo en el mercado mundial. Pero además, es incierto que los actos de rango legal deban ser dictados con observancia de los principios aquí establecidos. Si ello fuera cierto, en ningún país donde exista la planificación habría separación de poderes, porque los parlamentos estarían obligados a dictar las leyes según los lineamientos del plan del Ejecutivo. Desde 1983 se ha tratado en Venezuela de establecer un cierto compromiso del parlamento en la aprobación de los presupuestos de acuerdo a las previsiones del plan y para ello se ha dispuesto la aproba-

---

[50] http://acfiman.org/site/pronunciamientos/declaracion-de-las-academias-nacionales-frente-a-lasimplicaciones-institucionales-y-sociales-del-denominado-plan-de-la-patria/

ción de los lineamientos generales del plan por el órgano legislativo nacional, pero ese compromiso es de carácter político, su incumplimiento no da origen a consecuencias jurídicas de ninguna naturaleza. Por otra parte, el plan, o las líneas generales, contienen una serie de previsiones numéricas que, por su naturaleza, no son susceptibles de ser vinculantes en forma alguna. Por ejemplo, en el Plan de la Patria se establece que en el período del Plan habrá una tasa promedio de inflación del 20% y sabemos que desde que se aprobó el Plan de la Patria la inflación ha estado por encima del 56%, lo mismo podríamos decir con respecto a las metas sobre producto territorial bruto o niveles de pobreza. Es bueno que el gobierno se trace esas metas y debe comenzar por ejecutar políticas para que esas metas se cumplan, pero si las políticas del gobierno (incluido en este el Banco Central) van orientadas al incumplimiento de esas metas, como ocurre generalmente, no tiene sentido hablar del carácter vinculante del plan.

En cuanto al contenido del Plan, muchas de sus previsiones o son utópicas en el contexto en que vivimos (*"Preservar la vida en el planeta y salvar a la especie humana"*) o el gobierno nos está llevando por el camino contrario al objetivo declarado: *"Convertir a Venezuela en un país potencia en lo social, lo económico y lo político"*. En todo caso, ya se ha visto que la meta de inflación para 2014 y 2015 es inalcanzable y lo mismo pasa con otras metas como el precio del petróleo, la tasa de crecimiento del producto interno o los niveles de pobreza, en todos los cuales hay un decrecimiento neto, excepto en la parte de la pobreza, donde ha aumentado. Con respecto a programas como los de "Patria Segura", la inseguridad campea por todo el país en forma progresiva. En los programas que mencionaremos se observará que se está haciendo precisamente todo lo contrario de lo que se dice: *"Preservar y consolidar la soberanía sobre los recursos petroleros y demás recursos naturales estratégicos"* (la hipoteca de nuestro petróleo a China no va en ese sentido); *"Fortalecer la infraestructura, el desarrollo y funcionamiento de los grandes polos socialistas de producción primaria agropecuaria"* (¿Cómo? ¿Importando el 80% de los alimentos que consumimos?); *"Consolidar el aparato agroindustrial"* (¿ahuyentando empresas?); *"Desarrollar nuestras capacidades científico-tecnológicas vinculadas a las necesidades del pueblo"* (¿acorralando económicamente a las Universidades, los principales centros de investigación del país?); *"Construir una sociedad igualitaria y justa"* (en su lugar, han promovido la formación de una mega-boliburguesía); *"Promover la construcción del Estado Social de Derecho y de Justicia"* (parcialización e impunidad); *"Convocar y promover una nueva orientación ética, moral y espiritual de la sociedad"* (Todo lo contrario); *"Consolidar el papel de Venezuela como Potencia Energética Mundial"* (Nos convertimos en importadores de petróleo y gas). En cambio, hay aspectos que no están claramente establecidos en el Plan, pero en donde la gestión del régimen ha sido exitosa: en cuanto a la hegemonía comunicacional, casi todos los medios de comunicación han pasado a ser del Estado; en la reducción de la libertad de expresión al mínimo se han logrado las metas latentes; se ha podido instaurar un sistema clientelar partidista para distribuir parte de la renta petrolera entre los adherentes al régimen, a través de la conformación de instituciones del poder popular, del Estado Comunal y de los colectivos violentos.

b) **ASPECTOS RESALTANTES EN EL INICIO DE LA GESTIÓN DE MADURO**

En su condición de Presidente de la República, Maduro ha realizado un gobierno partidista al extremo, desatendiendo su deber de imparcialidad frente al acontecer político, ha dirigido el desconocimiento de derechos humanos, ha continuado y agravado políticas que promueven la violencia, ha formulado denuncias infundadas y ha llevado al país a la ruina económica.

1. Participación abusiva en la campaña electoral para las elecciones municipales

Las elecciones municipales correspondientes al período 2013-2017 para seleccionar los Alcaldes de los Municipios, los Alcaldes Metropolitano y del Alto Apure, los concejales y los miembros de los Cabildos Metropolitano y del Alto Apure, estaban previstas para ser realizadas el 13 de abril de 2013. Por el fallecimiento de Hugo Chávez, en ese día hubo las elecciones presidenciales y las municipales fueron pospuestas por el CNE para el 8 de diciembre del mismo año. En estas elecciones, además de las maneras tradicionales que ha tenido el gobierno de participar en estos eventos mediante la asignación de recursos, bienes, espacios en los medios y tiempo de funcionarios, hubo dos maneras particulares que conviene resaltar: el acompañamiento presidencial a candidatos del gobierno y el llamado Dakazo.

1.1. El acompañamiento presidencial a los candidatos del gobierno

El Presidente Maduro se hizo acompañar en giras y actos oficiales como inauguración de obras por varios de los candidatos a Alcaldes que interesaba al gobierno promover. El llamado "Potro" Álvarez, candidato a Alcalde del Municipio Sucre del Estado Miranda, fue mencionado en cuatro actos distintos del Presidente, estuvo presente en la inauguración del Cabletrén de Petare y, en un recorrido casa por casa en El Valle, Maduro hizo un contacto vía satélite para mostrar las actividades de este candidato. En cuatro actos del Presidente estuvo presente el candidato a la Alcaldía de Maracaibo, Pérez Pirela, la última vez mediante un contacto con el programa de televisión del candidato "cayendo y corriendo", para referirse al conflicto de Siria. Ese espacio de VTV siguió en el aire, a cargo de Pérez Pirela, mientras duraba la campaña electoral. También Maduro promovió al candidato a Alcalde de El Vigía, en la inauguración de una obra; a los candidatos a las Alcaldías de Los Teques, de Porlamar, y a Winston Vallenilla, candidato por Baruta. De los candidatos promovidos por Maduro, solo el de los Teques obtuvo la victoria.

En medio de la campaña electoral, la Asamblea Nacional otorgó a Maduro el 18 de noviembre una ley habilitante muy amplia para dictar decretos leyes por el período de un año.

1.2 El Dakazo

El 8 de noviembre de 2013, un mes antes de las elecciones y mientras los alemanes y demás europeos se preparaban para celebrar al día siguiente los 24 años de la caída del muro de Berlín, Maduro declaró: "He ordenado inmediatamente la ocupación de esa red (Daka) y sacar los productos a la venta del pueblo a precio justo, que no quede nada en los anaqueles". Para ese momento, los equipos del hogar y los bienes de consumo comenzaban a escasear por problemas de la disminución del cupo de divisas para importar y por la bajísima producción de la industria nacional. Esta alocución causó una estampida de personas provistas de dinero inorgánico, que pretendían salvaguardar la capacidad adquisitiva de su dinero ante el aumento creciente de los precios y que se agolparon ante las puertas de Daka, cadena comercial de electrodomésticos, para hacer largas colas que le permitieran efectuar su compra. A consecuencia de ello, las estanterías quedaron vacías y luego le tocó el turno a otros comercios, incluso de ropa, los cuales fueron obligados a vender a precios rebajados, sin un estudio previo, bajo amenaza de saqueo. Esta actuación de Maduro se reflejó inmediatamente en las encuestas, que pasaron a ser favorables al gobierno y beneficiaron a los candidatos oficialistas en las elecciones municipales.

1.3 Resultados electorales

De acuerdo a las cifras oficiales del CNE, el PSUV y sus aliados obtuvieron la victoria en estas elecciones, tanto en el número de Alcaldías (240 de las 337 en disputa), como de votos. La oposición, sin embargo, obtuvo 75 alcaldías, lo que supuso un aumento de 34% frente a las 56 que había ganado en las elecciones anteriores y, además, triunfó en varias de las principales ciudades: la Alcaldía Metropolitana de Caracas, las de Maracaibo, Valencia, San Cristóbal, Barquisimeto, las del Este de Caracas, y algunas emblemáticas como la de Barinas.

2. Inseguridad personal y protesta estudiantil

Los problemas de inseguridad personal se han venido agravando en Venezuela desde los últimos años. La mayor parte de la población ha optado por retirarse temprano a sus hogares, ante una suerte de toque de queda que se ha impuesto en el país. Los jóvenes han sido particularmente afectados, no solo por los problemas de inseguridad, sino también por la disminución de las oportunidades de trabajo, debido al cierre de empresas, a las exigencias de militancia partidista para ingresar a los cargos públicos y, en general, por la sensación de que Venezuela no ofrece condiciones para el libre desenvolvimiento de la personalidad y el progreso económico, intelectual y humano. Desde hace varios años se ha venido produciendo una emigración creciente de jóvenes al exterior en busca de mayores oportunidades para desarrollar una vida tranquila y con el propósito de lograr la realización personal, fenómeno este absolutamente inédito en el país. El Observatorio Venezolano de Conflictividad Social (OVCS) presentó en su informe "Conflictividad Social en Venezuela en 2013", la información de que se registraron al menos 4.410 protestas durante ese año.[51]

La angustia de los jóvenes, y de la población en general, se vio potenciada por el asesinato de la joven modelo y artista de televisión venezolana Mónica Spear y de su pareja, el irlandés Thomas Henry Berry, quienes, acompañados de una hija de ambos de 5 años, el 6 de enero de 2014 se trasladaban de regreso a Caracas por la Autopista Valencia – Puerto Cabello y a su automóvil le fue causado un desperfecto en el sector El Cambur del Estado Carabobo, cerca de la población de Trincheras, a consecuencia de un objeto contundente que había sido colocado en la vía. El vehículo estaba siendo montado en la plataforma de una grúa cuando llegaron delincuentes del lugar, ante lo cual la familia buscó refugio en el interior del automóvil, donde la pareja fue acribillada a balazos y la hija fue herida en una pierna. El hecho sacudió a la opinión nacional por la simpatía que despertaba Mónica Spear, quien había sido Miss Venezuela y actriz de televisión, por las circunstancias del crimen contra una familia indefensa y por la situación personal de los asesinados, quienes se habían divorciado dos años antes y habían decidido hacer un viaje por los Andes en busca de la reconciliación. En los días siguientes, algunas estaciones privadas de televisión transmitieron cortos de las varias telenovelas en que había participado la actriz de "*La mujer perfecta*", y se le hicieron actos de homenaje por personas del medio televisivo y de la actuación, e incluso se habló de constituir una fundación para asegurarle la educación a su hija,

---

[51] http://es.wikipedia.org/wiki/Manifestaciones_en_Venezuela_de_2014

quien había sido llevado por sus abuelos a los Estados Unidos. Pero aparte del caso particular, este hecho puso al país a reflexionar sobre las consecuencias de la siembra del odio que se ha venido realizando en el país, lo que ha contribuido a que se produzca una sucesión de crímenes horrendos, donde el ensañamiento contra indefensas personas es muy frecuente y crece indeteniblemente.

El mismo 6 de enero de 2014, estudiantes de la Universidad de los Andes (ULA) salieron a la calle en la ciudad de Mérida a protestar por la muerte del compañero Héctor Moreno, quien estudiaba estadística en esa Universidad, trabajaba de portero en un centro nocturno y había sido asesinado de dos balazos a las afueras de su sitio de trabajo. Los manifestantes pedían el esclarecimiento del caso y el castigo de los culpables y la protesta se extendió por seis días, debido a la forma como la policía del Estado repelió a los estudiantes, a quienes les rompieron las pancartas.

Durante la última semana de enero se produjeron diversos hechos de violencia en varias Universidades del País: robo masivo en la Universidad Simón Bolívar; robo a estudiantes en la Universidad Católica Andrés Bello; robo en un salón completo en la Universidad Alejandro de Humboldt; apuñalamiento de un estudiante de Medicina que hacía pasantía en el Hospital Pérez de León.

En medio de este incremento de las protestas, el 24 de enero entró en vigor la Ley de Precios Justos, que hace intervenir a la Administración en la fijación de los precios de los productos y en su supervisión, prohíbe márgenes de ganancias superiores al 30 % y contempla penas de hasta 10 años de cárcel para los acaparadores, concepto este que queda a criterio de funcionarios públicos.

El 4 de febrero hubo un intento de violación de una estudiante que se encontraba en el Jardín Botánico del Núcleo de la ULA, en la ciudad de San Cristóbal. Los estudiantes salieron a protestar por la inseguridad que "se ha apoderado del campus universitario" y fueron repelidos por miembros de la Guardia Nacional, la Policía Nacional Bolivariana y la policía regional. Las autoridades del Estado acusaron a estudiantes de la Universidad Católica del Táchira de haber intentado incendiar la residencia del Gobernador, lo cual fue negado por éstos. Sin embargo, apresaron a varios estudiantes y estos denunciaron abuso de autoridad por parte de los cuerpos de seguridad. Fotografías de las consecuencias de las agresiones físicas a los manifestantes comenzaron a circular por las redes sociales y los estudiantes dieron declaraciones a medios internacionales para denunciar los sucesos y lo que denominaron un bloqueo informativo de los medios audiovisuales con señal abierta en Venezuela. Ese mismo, día los estudiantes Junior Sanabria y Anthony Omaña fueron detenidos por las autoridades policiales y presentados ante el Ministerio Público. Horas más tarde fueron trasladados a la cárcel de Coro donde, según informó la dirigente estudiantil Gabriela Arellano, "los reos decidieron proteger a los jóvenes estudiantes de los propios oficiales de policía". Los estudiantes de la ULA se sumaron a las protestas y así lo hicieron los de otras Universidades. El 10 de febrero, estudiantes de la UCV protestaron frente a la sede del Ministerio público y pidieron la libertad de los estudiantes del Táchira detenidos y trasladados a Coro. El 11 de enero se reportan varios estudiantes heridos en las protestas de Mérida. El Ministro de Educación, Héctor Rodríguez, declaró a la televisión que había un plan fascista contra el gobierno.

El 12 de febrero de cada año se celebra en Venezuela el Día de la Juventud, en recuerdo de la gesta del jefe patriota José Felix Rivas, quien comandó en 1814 un contingente de estudiantes de la Universidad y del Seminario de Caracas, para enfrentar, exitosamente, las hordas realistas de Boves. Con motivo de conmemorarse el bicentenario de este acontecimiento, los estudiantes convocaron a manifestar en Caracas frente a la Fiscalía General de la República para protestar por la inseguridad personal, el alto nivel de la inflación y la escasez de productos básicos y pidieron la liberación de los estudiantes presos. A ese llamado se sumaron los dirigentes políticos Leopoldo López, María Corina Machado y Antonio Ledezma y las manifestaciones, muy nutridas, se celebraron en 38 ciudades del país. El gobierno convocó manifestaciones para celebrar el día de la Juventud en Caracas y en el interior. La actividad ante la Fiscalía concluyó pacíficamente, pero luego se presentó un enfrentamiento entre la policía y algunos estudiantes, al cual se incorporaron colectivos oficialistas armados. Juan Montoya, dirigente de un colectivo, resultó muerto de un disparo y los oficialistas acusaron a los estudiantes de ser los autores. Meses después se hizo pública la información de que el disparo provino de dirigentes de otro colectivo armado, presuntamente por un ajuste de cuentas. Posteriormente, ese mismo día, en el este de la ciudad el estudiante Bassil Da Costa fue herido de un disparo en la cabeza y falleció horas después. El incidente provocó disturbios esa noche, y en Chacao resultó herido de muerte el estudiante Roberto Redman. Después la misma suerte le tocó a muchos otros, los disparos a la cabeza de los manifestantes se hicieron frecuentes.

A partir de ese momento, y durante los días y semanas siguientes, se sucedieron protestas y marchas, se levantaron barricadas, se reprimió con violencia a los manifestantes, el gobierno suspendió el canal colombiano de noticias NTN24, intervinieron tanquetas de la Guardia Nacional, muchas personas resultaron heridas y el saldo final fue de 42 personas fallecidas. Las acusaciones fueron de parte y parte, aunque los videos mostraban generalmente como agresores a los supuestos agentes del orden y a los colectivos oficialistas armados. El 15 de febrero Maduro responsabilizó de la violencia al dirigente opositor Leopoldo López, del partido Voluntad Popular, y también acusó al expresidente colombiano Álvaro Uribe. El 18 de febrero el dirigente opositor Leopoldo López, después de participar en una concentración, se entregó a las autoridades en cumplimiento de la orden de aprehensión que había sido dictada en su contra. El Foro Penal Venezolano ha registrado que, por causas de las protestas hasta fines de octubre de 2014, habían sido detenidas 3.396 personas, de los cuales 279 son menores de edad; fueron liberados con medidas cautelares 1.895 (162 menores de edad); en libertad plena: 603 (42 menores de edad); liberados sin presentación.: 509 (62 menores de edad); por verificar: 295 (10 menores de edad), privados de libertad: 81; pendientes por presentar: 13 (3 menores de edad).[52] El mismo Foro Penal ha reportado que "Tenemos 33 casos de tortura documentados".[53] Por otra parte, en Internet se informa lo siguiente: "Adicional a las torturas, estudiantes han denunciado que han sido víctimas de abuso sexual por parte de la Guardia Nacional Bolivariana (policía militarizada), el representante del Foro Penal Venezolano ha participado que estudiantes detenidos en Carabobo habrían sido torturados durante 5 horas, arrodillados mientras se encontraban recluidos por las autoridades, el representante relata que todos los estudiantes fueron molestados sexualmente con un fusil automático introducido en el ano. Relatan que posterior al hecho debieron ser *limpiados con un trapo de gasolina debido a la cantidad de sangre causada por las heridas*. Adicionalmente, destaca el caso de Juan Manuel Carrasco, golpeado y violado sexualmente por funcionarios de la GNB, quien según pruebas forenses realizadas posteriores al hecho corroboran la violación, desmintiendo a la Fiscal General".[54]

Los estudiantes detenidos y otras personas que participaron en las protestas fueron imputadas, según el caso, por uno o varios delitos como asociación para delinquir, intimidación pública, y resistencia a la autoridad, agavillamiento, cierre de vías, instigación a delinquir, daños a la propiedad, uso de menores en la comisión de delitos, instigación al odio, ultraje simple, ultraje violento, incluso privación ilegítima de libertad, homicidio en grado de frustración y complicidad y terrorismo. Los que protestaban alegaban que hacían uso al derecho que les confiere el artículo 68 de la Constitución, según el cual, "Los ciudadanos y ciudadanas tienen derecho a manifestar, pacíficamente y sin armas, sin otros requisitos que

---

[52] http://foropenal.com/
[53] http://www.el-nacional.com/sociedad/casos-tortura-documentados_3_364193589.html
[54] http://es.wikipedia.org/wiki/Manifestaciones_en_Venezuela_de_2014

los que establezca la ley" y que los funcionarios que reprimían las manifestaciones violaban el mismo artículo en la parte que dice: "Se prohíbe el uso de las armas de fuego y sustancias tóxicas en el control de manifestaciones pacíficas. La ley regulará la actuación de los cuerpos policiales y de seguridad en el control del orden público…".

El 25 de marzo de 2014, el ciudadano Gerardo Sánchez Chacón, en su condición de Alcalde del Municipio Guacara del Estado Carabobo, asistido por el abogado Hermann Escarrá Malavé, interpuso ante la Sala Constitucional un recurso de interpretación sobre la norma antes trascrita y sobre las competencias municipales en el control de manifestaciones. La Sala, en su sentencia del 24 de abril siguiente, consideró que la norma constitucional se desarrolla en los artículos 41, 43, 44, 46 y 50 de la Ley de Partidos Políticos, Reuniones Públicas y Manifestaciones, publicada en la *Gaceta Oficial* N° 6.013 Extraordinario del 23 de diciembre de 2010, de modo que la primera autoridad civil de la jurisdicción tiene competencia para autorizar o no la manifestación, para cambiar el sitio y hora de la misma, y además expresó que "cualquier concentración, manifestación o reunión pública que no cuente con el aval previo de la autorización" podrá "dar lugar a que los cuerpos policiales y de seguridad en el control del orden público (...) actúen dispersando dichas concentraciones con el uso de los mecanismos más adecuados para ello, en el marco de lo dispuesto en la Constitución y el orden jurídico", y que las autoridades municipales son competentes y están obligadas a actuar en el control de las manifestaciones. El 28 del mismo mes, el Ilustre Colegio de Abogados de Caracas expidió un comunicado de protesta por la sentencia aludida, pues en la misma se modifica el texto constitucional para vaciar de contenido el derecho a manifestar pacíficamente y sin armas e incluso se cambia lo dispuesto en la Ley de Partidos Políticos, Reuniones Públicas y Manifestaciones, en la cual se establece que los interesados deben **participar** a la primera autoridad civil, con 24 horas de anticipación por lo menos, de la manifestación que tienen previsto realizar, y la Sala decidió que deben **solicitar autorización**, lo cual es muy diferente. Por otra parte, en la sentencia se otorga derecho a los cuerpos policiales de seguridad para que dispersen las concentraciones que no tengan el aval de la autorización, "con el uso de los mecanismos más adecuados para ello", con lo cual se les faculta a utilizar sustancias tóxicas o armas de cualquier tipo, según el criterio de la autoridad, en violación del ordenamiento constitucional, y se suspende una garantía constitucional *ad infinitum*. Al convertir en un delito que no existe en el Código Penal la realización de manifestaciones sin autorización se criminaliza la protesta y se "contradice no solo la Constitución, sino los estándares internacionales de derechos humanos".[55] Pero además, al decidir la Sala que las policías municipales deben participar activamente en el control de las protestas, no toma en cuenta que, "de acuerdo con las Normas dictadas por el Ejecutivo Nacional en 2011, las policías municipales no pueden adquirir equipos no-letales o equipos antimotines, con lo cual, los cuerpos de policía municipal no pueden intervenir en manifestaciones".[56]

Sin entrar a evaluar en su conjunto los efectos de la protesta contra las políticas del gobierno de Maduro, hay uno, al menos, que debemos destacar ahora: el concepto que tenía la comunidad internacional sobre el régimen fundado por Chávez y continuado por Maduro cambió radicalmente. Ya no era el gobierno que buscaba la igualdad social y disminuía la pobreza, como muchos pensaban, sino un régimen autoritario, que irrespeta los derechos humanos, agrede a los periodistas e impide la circulación de información sobre los abusos que comete. Al lado del régimen han quedado solo los gobiernos que aspiran a sacar algún provecho económico de la llamada "petrochequera" y los afines ideológicos, contrarios a la democracia y la libertad. Como ejemplo basta con señalar que el canciller panameño, Francisco Álvarez de Soto, afirmó en los inicios del conflicto que a su gobierno «le preocupa la situación venezolana y entiende que es un proceso interno pero que Panamá hace votos por la paz, la tolerancia y el diálogo».[57] A partir de esta declaración se inició una crisis entre Venezuela y Panamá que llevó al llamado a consulta a los embajadores, ruptura de relaciones diplomáticas y acusaciones de diverso tipo, entre ellas las referidas a las deudas multimillonarias que mantiene el gobierno de Venezuela con el Puerto Libre de Colón, en Panamá. Con la elección de un nuevo Presidente en Panamá, se pudo poner fin al conflicto.

3. Los intentos de diálogo

Diversos gobiernos extranjeros y organismos internacionales –entre ellos la Comisionada de la ONU para los Derechos Humanos– hicieron llamados al diálogo entre el gobierno y la oposición en Venezuela para tratar de solventar la crisis que envolvía al país. El Papa Francisco pidió el cese a la violencia y la reconciliación mediante el diálogo. La oposición solicitó la participación del Vaticano como mediador en el diálogo y el 25 de marzo llegó a Caracas una misión de UNASUR, a solicitud del gobier-

---

[55] http://prodavinci.com/blogs/sobre-la-decision-de-la-sala-constitucional-y-el-derecho-a-la-protesta-por-jose-ignacio-hernandez/

[56] *Idem*

[57] http://es.wikipedia.org/wiki/Crisis_diplom%C3%A1tica_entre_Panam%C3%A1_y_Venezuela_de_2014

no, para promover el diálogo. La oposición aceptó la mediación de UNASUR y entre gobierno y oposición acordaron constituir una Mesa de Diálogo, la cual se instaló el 10 de abril en un acto en el Palacio de Miraflores, trasmitido al país en cadena nacional. En la sesión participaron como mediadores Monseñor Aldo Giordano, Nuncio Apostólico de la Santa Sede, y los cancilleres propuestos por UNASUR: Luiz Alberto Figueiredo, de Brasil, María Ángela Holguín, de Colombia y Ricardo Armando Patiño, de Ecuador. En ese acto tomaron la palabra 11 representantes del gobierno y 11 de la oposición, además del presidente Nicolás Maduro y el vicepresidente Jorge Arreaza, este último como director de debates.

La segunda sesión de la Mesa de Diálogo se realizó, a puertas cerradas, en la vicepresidencia y el tema principal fue la liberación de los presos políticos, sobre lo cual no se llegó a ningún resultado. Tras diversas reuniones, el diálogo se paralizó a partir del 12 de mayo, pues el gobierno no estaba dispuesto a dar ninguna muestra de su intención de llegar a acuerdos, ni siquiera con la concesión del indulto humanitario a Iván Simonovis, quien llevaba 10 años en prisión, había sido condenado sin pruebas y se encontraba en delicado estado de salud, ni con la liberación de Leopoldo López, evidentemente un preso político.

4. La censura a la prensa y las agresiones a periodistas

La censura a la prensa, a través de medios sutiles y de otros que no lo son tanto, viene desde el principio del régimen. Antes hemos aludido a los casos de los canales de televisión RCTV y Globovisión, los cuales fueron callados, el primero por medios jurídicos, el segundo por métodos económicos. También hemos relatado agresiones a periodistas y los casos de censura y autocensura para evitar retaliaciones. Pero con motivo de las protestas de los estudiantes y de otras personas, en el transcurso del 2014 la situación se hizo más aguda y es a ella a la que nos referiremos ahora.

Es obvio que las agresiones a los periodistas son una forma de censura a la prensa, la más brutal de ellas. Entre nosotros, esas agresiones se han producido contra corresponsales extranjeros y contra reporteros y fotógrafos nacionales. El Sindicato Nacional de Trabajadores de la Prensa (SNTP), por órgano de su Secretario General Marco Ruiz, denunció que en el transcurso de los diez días posteriores al 12 de febrero se habían producido 52 agresiones a periodistas extranjeros que se encontraban en el país haciendo cobertura sobre las protestas, en la siguiente forma: "Luego de la decisión del Estado venezolano de censurar la señal de la cadena internacional NTN24, hemos visto cómo reporteros de Zoom News (España), de la agencia AFP, y las televisoras CNN Internacional, CNN en Español, Univisión, Red Noticias (Colombia), SBT (Brasil), Mega TV (Chile), ATV (Perú), DW (Alemania) y Caracol TV (Colombia), han sido víctimas de robos a sus equipos de trabajo y celulares, obligados a borrar registro de sus grabaciones, heridos con perdigones, hostigados por funcionarios de migración y, en algunos casos, les han sido revocadas sus credenciales para trabajar en el país", relató. De acuerdo al registro del SNTP, en los días 19 y 20 de febrero fueron en los que se reportaron más casos de ataques contra los trabajadores de la prensa, con 14 cada uno. Caracas ha sido el lugar donde se han registrado más agresiones, principalmente por parte de funcionarios de la Guardia Nacional Bolivariana. Mientras que en Puerto Ordaz, Estado Bolívar, los reporteros han sido hostigados por motorizados armados y manifestantes, en el Estado Zulia un periodista fue atacado por siete funcionarios de la policía regional, y dos más fueron detenidos. Igualmente, en los estados Lara y Bolívar fueron apresados dos comunicadores. En total, el Sindicato Nacional de los Trabajadores de la Prensa ha recabado 15 denuncias de detenciones, 47 de hostigamientos o agresiones, y 11 de robos de los equipos de trabajo. Asociaciones de periodistas de diversos países del mundo han expresado su protesta por las agresiones que sufren los trabajadores de la prensa en Venezuela. El Comité para la Protección de Periodistas (CPJ, por sus siglas en inglés) emitió un comunicado condenando la ola de violencia contra periodistas en Venezuela, asegurando que "el blackout mediático, detenciones y hostigamiento contra voces disidentes se han convertido en un sello distintivo de la administración" de Maduro. Entre tanto, la Federación de Asociaciones de Periodistas de España (FAPE) instó al Gobierno venezolano a que levante el "apagón" informativo que ha impuesto a raíz de las protestas estudiantiles. La FAPE expresó su "solidaridad con los periodistas y los medios de comunicación afectados por la censura y exigió al Gobierno que adopte las medidas oportunas para restablecer la libertad de prensa en un clima de normalidad democrática". Asimismo, la Asociación Nacional de Periodistas del Perú (ANP) y el Consejo Nacional de Periodismo de Panamá (CNP) expresaron su preocupación y condenaron la violencia que han sufrido decenas de trabajadores de la prensa durante la cobertura de las protestas en Venezuela.[58] Por otra parte, el Sindicato Nacional de Trabajadores de Prensa (SNTP) de Venezuela ha dicho que han habido por lo menos 181 ataques contra los periodistas y que se han contabilizado "82 casos de hostigamiento, 40 de agresiones físicas, 35 de robos o destrucción del material de trabajo, 23 detenciones y un herido de bala" y que por lo menos 20 de esos ataques fueron realizados por *"colectivos"*.[59]

---

[58] http://es.wikipedia.org/wiki/Manifestaciones_en_Venezuela_de_2014
[59] El Universal, 12 de marzo de 2014

Adicionalmente, "Hubo 34 renuncias y 17 despidos de periodistas durante las protestas. La jefe de los periodistas de investigación de *Últimas Noticias* renunció luego de que se le dijera que no publique una historia sobre las *guarimbas* y luego de que el gerente tratara de obligarla a decir que las *guarimbas* habían sido financiadas, que no eran los manifestantes y que concluyera su historia condenándolas. Mientras estaba en el aire, Reimy Chávez, un conductor de noticias de *Globovision*, también renunció y fue escoltado fuera del edificio por guardias de seguridad. Un camarógrafo que había renunciado a *Globovisión* compartió imágenes que habían sido censuradas por la agencia de noticias en las que se mostraban a las tropas de la Guardia Nacional y a los *colectivos* trabajando juntos durante las protestas. Un periodista de Globovision, Carlos Arturo Albino, renunció diciendo que "Me voy porque no quiero ser cómplice del silencio. No me formé para callar".[60]

Y por si fuera poco, BBC mundo informa de bloqueos a imágenes por Twitter en los días de las protestas[61], El Nacional reporta suspensión del servicio de Internet en buena parte del Estado Táchira, durante esos días[62] y se habla insistentemente del interés del gobierno en censurar las redes sociales.[63]

Al considerar la forma como se ejercen los derechos humanos en Venezuela, en la parte referente a la libertad de expresión, volveremos sobre este tema.

5. Acoso y destitución de diputados

En líneas generales, el régimen fundado por Chávez y continuado por Maduro ha tenido en poca estima la función parlamentaria y ha menospreciado tanto la actividad legislativa como la de control que le corresponde. Pero particularmente grave ha sido la actitud hacia los parlamentarios de oposición, tal como se desprende de los siguientes hechos.

A raíz de la decisión de los partidos agrupados en la Unidad Democrática de no reconocer a Maduro como Presidente electo a menos que se siguiera el procedimiento de recuento de votos con examen de las actas y de los cuadernos de votación, el presidente de la Asamblea Nacional, diputado Diosdado Cabello, estableció el criterio de impedir a los diputados

---

[60] http://es.wikipedia.org/wiki/Manifestaciones_en_Venezuela_de_2014
[61] http://www.bbc.co.uk/mundo/ultimas_noticias/2014/02/140214_ultnot_venezuela_twitter_cantv_msd.shtml
[62] El Nacional, 21 de febrero de 2014
[63] http://linkis.com/talcualdigital.com/N/ifkfI

opositores hacer uso del derecho de palabra, a menos que manifestaran públicamente su reconocimiento hacia Nicolás Maduro como Presidente. Asimismo, el presidente de la Asamblea Nacional procedió a destituir a los diputados de oposición de las presidencias que ocupaban de las comisiones permanentes del órgano legislativo, en violación del Reglamento Interno de este y en infracción al principio del pluralismo político que existe en todo parlamento democrático y que se consagra en nuestra Constitución como principio fundamental del Estado democrático y social de Derecho y de Justicia (art. 2).

El 16 de abril de 2013 en la mañana, dos días después de las elecciones presidenciales, mientras se preparaban en la Cámara para la sesión ordinaria de la Asamblea Nacional, fueron agredidos verbal y físicamente por diputados oficialistas los diputados opositores William Dávila y Julio Borges, sin que hubiera mediado por parte de estos últimos ningún hecho que diera origen a ello. Al diputado William Dávila, sin mediar palabra, le lanzaron un micrófono inalámbrico que le impactó en la cabeza. Trasladado a un centro de salud, le aplicaron 14 puntos de sutura en la herida. Julio Borges fue salvajemente golpeado en la cara mientras lo tildaban de asesino y debió ser atendido por las heridas recibidas, todo lo cual fue grabado en un video.

Dos semanas después, el 30 de abril de 2013, varios diputados de la oposición fueron agredidos y golpeados nuevamente en el hemiciclo parlamentario, mientras portaban una pancarta que decía "Golpe al Parlamento". Entre los diputados más golpeados estuvieron Julio Borges, quien salió sangrando profusamente por los múltiples golpes en los ojos y en la nariz y María Corina Machado, quien fue golpeada por una diputada oficialista, tirada al piso y pateada por su agresora, la diputada Nancy Ascencio, tal como se puede ver en el correspondiente video. También fue golpeado el diputado Carmelo de Grazia, quien salió a proteger a la diputada de oposición Dinorah Figuera. Los parlamentarios golpeados dicen que la agresión fue premeditada porque llegaron a la Cámara a las 2 p.m. y debieron esperar tres horas a que aparecieran los diputados oficialistas, quienes procedieron a golpearlos, mientras Diosdado Cabello se reía, rodeado de guardaespaldas armados. También fueron golpeados los diputados de oposición Ismael García y Nora Bracho. María Corina Machado, quien resultó con cuatro fracturas en la nariz por las que debió ser operada, denunció que "en la práctica está ocurriendo la disolución del parlamento, esto es un golpe" y expresó que los presuntos diputados agresores son Claudio Farías, Jesús Farías, Jhovanny Peña, Juan Carlos Alemán, Nancy Ascencio y Michel Reyes y que este último no debía estar en la sesión pues es el suplente del parlamentario Elvis Amoroso, quien estaba presente en el hemiciclo.[64]

María Corina Machado ostenta el record de haber sido electa con la mayor cantidad de votos en un circuito uninominal en Venezuela y también el de haber sido la persona más agredida en el ejercicio de sus funciones políticas y parlamentaria en el país por sus oponentes políticos.[65] Con motivo de las protestas que comienzan en febrero de 2014, la diputada Machado solicitó un derecho de palabra en el Consejo Permanente de la OEA para explicar la situación del país, el cual le fue negado. Por ello, el gobierno de Panamá le ofreció el 18 de marzo de ese año la posibilidad de intervenir en el órgano interamericano mediante la figura de la cesión del asiento de Panamá, mecanismo que se basa en el precedente que había establecido Diego Arria cuando fue presidente del Consejo de Seguridad de la ONU en 1992, y que había permitido que, de manera informal, personalidades que sostienen posiciones diferentes a las de sus gobiernos, pudieran exponerlas ante dicho órgano. La conocida desde entonces como la "Fórmula Arria" había logrado romper el hermetismo del Consejo de Seguridad, que hasta entonces solo oía la voz de los representantes gubernamentales, e hizo posible que personalidades como Nelson Mandela, el jefe de la Autoridad Nacional Palestina, Yasser Arafat, y el secretario general de Amnistía Internacional, Pierre Sané, así como organizaciones como la Cruz Roja Internacional, dirigieran la palabra en dicho cuerpo. El Secretario general de la OEA, José Miguel Insulza no era partidario de la fórmula Arria que se aplicaba en la ONU y expresó que "esta costumbre de los países de prestarle su silla a otros para que digan lo que les parezca, nunca me ha gustado…Esta famosa frase de que en la OEA están representados los Gobiernos y no los pueblos, a mí con democracia me parece una frase incorrecta, porque la única forma razonable en que los pueblos pueden manifestarse en democracia es a través de sus gobiernos".[66] Ante esta situación, el Representante Permanente de Panamá ante ese organismo, Arturo Vallarino, se dirigió el 20 de marzo al Secretario General de la OEA para manifestarle lo siguiente: "Tengo el honor de dirigirme a vuestra excelencia a fin de solicitarle tenga a bien acreditar a la diputada María Corina Machado, como Representante Alterna de la Delegación de la República de Panamá ante la Organización de Estados Americanos, a partir de la fecha".

---

[64] http://www.panorama.com.ve/portal/app/push/noticia64517.php
[65] Puede consultarse en Internet la cronología de las agresiones a María Corina Machado.
[66] http://www.aporrea.org/actualidad/n247566.html

Al día siguiente, 21 de marzo, previsto para la intervención de María Corina Machado en el Consejo Permanente de la OEA, no le fue permitido el uso de la palabra e incluso el punto fue sacado de la agenda, pero la diputada había logrado el objetivo de llamar la atención sobre el caso de Venezuela. El 24 de marzo siguiente, Diosdado Cabello declaró que María Corina Machado había perdido el cargo y la investidura de diputado, porque, "según sus actuaciones y acciones" la diputada María Corina Machado "dejó de ser diputada", luego de haber aceptado el puesto de la República de Panamá en la OEA, con la intención de realizar una intervención. Con su actuación, la diputada, supuestamente, habría incurrido en la previsión del artículo 191 de la Ley Fundamental que establece que "Los diputados y diputadas a la Asamblea Nacional no podrán aceptar o ejercer cargos públicos sin perder su investidura, salvo en actividades docentes, académicas, accidentales o asistenciales, siempre que no supongan dedicación exclusiva", pero ese artículo era inaplicable porque no se trataba de aceptar un cargo sino de un canal para expresarse –y aun si se considerara un cargo este sería accidental– , porque no hubo ningún procedimiento en el que se le diera oportunidad a la interesada para ejercer su derecho a la defensa y porque Diosdado Cabello no tenía competencia para privar de su cargo a la diputada. El parlamentario opositor Arcadio Montiel consideró que se había realizado un "linchamiento político" y la diputada anunció el 31 de marzo que al día siguiente asistiría a ejercer su función parlamentaria. En la Sesión Plenaria de la Asamblea Nacional del día 25 de marzo de 2014, fue solicitada la Moción de Urgencia del Diputado Andrés Eloy Méndez, mediante la cual requirió la declaratoria de pérdida de la investidura de la ciudadana María Corina Machado como Diputada a la Asamblea Nacional, la cual fue aprobada por ese órgano legislativo, sin procedimiento alguno y sin dar el derecho a la defensa.

El 26 de marzo siguiente, los ciudadanos José Alberto Zambrano García y David Ascensión, "…afectados en este caso, y en representación y a nombre de la mayoría de los ciudadanos electores del municipio Baruta y en defensa de los intereses colectivos del resto de los habitantes del municipio Baruta", interpusieron ante la Sala Constitucional, *"acción por intereses difusos y colectivos contra el Presidente de la Asamblea Nacional Diputado Diosdado Cabello,…quien ha incurrido en una vía de hecho contra la Diputada María Corina Machado, al impedirle a esta, ejercer sus funciones de parlamentaria, sin tener en absoluto competencia para ello, revocando así la diputación de nuestra representante a la Asamblea Nacional Diputada María Corina Machado, electa por el pueblo baruteño; vulnerándose de este modo nuestros derechos de participación en el Sufragio directo de nuestros representantes"*. Tres días después, el 1º de abril, la Sala Constitucional dictó su sentencia y, después de analizar los antecedentes del caso, que declaró conocer por ser hechos notorios comunicacionales, asentó que la diputada había perdido, de pleno derecho, la investidura de diputado, a pesar de que había declarado inadmisible la acción interpuesta por los electores de Baruta.[67]

Ese día 1° de abril, la Asamblea Nacional amaneció acordonada de policías y militares y se impidió el acceso de la diputada Machado al recinto parlamentario y fue disuelta con gas lacrimógeno la manifestación de los partidarios que la acompañaban. Días después, fuerzas de seguridad acompañadas de perros allanaron la oficina parlamentaria de la declarada exdiputada. Ante un supuesto plan de magnicidio denunciado por Jorge Rodríguez, en el que se habría descubierto una supuesta participación de María Corina Machado, el 4 de junio de 2014 Maduro declaró que: "No exagero cuando digo que es una asesina. Estaba planificando la violencia y la muerte en este país".[68] Esta fue una denuncia más de magnicidio que se hizo desde el gobierno, que ya se ha hecho habitual. En el diario TalCual se lleva una cronología sobre los planes de magnicidio denunciados por el gobierno sin prueba alguna.[69]

Anteriormente, se había allanado la inmunidad parlamentaria de dos diputados, en ambos casos en infracción al ordenamiento jurídico. El diputado Richard Mardo fue enjuiciado por haber recibido cheques de personas naturales entre los 2009 y 2011 y se le imputaron los delitos de corrupción y lavado de dinero. El Tribunal Supremo de Justicia decidió que había méritos para su enjuiciamiento y la Asamblea Nacional, por mayoría simple, declaró el 31 de julio de 2013 procedente el allanamiento de su inmunidad, sin atender a que según el artículo 187,20 de la Constitución se requiere una mayoría de las dos terceras partes de los diputados presentes, y a pesar de que el diputado por el Estado Aragua había presentado pruebas de los programas sociales a los cuales estaban destinados esos recursos.[70] "Durante su intervención, el diputado Hiram Gaviria dijo que de aprobarse de manera inconstitucional el allanamiento a la inmunidad de Mardo, sería suspendido e inhabilitado políticamente, con lo cual entregan al gobernador El Aissami lo que ha pedido... Ustedes son

---

[67] http://www.tsj.gov.ve/decisiones/scon/marzo/162546-207-31314-2014-14-0286.HTML

[68] http://informe21.com/nicolas-maduro/maduro-tildo-de-asesina-a-maria-corina-machado

[69] http://www.noticias24.com/venezuela/noticia/185041/cronologia-los-planes-de-magnicidio-denunciados-por-el-gobierno/

[70] http://www.venezuelaawareness.com/2013/07/jose-vicente-haro-nos-explica-que-se-necesita-para-allanar-la-inmunidad-parlamentaria-de-un-diputado/

cómplices de esta hora aciaga en la que ladrones persiguen a inocentes', expresó".[71]

El 12 de noviembre del mismo año 2013, la Asamblea Nacional había declarado procedente el allanamiento de la inmunidad de la diputada María Aranguren, del partido *MiGato* del Estado Monagas, quien había sido imputada por el delito de peculado doloso. "No tengo un centavo que le haya pertenecido al estado venezolano", subrayó la diputada que formó parte del equipo de gobierno del exmandatario regional José "Gato" Briceño, defenestrado del PSUV, y que atribuye su juicio a un pase de factura luego de que denunciara el derrame de petróleo en el río Guarapiche a principios de 2012.[72] En este caso no había pruebas de los delitos que se imputaban a la diputada, pero estaba en juego el interés del gobierno por obtener una curul para completar los 99 diputados requeridos para aprobar el proyecto de Ley Habilitante que le había sometido el gobierno. Al quedar vacante el escaño de la diputada Aranguren, subió al cargo su suplente, Carlos Flores, a quien desde entonces llaman "el diputado 99", por haber votado favorablemente el proyecto gubernamental.

El 12 de octubre de 2014, el secretario Ejecutivo de la Mesa de la Unidad, Jesús "Chuo" Torrealba, denunció "acoso y amenazas" contra los diputados Ismael García, Carlos Berritzbeitia y Juan Carlos Caldera, reseña Unión Radio e invitó a la concentración a realizarse el 18 de octubre.[73]

6. Hostigamiento al Gobernador del Estado Miranda y acoso y encarcelamiento de Alcaldes

Henrique Capriles viene siendo objeto de una campaña multimillonaria orquestada desde el gobierno en retaliación por las denuncias que ha hecho sobre la incompetencia y corrupción de los altos funcionarios y sobre fraude en las elecciones presidenciales. Pero además, Capriles es permanentemente objeto de señalamientos y acusaciones por Maduro y sus seguidores, quienes no le perdonan al excandidato presidencial que haya derrotado sucesivamente a Diosdado Cabello y a Elías Jaua, quienes venían de desempeñar los cargos de vicepresidente ejecutivo de la República, en la competencia por la gobernación del Estado Miranda. Maduro ha creado la Corporación de Desarrollo Integral del Pueblo del Estado Miranda, la ha dotado de ingentes recursos y ha nombrado como su Presidente al entonces Ministro de Relaciones Exteriores Elías Jaua, a quien también ha bautizado como "El Protector de Miranda", con el objeto de

---

[71] http://elimpulso.com/articulo/allanan-inmunidad-a-diputado-richard-mardo
[72] El Universal, 13 de noviembre 20013
[73] http://talcualdigital.com/Nota/visor.aspx?id=109033&tipo=AVA

crear una especie de gobierno paralelo que pudiera permitir a Jaua optar en el futuro, nuevamente, por la gobernación de ese Estado. Como los objetivos fijados por el gobierno no han tenido éxito, el gobierno ha acudido a la vía de sustraer recursos que corresponden a este Estado por concepto de participación en los ingresos ordinarios del país. Como el precio del barril del petróleo ha sido calculado en 60 dólares, a los efectos presupuestarios, y en realidad durante varios años ese precio ha estado por encima de los 100 dólares o muy cercanos a esta cifra, hay una importante cantidad que el gobierno debe entregar a los Estados, entre ellos Miranda, pero el gobierno actúa con esos recursos discrecionalmente y no como lo que es, una obligación constitucional de hacer transferencia a las entidades federales. Por lo tanto, el gobierno mantiene una gran deuda con el Estado Miranda por ese concepto y no le importa el perjuicio que está causando a los habitantes de la entidad, como tampoco le inquieta los retrasos en que incurre en efectuar otras transferencias, como son los aguinaldos para los trabajadores del Estado.

Las retenciones del situado también afectan a los Municipios cuyas autoridades no son partidarias del gobierno nacional y durante el 2014 se ha llegado a un grado increíble de hostigamiento a determinados Alcaldes opositores, dos de los cuales han sido enjuiciados y se mantienen en prisión sin razón alguna. Son los casos de los Alcaldes de San Diego en el Estado Carabobo, Vincenzo "Enzo" Scarano, y de San Cristóbal, Daniel Ceballos, quienes fueron detenidos, destituidos e inhabilitados políticamente con motivo de las protestas de los estudiantes y de otros habitantes que se han realizado en el país desde el mes de febrero de 2014. En ambos casos la condena provino de la Sala Constitucional del Tribunal Supremo de Justicia, la cual, en un procedimiento sumario y asumiendo funciones de tribunal penal que no le corresponden, condenó al primero de los nombrados el 19/3/2014 a 10 meses y 15 días de prisión, y al segundo de los nombrados el 11/4/2014 a 12 meses de prisión por el delito de desacato, al no haber dado cumplimiento a las órdenes que le giró la instancia judicial, al sentenciar un juicio de amparo (sentencia N° 136 del 12 de marzo de 2014), para actuar contra las barricadas que estudiantes y opositores habían levantado en distintas vías de la ciudad para protestar contra el Gobierno. Igual sanción que al Alcalde de San Diego le fue aplicada al Jefe de la Policía de ese Municipio Salvatore Lucchese. Ya antes habíamos señalado que el Poder Nacional ha sido muy cuidadoso en limitar las competencias de policía de los Municipios y que incluso el Ejecutivo Nacional ha prohibido a estos adquirir instrumentos y material para controlar manifestaciones. Por lo demás, en los últimos lustros no hay ningún caso de Municipio que haya actuado en esas funciones.

Por la falta absoluta de los Alcaldes en los Municipios citados, debió convocarse a nuevas elecciones, las cuales se realizaron el 25 de mayo de 2014, en las que participaron las respectivas esposas de los ex Alcaldes como candidatas, con el siguiente resultado: con una participación de electores similar a la de las elecciones del 8 de diciembre de 2013, Rosa de Scarano logró 33.910 sufragios (87,74% de los votos) y le ganó la alcaldía de San Diego (Carabobo) al oficialista Alexis Abreu (PSUV y otras organizaciones), quien alcanzó 4.473 votos (11.57%). Por su parte, Patricia Gutiérrez de Ceballos sumó 88.991 votos (73,60%), ganando la alcaldía de San Cristóbal (Táchira) al aspirante oficialista Alejandro Méndez (PSUV y otras organizaciones), quien logró 30.887 sufragios (25,54%). Patricia Gutiérrez de Ceballos superó a su esposo Daniel Ceballos por 5,9 puntos porcentuales, mientras que Rosa de Scarano superó a Enzo Scarano por 12,5 puntos porcentuales, para satisfacción, en ambos casos, de los esposos prisioneros, por el respaldo que les dieron los electores.

7. ¿Renuncia el gobierno al monopolio de la violencia legítima?

En una conferencia pronunciada durante el verano de 1919, por invitación de la Asociación Libre de Estudiantes de Munich, y que después fue publicada con el título de *La Política como vocación*, Max Weber sostuvo que "El Estado es aquella comunidad humana que, dentro de un determinado territorio (el territorio es un elemento distintivo), reclama (con éxito) para sí el monopolio de la violencia física legítima".[74] Esa definición tuvo éxito y ha sido repetida muchas veces, hasta el punto de justificar la afirmación de que no es un Estado (o no es funcional) aquella comunidad en donde existen pandillas que ejercen (con éxito) la función de mantener el orden mediante la violencia, con independencia del Estado, o existe una violencia generalizada que no es legítima, o, en fin, donde el ejercicio de la violencia está privatizada. Para ser legítima la violencia debe ser ejercida por órganos estatales, de acuerdo con la ley, para alcanzar la convivencia pacífica entre los ciudadanos y la justicia. Un ejemplo típico de violencia ilegítima es la que ejercen los delincuentes y los paramilitares.

Al aplicar estos conceptos a Venezuela encontramos que existen situaciones de violencia privada tolerada anteriores a la instauración del presente régimen, como ocurre en algunas zonas de la parroquia 23 de enero de Caracas, donde un grupo de personas se asociaron en 1985 para crear una autoridad privada llamada La Piedrita, que se ocupa de mantener el orden en un territorio determinado, con exclusión de las fuerzas de seguridad del Estado y que, incluso, puede llevar a cabo actividades de interés comunitario. Es importante señalar que el monopolio de la violencia no

---

[74] disenso.info/wp-content/.../La-poltica-como-vocacion-M.-Weber.pdf

significa que haya más violencia, generalmente es lo contrario, se mantiene la convivencia por la posibilidad de que se ejerza la violencia, sin que sea necesario que esta se aplique en los hechos, solo que esta no es legítima. Esta experiencia ha sido seguida en muchas partes del país, cada una con sus características propias, bajo el nombre genérico de "colectivos", y entre ellos podemos citar como los más conocidos los siguientes: el ya mencionado colectivo La Piedrita; el Movimiento Revolucionario Tupamaro, organizado como partido político; Movimiento Revolucionario de Liberación Carapaica; Alexis Vive Carajo; las Fuerzas Bolivarianas de Liberación, que actúan sobre todo en el Estado Apure, en los límites con Colombia, y muchos otros.

Estas organizaciones han sido objeto de diversos estudios y reportajes, tratando de descifrar sus objetivos y métodos. El criminólogo venezolano Roberto Briceño León, director del Observatorio Venezolano de la Violencia (OVV), ha expresado que "Los colectivos son grupos paramilitares de izquierda con el aval del gobierno, que no hace nada ante ellos…Durante años el gobierno se ha dedicado a dar armas a grupos proclives, ahí entran los colectivos. Los policías no pueden ingresar al 23 de Enero. Mientras, salen fotos con niños de 8 años con AK-47 al lado de un diputado", señaló, en referencia a unas imágenes que generaron polémicas en los medios hace unos dos años. Sobre los colectivos urbanos ha dicho que son "brigadas de choque que en momentos puede utilizar el gobierno" y se alarma por el riesgo que representan: "Cuando tienes un arma y una moto y te parece insuficiente lo que te dan de dinero decides que tienes que hacer un dinero extra y se pasa al delito común".[75] La abogada y experta en temas de seguridad y defensa Rocío San Miguel, presidenta de la ONG Control Ciudadano, realizó una denuncia ante la Comisión Interamericana de Derechos Humanos en torno a cinco colectivos armados (La Piedrita, Montaraz, Simón Bolívar, Los Tupamaros y Alexis Vive) que "públicamente habían exhibido armas de guerra sin la respuesta de punibilidad, averiguación penal o algún tipo de apertura de juicio…Es decir, veíamos como estos grupos armados estaban aceptados por el Estado, al margen de la ley, afectos ideológicamente al proyecto que lideraba Chávez". Agregó que "Por acción u omisión por responsabilidad de las Fuerzas Armadas, no existe un registro de todas las armas que produce el Estado. Hay faltantes y podrían estar alimentando el circuito de armas ilegales para grupos armados al margen de la ley". San Miguel destacó que los cinco colectivos denunciados funcionan en trece kilómetros alrededor de Miraflores, razón por la que se los llama "Los custodios de la

---

[75] http://pensandopuesto.blogspot.com/2014/10/colectivos-los-tupamaros-el-brazo.html

Revolución".[76] El sociólogo Luis Cedeño, director de la ONG Paz Activa, señaló que los colectivos armados "ejercen un control paramilitar ante la ausencia policial, ejercen una autoridad y se nutren de puntos de peaje cobrando dinero…Controlan a los grupos delincuenciales, probablemente controlan el microtráfico de drogas de la zona y evitan que hayan mayores conflictividades", dijo e indicó que "una tarea que tiene el gobierno que asuma es eliminar estos grupos porque se trata de un tema de seguridad nacional...Estos colectivos tienen sus líderes que pueden o no responder a un liderazgo político. Se ha visto que hay vínculos de esos líderes y algunos líderes de la revolución". Y agregó que "Los colectivos tienen que tener recursos para financiarse. Podrían venir del Estado, que apoya a los colectivos en general, porque también están los colectivos culturales. No quiero decir que los recursos que el gobierno le da a los colectivos se usan para comprar armas. Simplemente digo que hay colectivos que se desvían para tener funciones policíacas y militares…son personas que atentan contra la seguridad nacional teniendo armas de guerra. Pueden o no estar controlados por el gobierno pero están fuera de la ley, eso está claro".[77]

A pesar de que los colectivos tienen en común su apoyo al proceso revolucionario, el gobierno no da a todos el mismo trato. Por ejemplo, en cadena nacional, "El Presidente Chávez calificó como capcioso que cada vez que hay elecciones, el colectivo la Piedrita busca algún protagonismo"; esto a propósito de la publicación de fotografías de niños con armas largas en un acto de esa organización en el 23 de Enero. Chávez dijo que duda que sean revolucionarios. "Es un grupito que algunos quieren ser más papistas que el Papa", sentenció y pidió al ministro del Interior y Justicia Tareck El Aissami, que investigue a fondo a esa organización.[78] Y agregó: "No me cabe duda de que está siendo financiada por la ultraderecha y hay que neutralizarla…No podemos nosotros tolerar maquinarias de guerra o de terrorismo y además, utilizando el nombre de la revolución".[79] En Internet pueden verse los numerosos casos de miembros de La Piedrita que han sido enjuiciados y detenidos por diversas clases de delitos,[80] lo cual no ocurre con otros colectivos. No obstante, en su página de Facebook, la Piedrita se presenta como "Organización gubernamental". En cam-

---

[76] *Idem*

[77] *Idem*

[78] http://informe21.com/colectivo-la-piedrita/12/02/03/chavez-la-piedrita-infiltrada -por-la-cia

[79] http://www.noticias24.com/actualidad/noticia/24373/la-piedrita-esta-infiltrada-y-financiada-por-la-cia/

[80] http://informe21.com/colectivo-la-piedrita

bio, Maduro invitó al dirigente principal del Movimiento Revolucionario Tupamaro a participar, como integrante de la delegación del gobierno, en la sesión inaugural de la Mesa de Diálogo que tuvo lugar en Miraflores el 10 de abril de 2014 y que fue transmitida en cadena nacional. Tal vez por estas situaciones, se han evidenciado cada vez más rivalidades violentas entre algunos colectivos, tal como lo detalla el reportaje del Diario TalCual "Tupamaros vs la Piedrita".[81]

No obstante, el papel de los colectivos tiene sus defensores, como por ejemplo, el diputado Freddy Bernal, a menudo señalado, junto con el fallecido diputado Robert Serra, como los intermediarios entre los colectivos y el gobierno, quien ha escrito en la página web Aporrea: "...¿qué es un colectivo? Los colectivos no son esas 'hordas chavistas armadas' de las que tanto habla y tuitea la contrarrevolución. Los colectivos son grupos de personas organizadas que trabajan para preservar, hacer efectivos y profundizar los derechos consagrados en la Constitución. Se dedican a fines muy diversos: ecológicos, feministas, reivindicación de la diversidad sexual, educativos, culturales, deportivos, vecinales, recreativos, políticos o de defensa de la patria, asumiendo su corresponsabilidad constitucional. Pueden estar orientados por el gobierno, alguno de los partidos que lo apoyan o ser autónomos".[82] En ese sentido, la estación televisora oficialista Telesur considera que "los colectivos venezolanos son representantes del Poder Popular y Comunal".[83] La relación entre los colectivos y los organismos del Poder Popular como factores que tienen como función fundamental defender al régimen se puso de manifiesto con motivo de las protestas de febrero y marzo de 2014, cuando, como reseña la prensa, "El presidente Nicolás Maduro ordenó a las unidades de batalla Hugo Chávez, los consejos comunales, los colectivos y a las organizaciones de campesinos a disolver guarimbas en sus comunidades. Durante el desfile cívico-militar por la conmemoración del primer aniversario del fallecimiento de Hugo Chávez el mandatario instó a esos grupos a seguir la indicación del comandante: 'Candelita que se prenda, candelita que se apaga'".[84]

Es de observar que, como lo hemos indicado, algunos colectivos han publicado fotografías en que aparecen varios de sus integrantes portando armas de guerra, incluso de largo alcance, y que además en ocasiones

---

[81] http://www.talcualdigital.com/Nota/visor.aspx?id=65635&tipo=REP
[82] http://www.aporrea.org/poderpopular/a197403.html
[83] http://www.telesurtv.net/news/Colectivos-venezolanos-representantes-del-Poder-Comunal-y-Popular-20140213-0035.html
[84] http://www.el-nacional.com/politica/Maduro-colectivos-UBCH-disolvergua rimbas_0_367163541.html

estas armas están en manos de niños, lo que significa una grave violación de la siguiente norma de la Constitución: "Artículo 324. Sólo el Estado puede poseer y usar armas de guerra. Todas las que existan, se fabriquen o se introduzcan en el país, pasarán a ser propiedad de la República sin indemnización ni proceso. La Fuerza Armada Nacional será la institución competente para reglamentar y controlar, de acuerdo con la ley respectiva, la fabricación, importación, exportación, almacenamiento, tránsito, registro, control, inspección, comercio, posesión y uso de otras armas, municiones y explosivos".

El espantoso asesinato, el 1º de octubre de 2014, del joven diputado Robert Serra y de su asistente María Herrera, así como la presunta sustracción en la casa donde ocurrió el hecho de un fusil AR-15 y otro M-16, la presunta participación de colectivos en este crimen, las circunstancias que rodearon "el abatimiento", el 7 de octubre de 2014, de José Odremán, líder de los colectivos 5 de Marzo y Escudo de la Patria, y de otros cuatro miembros de esos colectivos, por el CICPC, cuyo Director declaró que los occisos era miembros de una banda delictiva, responsable de muchos homicidios, y el sometimientos a juicio de los policías que participaron en este acontecimiento, todo ello obliga a que el gobierno informe con claridad a la opinión pública sobre las causas y las circunstancias de esos sucesos, para que se conozcan la verdadera naturaleza y las actividades que realizan los colectivos en el país, o esos colectivos en particular, y sus relaciones con el poder instaurado.

A lo expuesto se agrega otra modalidad de promover la violencia ilegítima por parte del gobierno: es el control de toda la actividad política, civil y militar dentro del país que se ha otorgado a miembros de las fuerzas armadas cubanas. En este aspecto se ha señalado que "En Venezuela, el aparato represivo y de inteligencia cubano está tan arraigado al chavismo que son los oficiales de la isla los que constituyen la primera línea de defensa del régimen de Nicolás Maduro, jugando un papel estelar en contener las manifestaciones estudiantiles que sacudieron al gobierno durante la primera mitad de este año…En Venezuela, hoy día, hay más de 500 oficiales de la contrainteligencia cubana, repartidos en todas las esferas de la actividad militar y civil, dijo Juan Reinaldo Sánchez, un ex teniente coronel del ministerio del Interior de Cuba, que por 17 años se desempeñó como escolta personal de Fidel Castro".[85] Pues bien, si miembros de las fuerzas armadas de un país extranjero no pueden actuar en el país como militares, entonces son cuerpos paramilitares, que es una modalidad de ejercicio de la violencia ilegítima.

---

[85] http://www.lapatilla.com/site/2014/10/26/opresion-s-a-el-nuevo-modelo-de-espionaje-y-represion-exportado-por-cuba/

8. Un nuevo papel para la Fuerza Armada distante del que le asigna la Constitución

Este aspecto se relaciona con el anterior porque la violencia ilegítima no solamente proviene de grupos privados, sino también de organismos gubernamentales que actúan fuera del marco de las funciones que le establece la ley. Nos preocupa particularmente las actuaciones de algunos componentes de la Fuera Armada, relacionadas sobre todo con lo que ellos llaman "la defensa de la Revolución" y que no difiere mucho de las acciones de los grupos paramilitares a que antes nos referimos. En particular, las reformas que el régimen ha introducido a la institución Militar con la Ley de Reforma Parcial del Decreto N° 6.239 con rango, valor y fuerza de Ley Orgánica de La Fuerza Armada Nacional Bolivariana, del 6/10/2009, por la cual, entre otros aspectos, se agrega a la Fuerza Armada el término "Bolivariana" y se crea la "Milicia Bolivariana", sin base constitucional, ha sido vista con preocupación por expertos en la materia. Para Rocío San Miguel, Presidenta de la ONG Control Ciudadano, "la Milicia cumple con atribuciones de inteligencia, es algo parecido a lo que funciona en Cuba, los CDR (Comités de Defensa de la Revolución) que significa cuerpo de milicianos vigilando la sociedad, hemos visto como ha venido controlando los centros electorales del país" y además que la ley faculta al Presidente de la República para establecer los distritos militares y nombrar a los comandantes de esos cuerpos combatientes en esas zonas, en caso de que se presenten "circunstancias especiales".[86] El diario El Mundo de España ha publicado un reportaje sobre las milicias venezolanas a las que califica como "Los Guardianes de la Revolución", y señala que "**Inspirada en cuerpos como la guardia revolucionaria iraní y entrenada por oficiales cubanos en la isla,** el oficialismo pretende aumentar su número hasta **el medio millón de efectivos en 2015 y hasta un millón en 2019** con lo que superarían a las tropas del ejército regular. A esta fuerza habría que sumar las milicias obreras, cuya creación anunció Maduro en mayo del año pasado. Dos millones de venezolanos armados con un único objetivo: **defender la herencia del comandante eterno de los enemigos de la revolución**". Además, agregó que "La ley prevé que la Milicia Bolivariana se active cuando el Gobierno decrete estados de excepción, para actividades de entrenamiento o para empleos temporales. Pero **sus misiones van más allá** de ayudar en los supermercados para acabar con las largas colas o proteger las instalaciones eléctricas para impedir supuestos sabotajes de la oposición. **Sus miembros colaboran también en la represión de las protestas** junto a grupos paramilitares como los temidos

---

[86] http://www.talcualdigital.com/Nota/visor.aspx?id=67160&tipo=ESP&idcolum=81

tupamaros" (destacados en el original).[87] Por otra parte, para Rocío San Miguel la creación de este nuevo componente "Significa entregar las armas de manera permanente a un cuerpo de civiles que no es parte de la profesión militar (…) Como la milicia depende directamente del presidente esto es el más férreo y sólido impulso a la constitución de una guardia pretoriana…Esta reforma viola la Constitución y la milicia se consolida como brazo armado de la revolución", agregó a la AFP San Miguel. "La palabra milicia no está en la Constitución. Las Fuerzas Armadas en Venezuela pasan a ser una política de gobierno y no una política de Estado como debiera ser", corroboró el general (r) Raúl Salazar, el primero que ejerció el cargo de ministro de Defensa de Chávez en 1999.[88] En efecto, en el artículo 328 de la Constitución se dispone que "La Fuerza Armada Nacional está integrada por el Ejército, la Armada, la Aviación y la Guardia Nacional" y el Presidente Chávez había tratado, en su proyecto de reforma de la Constitución de 2007, de incluir una disposición para crear la "Milicia Popular Bolivariana", como parte del Poder Popular. A estos fines, en el acto de juramentación del Consejo Presidencial para la Reforma Constitucional, en enero de 2007, Chávez había expresado que "…la Reserva Militar debe ser parte esencial dentro del propio pueblo por supuesto, del poder comunal, de la explosión del poder comunal, la Reserva Militar…y la capacidad el pueblo para defender nuestra Revolución, para defender nuestro territorio, para defender nuestro proyecto, el Proyecto Socialista Simón Bolívar, el Proyecto Simón Bolívar, la construcción del socialismo". Ese proyecto, como ya hemos visto, fue negado por el pueblo en el referendo constitucional del 2 de diciembre de 2007, pero el régimen ha continuado adelante como, si, por el contrario, hubiera sido aprobado.

Esa orientación de confundir el partido con el gobierno, el gobierno con el Estado, la política partidista con la función de servidores del Estado, se ha visto reforzada por la sentencia de la Sala Constitucional que justifica que los militares puedan actuar en actividades partidistas. Antes de transcribir lo que dijo el Máximo Tribunal debemos considerar que existe una clara disposición constitucional a este respecto en la que se establece: "Artículo 328. **La Fuerza Armada Nacional constituye una institución esencialmente profesional, sin militancia política,** organizada por el Estado para garantizar la independencia y soberanía de la Nación y asegurar la integridad del espacio geográfico, mediante la defensa militar, la cooperación en el mantenimiento del orden interno y la participación

---

[87] http://www.elmundo.es/internacional/2014/02/24/530ba27c268e3e5f388b4581.html

[88] http://www.noticias24.com/actualidad/noticia/223713/chavez-consolida-papel-de-la-milicia-en-reforma-de-ley-de-fuerzas-armadas/

activa en el desarrollo nacional, de acuerdo con esta Constitución y con la ley. **En el cumplimiento de sus funciones, está al servicio exclusivo de la Nación y en ningún caso al de persona o parcialidad política alguna.** Sus pilares fundamentales son la disciplina, la obediencia y la subordinación" (destacado nuestro). En el caso a que nos referimos, el 28 de mayo de 2014, un numeroso grupo de oficiales de alto rango en situación de retiro provenientes de distintos componentes de la Fuerza Armada, actuando, según dicen, en nombre de la Asociación Civil Frente Institucional Militar y en forma personal, interpusieron ante la Sala Constitucional del Tribunal Supremo de Justicia una acción de amparo constitucional "que suspenda de manera inmediata y definitiva el acto inconstitucional continuado y arbitrario emanado del ministro de la defensa y los mandos militares, de incluir e involucrar a la FAN en el debate político con el que violan los artículos 328 y 330 de la Constitución... al obligarlos, con su mando, a participar en proselitismo político, y más grave aún, obligarlos a asistir y participar uniformados en marchas partidistas (15 de marzo de 2014), confeccionar pancartas con mensajes políticos y ordenarles mediante comunicación escrita hacerse acompañar con sus familiares en tales actos. También, por obligarlos a proferir como mensajes institucionales, expresiones tales como 'patria, socialismo o muerte', 'Chávez vive', 'la lucha sigue', 'hasta la victoria siempre', y plagar las instalaciones operacionales, administrativas y sociales militares, con innumerables expresiones escritas y gráficas de proselitismo del partido político 'PSUV' y de quien fuera Presidente de la República (hoy difunto) presidente fundador del mencionado partido político; así como, de igual forma, que ordenan a los subalternos izar en cuarteles y dependencias militares la bandera de la República de Cuba y difundir, publicar y exhibir en cuarteles y otras instalaciones fotografías del *dictador cubano Fidel Castro y del reconocido asesino internacional el 'che' Guevara, lo que configura una burla al honor del militar venezolano y la una* (sic) *violación a la nacionalidad, que podría calificarse como traición a la patria...* Que, en su criterio, era aberrante el desenvolvimiento y desempeño de los más altos comandantes y jefes militares, tanto dentro de la *"Fuerza Armada"* como en entes públicos centralizados y descentralizados, quienes actuaban como miembros del partido *"PSUV", "llegando a ofender a los ciudadanos llamándolos 'fascistas' y 'escuálidos', propugnando un divisionismo de la sociedad representada en los ciudadanos militares"*.

Por razones procesales, los accionantes decidieron desistir de su solicitud, pero en su sentencia del 29 de mayo de 2014, la Sala Constitucional resolvió negar la homologación del desistimiento y declarar improcedente *in limine litis* la acción de amparo constitucional interpuesta. Sobre los fundamentos de la decisión de fondo, la Sala expresó, en primer lugar, que muchas de las consignas políticas usadas por la Fuerza Armada Nacional eran en realidad "*saludos militares*", lo que indica "*una muestra simbólica, profesional e institucional, de respeto, disciplina, obediencia y subordinación ante la superioridad jerárquica y a la comandancia en jefe a la cual responde, y, al mismo tiempo, representa una expresión, gestual u oral, del sentimiento patriótico que involucra*". En segundo lugar, que "*resulta válido atender a las líneas generales que por el Ejecutivo Nacional hayan sido establecidas en el Plan de Desarrollo Económico y Social de la Nación (hoy en día reconocido como el Plan de la Patria 2013-2019), y que, además, se encuentra debidamente aprobado por el órgano del Poder Legislativo Nacional para su implementación en toda la República durante el ejercicio del mandato por el cual fue electo*", entre cuyos objetivos está el de "*Incrementar la participación activa del pueblo para consolidar la unión cívico-militar*". En tercer lugar, que "*La participación de los integrantes de la Fuerza Armada Nacional Bolivariana en actos con fines políticos no constituye un menoscabo a su profesionalidad, sino un baluarte de participación democrática y protagónica que, para los efectos de la República Bolivariana de Venezuela, sin discriminación alguna, representa el derecho que tiene todo ciudadano, en el cual un miembro militar en situación de actividad no está excluido de ello por concentrar su ciudadanía, de participar libremente en los asuntos políticos y en la formación, ejecución y control de la gestión pública –siguiendo lo consagrado en el artículo 62 de la Constitución de la República de Venezuela–, así como también, el ejercicio de este derecho se erige como un acto progresivo de consolidación de la unión cívico-militar, máxime cuando su participación se encuentra debidamente autorizada por la superioridad orgánica de la institución que de ellos se apresta*". El artículo 62 citado se refiere a que "Todos los ciudadanos y ciudadanas tienen el derecho de participar en los asuntos públicos, directamente o por medio de sus representantes elegidos o elegidas".[89]

No obstante, lo que está en discusión no es el derecho de los militares a ejercer el sufragio activo, porque el artículo 330 de la Ley fundamental se los concede expresamente cuando dice: "Los y las integrantes de la Fuerza Armada Nacional en situación de actividad tienen derecho al sufragio de conformidad con la ley, sin que les esté permitido optar a cargos de elección popular, ni participar en actos de propaganda, militancia o proselitismo político", sino la transformación de la Fuerza Armada en instrumento de un partido, contrariando con ello expresas disposiciones del texto constitucional. Sobre esta sentencia de la Sala Constitucional el jurista José Ignacio Hernández hace un acertado análisis en su artículo:

---

[89] Véase sentencia N° 651 de la Sala Constitucional de fecha 11-6-14.

"¿Carta blanca para los militares en la política? Sobre la decisión del TSJ", en el que concluye que:

La subordinación del Poder Miliar al Poder Civil es pieza clave de la Constitución de 1999, como quedó reflejado en sus artículos 328 y 330. Y eso implica defender la autonomía política de la Fuerza Armada Nacional como institución objetiva al servicio de la Nación.

Y la Nación, conviene recordarlo, se compone de la suma de todos los venezolanos.[90]

9. Crisis económica, protesta y represión

Desde el primer momento en que Maduro asumió la presidencia de la República, tanto en la interinaria como en la titularidad del cargo, se vio cuestionado en su legitimidad para ejercer esa función. En efecto, Maduro nunca fue designado por Chávez para suplirlo como presidente en sus ausencias temporales, y cuando accedió al cargo después de la muerte de su mentor no era él al que le correspondía desempeñarlo, de acuerdo al ordenamiento constitucional. Y cuando fue proclamado como presidente titular, por efecto de la elección del 14 de abril de 2013, no tuvo el reconocimiento unánime del país, sino que fue impugnado el acto del cual derivaba su investidura, por irregularidades graves en la campaña electoral y en las votaciones. Estas situaciones originaron protestas de los opositores al régimen, que fueron duramente reprimidas.

Pero sobre todo, las manifestaciones y protestas contra el régimen se originaron posteriormente, por los efectos de las políticas públicas que han producido una inseguridad personal y una desmejora en las condiciones económicas de los habitantes del país, en una forma nunca antes vista, lo que a su vez ha endurecido la represión del gobierno y el desconocimiento de garantías constitucionales, especialmente las relativas a la libre expresión del pensamiento y al derecho de manifestar pacíficamente y sin armas. A estos aspectos nos hemos referido al examinar las protestas estudiantiles de comienzos de 2014, y volveremos sobre ellos luego de considerar el modelo político y el modelo económico que están en la raíz de las reacciones contra el gobierno.

---

[90] http://prodavinci.com/blogs/carta-blanca-para-los-militares-en-la-politica-sobre-la-decision-del-tsj-por-jose-i-hernandez/

CUARTA PARTE
LAS TRANSFORMACIONES RECIENTES DEL ESTADO

En esta parte nos proponemos hacer un balance sobre los cambios que se han producido en el Estado en los 16 años que lleva el régimen instaurado por Hugo Chávez y continuado por Nicolás Maduro, y a estos fines formularemos unas consideraciones sobre los cambios que se han producido bajo el régimen neopatrimonialista en el modelo político y en el modelo económico, en comparación con la visión que se tenía de estos aspectos en la etapa democrática, para luego analizar las transformaciones que se han operado en la estructura y funcionamiento del Estado y en la forma como se ejercen los derechos humanos en ambas épocas de nuestro país.

SECCIÓN PRIMERA:
LOS CAMBIOS EN EL MODELO POLÍTICO

El modelo político que se plasma en la Constitución de 1961 es el de un régimen democrático, con pluralismo político y un sistema de economía mixta, que asume como modelo ideal el sistema de economía social de mercado que se había conformado en los países democráticos del norte de Europa, al que se debía llegar en forma evolutiva. En cambio, el modelo político que progresivamente va desarrollando el régimen que se instala en 1999 tiene como elementos orientadores, por una parte, el sistema político cubano y, por el otro, la utopía del Estado Comunal, lo que nos lleva a establecer el contraste entre los objetivos y la forma de articulación de dichos objetivos en los dos sistemas políticos que estamos considerando.

A. LOS OBJETIVOS

Bajo la Constitución de 1961 se fueron definiendo unos objetivos para el Estado que variaron con el tiempo pero que mantuvieron su conexión con el texto de esa Ley Fundamental, mientras que en el sistema político establecido con basamento en la Constitución de 1999, la evolución de los objetivos se fue acelerando hasta llegar a una ruptura con la norma matriz. En cada uno de estos casos se establecieron formas de articulación que guardaban armonía con los respectivos objetivos determinados pero que diferían de modo radical entre un sistema político y otro, tal como lo examinaremos seguidamente.

a) DEFINICIÓN DE LOS OBJETIVOS

Nos referiremos a los objetivos del Estado que se fueron definiendo tanto en el período democrático como bajo el régimen autoritario, tratando de establecer un contraste entre los objetivos formalmente declarados y los objetivos realmente perseguidos en ambos casos.

1. Los objetivos en la etapa democrática

En el movimiento político que asumió el poder el 23 de enero de 1958 había coincidencia entre sus principales actores en que el objetivo principal que se perseguía era restablecer la democracia para instaurar un régimen de libertades en un ambiente de unidad nacional. En la formulación de este propósito influía sobre todo el rechazo al régimen dictatorial que había sido derrocado, con su secuela de persecuciones políticas, torturas, negación a la libertad de expresión y ausencia de participación de la comunidad en la definición de su destino. En tal sentido puede decirse que, en la fase inicial del sistema que se estaba instaurando, no había un reclamo explícito por un nuevo modelo económico, pues bajo el gobierno anterior el país había disfrutado de niveles de crecimiento considerables y los servicios públicos funcionaban con una eficiencia aceptable. No obstante, la preocupación social estuvo presente en los conductores del país desde los primeros momentos que siguieron al 23 de enero, y se manifestó especialmente en la puesta en marcha de un programa de obras extraordinarias, o plan de emergencia, con el propósito crear fuentes de trabajo para conjurar los efectos de una recesión reciente. El pacto de Punto Fijo, que se suscribió el 30 de octubre de 1958, no contenía un programa social sino unos acuerdos específicos para asegurar la vigencia de la democracia y la gobernabilidad. En su texto se expresaba que *"Para facilitar la cooperación entre las organizaciones políticas durante el proceso electoral y su colaboración en el Gobierno Constitucional los partidos signatarios acuerdan concurrir a dicho proceso sosteniendo un programa mínimo común, cuya ejecución sea el punto de partida de una administración nacional patriótica y del afianzamiento de la democracia como sistema. Dicho programa se redactará por separado, sobre las bases generales, ya convenidas, y se considerará un anexo del presente acuerdo".*[1] El 6 de diciembre de ese año, víspera de las elecciones, como antes lo hemos expresado, se suscribió por los candidatos presidenciales Rómulo Betancourt, Wolfgang Larrazábal y Rafael Caldera, la Declaración de Principios y el Programa Mínimo Común, pero este último sólo contenía unas menciones resumidas sobre programas en el ámbito social, laboral y educativo, puesto que no se pretendía sustituir los programas de los partidos sino establecer el compromiso de que "ningún partido unitario incluirá en su programa particular puntos contrarios a los comunes del programa mínimo".

En realidad, fue en el proceso de formulación de la Constitución de 1961 cuando se hizo explícito un programa de acción pública, sobre todo al establecer las declaraciones sobre derechos individuales, sociales, económicos y políticos, el cual se desarrolló, con las particulares de cada caso, en los programas de gobierno que presentaron los partidos políticos a los electores y, especialmente, en los planes de la Nación formulados por los gobiernos que se sucedieron posteriormente.

En términos generales, la sociedad venezolana se pronunciaba por la conformación de un Estado social de Derecho,[2] en el que se exige a los poderes públicos, y así se establece en la Constitución, no solamente que garantice un régimen de libertades, como en los Estados liberales de Derecho, sino, además, el disfrute de los derechos sociales. La diferencia principal reside en que en el Estado liberal de Derecho se garantiza que el Estado no impedirá ni entorpecerá el ejercicio de los derechos –más bien de las libertades– que se consagran para las personas, como el del libre tránsito, la libre expresión del pensamiento o el derecho de las familias a decidir sobre la educación de los hijos, sino que incorporan los derechos sociales, los cuales tiene una naturaleza distinta. En efecto, por una parte, se declaran derechos de las familias, de las personas en tanto que sujetos de relaciones sociales y laborales, en los que se engloban la protección a los niños, al matrimonio, a la maternidad, a la población campesina, a las comunidades indígenas, al trabajo y a las condiciones de los trabajadores, a la sindicación, a la seguridad social, todos los cuales requieren de una actuación positiva, de unas asignaciones presupuestarias, de un desarrollo

---

[1] Véase el texto del Pacto de Punto Fijo, de la Declaración de Principio y del Programa Mínimo Común en: www.cs.usb.ve/sites/default/files/CSA213/PACTO_PUNTO_FIJO.doc

[2] Véase: Trino Márquez: *El Estado Social de Derecho. Origen, evolución y situación actual.* Editorial Panapo, Caracas, 1998

legislativo y jurisprudencial para hacerlos cumplir y de una actividad administrativa pública, mediante la organización de unos servicios públicos bien dotados y eficientes, para que esos derechos no se queden en simples declaraciones sino que puedan ser efectivamente disfrutados por las personas y los grupos a los que están dirigidos. Por otra parte, los derechos que en el Estado liberal se proclamaban como simples libertades, pasan en muchos casos a ser interpretados de una forma diferente. Así ocurre con el libre tránsito, que inicialmente se entendía como que a nadie se le puede impedir que transite por el territorio, que se transforma en el derecho a que el Estado organice o promueva el establecimiento de sistemas masivos de transporte, que permitan que las personas desprovistas de fortuna hagan efectivo su derecho a transitar libremente por el territorio; con el derecho a la educación, que deja de ser simplemente la libertad de enseñanza, para transformarse en la obligación del Estado de establecer instituciones educativas de calidad en todos los niveles, para que las personas puedan acceder libremente a los niveles educativos que su vocación y su ambición les reclame, los cuales serían ofrecidos gratuitamente. Para hacer posible el cumplimiento de los cometidos del Estado, que en definitiva lo que persiguen es lograr una igualdad de oportunidades para todas las personas, se le atribuyen importantes facultades, como la de expropiar –con el debido proceso y la correspondiente y oportuna indemnización– los bienes que se requieran por causa de utilidad pública o de reservarse determinados sectores de la actividad económica, con fines de interés general, pero esas potestades de los entes públicos no pueden ser usadas para imponer a los ciudadanos una ideología particular, porque se garantiza la libertad de pensamiento y el pluralismo político, ni para amenazar o llevar a la ruina a las empresas cuyos propietarios tengan maneras de pensar diferentes a las del grupo gobernante, o que simplemente defiendan el ejercicio de los derechos que les garantiza la Constitución. De modo que el modelo de Estado que se consagró en la Constitución de 1961 es el de un Estado Social de Derecho, como se le conoce en la teoría jurídica, en el cual, al lado de los propósitos sociales que el Estado persigue como objetivo, se mantiene el respeto al ordenamiento jurídico que disciplina la actuación de los órganos públicos. En tal sentido, se aseguran dos principios que garantizan la vigencia del derecho y el ejercicio de las libertades públicas: el Estado solo puede hacer lo que le incumbe conforme a la ley (principio de legalidad) y los particulares pueden hacer todo lo que la ley no les prohíbe (principio de libertad). En el imaginario de los actores de 1958, si bien existía admiración por el dinamismo y los logros del sistema norteamericano, había una clara preferencia por instaurar una economía social de mercado, al estilo de la que se había implantado en Alemania después de la segunda guerra mundial o en los regímenes democráticos del norte de Europa.

Es importante reiterar que el movimiento cívico militar que el 23 de enero de 1958 produjo la salida de Pérez Jiménez del poder desencadenó un proceso de transformaciones que tuvo como puntos especialmente relevantes la suscripción del Pacto de Avenimiento Obrero – Patronal, del 24 de abril de 1958,[3] suscrito incluso por representantes del Partido Comunista, el Pacto de Punto Fijo y el Programa Mínimo Común, la renuncia de Wolfang Larrazábal a la Junta de Gobierno para optar a la candidatura presidencial, las elecciones del 7 de diciembre de 1958, la toma de posesión de Rómulo Betancourt como Presidente de la República, el 13 de febrero de 1959, la Constitución promulgada el 23 de enero de 1958, y los actos posteriores, como el Acuerdo de Ancha Base y el Pacto Institucional, entre otros, que permitieron crear y mantener una etapa democrática que duró más de 40 años. De esta manera, se definió como objetivo del sistema político el mantenimiento de un clima de entendimiento y de respeto entre las posiciones políticas diferentes, lo que constituyó una innovación en nuestro discurrir histórico. Porque incluso en el breve período democrático que se vivió entre 1945 y 1948, que algunos historiadores, con Germán Carrera Damas a la cabeza, llaman la Primera República Liberal Democrática,[4] las relaciones de competencia que se suscitaron entre las principales fuerzas políticas llegaron a un nivel tal de tensión en determinados momentos que, visto a la distancia ese proceso, hay que convenir en que fue a partir del 23 de enero de 1958, con la instauración de lo que esos historiadores llaman la Segunda República Liberal Democrática,[5] cuando por primera en el país se desarrolló un ambiente de entendimiento entre todas los sectores de la sociedad, lo que permitió conciliar los intereses sociales en la forma que examinaremos luego.

2. Los objetivos en el régimen autoritario

En contraste, con la llegada de Hugo Chávez al poder por la vía electoral, el protagonista de este acontecimiento y sus seguidores desde el primer momento entendieron que estaban haciendo una revolución, a la que al comienzo llamaron, en forma ambigua, "el proceso", para luego referirse a la Revolución Bolivariana, al proceso de transición al Socialismo del Siglo XXI y al Socialismo simplemente. Pero en la campaña electoral que

---

[3] http://revistasenlinea.saber.ucab.edu.ve/temas/index.php/rrii2/article/view/942/860.

[4] Véase: Germán Carrera Damas: *Primera República Liberal Democrática 1945-1948*, Fundación Rómulo Betancourt, Caracas, 2008 y Simón Alberto Consalvi: *La Revolución de Octubre 1945-1948 La Primera República Liberal Democrática*, Fundación Rómulo Betancourt, Caracas, 2010.

[5] Guillermo Tell Aveledo Coll: *La Segunda República Liberal Democrática 1959-1998*, Fundación Rómulo Betancourt, Caracas, 2014.

llevó a Chávez a la primera magistratura nunca se mencionó la palabra revolución, y menos socialismo. En líneas generales, la oferta electoral de Chávez no difería de las razones que habían aducido los militares para dar los golpes de 1992, las cuales se sintetizaban así: "desacuerdo con la gestión política y económica del Presidente Pérez; el descontento de los sectores medios y bajos de las Fuerzas Armadas por los hechos de corrupción verificados en los altos mandos militares; la subordinación de las Fuerzas Armadas a un liderazgo político que consideraban incapaz y corrupto; la utilización de las Fuerzas Armadas, en particular el Ejército y la Guardia Nacional, en la represión de los disturbios del 27 de febrero de 1989; el cuestionamiento a la posición sostenida por el presidente Pérez en las negociaciones relativas a la delimitación limítrofe con Colombia; el deterioro de las condiciones socioeconómicas de la oficialidad media y baja de las tropas; y el empleo de las Fuerzas Armadas en labores como repartición de útiles escolares, becas alimentarias, campañas de vacunación y de arborización".[6] En definitiva, lo que exigían los militares en esa época era el cumplimiento de la Constitución de 1961 y unas mejoras laborales para sus agremiados. Si examináramos cada uno de los argumentos mencionados, encontraríamos que la política económica de Pérez en su segundo gobierno era un intento, que muchos consideraron errado o imprudente, de transformar la estructura económica del país para hacerla productiva y no simplemente rentista, lo cual es una materia pendiente; que los niveles de corrupción eran mínimos, si los comparamos con los de ahora, y no hemos tenido conocimiento de protestas de los sectores medios y bajos de la Fuerza Armada por los hechos de corrupción verificados en los altos mandos militares y en todos los niveles del gobierno. Asimismo, que la represión a los disturbios en 1989 fue efectuado por fuerzas militares, no por civiles, y que el empleo de aquellos tiende al aplicación excesiva de la fuerza cuando se les utiliza en labores de mantenimiento del orden público, por lo cual los organismos internacionales que velan por los derechos humanos han recomendado, en forma tan insistente como inútil, que en Venezuela el control de manifestaciones no se haga por los militares. Que bajo el régimen democrático hubo una actuación decidida en defensa del territorio nacional, cosa que ahora no ocurre, y en tal sentido basta con observar el abandono por el gobierno de la reclamación del territorio Esequibo y la aquiescencia del Presidente de la República al otorgamiento de concesiones petroleras por el gobierno de Guyana en la zona en reclamación.[7] Que a los militares se le consultó la Hipótesis de Caraballeda (bajo Luis Herrera, no en el gobierno de Pérez) y que ante el desacuerdo de

---

[6] http://www.venezuelatuya.com/historia/4_febrero.htm
[7] http://laguayanaesequiba.blogspot.com/2013/11/a-que-acuerdo-llego-el-presidente-hugo.html

amplios sectores de la población, incluyendo militares, se suspendieron las conversaciones con Colombia, mientras que ahora no hay ninguna hipótesis ni ninguna consulta. Sobre la utilización de militares en tareas de servicio público, estas no tuvieron ninguna magnitud si se compara con lo que vino después, para gran alegría del componente militar. Quedaría por examinar las condiciones socioeconómicas de la oficialidad media y baja, y a ese respecto se observa que los militares de ese nivel tenían las mismas dificultades que los civiles, porque la posibilidad de manejar grandes sumas de dinero en efectivo no se les dio sino desde el inicio del Plan Bolívar 2000, el cual fue suspendido luego por los escandalosos casos de corrupción. Por lo demás, es cierto que en la población del país no había la sensación de que los militares gozaban de privilegios chocantes en materia económica, lo cual ha cambiado mucho. En efecto, los militares de aquella época eran más pobres, pero también más apreciados y respetados.

Posteriormente, el Estado que comienza a formarse a raíz de la toma de posesión de Chávez como Presidente de la República, el 2 febrero de 1999, no tenía un perfil fijo, sino que evolucionó en el tiempo, de modo que sus objetivos también se han modificado. En la Constitución de 1999, en comparación con la de 1961, hay un impresionante elenco de los derechos humanos, pero es necesario tener presente, de un lado, que casi todos esos derecho habían sido consagrados tanto en la Constitución de 1961 como en diversos tratados suscritos por la República, con la observación de que en el texto de 1999 se actualiza la forma de expresar esos derechos de acuerdo a las nuevas terminologías puestas en boga por organismos internacionales; del otro, que derechos humanos no declarados expresamente se encontraban vigentes, puesto que en el artículo 50 de la Carta de 1961 se disponía lo siguiente:

> La enunciación de los derechos y garantías contenida en esta Constitución no debe entenderse como negación de otros que, siendo inherentes a la persona humana, no figuren expresamente en ella".

> La falta de ley reglamentaria de estos derechos no menoscaba el ejercicio de los mismos.

Además, en aquellos casos en que parecía conveniente una actualización de la formulación de algunos derechos, existían proyectos en tal sentido elaborados por expertos en la materia: los contenidos en los trabajos de la COPRE y en el proyecto de Reforma Constitucional de la Comisión Bicameral del Congreso en 1993. Pero más importante que discutir sobre la formulación de los derechos, pues no conocemos ningún caso de un derecho humano que no hubiera podido ser reconocido y protegido bajo la vigencia de la Constitución de 1961, parece necesario referirse a la forma como esos derechos han sido cumplidos bajo ambos ordenamientos constitucionales, y eso lo haremos más adelante.

En el aspecto político, en la Constitución de 1999 se había consagrado un régimen político democrático, con separación de poderes y autonomía de estos, con un sistema de alternabilidad en la función de gobierno en la que se permitía una sola reelección, con mecanismos adecuados de control, tanto en lo político como en el manejo de la Hacienda Pública, y de establecimientos de responsabilidades a los titulares de los órganos públicos. La primera señal de que Chávez tenía una agenda oculta la dio en el mismo acto de toma de posesión del cargo, cuando se negó a jurar hacer cumplir la Constitución bajo cuyas normas había llegado a la presidencia de la República, y luego cuando manifestó que gobernaría hasta el 2021, plazo que luego extendió hasta el 2030. Esto significa que habían unos objetivos expresamente declarados y unos objetivos latentes, ocultos, que contradecían el texto de la Ley Fundamental, y que empiezan a manifestarse progresivamente. Para evidenciar el cambio en los objetivos sustentados por Chávez, basta con ver el video con la entrevista para la televisión que hace el periodista peruano Jaime Bayly al candidato Chávez en 1998, en el que este declara su disposición de bajar los impuestos y de mantener la flotación del cambio monetario; su acuerdo con la privatización de muchas empresas relacionadas con la industria petrolera aguas abajo, de hoteles, hipódromos loterías, turismo; que expresa "estoy comprometido a no ser autoritario, no queremos más autoritarismo" y que afirma en forma contundente: "yo no soy socialista",[8] con el Chávez que después dice: "soy socialista, bolivariano, cristiano y también marxista"[9] e impone a los militares el saludo con el lema "Patria, socialismo o muerte".[10] Y también el contraste entre el Chávez que apoya la organización del Estado resultante de la Constitución de 1999, y el que trata de consagrar, mediante leyes, decretos leyes y vías de hecho, un Estado Comunal que no está previsto en la Constitución y que contradice los preceptos de esta. Entonces, ¿cuáles son los objetivos del gobierno de Chávez? Chávez lo respondió de dos maneras distintas: de un lado puso como modelo al gobierno de Cuba, cuando expresó que "Cuba es el mar de la felicidad, hacia allá va Venezuela";[11] del otro, que su propósito es implantar en Venezuela el Socialismo del siglo XXI, Pero, ¿Qué es el socialismo del Siglo XXI? De acuerdo con lo anterior este socialismo es el que existe en Cuba, puesto que es el modelo que Chávez pretende para Venezuela. En realidad, no se sabe en lo que consiste ese socialismo, dada las diferencias que

---

[8] https://www.youtube.com/watch?v=mE84o4Yxh70
[9] https://juanmartorano.wordpress.com/2014/07/21/chavez-soy-socialista-bolivariano-cristiano-y-tambien-marxista/
[10] http://www.eluniversal.com/2007/05/11/pol_art_ordenan-a-militares_2794 12
[11] http://www.lasamapolasrd.com/2013_03_03_archive.html

existen en la economía y en los antecedentes históricos entre Cuba y Venezuela y, en general, porque ningún régimen de una país puede implantarse en otro. El mismo creador del concepto de Socialismo del siglo XXI, el sociólogo y analista político alemán Heinz Dietrich, quien actuó durante años como asesor del gobierno, considera que el régimen ha desviado el rumbo y, refiriéndose a Maduro, ha dicho recientemente: "Él pensaba y piensa que basta con emular a su antecesor Hugo Chávez en la retórica y la coreografía y mantener el modelo económico…No durará ni ocho semanas en el gobierno y probablemente será suplantado por una junta de gobierno. Para los militares y gobernadores chavistas está claro que su política significa indudablemente el fin de la era bolivariana. La política debe dar un giro de 180° o todo estará perdido".[12]

Tampoco existe un programa, ni siquiera el llamado Plan de la Patria, que establezca cómo sería Venezuela cuando el régimen socialista estuviera plenamente vigente, lo que sí está claro es que hay una estrategia, hasta ahora exitosa, de conservar el poder y de extenderlo a todas las áreas del Estado y de la sociedad. Por esa misma razón, parece evidente que para Chávez y sus seguidores (el chavismo), el socialismo que pregonan tiene como contenido el propósito de mantener el régimen en el poder, sin límite de tiempo, y el apoyo de todos, o al menos de una parte importante de los habitantes del país, a las políticas que el régimen decida, en cualquier sentido que sea. En efecto, cuando se habla de socialismo no se alude a la socialización o estatización de todos los medios de producción, ni siquiera de unos sectores determinados, sino a la ocupación o confiscación de empresas puntuales, cuyos propietarios el régimen considere que son adversarios de su permanencia en el poder. Si por socialismo debe entenderse la implantación del Poder Popular y del Estado Comunal, ya hemos dicho que este intento puede ser visto como una fantasía que el chavismo podía darse el lujo de subvencionar mientras los precios del petróleo se mantenían altos, pero en el fondo de lo que se trataba es de una estrategia, recomendada por el discurso populista, para consolidar el poder y para mantenerse en su ejercicio en forma perpetua. En fin, acudir al concepto de socialismo del siglo XXI ha sido una manera de evadir las críticas al socialismo real, el que ha existido en varios países y que ahora nadie quiere, y de mantener la esperanza en la realización de una utopía.

---

[12] https://www.google.co.ve/#q=No+durar%C3%A1+ni+ocho+semanas+en+el+gobierno+y+probablemente+ser%C3%A1+suplantado+por+una+junta+de+gobierno

b) LAS FORMAS DE ARTICULAR LOS OBJETIVOS

Existe una clara relación entre los objetivos que persigue un sistema político y el método que se utiliza para articular esos objetivos. En el régimen democrático se puso en vigor un sistema de conciliación de intereses, mientras bajo el régimen chavista se ha hecho uso de un discurso populista.

1. El sistema de conciliación de intereses en el régimen democrático

En el sistema político-económico que se instaló a partir de 1959 no hubo desacuerdos significativos entre los diferentes sectores sociales en cuanto a los objetivos a alcanzar. De allí que el sistema que se estableció para articular los objetivos de los actores en el proceso político y en las decisiones económicas fue el de la búsqueda del consenso. "Para ello –dice Diego Bautista Urbaneja–, las decisiones que se fuesen a tomar estarían sometidas a dos reglas básicas: debían llevar al máximo el consenso de, y llevar al mínimo el conflicto con, los sectores de la sociedad que pudieran desestabilizar la democracia que se instauraba".[13] El mecanismo que se puso en práctica ha sido estudiado por el politólogo Juan Carlos Rey, quien lo ha llamado "el sistema populista de conciliación de intereses".[14] J.C. Rey parte de la constatación de que a partir de 1959 se establece un conjunto de relaciones semicorporativas, en el cual las decisiones importantes y que afectan al conjunto son consultadas con los partidos políticos, especialmente con los partidos mayoritarios, pero también con la cúpula de los empresarios (Fedecámaras), de los trabajadores (CTV), de los militares (Alto Mando), de la Iglesia (Conferencia Episcopal) y, según el caso, con los principales gremios del país. De esta manera se logra un consenso muy amplio, que garantiza la participación de la sociedad venezolana en su conjunto y que permite distribuir beneficios para todos los participantes en el sistema, hasta que el mecanismo entra en crisis a fines de los setenta, por dificultades en el proceso distributivo de la renta y por otras causas que hemos examinado antes y sobre las cuales volveremos.

---

[13] Diego Bautista Urbaneja: *La Política venezolana desde 1958 hasta nuestros días, op. cit.* p. 140.

[14] Juan Carlos Rey: «El futuro de la democracia en Venezuela» en Colección IDEA, Caracas, 1989, pp. 249-323; Juan Carlos Rey: «La democracia venezolana y la crisis del sistema populista de conciliación» en *Revista de Estudios Políticos* N° 74, 1991, pp. 533-78. Véase también: Miriam Kornblith: "La crisis del sistema político venezolano". *Revista Nueva Sociedad*, N° 134, noviembre-diciembre 1994, pp. 142-157

2. El populismo autoritario en el régimen chavista

En forma muy diferente se produce la articulación de objetivos por el régimen implantado por Hugo Chávez, pero para estudiar este aspecto debemos formular unas consideraciones previas.

Cuando Max Weber, en su famosa obra Economía y Sociedad, estudia las formas políticas del tránsito del medioevo a la modernidad y analiza el tipo de dominación tradicional encuentra que, bajo determinadas circunstancias, un sistema político patriarcal se transforma en patrimonial cuando *el imperante* logra formar un cuadro administrativo y militar personal (patrimonial), por derecho propio, lo que le permite manejar los bienes del régimen político como patrimonio personal, en cuyo caso los "compañeros" se transforman en "súbditos".[15] Cuando esta forma de dominación se mueve en el arbitrio libre, da origen al *sultanato*. En todo caso, destaca Weber que "El cargo patrimonial carece ante todo de la distinción burocrática entre la esfera 'privada' y la 'oficial'".[16] Más recientemente, investigadores de las ciencias políticas como Giulio Sapelli[17] en Italia y Oscar Oszlak[18] en Argentina, han considerado que una evolución similar puede producirse bajo un régimen de dominación racional normativo, donde se llega al poder por vía de elecciones, lo que da origen a lo que llaman el *neopatrimonialismo*. Este concepto ha sido desarrollado y aplicado a diversas experiencias concretas por las investigadoras argentinas María Gloria Trocello y Amelia Marchisone, quienes al referirse a los regímenes patrimonialistas contemporáneos expresan que "Se trata de regímenes políticos formalmente representativos y republicanos en los que un líder –que controla el partido dominante en el campo político– logra permanecer en el gobierno por un tiempo prolongado apropiándose de los recursos materiales y simbólicos del Estado. El líder y su entorno –donde se destaca su familia– concentran importantes recursos de dominación, que les permiten ser dominantes en el '*campo del poder*' llegando a condicionar estructuralmente el funcionamiento de los otros campos sociales", y agregan que "La diferencia central con los tipos de patrimonialismos weberianos –que justifica el uso del prefijo *neo*– es que son

---

[15] Max Weber: *Economía y Sociedad*, Fondo de Cultura Económica, Tomo I, 1977, pp. 184 y 185.

[16] *Idem*, Tomo II, p. 774.

[17] Giulio Sapelli, Cleptocracia. *El mecanismo único de la corrupción entre economía y política.* Editorial Losada, Buenos Aires 1998.

[18] Oscar Oszlak: *Políticas Públicas y Regímenes Políticos Reflexiones a partir de algunas experiencias latinoamericanas.* Estudios Cedes. Vol. 3. N° 2, Buenos Aires, 1980.

formalmente democráticos, lo que conforme a una definición mínima, significa cumplir con elecciones y que además estén institucionalizados, es decir que se da por sentado que se seguirán realizando por tiempo indeterminado".[19] En el estudio que citamos se afirma que "Al acceder por medio del voto, ese ciudadano cuenta ya con algún capital político previo, al que suma el recurso 'simbólico' que servirá de soporte para la acumulación de los restantes: se trata de un líder o al menos de 'un ganador' elegido por su pueblo. Cuenta, además, con un recurso político fundamental: legitimidad de mando; y en consecuencia, será quien está autorizado para administrar los recursos del Estado. La forma en que ejerza la administración viabilizará la posible concentración de recursos de dominación (económicos, políticos, de información, de fuerza física, ideológicos, etc.), pudiendo así llegar a patrimonializar el Estado".

Para determinar si en un país se dan las condiciones para la instauración de un régimen patrimonialista, María Gloria Trocello expresa, siguiendo a Thompson,[20] que hay tres aspectos a considerar: un análisis sociohistórico, para determinar si existen altas tasas de pobreza y desigualdad social y una población "dependiente" del accionar del Estado; un análisis institucional, que incluye el estudio tanto de las estructuras del sistema como de las prácticas particularizadas, entre las cuales hay aspectos como la corrupción, y un análisis interpretativo, en el cual lo más importante es la construcción de un discurso populista. Dando por sentado que en Venezuela se dan los dos primeros requisitos, es importante detenerse brevemente en el tema del discurso populista, aspecto en el que la investigadora Trocello saca provecho de las categorías de articulación y discurso desarrolladas por los filósofos y politólogos postmarxistas Ernesto Laclau, argentino, y Chantal Mouffe, belga, en el libro *Hegemonía y Estrategia Socialista*.[21] Este análisis parte de estudiar el nuevo papel asignado al lenguaje en la estructuración de las relaciones sociales y en las sociedades y considera que en las sociedades contemporáneas no se observa el fenómeno de la lucha de clases como lo postulaba el marxismo clásico, sino que, según Laclau y Mouffe, "Un conjunto de fenómenos nuevos y positivos está también en la base de aquellas transformaciones que hacen

---

[19] María Gloria Trocello y Amelia Marchisone: "La dominación partidaria y la concentración de poder político. El caso de la Provincia de San Luis" (2009), en *historiapolitica.com/datos/biblioteca/ppterritoriales_trocello*.

[20] John B. Thompson: "Lenguaje e Ideología" en *Zona Abierta* N° 41/42. Ed. Pablo Iglesias, Madrid, 1986.

[21] E. Laclau y Chantal Mouffe: *Hegemonía y Estrategia Socialista*, escrito en inglés en 1985 y publicado en español en 1987 por el Fondo de Cultura Económica. Consultable en Internet.

imperiosa la tarea de recuestionamiento teórico: el surgimiento del nuevo feminismo, los movimientos contestatarios de las minorías étnicas, nacionales y sexuales, las luchas ecológicas y antiinstitucionales, así como las de las poblaciones marginales, el movimiento antinuclear, las formas atípicas que han acompañado a las luchas sociales en los países de la periferia capitalista, implican la extensión de la conflictividad social a una amplia variedad de terrenos que crea el potencial –pero sólo el potencial– para el avance hacia sociedades más libres, democráticas e igualitarias". Pero así como esa diversidad, al interactuar libremente, puede generar sociedades más democráticas, puede ser también utilizada para la construcción de un régimen patrimonialista al ser objeto de manipulación por el discurso populista. El populismo rechaza la diversidad y busca la hegemonía mediante un discurso que dicotomice el campo en un antagonismo entre "los buenos y los malos" para crear una identidad en el grupo social mayoritario que forma un "nosotros". En este aspecto, Trocello expresa que con el discurso populista "Se genera un nuevo universo simbólico en donde por un proceso de abstracción semántica, se generan polaridades. Así por ejemplo en una coyuntura histórica hipotética, los reclamos de algunos sindicatos, los de estudiantes universitarios, y los de movimientos sociales, tienen diferencias que difícilmente se puedan articular discursivamente si se contraponen los significados específicos de sus luchas. No obstante a partir de interpelaciones simbólicas (mediante enunciaciones discursivas) puede producirse una polaridad antagónica, por ejemplo sistema – antisistema, y pasar todos a formar parte del antisistema. Se ha articulado así un discurso antagónico que es un discurso de ruptura popular. Esa articulación de posiciones de sujeto va a generar (si el discurso que interpela es exitoso) una identidad colectiva. Todos pasaran a ser parte del 'pueblo'" y se oponen a los otros, al "antipueblo". Los resentimientos sociales, nuevos o ancestrales, son un filón para el discurso populista, que por esta vía incorpora importantes contingentes de personas y grupos a sus filas.[22]

Para estos efectos, el discurso populista se construye mediante la articulación de un conjunto de símbolos considerados positivos preexistes en la sociedad, que abreva en diversos sistemas significantes (míticos, reli-

---

[22] Véase: Max Scheler: *Sobre el resentimiento*, Cuadernos de la Fundación García Pelayo, N° 9, Caracas, 2004. Es importante poner atención a la Introducción que hace Manuel García Pelayo a este ensayo con el título de "Notas sobre el resentimiento como actitud psico-política".

giosos e ideológicos), según les sea eficaz para sus objetivos.[23] En el caso venezolano –agregamos–, encontramos conceptos como los de la independencia lograda por la lucha de los libertadores, con Simón Bolívar a la cabeza, las nociones de República, democracia, participación, descentralización, justicia, igualdad, patriotismo, generosidad, amor. Por contraste, el discurso populista articula también un conjunto de conceptos y símbolos considerados negativos, que identifican a los "enemigos": burguesía, imperialismo, la política, la representación, la antipatria, la derecha, la corrupción, en fin, todo lo que identifique a "ellos", contra los cuales hay que combatir. El discurso populista promueve un cambio de las nociones históricas y culturales imperantes en la sociedad, mediante la toma de los factores que configuran la hegemonía cultural: los medios de comunicación y los establecimientos educativos.

Pero además, y sobre todo, el discurso populista utiliza la técnica totalitaria de cambiar el sentido de las palabras, hasta el punto de crear un lenguaje nuevo, apropiado a sus intereses, la llamada neolengua. Este fenómeno ha sido estudiado entre nosotros en el libro *La neolengua del poder en Venezuela, dominación política y destrucción de la democracia*[24] que contiene excelentes artículos de Antonio Canova González, Carlos Leáñez Aristimuño, Giuseppe Graterol Steganelli, Luis A. Herrera Orellana y Marjuli Matheus Hidalgo, en el cual se plantea "un problema del que muchos venezolanos no están conscientes: la desmesurada pretensión de la clase gobernante de crear, en el marco del ejercicio de un poder ilimitado y sin control, una lengua nueva, llena de sentidos que en sí mismos ofrezcan un espontáneo apoyo al propósito de dirigir indefinidamente y determinar la totalidad de nuestras vidas". Los autores parten de la constatación de que "Esta nueva lengua, que vacía numerosas palabras de su significado original y les adjudica otro a conveniencia, presenta lo que ocurre como parte de un destino histórico inexorable, justo y benéfico; a la vez que convierte en absurdo o deshonesto cualquier intento de resistencia al proyecto hegemónico". Los ejemplos son muchos y se refieren a vocablos para denostar a la oposición (escuálidos, majunches, burgueses, apátridas), como a palabras para ensalzar a sus líderes (el comandante eterno, el gigante, los patriotas) o para designar períodos históricos con connotaciones negativas (la Cuarta República) o positivas (Revolución, socialismo), todo ello siempre con la finalidad de polarizar la sociedad en "los nuestros" y "los enemigos". La neolengua también incluye el uso

---

[23] Véase: Enrique Viloria Vera: *Neopopulismo y neopatrimonialismo: Chávez y los mitos americanos*, en analitica.com/va/politica/multimedia/2574445.pdf.
[24] Editorial Galipán, Caracas, 2015.

espantoso del femenino y del masculino donde no cabe, como una forma de exaltar la condición femenina, sin atender a los convincentes razonamientos de la Academia de la Lengua Española en esta materia.

Por otra parte, en el discurso populista, dice Trocello, "se deben tener en cuenta dos premisa centrales a la construcción del polo de lo popular, y que tomo de una propuesta de Jean Leca: 1) la voluntad del pueblo, identificada con la justicia y la moral, prevalece sobre la norma institucional elaborada por los hombres, 2) los gobernantes sólo son buenos si están directamente vinculados al pueblo por sobre las élites intermedias (intelectuales, expertos, tecnócratas)".[25] Con fundamento en la primera premisa, el régimen se considera autorizado para violar el ordenamiento constitucional y desconocer las estructuras formales del Estado, y para ello cuenta con el aplauso del "pueblo". Pero como veremos luego, ese aplauso amaina y tiende a convertirse en protesta cuando la infracción de las relaciones formales se traduce en ineficiencia en cuanto a la garantía de los derechos humanos y en crisis económicas que afectan a todos los habitantes del país.

En Venezuela, y siguiendo el libreto más ortodoxo de la neolengua para la instauración del neopopulismo, el régimen gobernante ha establecido un claro contraste entre una llamada Cuarta República, que empezaría el 1830 y duraría hasta comienzos de 1999, la cual englobaría sistemas políticos tan disímiles como los encabezados por José María Vargas, José Tadeo Monagas, Juan Vicente Gómez, Isaías Medina Angarita, Rómulo Betancourt y Pérez Jiménez, entre otros, en la cual se concentraría toda la maldad de que son capaces los seres humanos, de un lado, y del otro, una llamada Quinta República, donde todo es luz, bondad y amor. En realidad, el establecimiento de períodos históricos tan grotescos y carentes de toda lógica tuvo su origen en lo siguiente: ante la proximidad del proceso electoral de 1998, Chávez decide abandonar la posición abstencionista que había sostenido desde que había sido indultado por Caldera en marzo de 1994, bajo la figura del sobreseimiento de la causa, para participar en las elecciones como candidato presidencial, y requiere formar un partido político para esos fines. Se le ocurre entonces mantener la denominación de la logia conspirativa, Movimiento Bolivariano Revolucionario 200 (MBR-200), que había fundado en 1983, cuando se cumplían 200 años del nacimiento de Bolívar, pero la Ley de Partidos Políticos prohibía (y prohíbe) la utilización del nombre de los próceres de la Nación, o sus derivados, en la denominación de los partidos. Por ello, opta por el nombre de Movimiento V República, que guarda semejanza con el que quería,

---

[25] María Gloria Trocello: *Neopatrimonialismo, populismo y comunitarismo en* www.saap.org.ar/esp/docs-congresos/congresos-saap/.../**trocello**.pdf

sobre todo en sus siglas MVR. Esta denominación, por otra parte, buscaba la asociación con el movimiento del general Charles de Gaulle, quien había ascendido al poder en Francia en 1958 y había llamado a su movimiento la V República, para significar que comenzaba una nueva etapa en la historia de Francia, tal como lo propuso después para nosotros en 1991 el teórico marxista Kléber Ramírez en su libro *Venezuela: la Cuarta República o la total transformación*. Pero en Francia tenía sentido llamar la V República a la nueva etapa, porque ese país había atravesado por cuatro etapas anteriores, con interrupciones en el régimen republicano, lo que no era el caso en Venezuela. Por eso, en forma muy confusa y sin ninguna argumentación, Chávez se refiere a la IV República como el período que se inicia en 1830, lo cual es absurdo. Pero en el discurso populista lo racional no ocupa ningún lugar, porque lo que se busca es manipular símbolos y sentimientos para lograr objetivos políticos. En ese contexto se entiende la modificación de la Bandera Nacional, a la cual se le agregó una estrella; al Escudo de la República, con el cambio de dirección del caballo; la manipulación de los restos del Libertador; la manera como el presidente esgrimía la espada del máximo héroe, y el nuevo rostro que se ha pretendido, sin éxito, atribuir a Simón Bolívar.

En la instauración del régimen neopatrimonialista en Venezuela se ha dado el proceso que preveía la profesora Trocello cuando expresaba que "La dominación partidaria llevará a designar a quienes serán legisladores, y a partir de allí, en combinación eficiente de lealtades, se van a ir cubriendo las designaciones en todos los organismos del Estado, y licuando las posibilidades de 'accountability' horizontal"[26] (mecanismo de control recíproco entre los poderes). Pero también el proceso venezolano muestra diferencias con la situación de otros Estados donde se ha entronizado el neopatrimonialismo y que deriva de que somos un país petrolero y de que, con Chávez en el poder, el país ha disfrutado de un período muy largo con los precios petroleros más altos de la historia de Venezuela, sin que el régimen tenga ningún mérito en la obtención de ese premio. Con esos recursos, un gobierno que actuara racional y democráticamente hubiera podido introducir importantes transformaciones en el Estado y en la sociedad para disminuir desigualdades y para iniciar un proceso de desarrollo sustentable, sobre todo mediante políticas orientadas hacia la valorización del capital humano, pero ese no es el objetivo que interese a un régimen patrimonialista. En su lugar, el gobierno se desprende del ordenamiento constitucional, crea una estructura informal del Estado que ninguna relación guarda con la que consagra la Ley Fundamental, define una

---

[26] María Gloria Trocello: *NEOPATRIMONIALISMO, POPULISMO Y COMUNITARISMO, cit.*

"élite prebendaria" del régimen que se rota en los cargos de más alto nivel, consolida el clientelismo en lo interno como método de gobierno, se generan cambios importantes en las relaciones internacionales por el clientelismo hacia afuera, se incrementa la corrupción hasta niveles insólitos, los compañeros militares de Chávez, convertidos en súbditos, copan las posiciones más importantes del Estado, se hace una campaña descomunal sobre la vigencia de una utopía "comunitaria" del Estado, basada en la supuesta formación de un "hombre nuevo", se producen cambios significativos en la forma como se cumplen (o mejor, se dejan de cumplir) los derechos humanos y se lleva al país hacia la crisis económica y social más profunda y grave que jamás hayamos tenido.

Con mucha agudeza Trocello observa que "La alternancia en el gobierno resulta un obstáculo para la patrimonialización estatal",[27] porque la interrupción del proceso introduce la posibilidad de desenmascarar los manejos ilegítimos que se han hecho con los fondos públicos, saca a relucir las manipulaciones y ocultamientos de las estadísticas y desmorona el aura de invencibilidad que exhibe el régimen. Por ello la insistencia de Chávez de consagrar la reelegibilidad sucesiva ilimitada, mediante modificación de la Constitución, lo cual logra en el segundo intento, y explica la inversión presupuestaria sin medida para mantenerse, que dejan exhaustas las arcas públicas, tal como lo expuso Giordani al referirse a las elecciones de octubre de 2012.[28]

Sobre el concepto que ha tratado de remachar el régimen de que la "revolución llegó para quedarse", son importantes las observaciones de dos investigadores venezolanos al estudiar el "autoritarismo electoral", así: "De las palabras claves de este discurso oficial, *irreversibilidad*, *hegemonía* y *reelección*, se desprende la tensión más importante que atraviesa al chavismo: mantener y consolidar definitivamente la revolución, haciéndola inexorable, en un contexto que le obliga a medirse en las urnas periódicamente corriendo el riesgo de perder lo ganado. El primer eje de esta tensión, la *irreversibilidad* del proceso y su necesidad de *hegemonía* incontestable, orienta claramente la perspectiva de unanimidad social y política a la que ha aspirado el régimen en estos largos años de su existencia. Copar todos los espacios y teñirlos de un solo color ha sido su norte. El segundo, la inevitabilidad de la confrontación electoral a la que está sometido gracias a la presión democrática que sobre él se ejerce, tanto puertas adentro como puertas afuera, le obliga a

---

[27] *Idem*

[28] Jorge Giordani: "Testimonio y responsabilidad ante la historia", en http://www.aporrea.org/ideologia/a190011.html

transitar el camino eleccionario, pero interponiendo toda clase de obstáculos a sus oponentes a fin de resolver la tensión a su favor".[29]

Pero ya que hemos llegado hasta aquí, para concluir esta parte teórica es conveniente que nos refiramos al análisis que hace María Gloria Trocello sobre algunos aspectos del discurso populista que se dan plenamente en Venezuela, como son la antinomia entre lo político y lo comunitario y a la figura del cinismo republicano. En el primer aspecto, la autora que citamos afirma lo siguiente:

> Ante el desencanto generalizado con la política, el antagonismo va a plantear (incluso desde el propio discurso político) un nuevo antagonismo: ya no será entre pueblo y poderosos, sino entre *lo político* y *lo no político*. Los políticos tratan de aparecer como "no políticos". Lo no político es lo social, lo comunitario, el espacio de las identificaciones sociales y los sentidos de pertenencia. El campo político es expulsado del campo social en la inscripción ideológica de los sujetos. Los espacios de las instituciones formales son los espacios de "la política" y de los políticos. El espacio comunitario es el espacio popular, el espacio del "líder" que queda más allá de la propia clase política en la que se incluye incluso a sus seguidores. Por ello se dan condiciones de producción para una poderosa articulación en el campo discursivo populista:
>
> *los políticos = lo político = lo antipopular*
> *"el líder" = lo comunitario = lo popular*
>
> Plantear lo comunitario como lo no político, es resignificar el accionar clientelar a partir de devaluar la política y las instituciones y quedar anclado en el afecto, en las relaciones familiares y de amistad.
>
> Queda así imbuido el líder de una legitimidad democrática basada en el consenso popular. La representación es una cuestión formal pero despreciable porque la clase política es presentada discursivamente como infiel al pueblo. Esto se traduce en desencanto generalizado. El no poderse confiar en la política como modo de resolver las cuestiones del espacio público es el gran triunfo ideológico de la implantación del "nexo comunitario". El pueblo sólo se siente representado por el líder que está habilitado para gobernar en forma arbitraria, sin restricciones institucionales, pero cuidadoso de generar la ficción de la democracia directa.[30]

---

[29] Luis Gómez Calcaño y Nelly Arenas: "El chavismo: autoritarismo electoral hacia fuera y hacia adentro" en http://polisfmires.blogspot.com/2012/08/luis-gomez-calcano-y-nelly-arenas-el.html

[30] María Gloria Trocello: *Neopatrimonialismo, populismo y comunitarismo*, cit.

El otro aspecto es el del cinismo republicano, al cual conduce el discurso populista. Según Trocello "Se conceptualiza como *cinismo republicano* a las prácticas discursivas que apelan a representaciones del orden simbólico republicano oscureciendo algunos de sus principios para resaltar otros, con la finalidad de legitimar determinadas prácticas gubernamentales...El **cinismo** es una actitud racional de desvergüenza por la pérdida de congruencia entre el decir y el hacer. En la conceptualización propuesta se supone la deshonestidad intelectual porque se utilizan significaciones del orden republicano para generar representaciones colectivas con la finalidad de que determinadas prácticas particularistas o autoritarias sean percibidas como democráticas". En el caso venezolano actual abundan los ejemplos de cinismo, basta decir que la principal de las causas alegadas para justificar los intentos de golpes de Estado de 1992 y la entronización del régimen chavista fue "el estado de galopante corrupción en que había caído el país".[31]

En cambio, el sistema de conciliación social encuentra el terreno abonado en un régimen donde impera el respeto a los demás, donde las ideas se discuten libre y públicamente porque existe un pluralismo político y una plena libertad de expresión y donde las elecciones son realmente competitivas y el gobierno está sujeto a rendir cuentas de su gestión, como ocurrió en Venezuela en el período 1958-1998. No estamos diciendo que en esa etapa se manejó siempre la cosa pública con criterio acertado y con honestidad total, sino que se estableció un sistema de conciliación social que se mantuvo por varias décadas, hasta que las diferencias sobre el modo de repartición de la renta hicieron imposible el consenso político y la pervivencia de la democracia y se crearon las condiciones para la implantación de un sistema diferente, que luego se vio que era de naturaleza populista y neopatrimonialista.

Dice Trocello, apoyándose en las ideas de Étienne Tassin,[32] Benjamin Barber[33] y Hanna Arendt,[34] que "en los neopatrimonialismos el pluralismo no existe y entonces se diluye la esencia de un espacio público democrático, pues para que haya sociedad democrática se requiere de la institución

---

[31] *Ibídem*

[32] Étienne Tassin: "Identidad, Ciudadanía y Comunidad Política: ¿Qué es un Sujeto político?" en *Filosofías de la ciudadanía. Sujeto político y democracia.* Hugo Quiroga, Susana Villavicencio y Patrice Vermeren (Comp.), Homo Sapiens. Rosario 1999.

[33] Benjamin Barber: *Democracia Fuerte,* Editorial Almuzara, España, 2004. Trad. Juan Jesús Mora.

[34] Hanna Arendt: *Crisis de la república,* Taurus, Madrid, 1993.

de un espacio de conflicto que transforme la simple opinión en objeto de diálogo y de controversia pública. La ciudadanía política desde la mirada republicana supone un espacio plural donde a partir del disenso el sujeto se constituye en actor. En tanto que el comunitarismo propende a la constitución de las identidades cerradas. Por ello el discurso del comunitarismo construirá procesos de identificaciones colectivas con la comunidad produciendo el *vaciamiento del campo político* (Sigal S. y Verón, E. 1986). Esta expresión hace alusión a la imposibilidad discursiva de la aceptación del otro como igual. No es posible la política como construcción de conjunto, pues se niega el diálogo al negarse al adversario. Indagar sobre la construcción de los procesos de ciudadanía y de la identidad permite adelantar una conclusión: la cultura política de los regímenes neopatrimonialistas tiende a producir sujetos sociales que se constituyen políticamente como **ciudadanos siervos**".[35]

En su empeño de construir un régimen patrimonialista, Chávez desechó desde el comienzo la conciliación y adoptó la confrontación contra sus adversarios políticos, como una forma de acumular poder y compactar a sus seguidores en torno a su persona. El general Guaicaipuro Lameda, quien ocupó altos cargos en el gobierno de Chávez, entre ellos la Presidencia de PDVSA, ha expresado sobre el régimen chavista que "La estrategia político-económica para mantenerse en el poder es fácil de explicar. Primero, el Gobierno se declara defensor de los pobres con dos intereses: ser el adalid y semi-Dios de los pobres y derrotar al adversario. En este sentido, la revolución divide al país en dos toletes: sus amigos, los pobres; sus enemigos, 'escuálidos, majunches, oligarcas, golpistas, pitiyankees' o como convenga llamarlos según la circunstancia".[36]

Dentro de esta estrategia no tiene cabida la conciliación hacia afuera y tampoco hacia adentro, porque ¿con quién van a conciliar? En ese esquema polarizado al régimen lo que le interesa es fortalecer el poder personal del presidente, no establecer consensos con los pobres, quienes lo que esperan es apoyo económico, ni con los adversarios –aunque estos quisieran–, porque daría imagen de debilidad o de confabulación ante los pobres. En cambio, hacia el interior del polo patriótico debería haber una labor de conciliación importante, pero en la realidad no es así: por razones de personalidad o por estrategia política, Chávez prefirió mantener una jerarquía de conductor inalcanzable hacia sus aliados, quienes solo debían obedecer y seguir la línea trazada por el líder supremo (los "compañeros"

---

[35] El concepto de "ciudadanos ciervos" lo desarrolló el catalán Juan Ramón Capella en *Los ciudadanos siervos*, Editorial Trotta, Madrid, 1993.

[36] https://saladeinfo.wordpress.com/2013/02/13/

se habían transformado en "súbditos"). Desaparecido Chávez del panorama político, y ante las dificultades cada vez mayores para la distribución de los beneficios entre sus adherentes, Maduro se ha mostrado incapaz de cumplir el rol de conciliación interna que le ha correspondido y ha optado por seguir ciegamente el legado de Chávez, pues sus limitaciones personales, y las ambiciones de sus rivales en lo interno, no le han permitido abrir nuevas estrategias para enfrentarse a la difícil situación que asola al país y que ha sido originada por las políticas del finado comandante.

Ahora bien, las diferencias entre las formas de articulación de los objetivos en los regímenes que estudiamos, se traduce también en una forma diferente de relacionarse con el ordenamiento jurídico.

B. REVOLUCIÓN Y DERECHO

En esta parte formularemos unas consideraciones sobre el concepto de revolución y las dificultades de armonizar esa noción con la de respeto al ordenamiento jurídico, con especial referencia al caso venezolano.

a) LA NOCIÓN DE REVOLUCIÓN

La palabra "revolución", en su sentido originario, significa "una vuelta", y durante siglos se utilizó sin un sentido político. Así por ejemplo, cuando la astronomía descubrió el movimiento de los astros se hablaba de la "revolución de los planetas", es decir, la circunvolución de estos en torno al sol. En cambio, en la época contemporánea, a partir de la Revolución Francesa, esta expresión se refiere principalmente, pero no exclusivamente, a determinados movimientos políticos, aquellos que introducen cambios rápidos, a veces en forma violenta, en las estructuras económicas y sociales y en el ordenamiento jurídico. La Academia Española de la Lengua, tratando de recoger todos estos significados, ha definido la palabra revolución en su Diccionario como "Acción y efecto de revolver o revolverse. Cambio violento de las instituciones políticas, económicas y sociales de la nación. Inquietud, alboroto, sedición: Cambio rápido y profundo de cualquier cosa", sin abandonar la significación original: movimiento de un astro a lo largo de la órbita completa. De allí que cualquier transformación rápida puede ser calificada como una revolución, pero en Ciencias Políticas se reserva el término para los procesos de cambio importantes, aquellos que han dejado huella profunda en la historia de la humanidad, como son los casos de la Revolución Gloriosa o de 1688 de los ingleses, la Revolución de Independencia de los Estados Unidos, la Revolución Francesa, la Revolución de Independencia hispanoamericana, la Revolución Mexicana, la Revolución Rusa, la Revolución Cubana. Nótese que entre los procesos mencionados hay cambios que se refieren al sistema político sin modificar el régimen de la propiedad, mientras que otros, como los dos últimos mencionados, ponen el énfasis en este aspecto. En Venezuela, después de la Independencia, se dio en llamar revolución a cualquier movimiento armado que tenía como propósito cambiar el gobierno, y así encontramos por ejemplo la Revolución de las Reformas o la Revolución Azul. Con mayor significación hemos tenido en el país, después de la Independencia, la Revolución de Octubre (1945-1948), por la cual se estableció por primera vez, aunque por breve tiempo, lo que algunos llaman el Estado Liberal Democrático, y la Revolución Bolivariana, a la que luego nos referiremos. Sin embargo, en mi criterio, la profundidad y rapidez del cambio político, su duración y los efectos que produjo, autorizan plenamente a considerar que la instauración en Venezuela de una República democrática y civil a partir del 23 de enero de 1958 y que duró más de cuarenta años, merecen que a ese proceso, más que a ninguno otro, se le califique como revolución.

En efecto, considerar a un proceso político como revolución no significa un pronunciamiento sobre la bondad o negatividad de sus efectos, ese juicio no puede emitirse sino mucho tiempo después. En su momento, la Revolución Francesa, sobre todo en la época del terror, causó muchos sufrimientos y produjo muchos adversarios, pero visto a la distancia, ese proceso contribuyó más que ninguno otro a difundir las ideas de la ilustración, los derechos humanos, la división de poderes, la democracia, que posteriormente se encarnaron en el Estado Liberal de Derecho y que, en su evolución, dio origen al Estado Social de Derecho, a la economía social de mercado y a muchas otras figuras que no paran de surgir y que tienen en común el respeto a la dignidad de las personas. En cambio, la Revolución Rusa de Octubre de 1917, que también tuvo su cuota importante de muertes y de sufrimiento, despertó en ciudadanos de muchos países la esperanza de una nueva forma política en la cual los principios de igualdad y de fraternidad, impulsados por las ideas de Marx y de Engels, podrían realizarse. De este modo, sistemas similares fueron impuestos en casi todos los países de Europa oriental, en varios países de Asia y en Cuba, pero muchas o varias décadas después existe el sentimiento mayoritario de que ese sistema produjo novedosas formas de esclavitud para millones de personas, desigualdades de todo tipo entre una burocracia que disfrutaba de los privilegios del poder y una multitud de personas empobrecidas y desesperanzadas que, con el derrumbe del comunismo, vieron un nuevo amanecer, la revolución de la libertad. En los pocos países donde sistemas de ese tipo se mantienen, el cambio, la vuelta, la revolución, significa aproximarse a la economía de mercado, al pluralismo político y a la garantía de los derechos humanos.

b) LA AUSENCIA DE SUJECIÓN DE LA REVOLUCIÓN AL ORDEN JURÍDICO

Comenzamos por expresar que una revolución en proceso es incompatible con la sujeción a un orden jurídico. La misma idea de orden es contradictoria con el concepto de Revolución y en tal sentido Fortunato González ha expresado que "desde la perspectiva revolucionaria es muy difícil llegar a los conceptos de Estado de Derecho, entre otras cosas porque hay una contradicción *in terminis*".[37] La Revolución no puede someterse, por supuesto, al ordenamiento jurídico que precisamente trata de destruir, por ello Chávez no juró cumplir la Constitución de 1961, ni siquiera en forma transitoria. Tampoco su régimen se somete al nuevo orden jurídico porque este todavía no existe y, por lo que se ve, tampoco existirá. La tesis de la sujeción del Estado al orden jurídico es reciente en la historia de la humanidad, es apenas en la época contemporánea, cuando en los sistemas políticos que adoptaron los principios filosóficos que estaban en la base de la Revolución Inglesa, de la Revolución Francesa y de la Revolución Norteamericana aceptaron que el Estado debe someterse a la Constitución y a las leyes que él mismo genera, lo que da origen a la figura del Estado de Derecho. Después de que este principio se define y se aplica en los principales países de Europa y en la América del Norte, se plantea a los juristas la interrogante de cuál es la situación que rige en Rusia cuando se produce la Revolución de Octubre de 1917 y se establece el Estado soviético. La respuesta la dio un constitucionalista y politólogo francés, Maurice Duverger,[38] quien se refirió al tema aplicando la teoría marxista en esta forma: "El Estado es un fenómeno de fuerza, un conjunto de instrumentos coactivos al servicio de la clase dominante. Así como el Estado burgués es un instrumento de dominación de una clase social, la burguesía, cuando el proletariado asume el poder el Estado, se convierte en un instrumento para la dictadura del proletariado, cuyos objetivos son: de un lado, liquidar los restos de la anterior sociedad, del otro, construir las bases del Estado socialista, de la fase superior del comunismo". Para cumplir ese proceso el aparato del Estado no se suprime, al contrario, se refuerza. La liquidación de la burguesía y la construcción del socialismo suponen el empleo de la fuerza, de la violencia; se trata de un Estado dic-

---

[37] Fortunato González Cruz: "La incongruencia entre los valores y principios y las normas orgánicas en la Constitución venezolana de 1999", en *Ética y Jurisprudencia* / Universidad Valle del Momboy, Facultad de Ciencias Jurídicas y Políticas. Centro de Estudios Jurídicos Cristóbal Mendoza. Valera: Publicaciones UVM, 1 (enero-diciembre) (2003), consultable en Internet.

[38] Maurice Duverger: *Institutions politiques et Droit Constitutionnel*, Editorial Themis, París, 1970.

tatorial. A diferencia de las democracias occidentales, en la Unión Soviética no existió ni un principio de legalidad que vinculara al Estado ("el Estado no puede hacer sino lo que le permite la ley") ni un principio de libertad para los particulares ("los particulares pueden hacer todo aquello que la ley no le prohíba"), sino un principio de legitimidad: el Estado puede hacer todo lo que sea necesario para instaurar la dictadura del proletariado. En este tipo de Estado no existe, a diferencia de las democracias occidentales avanzadas, una distribución horizontal de los poderes, sino una organización piramidal de estos: en el plano superior está "el poder del Estado", en manos del Soviet Supremo y del Presidium, y la "administración del Estado", a cargo del Consejo de Ministros, al que le corresponde ejecutar las decisiones políticas, y en el cual existe una multitud de vicepresidentes, y su jerarquización por la creación de los "primeros vicepresidentes". En la práctica, el poder se concentra en el Partido Comunista, el único partido permitido, y más concretamente en su Primer Secretario, al cual se acumulan, generalmente, los cargos más importantes del Estado. Existe una Constitución que se trata de aplicar generalmente, excepto cuando se presenta una situación que requiera lo contrario.

En Cuba, con algunas modificaciones, existe un esquema similar de funcionamiento de los poderes: el órgano superior del Estado es la Asamblea Nacional del Poder Popular, cuyos integrantes son electos entre las personas que aprueba para su postulación el Partido Comunista, el único permitido en ese país. Esta Asamblea designa a los integrantes del Consejo de Estado, cuyo presidente es, a la vez, Jefe del Estado y del Gobierno, y a los miembros del Consejo de Ministros. Desde el 3 de octubre de 1965, Fidel Castro ha desempeñado los cargos de Secretario General del Partido Comunista, Presidente del Consejo de Estado, Jefe del Estado y Presidente del Consejo de Ministros, hasta el 19 de abril de 2011, fecha en que fue sustituido de todos esos cargos por su hermano Raúl Castro. Por supuesto que no hay un principio de legalidad que limite la actuación del Estado, ni un principio de libertad de los particulares, ni una separación de poderes.

Ese el modelo que Chávez, y su causahabiente, han aspirado para Venezuela y que, en cierto modo, ha estado vigente en nuestro país, coexistiendo con una estructura formal de Estado Liberal Democrático y una Constitución que se cumple cuando buenamente se puede, pero si no se puede no hay que preocuparse demasiado. Para ello cuentan con unos juristas en la cúspide del Poder Judicial que se han dedicado, con imaginación no exenta de desfachatez, a justificar las actuaciones del gobierno en todos aquellos aspectos que, sutil o frontalmente, se separan del texto de la Constitución, como lo hemos visto a lo largo de estos años y como lo hemos destacado en este escrito.

Y es que, como hemos dicho antes, un proceso revolucionario no se aviene bien con el cumplimiento de una Constitución o de unas leyes, y los actores que nos han gobernados están sinceramente convencidos –o eso manifiestan– de que realizan un proceso de esa naturaleza. Por eso, porque se consideran revolucionarios, los gobernantes en Venezuela actúan como si el golpe del 4F hubiera triunfado. En tal sentido, es interesante estudiar la experiencia de México, donde se dio un proceso revolucionario de gran aliento a partir de la insurrección popular de 1910, que vivió muchas etapas, y que en 1946, al inicio de la postguerra, sintió la necesidad de hacer compatible la Revolución con un ordenamiento jurídico estable y (más o menos) respetado y procedió a transformar el partido revolucionario principal, que se había formado en 1929 con la unificación de 148 partidos de 22 entidades de la República, en el Partido Revolucionario Institucional (PRI) –nombre que para muchos es un oxímoron– , que gobernó consecutivamente a México como partido dominante durante siete décadas y que hoy ostenta el poder después de estar por fuera durante 12 años.[39] Ese, por supuesto, no es el caso nuestro.

Ahora bien, cuando el propósito de la revolución es establecer un sistema neopatrimonialista, usando como instrumento el discurso populista, como ocurre en Venezuela, el menosprecio al ordenamiento jurídico es permanente. En este sistema lo importante es la relación entre el caudillo con el pueblo, como lo propició en su momento el argentino Norberto Ceresole, quien llegó a decir que "La orden que emite el pueblo de Venezuela el 6 de diciembre de 1998 es clara y terminante. Una persona física, y no una idea abstracta o un 'partido' genérico, fue 'delegada' –por ese pueblo– para ejercer un poder. La orden popular que definió ese poder físico y personal incluyó, por supuesto, la necesidad de transformar integralmente el país y reubicar a Venezuela, de una manera distinta, en el sistema internacional".[40] En ese contexto, tal como lo señala María Gracia Trocello, el caudillo puede prescindir del ordenamiento jurídico cuando cuenta con el aplauso del pueblo. No obstante, el régimen consideró necesario mantener la apariencia de legalidad y, dado que para fines de 2006 Chávez estaba convencido de la conveniencia de proponer una reforma de

---

[39] Véase la tesis de Doctorado de Estado presentado por Luis Javier Garrido en 1980 en la Universidad de Pantheon I, Paris, con Maurice Duverger de tutor, y publicada por la Editorial Siglo XXI, México, 1982, bajo el título de *El Partido de la Revolución Institucionalizada (Medio siglo de poder político en México)*, consultable en Internet.

[40] Norberto Ceresole: *Caudillo, Ejército, Pueblo*, Editorial Al-Andalus, Caracas 1999, Capítulo 1 en: (http://www.analitica.com/bitblioteca/ceresole/caudillo.asp #c3)

la Constitución, presentó a la Asamblea Nacional lo que llamó en la Exposición de Motivos *Anteproyecto para la 1ª Reforma Constitucional Propuesta por el Presidente Hugo Chávez. Agosto de 2007*, en la cual se introducían los conceptos de socialismo, del Poder Popular, de una nueva geografía del Poder, de la propiedad social, de la supresión de la libertad de industria y comercio, del centralismo y de la planificación centralizada, de la desvalorización de los Estados y Municipios, del fin de la autonomía del Banco Central, de la conformación de una Fuerza Armada partidizada, de la reelección indefinida por períodos de siete años, entre otros. Como es fácil inferir, a esa reforma constitucional proyectada seguirían otras reformas, hasta llegar a conformar un sistema político y económico como el que existe en Cuba, el cual, según Chávez, es "el mar de la felicidad". Una vez llegado a ese objetivo, la Revolución podría institucionalizarse, es decir, crearía un orden jurídico conveniente a sus ideales, el cual se estabilizaría y (más o menos) se cumpliría.

Pero el fracaso del proyecto de reforma constitucional llevó al régimen a tratar de instaurar su modelo (¿intermedio?) con leyes, decretos leyes y vías hecho, desprendiéndose cada vez más del texto de la Ley Fundamental, con la bendición de la Sala Constitucional, el órgano precisamente encargado de garantizar "la supremacía y efectividad de las normas y principios constitucionales", según lo proclama el artículo 135 de nuestra Constitución.

SECCIÓN SEGUNDA:
EL MODELO ECONÓMICO DEL RÉGIMEN

En la Constitución de 1999 quedó plasmada en una forma muy explícita el modelo económico a que aspiraba el régimen en ese momento, en los siguientes términos:

> Artículo 299. El régimen socioeconómico de la República Bolivariana de Venezuela se fundamenta en los principios de justicia social, democracia, eficiencia, libre competencia, protección del ambiente, productividad y solidaridad, a los fines de asegurar el desarrollo humano integral y una existencia digna y provechosa para la colectividad. El Estado conjuntamente con la iniciativa privada promoverá el desarrollo armónico de la economía nacional con el fin de generar fuentes de trabajo, alto valor agregado nacional, elevar el nivel de vida de la población y fortalecer la soberanía económica del país, garantizando la seguridad jurídica, solidez, dinamismo, sustentabilidad, permanencia y equidad del crecimiento de la economía, para lograr una justa distribución de la riqueza mediante una planificación estratégica democrática participativa y de consulta abierta.

Esta formulación no difiere en nada de la política económica que tenía la República Civil como *desiderátum*, no siempre lograda. La diferencia está en que en la Constitución de 1961 no se había expresado en una forma tan clara el ideal de un Estado social de Derecho como se hace en la norma trascrita. Pero al poco tiempo de instalado el régimen conducido por Chávez, comenzó una actuación de los poderes públicos en sentido totalmente contradictorio con los postulados constitucionales: ocupaciones y confiscaciones, desconocimiento de principios como los de libre competencia o de seguridad jurídica, actuación conjunta del Estado con la iniciativa privada, eficiencia, democracia, valor agregado nacional, democracia, planificación democrática participativa y de consulta abierta. Desde los primeros momentos el régimen actuó desvinculado del ordenamiento jurídico, irrespetaba el Estado de Derecho, desconocía garantías constitucionales, abusaba de su poder para agredir a las personas y disponer de sus propiedades sin el debido proceso de derecho. Pero esta actuación arbitraria, chabacana y desconsiderada del régimen, sobre todo del Presidente de la República, no hacía intuir que este tenía una agenda oculta, un modelo de régimen socioeconómico, que se unía a un nuevo modelo de régimen político y que eran precisamente todo lo contrario de lo que declaraba el ordenamiento constitucional. De modo que también en lo económico, como en lo político, Chávez tenía una agenda oculta, eso que los franceses llaman "une arrière pensèe". Pero fue necesario esperar al 10 de enero de 2007, cuando Chávez pronunció un discurso ante la Asamblea Nacional con motivo de su tercera juramentación como Presidente de la República, cuando expuso su decisión de instaurar en Venezuela un régimen socialista. Seguidamente, en la Exposición de Motivos del proyecto de reforma constitucional que Chávez presentó a la Asamblea Nacional el 15 de agosto de 2007, afirmó su disposición de configurar "un socialismo nuevo a la venezolana", y en el programa Aló Presidente N° 288, trasmitido desde la Cabrerita en el Estado Anzoátegui, el 29 de agosto de 2007, dio algunos detalles sobre su proyecto: "Estamos empeñados en construir un modelo socialista muy diferente del que imaginó Carlos Marx en el siglo XIX. Ese es nuestro modelo, contar con esta riqueza petrolera...el Socialismo petrolero no se puede concebir sin la actividad petrolera", y este recurso "le da una configuración peculiar a nuestro modelo económico...Esto tiene que permitirnos la elaboración del modelo económico socialista venezolano, tomando el petróleo como una de las más poderosas palancas para desarrollar redes de empresas conexas al petróleo o complementarias de desarrollo económico", manifestó.[41]

---

[41] http://www.aporrea.org/energia/n98719.html

No puede decirse que cuando Chávez llegó al poder tenía en la manga un modelo ni una estrategia de desarrollo económico a aplicar, aunque sí la idea de crear un régimen neopatrimonialista. Ese "modelo" lo fue desarrollando progresivamente, improvisando, sin saber –pensamos– los efectos que tendrían sus innovaciones sobre el sistema económico del país, o sabiéndolo, pero sin importarle, porque esas decisiones le permitirían atornillarse largo tiempo en el poder y disponer –como propios– de los recursos del Estado. Chávez conocía el fracaso económico de los países de la órbita soviética, incluyendo a Cuba, y que el sistema implantado en esos países era incapaz de generar, en el largo plazo, un desarrollo sostenido y la satisfacción de las necesidades de la población. Pero esos países no eran petroleros o, en todo caso, la renta petrolera no tenía la misma significación que en Venezuela en cuanto al ingreso per cápita. Venezuela, en cambio, –creía– podía darse el lujo de subsidiar la ineficiencia del régimen socialista gracias a la renta petrolera.

A. LOS ANTECEDENTES

Durante la mayor parte del siglo XX en Venezuela se buscó, a veces angustiosamente, el modo de "sembrar el petróleo", siguiendo la frase acuñada por Arturo Uslar Pietri el 14 de julio de 1936, en un artículo publicado en el diario caraqueño "Ahora", con lo cual quería significar que "Es menester sacar la mayor renta de las minas para invertirla totalmente en ayudas, facilidades y estímulos a la agricultura, la cría y las industrias nacionales". De este modo se lograría desarrollar a la economía y a la sociedad, con el propósito de hacerlas progresivamente independientes del petróleo, hasta lograr que el país tuviera el nivel de desarrollo requerido para cuando se agotaran las reservas de hidrocarburos. Para ello, la inversión en la educación masiva y de calidad y en la salud de los venezolanos era fundamental, y en ese propósito se obtuvieron logros importantes bajo la corta experiencia de la llamada por el historiador Germán Carrera Damas la Primera República Liberal Democrática (1945-1948). En el siguiente régimen, tutelado o conducido por Pérez Jiménez (1948-1958), se pensó que la manera de sembrar el petróleo era mediante "la transformación racional del medio físico", para "hacer que Venezuela ocupe el lugar que le corresponde en el concierto de las Naciones y sea cada vez más digna, más próspera y más fuerte". Con el advenimiento del régimen democrático en 1958, se estableció el paradigma de que, para lograr el desarrollo sustentable del país, la economía venezolana debía ser competitiva en los mercados internacionales, no sólo en cuanto a la exportación de petróleo, sino, sobre todo, en cuanto a los productos no tradicionales. Pero para ello había que agotar una etapa previa, la sustitución de importaciones. En el régimen democrático este objetivo intermedio se cumplió bastante bien, y ello produjo una proliferación de industrias nacionales que elaboraban artículos para el consumo nacional, lo que hacía innecesaria la importación de esos rubros. Pero esta estrategia tenía una limitación: los productos que se elaboraban para el consumo nacional tenían un precio mayor y una calidad menor que los artículos producidos en el exterior. La política de crecimiento hacia afuera requería de grandes inversiones en equipos, tecnología, formación de recursos humanos y, necesariamente, la existencia de un mercado amplio que no estuviera protegido para el ingreso de productos venezolanos, es más, necesitábamos de un espacio económico amplio donde tuviéramos facilidades especiales de acceso. Esto último se trató de lograr mediante la integración latinoamericana y, cuando esta no avanzó, a través de la formación de un mercado común de los países andinos, incluyendo originalmente a Chile, pero esta experiencia no tuvo el éxito deseado. Cuando llega Carlos Andrés Pérez por primera vez al poder (1974-1979), ya era evidente que la sustitución de importaciones había cumplido muchas de sus metas y se había detenido, y que la situación de los consumidores nacionales se agravaba porque los productos nacionales no eran mejorados ni en su calidad ni en sus precios. Pero en ese momento un alza espectacular de los precios del petróleo indujo al gobernante a aprobar un plan de desarrollo económico y social, el V Plan de la Nación, que comprendía desde inversiones descomunales en las empresas de Guayana y en otros sectores en donde teníamos ventajas comparativas, para lo cual las posibilidades de inversión nacional resultaban insuficientes y era necesario acudir al endeudamiento externo, hasta un programa ambicioso y no muy bien administrado para enviar venezolanos a estudiar en el exterior (Programa de Becas Gran Mariscal de Ayacucho), el cual, a pesar de todo, resultó muy beneficioso para el país. Por otra parte, con la nacionalización de la industria petrolera el país se cortó muchas de las posibilidades de inversión extranjera en este sector y la deuda externa, contraída generalmente a corto plazo, comenzó a pesar fuertemente en las finanzas públicas y en la economía de las familias venezolanas durante muchos años. La economía del país se contrajo en los dos períodos siguientes y en 1989 llega de nuevo Carlos Andrés Pérez al poder, esta vez con una nueva fórmula: para lograr el desarrollo sostenido de Venezuela era necesario que el país se convirtiera en exportador de productos no tradicionales en el mercado globalizado, pero para ello el Estado no debía incurrir en endeudamiento externo, salvo para los programas de desarrollo con financiamiento multilateral, cuyas condiciones de pago eran muy convenientes. Por lo tanto, era necesario captar inversión extranjera y esto se podía lograr si se hacía un conjunto de reformas en el funcionamiento del Estado y de la economía. Entre estas últimas estaban: la apertura al capital extranjero, especialmente en aquellas áreas en que estaba descartada o existían trabas muy importantes, como en la propiedad de bancos y los seguros; realizar la apertura petrolera dentro del marco de la Ley Orgánica que Reserva al Estado la Industria y el Comercio de los Hidrocarburos, la cual sería interpretada conforme a nuevos criterios, más flexibles que los anteriores, aprobados por la Sala Político Administrativa de la Corte Suprema de Justicia, lo que permitiría la formación de asociaciones estratégicas o los contratos de obras, referidas las primeras a aquellas actividades que comportan un riesgo importante para la inversión, conforme a las bases que debía aprobar el Congreso, poniendo el riego de la inversión en cabeza de la empresa extranjera, si los trabajos realizados no daban el resultado esperado, y con participación en los beneficios cuando fueran exitosos; adquirir refinerías en el exterior para asegurar la colocación del crudo nacional, sobre todo el pesado y el extrapesado; invertir en la creación de tecnologías nacionales sobre explotación de crudos pesados de la faja del Orinoco e impulsar la producción y colocación de la orimulsión por la empresa pública creada al efecto; rebajar los impuestos de importación en reciprocidad con otros países para facilitar la exportación de productos nacionales y para que la producción nacional, al enfrentarse a la competencia extranjera, se viera obligada a mejorar la calidad y disminuir los precios, a cuyo efecto las empresas nacionales debían efectúan inversiones y hacer reformas para incrementar la productividad, todo lo cual permitiría facilitar las exportaciones no tradicionales; apoyar a los productores nacionales, especialmente en aquellas actividades en que el país tiene ventajas comparativas; invertir en la infraestructura del turismo nacional y fomentar las empresas privadas del sector; suprimir los procedimientos engorrosos en el área económica que sean innecesarios y simplificar los que sean indispensables; mejorar la cobertura y la calidad de los servicios públicos relacionados con los procesos económicos y que tiendan a incrementar la productividad de las empresas. Para ello, en paralelo se adelantaba la reforma del Estado conforme a las propuestas de la COPRE, cuya línea maestra era la descentralización del aparato público. Esta política, en su conjunto, fue calificada como "neoliberal" y generó reacciones adversas en diversos sectores del país. En el aspecto económico, los productores nacionales, que habían hecho sus inversiones y creado sus empresas al cobijo de la política de sustitución de importaciones, vieron disminuidos sus ingresos y, en ocasiones, en peligro la existencia de sus empresas, por las facilidades que el Estado estaba dando al ingreso de capitales y de productos del exterior. Para citar un ejemplo: los quesos tipo holandés o parmesano que se producían en el país, con una calidad muy aceptable, resultaban más caros para el consumidor que los originales extranjeros y, al ser importados con aranceles bajos, ponían en riesgo las empresas nacionales que se dedicaban a esta actividad. De este modo se fue generando un descontento entre algunos productores agropecuarios e industriales del país, los cuales, en alguna medida, contribuyeron a la salida de Carlos Andrés Pérez del poder y brindaron apoyo a la campaña de Chávez cuando decidió lanzarse de candidato. A este fenómeno se refiere en algunos de sus capítulos el libro de Mirtha Rivero "La rebelión de los náufragos".[42]

B. EL SOCIALISMO PETROLERO

La gran innovación de Chávez en el aspecto económico consistió en concebir que la mejor forma de sembrar el petróleo no era fomentando económica, jurídica y financieramente a las empresas privadas, sino subsidiando con la renta petrolera la instauración del socialismo. El socialismo a la venezolana consistía en apoyar a Chávez en su permanencia indefinida en el poder, en el uso discrecional que hacía de los recursos públicos y en aceptar lo que él ordenaba, es decir, más que un socialismo era la implantación de un régimen neopatrimonialista. Muy pronto los empresarios que habían canalizado su descontento ayudando a la elección de Chávez vieron que sus haciendas agrícolas o pecuarias eran invadidas por campesinos, estimulados por el gobierno o sus dirigentes, o eran ocupadas o expropiadas por organismos públicos, sin indemnización o con una indemnización miserable por las bienhechurías, pues no se reconocía la propiedad sobre el suelo que alegaban los empresarios rurales. Y los grandes, medianos o pequeños industriales y comerciantes, en forma selectiva, sufrieron, en unos casos, la ocupación y confiscación de sus empresas o, en otras, la instauración de un control de precios inclemente que los ahogaba económicamente, por lo que muchos de ellos optaron por cerrar las empresas, las cuales fueron ocupadas por los trabajadores, con el estímulo del régimen, para no hacer nada.

La gente se preguntaba con asombro ¿qué modelo económico es este, que se basa en la agresión y el cierre de las empresas nacionales y en la importación de un alto porcentaje (se habla del 80%) de los productos de la dieta diaria y de los implementos necesarios para las personas, como los de cuido y aseo personal? Pues el socialismo a la venezolana, el socialismo del siglo XXI que impuso Hugo Chávez, que no fue otra cosa que la implantación de un régimen patrimonialista. Pero el modelo tenía otros componentes. El Presidente exhortaba a los venezolanos a que contribuyeran con la producción de alimentos mediante la figura de los cultivos organopónicos en las ciudades, para lo cual era aprovechable cualquier espacio de tierra en las casas o los terrenos baldíos al lado de calles o avenidas. Incluso, los techos de las casas o de los edificios se debían utilizar para instalar "los gallineros verticales". El gobierno decidió que para la realización de obras o la contratación de servicios se debía dar prioridad a

---

[42] Editorial Alfa, Caracas, 2010.

los consejos comunales y, sobre todo, en una primera etapa, a las cooperativas. Con respecto a estas últimas se generó un auge impresionante a partir de 2001. Dice un experto en el tema que "Entre 2001 y 2010 se constituyeron 306.792 cooperativas con 5,6 millones de asociados."[43] Poco después estas asociaciones, en su gran mayoría, fueron abandonadas cuando el gobierno consideró que eran instrumentos del capitalismo y el país se convirtió en un gigantesco cementerio de cooperativas. A diferencia de otros países de América Latina, donde el movimiento cooperativo ha sido muy exitoso, en Venezuela la creación de este tipo de empresas no provino de la gente sino que fue considerada como parte del clientelismo gubernamental, sustentado en el discurso populista. Otra figura que adoptó el gobierno fue el de las Empresas de Producción Social (EPS), a las cuales les dio un débil basamento jurídico con la promulgación del decreto N° 3.865, que apareció publicado en la *Gaceta Oficial* del 13/9/2005. El mecanismo se originó en las empresas básicas de Guayana pero se desarrolló sobre todo en las empresas de PDVSA, y consistía en otorgar los contratos de suministros de materias primas sin licitación a los "artesanos organizados en cooperativas, consorcios y cualquier forma asociativa, constituidos y domiciliados en el territorio nacional". Esas empresas "deben incorporar hombres y mujeres de las misiones" y deben ofrecer "precios de venta solidarios de sus productos y servicios, y no regulados por las leyes del mercado", a cuyo fin el gobierno definió un "Plan Excepcional de Compras Gubernamentales, de modo que ellas no se vean obligadas a competir con los grandes contratistas que ya están consolidados, que se las saben todas y ante los cuales (monstruos como estos), las Empresas de Producción Social prácticamente quedarían liquidadas, noqueadas en el primer round, por la competencia desigual a la que se verían sometidas ante unos rivales que ya tienen una larga experiencia".[44] A las EPS que se incorporen al registro respectivo se les exige que presenten una Oferta Social y que contribuyan con un porcentaje de sus ingresos para el Fondo Social de PDVSA y sus filiales, el cual otorga financiamiento a las misiones sociales del gobierno, y deben articularse con los consejos comunales de la localidad. También empresas "No EPS" pueden acogerse a los beneficios de los contratos con PDVSA, siempre que presenten la Oferta Social y paguen la contribución exigida. En definitiva, esta figura es un mecanismo torvo para el clientelismo y para legalizar las comisiones (las mordidas le dicen en México), a cambio de la contratación directa "a precios no regidos por las leyes del mercado".

---

[43] http://www.agenciadenoticias.luz.edu.ve/index.php?option=com_content&task=view&id=3788&Itemid=164

[44] Véase mi libro: *Socialismo del siglo XXI, op. cit.*, pp. 59 y ss., consultable en Internet.

Otra figura adoptada por el "socialismo a la venezolana", es el uso del trueque y de las monedas comunales, con fundamento en la Ley para el Fomento y Desarrollo de la Economía Popular, que formó parte del paquete de 26 decretos leyes aprobados por Chávez el 31 de julio de 2008, el último día de vigencia de la Ley Habilitante, sin participación ni información previa para los ciudadanos. Seguidamente se han venido creando muchas monedas comunales para el intercambio entre las comunidades productivas locales, entre las cuales pueden citarse la "lionza" en Urachiche", el "momoy" en Boconó, el "cimarrón" en Cúpira, el "guaiquerí" en el oriente del Estado Nueva Esparta, el "paria" (Sucre, este), el "tamunangue" (Lara, centro), el "ticoporo" (Barinas, centro), el "turimiquire" (Monagas, este), el "zambo" (Falcón, oeste), el "relámpago del Catatumbo", en la Costa Oriental del Lago de Maracaibo. La moneda comunal "será administrada y sólo tendrá valor dentro del ámbito territorial de su localidad, por los grupos de intercambio solidario debidamente registrados, y distribuida equitativamente, la cual no tiene curso legal, ni circulará en el territorio de la República", dispone la norma. Asimismo, establece que será el Banco Central de Venezuela el órgano rector que supervise el valor de las monedas comunales con respecto al bolívar fuerte. La ley contempla dos tipos de intercambio alternativo solidario entre los "prosumidores" y "prosumidoras" (productores-consumidores): el "comunitario directo" (trueque), entre bienes y servicios mutuamente equivalentes; y "el comunitario indirecto", que requiere de un sistema de compensación entre bienes no equivalentes, para lo cual son necesarias las "monedas solidarias".[45] Pasados los meses de la novedad, el uso de las monedas comunitarias ha sido abandonado. Desde el punto de vista económico esta innovación careció de toda significación, no así como símbolo para ayudar a consolidar la utopía y como expresión de la neolengua que el populismo utiliza como instrumento de dominación.

El desinterés del gobierno de promover, e incluso de permitir, la productividad de las empresas privadas le deja un amplio margen de acción en comparación con las políticas económicas que se definieron en períodos anteriores. En primer lugar, no se requiere destinar recursos para préstamos a las empresas o para cualquier tipo de incentivo económico; en segundo lugar, se pueden establecer políticas sociales que resulten negativas para la productividad de las empresas, tales como el mantenimiento durante muchos años de un régimen de inamovilidad laboral para los trabajadores de las empresas privadas, el cual no se aplica en el ámbito del sector público, donde todos los empleados y todos los obreros, de hecho,

---

[45] Véase: Betty Vásquez: El trueque y las monedas comunales, en http://www.monedasdevenezuela.net/articulos/el-trueque-y-las-monedas-comunales/

son de libre nombramiento o remoción, o la prohibición de la tercerización (el "outsourcing") en la legislación laboral, lo cual obliga a que las empresas incluyan en su nómina a los trabajadores que les prestan servicios inherentes o conexos (y a veces no tanto), en lugar de permitir que esos servicios se contraten con empresas especializadas; somete a las empresas a rígidos controles de precios sobre sus productos, que no se revisan periódicamente, y no toma en cuenta el incremento del precio de los bienes o servicios que adquieren; pone en vigor políticas inflacionarias, como la emisión inorgánica de moneda, sin medir el efecto que ellas tienen en la productividad de las empresas, sobre todo en las sometidas a control de precios; importa bienes o servicios del exterior sin verificar la posibilidad de adquirir esos bienes o servicios en el país, e incluso sin permitir a los productores nacionales concurrir a licitaciones o concursos donde puedan competir con las empresas extranjeras; mantiene durante años un control de cambio que impide el libre intercambio de las empresas con el exterior y, además, durante largo tiempo establece que es un delito que los particulares o las empresas adquieran divisas en el mercado libre, el cual formalmente no existe y sobre cuyas oscilaciones está prohibido hablar o informar; al menos durante varios años; somete a los centros de investigación sobre ciencia y tecnología, las Universidades en primer lugar, a un hostigamiento económico que les impide cumplir adecuadamente sus cometidos en favor de la productividad de las empresas; obliga a alzas generalizadas del salario mínimo sin considerar los efectos de tales medidas en la economía de las empresas, especialmente en las que tienen controlados los precios de venta de sus productos.

Por supuesto que la despreocupación por la productividad de las empresas públicas es similar, o peor. Se descarta la designación de directores o gerentes de acuerdo al mérito, pues las designaciones se hacen por interés partidista o personal; las empresas públicas deben adquirir sus insumos, cuando lo hacen en el país, o contratar los servicios, a cooperativas o Empresas de Producción Social (EPS), en donde no cuenta la calidad de lo que ofrecen ni el precio, pues no hay licitaciones ni procedimientos objetivos de contratación, no se toman en cuenta los precios del mercado y lo importante es la comisión que pagan para los servicios sociales del gobierno, con respecto a los cuales no hay control alguno sobre el destino que se les da; se desestimula a los trabajadores de esas empresas porque pasan años sin que se permita la renovación de los contratos colectivos y se instaura una política de desconocimiento de las organizaciones sindicales elegidas por ellos, entre otros aspectos.

El socialismo petrolero al que se refirió Chávez como modelo económico ha implicado destinar inmensas cantidades de recursos para afianzar la popularidad del mandatario en el interior del país y en el exterior. En el interior, el populismo desbocado no se limitó al establecimiento de los programas sociales, sino al manejo de fondos presupuestarios o extrapresupuestarios (fondos paralelos) sin ningún tipo de control y con una finalidad claramente partidista y electoralista, lo cual es la característica principal de un régimen neopatrimonialista. La equiparación de las pensiones del seguro social con el salario mínimo, muy bienvenida por una masa importante de beneficiarios, se hizo sin ningún estudio que permitiera garantizar, aunque sea parcialmente, su sustentabilidad en el tiempo. La decisión en tal sentido se adoptó por el abundante ingreso petrolero del momento, pero al día de hoy, cuando hay una fuerte declinación de la renta de hidrocarburos, son cada vez más numerosos los pensionados que no reciben su ingreso y se incrementan las categorías de personas a los que, con los requisitos legales cumplidos, se les niega la inscripción entre los beneficiarios del seguro. Y los que perciben su pensión ven como semana a semana disminuye su poder adquisitivo por la inflación que azota al país. En el exterior, la repartición de la renta petrolera de los venezolanos se ha hecho por diversas vías. La popularidad del régimen venezolano en muchos países de América Latina ha alcanzado niveles inauditos. En lo económico, hemos sido el país que compra todo y no vende nada, salvo petróleo, y a precios subsidiados en algunos casos. En las ruedas de negocios que organizaba el gobierno venezolano acudían, ansiosos, los exportadores de todos esos países, con la seguridad de que, por la vía de la contratación directa, sin licitación y sin regatear los precios, habría dinero en abundancia para complacer a mucha gente. Por ejemplo, en la compra de arroz a Argentina que ha manejado el Ministerio de Alimentación de Venezuela y la empresa que le está adscrita, Corporación de Abastecimiento y Servicios Agrícolas (CASA), se ha sabido que el sobreprecio alcanzó al 100% del precio internacional de la mercancía,[46] por denuncia que han hecho productores de ese país y no por investigaciones del Ministerio Público o de la Contraloría venezolanos. Por otra parte, por circunstancias fortuitas la opinión nacional se ha enterado de un caso de transferencia de dinero en efectivo, presuntamente para ayudar a un sector en la campaña electoral argentina, por una maleta llena de dólares que descubrió una funcionaria de aduanas de ese país, al revisar el equipaje de personas que viajaban de Caracas a Buenos Aires en un avión de PDVSA, sin que se haya sabido de una investigación abierta en Venezuela sobre el asunto.[47] Pero la distribución de la renta nacional en el exterior no es un hecho fortuito sino una política establecida, conforme a la cual hay unos países de

---

[46] http://www.el-nacional.com/politica/Importacion-sobreprecio-pago-subsidio_0_443355876.html
[47] http://es.wikipedia.org/wiki/Caso_Antonini_Wilson

América Latina y el Caribe que reciben petróleo venezolano a precio subsidiado, y un país, Cuba, que recibe donaciones y subsidios por diversas vías, como contrapartida al apoyo y a la asesoría al régimen venezolano en su propósito de mantenerse en el poder en forma indefinida, de acuerdo al modelo cubano. Además de la asignación permanente, sin pago, de una cantidad de crudo que recibe Cuba, Venezuela le cancela al gobierno de ese país unas sumas exorbitantes por los servicios de los médicos cubanos en Venezuela, y de ese monto apenas una pequeña parte se destina a pagar honorarios de esos profesionales. Ese mismo mecanismo se ha utilizado para retribuir a Cuba por los servicios de entrenadores deportivos, asesores de seguridad, asesores de la Fuerza Armada y funcionarios cubanos con poder de decisión en servicios públicos nacionales como los de identificación y extranjería, notarías y registros, puertos y aeropuertos, entre otros. Hasta los Estados Unidos se ha extendido el frenesí populista, con la donación que hace Venezuela desde el 2005, a través de la empresa Citgo, de grandes volúmenes de combustibles de calefacción para personas de menores recursos de la costa este de norteamérica, la cual se calcula hasta el 2014 en 250 millones de galones y se distribuye en forma de subsidio por una organización no gubernamental presidida por el exdiputado Joseph P. Kennedy II.[48] Aparte del interés del gobierno por las relaciones públicas y el deseo de altos funcionarios de codearse con miembros del *jet set* de la primera potencia del mundo, no se justifica que Venezuela atienda las necesidades de norteamericanos cuando en nuestro país se incrementa el nivel de pobreza y hay servicios públicos, como el de los hospitales, que carecen de lo necesario para funcionar. De modo similar resulta difícil de comprender la donación que ha hecho nuestro gobierno de 10 millones de dólares para un hospital de Uruguay, si consideramos que ese país tiene un nivel de vida muy superior al nuestro, lo cual, en todo caso, luce menos absurdo si se compara con los millones de dólares regalados a algunos artistas y personajes de Hollywood o a deportistas de medio pelo para que hablen bien del régimen de Venezuela.

Esta política de dispendio que ejecuta el gobierno, que a título de ejemplo se refleja en la adquisición de decenas de aviones ejecutivos de mucho lujo y de elevado costo, algunos de los cuales se ponen gratuitamente al servicio de mandatarios extranjeros, mientras nuestro presidente se traslada en aviones alquilados a Cubana de Aviación, genera en el régimen una avidez por más y más recursos, sobre todo en divisas, puesto que no son suficientes el billón largo de dólares (hablamos del billón equivalente a un millón de millones, y no al billón norteamericano, que es igual a mil millones o un millardo), que ha recibido el país por la

---

[48] http://www.aporrea.org/internacionales/n258088.html

renta petrolera durante el gobierno de Chávez y comienzos del de Maduro. A la renta de hidrocarburos se ha venido a sumar en los últimos años una política de endeudamiento masivo para hacer frente a las necesidades crecientes de gastos que experimenta el régimen. Ese endeudamiento tiene varias fuentes: de un lado, una deuda interna en bolívares que pesa sobre la República y de los entes descentralizados nacionales que resulta de la colocación de bonos del gobierno y de cuentas sin pagar, así como de una deuda de PDVSA, sea en bonos, sea en pagarés con el Banco Central de Venezuela que alcanza cotas milmillonarias; de otro lado, una deuda externa registrada que ha crecido en forma exponencial en los últimos años, a la cual se agrega las demandas por indemnizaciones por expropiaciones e incumplimientos de contratos que han comenzado a ser declaradas con lugar contra el país por organismos internacionales de arbitraje.

En realidad, no podemos decir que el régimen imperante en Venezuela desde 1999 haya tenido un "modelo" económico, sino que ha venido instrumentando unas políticas económicas que han tenido como propósito fundamental, casi único, consolidar el poder político del presidente y de la élite prebendaria que lo rodea en todos los ámbitos del Estado, muchas veces en contra de las previsiones del ordenamiento constitucional, y permitirles prolongar esa dominación en el tiempo. A esos objetivos políticos se han subordinado las políticas económicas y estas, por lo general, no han tenido como finalidad contribuir al desarrollo sustentable del país, antes por el contrario, para el régimen un objetivo de esta naturaleza habría resultado contradictorio con el propósito de permanencia en el poder. En efecto, la existencia de un empresariado próspero y de una clase media imbuida de los principios de progreso y democracia, es incompatible con la estrategia de permanencia de un régimen que se ha propuesto desconocer las garantías económicas consagradas en el texto constitucional. El llamado Plan de la Patria no ha diseñado un modelo coherente de desarrollo económico, sino que se ha limitado a enunciar un conjunto de propósitos de carácter ideológico, sin establecer una vinculación de esos propósitos con los medios a utilizar. Por todo ello, no resulta aventurado afirmar que la destrucción del aparato productivo de Venezuela que se ha visto en esta década y media larga de gobierno de Chávez y Maduro no es el resultado de la sola ignorancia y la ineficiencia de los gobernantes, sino que es parte de un plan de dominación, establecido con base en la experiencia del régimen cubano, heredero de Estado soviético, y que ha sido exitoso en cuanto al fin de asegurar la duración del régimen, a costa del empobrecimiento y la pérdida de dignidad de los habitantes de su país. Hoy es evidente que ese plan de dominación ha tenido como consecuencia el debilitamiento económico del país y la vulnerabilidad de la soberanía nacional. Venezuela ha retrocedido décadas en el propósito de tener una economía sustentable y hoy somos más dependientes que nunca de la renta petrolera. En tal sentido dice Víctor Salmerón que "La promesa de diversificar la economía se estrelló por completo. En 2012 las exportaciones no asociadas al petróleo apenas reportaron 3.771 millones de dólares, es decir, 32% menos que 17 años atrás e incluso menos que lo registrado durante la aguda crisis política de 2002 y 2003, que incluyó un paro de empresas privadas...Las exportaciones no petroleras prácticamente se limitaron a químicos y metales comunes, que representan 72% de las ventas, mientras que el área agrícola y la industria de alimentos, donde el Estado expropió miles de hectáreas de tierras y empresas emblemáticas, tan solo aportan 1,4%".[49] La disponibilidad de grandes recursos producidos por el petróleo no ha habilitado al país para conformar una economía sólida sino que lo han convertido en el gran importador. En el diario El Universal del 08/06/2007 aparecen unas declaraciones del entonces presidente de Brasil, Lula Da Silva, quien pone en evidencia la lastimosa situación de nuestro modelo económico: "Tenemos una asociación con Venezuela; un tiempo atrás no le vendíamos casi nada, 300 millones. Hoy Brasil tiene un superávit comercial con Venezuela de más de 2.500 millones de dólares. Como ellos solo producen petróleo y nosotros no necesitamos comprar petróleo de ellos, llegó la hora en que aparecen problemas. Vamos a tener que comprarles algunas cosas".[50] En esas condiciones, llamar "desarrollo endógeno" la política económica implantada en Venezuela no es sino una muestra de hasta dónde puede llegar el "cinismo republicano".

Ante el pobre resultado en lo económico que han tenido las políticas del régimen, se ha buscado como alternativa establecer unas zonas en el territorio nacional que estarían sometidos a un régimen jurídico más liberal para estimular la producción. A estos efectos, el Presidente de la República promulgó el Decreto N° 1.425, con Rango Valor y Fuerza de Ley, que contiene la Ley de Regionalización Integral para el Desarrollo Socio-Productivo de la Patria, publicado en la *Gaceta Oficial* N° 6.151, del 18 de noviembre de 2014, en la cual se establecen incentivos fiscales para las empresas que se instalen en las zonas que delimitará el presidente. Para controlar el ingreso a esas zonas se podrán crear aduanas y el jefe del Estado podrá "liberar de restricciones arancelarias y para-arancelarias aplicables a la importación de mercancías, bienes, servicios para realizar las construcciones de infraestructuras y la materia prima que requieran las empresas para operar en las zonas". Las escuetas informaciones sobre esta iniciativa solo permiten especulaciones sobre sus contornos reales: puede

---

[49] Víctor Salmerón: *Petróleo y desmadre*, Editorial Alfa, Caracas, 2013, p. 167 y 168.

[50] Citado por Víctor Salmerón, Petróleo y desmadre, *op. cit.*, p. 133.

tratarse de crear nuevas zonas francas industriales como la que se pensó para Paraguaná, y que no ha dado ningún resultado en la producción industrial, aunque sí en la instalación de grandes comercios en su ámbito territorial, o bien lo que se busca es introducir la figura de "la maquila", un modo de producción que consiste en traer al país productos semielaborados por empresas globalizadas, libres de impuestos, para ser terminarlo en galpones que se construirían al efecto y luego reexportarlo al país de origen, con lo cual el propietario de las mercancías aprovecharía una mano de obra barata, lo que se admite únicamente porque se crean oportunidades de trabajo en el país. En los países en que se han utilizado las empresas maquiladoras (en el Norte de México, cerca de la frontera con Estados Unidos, en Centroamérica y en algunos otros), se les ha concedido a los propietarios especiales condiciones, que incluyen una flexibilización del régimen laboral y la prohibición de sindicatos, por tratarse de regiones muy pobres donde las fuentes de trabajo son muy escasas. Es seguro que un sistema de esa naturaleza nunca sería admitido en Venezuela. En realidad, lo que está planteado en nuestro país no es delimitar unas zonas particulares donde se establezcan condiciones especiales para la inversión extranjera, sino que en toda la geografía nacional existan esas condiciones: respeto al derecho de propiedad, libertad de industria y comercio, economía de mercado, seguridad para las personas y los bienes y seguridad jurídica para los empresarios, infraestructura adecuada, servicios públicos eficientes, libre acceso a las divisas y vigencia del ordenamiento jurídico para garantizar el disfrute de los derechos humanos.

En su lugar, lo que ha habido en estos años de régimen autocrático ha sido todo lo contrario. El economista Luis Oliveros expresó que las políticas del gobierno han llevado a que las exportaciones del país cayeran en más de la mitad desde que Hugo Chávez asumió el poder. "En 1998 las ventas no petroleras llegaron a 5,5 millardos de dólares, la proyección al cierre de 2014 es de menos de 3 millardos de dólares, aun por debajo de 2013 cuando fueron 3,3 millardos". Asimismo Oliveros observó que "el año pasado el gobierno cambio varias condiciones para generar incentivos y aun así no logró que las divisas que entran al país por este concepto aumentaran", de donde concluyó que "el modelo socialista no atrae inversiones en zonas especiales".[51]

Solamente para demostrar la incoherencia entre la norma constitucional y la realidad que la contradice en cuanto al régimen socioeconómico de la República, en la Exposición de Motivos del Decreto con valor, rango y fuerza de Ley Orgánica de Seguridad y Soberanía Agroalimentaria, del

---

[51] http://www.el-nacional.com/economia/Modelo-socialista-atrae-inversion-especiales_0_562743825.html

18 de mayo de 2008, se expresó lo siguiente: "La preeminencia del principio de libre competencia establecido en el artículo 299 de la Constitución Bolivariana, por encima del derecho fundamental a la alimentación y a la vida digna de nuestras productoras y productores, ha sido el resultado de una interpretación parcial de la Constitución, descontextualizada del espíritu y letra constitucional".[52] Pretender justificar el incumplimiento de la Constitución aludiendo a la descontextualización de sus normas es otra demostración del "cinismo republicano".

SECCIÓN TERCERA:
LAS TRANSFORMACIONES EN LOS PRINCIPIOS FUNDAMENTALES, EN LA ESTRUCTURA Y EN EL FUNCIONAMIENTO DEL ESTADO

Las modificaciones que ha sufrido el Estado venezolano en su estructura y funcionamiento bajo la vigencia formal de la Constitución de 1999 son más importantes que las que resultaron del cambio de la Constitución de 1961 a la de 1999. En realidad, en el proceso constituyente de 1999 se previeron pocos cambios significativos en la organización del Estado venezolano. Muchas personas, por ejemplo, le atribuyen gran importancia a la creación de cinco poderes en la Carta de 1999, por comparación a los tres poderes que habían existido siempre en Venezuela, y que son los que encontramos en la mayor parte de los países democráticos. Pero desde el punto de vista real, ese cambio no tuvo ninguna significación. La consagración del Poder Electoral, por ejemplo, no fue sino el cambio de denominación de una estructura que había creado la ley de acuerdo a la previsión de la Constitución de 1961, con el nombre de Consejo Supremo Electoral y luego de Consejo Nacional Electoral, con el carácter de órgano del Estado dotado de autonomía funcional. Pues bien, la transformación se produjo cuando el supremo órgano electoral de la República dejó de tener carácter autónomo para convertirse en un apéndice del Poder Ejecutivo, no por efecto de la nueva Constitución sino por la actuación del régimen presidido por Hugo Chávez, en contra de las previsiones de la Constitución que él mismo había promovido.

Otras innovaciones en la Constitución de 1999, en cambio, tuvieron una mayor importancia, como fue la sustitución del Congreso de la República, con su Cámara de Diputados y su Senado, por la Asamblea Nacional, órgano legislativo nacional de carácter unicameral. En este caso, la reforma tuvo como efecto previsible el fortalecimiento del centralismo del Estado y la evidencia de que no era cierto que nuestro país es un Estado

---

[52] www.eluniversal.com/2008/08/04/leyh25.pdf

federal, a pesar de las reiteradas declaraciones en tal sentido que se hacen en el texto constitucional. Con todo, la modificación más importante no vino por el cambio efectuado en la nueva Constitución, sino por la dejación casi total de la competencia de legislar que ha hecho la Asamblea Nacional en el Poder Ejecutivo, y la abdicación definitiva de sus potestades de control sobre la actuación del gobierno y de los demás órganos del régimen.

Por lo tanto, vistos en retrospectiva, los cambios que introdujo la Constitución de 1999 en la estructura y funcionamiento del Estado fueron menores, incluso insignificantes, con respecto a la anterior organización del Estado, la verdadera transformación en las instituciones públicas se ha producido bajo la nueva Carta, no por el proyecto de la reforma constitucional que fue negado por los electores, aunque después aprobada por la enmienda constitucional en cuanto a la reelegibilidad sucesiva ilimitada, sino por efecto de leyes, de decretos leyes y de reglamentos y por la instauración de prácticas contrarias al orden constitucional y legitimadas por el Poder Judicial, es decir, por vías de hecho, como elementos que fueron usados para la transformación de un Estado que conservaba elementos democráticos en un régimen neopatrimonialista. Nos referiremos sucintamente a las principales de esas transformaciones.

A. LOS PRINCIPIOS FUNDAMENTALES DE LA CONSTITUCIÓN

En el Título I de la Constitución se declaran unos principios que son tan importantes para la existencia y funcionamiento del Estado que en ella se consagra que, conforme a lo dispuesto en el artículo 342 de la Ley Fundamental, no pueden ser modificados por el procedimiento de una reforma constitucional y mucho menos por una enmienda. Sólo pueden ser cambiados por una Asamblea Nacional Constituyente y, con respecto a algunos de ellos, incluso se discute sobre esta posibilidad. Así por ejemplo, cuando se dice que la República Bolivariana de Venezuela es "irrevocablemente libre e independiente" o cuando se afirma que "Son derechos irrenunciables de la Nación la independencia, la soberanía la inmunidad, la integridad territorial y la autodeterminación nacional" (art. 1), existen autores que le dan a estas normas una connotación de derecho natural, conforme a la cual ni siquiera una Asamblea Nacional Constituyente puede prescindir de ellas. En cambio, para otros estudiosos, las expresiones apuntadas sólo persiguen insistir en la importancia del cumplimiento y en el carácter "pétreo" de esos principios, pero que siempre una Asamblea Nacional Constituyente puede cambiarlos. En todo caso, este tema se relaciona más con las Ciencias Políticas que con el Derecho. Nos referiremos a algunos de estos principios.

a) **SOBRE LOS PRINCIPIOS DE INDEPENDENCIA, SOBERANÍA E INTEGRIDAD TERRITORIAL DE LA REPÚBLICA**

En el calor de la lucha política se ha afirmado que Venezuela ha perdido su independencia y su soberanía porque las autoridades del país dependen de las instrucciones de los dictadores de Cuba. Una afirmación de esa magnitud requeriría estar respaldada por elementos probatorios, pero es muy difícil que las situaciones de hecho que le darían fundamento a un asunto tan grave como ese puedan ser objeto de prueba. En cambio, hay dos aspectos relacionados con estos principios que, por ser notorios, no pueden negarse: de un lado, que hay una influencia muy importante del gobierno de Cuba o de funcionarios cubanos en determinados asuntos de Venezuela, tales como en la atención médica de las personas de menores recursos y en el funcionamiento de servicios públicos como los de inmigración y extranjería, notarías y registros, puertos y aeropuertos. Del otro, que desde 1999 el gobierno nacional ha sido especialmente negligente en la defensa de la integridad territorial de la República, en cuanto a mantener una gestión diplomática permanente y activa con relación a la reclamación de Venezuela sobre el territorio Esequibo y en la defensa de los derechos históricos de Venezuela en el Golfo de Venezuela.

b) **SOBRE LOS PRINCIPIOS DE IGUALDAD, JUSTICIA, LIBERTAD, SOLIDARIDAD, DEMOCRACIA, ÉTICA Y PLURALISMO POLÍTICO**

En cuanto al cumplimiento de estos principios debemos resaltar, de una parte, que la ética como principio constitucional nunca ha estado más marginada en la actuación de los gobernantes como en los años del régimen presidido por Chávez y Maduro, muy a pesar de las incesantes declaraciones que ponen a la ética como ductora de sus ejecutorias. De otro lado, en cuanto al pluralismo político, basta tener presente que, por primera vez en nuestra historia republicana, un régimen de gobierno ha adoptada una ideología –el socialismo– como doctrina oficial del Estado Venezolano, lo que deja sin efecto el principio del pluralismo político, el cual es de carácter fundamental en nuestra Constitución y sólo puede ser modificado por una Asamblea Nacional Constituyente. Los otros principios han sido comentados en otras partes de estas reflexiones y volveremos sobre ellos al considerar el modo como se cumplen, o se dejan de cumplir, derechos y garantías declarados en el texto constitucional.

c) SOBRE EL PRINCIPIO DEL ESTADO FEDERAL DESCENTRALIZADO

Se ha discutido durante mucho tiempo si Venezuela es o no un Estado federal, y en el proceso de formulación de la Constitución de 1961 se obvió el tema con la introducción de la frase: "La República de Venezuela es un estado federal, en los términos consagrados por esta Constitución" (art. 2). Con ello se quiso, de un lado, afirmar el carácter federal de la forma del Estado venezolano, a la luz de nuestra tradición histórica; del otro, advertir que nuestro federalismo tiene sus particularidades con relación a otros sistemas federales, en particular con respecto al federalismo de los Estados Unidos, el cual no sólo es el prototipo (el primer tipo), sino que ha sido considerado por algunos autores como el arquetipo (el tipo más perfecto) de Estado federal, a pesar de que la palabra federal no aparece en el texto de esa Carta, como tampoco se menciona federalismo o federación. En todo caso, el federalismo se concebía en la Constitución de 1961 como un *desiderátum*, un anhelo histórico hacia el cual debía tender la organización de la República. En la Constitución de 1999 se repite la fórmula del Estado federal (con el agregado de que es descentralizado), "en los términos consagrados por esta Constitución". Es cierto que en esta última Carta se establece la figura del parlamento unicameral, que no propicia el federalismo, pero ello no significa que haya cesado, teóricamente, el propósito de organizar el Estado bajo las premisas del federalismo, a cuyo efecto, por ejemplo, se prevé, en la Disposición Transitoria Tercera de la Constitución, que la Asamblea Nacional, dentro de los primeros seis meses siguientes a su instalación, aprobará:..."6. Una ley que desarrolle la hacienda pública estadal, estableciendo, con apego a los principios y normas de esta Constitución, los tributos que la componen, los mecanismos de su aplicación y las disposiciones que la regulen". Todo ello autoriza a afirmar que el federalismo, en la Constitución de 1999, se mantiene como *desiderátum* del sistema político. No obstante, por efecto de las leyes de la Asamblea Nacional, de los decretos leyes, por la omisión legislativa (el proyecto de Ley Orgánica de la Hacienda Pública Estadal nunca llegó a promulgarse)[53], por la jurisprudencia de la Sala Constitucional y por las vías de hecho, se ha desmontado el federalismo en lugar de perfeccionarlo, tal como lo ordenaba la Ley Fundamental.

Además, la existencia de un Estado federal, no de un Estado que se llame federal, requiere de la vigencia efectiva de un Estado de Derecho.

---

[53] Véase mi artículo: "El Régimen jurídico de la Hacienda Pública Estadal" en la *Revista de Derecho Público*, Editorial Jurídica Venezolana, 103 (julio-septiembre), Caracas, 2005.

En una sociedad donde dominan las orientaciones autoritarias y personalistas, como corresponde a un régimen neopatrimonialista, no puede haber respeto a las autonomías que se consagran en un Estado federal, y sobre este aspecto volveremos luego.

En cuanto a la descentralización, que junto a la participación son los principios más reiterados en la Constitución, la actuación de los poderes públicos ha ido en sentido contrario: en nuestro país ha existido una política expresamente orientada a configurar un Estado centralizado y un régimen personalista, en el cual la descentralización no tiene cabida. Para tratar de justificar la violación de la Constitución se ha alegado que el Estado Comunal es la consagración de la descentralización, pero esa afirmación es falaz. La descentralización, tal como se entendió en el país en la última década del siglo 20, y tal como se ejecutó en una medida importante, consistía en transferir competencias, servicios y recursos del Poder Nacional a los Estados, administrados estos por unos gobernadores electos que no debían sumisión jerárquica al Ejecutivo Nacional sino que estaban sujetos a rendir cuentas a sus electores, y también en transferir servicios, competencias y recursos de los Estados a los Municipios y de estos a las organizaciones de la sociedad civil, para hacer a los organismos públicos más eficientes y para fortalecer a la sociedad civil. Dado el éxito de la política de descentralización propuesta por la COPRE y ejecutada parcialmente por los poderes públicos entre 1989 y 1998, en el proceso constituyente de 1999 se recogieron los principales avances en esta materia, incluyendo, por supuesto, la elección de los gobernadores y de los alcaldes, el régimen de las transferencias y los mecanismos de participación que se habían establecido por ley. Por tal razón, en la Carta de 1999 se incorporó la descentralización a que se había llegado en la evolución del Estado bajo la Constitución de 1961, pero, en la etapa que ha transcurrido con posterioridad a la promulgación de aquella Carta, todos esos principios han sido desconocidos y, en algunos casos, como es el cálculo del situado constitucional, ello se ha hecho en franca violación de expresas normas de la Ley Fundamental. Pero además, el Estado Comunal y los organismos del llamado Poder Popular, que como sabemos no están previstos en la Constitución y nada tienen que ver con la organización del Poder Público allí consagrada, son elementos del discurso populista, son piezas del mecanismos de centralización del poder y del establecimiento de un gobierno personalista llevado a sus extremos por el régimen, con las que se pretende dar la apariencia de descentralización y de participación, tal como antes lo hemos examinado.

Para evidenciar la manera como se han distorsionado normas sobre el federalismo y la descentralización incluidas en la Constitución de 1999, basta con examinar que esta Carta se crea la figura del Consejo Federal de

Gobierno como "el órgano encargado de la planificación y coordinación de políticas y acciones para el desarrollo del proceso de descentralización y transferencia de competencias del Poder Nacional a los Estados" (art. 185), del cual depende el Fondo de Compensación Interterritorial (FCI), pero que por efecto de la Ley Orgánica del Consejo Federal de Gobierno y de reglamentos dictados en la materia, utiliza recursos que inicialmente estaban destinados a los Estados y Municipios a través del Fondo Intergubernamental para la Descentralización (FIDES) y de los mecanismos de la Ley de Asignaciones Económicas para los Estados provenientes de Minas e Hidrocarburos (LAEE), para financiar, principalmente, a las misiones y a las organizaciones del Poder Popular (consejos comunales, comunas y Distritos Motores del Desarrollo), las cuales dependen del Ejecutivo Nacional y están destinadas a sustraer competencias y recursos de los Estados y Municipios.

d) SOBRE EL PRINCIPIO DEL GOBIERNO ALTERNATIVO

En las experiencias democráticas que ha tenido el país se habían consagrado fórmulas constitucionales para impedir la reelección o, al menos, la reelección inmediata de los mandatarios. En la discusión de la ley fundamental de 1961 se llegó al acuerdo de permitir el ejercicio de la presidencia de la República por un período de cinco años, pero luego inhabilitar a esa persona por diez años, para evitar que el presidente saliente entregara el poder a un sucesor, el cual se lo devolvería al cabo de cinco años, como hicieron los hermanos Monagas en el siglo anterior. Con la prohibición de la reelección inmediata se conjuraría esa posibilidad. No obstante, cuando en desarrollo del principio contenido en el artículo 22 de la Constitución de 1961 se estableció, por Ley de 1988, la elección de los gobernadores de los Estados, se previó la reelección inmediata de estos funcionarios, por una sola vez, luego de cumplido un período de tres años. Con relación a la presidencia de la República, en la COPRE se discutieron entre 1989 y 1990 dos opciones para proponer: un período presidencial largo (seis años), sin reelección, como en México, o un período corto, de cuatro años, con una reelección inmediata, como en los Estados Unidos. En la Asamblea Nacional Constituyente de 1999, el Presidente pudo imponer un período largo, de seis años, con una reelección inmediata, lo cual le daba la posibilidad de gobernar por doce años seguidos.

Entre los principios fundamentales de la Constitución de 1999, como en la de 1961, se incluyó el de gobierno alternativo para la República y las entidades políticas que la componen (art. 6). Cuando Chávez presentó su proyecto de reforma constitucional en el 2007, incluyó un artículo que permitía lo que se llamó la reelección indefinida, que en realidad es la reelegibilidad sucesiva ilimitada, pero en el estudio que presentó una comisión de profesores designada por el Consejo de la Facultad de Ciencias Jurídicas y Políticas de la Universidad Central de Venezuela[54] se cuestionó la posibilidad de esta reforma porque infringía el principio del gobierno alternativo. Juristas del oficialismo sostenían que, por el principio de la soberanía popular, mientras los electores eligieran a una persona como presidente, por muchas veces seguidas que lo hicieran, no se lesionaba el principio de la alternabilidad. En realidad, hay que tomar en cuenta que existen dos principios diferentes que están consagrados en el mismo artículo 6 de la Ley Fundamental: el del gobierno electivo, que no se lesionaría, y el del gobierno alternativo, que resultaría violado. Nótese que la Constitución no habla de la "alternabilidad" como posibilidad teórica (como sí lo hace en el artículo 95, con respecto a las directivas de los sindicatos), sino de gobierno alternativo, lo cual significa que las personas que desempeñan los cargos de Presidente o de gobernadores deben efectivamente alternarse (de alter, otro, que venga otro titular del gobierno). Si una persona es electa y luego reelecta una vez, no se viola el principio de la alternabilidad, de acuerdo al criterio que privó en el constituyente de 1999, sino que se le permite la posibilidad de ejercer la presidencia por un tiempo prolongado, pero una segunda reelección sí sería violatoria de ese principio, porque su fundamento es el que expresó muy bien Simón Bolívar cuando dijo en el discurso de Angostura (1819) que : "...nada es tan peligroso como dejar permanecer largo tiempo en un mismo ciudadano el poder. El pueblo se acostumbra a obedecerle y él se acostumbra a mandarlo; de donde se origina la usurpación y la tiranía." Pero no solamente es un problema de costumbre, es que desde la presidencia se pueden utilizar los recursos del poder para mantenerse en él indefinidamente, como lo ha hecho el régimen gobernante, sin limitación alguna, y también desde el poder se pueden anular los procedimientos de control a través de mecanismos corruptos, sobre todo en un país el nuestro, en el que la sociedad civil ha tenido poco desarrollo. Cuando un gobernante está sometido a un principio alternativo, se sentirá más estimulado a manejar los asuntos públicos a su cargo con mayor transparencia y honestidad, lo cual no sucede en Venezuela desde 1999.

Por ello, con la aprobación de la Enmienda de la Constitución sometida a referéndum el 15 de febrero de 2009, para establecer la reelegibilidad sucesiva ilimitada en todos los cargos de elección popular se viola el principio constitucional del gobierno alternativo, en cuanto se establece la

---

[54] Documento de la Facultad de Ciencias Jurídicas y Políticas de la UCV: *Ante la reelegibilidad ilimitada a la que aspira el Presidente de la República*, en: http://venezuelareal.zoomblog.com/archivo/2007/03/09/ante-la-reelegibilidad-ilimi tada-a-la-.html

posibilidad de que funcionarios ejecutivos como son el Presidente de la República, los gobernadores y los alcaldes ("el gobierno de la República Bolivariana de Venezuela y de las entidades políticas que la componen" reza el artículo 6 de la Constitución) tengan la posibilidad de hacerse reelegir sin límite de tiempo, mas no en cuanto a cargos electivos en los cuerpos deliberantes, a los cuales no les es aplicable el principio del gobierno alternativo, porque no son cargos de gobierno. De lo expuesto resulta que en la Constitución venezolana se introduce una contradicción evidente: por una parte, se mantiene el principio del gobierno alternativo (art. 6), que es uno de los principios fundamentales de la Constitución y que no puede ser suprimido ni modificado por una enmienda ni por una reforma constitucional sino por obra de una Asamblea Nacional Constituyente, a tenor de lo dispuesto en el artículo 342 de la Constitución, y, por otra parte, por una enmienda a la Constitución se sancionan normas que permiten la reelegibilidad sucesiva ilimitada de los cargos de gobierno de la República, de los Estados y de los Municipios, lo cual deja sin efecto el principio del gobierno alternativo. Pero el ordenamiento constitucional no admite contradicciones: los principios fundamentales de la Constitución privan sobre los principios de desarrollo de la misma Carta, por lo cual los numerales 1, 3 y 5 de la Enmienda N° 1 de la Constitución de 1999, que permiten la reelegibilidad sin término en los cargos de alcaldes, gobernadores y Presidente de la República, son inconstitucionales porque contradicen un principio fundamental vigente de la Constitución, además de ser muy inconvenientes para el Estado y la sociedad.

B. LAS TRANSFORMACIONES EN LA ESTRUCTURA Y FUNCIONAMIENTO DEL ESTADO

Esas transformaciones se han producido en todos los niveles y en todos los ámbitos del Estado, nos limitaremos a examinar algunos casos de cambios importantes, sobre todo referidos a los altos niveles del sector público.

En la Constitución de 1999 se fortalece ampliamente la figura del Presidente de la República, en comparación con el marco jurídico que se había regulado en la Carta de 1961 para este cargo. El régimen del Presidente que resultó de la Carta de 1999 dibujaba a un funcionario con muchas competencias, pero también sometido a diversas formas de control. Esa situación se modificó en la evolución del Estado: de un lado, se fortalecieron más aún los poderes del presidente, del otro, se disminuyeron hasta desaparecer los controles que estaban inicialmente previstos. En el primer aspecto, gracias a los grandísimos incrementos de la renta petrolera, que comienzan a producirse sobre todo desde el primer tercio del año

2004, cuando se da por concluida la crisis del sudeste asiático, que había llevado a un nivel muy bajo el precio de los hidrocarburos, y al paralelo aflojamiento de los mecanismos de control, el Presidente se fue convirtiendo en un distribuidor de beneficios y en dueño de vidas y haciendas de los venezolanos, como corresponde a un régimen neopatrimonialista que se estaba instaurando en el país.

Por supuesto que hay una relación directa entre el fortalecimiento de la figura presidencial y la ausencia de controles a su actuación, porque sólo puede haber control cuando los órganos responsables de hacerlo están dotados de autonomía y la ejercen realmente, es decir, cuando hay una efectiva separación de poderes.

a) LA UNIFICACIÓN DE LOS PODERES

En la Constitución formalmente vigente se establece que "El Poder Público Nacional se divide en Legislativo, Ejecutivo, Judicial, Ciudadano y Electoral" (art. 136), pero a pesar de que en Venezuela esa división es flexible, la magistrada Luisa Estella Morales, entonces presidenta del Tribunal Suprema de Justicia, en una declaración del 5 de diciembre de 2009 abogó por la revisión de esta norma por considerar que "No podemos seguir pensando en una división de poderes porque eso es un principio que debilita al Estado". La magistrada justificó su propuesta indicando que la vigente Carta Magna obliga a las distintas ramas del Poder Público a colaborar y cooperar entre ellas e indicó que esa línea hay que profundizarla.[55] Entre nosotros la división de poderes es flexible porque un funcionario pasa del Poder Ejecutivo al Electoral y a la inversa, del Ejecutivo al Poder Ciudadano y a la inversa, del Legislativo al Ejecutivo y al Judicial, sin que se haya establecido incompatibilidad alguna, a pesar de que algunos cargos requieren de imparcialidad política en sus titulares. Y también porque de acuerdo con la Constitución "Cada una de las ramas del Poder Público tiene sus funciones propias, pero los órganos a los que incumbe su ejercicio colaborarán entre sí en la realización de los fines del Estado" (art. 136, aparte único).

Para precisar mejor el tema es necesario distinguir entre la colaboración entre los poderes para realizar los fines del Estado y la colaboración para los fines del gobierno, aspectos que en la práctica se han confundido bajo el presente régimen. Cuando oímos o leemos la entrevista que hizo el 18 de abril de 2012 la periodista Verioska Velasco al exmagistrado y expresidente de la Sala de Casación Penal del Tribunal Supremo de Justicia, Eladio Aponte Aponte, para una emisora de televisión de Miami, nos pre-

---

[55] http://www.eluniversal.com/2009/12/05/pol_art_morales:-la-divisio_1683109

guntamos de cuál división de poderes estamos hablando. El exmagistrado, quien escapó de Venezuela bajo la protección de la DEA norteamericana al ser destituido del cargo judicial por sus vínculos con el narcotraficante Walid Makled, confesó su participación en la "fabricación" de los cargos que llevaron a prisión a los comisarios Simonovis, Forero y Vivas, entre muchos otros, y, al ser interrogado por la periodista sobre la separación de poderes en Venezuela, dijo que eso era una "falacia" y explicó por qué así: "Todos los fines de semana, principalmente los viernes en la mañana, hay una reunión en la Vicepresidencia Ejecutiva del país, donde se reúnen el Vicepresidente, que es el que maneja la justicia en Venezuela, con la Presidenta del Tribunal Supremo, con la Fiscal General de la República, con el Presidente de la Asamblea Nacional, con la Procuradora General de la República, con la Contralora General de la República, con el Presidente de la Asamblea Nacional, y unas que otras veces va uno de los jefes de los cuerpos policiales. De allí es de donde sale la directriz de lo que va a ser la justicia. O sea, salen las líneas conductoras de la justicia en Venezuela". Luego agregó que él mismo había asistido a varias de esas reuniones, y al serle preguntado sobre lo que allí se hablaba dijo: "Bueno, de cuáles son los casos que están pendientes, de qué es lo que se va a hacer. O sea, se daban las directrices de acuerdo al panorama político".[56] Partiendo del supuesto de la veracidad de las declaraciones del exmagistrado, porque no habría razón para que se autoinculpara, ello nos confirma lo que hemos afirmado anteriormente: en Venezuela hay en la Constitución un régimen formalmente democrático, lo que incluye la división de los poderes públicos; pero la realidad es muy diferente: nuestro Estado, en el funcionamiento real de sus instituciones, se asemeja al Estado Soviético que existió, o al Estado cubano que existe. La división entre los poderes no es de carácter horizontal, sino vertical: hay un poder supremo que es el político, que ejercía Chávez en su momento, y unos poderes subordinados que son todos los demás. Es decir, que desde el punto de vista del Estado de Derecho, en Venezuela no hay separación de poderes. Dada esta hipótesis, las consecuencias son muy graves, pues tal como se establecía en la Declaración Universal de los Derechos del Hombre y del Ciudadano proclamada por la Revolución Francesa en 1789, "Toda sociedad en la cual no esté establecida la garantía de los derechos, ni determinada la separación de los poderes, carece de Constitución" (art. 16). Por ello podría concluirse que la propuesta de la expresidenta del Tribunal Supremo de Justicia no se refiere a modificar un estado de cosas, sino a sincerar las normas para que reflejen una situación de hecho que ya existe.

---

[56] Ver la entrevista completa en: http://www.reporteconfidencial.info/noticia/3169021/eladio-aponte-aponte-entrevista-exclusiva-soitv-completa/

En efecto, en un Estado donde domina una fuerte tendencia al autoritarismo y donde ni la Constitución ni la ley son frenos para contener la actuación del poder, es muy difícil que subsistan instituciones autónomas, creadas bajo la vigencia de unos principios que ahora se han desechado. Bajo el imperio de la Constitución de 1961 regía el principio de que, para mantener la libertad y la democracia, era necesario un sistema de contrapesos que permitiera frenar los abusos del poder. "Sólo el poder detiene el poder", decía Montesquieu, y en esta máxima que resumía su teoría se inspiraron los redactores de la Carta de aquel año, con el expreso propósito de conjurar los métodos de la dictadura que había sido derrocada.[57] En sentido contrario, bajo los regímenes totalitarios, entre los cuales no podemos dejar de citar el comunista y el nazi-fascista, es impensable la existencia de controles en el interior del Estado. Para limitarnos al primero de los sistemas nombrados, basado como sabemos en la lucha de clases, el triunfo de un movimiento comunista significa la victoria del proletariado sobre la burguesía y la instauración de la dictadura del proletariado. Esta última tiene como propósito destruir los restos de la burguesía, por lo cual no puede llegar a entendimientos con ella, de donde se origina lo que Duverger llama, la "democracia unánime",[58] puesto que "Una oposición política supondría la formación de una rivalidad de clases".[59]

En igual sentido se destaca la actitud tolerante, por no decir cómplice, de la Contraloría General de la República frente a las actuaciones del gobierno, muy distinta a la que había demostrado ese órgano en etapas anteriores, cuando defendía con celo la obligación de los funcionarios de respetar las normas legales y morales que disciplinan el manejo de los fondos y de los bienes públicos y que limitaba la discrecionalidad de los gobernantes, incluido el Presidente de la República. Bajo el régimen actual, la Contraloría se ha revelado, además, como institución encargada de velar por los intereses electorales del régimen, pues mediante la figura de la inhabilitación de funcionarios o exfuncionarios para ejercer funciones públicas, se ha logrado impedir la postulación de candidatos opositores de gran popularidad en algunas elecciones.

---

[57] Sobre la aplicación de esta teoría al caso venezolano, véase: Gustavo Tarre Briceño: *Solo el poder detiene al poder. La teoría de la separación de los poderes y su aplicación en Venezuela*, Editorial Jurídica Venezolana, Caracas, 2014.

[58] Maurice Duverger: *Institutions Polítiques et constituciotionels, op cit*, p. 388.

[59] *Idem*, p. 389.

En esas condiciones, Chávez actuaba sin sujeción alguna a leyes ni a procedimientos jurídicos cuando desde su programa Aló Presidente ordenaba asignar recursos públicos de acuerdo a la ocurrencia del momento, gracias a la disponibilidad de fondos paralelos al presupuesto nacional, exentos de control, o cuando disponía ante las cámaras de televisión la expropiación de empresas o de haciendas privadas sin procedimiento legal alguno. Todavía está fresca la imagen del Presidente cuando, parado en la plaza Bolívar de Caracas, señalaba con el dedo los edificios que debían ser expropiados (o más bien confiscados), en demostración de un poder que pocos mandatarios del mundo han tenido después de la desaparición de los zares de Rusia.

No hemos calificado al Estado venezolano actual como totalitario no porque se inspira en principios diferentes a los de la democracia unánime, sino porque la situación nacional –sobre todo por la tradición histórica, la existencia de una clase media cuyos valores sobreviven, a pesar de los golpes recibidos, y de una intelectualidad desarrollada– y el contexto internacional –una opinión pública internacional alimentada por medios de comunicación electrónicos, unos países vinculados con el nuestro que tienen sistemas democráticos y la vigilancia de organizaciones internacionales sobre el respeto a los derechos humanos– lo hacen muy difícil. Pero aún sin llegar a ser totalitario, el régimen que nos gobierna es de un autoritarismo indiscutible y no se aviene con la existencia de poderes autónomos ni en el Estado ni en la sociedad. Anteriormente habíamos llegado a la conclusión de que el sistema político implantado por Chávez en Venezuela corresponde a lo que se denomina un régimen neopatrimonialista, el cual se instaura por la actuación de un caudillo elegido democráticamente que, con un discurso populista, asume todos los poderes del Estado, pone a su servicio los bienes y los recursos del Estado y de los particulares, convierte en súbditos a sus compañeros, a los que asigna las responsabilidades más importantes del régimen, prolonga su mandato en el tiempo por reelecciones sucesivas y actúa libre de todo control. Por otra parte, ya hemos visto como la imposición de una ideología oficial –el socialismo– es la demostración de que el régimen rechaza el pluralismo político consagrado en la Constitución y aspira a gobernar con y para las personas adherentes a esa ideología o, por lo menos, al sistema de poderes constituido. Pero además, esa actitud excluyente tiene pretensiones de perpetuidad, las cuales se manifiestan cuando los líderes del proceso expresan que "La Revolución llegó para quedarse"[60] o "los fascistas no volverán a go-

---

[60] Chávez: http://www.terra.com.ve/actualidad/articulo/html/act1621180-chavez-reitera-que-su-revolucion-llego-para-quedarse.htm

bernar a Venezuela"[61] y para ello cuentan con la acción concertada de todos los poderes del Estado.

Las transformaciones del Estado como consecuencia de la preponderancia del Ejecutivo (en realidad, del Presidente de la República) sobre los demás poderes se muestran también en el manejo partidista en el nombramiento de los rectores del Consejo Nacional Electoral. En una oportunidad, ante el retraso prolongado de la Asamblea Nacional en hacer los nombramientos, se introdujo ante la Sala Constitucional una demanda por omisión del órgano legislador de hacer los nombramientos. La Sala Constitucional declaró con lugar la demanda el 25 de agosto de 2003 y procedió a hacer la designación de los rectores electorales que correspondía a la Asamblea Nacional, y, además, nombró al Secretario General del Cuerpo, el cual debía ser designado por los rectores electorales. El cambio en el órgano que hace la designación de los titulares superiores del Poder Electoral, lo cual no está previsto en la Constitución, no impidió sin embargo la parcialización del organismo a favor del régimen, por la mayoría oficialista de sus integrantes, lo cual se ha traducido, entre otros aspectos, en la permisividad del máximo órgano electoral en cuanto al ventajismo gubernamental en las compañas electorales. Resulta paradójico que el propósito declarado de la Constitución de 1999 de que todos los integrantes del poder electoral sean políticamente independientes y, por tanto, imparciales (art. 291, último aparte, 294 y 296), vino a convertirse en la subordinación del órgano a un solo partido.[62] De esta manera se ha perdido el sistema de contrapesos que existió durante la etapa democrática y no se ha logrado que el árbitro electoral funcione con imparcialidad. En muchos países se ha discutido sobre la conveniencia de integrar los organismos electorales únicamente con personas imparciales, libres de ataduras o de influencias partidistas, o bien de hacerlo con la participación de independientes y con representantes partidistas, como existía antes en Venezuela. Ante este dilema, en los Estados Unidos se ha llegado a esta conclusión: "Lo mejor es que los organismos electorales estén integrados por ángeles, pero como estos son difíciles de encontrar, es preferible que los diablos se cuiden unos con otros". En el caso venezolano, los supuestos ángeles están muy lejos de serlo y los ciudadanos se dan cuenta de ello: "de acuerdo a un estudio elaborado por el Centro de Estudios Políticos de la Universidad Católica Andrés Bello, el 56,2% de los venezolanos descon-

---

[61] Diosdado Cabello: http://www.vtv.gob.ve/articulos/2013/04/17/diosdado-cabello-los-fascistas-no-volveran-a-gobernar-a-venezuela-3712.html

[62] Véase mi artículo: "El régimen electoral en la Constitución de 1999" en la *Revista Politeia*, N° 26, Caracas, 2001.

fían del Consejo Nacional Electoral actual".[63] Hoy luce lejano el tiempo en que un Organismo Electoral declaró ganador, como ocurrió en las elecciones presidenciales de 1968, a un candidato de oposición que había obtenido una ventaja de escasos 30.000 votos. Es que bajo la vigencia del régimen democrático el entonces llamado Consejo Supremo Electoral no adecuaba su actuación a los intereses del gobierno, puesto que no fijaba las elecciones en la oportunidad que convenía al oficialismo, ni a partir de 1993 diseñaba las circunscripciones electorales a modo de potenciar las posibilidades del régimen para obtener una mayor representación, ni aplicaba un ordenamiento electoral especialmente aprobado por la mayoría de la Asamblea Nacional sin consultas ni concesiones con los opositores, para favorecer al partido gobernante. En su lugar, todas las decisiones sobre el sistema electoral y sobre las medidas que debían aplicarse en este ámbito eran objeto de la discusión y el consenso entre todos los factores políticos, por lo menos entre los representados en el Congreso, cosa que ahora no ocurre. Podemos mencionar como ejemplar el debate que se hizo durante varios años para cambiar el sistema de listas cerradas y bloqueadas que se usaba desde 1958, por un sistema que, al mismo tiempo, garantizara la personalización del sufragio y la representación proporcional, hasta que se pudo aplicar en las elecciones nacionales, en 1993, después de haberse puesto en vigor, a título experimental, un sistema electoral de listas abiertas con representación proporcional en la elección de concejales en 1989. Pero sobre todo, hay que destacar que, en ambos casos, el sistema electoral que se aprobó por unanimidad había sido propuesto por la oposición: el MAS en 1989, COPEI en 1993.

Con respecto a otros poderes del Estado, es inimaginable hoy que un o una Fiscal General de la República pudiera solicitar el enjuiciamiento de un Presidente de la República, o más sencillamente que ejerciera sus competencias constitucionales con prescindencia de los intereses o de las orientaciones del régimen, y lo mismo puede decirse del Defensora o la Defensora del Pueblo, quienes lucen, ante toda la sociedad, como empleados del gobierno. El caso venezolano es el mejor ejemplo de que, en un régimen neopatrimonialista como el que se ha instaurado en Venezuela, los poderes separados dejaron de existir como tales y se unificaron bajo la voluntad del caudillo.

---

[63] http://www.el-carabobeno.com/portada/articulo/92074/ms-de-la-mitad-de-vene zolanos-desconfa-del-poder-electoral

b) LA DEJACIÓN DE COMPETENCIAS POR LA ASAMBLEA NACIONAL

El órgano de control del Estado por antonomasia es la Asamblea Nacional, tanto en su función de legislar, como en sus facultades de control propiamente dichos. En el primer aspecto, la Asamblea Nacional ha delegado en el Presidente la mayor parte de su poder de legislar, mediante la figura de la Ley Habilitante, de la cual hizo uso Chávez en cuatro oportunidades así: la primera vez, en 1999, le fue aprobada una ley habilitante por seis meses, con fundamento en la cual dictó 53 decretos leyes; la segunda en el 2000, por un año, le permitió dictar 49 decretos leyes; la tercera, en el 2007, por 18 meses, sirvió de base al presidente para dictar 59 decretos leyes; la cuarta, en 2010, por 18 meses, fue utilizada por el presidente para promulgar 54 decretos leyes, todo lo cual hizo un total de 215 actos de rango legal dictados por el Presidente de la República y que, por tanto, han sido sustraídos de su competencia natural, como es la que corresponde a la Asamblea Nacional. Por otra parte, la Asamblea Nacional se ha negado a efectuar interpelaciones y a realizar investigaciones sobre hechos de interés nacional cuyo control le corresponde, de modo que los funcionarios del régimen han actuado sin tener que rendir cuenta de sus actos ante la representación popular. La dejación de sus competencias que ha hecho la Asamblea Nacional ha venido aparejada con la pérdida de prestigio de la institución ante la opinión pública, pero esto no ocurre por casualidad. En realidad, hay en el régimen un propósito establecido de devaluar a los cuerpos deliberantes del Estado en general y a la Asamblea Nacional en particular. El discurso populista de los regímenes autoritarios considera a los cuerpos deliberantes como centros de negociaciones, e incluso de negociados, en los que se margina la ética para llegar a acuerdos entre facciones rivales, es decir, donde impera esa actividad perversa que se llama "la política". Para un gobierno autoritario como el que se ha entronizado en Venezuela, que ha alzado la bandera de "la antipolítica", la Asamblea Nacional y los demás cuerpos deliberantes del Estado no tienen otra razón de existir que la de fortalecer y enaltecer la figura del Presidente de la República, del cual depende la elección de los parlamentarios, y así todos los oficialistas lo reconocen abiertamente. En su discurso pronunciado en el Teatro Teresa Carreño donde anunció la constitución del Partido Socialista Unido de Venezuela (PSUV), Chávez "criticó abiertamente a los líderes de los principales partidos bolivarianos que habían aparecido en televisión intentando atribuirse su parte en el triunfo electoral". Visiblemente enfadado afirmó: "Los votos no son de ningún partido, esos votos son de Chávez".[64] Posteriormente, el 3 de junio de 2011, Diosdado Cabello reconoció que "Yo saqué en las pasadas elecciones parlamentarias unos 160 mil votos que no son míos sino de Chávez".[65] Un dirigente del Partido Comunista, organización que apoyaba al gobierno pero que no había aceptado integrarse en el PSUV, por su parte, declaró que "Todo el mundo sabe que el pasado 7 de octubre de 2012, esos 486.503 votos que cayeron en la tarjeta del Partido Comunista de Venezuela (PCV) le pertenecen a nuestro Presidente Hugo Rafael Chávez Frías".[66] En esas condiciones, con unos diputados que reconocen su carencia de liderazgo y que proclaman que si no fuera por Chávez nunca alcanzarían a ser diputados, cabe preguntarse: ¿Cómo un Cuerpo así constituido puede ejercer control alguno sobre el gobierno? ¿Cómo esos diputados oficialistas, que son la mayoría del parlamento, pueden negar al Presidente la aprobación de una ley habilitante, de un presupuesto, de una autorización de endeudamiento o de cualquier acto que les solicite?

El sometimiento de la Asamblea Nacional al Poder Ejecutivo es un hecho público y notorio, pero faltaba el reconocimiento expreso de los actores involucrados, lo cual ocurrió cuando del diputado Hernán Núñez, adscrito al PSUV, expresó en la sesión extraordinaria del 16 de diciembre de 2014 que "Yo quisiera dejar claro ante el país, que esta fracción parlamentaria, por instrucción del Presidente de la República, aprueba 420 millones de bolívares en conmemoración de los años de nuestra tierra amada, de nuestra tierra cumanesa".[67] La actitud sumisa de la Asamblea Nacional ante el Poder Ejecutivo y la dejación en el ejercicio de sus competencias constitucionales se ha traducido en una pérdida de prestigio para la institución. A ello ha contribuido la actuación de los directivos del cuerpo legislativo de impedir que los diputados de la oposición, que sí tienen interés en que se ejerza un efectivo control sobre los órganos ejecutivos y sobre todo el Estado, puedan cumplir sus funciones. Para esos fines, se han introducido numerosas reformas al Reglamento Interior y de Debates de la Asamblea Nacional (siete entre 2002 y 2005), en todos los casos para menoscabar la actividad de la minoría y fortalecer los poderes de la directiva electa por la mayoría oficialista, lo que se traduce en menos posibilidades de control sobre el gobierno. En la reforma de 2010 de dicho

---

[64] http://www.manosfueradevenezuela.org/24-noticias/noticias/112-chvez-anuncia-el-partido-socialista-unido-de-venezuela.html

[65] http://hectorluiscalderavelasquez.blogspot.com/2011/06/diosdado-cabello-esos-votos-son-de.html

[66] http://www.upatadigital.com.ve/esos-votos-en-la-tarjeta-del-pcv-le-pertenecen-a-chavez

[67] Véase el video: https://www.youtube.com/watch?v=5449aeE1fe0

Reglamento, se modificaron artículos con los siguientes objetivos: las sesiones de la Asamblea se realizan solo cuando las convoque el presidente del cuerpo y no en forma automática, dentro del período de sesiones establecido en la Constitución; se reduce el número de sesiones, las cuales pueden llegar a cuatro por mes, según lo determine el presidente de la Asamblea, o incluso menos; se le otorga a Antena TV el monopolio de grabar las sesiones y distribuir la información, lo que impide a los medios privados obtener la información de primera fuente; se suprime el derecho de los diputados de asociarse en grupos parlamentarios; se conceden las autorizaciones solicitadas por el Ejecutivo sin debate; cuando el presidente de la Asamblea considere que un diputado infringe normas en un debate parlamentario, puede privarlo del derecho de palabra hasta por un mes, sin intervención de la plenaria; las solicitudes del Tribunal Supremo de Justicia de levantar la inmunidad parlamentaria a un diputado pueden ser decididas en la misma sesión o en la siguiente, según la gravedad del caso, lo que limita gravemente el derecho a la defensa del inculpado y el interés de la Asamblea de examinar cuidadosamente el caso; el presidente del cuerpo, por su cuenta y sin consultar a la plenaria, decide cuándo debe la Asamblea sesionar fuera de Caracas o fuera del recinto parlamentario, sin que se fije un plazo mínimo para comunicar la decisión, lo que crea inseguridad para el conjunto de los diputados. Además, los casos recientes de levantamiento de la inmunidad parlamentaria sin el derecho a la defensa, la destitución de una diputada sin procedimiento alguno, la privación del derecho de palabra a los diputados que se negaran a manifestar que reconocían a Maduro como presidente, la privación a los diputados de oposición del derecho de ejercer presidencias de comisiones parlamentarias, son demostraciones de que la Asamblea Nacional se ha convertido en una institución autoritaria en lo interno, al mismo tiempo que sumisa ante el primer mandatario, dominada por el propósito de afianzar al régimen gobernante, lo que impide u obstaculiza gravemente el ejercicio de las funciones parlamentarias que pone a su cargo la Constitución. Aparentemente es una viveza del régimen tener una Asamblea que no ejerza sus funciones de control sobre el Ejecutivo, en demostración de solidaridad partidista, pero es una viveza tonta. Con el descubrimiento de crecientes casos de corrupción que no se investigaron, a pesar de las solicitudes de la oposición, se ha evidenciado una complicidad delictual entre los titulares de los organismos de control con los administradores de los dineros públicos, lo cual, a fin de cuentas, se traduce o se traducirá en el desprestigio del régimen en su conjunto. Ese proceso apenas está comenzando.

En efecto, la Asamblea Nacional ha desviado sus objetivos para convertirse en el principal soporte de la continuidad del régimen, sobre todo mediante sus competencias de nombrar a los magistrados del Tribunal

Supremo de Justicia, a los rectores del Consejo Nacional Electoral, al Fiscal General de la República, al Contralor General de la República y al Defensor del Pueblo, lo cual hace sin respetar la mayoría de las dos terceras partes que exige la Constitución, violación esta que contó con el aval de la Sala Constitucional del Tribunal Supremo de Justicia, como lo veremos a continuación.

c) EL PODER JUDICIAL COMO INSTRUMENTO DE "LA REVOLUCIÓN"

Con respecto al Tribunal Supremo de Justicia, en los primeros tiempos del gobierno de Chávez no existía un control total de este sobre el organismo judicial. Ello permitió, por ejemplo, que la Sala Plena del TSJ, con el voto de 11 de los 20 magistrados, declarara sin lugar la solicitud del Ministerio Público de antejuicio de mérito para enjuiciar a cuatro altos oficiales de la Fuerza Armada que habían participado en los sucesos del 11 de abril de 2002, y en esa oportunidad decidió que no se había producido un golpe de Estado sino un vacío de poder. A partir de ese momento el gobierno instrumentó una política para terminar con la autonomía del máximo tribunal, que comenzó por una modificación de la Ley Orgánica del TSJ, a cuyo efecto la Sala Constitucional de dicho tribunal estableció el criterio de que las leyes que la Constitución declara como orgánicas pueden ser modificadas por la mayoría absoluta de los diputados de la Asamblea Nacional presentes al iniciarse la discusión, en lugar de requerirse las dos terceras partes de los diputados presentes como lo exige el texto de la Ley Fundamental (art. 203, primer aparte). Los objetivos principales de esta reforma legal fueron los de establecer un procedimiento expedito para suspender a los magistrados desafectos al gobierno y aumentar el número de magistrados de 20 a 32, para consolidar la mayoría oficialista en cada una de las salas y en el supremo tribunal en su conjunto. Seguidamente, el 13 de diciembre de 2004, la Asamblea Nacional designó a 17 magistrados principales (12 en los cargos creados y 5 para sustituir a igual número que se habían acogido a la jubilación) y a 32 suplentes. En esa oportunidad, el diputado Pedro Carreño, Presidente del Comité de Postulaciones, aseguró que en la lista de magistrados electos no hay nadie vinculado con la oposición: "No nos vamos a meter autogoles".[68] Los electos "son magistrados cuya filiación revolucionaria está más que garantizada", dijo Carreño.[69]

---

[68] http://www.sumate.org/democracia-retroceso/attachmentsspanish/T1 20ST02%20P8%20V1Magistrados.htm

[69] http://www.eluniversal.com/2005/09/11/pol_art_11180A

Como consecuencia de ello, el carácter progubernamental del máximo tribunal se acentuó cada vez más a partir de ese momento, no solamente por el contenido de las sentencias sino también por las expresiones de sus integrantes. En tal sentido cabe citarse que Luis Velásquez Alvaray, al juramentarse en el cargo de magistrado de la Sala Penal, el 14 de diciembre de 2004, después de haber sido diputado a la Asamblea Nacional por el partido de gobierno, en la cual había actuado como corredactor de la Ley Orgánica del TSJ, expresó en su discurso que "aunque formalmente renunciaba a su militancia en el Movimiento Quinta República, jamás podría dimitir a su compromiso con el proceso de cambios que lidera el Presidente Chávez y que desde el TSJ impulsaría una 'justicia revolucionaria'".[70] Más recientemente, la Presidenta del Tribunal Supremo de Justicia, magistrada Gladys Gutiérrez, concluyó su discurso de apertura del año judicial, el 25 de enero de 2014, con estas palabras: "Un reconocimiento especial al presidente Hugo Chávez como máximo responsable de haber materializado este proyecto, pues sin su impulso y visión revolucionaria no habríamos podido andar este camino". Y en el mismo acto, la Presidenta de la Sala Penal, magistrada Deyanira Nieves, recordó al desaparecido mandatario en esta forma: "Hugo Rafael Chávez Frías, el más importante líder de una nuestra historia contemporánea, nos señaló el camino que de manera inexorable estábamos destinados a recorrer hasta llegar a concretar el rescate de la patria", para luego agregar: "Comandante de la justicia, de los olvidados, de los desposeídos, Comandante de los sueños por un mundo, de la esperanza, de la vida, comandante del amor (...) hoy gracias a ti Venezuela es un país que trasciende a una transformación profunda, ratificando su independencia, libertad y soberanía como nunca antes en la historia".[71] En esas condiciones, no sorprende que sea imposible que prospere una demanda, por cualquier causa, contra un personero del gobierno, o que una solicitud de nulidad de algún acto del régimen tenga una respuesta favorable. Volviendo a la expresión del diputado que excluía la posibilidad del autogol, la escogencia de magistrados solo por méritos partidistas no ha impedido que algunos de los seleccionados para integrar el TSJ sean descubiertos en actividades que poco favorecen al proceso revolucionario: los magistrados Luis Velásquez Alvaray y Eladio Aponte Aponte han huido al exterior para escapar de acusaciones sobre corrupción en el manejo de los fondos públicos el primero y de vínculos con el narcotráfico el segundo, desde donde han formulado denuncias sobre el manejo ilegal, incluso delictuoso, del Poder Judicial por personeros del régimen.

---

[70] www.sumate.org/democracia-retroceso/PJparcial.asp
[71] http://www.eluniversal.com/nacional-y-politica/140125/al-grito-de-chavez-vive-la-lucha-sigue-el-tsj-inicio-actividades

El nombramiento de magistrados del Poder Judicial "de comprobada filiación revolucionaria" ha tenido como consecuencia que los tribunales se han inhibido de iniciar procedimientos judiciales con relación a presuntos delitos en que habrían incurrido funcionarios del régimen y de los cuales han debido conocer los tribunales, incluso por *notitia criminis*, como ha sido el caso de la denuncia pública del ministro Jorge Giordani, el 13 de enero de 2013, y ratificado por la presidenta del Banco Central de Venezuela,[72] sobre el robo a la República, por un monto que supera los 20.000 millones de dólares puestos bajo la administración de Cadivi, por la realización de importaciones ficticias, y también las denuncias del ministro de Interior, Justicia y Paz, Miguel Rodríguez Torres, sobre que cerca del 40 por ciento de las empresas que asistieron a Cadivi en 2013 fueron empresas de maletín,[73] dando a conocer las grabaciones de los empresarios en Miami que confirmaban la estafa al organismo, hechos estos perpetrados en todos los casos en complicidad con funcionarios públicos. De igual modo, es excepcional, por no decir milagroso, cuando se logra tener éxito en el control de los actos ilegales del gobierno por recursos intentados ante la jurisdicción contencioso administrativa o ante la jurisdicción constitucional. Para completar la visión del Poder Judicial al servicio de "la revolución", hay que considerar que los jueces están subordinados a las decisiones de los magistrados del TSJ, a diferencia de lo que ocurría en otras épocas, cuando se consideraba –al igual que en los países democráticos avanzados– que los jueces son órganos coordinados, no subordinados. La subordinación de los jueces deriva sobre todo del hecho de que carecen de estabilidad laboral. Por una parte, según cifras oficiales, 7 de cada 10 jueces son provisorios y estos, de acuerdo a lo decidido en la sentencia Nº 516 de la Sala Constitucional del TSJ, del 7 de mayo de 2013, que legitima situaciones de hecho anteriores, pueden ser destituidos o sujetos a que sus actos de nombramiento sean dejados sin efecto, sin procedimiento alguno, en cualquier momento, por la Comisión Judicial que encabeza el presidente o la presidenta del TSJ y que está compuesta también por los presidentes o presidentas de las otras Salas. Además, los jueces titulares tienen posibilidades restringidas de ejercer su derecho a la defensa en los procedimientos sancionatorios.[74] Pues bien, los jueces no pueden decidir libremente y sin presiones cuando están amena-

---

[72] http://rupturaorg.blogspot.mx/2014/06/dolares-robados-us-20000-millones.html

[73] http://sunoticiero.com/index.php/politica-not/34589-rodriguez-torres-el-40-de-las-empresas-que-este-ano-recibieron-dolares-de-cadivi-son-de-maletin

[74] http://www.el-nacional.com/politica/TSJ-blindo-mediante-sentencia-jueces_0_189581231.html

zados de ser destituidos sin derecho a la defensa por decisiones tomadas en ejercicio de sus funciones, y esas presiones pueden tener motivaciones de orden político, pero también pueden servir a intereses de otra naturaleza. De este modo, los tribunales penales se han convertido en instrumentos para hostigar, perseguir o encarcelar a personas opositoras al régimen o desobedientes a sus lineamientos, sin ningún fundamento legal, y, por supuesto, sin pruebas de ninguna clase.

En el Estado que tenemos ahora poca gente podría creer que había una época en que el Presidente de la República no ordenaba el enjuiciamiento y el encarcelamiento de ciudadanos, en contraste con lo que ocurrió después, cuando incluso una juez fue públicamente acusada de haber recibido beneficios por dictar sentencia y condenada sin pruebas por un tribunal (caso *Affiuni*), ni a lo que ha sucedido cuando el Presidente usó una expresión grosera, equivalente a excremento, para referirse al máximo tribunal, por haber dictado en Sala Plena una sentencia en la que calificaba de vacío de poder la situación que se creó cuando el Jefe del Alto Mando Militar anunció al país que el presidente había presentado su renuncia ante ese órgano, "la cual aceptó".

La subordinación del Poder Judicial al gobierno se muestra ostensiblemente en el estudio que hacen los abogados Antonio Canova, Luis Alfonso Herrera, Rosa Rodríguez y Giuseppe Graterol, quienes examinaron minuciosamente las sentencias del máximo tribunal y llegaron a la conclusión de que en nueve años el TSJ no ha dictado ni una sentencia contra el gobierno. A partir de 2005, se dice en el estudio, cuando el gobierno tomó el control absoluto del máximo tribunal, "se han dictado 45.474 sentencias en las salas Constitucional, Político Administrativa y Electoral, que están encargadas de controlar los actos del gobierno", y entre ese momento y el año 2013 ninguno de estos fallos ha lesionado los intereses del gobierno. "La Sala Constitucional nunca condenó al Presidente de la República por haber violado un derecho constitucional. En nueve años de un transitar político conmocionado y polémico, que ha tenido consecuencias palpables en la vida de muchas personas (asesinadas, encarceladas, exiliadas, perseguidas, despedidas), no deja de sorprender que en ninguna ocasión haya declarado con lugar un amparo constitucional ejercido contra el Presidente", se indica en el libro donde se publica el resultado de la investigación. "En cuanto a la Sala Político Administrativa, expresan los autores, se demuestra que nunca ha cuestionado alguna política pública del gobierno, como las expropiaciones de industrias o empresas, el rescate de tierras para fines agrarios, la intervención del gobierno en la economía, las estatizaciones, los controles de divisas, costos y precios, sea en acciones de anulación contra actos administrativos, o en demandas patrimoniales por los daños y perjuicios que en alguna de esas materias haya podido causar; ni siquiera de modo cautelar, ha detenido, entorpecido o de cualquier manera cuestionado la actuación del gobierno". En contraste, bajo los gobiernos de AD y COPEI, señala Canova al presentar el libro, "40% de las demandas contra el Estado eran declaradas con lugar. Ahora, en litigios patrimoniales la mayor indemnización que se ha alcanzado es por 180.000 dólares, en un caso en que el demandante aspiraba a millones", "La diferencia es que ahora hay un componente de politización que lleva al desconocimiento de principios democráticos, derechos humanos y degenera en hostigamiento judicial". Los autores señalan que en el régimen de Maduro la situación se ha agravado y muestra de ello, además de las sentencias que permitieron a Maduro acceder a la presidencia contrariando disposiciones constitucionales, es que "La Sala Constitucional se erigió en tribunal penal y, mediante un juicio sumarísimo, condenó a prisión y destituyó a los alcaldes de San Diego, Enzo Scarano, y de San Cristóbal, Daniel Ceballos. Además, determinó que el derecho constitucional a la manifestación pacífica está sujeto a previa autorización, pues de lo contrario acarrea sanciones penales. Y, a modo de espaldarazo a los militares que reprimieron las manifestaciones, convalidó la participación de funcionarios de las Fuerzas Armadas en actividades proselitistas".[75]

No podemos dejar de citar el aval reciente que le dio la Sala Constitucional al gobierno cuando decidió que tanto los miembros del Poder Ciudadano (Fiscal General y Contralor General de la República, Defensor del Pueblo) como los magistrados del Tribunal Supremo de Justicia podían ser designados por mayoría simple de la Asamblea Nacional, en lugar de las dos terceras partes de sus miembros como lo consagra la Constitución. En el primer caso, la sentencia de la Sala mencionada acogió la interpretación del oficialismo sostenida por el presidente de la Asamblea Nacional en el recurso de interpretación que interpuso sobre el artículo 279 de la Constitución en el que se establece lo siguiente:

> El Consejo Moral Republicano convocará un Comité de Evaluación de Postulaciones del Poder Ciudadano, el cual estará integrado por representantes de diversos sectores de la sociedad; adelantará un proceso público de cuyo resultado se obtendrá una terna por cada órgano del Poder Ciudadano, la cual será sometida a la consideración de la Asamblea Nacional. Esta, mediante el voto favorable de las dos terceras partes de sus integrantes, escogerá en un lapso no mayor de treinta días continuos, al o a la titular del órgano del Poder Ciudadano

---

[75] Antonio Canova y otros: *El Poder Judicial al servicio de la Revolución*, Editorial Galipán, Caracas, 2014.

que esté en consideración. Si concluido este lapso no hay acuerdo en la Asamblea Nacional, el Poder Electoral someterá la terna a consulta popular.

En caso de no haber sido convocado el Comité de Evaluación de Postulaciones del Poder Ciudadano, la Asamblea Nacional procederá, dentro del plazo que determine la ley, a la designación del titular o la titular del órgano del Poder Ciudadano correspondiente".

Como los miembros del Poder Ciudadano habían notificado a la Asamblea Nacional que no habían llegado a un acuerdo para aprobar la integración del Comité de Postulaciones, la Sala Constitucional dictó su sentencia el 22 de diciembre de 2014, tres días después de la solicitud de interpretación, y en ella determinó que "Siendo que en la disposición constitucional objeto de análisis –segundo párrafo del artículo 279 Constitucional–, no se especifica un régimen de mayoría específico para la adopción del nombramiento por la Asamblea Nacional, de los titulares del Consejo Moral Republicano, se entiende que aplica la mayoría absoluta a la que se ha hecho referencia, la cual se configura con la manifestación afirmativa o positiva de la mitad más uno de los diputados y diputadas presentes en la sesión parlamentaria que corresponda, no resultando aplicable ni exigible, por tanto, la mayoría calificada a la que se refiere el primer párrafo del mencionado artículo 279 Constitucional, alusivo a un supuesto diferente al expuesto en la solicitud de autos". Esta sentencia habilitó a la Asamblea Nacional a hacer los nombramientos a que nos referimos por mayoría absoluta –no calificada– y sin someter las ternas correspondientes a la consulta popular, en infracción al ordenamiento constitucional, lo cual hizo la Asamblea el mismo día 22 de diciembre de 2014. Sobre este aspecto el jurista Freddy Gutiérrez, quien participó en la elaboración de la Constitución de 1999 como Constituyente por el oficialismo, ha expresado en una entrevista que le hizo Vladimir Villegas publicada en Aporrea el 23 de enero de 2015, que "Cuando discutimos nosotros desde la Asamblea Constituyente que era necesario crear un Poder Ciudadano, aquí Hugo lo llamaba Poder Moral y nosotros preferimos que se llamara Poder Ciudadano y así se estableció; dijimos que la Defensoría del Pueblo, la Contraloría General de la República y la Fiscalía General de la República eran organismos tan importantes como lo podía ser la Presidencia de la República y, justamente sobre ese fundamento dijimos que esos tres representantes del alto Estado debían ser electos mediante dos formas: 1.- Mediante votación calificada, es decir, las dos terceras partes de la Asamblea Nacional o 2.- mediante elección popular, ahí no queda ninguna duda, la Constitución establece esas dos posibilidades, no hay una tercera posibilidad. Si no llegaron a un acuerdo para establecer una mayoría calificada, han debido abdicar su condición electoral tanto el Poder Parlamentario como el Consejo Moral Republicano en favor del

Poder Electoral, llamando a elecciones y, entonces, hubiese sido el pueblo, el facultado para escrutar las credenciales de mérito de las personas que se presentaran en unas elecciones populares." Seguidamente Gutiérrez, quien ha representado a Venezuela en la Comisión Interamericana de Derechos Humanos (CIDH) antes de que Venezuela se separara de esta institución, expuso –refiriéndose a Tarek Willian Saab como Defensor del Pueblo, a Manuel Galindo Ballesteros, Contralor General de la República y a Luisa Ortega Díaz, como Fiscal General de la República– que "Yo personalmente creo que aún se está a tiempo, e invitaría a quienes resultaron electos del modo curioso como resultaron favorecidos, a renunciar a sus posiciones…porque de no hacerlo, se estaría configurando lo que se llama en Derecho una Usurpación de Funciones. A mí no me queda ninguna duda que el pronunciamiento de la Sala Constitucional del Tribunal Supremo de Justicia no tiene ningún fundamento". Por cierto que en esta sentencia la Sala Constitucional alude al Presidente de la Asamblea Nacional como "el General de División Diosdado Cabello".

Por otra parte, el 26 de diciembre siguiente, la Sala Constitucional dictó sentencia en el procedimiento por omisión legislativa que había incoado el 22 del mismo mes y año el presidente de la Asamblea Nacional, diputado Diosdado Cabello, dado que en el cuerpo legislativo no se había podido reunir el voto de las dos terceras partes de los diputados que lo integran para designar a tres Rectores, y sus suplentes, del Consejo Nacional Electoral que tenían el período vencido, tal como lo exige la Constitución vigente (art. 296, segundo aparte). La Sala declaró que se había producido la omisión legislativa y en la misma sentencia hizo los nombramientos de los Rectores y sus suplentes, asumiendo una competencia que ninguna norma, y menos la Constitución, le asigna. Esta fue la tercera vez que la Sala Electoral ha hecho nombramiento de Rectores Electorales sin estar facultada para hacerlo. Es oportuno señalar que la exigencia de las dos terceras partes de los integrantes de la Asamblea Nacional para hacer estos nombramientos no tiene por finalidad entorpecer la toma de decisiones, sino obligar al acuerdo de una mayoría calificada, y si posible a la unanimidad de los diputados, en torno a figuras independientes y de alto prestigio intelectual y profesional en quienes recaigan las designaciones, lo cual no se ha realizado. Pero al régimen populista no le es dado, por su naturaleza, entablar conversaciones con los opositores, a los que solo puede insultar y difamar.

Ante estos precedentes, casi pasó desapercibido que la Asamblea Nacional, el 28 de diciembre del mismo año (día de los inocentes), hizo el nombramiento de doce (12) magistrados del Tribunal Supremo de Justicia (3 de la Sala Político Administrativa, 3 de la Sala de Casación Penal, 3 de la Sala de Casación Social, 2 de la Sala de Casación Civil y 1 de la Sala Electoral) y de sus suplentes.

d) EL FIN DE LA AUTONOMÍA DEL BANCO CENTRAL DE VENEZUELA

Un caso de autonomía claramente establecida en la Constitución y dejada sin efecto por la ley y por la práctica es la del Banco Central de Venezuela. Según la Constitución: "El Banco Central de Venezuela es persona jurídica de derecho público con autonomía para la formulación y el ejercicio de las políticas de su competencia" (art. 118), lo cual se refuerza cuando se establece en la misma Ley Fundamental que "En el ejercicio de sus funciones el Banco Central de Venezuela no estará subordinado a directivas del Poder Ejecutivo y no podrá convalidar o financiar políticas fiscales deficitarias" (art. 320, primer aparte). En el proyecto de reforma constitucional de 2007, el Presidente de la República propuso frontalmente la eliminación de esa autonomía y la conversión del ente emisor en una dependencia del Ejecutivo Nacional. La modificación fue negada en el referéndum del 2-D, pero no obstante, mediante reformas a la Ley del instituto emisor se ha logrado el propósito que se perseguía, pues, entre otros aspectos, se ha obligado al Banco a conceder préstamos a PDVSA, lo que implica el financiamiento de políticas deficitarias del gobierno, en abierta violación de la Constitución. El que fue Director del Banco Central por muchos años, Domingo Maza Zabala, declaraba el 10/10/2009 que "la reforma legal del Banco Central de Venezuela es una escalada más en cuanto a la anulación en los hechos, y ahora en la ley, de la autonomía del BCV consagrada en la constitución de 1999".[76] Esa pérdida de autonomía ha generado que, para el cierre de 2014, la deuda de PDVSA con el BCV llegará a 82 millardos de dólares, al cambio de 6,30 por dólar, lo que implica que esa deuda es superior a las exportaciones petroleras para el mismo año, calculadas en 80 millardos de dólares. Según el economista José Guerra "Las continuas solicitudes para la renovación del pagaré que se hacen ante el BCV conducen a que su directorio autorice la impresión de billetes –sin respaldo en reservas internacionales– en la Casa de la Moneda de Maracay para poder transferir recursos a Pdvsa", y agrega que "Ese dinero inorgánico se utiliza para cancelar pagos a través de la banca, que alimenta la liquidez monetaria (monedas y billetes en circulación más depósitos de ahorro), por lo que los precios de los bienes suben. La permanente renovación del pagaré se ha convertido en un círculo vicioso que afecta los sueldos y salarios".[77] Por otra parte, se ha hecho cada vez más frecuente que el Banco oculte o retrase la publicación de las ci-

---

[76] http://laclase.info/nacionales/maza-zavala-reforma-de-la-ley-del-bcv-anula-su-autonomia

[77] http://www.el-nacional.com/economia/Deuda-Pdvsa-BCV-supera-exportaciones_0_472752901.html

fras de inflación y los índices de escasez de bienes, lo cual lo aleja de sus funciones constitucionales y legales. En este caso, como en otros que hemos visto, se evidencia la disparidad entre lo que establece la Constitución, la cual garantiza la autonomía de la institución, y lo que acontece en la realidad: el instituto emisor convertido en un apéndice del Ejecutivo, actuando de una manera que favorece el incremento de la inflación y el desequilibrio de las finanzas públicas, cuando sus funciones constitucionales le exigen todo lo contrario.

e) LA MILITARIZACIÓN DEL ESTADO

Esta transformación era previsible en el marco de la instauración del régimen neopatrimonialista en Venezuela y marca un claro contraste con la situación que existía bajo la República democrática. En efecto, en la etapa democrática post 1958 existía el firme propósito de evitar la preeminencia de los militares en la conducción del Estado y la Administración, en contraste con lo que había ocurrido en el régimen recién depuesto y en la mayor parte de la vida independiente del país. Por ello, cuando se discutió la Constitución que fue puesta en vigencia el 23 de enero de 1961 se incluyeron en su texto las siguientes disposiciones:

> Artículo 131. La autoridad militar y la civil no podrán ejercerse simultáneamente por un mismo funcionario, excepto por el Presidente de la República, quién será, por razón de su cargo, Comandante en Jefe de las Fuerzas Armadas Nacionales.

> Artículo 132. Las Fuerzas Armadas Nacionales forman una institución apolítica, obediente y no deliberante, organizado por el Estado para asegurar la defensa nacional, la estabilidad de las instituciones democráticas y el respeto a la Constitución y a las leyes, cuyo acatamiento estará siempre por encima de cualquier otra obligación. Las Fuerzas Armadas Nacionales estarán al servicio de la República, y en ningún caso al de una persona o parcialidad política.

De este modo se consagró la separación entre la autoridad civil y la militar, el carácter apolítico y no deliberante del componente militar y su acatamiento a la Constitución y las leyes. Por otra parte, dado el carácter de garante de la estabilidad de las instituciones democráticas y a las importantes funciones que se le encomendaron en materia electoral, definidas en el Plan República, se dispuso en la legislación electoral, mas no en la Constitución, que los militares no ejercerían el derecho al sufragio. No obstante, la democracia fue generosa con los militares en cuanto a darles las mayores facilidades para que accedieran a niveles superiores de capacitación y perfeccionamiento. Los estudios para la formación de oficiales, que hasta 1970 se hacían en cuatro años a partir del tercer año de bachillerato, y que por tanto equivalían a un técnico medio, fueron objeto de una importante reforma educativa castrense en ese año, en el marco del Plan Andrés Bello. A partir de 1970 los estudios para formar oficiales fueron elevadas al mismo nivel de las carreras universitarias y a los egresados se les dio el título de Licenciados en Ciencias y Artes Militares, lo que permitió que los oficiales pudieran cursar estudios de postgrado en Universidades y sirvió de base para la creación de la Universidad Militar Bolivariana de Venezuela, por Decreto Presidencial publicado en la *Gaceta Oficial* N° 39.502, del 3/9/2010. En la etapa democrática se permitió a los militares estudiar carreras en las Universidades nacionales o privadas; se crearon liceos militares; se fundó el Instituto Universitario Politécnico de las Fuerzas Armadas (IUPFAN), cuya transformación en Universidad había sido autorizada por el Consejo Nacional de Universidades el 5 de octubre de 1998, y que el presidente Chávez, mediante decreto N° 28, del 26 de abril de 1999, formalizó para convertirla en la Universidad Nacional Experimental de la Fuerza Armada (UNEFA); se organizaron cursos de perfeccionamiento en asuntos militares de alto nivel, como eran los Cursos de Comando y Estado Mayor, y se creó el Instituto de Altos Estudios de la Defensa Nacional (IAEDEN), donde los militares estudiaban con civiles de excelente nivel cultural unos cursos que equivalían a una maestría, partiendo del principio de que la defensa nacional es una función esencial que atañe a civiles y militares. Un especialista en temas militares ha expresado que "Los egresados de los institutos militares en las primeras promociones, luego de la aplicación del Plan Andrés Bello, se sintieron más y mejor capacitados que sus superiores jerárquicos inmediatos. Esto contribuyó a reforzar el espíritu del cuerpo y el sentimiento gregario entre estas promociones militares, particularmente en el ejército. Dicha situación facilitó la conformación y el fortalecimiento de las ya mencionadas logias conspirativas militares".[78]

Ahora bien, la militarización del país comenzó desde el momento mismo en que Chávez accedió al poder. A este respecto, en el año 2000, Herbert Koeneke, uno de nuestros más destacados politólogos, observaba que "El militarismo es la penetración total de una sociedad por la fuerza organizada y el espíritu castrense. Algunos niegan que esto haya sucedido en Venezuela. Otros vislumbran una marcha progresiva hacia allá, a través de esquemas legales, políticos y educativos. Existen suficientes razones para temer esto último", y seguidamente expresaba que "Sobre los orígenes de la presencia multitudinaria y activa de los militares en la conducción de los asuntos del Estado, se sabía de antemano y por distintas

---

[78] Domingo Irwin: "Presentación. El pretorianismo venezolano del siglo XXI. Una perspectiva histórica", en: Domingo Irwin, Hernán Castillo G. y Frédérique Lange (coord.): *Pretorianismo venezolano del siglo XXI. Ensayo sobre las relaciones civiles y militares*, UCAB – UPEL, Caracas, 2007.

fuentes, que de llegar al poder, Chávez la promovería, y no como consecuencia única de su proveniencia de las filas del Ejército, sino además por su orientación ideológica y por los testimonios de algunos de sus allegados acerca de su visión de la institución armada. Así, desde el punto de vista ideológico, Hugo Chávez se identifica con la Doctrina de la Seguridad Nacional (DSN), que postula como inevitable, deseable y obligatoria la intervención de los militares en todas las tareas vinculadas con el desarrollo de un país, sin limitarse a garantizar la soberanía o integridad de la nación frente a agresiones foráneas. Norberto Ceresole, asesor de Chávez, era uno de los más conspicuos promotores actuales de esa doctrina, que hunde sus raíces en la geopolítica del siglo XIX. Aún más, Ceresole sostenía que la postdemocracia venezolana, iniciada según él a raíz de la elección presidencial del 6 de diciembre de 1998, es producto de 'una orden social mayoritaria que transforma a un antiguo líder militar en un caudillo nacional' que habrá de crear en el futuro inmediato un partido cívico-militar como conductor secundario del proceso revolucionario *(Caudillo, Ejército, Pueblo.* Madrid: Estudios Hispano-Árabes, 2000, p. 29). El mandato recibido por Chávez en aquel momento, según el asesor, implica que el poder 'debe permanecer concentrado, unificado y centralizado' (p. 30), sin que exista o pueda existir una oposición frente a él, pues la misma, en todo caso, 'conduciría a una sangrienta y destructora guerra civil' (p. 42)".[79]

Con el propósito de poner el país bajo el control militar, Chávez indujo una importante transformación del componente armado, la cual muy frecuentemente no se ha ajustado a los principios sobre la seguridad de la Nación y sobre la Fuerza Armada Nacional establecidos en la Constitución de 1999. Algunas de esas modificaciones se apoyan en la norma establecida en la Ley Fundamental, conforme a la cual se incluye entre las atribuciones del Presidente de la República el ascenso de los militares desde el grado de coronel (a) o capitán (a) de navío en adelante (art. 236,6), lo que antes requería la autorización del Senado, que representaba la soberanía popular. Ahora lo que se busca es crear una vinculación personal entre el Presidente con la oficialidad. En el fallido intento de reforma constitucional de 2007 se trató de modificar principios sobre la seguridad y defensa para adecuarlos a la situación irregular que se estaba viviendo y, ante el rechazo del proyecto en el referéndum del 2D, varios de los artículos negados han sido reeditados mediante leyes, decretos leyes y vías de hecho, tal como luego lo examinaremos. Los hitos principales de esa transformación son los siguientes.

---

[79] Herbert Koeneke R.: ¿Hacia la consolidación del militarismo en Venezuela?, en www.veneconomia.com, Hemeroteca, 30/11/2000, Volumen 18, N° 2, Año 2000, consultable en Internet.

En primer lugar, la Ley Orgánica de Seguridad de la Nación, "sancionada por la Asamblea Nacional el 28 de noviembre de 2002, tuvo como uno de sus aspectos más importantes la introducción de la concepción de 'seguridad y defensa integral', la cual reafirmó la corresponsabilidad que tiene la sociedad con el Estado en estas materias. Igualmente, profundizó la relación entre desarrollo y seguridad, otorgándoles a los militares un papel más importante en las tareas de desarrollo socio-económico".[80]

En segundo lugar, se crean nuevos componentes de la Fuerza Armada Nacional, diferentes a los previstos en la Constitución, la cual dispone que "La Fuerza Armada Nacional está integrada por el Ejército, la Armada, la Aviación y la Guardia Nacional..." (art. 328). El presidente Chávez no pudo esperar hasta que la Asamblea Nacional sancionara la Ley Orgánica de la Fuerza Armada Nacional y procedió por el decreto presidencial N° 3.560, del 2/4/2005, a crear la figura de la Guardia Territorial, bajo el Comando General de la Reserva Nacional y Movilización Nacional, tampoco previsto en la Constitución, el cual, a su vez, quedó bajo la conducción directa del Presidente de la República. El 6 de septiembre de ese año la Asamblea Nacional sancionó la ley antes mencionada, en la cual se dotó de base legal a las iniciativas presidenciales desvinculadas del texto de la Constitución y se estableció como novedad la "reincorporación" de oficiales que habían pasado a la situación de retiro. En el proyecto de reforma constitucional negado en el referendo del 2D, se preveía incluir en la Constitución a la Milicia Nacional Bolivariana, además de la frase "La Fuerza Armada Bolivariana constituye un cuerpo esencialmente patriótico, popular y antiimperialista".

En tercer lugar, el 10 enero de 2007, con ocasión de juramentarse Chávez por tercera vez ante la Asamblea Nacional como Presidente de la República, se inició una nueva etapa en el proceso "revolucionario", caracterizada por la profundización y radicalización de las medidas para instaurar el "socialismo del siglo XXI" y anunció, entre otros aspectos, su propósito de proponer una reforma de la Constitución. En mayo de ese año, antes de presentar el proyecto a la Asamblea Nacional, giró la orden de que el nuevo saludo de los miembros de la Fuerza Armada Bolivariana sería "Patria, socialismo o muerte, venceremos", con lo que inició el proceso abierto de ideologización y partidización del componente militar.

En cuarto lugar, mediante decreto fundamentado en la Ley Habilitante, Chávez promulgó la Ley Orgánica de la Fuerza Armada Nacional Bolivariana (FANB), en la cual le cambió el nombre que le da la Constitución a

---

[80] Francine Jácome: *Fuerza Armada, Estado y Sociedad Civil en Venezuela*, ILDIS, Caracas, octubre de 2011, consultable en Internet.

esta Fuerza, agregando el adjetivo "Bolivariana", con lo que la comprometió con un proyecto político específico (que no es el de Simón Bolívar). Además, en esta ley se creó la Milicia Nacional Bolivariana, la cual se formó por la incorporación de la Guardia Territorial y la Reserva Nacional, reeditando una norma negada en el referendo constitucional del 2D. A partir de ese momento, se formalizó el criterio, que ya se venía aplicando, de que la Fuerza Armada Nacional está al servicio de una parcialidad política, en violación de lo dispuesto en el artículo 328 de la Constitución, según el cual "La Fuerza Armada Nacional constituye una institución esencialmente profesional, sin militancia política, para garantizar la independencia y soberanía de la Nación...En el cumplimiento de sus funciones, está al servicio exclusivo de la Nación y en ningún caso al de persona o parcialidad política alguna". Es especialmente preocupante la conformación de la Milicia Nacional Bolivariana (MNB), en la que ingresan principalmente miembros del partido de gobierno, dado que la incorporación a esa fuerza es voluntaria, porque a ella se le encomiendan, cada vez más, atribuciones relacionadas con el proceso electoral y, más recientemente, actividades de mantenimiento del orden público, en las cuales participan también cuerpos armados paramilitares que se hacen llamar "colectivos". Por otra parte, la autora que antes citamos expresa que "A eso se unen las declaraciones a finales de noviembre de 2010 (www.televen.com), del jefe del Comando Estratégico Operacional de la FANB, en las cuales manifestó que si la oposición llegase a triunfar en los comicios presidenciales pautados para diciembre de 2012, la FANB y el 'pueblo' se encargarían que no llegasen al poder, pues los militares están 'casados' con el proyecto socialista y bolivariano. Después de estas declaraciones, ese oficial fue ascendido a General en Jefe y condecorado con la medalla 'Mérito Ciudadano' por la Fiscal General de la República, en función de su defensa de la Constitución".[81]

En quinto lugar, el gobierno le ha otorgado la máxima prioridad al equipamiento de la FANB, mediante colosales inversiones en armamento, precisamente en momentos en que los hospitales del país están cada vez más desprovistos de materiales y sin dinero para reparar equipos ni comprar medicinas. Señala Francine Jácome que "Las principales adquisiciones de armamento y equipos entre 2005 y 2008 incluyeron, entre otros, fusiles AK 103, helicópteros, radares, un satélite de telecomunicaciones, misiles, rifles Dragunov, lanzacohetes, equipos antimotines y aviones de entrenamiento. Rusia se convirtió en el proveedor más importante y se estimó que para 2009 el monto gastado fue de alrededor de US$ 4.5 millardos (González, 2009). Adicionalmente, en septiembre de 2009, Rusia

---

[81] *Ídem*, p. 6.

le otorgó una nueva línea de crédito de US$ 2.2 millardos para adquirir entre otros (El Universal, 2 de febrero de 2010; González, 2009): tanques, vehículos blindados, sistemas de defensa aérea, sistemas misilísticos y baterías móviles de lanzacohetes"; y también que "durante 2010 continuaron las declaraciones sobre convenios de adquisición de armas, especialmente con Rusia y en menor medida con China e Irán. En el primer caso, en octubre, desde Rusia se anunció una línea de crédito de $5.000 millones, que incluiría, entre otros, la compra de 24 aviones caza Sukoi, 50 helicópteros MI, 100.000 fusiles AK103, 92 tanques T72 así como baterías antiaéreas con misiles S-300, que Rusia se negó a vender a Irán. También se ha anunciado el interés por 3 submarinos Varshavianka, blindados BMP-3, 10 helicópteros de combate Mi-28N, aviones de patrullaje Il-114, entre otros (Theis, 2010)...En el caso de China, a finales de noviembre de 2010 se anunció que se comprarían entre 10 y 12 aviones de transporte mediano Y-8, que se espera lleguen al país en 2011. También se informó que se habían recibido 18 aviones K-8W de entrenamiento así como dos radares JL11".[82]

En sexto lugar, los vínculos que se han venido tejiendo entre la FANB, particularmente entre la Guardia Nacional y la Milicia, con grupos violentos armados bajo la mirada complaciente, y a veces con la complicidad descarada, del gobierno, tal como lo consideramos anteriormente. Sobre este aspecto ha afirmado Francine Jácome que "El proceso de cambios y los planteamientos en torno a la revolución 'bolivariana', en un principio, y actualmente en la construcción del 'socialismo del siglo XXI' ha llevado a que se fortalezcan grupos que apoyan al gobierno pero cuyas actividades en ocasiones se desarrollan fuera del marco institucional, utilizando incluso la violencia. Por lo tanto, se ha señalado que existe un creciente paramilitarismo en el país. Entre los más conocidos se encuentran los Tupamaros (que también se han constituido en partido político), el Colectivo La Piedrita, el grupo Carapaica, que actúan básicamente en los ámbitos urbanos. También está el Frente Bolivariano de Liberación (FBL), un grupo guerrillero que opera en la frontera colombiana y dice tener como objetivo la defensa de la revolución venezolana".[83]

En séptimo lugar, las transformaciones de la Fuerza Armada Nacional han creado situaciones de desajuste interno entre los oficiales. Afirma Francine Jácome que "En este sentido, según cifras internas (Lugo-Galicia, 2011) en 2010, más de 1.000 oficiales solicitaron su baja, lo cual ha llevado a la creación del llamado "Plan-400" que tiene como objetivo

---

[82] *Ídem*, p. 7.
[83] *Ídem*, p. 10.

cubrir estas vacantes a través de la formación **express**. Dicha estrategia buscaría formar a 400 sargentos en cuatro meses para que asciendan al rango de oficiales de mando. En los parámetros oficiales, está estipulado que el plan de formación debe ser de cinco años. Esto se produce en el marco de la preocupación existente sobre la creciente desprofesionalización dentro de las fuerzas armadas, donde la lealtad política y partidista parece estar por encima de los méritos".

En octavo lugar, los principales cargos de la Administración Pública son cubiertos con militares, muchos de ellos en servicio activo. En los cargos electivos del nivel subnacional (gobernadores y alcaldes) la presencia de militares ha ido creciendo cada vez más. En su conjunto, nunca en la historia del país ha habido tantos militares en cargos de naturaleza civil, y el lenguaje militar es cada vez más utilizado en la actividad administrativa (teatro de operaciones, campos de batalla, luchas sin cuartel, estado mayor, estrategia, táctica, rodilla en tierra, guerra económica, entre otras expresiones). El uso de la terminología militar era comprensible en el mandato de Chávez, pero no ha cesado con Maduro, e incluso se ha incrementado, hasta el punto de que a la primera dama se le llama "la primera combatiente". Para la analista en asuntos de seguridad y defensa Rocío San Miguel, "El gobierno de Maduro es mucho más militar que el de Chávez porque necesita conseguir simpatías ante las muchas divisiones dentro de la FAN que no se están conciliando".[84] En este mismo artículo de prensa, el periodista Edgar López comenta que "Analistas prevén tres posibles resultados: 1) que la creciente incorporación de militares a la administración pública resuelva la escasez de alimentos, las deficiencias del servicio eléctrico y el deterioro de sistema público de salud; 2) que en vez de eficiencia, se logre intimidar a los ciudadanos que protestan para exigir sus derechos; o 3) que, simplemente, aumente la burocracia, los diagnósticos y los planes, sin que ello conduzca al diseño, ejecución y evaluación de políticas públicas coherentes".[85] Por otra parte, el especialista en historia de la Fuerza Armada y estudios de Estado Mayor Eduardo Guzmán Pérez expresaba en diciembre de 2013 que sus investigaciones "lo llevan a contar que en los últimos 15 años cerca de 1.614 militares de distintos rangos, entre activos y retirados, han desempeñado y ejercen cargos en la administración pública". Pero lo más grave, añade, es que "con el exceso de militares en cargos públicos se evidencia que en el país no se cumple la subordinación de la FANB al poder civil, lo que signifi-

---

[84] Maduro usa estrategia militar para afrontar problemas críticos, El Nacional, 8/10/2013, en: http://www.el-nacional.com/politica/gobierno-maduro-militar_0_275972546.html

[85] *Ídem*

caría aplicar controles sobre la institución".[86] En noveno lugar, los señalamientos de corrupción de funcionarios públicos, civiles y militares, y de vínculos de éstos con el narcotráfico son cada vez mayores. Para no abundar en ejemplos, basta transcribir la siguiente información: "En un video difundido por la cadena RCN La Radio de Colombia, Walid Makled, venezolano acusado de narcotráfico aseguró que pagaba un millón de dólares mensuales entre ministros, gobernadores y altos oficiales militares del Gobierno nacional para operar libremente...Si yo tenía la concesión de todo un puerto, el puerto más importante de todo el país eso no me lo firmó el empleado de la calle. Eso me lo firmó gente del alto gobierno entonces si yo soy narcotraficante, toda esa gente que trabaja conmigo son narcotraficantes, dijo Makled". En la misma noticia se afirma que "El empresario será extraditado a Estados Unidos donde es acusado por narcotráfico y aseguró que allí revelará los nombres de los funcionarios y oficiales con los que mantenía transacciones comerciales".[87] No obstante, el gobierno venezolano solicitó que Makled fuera extraditado a Venezuela, y así lo hizo el gobierno colombiano en mayo de 2011. A Makled se le sigue juicio en Venezuela y desde su llegada al país no ha dado ninguna declaración ni se ha hecho pública ninguna de sus confesiones.

En todo caso, aun partiendo del supuesto de que la mayoría de los militares son personas honestas, sin relación alguna con organizaciones delictivas, lo cierto es que en importantes funciones de gobierno encontramos un tipo de militares que antes no se conocía, al menos en los períodos democráticos de nuestra historia: el de oficiales radicalmente vinculados con una doctrina política que apoya un régimen personalista, populista y neopatrimonialista en Venezuela.[88] Una situación que desnudó el poco respeto del régimen al ordenamiento jurídico en el tema que tratamos lo constituyó el ascenso a capitán del teniente (r) Diosdado Cabello, mientras desempeñaba el cargo de diputado a la Asamblea Nacional y ejercía la presidencia de este cuerpo. Según la Constitución, "Los y las integrantes de la Fuerza Armada Nacional en situación de actividad tienen derecho al sufragio de conformidad con la ley, sin que les esté permitido optar a cargos de elección popular, ni participar en actos de propaganda, militancia o

---

[86] El Nacional, 26 de diciembre de 2013.

[87] Noticiero Digital, 30 de septiembre de 2010, consultable en: http://www.noticierodigital.com/2010/09/walid-makled-yo-pagaba-1-millon-de-dolares-mensuales-a-altos-funcionarios/

[88] Véase: Luis Alberto Buttó: "Nuevo profesionalismo militar de seguridad interna y desarrollo nacional e intervención política de militares populistas y radicales en Venezuela", en Domingo Irwin, y Frédérique Langue (coords.): *Militares y poder en Venezuela*, UCAB/ UPEL, Caracas, 2005.

proselitismo político" (art. 330). Pues bien, si el teniente Cabello podía ser ascendido a capitán es porque estaba activo, y si estaba activo no podía ser diputado, tal como lo destacó la antigua presidenta de la Corte Suprema de Justicia Cecilia Sosa, quien agregó que "el diputado Diosdado Cabello perdió su curul y su cargo en la Asamblea Nacional cuando aceptó ser ascendido a capitán de la Fuerza Armada Nacional el pasado mes de diciembre [de 2013]".[89]

f) LAS TRANSFORMACIONES DE LA ADMINISTRACIÓN PÚBLICA

Para un ciudadano corriente, las transformaciones más importantes que percibe en la estructura y funcionamiento del Estado se han producido en el ámbito de la administración pública, y en tal sentido haremos unos señalamientos de carácter general para luego formular algunas consideraciones sobre aspectos particulares.

En primer lugar, el crecimiento de la Administración Pública nacional rebasa con mucho los índices de todos los tiempos y los de muchos países. El número de ministerios se ha incrementado de 14 cuando Chávez inicia su gestión en 1999, a 32 bajo el gobierno de Maduro, que luego se redujo a 28, y además ahora existen 107 viceministerios, figura que al inicio no se había creado. Es de observar que desde la vigencia de la Constitución de 1999, el Presidente de la República, en Consejo de Ministros, puede crear, modificar o suprimir ministerios y asignarles sus competencias, a diferencia de lo que ocurría bajo la Carta de 1961, en la cual esta facultad estaba reservada a la ley. Esta modificación no la consideramos feliz, porque cada cambio en la estructura ministerial supone un desajuste organizativo y presupuestario, lesiona la continuidad de los programas y ni siquiera se sabe dónde van a parar los archivos, si la modificación se hace en forma frecuente y desordenada. La función ministerial se ha devaluado y ahora la gente no conoce los nombres de los ministros, salvo contadas excepciones. El número de trabajadores públicos nacionales se ha incrementado en un 83% entre 2002 y 2012, al pasar de 1,3 a 2,4 millones, lo que da un promedio de 319 empleados cada día.[90] Por contraste, en los Estados Unidos hay solo dos millones de personas en el gobierno federal.[91] Esto hace que en Venezuela el 19,6% de las personas ocupadas tra-

---

[89] http://sunoticiero.com/index.php/politica-not/44681-ex-magistrada-dice-que-es-diosdado-quien-perdio-su-cargo-al-ser-ascendido-a-capitan

[90] http://informe21.com/politica/infobae-venezuela-el-pais-con-mayor-numero-de-ministerios-en-todo-el-mundo

[91] http://entresocios.net/ciudadanos/venezuela-tiene-mas-empleados-publicos-que-estados-unidos

bajen para el sector público, mientras que en Perú el porcentaje es de 8,4 y en Colombia 3,9. Para 2013, el número de órganos y entes adscritos a los diversos ministerios había llegado a 849, de los cuales 444 no tienen fines empresariales y 409 son empresas y entes financieros. Por supuesto que ese crecimiento del aparato público lo hace más pesado y lento y, sobre todo, más costoso e ineficiente.

En segundo lugar, sorprende la complejidad del aparato público en Venezuela. De un lado, hay una estructura constitucional del Poder Público, formado por el Poder Nacional, el Poder Estadal y el Poder Municipal, pero en paralelo se han venido creando un conjunto de organizaciones públicas o semipúblicas que forman parte de una administración paralela, no prevista en la Constitución, y cuya naturaleza es difícil de definir. Nos referimos, por una parte, a las organizaciones del Poder Popular, entre las cuales las más usuales son los consejos comunales, las comunas y los Distritos Motores de Desarrollo, que a veces se presentan como formando parte del sector público y en ocasiones como instancias de participación de los particulares, las cuales fungen como "factores bolivarianos", es decir, elementos que integran la organización política partidista junto con las Unidades de Batalla Electoral, dado que se han borrado, o al menos difuminado, los linderos entre lo estatal y lo partidista. Del otro lado, encontramos a las misiones, que aparecen como estructuras transitorias que se mantienen a la espera de ser incorporadas en la organización permanente del gobierno y de ser vinculadas con el sector que corresponda del Poder Público, para permitir las actividades de coordinación y planificación, lo que se traduciría en una mayor eficiencia y un menor costo. Por de pronto, las misiones constituyen la punta de lanza de la actividad electoral del régimen.

En el funcionamiento del Poder Ejecutivo se observa la proliferación de figuras supuestamente de coordinación como son las vicepresidencias, que significan la creación de un nivel intermedio entre los ministerios y la presidencia de la República, lo que hace más complicada la toma de decisiones porque las líneas de mando pierden nitidez y se interfieren unas a otras, lo que contribuye a la ineficiencia de la Administración Pública. Recordemos que en el fallido proyecto de reforma constitucional de 2007 se había propuesto la creación de la figura de los Vicepresidentes territoriales para englobar varios Estados en regiones, con la finalidad de crear un nivel jerárquico por encima de los gobernadores. Derrotada esa propuesta, el Ejecutivo Nacional optó por modificar el Reglamento Interno del Consejo de Ministras y Ministros Revolucionarios del Gobierno Bolivariano, mediante Decreto N° 6.936, del 22 de septiembre de 2009, para crear, en su artículo 10, la figura de seis Vicepresidentes o Vicepresidentas Sectoriales del Consejo de Ministros, a cada uno de los cuales se les asignó la coordinación de un área determinada. El 2 de septiembre de 2014, el presidente Maduro designó a seis Vicepresidentes Sectoriales, esta vez del Poder Ejecutivo y no del Consejo de Ministros, como era antes, sin base jurídica alguna. El 17 de noviembre de 2014, el Presidente, en ejercicio de los poderes concedidos en la ley habilitante, dictó el Decreto con Rango, Valor y Fuerza de Ley Orgánica de la Administración (Decreto N° 1428), en el cual se creó formalmente la figura de las Vicepresidencias Sectoriales. Estas fueron definidas como "órganos superiores del nivel Central de la Administración Pública Nacional, encargados del control y la supervisión funcional, administrativo y presupuestario de los ministerios del poder popular que determine el Presidente o Presidenta de la República, quien fijará además el número, denominación, organización, funcionamiento y competencia de estas" (artículo 49). Las modificaciones al número y a los titulares de las Vicepresidencias Sectoriales se ha modificado posteriormente y, además, el PSUV introdujo en su organización interna la figura de las Vicepresidencias Territoriales, de modo que se ha creado una gran confusión y, cuando se habla de vicepresidencias no se sabe si se refiere al gobierno o al partido.

En todo caso, para limitarnos a las Vicepresidencias Sectoriales del gobierno, diremos que cada una de estas ejerce la potestad jerárquica sobre los ministros que están incluidos en su ámbito de actuación, lo cual es contrario a lo previsto en la Constitución, porque esta dispone en su artículo 242 que "Los Ministros o Ministras son órganos directos del Presidente o Presidenta de la República...", de modo que al introducirse un nivel intermedio entre el Presidente y los ministros, estos pasan a ser órganos indirectos de aquel. Desde el punto de vista de la teoría administrativa, la creación de nuevos niveles en una estructura organizativa debe evitarse en lo posible por el principio de la economía de niveles, porque mientras más existan estos más se alejan los operarios de la cúspide de la organización, lo que hace más complejas las relaciones y más formal la estructura. No obstante, cuando una organización tiene un crecimiento muy grande, la gerencia debe introducir niveles adicionales para poder ejercer una supervisión adecuada, por aplicación del principio del ámbito de control. Por el proceso de centralismo que ha vivido Venezuela y de concentración de poderes en la persona del jefe del Estado, el nivel central de la Administración ha asumido competencias que pertenecen a los Estados, a los Municipios y a la sociedad, lo cual ha producido un crecimiento desmesurado de las instituciones de gobierno, y el Presidente requiere de un nivel intermedio para supervisar la cantidad de ministerios que se han creado. Pero la fórmula adoptada tiene sus inconvenientes, además de la violación de la Constitución: de acuerdo a la Ley Orgánica de la Administración Pública, los vicepresidentes pueden ser ministros o pueden ser personas externas a la Administración. Si son ministros, se ha creado una desigualdad entre ministros que son vicepresidentes y los que no lo son, los primeros dotados de mayor jerarquía puesto que son jefes de su ministerio y de los otros ministerios que corresponden a su ámbito, lo cual puede crear rivalidades inconvenientes porque, según la Constitución, los ministros son iguales desde que todos son órganos directos del Presidente de la República. Si son personas externas, la situación sería peor: los ministros difícilmente se dejarán dirigir por personas que no forman parte del Consejo de Ministros. En una Administración donde existiera preocupación por la eficiencia del aparato público estas situaciones no se presentarían.

En tercer lugar, hemos asistido durante estos años a una creciente centralización del aparato público, lo cual se relaciona con lo anterior. Pese a las reiteradas declaraciones de la Constitución a favor de la descentralización, lo cierto es que desde el principio del régimen ha habido una política expresa de tomar todas las iniciativas posibles para concentrar todos los poderes y las decisiones en el Presidente de la República. Cuando los personeros del gobierno aluden a que están descentralizando la Administración Pública, por ejemplo cuando crean las misiones o las organizaciones del poder popular, lo que están haciendo es sustraer competencias que corresponden a los Estados o a los Municipios para encomendárselo a organizaciones que dependen, en última instancia, de la jerarquía del Presidente. De este modo se crean estructuras paralelas a los órganos constitucionales territorialmente descentralizados, bajo la apariencia de la descentralización y la participación. Entre los dos conceptos que venimos de mencionar existen relaciones esenciales: solo es posible la participación cuando se ha dado la descentralización. Un organismo que depende de las decisiones de una administración centralizada, lejana y personalista no tiene capacidad de permitir la participación de los administrados, no puede llegar a acuerdos con ellos, no puede aceptar sus iniciativas. Lo que ocurre en Venezuela es que, en realidad, bajo la apariencia de una descentralización administrativa lo que se oculta es un mecanismo para distribuir recursos públicos, y ello no estaría mal si se hiciera con criterios objetivos, como instrumento de justicia social, pero se hace con finalidades clientelares: es una manera de captar adeptos al partido de gobierno y, sobre todo, al Presidente de la República. En cuanto a la participación, que es la palabra más citada en el texto constitucional, a veces seguida del adjetivo "protagónica", se trata solo de un elemento del discurso populista, muy distante de la realidad. En las decisiones fundamentales que competen al gobierno no participan ni la sociedad en su conjunto, ni los grupos organizados, ni siquiera el partido de gobierno y mucho menos sus aliados, y tampoco los organismos públicos con interés en el asunto. En el Estado funciona un rígido esquema de supra y subordinación, donde todas las líneas de mando y las instrucciones provienen del Presidente de la República. Este, a su vez, dispone de consejeros, la mayor parte de las veces extranjeros, cuya actividad forma parte del secreto de Estado. No obstante, un poderoso aparato propagandístico hace creer a mucha gente que participan en el funcionamiento del régimen, solo porque reciben prebendas y no se dan cuenta de que el gobierno populista desarrolla una estrategia macabra para transformar a las personas, sobre todo las más pobres, en ciudadanos "siervos". Relacionado con este aspecto, en una entrevista que le hacen a Carlos de la Torre, destacado sociólogo ecuatoriano y especialista en el fenómeno del populismo los profesores-investigadores del Centro de Estudios del Desarrollo (CENDES) Nelly Arenas y Luis Gómez Calcaño, aquel expresó que: "El liderazgo personalista y carismático de Chávez reduce la autonomía de las propuestas e iniciativas que vienen desde abajo. Además, como lo señala el periodista Ian Bruce en su libro titulado *The Real Venezuela. Making Socialism in the Twenty-first Century*, los consejos comunales, por ejemplo, dependen de las decisiones unilaterales y centralizadas del Presidente sobre cuánto dinero distribuir, en qué y cómo gastarlo, lo que, en sus palabras, transforma a sus miembros en 'simples ejecutores de proyectos públicos en pequeña escala, neutralizando su potencial político para ser quienes construyan una nueva sociedad y un nuevo estado comunitario'".[92]

En cuarto lugar, es innegable la partidización del aparato público. Antes nos hemos referido a este tema, pero vale la pena considerarlo un poco más. El empeño del régimen, impulsado por Chávez, de etiquetar a Venezuela como una República socialista, inicialmente bajo el disfraz de bolivariana, luego descaradamente cuando se propuso la reforma constitucional de 2007, no tiene otro propósito que el de legalizar la partidización del Estado, con todo lo que eso significa: los que no se pliegan al partido gobernante son traidores a la patria, por tanto, apátridas, burgueses y pitiyanquis; todo el poder y todos los recursos del Estado están al servicio del partido, es decir, de su caudillo, del Presidente de la República; se instaura un régimen que asume como propio el patrimonio del Estado, e incluso los bienes de los particulares, que reparte beneficios entre sus adherentes y que niega a los opositores la participación en la renta nacional, y a veces hasta en la percepción de los servicios públicos, y que más bien los agrede. Aunque, para precisar mejor lo afirmado, más que la apropiación de los recursos del Estado por un partido es por una persona, a la cual el partido le atribuye cualidades excepcionales para garantizar la permanencia de todo el conjunto en el poder.

---

[92] Bajo el título de "Populismo y Democracia" la entrevista fue publicada en Cuadernos del Cendes, Nº 73, Caracas, abril de 2010. Consultable en Internet.

g) EL ACOSO CONTRA LAS UNIVERSIDADES AUTÓNOMAS

El otorgamiento de la autonomía de las Universidades nacionales (públicas) fue una de las principales decisiones que adoptó la Junta de Gobierno de 1958 y respondió a un reclamo generalizado de la sociedad. Con la reforma de la Ley de Universidades de 1970 se dio impulso a la creación de Universidades experimentales, lo cual podía ser hecho por el Ejecutivo Nacional, previa opinión favorable del Consejo Nacional de Universidades (CNU), el cual a su vez está integrado por los rectores de todas las Universidades, representantes de algunos organismos públicos y presidido por el Ministro de Educación (de Educación Superior, de Educación Universitaria o de Educación Universitaria, Ciencia y Tecnología, como en la actualidad). Esas Universidades se rigen en su estructura y funcionamiento por el Reglamento General que dicta el Ejecutivo Nacional y tienen, inicialmente, un régimen nada autonómico. Sin embargo, en la medida en que esas instituciones se han consolidado y se incrementó su nivel académico, han accedido a un importante grado de autonomía, la cual se les ha otorgado mediante reformas al Reglamento general que las rige. Cuando se inicia el gobierno de Chávez existían 11 Universidades Experimentales que elegían sus autoridades y que se habían sumado a las autónomas (UCV, ULA, LUZ, UC y UDO) en el régimen de autogobierno. Luego no se creó ninguna otra con esa prerrogativa, antes por el contrario el gobierno intervino tres de aquellas instituciones y designó sus autoridades y ha creado numerosas Universidades Experimentales, principalmente por la transformación de institutos universitarios de tecnología y de institutos militares, las cuales carecen totalmente de autonomía, sus autoridades son designadas por el gobierno, no realizan actividades de investigación, sus profesores no tienen estabilidad ni escalafón y sus estudiantes no eligen centros ni federaciones de estudiantes. Son las conocidas como "Universidades Bolivarianas" y un ejemplo del régimen de este tipo de institución lo encontramos en la expresión del Rector de la Universidad Nacional de la Fuerza Armada (UNEFA), quien manifestó el 25 de marzo de 2011 lo siguiente: "*La vamos a convertir en breve plazo [a la Unefa] en la universidad que yo he llamado, sin querer cambiarle el nombre, en la Universidad de la Revolución Bolivariana, porque vamos a formar allí y vamos a egresar, de hecho ya estamos egresando un número importante de profesionales para servir y acompañar a la revolución bolivariana*", ello en virtud de que "*Yo no dudo que nuestros estudiantes tienen que ser formados como ciudadanos socialistas*".[93] En estos casos la prioridad no

---

[93] http://www.eluniversal.com/nacional-y-politica/120325/rector-de-unefa-estudiantes-deben-ser-formados-como-ciudadanos-sociali

se fija en el nivel académico de los egresados ni de las investigaciones, sino en preparar activistas para el proceso político-partidista del gobierno y la hegemonía cultural del régimen.

Pero con respecto a las Universidades autónomas y las experimentales que eligen a sus autoridades, la situación es diferente. En estas Universidades, que son las de mayor nivel académico y las preferidas por los interesados en ingresar a la educación superior pública, rige una total libertad de pensamiento y de cátedra y sus profesores y estudiantes tienen una conciencia crítica importante. Así se explica que, liberadas esas instituciones del populismo imperante, en las elecciones gremiales, estudiantiles y profesorales, y en las de cogobierno, los miembros de la comunidad universitaria votan masivamente por opciones diferentes a la del gobierno. Una situación como esta es difícilmente tolerable por un régimen neopatrimonialista y por ello esas Universidades vienen siendo objeto de un acoso que se manifiesta de diferentes maneras: i) El acoso económico, que se manifiesta en la reducción de los aportes financieros que debe realizar el Estado para las instituciones que eligen sus autoridades, lo cual les impide reponer los cargos de profesores y empleados que se jubilan o fallecen, que pone en situación crítica las actividades de investigación y docencia, que restringe al máximo el mantenimiento de la planta física y somete a los profesores y empleados a una situación depauperada, literalmente hablando. ii) El acoso judicial, que se expresa, entre otros aspectos, en la imposición por la Sala Electoral de la obligación de dictar un reglamento de elecciones que contradice lo dispuesto en la Constitución y en la Ley de Universidades y les impide celebrar elecciones para elegir sus autoridades; en la pretensión del oficialismo de reservar para el gobierno la determinación de quienes ingresan en estas Universidades y en las decisiones como el amparo contra la Universidad Central de Venezuela para impedir a la institución la colocación de controles de accesos al recinto universitario. iii) el acoso por la violencia, la cual proviene de la delincuencia común y, sobre todo, de grupos de motorizados armados y encapuchados que, en los procesos electorales, destruyen con frecuencia el material electoral y de grupos de estudiantes oficialistas que, bajo la protección del gobierno, agreden a estudiantes opositores. Ante la situación de violencia contra las personas que hacen vida en los recintos universitarios o contra los bienes de las instituciones, los funcionarios nacionales responsables del orden público permanecen indiferentes. Así por ejemplo, de 94 denuncias formuladas por la Universidad Central de Venezuela ante la Fiscalía General de la República por agresiones como las mencionadas, ninguna ha sido investigada. Por otra parte, la presidencia del Instituto Venezolano de los Seguros Sociales ha girado instrucciones en el sentido de que no se admita la inscripción en el seguro social a los profesores y a los empleados –mas sí a los obreros– de las Universidades autónomas y de que no se les otorgue la pensión de vejez a los miembros de esas instituciones –excepto a los obreros y a algunos profesores y empleados– aún cuando reúnan los requisitos de edad y del número de cotizaciones pagadas. Asimismo, desde el Ministerio de Educación Universitaria, de la Contraloría General de la República y de la Superintendencia de la Seguridad Social se han concertado acciones para desmantelar los fondos de jubilaciones y pensiones de los profesores de las Universidades autónomas, los cuales –junto con las cajas de ahorro– producen rentas que contribuyen al financiamiento de las prestaciones médicas para los profesores, cuyo peso es soportado principal y casi exclusivamente por los mismos profesores beneficiarios, sobre todo desde que en mayo de 2010 el Ministerio de Educación Universitaria suspendió –sin competencia y sin fundamento jurídico– la asignación de los recursos que recibían la UCV y algunas otras Universidades autónomas, equivalente al 4% del sueldo de los profesores, para ser destinados al Fondo de Jubilaciones y Pensiones de los miembros del Personal Docente y de Investigación de las Universidades. El propósito del régimen es que los recursos que administran las Universidades a través de esos fondos sean transferidos a la Tesorería de la Seguridad Social, organismo que no tiene existencia real ni asignaciones presupuestarias mientras no se dicte la ley que desarrolle los sistemas de la seguridad social y estos comiencen a funcionar.

Como una actuación más bien reciente, el acoso del gobierno se ha extendido a las Universidades privadas, a las cuales se pretende, por una parte, imponer límites al cobro de matrícula, sin tomar en cuenta los efectos que ha tenido el proceso inflacionario que ha generado la política económica del gobierno sobre los costos de la educación y, por la otra, obligar a aceptar como sus estudiantes a los que determine el gobierno, aunque esta última medida está en suspenso.

h) OTRAS INSTITUCIONES AUTÓNOMAS HOSTIGADAS POR EL GOBIERNO

En Venezuela la Constitución garantiza la libertad de todas las personas a dedicarse a la actividad lucrativa de su preferencia, sin más limitaciones que las establecidas en la Constitución y en las leyes y se declara que el estado promoverá la iniciativa privada (art. 112). En el fallido proyecto de reforma constitucional de 2007 el gobierno pretendió derogar esta garantía y, ante el rechazo a tal iniciativa, ha buscado hostigar a las personas que realizan actividades lucrativas privadas, en la forma que examinaremos más adelante.

También garantiza la Constitución la libertad de asociarse libremente y sin embargo en nuestro país se establecen restricciones injustificadas contra organizaciones no gubernamentales que defienden derechos humanos y contra las organizaciones con fines políticos, que es la denominación que se le da en la Constitución a los partidos políticos. A estos efectos, el 22/12/2010 el Presidente le puso el ejecútese a la Ley de Defensa de la Soberanía Política y Autodeterminación Nacional, en la cual se establecen disposiciones como las siguientes: en el artículo 5 se pauta que "Las organizaciones con fines políticos, las organizaciones para la defensa de los derechos políticos o las personas naturales que realicen actividades políticas solo podrán recibir donaciones o contribuciones que provengan de personas naturales o jurídicas nacionales y dentro del territorio nacional"; en el artículo 6 se dispone que las organizaciones con fines políticos o las organizaciones para la defensa de los derechos políticos, que a través de sus directivos, personas interpuestas o por vía anónima reciban ayudas económicas o aportes financieros por parte de personas u organismos extranjeros, serán sancionados con multa equivalente al doble de lo recibido, sin perjuicio de aplicación de las sanciones previstas en otras leyes". Así por el estilo se prevén sanciones pecuniarias elevadas, que se aumentan en una tercera parte en caso de reincidencia, para las personas naturales que reciban ayudas o aportes financieros para el ejercicio de actividades políticas por parte de organizaciones extranjeras, o a los representantes de organizaciones con fines políticos o de organizaciones para la defensa de los derechos políticos o personas naturales que inviten a ciudadanos u organizaciones extranjeras a que emitan, bajo su patrocinio, opiniones que ofendan las instituciones del Estado, sus altos funcionarios o atenten contra el ejercicio de la soberanía. Los extranjeros están sujetos a ser expulsados del país y los nacionales tendrán como pena accesoria a la multa la inhabilitación política por un lapso entre cinco y ocho años. Las organizaciones (partidos políticos) que incurran en los supuestos indicados serán inhabilitadas para participar en procesos electorales entre cinco y ocho años. Este hostigamiento por la ayuda extranjera que puedan recibir organizaciones con fines políticos es complementaria de la disposición contenida en el artículo 67 de la Constitución que establece que "No se permitirá el financiamiento de las asociaciones con fines políticos con fondos provenientes del Estado" y persigue cercar económicamente a los partidos de oposición, los cuales tienen permitido, en la teoría, recibir ayuda de organizaciones privadas, pero en la práctica las empresas que lo hacen se arriesgan a las represalias gubernamentales. Mientras esto ocurre, el partido principal del gobierno y sus asociados, utilizan los recursos del Estado libremente, sin ningún tipo de control. En cuanto a las organizaciones no gubernamentales que defienden derechos humanos, se les somete a una situación similar, porque para la hipersensibilidad gubernamental cualquier opinión crítica sobre la actuación del régimen constituye un atentado contra la soberanía.

Pero tal vez ha sido en la estructura sindical del país donde el régimen ha cosechado los mayores éxitos en su labor destructiva. Desde el comienzo de su gestión, Chávez enfiló sus baterías contra la principal central sindical del país, la Confederación de Trabajadores de Venezuela (CTV), a la cual le endilgaba los epítetos más descalificadores de su repertorio. Para el discurso Chavista, la CTV era el epítome de la corrupción que se había instalado en el país bajo lo que llamaba la IV República. En el año 2000, al inicio de su gestión, el gobierno convocó a un Referéndum Sindical o Consulta sobre la Renovación de la dirigencia sindical, en el cual se invitaba a los electores en general a pronunciarse sobre lo siguiente: "¿Está usted de acuerdo con la renovación de la dirigencia sindical, en los próximos 180 días bajo estatuto comicial elaborado por el Poder Electoral conforme con los principios de la alternabilidad y elección universal, directa y secreta, consagrados en el artículo 95 de la Constitución Bolivariana de Venezuela, y que se suspendan durante ese lapso en sus funciones los directivos de la Centrales, Federaciones y Confederaciones sindicales establecidas en el país?". La realización de este evento fue impugnada ante el Tribunal Supremo de Justicia con los alegatos de que violaba el derecho de asociación y de que los asuntos sindicales deben ser resueltos por sus asociados, sin interferencia externa, a tenor de lo dispuesto en el Convenio 87 de la Organización Internacional de Trabajo (OIT). En su sentencia del 28/11/2000, el máximo tribunal, con ponencia de J.M. Delgado Ocando, declaró inadmisible el recurso por considerar que los sindicatos no son organizaciones de derecho privado sino *de derecho social*. En esa oportunidad Chávez expresó que "El referéndum es un misil contra la CTV y eso no tenemos por qué disfrazarlo con palabras bonitas".[94] La consulta se realizó el 3/12/2000, bajo la tutela del consejo Nacional electoral, concurrieron a pronunciarse solamente el 23,5% de las personas habilitadas para votar y la respuesta afirmativa fue del 62,02% de los asistentes. Con ese resultado, fue necesario convocar a unas elecciones directas entre las personas sindicalizadas para elegir la directiva de la central sindical, en lugar de la elección por las federaciones sindicales como se había hecho hasta entonces. La elección se realizó el 25/11/2001 y participaron 303.668 electores, con el siguiente resultado: la plancha encabezada por Carlos Ortega obtuvo 174.504 votos (el 57,41%) y la plancha oficialista, encabezada por Aristóbulo Istúriz, sacó 48.103 votos (el 15,84%), mientras el resto de los votos se distribuyó en otras cuatro planchas. El gobierno se negó a reconocer este resultado y el Consejo Nacional Electoral se abstuvo de publicar resultados oficiales de este proceso. Seguidamente el gobierno decidió fundar una central sindical bajo su tutela y el 5 de abril de 2003 se creó la Unión Nacional de los Trabaja-

---

[94] gumilla.org/biblioteca/bases/biblo/texto/SIC2001638_252-254.pdf

dores (UNT). Después de haber participado la CTV activamente en la convocatoria de varios paros de protesta contra la política gubernamental, el 12 de enero de 2005, cuatro años después de realizadas las elecciones de la CTV, el CNE las anuló por considerar que en dicho proceso se había incurrido en múltiples irregularidades. Con fundamento en el artículo 293, numeral 6 de la Constitución, que permite al CNE "Organizar las elecciones de sindicatos, gremios profesionales y organizaciones con fines políticos en los términos que señale la ley", el organismo electoral dictó un reglamento electoral sobre las elecciones sindicales y comenzó, sin atender a la protesta de la OIT, a intervenir en los correspondientes comicios. A esta intervención se ha referido un experto en la materia, el profesor Enrique Marín, cuando ha señalado que "Pasados los tres años de la elección de las directivas sindicales hubo necesidad de renovarlas. Ahí fue cuando los sindicatos supieron lo que era el peso del CNE. De 2001 a 2009, debieron acatar sus pautas y decisiones y todavía lo hacen. Para convocar a elecciones y designar a la comisión electoral necesitaban la autorización del CNE. Sin su *reconocimiento*, publicado en la Gaceta Electoral, una elección se tendría por no realizada. Al CNE correspondía también asesorar, supervisar, controlar la legalidad de las elecciones y cumplir funciones de policía. Evacuaba toda clase de consultas, vigilaba el desarrollo de los procesos electorales y adoptaba medidas para hacer cumplir sus normas; por ejemplo, mediante la peculiar revisión de las decisiones de la comisión electoral, a cuyo efecto conocía de una diversidad de recursos".[95] En el 2009 se modificó el Reglamento de elecciones sindicales y se estableció que la intervención del CNE era facultativa, ante lo cual ha comentado el experto a que nos referimos que "De todas maneras, el cambio normativo llegó tarde. El trabajo de demolición ya estaba hecho y hay un marasmo en el movimiento sindical tras la desaparición, la división, o el debilitamiento de las organizaciones, así como la multiplicación de falsas cooperativas y sindicatos paralelos". Ahora bien, la destrucción de la estructura sindical del país ha sido un proceso planificado e inducido y ha sido estudiado por un investigador nacional, el doctor Héctor Valecillos, quien considera como factores del debilitamiento sindical el incremento del empleo público y la disminución del número y tamaño de las empresas privadas, el control del Ministerio del Trabajo sobre los sindicatos y la política de clientelismo a favor de las organizaciones oficialistas, la exacerbación de las tensiones y conflictos laborales para

---

[95] Enrique Marín: "La estatización de las elecciones sindicales", *Revista Sic*, N° 738, Caracas, septiembre-octubre 2011. Véase también: C. Iranzo y J. Richter, *La relación Estado/sindicatos en Venezuela (1999-2005)*, en CENDES *Venezuela Visión Plural*, Caracas, CENDES-UCV bid/ co. editor, 2005 T. II, p. 653.

disminuir la propensión a invertir de los empresarios en el país, la corrupción sindical, la dirección sindical autocrática y la desmovilización de las bases. No obstante, la labor destructiva hacia las organizaciones sindicales autónomas, no se ha traducido en un incremento paralelo de los sindicatos oficialistas, sino que "ha contribuido a destruir la única fuerza dinámica que podría canalizar el descontento y los conflictos sociales". En algunas actividades como la industria de la construcción, con una importancia innegable en la dinámica del empleo, "el gobierno ha permitido o se ha hecho la vista gorda ante el desarrollo de prácticas verdaderamente mafiosas o criminales, empleadas por sindicalistas que se proclaman seguidores del presidente para lograr el control a la fuerza de las fuentes de trabajo, chantajeando a los promotores o constructores y apelando al sicariato para deshacerse de sus rivales sindicales". El autor que citamos concluye en que "Al momento de escribir este ensayo, van más de trescientos sindicalistas asesinados –hecho jamás visto en la historia del movimiento sindical venezolano–, y, en lo que prefigura un cuadro aún más sombrío, en las recientes elecciones regionales varios de estos gángsteres accedieron a cargos de representación popular en listas del gobierno, lo que indica un criminal maridaje político-sindical".[96] Pero el asesinato de sindicalistas es un proceso que no se detiene. La prensa nacional informa que "Un total de 28 trabajadores o sindicalistas fueron asesinados en el entorno laboral sindical en Venezuela en el primer semestre de 2014, de acuerdo con el informe presentado este lunes por el Observatorio Venezolano de Conflictividad Social. Representa 9 asesinatos menos que en el mismo período de 2013, cuando hubo 37" y agrega que "La investigación 'Venezuela: violencia en el entorno laboral-sindical e impunidad. Primer semestre de 2014', destaca que 86% de los asesinatos se registraron en el sector de la construcción, con el sicariato como la práctica más recurrente".[97]

i) EL RÉGIMEN DE LA HACIENDA PÚBLICA

Una de las áreas de la administración del Estado que ha sufrido el mayor deterioro es el de la Hacienda Pública, tal como lo examinaremos seguidamente.

1. Antecedentes

Debemos considerar que desde muy temprano en el siglo XX se inició el proceso de formación de una institucionalidad capaz de administrar los

---

[96] Héctor Valecillos: *Los venezolanos y el trabajo, perspectiva histórica de una relación problemática*, Rayuela, Taller de ediciones, Caracas, mayo de 2010.

[97] El Nacional, Caracas, 17 de noviembre de 2014.

dineros públicos con transparencia y eficiencia, con el propósito de superar la situación de desorden, incluso diríamos de desbarajuste, que se vivió en el siglo anterior como consecuencia de la guerra de independencia y de las guerras civiles que asolaron el país durante la mayor parte de ese centenio. De esos procesos se originaron deudas –algunas reales, otras no tanto– con ciudadanos y empresas europeos que el gobierno de Cipriano Castro se negaba a pagar, lo que condujo al bloqueo de las costas venezolanas, en diciembre de 1902, por buques de Alemania, Inglaterra e Italia, para instar a los pagos correspondientes. Cuando accede al poder Juan Vicente Gómez como presidente, en 1908, una de sus principales preocupaciones era organizar las finanzas públicas, que en algunos aspectos se regía todavía por viejos códigos coloniales de hacienda. A estos efectos, le pide al ingeniero Román Cárdenas, quien desempeñaba el despacho de Obras Públicas, que asuma el cargo de Ministro de Hacienda y este acepta pero pide autorización para viajar a Londres por un año para estudiar finanzas. En enero de 1913 Cárdenas asume el cargo y comienza su labor de crear la hacienda moderna en Venezuela. El 4 de junio de 1918 entra en vigencia la Ley Orgánica de la Hacienda Pública Nacional (LOHPN), conjunto normativo que, con algunas modificaciones ha regido el proceso financiero público durante muchas décadas. Una de las innovaciones más importantes de la LOHPN es la consagración del principio de la Unidad del Tesoro, conforme al cual todos los ingresos que obtenga la República se enteran en el Tesoro Nacional y todos los gastos deben estar previstos en el presupuesto de gastos, sin que se permita compensar ingresos con gastos ni incorporar al Tesoro saldos netos, pues para cada actividad pública se deben reflejar separadamente en la contabilidad fiscal tanto los ingresos como los gastos. Tampoco se admite destinar ingresos específicos para gastos determinados, salvo las autorizaciones legales y las afectaciones constitucionales, pues antes de la vigencia de este principio se preveía que ingresos como la renta de estampillas o la de sucesiones se destinaban directamente al financiamiento de carreteras o de escuelas, sin pasar por el Tesoro Nacional, lo que hacía muy difícil el establecimiento de prioridades de gasto y el control de las operaciones financieras del Estado. El principio de la Unidad del Tesoro se incorporó al ordenamiento constitucional en la reforma de la Ley Fundamental de 1922 (art. 118) y ha venido siendo consagrado en todas las siguientes Constituciones de la República. En la de 1961 se expresaba así: "Artículo 227. No se hará del Tesoro Nacional gasto alguno que no haya sido previsto en la Ley del Presupuesto…" Pero como el Constituyente de 1999 quiso declarar este principio con mayor énfasis lo modificó en la siguiente forma: "Artículo 314. No se hará **ningún tipo de gasto** que no haya sido previsto en la ley de presupuesto…" (negrillas añadidas). Pero luego veremos que ese énfasis que se manifiesta en decir que no se hará "ningún tipo de gasto" lo que vino a significar es que la mayor parte del gasto se hará fuera del presupuesto.

Por otra parte, bajo la administración de Cárdenas se eliminan los contratos con particulares para el cobro de las rentas, se dicta una nueva ley de impuesto sobre licores, se mejora el sistema de contabilidad pública y se logran ahorros importantes en el gasto público. Esas medidas, junto con los ingresos petroleros que se comienzan a percibir, permitieron al gobierno de Gómez, como parte de la conmemoración del centenario de la muerte del Libertador, anunciar en 1930 la cancelación total de la deuda externa de Venezuela. A partir de ese momento el país no incurrió en deuda externa hasta 1960, cuando el gobierno de Betancourt, para cancelar compromisos adquiridos con anterioridad, contrató con un grupo de bancos norteamericanos un empréstito por 200 millones de dólares, lo que constituyó el primer endeudamiento externo de Venezuela en el siglo XX. En los gobiernos siguientes se contrajeron compromisos de esta clase con instituciones del exterior, pero en forma moderada, hasta que el primer gobierno de Carlos Andrés Pérez incurrió en importantes deudas para ejecutar el V Plan de la Nación, a las cuales nos hemos referido en su oportunidad. Esas deudas, y las del gobierno de Herrera Campins, si bien fueron consideradas elevadas con relación a la tradición del país, eran modestas, casi insignificantes, con respecto a la situación de Venezuela bajo el régimen entronizado desde 1999. En efecto, para el cierre de 2008 Venezuela tenía una deuda de 27,8 millardos de dólares de los Estados Unidos,[98] mientras que para el cierre de 2013 la deuda había ascendido a 115,28 millardos de dólares.[99] En el presupuesto nacional aprobado en 2014 para regir en el 2015, se incluye la previsión de 21,5 millardos de bolívares de los 552 millardos que componen el presupuesto previsto para ese año, para el pago de la deuda interna y externa, lo que significa que los recursos que se destinarán para este rubro serán mayores que los orientados a las carteras de Salud, Educación, Seguridad, Electricidad o Vivienda juntos. De acuerdo a estadísticas oficiales, "Al cierre del primer trimestre de 2014, la deuda pública total era de US$ 122.350 millones, lo que implica un aumento de 29,94% en el último año y de 328,61% desde 1999. Para 1999 la deuda pública total era de US$ 1.196,03 per cápita. Para marzo de 2014 llegaba a US$ 4.050,49 per cápita".[100] En esta infor-

---

[98] http://www.el-nacional.com/economia/Deuda-publica-cuadruplico-gobierno-Chavez_0_154786836.html

[99] http://www.elmundo.com.ve/noticias/actualidad/noticias/deuda-venezolana-alcanzo-los--115-282-millones-al-.aspx#ixzz3JLbfJHtN

[100] http://prodavinci.com/blogs/10-datos-claves-sobre-la-deuda-publica-nacional-del-gobierno-central-por-anabella-abadi-numeralia/

mación se advierte que "Las estadísticas no incluyen los sectores público petrolero, financiero (autoridades monetarias, instituciones públicas y privadas) y privado no financiero (petrolero y no petrolero)". Con respecto a la deuda consolidada de PDVSA, esta "subió un 6,3 por ciento en 2014 en comparación con el año anterior para llegar a 46,2 mil millones dólares, dijo la compañía a última hora el viernes, una cifra que no incluye las deudas con los proveedores. PDVSA este año tendrá que pagar alrededor de US $ 6 mil millones en servicio de la deuda y alrededor de US $ 5.5 mil millones en 2016, según los analistas, aumentando la presión sobre sus finanzas en medio de una caída en los precios del crudo".[101]

Pero no solamente en la magnitud del endeudamiento se diferencia el régimen actual de la situación que existía bajo la República Civil, sino especialmente en el desorden sin precedentes del manejo financiero público a partir de 1999, en la opacidad en las operaciones con los dineros públicos, en la discrecionalidad y la falta de control y en las modalidades del endeudamiento, pues las adoptadas en los últimos años ponen en serio riesgo la soberanía de la Nación.

2. El régimen de los ingresos públicos

En primer lugar, en cuanto a los ingresos tributarios, en los últimos tres lustros se ha abusado de la figura de las leyes habilitantes para crear o modificar tributos, sin que ello signifique que, lamentablemente, no hubiera precedentes en tal sentido en épocas anteriores, lo que viola el principio de la reserva legal de los tributos, ya que en el Estado moderno, desde la época lejana de la Carta Magna inglesa de 1215, se entendió que esta materia corresponde al parlamento. Pero además, en el ámbito tributario se ha creado un gran número de impuestos y tasas parafiscales, cuya recaudación engrosa, generalmente, fondos extrapresupuestarios, sin que exista el debido control sobre su magnitud ni sobre su destino. En la Constitución de 1999 se había dispuesto que "Excepcionalmente se crearán contribuciones parafiscales con el fin de facilitar fondos para financiamiento, investigación, asistencia técnica, transferencia tecnológica y otras actividades que promuevan la productividad y la competitividad del sector agrícola. La ley regulará lo conducente a esta materia" (art. 307). Con este fundamento, la Asamblea Nacional sancionó el 22/10/2001 la Ley Orgánica de Contribuciones Parafiscales para el Sector Agrícola en la que se prevé la existencia de "El fondo de contribuciones parafiscales que se creare para cada rubro al cual ingresarán las respectivas contribuciones" (art. 3), las que se establecerán por ley en

---

[101] http://www.lapatilla.com/site/2015/01/26/la-deuda-financiera-de-Pdvsa-alcanza-los-us-462-mil-millones/

cada caso. En lo que va del siglo se ha producido una verdadera eclosión de la parafiscalidad, por la sanción de numerosas leyes sobre la materia como son: la Ley Orgánica de Telecomunicaciones, dictada por la Comisión Legislativa Nacional (el Congresillo), el 12/6/2000, en la que se prevén aportes con destino al Consejo Nacional de Telecomunicaciones (CONATEL) (art. 148), al Fondo de Servicio Universal (art. 151) y al Fondo de Investigación y Desarrollo de las Telecomunicaciones (art. 152); la Ley Orgánica de Ciencia, Tecnología e Innovación, dictada mediante Decreto Ley N° 1.290 del 30/8/2001 (artículos 27, 28 y 29); la Ley Orgánica de los Espacios Acuáticos e Insulares, del 20/12/2002 (artículos 98 y siguientes); la Ley del Régimen Prestacional de Vivienda y Hábitat, del 8/6/2003, con una reforma parcial sancionada el 12/12/2006 (art. 173); la Ley de Responsabilidad Social en Radio y Televisión, del 7/12/2004 (art. 25); la Ley de Aeronáutica Civil, del 12/7/2005 (art. 55); la Ley Orgánica de Prevención, Condiciones y Medio Ambiente de Trabajo, del 26/7/2005 (ar-tículos 7 y 95); la Ley de la Cinematografía Nacional, del 27/9/2005 (artículos 50 al 56); la Ley del Régimen Prestacional de Empleo, del 27/9/2005 (art. 46); la Ley contra el Tráfico Ilícito y el Consumo de Sustancias Estupefacientes y Psicotrópicas del 27/10/2005 (art. 97). Pero además, se exigen contribuciones de esta naturaleza no contempladas en ninguna ley, como son los aportes al Fondo Social de PDVSA, que incumbe a las Empresas de Producción Social (EPS), con fundamento en una resolución del Directorio de esta empresa, de noviembre de 2005.[102] En todos estos casos, como los recursos a que nos referimos no ingresan al presupuesto de ingresos de la República no se genera el situado que corresponde a los Estados.

En esta parte aprovechamos para señalar que, dado el carácter de Estado federal descentralizado que se asigna a Venezuela en la Constitución, y a las numerosas declaraciones a favor de la descentralización que se consigna en la carta de 1999, se esperaba que se continuara el proceso de descentralización que había tenido lugar durante la última década del siglo XX, pero en su lugar se desmejora el régimen del situado constitucional que se había logrado en el proceso de descentralización, no se incluye ningún ramo tributario nuevo a favor de los Estados y, en cambio, se introduce la siguiente norma: "Disposición Transitoria Cuarta: Dentro del primer año, contado a partir de su instalación, la Asamblea Nacional aprobará: 6. Una ley que desarrolle la hacienda pública estadal, estableciendo, con apego a los principios y normas de esta Constitución, los tributos que la componen, los mecanismos de su aplicación y las disposicio-

---

[102] http://www.Pdvsa.com/index.php?tpl=interface.sp/design/salaprensa/read new.tpl.html&newsid_obj_id=1545&newsid_temas=1

nes que la regulen". El 11 de marzo de 2004, con retardo, la Asamblea Nacional sancionó la Ley Orgánica de la Hacienda Pública Estadal, pero no fue promulgada porque el Presidente de la República se dirigió al presidente de la Asamblea Nacional, el 15 de abril de 2004, para solicitarle que levantara la sanción al proyecto y que discutiera las observaciones que se formularon en el escrito de la solicitud. Posteriormente, la orientación fuertemente centralista del régimen ha evidenciado que no existe ninguna intención de sancionar tal proyecto, ni ningún otro encaminado a ese fin, por lo que la disposición transitoria a que nos referimos ha quedado como otra de las promesas incumplidas.

En segundo lugar, en cuanto a los ingresos públicos obtenidos por el endeudamiento, podemos adelantar que existe una regla en el caso venezolano, de carácter paradójico: cuanto mayor es el precio del petróleo y, por tanto, se incrementa más la disponibilidad de recursos para el Estado, en mayor medida se acude al endeudamiento público. Ese comportamiento de los altos dirigentes del sector público (Presidente de la República, Parlamento) lo vimos en el primer gobierno de Carlos Andrés Pérez y en el de Luis Herrera Campins, pero ha sido bajo el régimen de Chávez y Maduro que ha llegado al nivel de delirio. Cuando el precio del barril de petróleo se acercó y superó la barrera de los cien dólares, el gobierno comenzó a incurrir en un endeudamiento sin precedentes. Pero no solamente este caso es particular en cuanto al monto de la deuda sino también en cuanto a los perjuicios que causa a la economía e incluso a la soberanía del país. En efecto, una vez obtenido financiamiento externo por la colocación de bonos y de pagarés en bancos del exterior, el Presidente de la República, con motivo de la solicitud de otorgamiento de un "millardito" de dólares de las reservas internacionales que le hizo al Banco Central de Venezuela (BCV) en noviembre de 2003, que el ente emisor no podía conceder porque la Constitución le prohíbe "convalidar o financiar políticas fiscales deficitarias" (art. 320) y, por los efectos inflacionarios que esa operación tendría sobre la economía, la Asamblea Nacional, según Acuerdo del 9 de enero de 2004 (año del referendo revocatorio), exhortó al BCV en el sentido de que accediera a la petición del presidente, y este así lo hizo. Previamente autorizada por el BCV, PDVSA creó un fondo con esa suma que se llamó Fondo de Desarrollo Económico y Social del País (FONDESPA), adscrito a PDVSA, pero esa suma se podía ampliar hasta un máximo de 2000 millones de dólares y luego Chávez decidió que ese fondo tendría carácter rotatorio, es decir, que lo gastado sería repuesto para mantener siempre la disponibilidad de 2000 millones de dólares. Por otra parte, con fundamento en una reforma de la ley del BCV (art. 113) del 19 de julio de 2005, se creó la figura de las reservas excedentes, que son aquellas que sobrepasan el nivel adecuado de las reservas internacionales estimadas por el Banco según el artículo 75 de la misma ley, y que este debe transferir al Fondo que el Ejecutivo quedó autorizado a crear. De allí resultó el Fondo Nacional de Desarrollo (FONDEN), el cual recibió en 19 meses la cantidad de 27,7 millardos de dólares, y que en total ha manejado más de 100.000 millones de dólares, los cuales han sido dispuestos por el Presidente sin necesidad de aprobación por la Asamblea Nacional y sin control de ninguna especie. Los recursos asignados al FONDESPA y al FONDEN no son, formalmente, provenientes de deuda pública, pero en cuanto provienen de las reservas del Banco Central y son divisas cuyo contravalor en bolívares el Banco ha pagado a PDVSA, al recibirlas el Ejecutivo Nacional sin pago alguno están sujetos a que alguien asuma ese costo: pues bien, lo pagan los venezolanos con la inflación que reduce el poder adquisitivo de sus ingresos.

Otro sistema imaginativo, pero perverso y peligroso, que ha aplicado el gobierno para obtener dinero para saciar su sed inagotable de recursos es el del Fondo Chino. Desde el 2008, el gobierno ha encontrado, con el procedimiento establecido para el Fondo de Financiamiento Conjunto Chino Venezolano (Fondo Chino), una fórmula para contratar empréstitos utilizando al Banco de Desarrollo Económico y Social (BANDES) –que resultó de la transformación en banco del Fondo de Inversiones de Venezuela (FIV) creado en el primer gobierno de Carlos Andrés Pérez– y a PDVSA, como organismos gestores de empréstitos, que no se consideran deuda pública, ni se registran como tales, y por tanto no entran en el monto máximo autorizado, ni requieren de la autorización de la Comisión de Finanzas para cada operación ni del informe del Banco Central de Venezuela sobre los efectos monetarios, fiscales, macroeconómicos y sobre las condiciones de la operación. El procedimiento que se ha seguido es el siguiente: el Banco de Desarrollo de China (BDC) presta al BANDES (organismo exceptuado del procedimiento para realizar operaciones de crédito público por el artículo 89 de la Ley Orgánica de la Administración Financiera del Sector Público –LOAFSP–, lo que incluye la no exigencia del informe del Banco Central y la ausencia de ley autorizatoria) US$ 12.000 millones. PDVSA paga en barriles de petróleo crudo a la República (Min Energía y Petróleo) la regalía por extracción de hidrocarburos, conforme a los artículos 45 y 46 de la Ley de Hidrocarburos. La República encarga a PDVSA que, como mandataria, venda a CHINAOIL la cantidad de petróleo necesaria para los pagos de la deuda del BANDES por capital e intereses al BDC. Los US$ 12.000 millones del préstamo chino al BANDES, más US$ 4.000 millones del FONDEN, se aportan a un Fondo de Financiamiento Conjunto Chino-Venezolano (Fondo Chino), para proveer financiamiento en las áreas de infraestructura, industria, agricultura, minería, energía, asistencia técnica y tecnológica, entre otras, y los proyectos correspondientes son diseñados y ejecutados exclusivamente por empresas chinas. De acuerdo a la buena experiencia que se tuviera con este mecanismo se preveía la ampliación de los créditos, si Venezuela se mantenía al día con los envíos de petróleo. Al acuerdo con China se le dio el tratamiento de un tratado internacional (fue aprobado por Ley, ver *Gaceta Oficial* N° 39.019 del 18 de septiembre de 2008) y no el de una operación de crédito público. El mecanismo adoptado, en su conjunto, constituye un fraude a la Constitución, porque es un mecanismo para evadir la potestad presupuestaria y las facultades de control de la Asamblea Nacional, aunque formalmente la mayor parte de los pasos que se siguen son legales. Decimos que la mayor parte, porque la regalía es un ingreso (en hidrocarburos o en dinero) que corresponde a la República (no a PDVSA ni al BANDES), por lo cual está sujeto al principio de la Unidad del Tesoro, en su aspecto de no afectación de ramos de ingresos para el pago de determinados gastos, y de la prohibición de predeterminarse asignaciones presupuestarias para atender gastos de entes o funciones estatales específicas, salvo las afectaciones constitucionales (artículo 34 de la LOAFSP). En esta Ley se admiten determinadas excepciones, pero entre ellas no está prevista la afectación de ingresos de la República para el pago de deudas, en este caso del BANDES. Por lo demás, el sistema utilizado constituye, en la práctica, una hipoteca sobre los yacimientos petrolíferos, impide que se tenga una idea global del endeudamiento del país, pues no se registra como deuda pública, y sirve para evadir el cálculo del situado constitucional que corresponde a los Estados.y Municipios por los ingresos provenientes de la regalía. Como apreciación general sobre el Fondo Chino, además de las observaciones jurídicas antes expuestas, deben tenerse presentes las siguientes: en primer lugar, con el préstamo que le hace China a Venezuela, más un aporte que hace FONDEN equivalente a la mitad de lo recibido en préstamo, se constituye el Fondo Conjunto Chino-Venezolano (Fondo Chino), cuyas operaciones son supervisadas por una Comisión Mixta de Alto Nivel de ambos países, lo que significa que, además de la garantía de pago en petróleo, se le da a China injerencia en actividades que corresponden al Estado venezolano; en segundo lugar, que el pago que hace Venezuela a China en barriles de petróleo crudo dependen del precio que tenga el hidrocarburo en el mercado mundial, de donde se sigue que, en la coyuntura que enfrentamos de baja del precio del crudo, Venezuela tiene que aumentar sustancialmente las cantidades de petróleo que envía a China, sin percibir ningún ingreso adicional al dinero que ya recibió y gastó, lo que disminuye, para las generaciones presentes y futuras, las posibilidades de utilizar el petróleo como un instrumento para el desarrollo del país. El endeudamiento de Venezuela con China se ha venido incrementando, hasta el punto de que, con el convenio de ampliación suscrito entre ambos y anunciado por el Ministro de Energía y Petróleo el 8 de marzo de 2014, la deuda de nuestro país por este concepto aumentó a 46.000 millones de dólares[103], la cual se elevó a 51.000 millones de dólares en abril de 2015 y se piensa seguir aumentando, como luego veremos.

3. El régimen del gasto público

En cuanto a las operaciones de gasto de la República, si bien las que se realizan con las partidas presupuestarias aprobadas por la Asamblea Nacional no son objeto de un control serio por la Contraloría General de la República ni por la misma Asamblea Nacional, como sí lo eran bajo la República democrática, las modalidades de gasto extrapresupuestario que se han creado bajo el presente régimen (FONDEN, FONDESPA, PDVSA, Fondo Chino y las decenas de otros fondos), con la única y expresa finalidad de potenciar la discrecionalidad del Presidente de la República y evitar los mecanismos de control, e incluso de información, establecidos para la ejecución presupuestaria, se han venido realizando libres de todo control. Esta circunstancia, por sí sola, justifica el calificativo de régimen neopatrimonialista que bien calza al sistema político que nos gobierna.

Recordemos el principio de la legalidad del gasto consagrado en la Constitución de 1999: "Artículo 314. No se hará ningún tipo de gasto que no haya sido previsto en la ley de presupuesto..." y sus antecedente. Como antes señalamos, esta disposición no se refiere al gasto que se hace con relación a recursos del Tesoro Nacional, sino que es más general: se refiere ningún tipo de gasto. Cuando se discute sobre la nueva Constitución en la Asamblea Nacional Constituyente existía para ese momento un proyecto de Ley Orgánica de la Administración Financiera del Sector Público (LOAFSP) que se había elaborado en el período anterior después de muchos estudios y discusiones, en el marco de la reforma del Estado, cuyo objetivo era constituir un Sistema Integrado de Gestión y Control de las Finanzas Públicas (SIGECOF). Con ese proyecto se pretendía establecer una regulación general sobre los procesos financieros del Estado, exceptuando la materia tributaria, que correspondía al Código Orgánico Tributario, vigente desde 1983, el régimen de la Contraloría General de la República, que se había establecido en una Ley Orgánica particular, y una ley que se dictaría sobre los bienes del Estado. De modo que se aspiraba a restablecer, aunque fuera parcialmente, un marco regulatorio que cumpliera las funciones globales de la derogada Ley Orgánica de la Hacienda Pública Nacional y que incluía el sistema presupuestario, el sistema de crédito público, el sistema de contabilidad pública, el sistema de tesorería y el sistema de control interno, los cuales serían desarrollados luego en

---

[103] El Universal, Caracas, 8 de marzo de 2014.

reglamentos parciales. En materia presupuestaria se planteaba como objetivo que la aprobación de los presupuestos de ingresos y de los gastos que debía hacer el parlamento no versara únicamente sobre los ingresos y gastos de la República, considerada esta como la persona jurídica principal del Estado, sino que se incluyeran también los ingresos, los gastos y los endeudamientos de los entes descentralizados funcionalmente de la República sin fines empresariales, entre los que entraban principalmente los institutos autónomos, las fundaciones públicas y las Universidades. Esta idea fue considerada como muy conveniente por la Asamblea Nacional Constituyente, y por eso se amplió el principio de la legalidad del gasto en el sentido de que todos los gastos, y no solamente los de la República, debían estar autorizados en la Ley de Presupuesto, lo que hizo que este documento se hiciera más complejo. La idea, entonces, era tener una presentación global de las operaciones financieras del Estado y evitar la dispersión que se había producido por la existencia de múltiples organismos descentralizados funcionalmente, lo que facilitaría la planificación y el control de las finanzas públicas. Por ello, se dispuso en la Constitución que "La administración económica y financiera del Estado se regirá por un presupuesto aprobado anualmente por ley" (art. 113) y, con esta base, la Asamblea Nacional procedió a sancionar la LOAFSP, la cual fue promulgada el 5 de septiembre de 2000. No obstante, el régimen financiero del Estado evolucionó en forma diferente a la inicialmente prevista.

En primer lugar, desde el mismo año 2000 se comenzaron a desarrollar programas sociales y de interés público que no estaban vinculados con los organismos rectores de los correspondientes sectores, sino que dependían de la Fuerza Armada Nacional y el gasto se efectuaba en dinero efectivo, por lo cual no quedaba rastro de las operaciones realizadas.

En segundo lugar, a partir de 2003, con motivo del referendo revocatorio que en definitiva se realizó al año siguiente, el gobierno comenzó a crear misiones para ejecutar actividades de diverso género, con un manejo de recursos muy elevado, que no se refleja en presupuesto alguno, y sin ninguna relación con los Municipios ni con los ministerios responsables de los diferentes sectores, sino a menudo con los entes que les pueden dar financiamiento, como PDVSA, Bandes y otros. El desorden llegó a ser tan grande que el Contralor General de la República se atrevió a decir, en su discurso ante la Asamblea Nacional el 4/4/2006, al referirse a las misiones, que "se debe tener presente la inconveniencia de que persista en el tiempo ese paralelismo, que a la postre hace más costoso el funcionamiento del sector público, con una coexistencia impropia entre un estamento gubernamental productivo y otro meramente vegetativo".[104]

En tercer lugar, la redefinición del rol de PDVSA y la creación de fondos extrapresupuestarios. En el primer aspecto, debemos señalar que en la Constitución de 1999 se incluyó en el segundo aparte del artículo 311 una norma según la cual "El ingreso que se genere por la explotación de la riqueza del subsuelo y los minerales, en general, propenderá a financiar la inversión real productiva, la educación y la salud". El gobierno entendió que ese financiamiento lo haría directamente PDVSA con los ingresos petroleros, sin necesidad que estos entraran al Tesoro Nacional por vía de impuestos, regalías o dividendos de la empresa y sus filiales, para luego ser gastado por la vía presupuestaria. A estos efectos, el Ejecutivo Nacional sancionó, mediante el Decreto N° 6.234, publicado en la *Gaceta Oficial* N° 38.988, del 6/8/2007, con fundamento en el artículo 102 de la Ley Orgánica de la Administración Pública y 29 de la Ley Orgánica de Hidrocarburos, una Reforma Parcial del Decreto N° 3.299, contentivo del Acta Constitutiva – Estatutos de Petróleos de Venezuela S.A., en la cual se le agregaron a PDVSA, entre los objetivos sociales definidos en la Cláusula Segunda de sus estatutos sociales, las siguientes funciones: "…podrá promover o participar en otras sociedades cuyas actividades estén dirigidas a fomentar el desarrollo integral, orgánico y sostenido del país, incluidas las de carácter agrícola, industrial, de elaboración o transformación de bienes y su comercialización o la prestación de servicios, de manera de lograr una apropiada vinculación de los recursos de hidrocarburos con la economía nacional…; fusionar, reestructurar o liquidar empresas de su propiedad; otorgar créditos, financiamientos, fianzas, avales o garantías de cualquier tipo y, en general, realizar todas aquellas operaciones, contratos y actos comerciales que sean necesarios o convenientes…" A estos fines, en la reforma de la Ley del Banco Central de Venezuela del 25/10/2009 se autoriza a PDVSA a crear fondos para los fines de "financiamiento de proyectos de inversión en la economía real y en la educación y en la salud; el mejoramiento del perfil y saldo de la deuda pública; así como, la atención de situaciones especiales y estratégicas" (art. 113). A partir de ese momento, PDVSA quedó legalmente autorizada para hacer cosas que ya venía ejecutando: intervenir en cualquier sector de la economía y no únicamente en su campo de actividad específica, como son los hidrocarburos. Debemos tener presente que el concepto de economía real, que se menciona como uno de los campos de inversiones de PDVSA ha sido definido, por oposición a la economía financiera, así: "La economía real es la economía de siempre, son las industrias, las fábricas, el comercio, la agri-

---

[104] http:// www.asambleanacional.gov.ve/ns2/discursos.asp?id=78

cultura, la explotación de materias primas, la de trabajo duro",[105] lo que significa que progresivamente PDVSA se ha convertido en un Estado paralelo, con un presupuesto similar al de la República, con una organización que incluye entre sus filiales a empresas que no tienen relación con el negocio de petróleo y gas, tales como PDVAL, FONDESPA, PDVSA Industrial, PDVSA Ingeniería y Construcción, PDVSA Agrícola, PDVSA Desarrollos Urbanos, y otras. Esas filiales, a su vez, se ramifican en otras empresas, como por ejemplo el caso de PDVSA Industrial, que ejecuta sus actividades a través de 34 empresas.[106] Además, la red empresarial de PDVSA comprende una multitud de empresas dedicadas al negocio petrolero, tanto en el país como en el exterior, y entre estas últimas pueden mencionarse a PVSA América, PDVSA Argentina, PDVSA Bolivia, PDVSA Ecuador, PDVSA Cuba, además de las numerosas empresas en los Estados Unidos, en Canadá y en Europa, todo lo cual configura un Estado paralelo a la República.

En cuarto lugar, se ha conformado un segundo Estado paralelo con la creación del Fondo Nacional de Desarrollo Nacional (FONDEN), al cual antes nos hemos referido, que ha manejado más de 100.000 millones de dólares desde su creación y que depende de un directorio estrechamente dependiente de la Presidencia de la República, con la observación que esos fondos se destinan a los llamados "Factores bolivarianos", entre los que se incluyen las misiones, los consejos comunales y las comunas, las Unidades de Batallas Electorales (UBE), movimientos sociales, partidos políticos, frentes estudiantiles y juveniles, organizaciones de profesionales y técnicos, entre otros, dado que para el régimen se han derrumbado las fronteras entre la sociedad y el Estado, entre el partido y la Administración Pública.

De modo que el gasto público se efectúa desde múltiples organizaciones, sin coordinación entre ellas, como no sea la que (supuestamente) corresponde al partido, y el gasto público se ha ramificado hasta el punto de que es difícil seguirle su trayectoria, muchas veces a través de fondos pequeños y medianos, pero sobre todo desde tres centros de gasto público, con erogaciones de gran magnitud, que corresponden a la República, a PDVSA y al FONDEN. Como puede verse, el propósito consagrado en la Constitución de que no se puede efectuar gasto alguno que no haya sido previsto en la Ley de presupuesto ha resultado una fantasía.

---

[105] http://www.gerencie.com/economia-real-y-financiera.html
[106] http://www.Pdvsa.com/index.php?tpl=interface.sp/design/biblioteca/read doc.tpl.html&newsid_obj_id=12121&newsid_temas=111

No es de extrañar entonces que, en medio de esa borrachera de gasto que ha durado más de una década (aunque por las perspectivas que se observan, no va a prolongarse mucho tiempo más), nadie sepa a dónde fueron a parar los 20.000 millones de dólares de Cadivi cuya pérdida denunció el ministro Giordani.

4. Las reservas internacionales

Tradicionalmente se ha considerado en nuestro país que "Las reservas internacionales son los recursos financieros en divisas con los cuales cuenta el país para garantizar los pagos de los bienes que importa y el servicio de la deuda, así como para estabilizar la moneda".[107] El gasto público desmedido del gobierno, sea a través del presupuesto nacional, de PDVSA o del Fonden, produjo una disminución descomunal de las reservas internacionales en momentos en que el ingreso de divisas del país había alcanzado su máximo histórico por efecto de los elevados precios del petróleo, que habían llegado también a su máximo histórico y, además, en forma sostenida en el tiempo, como nunca antes. Así, para noviembre de 2013, las reservas internacionales del Banco Central de Venezuela se colocaron en su nivel más bajo desde hacía nueve años (2004), puesto que llegaron, según datos oficiales, a US $ 20.912 millones, pero de esa suma se consideran operativas solamente US $ 300 millones, lo que cubría apenas tres semanas de importaciones. Nótese que los momentos en que las reservas internacionales llegaron a su nivel más bajo fueron, en primer lugar, en las semanas anteriores al referendo revocatorio y, en segundo lugar, a los meses previos a las elecciones presidenciales de 2012 y 2013, y a las regionales de diciembre de 2012, lo cual nos lleva a recordar nuevamente que el exministro de planificación Giordani en su carta del 18 de junio de 2014, posterior a la separación del cargo, expresó que las victorias del 7 de octubre de 2012 y del 16 de diciembre de ese año se consiguieron "con un gran sacrificio y con un esfuerzo económico y financiero que llevó el acceso y uso de los recursos a niveles extremos que requerirán de una revisión para garantizar la sostenibilidad de la trasformación económica y social". Es decir que se logró la victoria con el sacrificio del patrimonio de los venezolanos.

Pues bien, en aquellos momentos no hubo preocupación en el gobierno porque, dados los elevados precios de los hidrocarburos, las reservas internacionales gastadas, supuestamente, se podrían reponer fácilmente. Pero un observador de la situación internacional de los hidrocarburos, y sobre todo de los avances tecnológicos de los Estados Unidos en esta materia, que no estuviera obnubilado por la borrachera de los ingresos des-

---

[107] http://www.bcv.org.ve/reservas/reservas.htm

comunales, habría podido darse cuenta de que la situación iba pronto a cambiar, como efectivamente lo hizo. Así llegamos al 18 de noviembre de 2014, en momentos en que las reservas internacionales estaban en 21.000 millones de dólares, cuando Maduro dictó, con fundamento en la ley habilitante que se vencía ese día, el Decreto con rango, valor y fuerza de Ley del Banco Central de Venezuela, pero que en realidad era una reforma parcial porque sólo se modificaron cuatro artículos. En tal virtud, el artículo 127 que define la conformación de las reservas internacionales, y entre ellas las divisas, o sea monedas de libre convertibilidad como el dólar y el euro, se reformó para permitir que "los activos en monedas distintas al bolívar que mantenga el Banco Central de Venezuela podrán calificarse como reservas internacionales o como otros activos en moneda extranjera", lo cual hace posible que se consideren como monedas de reserva las de países con los que Venezuela ha estrechado relaciones políticas en los últimos años, como China (el yuan), Rusia (el rublo), Brasil (el real), Argentina (el peso), para fortalecer las reservas internacionales, a pesar de que ninguna de esas monedas son libremente convertibles. Con este fundamento, Maduro decidió que una cantidad de yuanes equivalente a 4.000 millones de dólares del Fondo Chino que supuestamente se encontrarían a disposición de Venezuela en el Banco de China, se trasladarían a las reservas internacionales, puesto que estos nuevos elementos de reserva podrían estar depositados en las bóvedas del BCV o "en instituciones financieras en el exterior calificadas de primera clase, según criterios reconocidos internacionalmente". Como puede verse, la expresión "divisas" fue sustituida en la reforma por "monedas de reserva" o "elementos de reserva", y de esta forma se incrementó en igual suma el monto de las reservas internacionales del país. Pero en esta operación hay un componente de fraude a la opinión pública, como lo ha denunciado el economista Rodrigo Peraza, quien había ejercido el cargo de Jefe de la Oficina Central de Presupuesto y actualmente se desempeña como Director del Postgrado en Finanzas Públicas de la UCAB. Este economista califica a la operación como una ingeniería financiera para abultar las reservas internacionales del BCV en forma artificial, por lo siguiente: en el Convenio de Cooperación chino-venezolano se dispone que el BANDES es deudor de 4.000 millones de dólares al Banco de Desarrollo de China (BDC), que la República debe pagar con alrededor de 65 millones de barriles de petróleo a los precios de mercado (que, como antes dijimos, en la medida en que baja el precio sube el monto de los barriles), pero esos recursos nunca salen de China, sino que el BDC "va pagando a los contratistas chinos (los únicos que pueden ejecutar las obras), mediante depósitos en sus cuentas en aquel país por instrucciones del BANDES". Mientras ese pago se realiza, el BANDES vende al BCV, con pacto de recompra, las divisas no utilizadas que se encuentran en poder del BDC, pero que están comprometidas con empresas chinas. Por tanto, concluye Peraza, "en opinión de expertos consultados, los fondos no reúnen los requisitos de liquidez y libre disponibilidad para constituir verdaderas reservas".[108]

Por otra parte, en el artículo 127 de la Ley del BCV reformado, se permite la posibilidad de incorporar como reservas los diamantes y demás piedras o metales preciosos, de acuerdo a la certificación internacional sobre la valoración y reconocimiento que se obtenga, en forma similar a como se hace con el oro. Pero hay que tomar en cuenta que "Venezuela es un pequeño productor de diamantes (comparado con Rusia, Botswana o Australia) que se explotan principalmente en la región de Guayana. Según cifras del Consejo Mundial del Diamante, el último reporte de producción del país se presentó en 2009, con 7.730,37 carats. De acuerdo con esta misma fuente, el valor acumulado de la producción entre 2004 y 2009, fue de unos $8,2 millones",[109] lo cual no modifica de modo significativo el monto de las reservas internacionales del país.

Con respecto al estado de la Hacienda Pública de Venezuela, debemos decir que la baja de los precios del petróleo, que se ha venido agravando cada vez más en el segundo semestre de 2014, encuentra al país en una situación crítica: las reservas internacionales operativas en su mínimo nivel, las reservas del Fondo de Estabilización Macroeconómica se encuentran reducidas a tres millones de dólares, pues el gobierno se negó a hacer los depósitos que ordena la ley cuando el precio de los hidrocarburos estaba en un nivel elevado y el país tiene una baja calificación ante el sistema financiero internacional, quien ve a Venezuela con altas posibilidades de "default" (impago) por la gran deuda que soporta y que no puede pagar con los ingresos actuales ni con sus menguadas reservas, por lo cual el país se encuentra en dificultades para obtener nuevos préstamos. Mientras países petroleros como Noruega, Arabia Saudita, Kuwait y otros, han aprovechado la época de los altos precios del petróleo para formar unos bien nutridos "fondos soberanos", nuestro país lo único que ha acumulado es una soberana deuda. Después de haber derrochado las inmensas posibilidades que le dio al régimen los elevados ingresos de que ha dispuesto, Maduro pretende justificar el desastre en que estamos sumidos diciendo que "Hay una mafia que desde Miami ataca fantasmalmente la moneda, su objetivo es sumar elementos dentro de la guerra psicológica para afectar la

---

[108] Semanario La Razón, del 7 de diciembre de 2014.
[109] http://www.elmundo.com.ve/noticias/economia/politicas-publicas/diamantes-y-monedas-de-reserva-formaran-parte-de-l.aspx

economía y darle sustento a los elementos especulativos contra la moneda y el salario de los trabajadores".[110]

j) LA INEFICIENCIA DEL APARATO PÚBLICO

La impresión generalizada en el país –con sus excepciones– es que el gobierno, si bien ha sido eficiente en su propósito de mantenerse en poder, ha manejado pésimamente los recursos públicos y, en general, ha sido incompetente en la prestación de los servicios a la colectividad. Decimos que hay excepciones, porque para las familias que han podido acceder a una vivienda, que derivan la mayor parte de sus ingresos de misiones o de asignaciones de diferente tipo provenientes del Estado sin tener que prestar ningún servicio, como no sea la de alguna participación en actividades partidistas, o de determinadas personas que han viajado a Cuba para ser operadas de cataratas, el gobierno actual supera a todos los anteriores. Incluso el argumento de que los beneficios que reciben no guardan proporción con el costo que tienen es insuficiente para hacer que esas personas cambien su parecer. "Por lo menos hemos recibido algo, nunca antes nos habían dado nada", es la respuesta que a menudo se recibe de esas personas. Por ello, cuando se considera la actuación del gobierno bajo una perspectiva de costo y rendimiento, habría que sopesar el rendimiento político que obtiene el régimen con un gasto determinado, aunque desde el punto de vista de los servicios públicos sea nulo o desproporcionadamente bajo.

No es el propósito de las presentes consideraciones hacer una evaluación de las actividades que cumplen los organismos públicos sino de establecer una relación que en cualquier país medianamente civilizado es considerada obvia: cuando los dineros públicos se manejan discrecionalmente y sin control, cuando los objetivos partidistas se superponen a la finalidad de servicio público, cuando se centralizan las decisiones, no solamente las fundamentales, en la cúspide del Poder Ejecutivo, cuando se desconoce el ordenamiento jurídico establecido para disciplinar el funcionamiento de los servicios públicos, cuando los funcionarios públicos son designados sin vinculación alguna con el mérito para el desempeño del cargo, medido este desde la perspectiva de la eficiencia administrativa y no por el beneficio partidista que proporciona, el resultado necesario es el mal funcionamiento de los servicios públicos, en perjuicio de la colectividad. Una demostración clara de esta afirmación la encontramos al examinar la situación de la industria petrolera nacional. PDVSA estaba considerada como una de las dos empresas petrolera más importantes del mundo y con

---

[110] http://www.quepasa.com.ve/index.php/nacionales/36-seccion1/64716-maduro-asume-el-mando-contra-la-guerra-economica

mayor rentabilidad. Hoy es una empresa de cuarto nivel en comparación con otras del mismo ramo, con una producción que cada mes disminuye, con el mayor número de accidentes laborales, derrames, explosiones e incendios. Entre una y otra PDVSA ha mediado un proceso de partidización que comenzó cuando su presidente, Rafael Ramírez, proclamó que "PDVSA es roja rojita de arriba abajo"[111] y descartó la aplicación de criterios de mérito para seleccionar y calificar el personal y para sustituirlos por criterios de adscripción político partidista. Esa decisión del gobierno se ha venido aplicando cada vez con mayor firmeza, hasta el punto de que en el nuevo Manual de Evaluación de Desempeño de la Nómina Mayor de PDVSA, del 1º de julio de 2014, se expresa en las disposiciones generales que su propósito es *"(...) contribuir a la construcción de relaciones de producción socialistas (...) con el convencimiento que sólo se puede realizar la individualidad plena dentro de la sociedad"* y, a estos fines, se aplica un sistema de seguimiento que se denomina "Che Guevara" *"en honor a este insigne médico e internacionalista argentino, miembro del ejército rebelde y uno de los líderes más importantes de la revolución cubana"*.[112]

En este aspecto no podemos dejar de mencionar la situación de las empresas de Guayana, el proyecto de desarrollo más ambicioso y mejor gerenciado por venezolanos en toda la historia del país, que ha sido reducido a unas empresas quebradas y semiparalizadas, en una región que antes era el epítome de la creatividad, del optimismo y de las posibilidades sin límites. Ahora Guayana es una zona deprimida, con mucho desempleo y azotada por la violencia y la inseguridad personal. ¿Cómo se llegó a esa situación? Para conocer la historia completa del desmantelamiento del desarrollo de Guayana hay que leer el libro de Damián Prat *Guayana: el milagro al revés.*[113]

Las situaciones que hemos señalado anteriormente como derivadas de la transformación del aparato público realizado bajo el régimen fundado por Chávez tienen consecuencias que las personas perciben, aunque ellas no siempre establecen la relación con las causas que las producen. Por ello, es importante que los ciudadanos sepan que cuando se producen apagones y cortes de electricidad, o suspensión del servicio de agua, o los

---

[111] http://lubrio.blogspot.com/2006/11/el-discurso-de-rafael-ramrez-Pdvsa-s.html
[112] http://www.lapatilla.com/site/2014/12/05/el-nuevo-manual-de-evaluacion-del-desempeno-de-la-nomina-mayor-de-Pdvsa-documento/
[113] Editorial Alfa, Caracas, 2012. Un fragmento de ese libro puede leerse en http:// prodavinci.com/2012/09/18/actualidad/guayana-el-milagro-al-reves-fragmento-por-damian-prat/

hospitales están en un estado lastimoso, o en los liceos no hay profesores en algunas materias y las plantas físicas amenazan ruina, o cuando deben hacer colas interminables o acudir en varias oportunidades, a veces durante meses, para obtener un pasaporte, o soportar exigencias cada vez mayores y perder mucho tiempo para lograr registrar un documento en una notaría o un registro, cuando somos agredidos o nos sentimos inseguros, cuando el sueldo o las remuneraciones que percibimos no nos alcanzan por la inflación, o cuando los alimentos, las medicinas y los artículos de aseo y arreglo personal escasean o no se consiguen, cuando los pequeños, medianos o grandes empresarios van a la quiebra o deben cerrar sus negocios por la política económica del gobierno, cuando los jóvenes emigran a otros países en busca de oportunidades de trabajos o mejores condiciones para el libre desenvolvimiento de sus aspiraciones, definitivamente hay que establecer la relación entre lo que el gobierno hace o deja de hacer y las consecuencias que se producen para la población. También es bueno que la gente sepa que cuando adquieren electrodomésticos (importados, por supuesto) a precios subsidiados, ese subsidio lo paga el gobierno con préstamos que le otorga el gobierno de China y que esa deuda tenemos que pagarla todos los venezolanos, por lo menos con la inflación que todos sufrimos y que es el impuesto más dañino y el más injusto que existe.

La ineficiencia del gobierno está a la vista en algunos casos que podemos citar a título de ejemplo. La Torre Este de Parque Central, que sufrió un pavoroso incendio el 17 de octubre de 2004, por causas que no han sido explicadas, ha estado sometida a un proceso de reparación que no ha terminado al día de hoy, a pesar de que se han fijado 6 fechas para su culminación, pero ninguna se ha cumplido.[114] Se desconocen los costos de esa reparación, pero sí que en varias oportunidades el gobierno ha otorgado nuevos e incrementados recursos con ese fin, porque los asignados han sido insuficientes. En total la reparación está resultando más costosa que la construcción de la torre y el tiempo de la reparación varias veces más largo que el de la construcción. Otro caso emblemático es el de la reconstrucción de la infraestructura del Estado Vargas, seriamente dañada por el deslave de diciembre de 1999. Pues bien, salvo algunos arreglos en las vías principales y otras de menor monto, después de 15 años Vargas continúa semidestruido, con servicios públicos que no funcionan, deprimido y triste, sin ningún parecido con el litoral central donde tantos venezolanos pasaron gratos momentos. Son numerosos los proyectos prometidos que se han abandonado o no se sabe si están paralizados o tienen retrasos de varios años. Entre estos podemos citar: el saneamiento del río Guaire, con

---

[114] http://www.visionglobal.info/nueve-anos-de-olvido-para-las-torres-de-par que-central/#sthash.yrANvdjW.dpuf

respecto al cual se recuerda que "El 18 de agosto de 2005, el ex presidente Hugo Chávez hizo una promesa sorprendente. 'El año que viene los invito a todos y a ti, Daniel Ortega –presidente de Nicaragua desde 2007–, te invito a que nos bañemos en el Guaire el año que viene...un sancocho, ya estamos buscando el lugar. En serio, estamos recuperando el Guaire';[115] el Centro Nacional de Cáncer, localizado en Guarenas y pendiente de su ejecución desde hace muchos años. En el *Aló, Presidente* del 30 de septiembre de 2007 se anunció la construcción de seis hospitales, entre ellos el oncológico. "Diosdado, de verdad que ese va a ser un centro de los más grandes de América Latina (...) Yo sé que tú vas a pasar por lo menos una vez a la semana por allí para que no se retarden las obras", dijo Chávez a Diosdado Cabello, en ese entonces gobernador del estado Miranda. El proyecto Tuy IV, uno de los sistema de agua más grandes de Latinoamérica, cuya inauguración fue anunciada para el 2012, que debía conectarse con el Sistema Tuy III y que suministraría agua para Guarenas, Guatire, los Valles del Tuy, Petare, está pendiente de su continuación; el Metro Caracas-Guatire, que Chávez anunció en el 2006 que tenía todos los recursos para construirlo y que estaría listo en tres años, está aparentemente paralizado; el Teleférico Caracas-Macuto, que había sido inaugurado en 1956 y que dejó de funcionar en los años 60, ha tenido fechas de culminación que han ido de 2012 a 2017; la Línea 5 del Metro de Caracas, con presupuesto aprobado por Chávez en 2006, y prometido para terminarlo en varias fechas entre 2011 y 2016, recientemente Maduro dijo que estaría listo en 2019. En todos estos casos se han invertido muchos millones de dólares y en todos el presupuesto inicial estaba mal calculado, pero sobre todo no hay certeza de que la obra se culmine, y menos ahora con la súbita disminución del precio del petróleo.

En algunos casos, el gobierno termina las obras emprendidas. Así ocurrió con el Metrocable de San Agustín, con un costo inicial estimado de 67 millones de dólares, pero al final terminó costando 318 millones de dólares. Esta obra pretende replicar los teleféricos de Medellín en Colombia, que son tres, y cada uno costó, en promedio, una décima parte que el nuestro.[116] Pero además, en Medellín el sistema teleférico beneficia diariamente a 316.000 personas, mientras que el de San Agustín, según el Ministro de Transporte, El Troudi, moviliza a 40 mil personas al día en 50 cabinas que realizan un recorrido de 1,8 kilómetros en cinco estaciones.[117]

---

[115] http://elestimulo.com/climax/7-obras-millonarias-del-chavismo-todavia-in conclusas/12/23/2014

[116] http://aperturaven.blogspot.com/2011/07/el-metrocable-de-san-agustin.html

[117] http://www.ultimasnoticias.com.ve/noticias/ciudad/parroquias/metrocable-san-agustin-reinicia-operaciones-este-d.aspx

No obstante, otro estudio expresa que "Nos vendieron la idea de que el sistema movilizaría a 40 mil personas por día, cuando todo San Agustín tiene 38.864 habitantes (Censo de 2001) y San Agustín del Sur representa menos de la mitad de esta población. Además sus zonas más pobladas tienen acceso directo a la red vial. Lamentablemente, luego de año y medio en operación, el sistema traslada apenas 3.000 pasajeros al día".[118]

Casos insólitos de ineficiencia gubernamental los conocemos todos los días. Entre ellos, podemos citar que en el año 2007 Chávez anunció que Caicara del Orinoco, al sur del Estado Guárico, sería convertido en uno de los polos de desarrollo más importantes del país y en un Reporte de la Agencia Reuters de septiembre de 2012 se informa que "tras cinco años y 312 millones de dólares invertidos en la soñada 'Ciudad del Aluminio', tan sólo puede verse el enorme esqueleto de acero de la primera laminadora, unos cuantos galpones dispersos y un par de vallas con la imagen del mandatario socialista lavadas por el tiempo y el sol…La obra, que luce prácticamente paralizada, es financiada por el Fondo Nacional de Desarrollo (Fonden), la más importante partida extrapresupuestaria alimentada por la bonanza petrolera que gestiona discrecionalmente el presidente para impulsar proyectos estratégicos". En otro caso que se menciona en el mismo Reporte "La obra para una fábrica de fertilizantes en Puerto Nutrias, un pequeño pueblo de los llanos venezolanos, ha pasado tanto tiempo paralizada que los lugareños tuvieron que luchar contra la maleza para encontrar la piedra fundacional que puso Chávez hace 5 años, reportó el diario El Universal este mes. Según documentos oficiales, el Fonden desembolsó 28 millones para ese proyecto en Barinas, el estado natal del presidente".[119] Asimismo se informa en el Reporte que citamos que "Reuters compiló 312 proyectos que aparecían desperdigados en la página web del organismo, aparentemente actualizados hasta el año 2007. En esa lista, que fue retirada del sitio hace unas semanas, el fondo ofrece detalles de varios financiamientos, pero sin indicar el avance de las obras ni los contratistas encargados". Asimismo, expone Reuters que "Los proyectos del Fonden con Cuba, el aliado más cercano de Venezuela, son emblemáticos por su falta de transparencia. Hasta el 2010, el fondo nacional comprometió 6.100 millones de dólares en iniciativas con el Gobierno comunista de Raúl Castro, pero sin especificar cuáles. Lo poco que se sabe proviene de difusas informaciones de prensa oficial que mencionan centenares de proyectos, desde el desarrollo de software libre a plantas de reciclaje de chatarra. La Comisión Mixta Cuba-Venezuela, encargada de manejar los

---

[118] http://aperturaven.blogspot.com/2011/07/el-metrocable-de-san-agustin.html
[119] http://www.elmundo.com.ve/noticias/economia/banca/reporte-el-fonden-la-caja-negra-de-hugo-chavez.aspx#ixzz3LKRlVZC6

acuerdos y dependiente del Ministerio de Petróleo y Minería, no respondió a dos solicitudes de información hechas por Reuters".[120]

De igual manera, informa un medio de prensa nacional que no puede ser calificado de oposición, sobre una situación que se observa en el Estado Barinas: "Los ocho invernaderos para producción de hortalizas, uno de plántulas, el ingenio panelero, la Escuela Técnica Agroindustrial y la planta procesadora de alimentos para animales, son unos cascarones vacíos que diariamente golpean a la vista de los campesinos...Solo en los invernaderos, la inversión superó los 13 millones de bolívares. 'Si nos hubieran repartido ése dinero a nosotros, aquí todos fuéramos ricos', dijo uno de los que debieron beneficiarse del proyecto". Asimismo, se señala que "Los cuatro invernaderos que se construyeron en el sector El Boral, garantizarían una capacidad de 60 mil plantas de siete kilos cada una, lo que arrojaría 420 mil kilos del rubro que se sembrara. Ahora lo que existe son matas de yuca y una cerca de alambre con corriente que tuvo que haber colocado una persona, que está aprovechándose de que estos están abandonados...En el abandono también quedaron las tuberías, tanque, bomba de agua, casillas para oficinas, entre otros elementos".[121]

En aspectos como la generación de energía eléctrica para las actividades públicas y privadas, la situación de los últimos años ha sido desastrosa. La falta de inversiones y la ausencia de mantenimiento preventivo y mantenimiento mayor de plantas de generación termoeléctrica hacen que Venezuela llegue al fin del año 2014 con un 50% del parque termoeléctrico paralizado.[122] Si a ello se une la sobreexplotación del Guri, el principal generador de hidroelectricidad,[123] los cortes de electricidad que afectan a las familias y a las empresas encuentra su lógica explicación.

En el libro *Del Pacto de Punto Fijo al Pacto de la Habana*, cuya edición fue coordinada por el Ing. José Curiel, se hace un análisis comparativo entre la actuación de los gobiernos democráticos (la República Civil) y los del autoritarismo chavista, de donde resulta que los primeros administraron ingresos por 427,393 millones de dólares, mientras que los segundos tuvieron ingresos por 1.295.000.000 millones de dólares hasta el 2013, y sin embargo en la democracia se promovió más el desarrollo agrí-

---

[120] *Ídem*

[121] http://m.eluniversal.com/nacional-y-politica/150621/inconclusos-y-abandonados-estan-invernaderos-en-san-silvestre-de-barin

[122] http://www.el-nacional.com/economia/Parado-parque-termico-falta-mantenimiento_0_538746298.html

[123] http://www.lossinluzenlaprensa.com/?tag=jose-aguilar

cola, ganadero y pesquero, y se produjo mayor cantidad de alimentos, hubo mayor desarrollo industrial, de transporte marítimo y de puertos, se construyeron más internados judiciales, más embalses, más autopistas, más kilómetros de Red Troncal de transmisión, mayor cantidad de hospitales y mayor número de camas, más kilómetros de autopistas y de carreteras, mayor cantidad de estaciones del Metro de Caracas, más unidades de viviendas por cada 1.000 habitantes por año y se redujo en mayor cantidad el déficit acumulado de viviendas, se inscribieron y egresaron más alumnos en educación primaria, se mejoró en forma exponencial la seguridad de los bienes y de las personas con relación a lo que vino después. Estas afirmaciones están cuantificadas con base en cifras oficiales comprobables y al examinar los gráficos que las representan se evidencia que la ventaja a favor de la democracia en los aspectos mencionados es muy amplia. En cambio, hay aspectos en que el autoritarismo le gana a la democracia en forma holgada: en el endeudamiento público, en las cifras de homicidios y de delitos de toda naturaleza, en la inseguridad personal, en la impunidad, en los índices de corrupción.

Por otra parte, nunca en el país hubo tanta importación de alimentos podridos, de medicinas vencidas, de semillas contaminadas,[124] sin que se investiguen sus causas y se sancione a sus responsables, lo que hace pensar fundadamente que el factor de corrupción es un elemento importante en la ineficiencia de la administración.

No obstante, la mayor parte de lo que hemos llamado, en forma general, "la ineficiencia del aparato público" no se origina exclusiva o principalmente de la ineptitud o la corrupción de los funcionarios del gobierno, sino también del modelo político que ha adoptado el régimen. Cuando Chávez expresó su propósito de implantar en Venezuela un socialismo petrolero, a lo que se refería era a una política populista basada en el reparto discrecional de beneficios a sus seguidores, para mantener en el poder un régimen neopatrimonialista. En este concepto, la eficiencia administrativa no era importante, como tampoco lo era la productividad de la economía, pues la renta petrolera permitía contratar los servicios indispensables, incluso médicos traídos de Cuba, e importar los alimentos básicos y los productos indispensables para las personas. Con ello se obtenía un beneficio adicional que consistía en el apoyo de países que exportaban sus productos a Venezuela en cuanto al logro de los objetivos de esta en la esfera internacional. El régimen partía de un optimismo irracional, porque creía que la renta petrolera se mantendría en altísimos niveles,

---

[124] http://www.el-nacional.com/economia/Funcionarios-importaron-semillas-contaminadas-papa_0_539946159.html

y cuando bajan los precios del petróleo el país se encuentra con una Administración Pública colapsada, un sector privado arruinado y unos habitantes empobrecidos.

SECCIÓN CUARTA:
LAS TRANSFORMACIONES EN LA MANERA COMO SE EJERCEN LOS DERECHOS HUMANOS

Finalizada la segunda guerra mundial, y sobre todo a partir de la adopción y proclamación por la Asamblea General de las Naciones Unidas de la Declaración Universal de los Derechos Humanos, el 19 de diciembre de 1948, el tema de los derechos humanos y la supervisión de su cumplimiento está en la agenda de los países democráticos. La positivación de este tema a partir de tratados internacionales, ha conducido a la fijación de unos estándares sobre el mínimo de derechos humanos que deben ser asegurados en todos los países y que los respectivos gobiernos están obligados a hacer respetar. En esta parte nos proponemos formular algunas consideraciones sobre cómo se ejercen en la práctica los derechos y garantías consagrados en la Constitución o contenidos en tratados internacionales suscritos y ratificados por la República. Insistimos que las observaciones que haremos se refieren a la vigencia de los derechos y garantías en la práctica, pues es evidente que entre lo que dice la Constitución y lo que realmente ocurre hay una gran distancia. En este sentido, es interesante lo que observa el investigador catalán José R. Capella, quien al examinar la noción de ciudadanos pone el acento en la configuración histórica de los derechos de la ciudadanía y recuerda que "los derechos fueron arrancados al poder estatal transformándose en deberes que fueron impuestos al Estado. Pero la historia también demuestra que una vez logrado el objetivo de arrancar un derecho al Estado queda éste constitucionalizado o juridificado y son las instituciones estatales (y no ya los agrupamientos de personas) los encargados de su cuidado". En esta forma, concluye el autor citado que al disolverse el poder de la ciudadanía, este pasa a quedar en manos del Estado.[125]

En las líneas que siguen nos referiremos a los derechos y garantías declarados en la Constitución de 1999 que tienen mayor significación para mostrar el proceso de cambio que, en los hechos, se ha producido en el país bajo el régimen imperante.

---

[125] José R.Capella: *Los ciudadanos siervos*, Editorial Trotta, Madrid, citado por María Gracia Trocello en "Neopatrimonialismo, populismo y comunitarismo", consultable en internet.

A. DERECHOS Y GARANTÍAS CONTENIDOS EN LAS DISPOSICIONES GENERALES DEL TÍTULO III DE LA CONSTITUCIÓN

El Título mencionado se refiere a los deberes, derechos humanos y garantías, y en su texto se incluyen los siguientes derechos y garantías:

a) DERECHO DE TODAS LAS PERSONAS AL LIBRE DESENVOLVIMIENTO DE LA PERSONALIDAD

Por un conjunto de situaciones de orden político, económico, social y de ausencia de garantías reales sobre el derecho a la vida, a la propiedad, al trabajo, a la educación y a la cultura, existe en amplios sectores de la población, sobre todo entre los jóvenes, la percepción de que nuestro país no ofrece las condiciones mínimas para el libre desenvolvimiento de la personalidad. Por ello, gran número de personas, incluso familias enteras, han decidido irse a otros países en busca de las condiciones que en el suelo natal se les niegan. Ese fenómeno es inédito en nuestro país, Venezuela siempre fue un hogar para acoger inmigrantes que huían de condiciones negativas en sus sitios de origen, pero ahora ocurre todo lo contrario. En un estudio realizado por la doctora en demografía Anitza Freitez L., Directora del Instituto de Investigaciones Económicas y Sociales de la Universidad Católica Andrés Bello se formulan importantes consideraciones sobre la cantidad de nuestros emigrantes y sobre la calificación técnica de los mismos durante la última década (2001-2011).[126] Sobre las razones del fenómeno afirma esta autora que "La emigración de venezolanos ha venido creciendo particularmente en los estratos medios de la población y entre las razones más frecuentes para dejar el país se han identificado: el hecho de no visualizar oportunidades de desarrollo individual y la inseguridad personal". Estudios fechados en 2013 estimaban el número de venezolanos emigrados en un millón de personas, pero la tendencia se ha profundizado tanto que, para el tercer trimestre de 2014, la cifra habría crecido hasta un millón y medio. Según El Universal, "De los venezolanos que han emigrado, estimaciones de Datanálisis –estudios de 2013– afirman que se trata de profesionales entre 25 y 40 años, altamente calificados, que se concentran principalmente en Estados Unidos, España, Colombia y Canadá".[127] La mudanza de venezolanos al exterior comenzó realmente a

---

[126] Anitza Freitez L. "La Emigración desde Venezuela durante la última década", Temas de Coyuntura/63 (Julio 2011): pp. 11-38; y también en: w2.ucab.edu.ve/ tl_files/IIES/.../1.La_emigracion_Venezuela_Freitez.pdf

[127] http://www.eluniversal.com/vida/gastronomia/140813/la-diaspora-de-la-arepa-imp

partir del despido masivo de gerentes y de personal bien formado de la industria petrolera, a partir de la huelga en PDVSA y sus empresas filiales a fines del 2002. Así pues, la emigración de venezolanos no solo es numerosa, sino que incluye un elevado porcentaje de profesionales de alta calificación y de estudiantes con un gran potencial de desarrollo.[128]

De esos venezolanos residentes en el exterior, 100.495 estuvieron habilitados para ejercer su derecho al voto en 88 países, en las elecciones de 2012 y 2013. Esta cifra es, evidentemente, un número muy pequeño en comparación con el número total de emigrados. Esta disparidad se atribuye a los obstáculos que les ponen a numerosos compatriotas las oficinas consulares de Venezuela, por ejemplo, por la exigencia de que su presencia en el país extranjero esté legalizada de acuerdo a las leyes de ese país, lo que pone a Venezuela a velar por el cumplimiento de normas que no son nacionales, en perjuicio de venezolanos en el exterior. También se presentaron obstáculos para el ejerció del voto por inscritos en el exterior como fue el cierre del Consulado en Miami para las elecciones presidenciales de 2012 y 2013, dado que en esa jurisdicción es donde hay la mayor cantidad de votantes venezolanos en el exterior y donde la votación a favor del candidato opositor superó el 90 y 92%, respectivamente, en las elecciones señaladas.

Desde otro punto de vista, no se ha promulgado ninguna legislación sobre temas que se discuten en muchos países, como el de la diversidad sexual, por lo que en este aspecto nuestro país puede ser calificado como "conservador", es decir, que no estimula el libre desenvolvimiento de la personalidad en este ámbito.

b) PROHIBICIÓN DE DISCRIMINACIONES Y LA GARANTÍA DE LA IGUALDAD

En algunos aspectos Venezuela ha avanzado, al igual que la mayoría de los países, en la garantía de la igualdad, como ocurre en cuanto a la prohibición de discriminaciones por razones de sexo, de raza o de condición social. Pero se ha instaurado una discriminación política que no existía antes, o que si la había no tenía mayor relevancia. Pero con ocasión de la recolección de firmas para instar el referéndum revocatorio del Presidente, que se comienza desde mediados de 2003, y sobre todo por el conocimiento que adquiere el gobierno de la identidad de las personas que estaban solicitando el revocatorio que se realizó en 2004, se desata una despiadada persecución política contra los llamados "escuálidos" por el

---

[128] http://www.eluniversal.com/nacional-y-politica/140810/emigracion-venezolana-un-golpe-al-profesionalismo

régimen, los cuales se incluyen en las denominadas "Lista Tascón" y "Lista Maisanta", que tienen por finalidad impedir que los firmantes accedan o permanezcan en cargos públicos, que contraten con el gobierno o que perciban algunos de los beneficios de los programas sociales del Estado. En una etapa posterior se ha permitido que personas que han manifestado por escrito su arrepentimiento por haber suscrito la solicitud de referéndum puedan trabajar para el gobierno o contratar con este, pero en líneas generales la discriminación que señalamos se ha mantenido hasta el presente, lo que configura, al mismo tiempo, un obstáculo puesto por el régimen para impedir el libre desenvolvimiento de la personalidad de amplias categorías de venezolanos.

Con este precedente, existe en mucha gente un fundado temor de que la exigencia del gobierno de que se firmara la carta que Maduro planeaba dirigir a Obama para pedirle que derogara el decreto sobre una supuesta peligrosidad de Venezuela, pudiera ser utilizada para discriminar a los que no firmaron.

c) EL DERECHO DE ACCESO A LA JUSTICIA

Este derecho no solamente comprende el acceso a los órganos de administración de justicia para que las personas hagan valer sus derechos e intereses, incluso los colectivos y difusos (art. 26 de la Constitución), sino, y esto es lo más importante, a la tutela efectiva de los mismos y a obtener con prontitud la decisión correspondiente. A estos efectos, declara nuestra Carta Magna, "El Estado garantizará una justicia gratuita, accesible, imparcial, idónea, transparente, autónoma, independiente, responsable, equitativa y expedita, sin dilaciones indebidas, sin formalismos o reposiciones inútiles". Estos principios, en Venezuela, no se cumplen. Si se cumplieran no sucedería que el 91% de los homicidios quedara impune, como lo ha determinado el Observatorio Venezolanos de la Violencia, lo que estimula a que se produzca un número de homicidios en el país que lo coloca en el primer rango a nivel mundial en este rubro, solo superado por Honduras. Pero además, si en Venezuela hubiera una justicia imparcial, autónoma, equitativa, no se utilizaría a los tribunales como instrumento de persecución política, ni las decisiones judiciales serían dictadas desde los niveles superiores del Ejecutivo, tal como lo denunció el exmagistrado Eladio Aponte Aponte; ni quedarían sin investigar los más de 20 mil millones de dólares que le estafaron a Cadivi con importaciones ficticias, por empresas de maletín, a pesar de las denuncias que formularon al respecto dos ministros en ejercicio de sus funciones (Giordani y Rodríguez Torres); ni se pasearían por el mundo en sus aviones ejecutivos una cohorte de boliburgueses (el nombre lo puso Teodoro Petkoff), formada por allegados al gobierno que hasta hace poco ganaban el salario mínimo, o casi; ni habrían sido llevados a prisión políticos venezolanos como Leopoldo

López, Enzo Scaranno, Andrés Ceballos, Antonio Ledezma y una multitud de estudiantes y de adversarios del régimen, sin haber cometido delito alguno, como no sea haber expresado libremente, en ejercicio de garantías constitucionales, sus opiniones sobre el régimen que nos gobierna. Tampoco habrían quedado sin investigar las 94 denuncias formuladas ante la Fiscalía General de la República por las autoridades de la Universidad Central de Venezuela, con motivo de hechos de violencia ejecutados contra personas de la comunidad universitaria y contra bienes de la institución, por grupos armados promovidos por el oficialismo, como también ha ocurrido en otras Universidades del país; ni el narcotráfico habría encontrado en Venezuela un paraíso para realizar sus actividades, ante la vista gorda de las autoridades y en complicidad con grupos guerrilleros colombianos, prohijados por el régimen. No, definitivamente, en Venezuela no hay una tutela judicial efectiva a los derechos e intereses de las personas, como no sea para los altos funcionarios y sus familiares y allegados.

Por otra parte, la presunción de inocencia y el derecho a ser juzgado en libertad que garantiza la Constitución se han invertido cuando se trata de personas que mantienen posiciones políticas diferentes a las del régimen.

d) EL AMPARO PARA GARANTIZAR LA VIGENCIA DE DERECHOS CONSTITUCIONALES

En la Constitución de 1961 se incluyó el artículo 49, en el cual se previó la posibilidad de intentar una acción para lograr que los tribunales amparen a todos los habitantes de la República "en el goce y ejercicio de los derechos y garantías que la Constitución establece, en conformidad con la ley". A esos efectos se preveía un procedimiento breve y sumario y la competencia del juez para restablecer la situación jurídica infringida.

Al entrar en vigencia esa Constitución se discutía si la acción de amparo estaba o no vigente, dada la ausencia de una ley reglamentaria de la institución. La Corte Suprema de Justicia decidió que el artículo 49 era programático y que se podía hacer uso del amparo solo cuando se dictara la correspondiente ley. Así se mantuvo congelado el amparo hasta que el 24 de noviembre de 1982 el Tribunal 4º de Primera Instancia en lo Civil, a cargo del juez Alirio Abreu Burelli, otorgó el amparo al establecimiento educativo Rondalera, a raíz de lo cual se modificó el criterio del supremo tribunal. En forma progresiva se fue haciendo uso del amparo, sobre todo para lograr el restablecimiento de derechos constitucionales lesionados o amenazados por la actuación de la Administración Pública y como medida cautelar, al interponerse conjuntamente con recursos de nulidad de actos administrativos. De esta forma el amparo llegó a hacerse muy popular y su uso se extendió tanto que algunos juristas llegaron a hablar del "abuso del amparo", hasta que el máximo tribunal comenzó a establecer los contornos de la acción. En la Constitución de 1999 se reitera en el artículo 27 la norma de la Carta de 1961 sobre el amparo, en forma sustancialmente igual, pero la evolución de la institución es a la inversa: progresivamente los jueces se han venido negando a admitir o a declarar con lugar acciones de amparo, sobre todo contra entes públicos, pues ahora los jueces no tienen la libertad que antes los asistía para dictar sentencias que incriminen a órganos del Estado o a funcionarios públicos por violación o amenaza de violación de derechos constitucionales. Por ello, no es exagerado afirmar que el amparo, en la práctica, ha caído en desuso y ello se traduce en que desparece uno de los procedimientos más expeditos, económicos y transparentes para garantizar la vigencia de los derechos constitucionales.

En la Ley Fundamental se incluyen determinadas modalidades del amparo, como son las acciones de *habeas corpus,* que existe entre nosotros desde la Constitución de 1947, en salvaguarda de la libertad personal, y de *habeas data*, una novedad de la nueva Carta, que permite a los interesados conocer las informaciones sobre sí mismos que reposan en los archivos públicos o privados, el uso que se haga de ellos y su finalidad y ordenar la corrección de los datos erróneos, previstas estas acciones en los dos últimos apartes del artículos 27 y en el artículo 28 de la Constitución, respectivamente. La vigencia real de estos procedimientos para garantizar derechos constitucionales supone la existencia de un Estado de Derecho, que no es precisamente lo que tenemos en Venezuela. La libertad personal es vulnerada todos los días, especialmente por razones políticas, por lo cual el habeas corpus no tiene aplicación, y el "secretismo" es una de las características del régimen que nos gobierna, con lo cual se deja sin efecto la figura del *habeas data*.

e) **DERECHO A DIRIGIR PETICIONES O QUEJAS Y A PEDIR AMPARO SOBRE DERECHOS HUMANOS A LOS ORGANISMOS INTERNACIONALES**

Este derecho se consagra como una novedad en el artículo 31 de la Constitución de 1999, conforme al cual: "Toda persona tiene derecho, en los términos establecidos por los tratados, pactos y convenciones sobre derechos humanos ratificados por la República, a dirigir peticiones o quejas ante los órganos internacionales creados para tales fines, con el objeto de lograr el amparo a sus derechos humanos". Tal declaración es coherente con la jerarquía constitucional que le otorga nuestra ley fundamental a los tratados sobre derechos humanos, los cuales prevalecen sobre esta en el orden interno, en la medida en que contengan normas sobre su goce y ejercicio que sean más favorables a los establecidos en la Constitución (art. 23). En noviembre de 1969, en el marco de la Organización de Estados Americanos (OEA), había sido aprobada la Convención Americana sobre Derechos Humanos, también llamada Pacto de San José, con la finalidad de "consolidar dentro del cuadro de las instituciones democráticas un régimen de libertad personal y de justicia social, fundado en el respeto de los derechos esenciales del hombre". En este instrumento se crean dos instancias supranacionales para velar por el cumplimiento de sus disposiciones: la Comisión Interamericana de Derechos Humanos (CIDH), responsable de estimular, recomendar y promover el respeto de los derechos humanos por parte de los Estados; y la Corte Interamericana de Derechos Humanos (Corte IDH), encargada de juzgar a los Estados cuando los llamados de atención de la CIDH no son suficientes. En junio de 1977 Venezuela ratificó la Convención y desde 1995 la Corte IDH ha emitido 16 sentencias contra el Estado venezolano, en los sucesivos gobiernos. Allí se establecen responsabilidades por el asesinato de 18 pescadores a manos de militares en 1988, en el caso conocido como El Amparo; por las víctimas de la represión en la revuelta popular de 1989 conocida como El Caracazo; por la desaparición forzada y el asesinato de decenas de reclusos en el retén de Catia en 1992; por vulnerar la labor de los medios con el cierre del canal Radio Caracas Televisión en 2007, entre otras. La mayoría de estas sentencias han sido desacatadas por el Estado venezolano, entre ellas las seis sentencias dictada por la Corte IDH entre 2008 y 2009, y tampoco han sido acatadas por el mismo Estado las medidas cautelares dictadas por la CIDH en materia de refugiados, libertad de expresión y defensores de derechos humanos.

El 24 de febrero de 2010, la CIDH presentó ante la OEA el documento titulado *Democracia y Derechos Humanos en Venezuela*,[129] del 30 de diciembre de 2009, en el cual muestra su preocupación por el deterioro de la democracia en Venezuela, lo que se manifiesta, entre otros aspectos, en "ausencia de independencia de los poderes públicos; restricciones a los derechos políticos; utilización del poder punitivo del Estado para intimidar a los opositores; represión contra periodistas y medios de comunicación, creación de grupos paramilitares". La Comisión en su informe pone de manifiesto cómo el Gobierno de Hugo Chávez va desmantelando el régimen democrático, alterando el equilibrio de poderes y erosionando "seriamente" las libertades e indica que las trabas para el juego político se materializan en "mecanismos para restringir el acceso al poder" de la oposición, como la inhabilitación, en las municipales de 2008, de 260 candidatos, o la limitación "de las competencias de autoridades electas por voto popular" para impedir que ejerzan su mandato, como ha ocurrido con el alcalde metropolitano de Caracas, el opositor Antonio Ledezma. La CIDH expresa su alarma por "la falta de independencia y autonomía del poder

---

[129] https://www.cidh.oas.org/countryrep/Venezuela2009sp/VE09.indice.sp.htm

judicial frente al poder político", sobre la inexistencia de oposiciones (concursos) para cargos de jueces y fiscales, que son nombrados discrecionalmente, la provisionalidad en sus funciones (sólo la mitad de los 1.896 jueces son titulares) o la arbitrariedad en los procesos de destitución de jueces, que tienen maniatados a los funcionarios judiciales. Las medidas para acallar las voces críticas van desde el castigo legal a la violencia física. En los últimos cinco años (2005-2010), más de 2.200 personas han sido procesadas por participar en manifestaciones. La intimidación se ceba especialmente con los medios de comunicación. Las leyes que regulan la libertad de expresión, dice la CIDH, "son incompatibles con la Convención Americana". El informe denuncia las agresiones contra periodistas (que han llegado al asesinato en dos casos), el cierre de medios críticos y la censura previa. La Comisión expresa que la separación de poderes también se tambalea. Junto a ello, se agudizan las restricciones de las libertades civiles. Los investigadores resaltan la "preocupante tendencia a castigar, intimidar y agredir" a quienes expresan su disenso ante el Gobierno. La CIDH señala también la proliferación de grupos paramilitares. Los estatutos de la Milicia Nacional Bolivariana, creada a imitación del modelo cubano, son de una vaguedad "preocupante". Y los grupos de choque progubernamentales han tomado el control de las zonas urbanas populares con la connivencia de las fuerzas de seguridad. Asimismo, expresa la CIDH que las autoridades venezolanas prohibieron la visita de sus expertos al país, aunque aceptaron enviar información y responder a un cuestionario.

Al día siguiente, el 25 de febrero de 2010, Chávez expresó que "Es una mafia lo que hay ahí. Instituciones como esta nefasta Comisión Interamericana de Derechos Humanos lo menos que hacen es defender los derechos humanos. Es un cuerpo politizado, utilizado por el imperio para agredir a Gobiernos como el venezolano",[130] y ordenó a su Cancillería preparar el retiro de Venezuela del organismo.

El 10 de septiembre de 2012 el gobierno formalizó la denuncia de la Convención Americana sobre Derechos Humanos, siguiendo el ejemplo del gobierno de Alberto Fujimori en 1999, y en esta oportunidad el canciller Nicolás Maduro expresó que "La Comisión y la Corte lamentablemente degeneraron. Se creen un poder supranacional, se creen un poder por encima de gobiernos legítimos del continente".[131] Ya desde antes, el

---

[130] http://www.correodelcaroni.com/index.php/component/k2/item/1683-cuestio nan-intransigencia-del-gobierno-con-retirar-a-venezuela-de-la-cidh

[131] http://internacional.elpais.com/internacional/2013/09/10/actualidad/1378780 644_769381.html

gobierno de Chávez se había negado a acatar recomendaciones de la CIDH o sentencias de la Corte IDH, con el alegato de la soberanía nacional y de que tales decisiones son "inejecutables" porque constituyen "usurpación de funciones" –con fundamento en una sentencia de la Sala Constitucional del TSJ del 18/12/2008– , sin tomar en cuenta que el artículo 31 de la Constitución, donde se establece el derecho de las personas de dirigir peticiones o quejas y de solicitar amparos ante organismos internacionales por violación de derechos e intereses, conforme a los pactos suscritos por la República, dispone en su aparte único que "El Estado adoptará, conforme a procedimientos establecidos en esta Constitución y la Ley, las medidas que sean necesarias para dar cumplimiento a las decisiones emanadas de los organismos internacionales previstos en este artículo", y sin admitir que en el artículo 68 del mismo Pacto, los países firmantes se habían comprometido a cumplir las decisiones de los organismos allí creados.

Para hacerse efectivo el retiro de Venezuela del Sistema Interamericano de protección de los Derechos Humanos se requería que transcurriera un año, pero el artículo 78 del Pacto de San José dispone que los hechos denunciados en el transcurso de ese año continuarán su procedimiento hasta la decisión final. Por otra parte, la denuncia del tratado únicamente supone el retiro del país de la jurisdicción de la Corte IDH, pero continúa sometido al control y supervisión de la CIDH, pues esta no fue creada por el pacto denunciado sino por la Carta Fundacional de la OEA. Por lo tanto, la única manera de que Venezuela se salga de la supervisión de la CIDH es que denuncie el tratado constitutivo de la OEA, lo cual no ha ocurrido y no se ha visto intenciones en tal sentido.

El 10 de marzo de 2013 se consumó el retiro de Venezuela de la Corte IDH, pero aún queda sujeta a cumplir las sentencias emanadas de ese órgano durante el tiempo que ejerció jurisdicción sobre el país. En todo caso, es evidente que la garantía de los derechos humanos se ha debilitado sensiblemente en el país, pero aún quedan instancias en esta materia. El 23 de septiembre de 2014 el Grupo de Trabajo sobre la Detención Arbitraria de la Organización de las Naciones Unidas (ONU), en su 70° período de sesiones, dio a conocer una decisión del 26 de agosto del mismo año sobre el caso de Leopoldo López, con la siguiente motivación:

> El Grupo de Trabajo estima que la privación de libertad del Sr. Leopoldo López, con el objeto de restringirle sus derechos políticos y por su ubicación en recintos militares, así como por el ejercicio a su derecho a la libertad de pensamiento y opinión, de expresión, reunión, de asociación y políticos, consagrados en los artículos 18, 19, 20 y 21 del Pacto Internacional de Derechos Civiles y Políticos y en los artículos 9, 10, 18 a 21 de la Declaración Universal de los Dere-

chos Humanos, es arbitraria, conforme a la Categoría II de los Métodos de Trabajo del Grupo.

La detención del Sr. López el día 18 de febrero de 2014, al haberse ejecutado sin orden emanada de autoridad judicial; haberse extendido por el período de más de seis meses; haberle expuesto a aislamiento; no habérsele otorgado la libertad provisional –sujeta a caución si fuese necesario–, y por los obstáculos puestos a los abogados defensores incluyéndose la censura a sus comunicaciones con el detenido, afecta el derecho a la presunción de inocencia, a un juicio justo e imparcial y al debido proceso. Lo anterior constituye violación grave de las normas relativas al derecho a un juicio imparcial contenidos en los artículos 9 y 14 del referido Pacto Institucional.

Decisión

En mérito de lo expuesto, el Grupo de Trabajo es de la opinión que la detención del Señor Leopoldo López constituye una detención arbitraria según las Categorías II y III de sus Métodos de Trabajo. Por consiguiente, recomienda al Gobierno de Venezuela que disponga la inmediata libertad del Sr. Leopoldo López, y que se le otorgue una reparación integral, incluida la compensación de carácter indemnizatorio y moral, así como las medidas de satisfacción como pudiera ser una declaración pública de desagravio en su favor.

En vez de la satisfacción pública al agraviado, el canciller venezolano Rafael Ramírez declaró a la prensa sobre la decisión que recomienda la liberación de Leopoldo López que "Así como le dijimos al Departamento de Estado de EE UU que no se inmiscuya en nuestro asuntos, se lo decimos a cualquier grupo de trabajo de cualquier institución".[132] El 10 de octubre de 2014, el Alto Comisionado de las Naciones Unidas para los Derechos Humanos, Zeid Ra'ad Al Hussein, mostró su gran preocupación por la continua detención del dirigente Leopoldo López, así como de más de 69 personas arrestadas durante las protestas que tuvieron lugar desde febrero de este año en Venezuela, y exhortó a las autoridades venezolanas a actuar de acuerdo a las opiniones del Grupo de Trabajo y a liberar inmediatamente a los señores López y Ceballos.[133]

Como puede verse, nuestro país está siendo observado desde foros regionales y mundiales por su incumplimiento a las normas sobre derechos humanos, lo cual no es precisamente un motivo de orgullo.

---

[132] http://www.el-nacional.com/politica/Venezuela-resolucion-ONU-Leopoldo Lopez_0_498550268.html

[133] http://www.eluniversal.com/nacional-y-politica/141020/alto-comisionado-de-la-onu-pide-liberar-a-leopoldo-lopez

B. DERECHOS CIVILES

En este aparte nos limitaremos a considerar la inviolabilidad del derecho a la vida, a la integridad y a la seguridad personales, en primer lugar, la libertad de pensamiento y expresión, en segundo lugar, y el derecho al debido proceso, en tercer lugar.

a) INVIOLABILIDAD DEL DERECHO A LA VIDA, A LA INTEGRIDAD Y A LA SEGURIDAD PERSONALES

El primero y principal de los derechos de las personas es el derecho a la vida, y como tal es inviolable. En la Constitución (art. 43) se garantiza este derecho en la siguiente forma: de un lado, se dispone que "Ninguna ley podrá establecer la pena de muerte, ni autoridad alguna aplicarla"; del otro, que "Que el Estado protegerá la vida de las personas que se encuentren privadas de su libertad, prestando el servicio militar o civil, o sometidas a su autoridad en cualquier forma". Sobre el primer aspecto no hay problema, porque tal sanción fue abolida en Venezuela desde 1863, sin perjuicio de que, en algunos casos, cada vez más aislados, las autoridades la han aplicado en forma extrajudicial e inconstitucional. En el segundo aspecto, el Estado asume una responsabilidad especial en cuanto a la protección del derecho a la vida y la integridad física y mental de las personas sometidas a su custodia, entre ellas las personas privadas de su libertad, aspecto en el cual el Estado no ha venido cumpliendo sus deberes. En los párrafos que van del 811 al 913 del Informe de la Comisión Interamericana de Derechos Humanos (CIDH) 2009, publicado con el nombre de "Democracia y Derechos Humanos en Venezuela",[134] se analiza con detalle la situación de la violencia en las cárceles y la impunidad de los delitos, hasta 2010. Pero para referirnos a la situación reciente, el Informe del primer semestre de 2014 del Observatorio Venezolano de Prisiones contiene la siguiente constatación: "Desde 1.999, año en que se aprobó la Constitución de la República Bolivariana de Venezuela, que por primera vez consagra Derechos Humanos para privados de libertad, han muerto 6.313 personas y otras 16.318 han resultado heridas en diferentes cárceles del país...desde la creación del Ministerio de Asuntos Penitenciario el 26.07.2011, hasta el 30.06.2014 han muerto 1.463 personas y otras 2.259 han resultado heridas dentro de los centros de privación de libertad".[135]

Ahora bien, además de las categorías de personas con las cuales el Estado tiene una responsabilidad especial, también el Estado tiene una obli-

---

[134] https://www.cidh.oas.org/countryrep/Venezuela2009sp/VE09CAPVISP.htm
[135] http://www.derechos.org.ve/2014/08/26/observatorio-venezolano-de-prisio nes-presento-su-informe-semestral-sobre-la-situacion-carcelaria-en-el-pais/

gación de velar por la vida y la integridad de las personas y de proveer a la seguridad de todas las personas. En efecto, en la Constitución se declara que "Toda persona tiene derecho a que se respete su integridad física, psíquica y moral", a cuyo efecto se incluyen disposiciones sobre la prohibición de la tortura, el respeto a las personas detenidas y la prohibición de realizar experimentos científicos o exámenes médicos a las personas sin su consentimiento y se establece una responsabilidad especial para el funcionario público "que, en razón de su cargo, infiera maltratos o sufrimientos físicos o mentales a cualquier persona, o que instigue o tolere ese tipo de tratos" (art. 46). Asimismo, se dispone en la Ley Fundamental (art. 55) que "Toda persona tiene derecho a la protección por parte del Estado a través de los órganos de seguridad ciudadana regulados por ley, frente a situaciones que constituyan amenaza, vulnerabilidad o riesgo para la integridad física de las personas, sus propiedades, al disfrute de sus derechos y el cumplimiento de sus deberes" y que "Los cuerpos de seguridad del Estado respetarán la dignidad y los derechos humanos de todas las personas. El uso de armas o sustancias tóxicas por parte del funcionariado policial y de seguridad estará limitado por principios de necesidad, conveniencia, oportunidad y proporcionalidad, conforme a la ley". Todas las normas citadas se violan en Venezuela en forma reiterada e impune, y a este respecto hay múltiples ejemplos, citaremos algunos de ellos.

Según datos del Observatorio Venezolano de Violencia (OVV), el número de los homicidios en el país se ha incrementado en los últimos 15 años en forma alarmante. Partiendo de 4.550 homicidios en 1998, se observa una curva de crecimiento en forma sostenida. Para referirnos a los últimos años, en 2011 hubo en Venezuela 19.336 homicidios, lo que aumentó a 21.692 en 2012, a 24.763 en 2013 y a 24.980 en 2014, lo que lleva la tasa nacional de homicidios a 79 por cada 100.000 habitantes, la segunda más alta del mundo (la mayor es de Honduras),[136] aunque a nivel de ciudad Caracas es la ciudad del mundo con mayor índice de letalidad. El OVV registra que las tasas de muertes violentas son mayores en el área metropolitana de Caracas (de unos cinco millones de habitantes), donde en lo que va de diciembre (2014) se registraron 468 ingresos a la morgue capitalina, una media de 17 diarios. Cálculos a partir de las cifras anuales arrojan un centenar de muertes violentas cada 100.000 habitantes.[137]

---

[136] http://informe21.com/actualidad/venezuela-registra-79-asesinatos-por-cada-100000-habitantes-segun-el-observatorio-venezol
[137] http://www.lapatilla.com/site/2014/12/29/venezuela-el-segundo-pais-del-mundo-con-mayor-tasa-de-homicidios-en-2014/

Sobre estas estadísticas se observa, por una parte, que el gobierno publica cifras diferentes: una tasa de 39 homicidios por 100.000 habitantes en el país; por la otra, que según el padre Alejandro Moreno, una de las personas más conocedoras del tema, la cifra verdadera es la del OVV,[138] en lo cual está respaldado por un conjunto de ONGs, entre ellas PROVEA. Los homicidios, y en general la inseguridad personal en el país, son las principales causas de la emigración de venezolanos, lo que ya casi adquiere el carácter de diáspora. Para tener una idea de lo terrorífico de esas cifras, basta señalar que, según la Oficina de las Naciones Unidas contra las Drogas y el Delito, el índice mundial de asesinatos por cada 100.000 habitantes es de 6, de los cuales corresponden 36 a América, 31 a África, 28 a Asia, 5 a Europa y 0,3 a Oceanía.

A lo dicho se agrega el altísimo índice de impunidad que existe en nuestro país. Interrogado un experto en el tema, el sociólogo Roberto Briceño León, expresa lo siguiente: "Hemos tenido unos años en los cuales el discurso violento, el elogio a la violencia y a los violentos, ha sido lo fundamental en la sociedad, lo que ha marcado las pautas políticas". La violencia se combina con una "impunidad gigantesca" y lo que llamó una "destrucción institucional", según el especialista, quien agrega que "Para 1998, por cada 100 homicidios que se cometían en el país, hubo 118 detenciones. Desde hace cinco años, por cada 100 homicidios que se cometen en el país teníamos 8 o 9 detenciones". Por otra parte, "En el 91 o 92% de los homicidios ni siquiera hay una persona detenida, eso hace que los delincuentes sientan que no hay ninguna posibilidad de ser capturados y simplemente cada vez hay más jóvenes que, estando en el *borderline* (límite), sienten que pueden dar el paso hacia el delito porque no les va a suceder nada. Casi como juego, como *divertimento* pasan a cometer este tipo de actos", afirmó.[139]

A partir de julio de 2014 un nuevo elemento se agrega a lo señalado: se trata de los homicidios macabros, una expresión de violencia desatada que se manifiesta en el descuartizamiento o desmembramiento de los cuerpos de las víctimas. Diversos casos se han conocido en los últimos meses, sobre todo en Caracas, y al respecto Roberto Briceño León ha expresado: "Hay dos factores que inciden en que se estén cometiendo crímenes atroces: uno es cómo la violencia es interacción en la medida en que las personas están ejerciendo violencia y reciben violencia, para responder hay

---

[138] http://www.el-nacional.com/alejandro_moreno/Tasa-homicidios-Venezuela_0_407959364.html
[139] http://informe21.com/actualidad/roberto-briceno-leon-a-cnn-en-venezuela-hay-una-impunidad-gigantesca

que hacer algo más grave y mayor (...) nosotros interpretamos que esto forma parte de una tendencia que vimos hace unos años en el que se aumentó el número de balas para matar a una persona, se pasaron de dos a cinco, de cinco a diez, hasta que esa interacción se va pasando hasta que llega el descuartizamiento", indica el experto. El también criminólogo expone que el segundo factor se debe a "que vivimos en una sociedad del espectáculo...estos crímenes son mensajes que se envían a la sociedad, a la policía, a las otras bandas. Es un mensaje que quiere enviar quien lo cometió y lo hace público, por ello es que se observan restos humanos en las vías públicas".[140]

En el Primer Plan Socialista "Simón Bolívar" (2007-2013) no se hizo ninguna mención al problema de la inseguridad, pero en el Segundo Plan Socialista, llamado "Plan de la Patria" (2013-2019), se introducen algunas menciones sobre este aspecto, entre las cuales merecen mencionarse: la creación de la policía comunal, la expansión de los programas de la Universidad Nacional Experimental de la Seguridad (UNES) y, en el marco de la Gran Misión A Toda Vida, el Plan Patria Segura. Con anterioridad a este plan se había aprobado y supuestamente puesto en ejecución 18 planes de seguridad, con poca o ninguna efectividad. De acuerdo a la información gubernamental "Plan Patria Segura está conducido por el Ministerio del Poder Popular para Relaciones Interiores, Justicia y Paz, con apoyo de la Fuerza Armada Nacional Bolivariana, el Ministerio Público, el Servicio Bolivariano de Inteligencia Nacional y los Cuerpos de Policías municipales y estatales. Este despliegue de seguridad se lleva a cabo bajo el concepto de la unión cívico – militar, en el que todas y todos los funcionarios participantes atenderán a las poblaciones más vulnerables ante el delito y la violencia". La actuación de la fuerza militar en la función de seguridad, aún antes de la aprobación de este plan, ha sido objeto de serias y reiteradas observaciones por la Comisión Interamericana de Derechos Humanos (CICDH), la cual ha expresado que "en un sistema democrático es fundamental la separación clara y precisa entre la seguridad interior como función de la Policía y la defensa nacional como función de las Fuerzas Armadas ya que se trata de dos instituciones substancialmente diferentes en cuanto a los fines para los cuales fueron creadas y en cuanto a su entrenamiento y preparación. A juicio de la CIDH, la historia hemisférica demuestra que la intervención de las Fuerzas Armadas en cuestiones de seguridad interna en general se encuentra acompañada de violaciones de derechos humanos en contextos violentos, lo que vuelve necesario evitar la intervención de las Fuerzas Armadas en cuestiones de

---

[140] http://panorama.com.ve/portal/app/push/noticia127402.php

seguridad interna".[141] Por otra parte, ha expresado el organismo interamericano que "A la luz de la información disponible, la CIDH reitera su preocupación respecto que, a través de la Milicia Nacional Bolivariana, ciudadanos reciban entrenamiento militar y luego se incorporen a la vida civil para cooperar con el mantenimiento del orden interno". En tal sentido, en la Constitución de 1999 se dispone que "Los órganos de seguridad ciudadana son de carácter civil y respetarán la dignidad y los derechos humanos, sin discriminación alguna". En sus observaciones al proyecto de Informe de la CIDH, el Estado Venezolano expresó que "la participación de las (sic) Fuerza Armada Nacional en el orden público, solo se utiliza en situaciones de emergencia nacional o de seguridad de la nación". Señaló además que "todos los componentes de las (sic) fuerza armada venezolana, tienen entrenamiento especial y cursos de derechos humanos para que sepan cómo tratar a los ciudadanos". Sin embargo, la experiencia ha demostrado que la situación real es diferente: ni los militares salen a controlar el orden público solo en situaciones de emergencia o de seguridad de la nación ni el supuesto entrenamiento para respetar los derechos humanos se ha puesto en evidencia en ningún momento. El trato dado a los estudiantes a raíz de las manifestaciones que comenzaron en febrero de 2014 muestran que si algún entrenamiento tuvo la fuerza armada nacional fue en sentido contrario al indicado por el gobierno, el cual siguió la misma orientación de los cuerpos policiales y de los grupos de civiles armados usados por el régimen para reprimir manifestaciones.

Por otra parte, después de reiterados exhortos de la Comisión Interamericana de Derechos Humanos (CIDH), en Venezuela se promulgó la Ley Especial para Prevenir y Sancionar la Tortura y otros Tratos Crueles, Inhumanos y Degradantes, la cual fue publicada en la *Gaceta Oficial* Nº 40.212, del 22/7/2013. Escasos siete meses después, con motivo de las manifestaciones de protesta realizadas por estudiantes y otras personas en Caracas, San Cristóbal, Mérida y otras ciudades del país, las fuerzas policiales y la Guardia Nacional realizaron múltiples actos contra los manifestantes que se encuadran en los supuestos definidos en esa ley: violación de derechos humanos, tortura, trato cruel, trato inhumano o degradante, maltrato psicológico (art. 5). De modo que ahora ningún funcionario policial o militar o empleado del Ministerio Público puede alegar que no sabe cómo se califica lo que ha hecho con las personas detenidas o en proceso de serlo. Por ejemplo, las torturas aparecen definidas en esta ley como "actos por los cuales se inflige intencionadamente a una persona dolores o sufrimientos, ya sea físicos o mentales, con el fin de obtener de ella o de un tercero información o una confesión, de castigarla por un acto que haya

---

[141] http://www.cidh.org/countryrep/Venezuela2009sp/VE09CAPVISP.htm

cometido, o de intimidar o coaccionar a esa persona o a otras, o por cualquier razón basada en cualquier tipo de discriminación, cuando dichos sufrimientos sean infligidos por un funcionario público o funcionaria pública u otra persona en el ejercicio de funciones públicas, a instigación suya, o con su consentimiento", mientras que los tratos crueles "son actos bajo los cuales se agrede o maltrata intencionalmente a una persona, sometida o no a privación de libertad, con la finalidad de castigar o quebrantar la resistencia física o moral de ésta, generando sufrimiento o daño físico" y los tratos inhumanos o degradantes "son actos bajo los cuales se agrede psicológicamente a otra persona, sometida o no a privación de libertad, ocasionándole temor, angustia, humillación; realice (*sic*) un grave ataque contra su dignidad, con la finalidad de castigar o quebrantar su voluntad o resistencia moral".

Pues bien, el 3 de noviembre de 2014, después de múltiples denuncias presentadas inútilmente ante autoridades venezolanas, el Foro Penal Venezolano, encabezado por su Director Ejecutivo, Alfredo Romero, presentó ante el Comité Contra la Tortura de la Organización de Naciones Unidas (ONU), en Ginebra, 138 casos de torturas ocurridos desde febrero de 2014 y recomendaciones para el Estado venezolano. "La presentación –dice la nota de prensa– se realizó en virtud de la invitación que se hiciera a la organización no gubernamental para participar en la 53va sesión del Comité Contra la Tortura a los efectos de evaluar la situación de torturas y otros tratos crueles ocurridos en Venezuela". Romero, igualmente, presentó ante el Presidente del Comité, ciudadano Claudio Grossman, "casos no investigados ocurridos desde 2013, tal como el de Ehísler Vázquez, quien fuera presuntamente disparado a quemarropa con escopeta de perdigones en su cara y desfigurado su rostro el 15 de abril de 2013, en el marco de las protestas desarrolladas en Barquisimeto relacionadas con las elecciones presidenciales. Así como 17 casos más denunciados ante Fiscalía", e igualmente "Casos como el de Gerardo Carrero, detenido desde mayo de 2014, quien denunció torturas y que al día de hoy se encuentra recluido en los sótanos del Sebin en Plaza Venezuela, sometido a aislamiento, sin acceso a sus abogados".[142]

Los hechos denunciados a la prensa nacional de hechos tipificados en la ley a que nos referimos son de muy variada naturaleza: detención de personas en sótanos sin ver la luz del sol por semanas; prohibición de recibir vistas de los familiares y allegados, amenazas e insultos, hasta

---

[142] http://www.eluniversal.com/nacional-y-politica/141105/foro-penal-venezolano-presento-casos-de-torturas-ante-la-onu

llegar los guardias a lanzarles excrementos humanos y orina en su celda, como le hicieron a Leopoldo López y a Daniel Ceballos el 7 de octubre de 2014 en la prisión militar de Ramo Verde.

Pero además de los casos específicos que afectan a una categoría de personas, los habitantes del país se ven sometidos constantemente a delitos de toda clase en sus personas y en sus bienes, tales como robos, hurtos y arrebatones, lesiones personales, secuestros, chantajes, fraudes, violaciones, clonación de tarjetas bancarias y muchos otros, de los cuales la mayoría no son denunciados porque las víctimas saben lo inútil que resulta hacerlo.

b) LIBERTAD DE PENSAMIENTO Y EXPRESIÓN

Ha señalado la CIDH que "La libertad de expresión comprende el derecho de toda persona a buscar, recibir y difundir informaciones e ideas de toda índole. De esta manera, este derecho tiene una doble dimensión, tanto individual como social. Esta doble dimensión: requiere, por un lado, que nadie sea arbitrariamente menoscabado o impedido de manifestar su propio pensamiento y representa, por tanto, un derecho de cada individuo; pero implica también, por otro lado, un derecho colectivo a recibir cualquier información y a conocer la expresión del pensamiento ajeno".[143] Esta libertad no solo tiene significación en el ámbito de los derechos políticos de las personas sino en todos los aspectos de la vida de los seres humanos y de la sociedad y sin ella es imposible que tenga existencia el derecho al libre desenvolvimiento de la personalidad.

Sin pretender que en épocas anteriores al inicio del régimen que nos gobierna se respetara plenamente el derecho a la libre expresión del pensamiento, al menos desde el período democrático que se inició en 1958 la regla fue la libertad de expresión y los atentados contra ese derecho fueron excepcionales. Las limitaciones y prohibiciones a la libertad de los ciudadanos de expresar sus pensamientos y a conocer los pensamientos ajenos se han venido instaurando progresivamente en Venezuela, tanto por las vías de hecho como por modificaciones en el ordenamiento jurídico y siempre con un propósito definido: impedir que se conozcan las críticas a la actuación del régimen gobernante. En este sentido, la CIDH ha identificado "una preocupante tendencia a castigar, intimidar y agredir a personas a manera de represalia por haber hecho público su disenso con las políticas oficiales. Esta tendencia afecta tanto a las autoridades de la oposición como a ciudadanos que han ejercido su derecho a expresar su

---

[143] Documento Democracia y Derechos Humanos en Venezuela 2009, *op.cit*, párrafo 342.

disconformidad con las políticas adelantadas por el gobierno. Las represalias se realizan tanto a través de actos estatales como de actos de acoso y violencia provenientes de personas civiles que actúan al margen de la ley como grupos de choque. La Comisión nota con preocupación que se ha llegado al extremo de iniciar procedimientos penales contra disidentes, acusándolos de delitos comunes con miras a privarlos de su libertad en virtud de su posición política".[144]

Esas actuaciones contra la libertad de las personas por parte del régimen se hacen de diferentes maneras, a algunas de las cuales nos hemos referido en páginas anteriores: i) por la agresión física directa contra las personas que expresan disidencia; por la agresión moral directa contra esas personas (llamándolas escuálidos, burgueses, fascistas, imperialistas, apátridas), es decir, estigmatizándolas, o a través de amenazas contra su vida o su integridad personal; ii) por la exclusión de toda presencia de opositores en los medios de comunicación públicos; iii) por la presión contra medios de comunicación social que dan cabida a las opiniones de opositores: amenazas de procedimientos sancionatorios contra medios audiovisuales previstos en la Ley de responsabilidad social en radio y televisión (Ley Resorte), con los cargos de incitación al odio, a la intolerancia o apología de la violencia; cierre de medios audiovisuales, por cancelación de la concesión; iv) por silenciamiento de medios que dan cabida a ideas de opositores al régimen, mediante amenazas a sus propietarios o por compra de los medios (ejemplo: Globovisión, El Universal, Cadena Capriles); v) por elevadas multas a medios por publicación de noticias que evidencian situaciones que el gobierno no ha controlado, como los casos de los diarios El Nacional y Tal Cual cuando publicaron una fotografía sobre cadáveres en la Morgue de Bello Monte, entre otros. Por otra parte, se han puesto obstáculos a la labor de los periodistas por prohibición de los que no pertenezcan a la Televisora de la Asamblea Nacional (ANTV) o a la también oficialista Venezolana de Televisión (VTV) de cubrir las sesiones de la Asamblea Nacional, primero por vías de hecho y luego por modificaciones en el Reglamento Interior y de Debates (artículos 55 y 56), y asimismo de acceder a las áreas administrativas del parlamento, y también la prohibición a los medios privados de asistir, cubrir o acceder a eventos públicos, conferencias de prensa o actos oficiales, así como impedimento a los periodistas por el Plan República de entrar a los centros de votación los días de elecciones; vi) por la agresión directa a periodistas y por la destitución de profesionales de la comunicación social por medios que han sido

---

[144] CIDH, párrafo 7 del Resumen Ejecutivo del Informe Democracia y Derechos Humanos en Venezuela 2009.

adquiridos por el gobierno; vii) por las limitaciones a los medios impresos para la adquisición de papel de periódico, debido a la falta de respuesta de las autoridades del Ministerio de Industrias Ligeras y Comercio (MILCO) a las solicitudes de entrega de certificados de no producción, que son requeridas para importar el papel, por una parte, y por la otra a los retrasos o falta de respuesta a la solicitud de divisas para efectuar la compra. En los periódicos a que nos referimos esa crisis se ha agravado desde que el gobierno creó, el 6 de mayo de 2013, mediante Decreto N° 104, la Sociedad Anónima, denominada Complejo Editorial Alfredo Maneiro S.A (CEAM), para centralizar y monopolizar la importación del papel y la venta de las bobinas a los diarios del país. En su edición del 17 de noviembre de 2014, el diario El Nacional inserta una entrevista a Nora Sanín, presidenta de la Asociación Nacional de Diarios de Colombia (Andiarios), quien expresa que "Más de 7 meses han pasado desde el día en que llegaron a Venezuela las 52 toneladas de papel que el grupo colombiano Andiarios entregó en calidad de préstamo a varios periódicos, incluido El Nacional. Se trató de la iniciativa Todos Somos Venezuela, para apoyar la prensa independiente ante las restricciones del insumo por parte del gobierno. El gesto le valió a Andiarios el Premio a la Libertad de Prensa de la SIP". Hoy, la directora ejecutiva de la asociación colombiana considera que la situación en Venezuela empeoró y agrega que "Considero que los mecanismos que utiliza el presidente Nicolás Maduro para presionar la prensa, como la venta de papel a través de la Corporación Maneiro, constituyen una manera soterrada de limitar la libertad de prensa; además, de una forma muy agresiva. El gobierno no puede intervenir en el suministro de papel a los periódicos, como se señala claramente en la Declaración de Chapultepec".[145]

Sobre las agresiones a los medios y a los periodistas, el Colegio Nacional de Periodistas, órgano que por la Ley de Ejercicio del Periodismo (art. 5) tiene como función servir de garante de la libertad de expresión en Venezuela, emitió un comunicado el 8 de Noviembre de 2014 en el que informó que "el 2014 es el año de mayor cantidad de agresiones a los reporteros en los últimos 15 años, lo que pone a la democracia venezolana en una situación de franco deterioro", y rechazó "el amedrentamiento continuo a los colegas, evidenciado en los casos de Pedro Pablo Peñaloza, Odell López y Hernán Lugo Galicia, que fueron etiquetados públicamente por el presidente de la Asamblea Nacional como adversos al gobierno; y otros periodistas a los que expulsaron de sus trabajos por posiciones que resultaron incómodas a sus jefes como Laura Weffer y Tamoa Calzadilla,

---

[145] http://www.el-nacional.com/politica/Corporacion-Maneiro-controla-abusivamente-prensa_0_520748039.html

de Últimas Noticias; y las colegas de Yaracuy, Rosa Virginia Garrido y Roselyn García, a las que se les permitió reengancharse a sus trabajos, y que el Consejo Legislativo estadal les ha negado".[146] En el Documento de la CIDH sobre Democracia y Derechos Humanos en Venezuela 2009 y en los Informes anuales del mencionado organismo interamericano, que hacen seguimiento al tema en Venezuela, se detallan los numerosos casos de agresiones a periodistas mediante lesiones a su integridad física, detenciones arbitrarias, destrucción de material, robo de cámaras y otros equipos, daño de vehículos en que se trasladaban periodistas, y muchos otros. En el Informe anual correspondiente a 2014 elaborado por Reporteros sin Fronteras se expresa que "Este año varios países fueron escenario de manifestaciones, en ocasiones muy violentas, en las que numerosos periodistas fueron agredidos, incluso golpeados por los manifestantes o las fuerzas del orden. En Venezuela 62% de las agresiones a periodistas durante las protestas masivas fueron cometidas por la Guardia Nacional Bolivariana", y asimismo que "Venezuela figura en segundo lugar en la lista de cinco países con más periodistas amenazados o agredidos, con 134 casos, detrás de Ucrania, que tiene 215" y que nuestro país "aparece asimismo en la lista de países que registraron mayor número de detenciones de periodistas, y está en quinto lugar, con 34 casos, detrás de Ucrania, Egipto, Irán y Nepal".[147]

Otra manera de lesionar el derecho a la libre expresión del pensamiento es a través del Poder Judicial, mediante la apertura de juicios a particulares o a periodistas que critican políticas del gobierno o difunden esas críticas o contra los que manifiestan contra el régimen, a muchos de los cuales, al ser detenidos e imputados de delitos, se les otorga libertad con medida cautelar de no declarar a los medios de comunicación social. Son muchos y diversos los modos de limitar la libertad de expresión de los ciudadanos, entre los que no podemos dejar de mencionar: la exclusión de empleos públicos a los que critican alguna política del gobierno; el retiro de la nómina de beneficiarios de alguno de los programas sociales; el no otorgamiento o la cancelación de becas; el veto para contratar con el sector público controlado por el oficialismo, entre otros.

En el Informe de la CIDH sobre la situación de los derechos humanos en Venezuela durante el año 2013, se incluye entre las actuaciones del gobierno para lesionar el derecho a la libre expresión del pensamiento, la emisión de cadenas ordenadas por el Presidente Maduro en tres oportuni-

---

[146] https://resistenciav58.wordpress.com/page/105/?app-download=ios
[147] http://www.el-nacional.com/politica/pais-segundo-lugar-periodistas-amenazados_0_538746306.html

dades en los días siguientes a las elecciones presidenciales de 2013, en momentos en que se producían declaraciones del excandidato presidencial Henrique Capriles Radonsky, con el evidente propósito de impedir que su mensaje pudiera llegar a los televidentes y radioescuchas.[148] Asimismo, en el Informe a que nos referimos se considera como lesivas a la libertad de expresión las declaraciones del presidente Maduro en la que asigna la calificación de propaganda de guerra a las informaciones de algunos medios sobre desabastecimientos de algunos productos básicos (párrafo 602 del Informe 2014); y a las expresiones del mismo presidente quien, ante la información del diario *2001* sobre una supuesta escasez de combustible en Caracas, había afirmado el 10 de octubre de 2013 que el reportaje de ese diario constituía un "delito", cuyo objetivo era "sabotear el sistema de distribución de gasolina y de hidrocarburos del país". Maduro se había referido a los dueños del medio como "burguesía parasitaria y apátrida en contra de los intereses nacionales" y había afirmado que "si en la aplicación de la ley se tiene que ir al castigo más severo, signifique lo que signifique este castigo, que se vaya. Pero no se puede permitir. Hay que defender a la sociedad de estos bandidos, de estos delincuentes [...]" (párrafo 605 del Informe 2014).

También constituyen limitaciones al derecho de las personas a recibir información, la ausencia de publicación de informes que, conforme a la ley, deben dar a conocer los organismos públicos, por ejemplo, sobre sus memorias y cuentas o sobre estadísticas dentro de sus respectivas áreas de actividad; la prohibición, desde el año 2002, de ingreso a Venezuela de expertos de la CIDH para evaluar la situación de los derechos humanos en el país; las prohibiciones que se consagran en la Ley de Defensa de la Soberanía Política y Autodeterminación Nacional, del 23 de diciembre de 2010, en cuanto al financiamiento de las investigaciones que realizan fundaciones, organismos no gubernamentales y organizaciones con fines políticos sobre la vigencia de los derechos políticos en el país, así como las sanciones que allí se establecen, tales como multas e inhabilitación para participar en procesos electorales a las organizaciones con fines políticos que reincidan en aceptar ayuda financiera del exterior, a la cual nos hemos referido antes.

En su Informe de 2013, la CIDH, por otra parte, "ha indicado en oportunidades anteriores, (que) normas como el Código Penal de Venezuela, el Código Orgánico de Justicia Militar y la Ley de Responsabilidad Social en Radio, Televisión y Medios Electrónicos (Ley Resorte), presentan cláusulas incompatibles con los estándares interamericanos en materia de

---

[148] Informe publicado en 2014, párrafo 574.

libertad de expresión. La CIDH y su Relatoría Especial para la Libertad de Expresión han expresado su preocupación por la existencia de estas normas y han instado al Gobierno de Venezuela a adecuar su normativa a los estándares internacionales en la materia".

Dentro la orientación que sigue el gobierno de impedir u obstaculizar la libre expresión del pensamiento en cuanto a la emisión de conceptos que no sean favorables a su opción política, no podía faltar la interceptación de comunicaciones telefónicas y de otros medios, a pesar de que desde 1991 está vigente en el país una Ley sobre Protección a la Privacidad de las Comunicaciones, y de que el artículo 12 de la "Declaración Universal de los Derechos Humanos" establece que "Nadie será objeto de injerencias arbitrarias en su vida privada, ni su familia, ni cualquier entidad, ni de ataques a su honra o su reputación. Toda persona tiene derecho a la protección de la ley contra tales injerencias o ataques". En Venezuela, sólo las policías pueden impedir, interrumpir, interceptar o grabar comunicaciones, únicamente a los fines de la investigación de los siguientes hechos punibles: delitos contra la seguridad o independencia del estado; delitos previstos en la Ley contra la Corrupción; delitos contemplados en la Ley Orgánica sobre Sustancias Estupefacientes y Psicotrópicas; y en los delitos de secuestro y extorsión. Para esto, las policías solicitarán razonadamente al Juez de Primera Instancia en lo Penal en funciones de Control, que tenga competencia territorial en el lugar donde se realizaría la intervención, la correspondiente autorización, con expreso señalamiento del tiempo de duración, que no excederá de 60 días.[149] No obstante, un diputado oficialista mostró en la televisión un video relacionado con el diputado Juan Carlos Caldera, grabado sin la autorización de este ni autorización de un juez y en violación de preceptos constitucionales (arts. 48 y 60) y legales, así como contenidos en tratados internacionales, en la forma antes expuesta. Las grabaciones de conversaciones de terceros se han hecho tan frecuentes en el país que el presentador de un programa de televisión oficialista ("La Hojilla"), mostraba públicamente conversaciones obtenidas ilegalmente como si fuera una hazaña.

c) DERECHO AL DEBIDO PROCESO

La denominación que se da a este derecho está tomado de la Constitución de los Estados Unidos, siguiendo esta la orientación de la Carta Magna de los ingleses (*Magna charta libertatum)*, pues en la V Enmienda de aquella se dispone que "Nadie será...privado de su vida, de su libertad o de su propiedad, sin el debido proceso legal" (*No person shall*

---

[149] http://zdenkoseligo.blogspot.com/2012/09/sobre-la-grabacion-del-diputado-caldera.html

be...deprived of life, liberty, or property, without due process of law). Debemos recordar que la V Enmienda fue parte de las diez primeras enmiendas a la Constitución norteamericana, en las que se declaran los derechos de los ciudadanos (*Bill of Rights*) y que esas enmiendas fueron propuestas el 25 de septiembre de 1789, ocho días después de adoptada la Constitución, y terminadas de aprobar el 25 de diciembre de 1791. Asimismo que esas declaraciones de derechos sirvieron de modelo para las siguientes constituciones que se aprobaron en Europa y en América Latina y que los avances logrados por vía jurisprudencial en el derecho norteamericano continúan influyendo sobre todos los países democráticos del mundo.

En la Constitución venezolana de 1999 se consagra que "El debido proceso se aplicará a todas las actuaciones judiciales y administrativas..." (art. 49) y comprende: el derecho a la defensa y la asistencia jurídica, que incluye el derecho de las personas a ser notificadas de los cargos por los cuales se les investiga, de acceder a las pruebas y de disponer del tiempo y de los medios adecuados para ejercer su defensa, la declaración de que son nulas las pruebas obtenidas mediante violación del debido proceso y el derecho de las personas declaradas culpables a recurrir del fallo, con las excepciones establecidas en la Constitución y en las leyes. Asimismo, forman parte de esta garantía para toda persona la presunción de inocencia, mientras no se pruebe lo contrario, el derecho a ser juzgada en libertad, salvo las excepciones legales, el derecho a ser oída en cualquier clase de proceso, el derecho a ser juzgado por sus jueces naturales en las jurisdicciones ordinarias o especiales, lo que excluye la figura de los jueces anónimos y los tribunales de excepción; que ninguna persona puede ser obligada a declararse culpable o declarar contra sí mismo, su cónyuge, concubino o pariente cercano y la nulidad de la confesión obtenida mediante coacción; que nadie puede ser sancionado por actos u omisiones que no fueran previstos como delitos, faltas o infracciones en leyes preexistentes; que nadie puede ser juzgado dos veces por los mismos hechos y que todos tienen derecho a la reparación por error judicial retardo u omisión injustificada.

Pues bien, así como son amplias en Venezuela las situaciones que son cubiertas por la garantía del debido proceso, en igual medidas son extensas las formas que se han encontrado para violarla. Y ello es lógico que ocurra cuando el poder judicial ha perdido toda autonomía porque la justicia se imparte por jueces que en su mayor parte son provisorios o que, sin serlo, pueden ser juzgados y encarcelados si no aceptan las órdenes que emanan del Presidente de la República, como ocurrió con la jueza Affiuni. En un país dividido, por efecto del discurso populista, entre partidarios o enemigos del régimen, la presunción de inocencia para los primeros no existe, mientras para los segundos opera como regla la impunidad, todo lo cual recuerda la división del país que se formalizó con el Decreto de Guerra a Muerte en 1813. Los casos de presos por razones políticas, que son privados de libertad sin prueba alguna, de juicios interminables a que los someten, sin atender los lapsos procesales, mientras los juzgan en prisión, cuando la regla es el juicio en libertad, las detenciones o imputaciones a personas por hechos que no están establecidos como delitos, como tomar fotos a las "colas" que se forman para comprar alimentos,[150] o repartir café entre los que participan en esas "colas", con unos vasos en los que se había escrito "No te acostumbres, podemos vivir mejor",[151] o incluso repartir agua en las colas,[152] desbordan lo folklórico para revelar la tragedia que vive el país. Los casos son innumerables, basta con examinar cada una de las detenciones de estudiantes por el delito inexistente de manifestar pacíficamente y sin armas, me limitaré ahora a reseñar el caso de Leopoldo López, quien se entregó al conocer una orden de detención en su contra, lo que excluye la posibilidad de intentar evadirse del país, que es juzgado en prisión (¡militar!) sin prueba alguna, que se trata de forjar una prueba por la opinión sobre el contenido subliminal de sus discursos, y la cual se le oculta al imputado y a su abogado, además de que el tribunal incurre sistemáticamente en retardo procesal y suspende los despachos por tres meses para no tener que pronunciarse sobre la obligación que le incumbe de acatar la resolución del grupo de trabajo de la Organización de las Naciones Unidas que declara la ausencia de delito en el caso de Leopoldo López y la obligación del tribunal de ponerlo en libertad.

C. DERECHOS POLÍTICOS Y A LA PARTICIPACIÓN EN LA VIDA PÚBLICA

En este aspecto nos limitaremos a considera el derecho a elegir y ser elegido que incumbe a los ciudadanos hábiles en derecho, el derecho a desempeñar la funciones públicas de los que han sido electos y el derecho a manifestar pacíficamente y sin armas.

---

[150] http://www.el-nacional.com/politica/Imputados-fotografiar-colas-protestas_0_555544489.html

[151] http://www.lapatilla.com/site/2015/01/22/gnb-detuvo-a-estudiante-por-repartir-cafe-con-mensajes-en-las-colas-fotos/

[152] http://www.lapatilla.com/site/2015/02/01/detienen-a-estudiantes-en-zulia-por-repartir-agua-en-cola-para-comprar-comida/

a) DERECHO A ELEGIR Y SER ELEGIDO EN ELECCIONES AUTÉNTICAS

En la Constitución que nos rige y en las leyes de desarrollo de sus principios, los derechos mencionados están plenamente consagrados. Sin embargo, se plantea la cuestión sobre la autenticidad de las elecciones, pues diversas objeciones se hacen a nuestros procesos electorales.

En primer lugar, y es lo más importante, en cuanto a la falta de imparcialidad del órgano que regula y organiza las elecciones. Como el régimen ha ostentado una mayoría de diputados en la Asamblea Nacional ha designado para conformar el Consejo Nacional Electoral a un grupo de personas casi todas afectas al oficialismo y dóciles a sus instrucciones, que en la mayor parte de los casos son verdaderos activistas del partido de gobierno. Además, en las oportunidades en que la designación de los rectores electorales ha sido asumida por la Sala Constitucional del Tribunal Supremo de Justicia, sin fundamento constitucional, la situación no mejoró. La exigencia constitucional de que los rectores electorales sean designados por una mayoría calificada de diputados de la Asamblea Nacional (las dos terceras partes), supuestamente obligaría a acuerdos que permitirían escoger esos árbitros entre personas de reconocida trayectoria en materia electoral, con independencia de criterio y honestidad personal, pero por diversas razones no ha sido así. A este aspectos nos referimos antes al considerar el tema de la pérdida de autonomía del Poder Electoral, pero es importante recalcarlo por varias razones. De un lado, porque las cosas no siempre han sido de esa manera: en el lapso de 1958 a 1998, la organización electoral fue controlada por independientes por todos respetados y aunque hubo reparos con respecto a algunos procesos electorales, la responsabilidad no era atribuida a los organismos electorales sino a la actuación de algunos partidos políticos, en desobediencia a claras disposiciones legales y a regulaciones de los organismos electorales, pero casi todas esas actuaciones irregulares fueron anuladas por los tribunales competentes. La situación bajo el presente régimen es muy distinta. En el país, y no solamente entre los opositores, existe el convencimiento de que la mayoría de los rectores del Poder Electoral han sido designados con el expreso propósito de garantizar el triunfo electoral del régimen, partiendo del principio de que la revolución no puede perder ni una elección de la cual dependa su permanencia en el poder. En esa tarea actúa como cooperador el Tribunal Supremo de Justicia, a través de sus Salas Electoral y Constitucional y esta última actúa como una sala situacional para asegurar el afianzamiento del grupo gobernante. Por su parte, la Asamblea Nacional tiene como tarea sancionar las leyes que le sean requeridas para que el régimen se mantenga en el poder, bajo la apariencia de respeto a la democracia y de elecciones competitivas, aunque resulten lesionados los principios de representación proporcional y de personalización del sufragio. Ya antes, la Asamblea Nacional Constituyente había hecho su tarea de prohibir el financiamiento público a los partidos, en el entendido de que el partido de gobierno sí se beneficia de diversas maneras por el uso de los dineros, de los bienes y de los funcionarios públicos con fines electorales.

De esta primera constatación se desprenden diversas consecuencias: el organismo cúpula del Poder Electoral establece las reglas del juego electoral en función de los intereses del partido de gobierno, como por ejemplo fijar como fecha de las elecciones las que más convengan al gobierno, diseñar los circuitos y establecer circuitos plurinominales donde convenga con el propósito de aumentar la fuerza electoral del partido oficialista; evitar la supervisión de los partidos de oposición, lo que comprende que las claves para acceder a los programas electorales digitalizados son manejadas exclusivamente por técnicos oficialistas, a diferencia de lo que ocurría antes, cuando para ingresar a esos programas se exigía que varios partidos pusieran las claves secretas que tenían asignadas; incumple sus deberes de controlar y sancionar las actuaciones ventajistas, que generalmente provienen del gobierno y de investigar y proscribir el financiamiento público para los partidos gubernamentales; controlar y evitar la emisión de documentos de identificación con fines de fraude electoral; permitir las auditorías y recuentos de votos y la verificación de instrumentos de votación que soliciten los contendores en procesos electorales; estudiar y decidir conforme a derecho los recursos administrativos que se le interpongan con ocasión de los procesos electorales. Además, el Poder Electoral colabora con el régimen en prohibir la veeduría sobre los procesos comiciales por parte de organismos internacionales y de Estados extranjeros, salvo de los que mantienen especiales relaciones de fraternidad con el gobierno venezolano. De su lado, la Contraloría General de la República contribuye con el ventajismo electoral oficialista al inhabilitar para postularse en procesos electorales, mediante acto administrativo, a opositores con opción de triunfo, sin que medie sentencia judicial firme, en infracción a lo dispuesto en el artículo 65 de la Constitución de 1999 y el inciso 2 del artículo 23 de la Convención Americana sobre Derechos Humanos.

Una interferencia en el derecho de ser elegido que tienen los venezolanos es el abuso que hace el gobierno de las cadenas oficiales, no solamente para acallar la voz de la oposición, como antes lo señalamos, sino como instrumento de propaganda, sobre todo en épocas de campaña electoral. Expresa el Centro Carter que en "Países como México, Colombia y Brasil prohíben que los gobiernos inauguren obras poco antes de las elecciones. México no permite que el presidente haga proselitismo a favor de los candidatos de su partido. Eso no ocurre en Venezuela."[153] En nuestro país, el gobierno considera que las obras que realiza y los servicios que presta se hacen con dinero que pertenece a su opción política y que tiene derecho a utilizar los espacios de los medios públicos y privados para hacerse publicidad sin límite alguno. En tal sentido se informa que "desde que Nicolás Maduro se encargó de la Presidencia ha salido 46 horas con 43 minutos en VTV, mientras que el canal público 'de todos los venezolanos' ha dado solamente 1 minuto con 18 segundos a Henrique Capriles" y que "Las 202 cadenas nacionales de radio y televisión que hubo en 2013 lo convierten en el tercer periodo con más transmisiones de este tipo en los últimos 15 años, solo superado por 2004 (374 mensajes obligatorios) y 2005 (que cerró con 215)."[154] En tal sentido, se ha registrado que "durante los primeros ocho meses y medio de gobierno del presidente Maduro hubo 162 emisiones radiotelevisivas, esto es, casi el doble en comparación con las 86 cadenas que ordenó el expresidente Chávez en 11 meses de mandato del año 1999. Mientras que el líder de la revolución cerró su primer año en el poder con 71 horas de transmisión obligatoria, su sucesor lo superó con unas 135 horas, equivalentes a más de cinco días hablando sin parar".[155]

b) DERECHO A DESEMPEÑAR LAS FUNCIONES PÚBLICAS PARA LAS CUALES SE HA SIDO ELECTO

Además de las dificultades para ser elegido como parlamentario, gobernador o alcalde, que tiene en Venezuela un candidato no oficialista, después que logra la investidura del cargo se enfrenta a múltiples dificultades para ejercer sus funciones públicas: disminución inconstitucional de recursos del situado, en el caso de gobernadores y alcaldes, privación de la inmunidad y destitución cuando se trata de diputados, en casos como los de Richard Mardo, María Aranguren y María Corina Machado, entre otros; desmantelamiento de la estructura jurídica y financiera como ocurrió con el Distrito Metropolitano de Caracas desde que Antonio Ledezma le ganó las elecciones al oficialismo; descalificaciones, insultos y estigmatizaciones con fines de intimidación por parte de los personeros oficialistas, y sobre todo del Presidente de la República, contra todos los opositores que acceden a cargos de elección popular; interpelaciones y apertura

---

[153] http://www.el-nacional.com/politica/Centro-Carter-Venezuela-ventaja-parti do_0_415158642.html

[154] http://monitoreociudadano.org/yomonitoreo/2013/04/852-horas-en-7-cade nas-de-maduro-en-campana-26-minutos-cada-dia-exigimos-cerocadenas/

[155] http://www.leanoticias.com/2014/01/08/un-total-de-202-cadenas-nacional-de-radio-y-television-se-transmitieron-durante-el-2013/

de expedientes por la Asamblea Nacional o apertura de averiguaciones administrativas por la Contraloría General de la República contra funcionarios adversos al proyecto político del régimen, por supuestas faltas en el manejo de los fondos públicos, que a veces se refieren a asuntos nimios en los cuales no ha habido ninguna infracción legal, mientras se niegan hasta a considerar en la agenda de la Asamblea Nacional hechos graves como dejar perder grandes cantidades de alimentos importados en los almacenes de los puertos, la importación de medicinas vencidas o con fechas de vencimiento inminentes, el otorgamiento de divisas para importaciones ficticias por empresas de maletín, el otorgamiento de contratos por elevadas sumas sin cumplir los procedimientos legales sobre contratación pública, las obras canceladas sin terminar, y a veces sin empezar, y muchas otras. Sobre los funcionarios electos por la oposición para cargos públicos pesan muchas espadas como la de Damocles, que derivan de la amenaza de procedimientos administrativos, procesos penales e inhabilitaciones políticas, mientras se garantiza la más absoluta impunidad a los personeros oficialistas.

c) DERECHO A MANIFESTAR PACÍFICAMENTE Y SIN ARMAS

En el artículo 68 de la Constitución se incluye entre los derechos políticos el siguiente:

> Los ciudadanos y ciudadanas tienen derecho a manifestar, pacíficamente y sin armas, sin otros requisitos que los que establezca la ley.
>
> Se prohíbe el uso de armas de fuego y sustancias tóxicas en el control de manifestaciones pacíficas. La ley regulará la actuación de los cuerpos policiales y de seguridad en el control del orden público.

La actuación de la Guardia Nacional, junto con la Policía Nacional Bolivariana, el Sebin, los escoltas de funcionarios, la milicia y los miembros de colectivos violentos que actúan como paramilitares para reprimir las manifestaciones pacíficas de los estudiantes y de otros ciudadanos, particularmente las que se realizaron a partir del mes de febrero de 2014, constituyen evidentes violaciones de la garantía constitucional aludida y ha producido un número grande de personas fallecidas, heridas, detenidas, imputadas y sancionadas. Estos hechos, debidamente documentados en videos y testimonios múltiples, han servido para fundamentar denuncias ante organismos internacionales responsables de velar por la vigencia de los derechos humanos, dado que es imposible que la justicia del país asuma las investigaciones que le corresponden, y han creado reacciones adversas contra el régimen venezolano por parte de gobiernos extranjeras, organismos internacionales, prensa extranjera y opinión pública mundial. Como defensa contra esas críticas, el gobierno ha pretendido presentarse como respetuoso de la legalidad en la represión de manifestaciones y, a estos efectos, el Ministerio del Poder Popular para la Defensa, por órgano de su titular, general en jefe Vladimir Padrino López, ha publicado en la *Gaceta Oficial* N° 40.589, del 27 de enero de 2015, la Resolución N° 008610, mediante la cual se establecen las *Normas sobre la actuación de la Fuerza Armada Nacional Bolivariana en Funciones de Control del Orden Público, la Paz Social y la Convivencia Ciudadana en Reuniones Públicas y Manifestaciones*. Con esta resolución se aspira a presentar ante la opinión pública un rostro legalista de los cuerpos de seguridad, para lo cual se incorporan algunas disposiciones pertinentes contenidas en conjuntos normativos como los "Principios básicos sobre el empleo de la fuerza y de armas de fuego por los funcionarios encargados de hacer cumplir la ley", adoptados por el Octavo Congreso de las Naciones Unidas sobre Prevención del Delito y Tratamiento del Delincuente, celebrado en La Habana (Cuba) del 27 de agosto al 7 de septiembre de 1990. Por otra parte, en la resolución ministerial a que nos referimos se incluyen disposiciones como la de que "toda actuación de la Fuerza Armada debe orientarse a la defensa de los derechos humanos, en especial, de los grupos más vulnerables...se insiste en la necesaria formación de los efectivos de la Fuerza Armada en esta materia...y en que el uso de la fuerza siempre debe ser proporcional y adecuado".[156] No obstante, con la publicación de esta resolución no se ha logrado el objetivo de tranquilizar a la colectividad por las siguientes razones:

1. La resolución ministerial no es el instrumento jurídico adecuado para regular esta materia porque, según vimos antes, la Constitución dispone que "La ley regulará la actuación de los cuerpos policiales y de seguridad en el control del orden público" (art. 68). Luego, será necesario que en la Asamblea Nacional se discuta esta materia y se sancione la ley correspondiente, respetando el procedimiento de consulta previsto en el artículo 11 de la Constitución, conforme al cual "La Asamblea Nacional o las Comisiones Permanentes, durante el procedimiento de discusión y aprobación de los proyectos de leyes, consultarán a los otros órganos del Estado, a los ciudadanos y ciudadanas y a la sociedad organizada para oír su opinión sobre los mismos. Tendrán derecho de palabra en la discusión de las leyes los Ministros o Ministras en representación del Poder Ejecutivo; el magistrado o magistrada del Tribunal Supremo de Justicia a quien éste designe, en representación del Poder Judicial; el o la representante del Poder Ciu-

---

[156] http://prodavinci.com/blogs/pueden-las-fuerzas-armadas-usar-armas-de-fuego-contra-los-manifestantes-por-jose-ignacio-hernandez/
http://prodavinci.com/blogs/3-aclaratorias-sobre-la-resolucion-8610-y-el-uso-de-armas-de-fuego-por-jose-ignacio-hernandez/

dadano designado o designada por el Consejo Moral Republicano; los o las integrantes del Poder Electoral; los Estados a través de un o una representante designado o designada por el Consejo Legislativo y los o las representantes de la sociedad organizada, en los términos que establezca el Reglamento de la Asamblea Nacional". Lo anterior significa que una materia tan delicada como esta, que afecta el ejercicio de derechos garantizados en la Constitución, no puede ser regulada por resolución y, ni siquiera, por decretos leyes.

2. Las actuaciones del Estado para controlar el orden público no deben estar a cargo de militares sino de la policía civil. En tal sentido, se consagra en el artículo 332 de la Constitución que "Los órganos de seguridad ciudadana son de carácter civil y respetarán la dignidad y los derechos humanos sin discriminación alguna". Sobre este aspecto, nos hemos referido antes al "Informe sobre Seguridad Ciudadana y Derechos Humanos, elaborado por la Comisión Interamericana sobre Derechos Humanos, en 2009, según el cual, "…dado que las fuerzas armadas carecen del entrenamiento adecuado para el control de la seguridad ciudadana, corresponde a una fuerza policial civil, eficiente y respetuosa de los derechos humanos combatir la inseguridad, la delincuencia y la violencia en el ámbito interno".

3. En la resolución se regulan los supuestos de uso de armas de fuego y de productos químicos, en los casos en que estos sean requeridos, pero en la Constitución se dispone claramente que se prohíbe el uso de armas de fuego y de sustancias tóxicas en el control de manifestaciones pacíficas. Es oportuno señalar que, para el gobierno que tenemos, ninguna manifestación es pacífica y que acciones tan inocuas como son la de repartir café o agua en las colas de las personas que esperar para comprar sus alimentos son consideradas como parte de la estrategia del imperio o de la conspiración de la burguesía contra el Estado, por lo que detienen e imputan a las personas que las realizan. Por tanto, carecen de toda credibilidad las normas que regulan el uso progresivo de esas armas y la proporcionalidad en la utilización de la fuerza. Los ciudadanos se preguntan si unas normas de esta naturaleza, aun en el caso de que se ajustaran a la Constitución, serían aplicadas por funcionarios llenos de odio como la funcionaria de la Guardia Nacional que golpeó repetida y brutalmente con un casco a Marvinia Jiménez, por el delito de haber tomado fotografías con su celular sobre los abusos de los militares, el 24 de febrero de 2014, lo cual se evidencia del video que todo el país vio,[157] sin que la agresora fuera objeto de procedi-

---

[157] Véanse, entre otros, los siguientes videos: https://www.youtube.com/watch?v=ls_WbABCD4s;
http://www.venprensa.com.ve/reportaje-4to-aniversario-marvinia-jimenez-los-hechos-hablaron-la-justicia-muda-y-ciega-espera-videos/

miento penal o disciplinario alguno, mientras que a la víctima la detuvieron, le formularon cargos, la enjuiciaron y la sometieron a un régimen de presentación. ¿Será porque para ese momento la resolución de Padrino López aun no estaba vigente?

4. Considero digno de encomio los estudios jurídicos sobre este tema que han hecho personas distinguidas como José Ignacio Hernández, Alejandro J. Rodríguez Morales[158] o Rocío San Miguel, en las que se reconocen logros y se formulan críticas, pero hay que tener presente que, aún cuando la FANB aceptara someterse al imperio de la Constitución y de la ley, la mayor parte de los homicidios cometidos contra manifestantes, presuntamente, han sido realizados por cuerpos irregulares armados favorables al oficialismo y promovidos por este, los cuales no están sujetos a norma alguna. Por otra parte, no existe disposición en el régimen para desarmar a esos colectivos violentos ni para impedirles actuar al margen del ordenamiento jurídico. En todo caso, como observación de carácter general, es difícil esperar que un reglamento ministerial se cumpla cuando el mismo régimen infringe cotidiana y sistemáticamente a la Ley Fundamental.

D. DERECHOS SOCIALES Y ECONÓMICOS

Los aspectos a considerar en este aparte tienen relación con la estrategia económica y política del régimen para afianzar su dominación sobre el Estado y la sociedad. Ya hemos señalado antes que el gobierno, por la voz de Chávez, había manifestado que su propósito era establecer el socialismo petrolero en Venezuela, el cual debía entenderse como la utilización de los ingresos petroleros para subsidiar la implantación del socialismo, es decir, para establecer un régimen personalista y vitalicio con una política de desarrollo que se orientaría por la voluntad cambiante del caudillo. Para esos fines, lo primero que debía hacerse era asegurar el apoyo de los venezolanos de menor capacidad económica, dado que constituían, y siguen constituyendo, la mayoría de los electores. De lo que se ha conocido, por las palabras del caudillo, la idea fundamental le vino con ocasión de la solicitud de los opositores de realizar un referendo revocatorio presidencial, ante el conocimiento que tuvo Chávez, a mitad de 2003, de que si se realizaba el referendo en aquel momento, con toda seguridad lo perdería. Era necesario revertir esa tendencia y lo logró, con el apoyo de Fidel Castro, mediante la creación de las llamadas misiones sociales, la primera de ella la Misión Barrio Adentro, como un servicio de atención ambulatoria para las personas que viven en los barrios.

---

[158] https://cienciaspenales.files.wordpress.com/.../acerca-de-las-normas.pdf

Como existe una estrecha relación entre el ejercicio de los derechos sociales y económicos, nos referiremos a estos últimos en primer lugar, porque de esta manera se nos facilita la comprensión de los primeros, que son los más importantes en la estrategia gubernamental.

a) LOS DERECHOS ECONÓMICOS

El derecho de las personas a dedicarse libremente a la actividad lucrativa de su preferencia, conocido tradicionalmente como libertad de industria y comercio, aparece declarado en el artículo 112 de la Constitución y puede ser limitado "por razones de desarrollo humano, seguridad, sanidad, protección del ambiente u otras de interés social. El Estado promoverá la iniciativa privada…". El derecho de propiedad que se garantiza en el artículo 115 de la Ley Fundamental incluye el derecho al uso, goce, disfrute y disposición de los bienes, y este derecho, al igual que se hacía en la Carta de 1961, "estará sometida a las contribuciones, restricciones y obligaciones que establezca la ley con fines de utilidad pública o de interés general". Las expropiaciones sólo podrán ser efectuadas por causa de utilidad pública o interés social, mediante sentencia firme y pago oportuno de justa indemnización. Igualmente se mantiene la prohibición de que se decreten o ejecuten confiscaciones salvo en los casos permitidos por la Constitución (art. 116) y se amplían, con respecto a la Ley Fundamental de 1961, los casos excepcionales en que la ley podrá regular confiscaciones. Como en la Constitución de 1961, se declara que no se permitirán monopolios (art. 113).

Como puede verse, no hay diferencias de fondo en cuanto a los derechos económicos consagrados en el texto de 1999, con respecto a la Carta de 1961. Pero en el ejercicio de estos derechos, desde el comienzo del régimen, se presentaron numerosos casos de infracciones a lo dispuesto en la Constitución, por obra de funcionarios públicos o de partidarios del régimen, estimulados por aquellos, como ocurrió con las invasiones, ocupaciones y, en general, la privación que se hacía y se hace a las personas de su propiedad –las fincas en primer lugar–, sin fundamento legal, sin seguir el procedimiento establecido, sin esperar a la sentencia definitiva y sin pagar la justa y oportuna indemnización.

En el fallido proyecto de reforma de la Constitución de 2007 se expresaba el propósito de establecer en Venezuela un régimen socialista y entre otros aspectos, se eliminaba la norma que consagra la libertad de industria y comercio (art. 112) y, en su lugar, con el mismo número de artículo, se introducía un texto completamente diferente, conforme al cual el Estado promoverá "el desarrollo de un Modelo Económico productivo", para lo cual "fomentará y desarrollará distintas formas de empresas y unidades económicas de propiedad social…creando las mejores condiciones para la construcción colectiva y cooperativa de una Economía Socialista". Con respecto al derecho de propiedad, que se garantiza en el artículo 115, en el proyecto se eliminaba la norma sobre los atributos que la componen (uso, goce, disposición y disfrute de los bienes), se establecía la figura de la ocupación previa, mientras se cumpliera el proceso de expropiación, que ya existía en la ley, pero sin la obligación de consignar el precio que resultara del avalúo que debía hacerse del bien, y se regulaban diversas formas de propiedad: la propiedad pública, la propiedad social, indirecta o comunal, la propiedad colectiva y la propiedad privada. Esta última se definía como "aquella que pertenece a personas naturales o jurídicas y que se reconoce sobre bienes de uso, consumo, y medios de producción legítimamente adquiridos, con los atributos de uso, goce y disposición y las limitaciones y restricciones que establece la ley", lo que significaba que el contenido del derecho de propiedad no formaría parte de la garantía constitucional sino que lo definiría la ley.

Pero además de continuar con las infracciones de hecho a las garantías constitucionales, desde los inicios de 2007 el régimen comienza a configurar un ficticio orden jurídico encaminado a instaurar el socialismo en el país, partiendo del supuesto –errado– de que el proyecto de reforma de la Constitución de ese año sería aprobado. Por ello, comienza este proceso con la promulgación del Decreto Nº 5.197, con Rango, Valor y Fuerza de Ley Especial de Defensa Popular contra el Acaparamiento, la Especulación, el Boicot y cualquier otra conducta que afecte el Consumo de los Alimentos o Productos sometidos a Control de Precios), publicado en la *Gaceta Oficial* de la República Bolivariana de Venezuela Nº 38629, de fecha 21 de febrero de 2007, en el cual, excediéndose del marco de la ley habilitante, el Ejecutivo estableció disposiciones que infringen las garantías económicas, prevén sanciones de diversa naturaleza y tipos delictivos, los cuales están reservados al legislador, y desconoce la garantía constitucional del debido proceso. En el mismo sentido, con igual apreciación errada, en septiembre de ese año el gobierno aprueba el Proyecto Nacional Simón Bolívar, Primer Plan Socialista (PPS), en el que define explícitamente el propósito de establecer un régimen socialista.

Una vez fracasado el proyecto de reforma constitucional de 2007, el régimen decide actuar como si dicho proyecto hubiera sido aprobado, emite leyes que desconocen las garantías constitucionales y, en el ámbito económico, establece trabas y cortapisas a la actividad de los particulares, como las contenidas en el decreto ley que contiene la Ley Orgánica de Precios Justos, de 23 de enero de 2014, reformada mediante decreto ley Nº 1.467, del 18 de noviembre de 2014, y el decreto Nº 1.415, del 13 de noviembre de 2014, con rango, valor y fuerza de Ley Antimonopolio, la cual deroga la Ley para Proteger y Promover el Ejercicio de la Libre

Competencia, publicada en *Gaceta Oficial* de la República de Venezuela N° 34.880, del 13 de enero de 1992. A las nuevas leyes, que tienen por objeto restringir la libertad de acción de las empresas y someterlas a múltiples regulaciones y controles, hasta convertirlas prácticamente en organismos dependientes del Estado en una relación jerárquica, se unen, además de los efectos del control de precios, las dificultades para el acceso a las divisas, pues el control de cambio establecido deja en manos de los funcionarios el otorgamiento de lo que en la práctica ha pasado a ser un beneficio que puede ser concedido discrecionalmente. Pero además, hay que considerar los incrementos de los costos laborales y los efectos negativos sobre la productividad de las empresas que ha traído la promulgación de la Ley Orgánica del Trabajo, los Trabajadores y las Trabajadoras, de mayo de 2012, con la reducción de la jornada laboral y los dos días libres continuos de descanso para quienes trabajan sábado y domingo, y los decretos sobre inamovilidad laboral. "Mientras que la inamovilidad, según Fedecámaras, acentuó el ausentismo (se calcula que está en 30%, en promedio), propició lo que los empresarios llaman el presentismo: empleados que asisten a sus puestos de trabajo pero con niveles de productividad casi nulos".[159] Por otra parte, leyes como la antimonopolio, que vista superficialmente luce beneficiosa, pues incluso en los Estados Unidos desde comienzos del siglo XX se ha legislado para proscribir los monopolios, oligopolios, carteles y demás mecanismos que impiden la libre competencia, en Venezuela se utiliza para contravenir el ordenamiento constitucional. En efecto, en el artículo 299 de la Constitución de 1999 se determina que "El Régimen Socioeconómico y la función del Estado en la Economía", se fundamenta, entre otros principios, en la **libre competencia**, pero esta noción fue sustituida en la ley citada por la de competencia justa, pues para el régimen que dirige el país, teóricamente, la obtención de beneficios económicos, que aparecía consagrada en la Ley de Procompetencia, ha sido considerada como contraria a "El supremo compromiso y voluntad de lograr la mayor eficacia política y calidad revolucionaria del socialismo…", objetivo establecido en la Exposición de Motivos del decreto Ley Antimonopolio. Por supuesto que para lograr los propósitos que se expresan, y que no son iguales a los que se practican, es necesario que previamente se logre formar "el hombre nuevo" que propugnaba el Che Guevara.[160] Mientras tanto, la industria nacional está operando a menos de la mitad de su capacidad instalada, los índices de escasez han subido tan

---

[159] http://www.el-nacional.com/politica/propiedad-privada-letra-muerta-magna_0_538746316.html

[160] Ernesto Guevara: *El socialismo y el hombre nuevo*. Siglo XXI Editores. México, 1977, p. 429.

vertiginosamente que el Banco Central de Venezuela suspendió la divulgación de dichos índices desde marzo de 2014, en momento en que estaba en 29,4%, mientras que en los fármacos, según la industria farmacéutica, pasan del 60%. El parque automotor no se renueva sino para los validos del régimen y los vehículos se paralizan progresivamente por la ausencia de repuestos, mientras los habitantes del país pasan muchas horas del día peregrinando y haciendo colas para conseguir determinados alimentos, productos de arreglo personal y la mayor parte de las medicinas, los cuales se encarecen día a día, cuando se logran obtener, y la imposibilidad de conseguir pasajes al exterior impide que las familias, dispersas por la emigración a que se han visto sometidas, puedan reunirse, aunque sea momentáneamente, todo ello en violación de la garantía constitucional de que "Todas las personas tendrán derecho a disponer de bienes y servicios de calidad..." (art. 117).

En definitiva, el socialismo que se ha venido instaurando en Venezuela no significa la estatización ni la socialización de los medios de producción, las cuales fracasaron en todos los países que la ensayaron (socialismo del siglo XX), sino una política aparentemente ética encaminada a limitar, en forma selectiva, la productividad de determinadas empresas, hasta llevar al cierre a las unidades productivas reacias a apoyar el régimen neopatrimonialista entronizado en Venezuela. En otras palabras, ya lo hemos dicho, el socialismo en Venezuela es una estrategia para mantener en el poder a un régimen político personalista, autoritario y corrupto, sin importar las consecuencias negativas que ello acarree al sistema productivo del país y a la mayor parte de las familias venezolanas.

b) LOS DERECHOS SOCIALES

La garantía de los derechos sociales de las personas y de las familias es la punta de lanza del discurso populista para entronizar al régimen en el poder y para mantenerlo en el disfrute de sus privilegios. Pero cuando pasa el tiempo suficiente para ver sus resultados, no queda duda de que, en realidad, se trata de un inmenso fraude político.

1. Las misiones y los derechos sociales

Cuando se inicia el régimen de Chávez no había dinero suficiente para realizar una política de transferencias de recursos a los grupos más pobres del país, por la situación prolongada de baja en los precios del petróleo que se había producido en los años anteriores. No obstante, el gobierno pudo organizar un programa asistencial de emergencia con el apoyo de la fuerza armada, el llamado Plan Bolívar 2000, al cual nos hemos referido antes y que logró el efecto de crear simpatías de amplios sectores de la población hacia el régimen establecido. Ese Plan debió ser desmontado por los escándalos de corrupción que lo afectaron, y para los años 2002 y 2003 se había producido una notable disminución de la popularidad del caudillo y de su régimen, lo que afectaba la posibilidad de mantenerse en el poder ante el referendo revocatorio que se estaba solicitando. Fue entonces cuando surgió la idea de las misiones, comenzando por la llamada Misión Barrio Adentro, que se creó para la atención ambulatoria en salud de los habitantes de los barrios. En anterior oportunidad nos hemos referido a las circunstancias que dieron origen al proyecto y a la colaboración que brindó el régimen de Fidel Castro en su realización. La figura de las misiones responde al mismo principio del Plan Bolívar 2000: es un programa transitorio para dar respuesta con resultados de corto plazo a una necesidad sentida. Esta manera de prestar servicios públicos, y el nombre que se le ha dado, se originó en Francia en los años cincuenta, con lo que se denominó *administration de mission*. Para el exministro francés Edgar Pisani,[161] la administración de misión surge como una necesidad cuando hay una burocracia permanente y rígida que carece de la flexibilidad y capacidad para dar respuesta oportuna a cometidos nuevos, como ocurre con la administración militar de carácter territorial y con la administración eclesiástica diocesana. En caso de guerra, esa administración militar tradicional, que tiene sus funciones propias, es incapaz de realizar tareas operacionales, por lo que ha sido necesario establecer los teatros de operaciones. En igual sentido, para que la Iglesia pueda llevar adelante tareas de evangelización, ha tenido que crear congregaciones, para cuyos integrantes lo importante es el servicio que prestan y no el beneficio que podrían percibir, la **misión** que cumplen y no el cargo que desempeñan, a diferencia de lo que generalmente ocurre en la administración eclesiástica tradicional. Trasladado ese concepto a la Administración Pública, la organización de misión se inspiró en la modalidad que asumió la tarea de desarrollar el Valle del Tennessee, en los Estados Unidos, a partir de 1933, durante el gobierno de Franklin Delano Roosevelt. La idea inicial fue la de crear un grupo de trabajo o fuerza operativa (Task Force o TF) dependiente del gobierno federal para diseñar y ejecutar un vasto programa de desarrollo a lo largo del Río Tennessee, que cubría ocho Estados de la Unión, el cual se refería principalmente a la generación de hidroelectricidad, pero que cubría muchos aspectos como agricultura, turismo, navegación, promoción de industrias, etc., para lo cual existían dificultades jurídicas y políticas particulares por el carácter federal de los Estados Unidos. En

---

[161] Edgar Pisani: "Administration de gestion, administration de mission" en *Revue française de science politique*, Año 1956, Volumen 6, Número 2, pp. 315-330, consultable en:
http://www.persee.fr/web/revues/home/prescript/article/rfsp_0035-2950_1956_num_6_2_402692

Francia, la figura de la *administration de mission* se utilizó sobre todo en programas de ordenación del territorio, tanto en la sede metropolitana como en las colonias, y se caracterizó por la asignación de funcionarios adscritos a diversas dependencias públicas para conformar estructuras transitorias, ligeras y económicas, aunque en ocasiones se generaban fricciones con la administración tradicional (*administration de gestion*).

En el caso venezolano, como antes dijimos, la figura de la misión surge ante la coyuntura del referendo revocatorio con la finalidad de conquistar simpatías hacia el Presidente de la República y no para resolver en forma definitiva una necesidad social. La Misión Barrio Adentro se pudo organizar por la participación de médicos cubanos puestos a disposición del gobierno venezolano por el régimen de Fidel Castro, con un doble propósito para este: ayudar a un aliado político en dificultades y obtener un provecho económico importante en divisas. Desde hacía mucho tiempo se tenía el convencimiento de que para enfrentar los problemas de salud era necesario poner más acento en la atención primaria, pero el establecimiento de ambulatorios en los barrios planteaba el problema, entre otros, del ambiente de violencia e inseguridad que allí reina desde hace muchos años, lo que hacía difícil que médicos egresados de Universidades venezolanas estuvieran dispuestos a correr el riesgo de ejercer sus funciones en estas zonas, dado que ni siquiera la remuneración que se les ofrecía era un estímulo para hacerlo. Muchos de los médicos venezolanos venían de esos mismos barrios, pero tenían la lógica aspiración de mejorar su calidad de vida. En cambio, para los cubanos, prestar servicios en un barrio caraqueño, con una remuneración pequeña para ellos (no para Cuba), pero muy superior a la que podían obtener en su país de origen, era un mejoramiento importante para su nivel de vida. Porque la Misión Barrio Adentro pudo constituirse en Venezuela gracias al fracaso de la revolución cubana, en una forma que guarda paralelismo con el incremento de profesionales de la medicina venezolanos, bien formados, con que se han visto favorecidos países avanzados, donde impera la economía de mercado y el pluralismo político, gracias al fracaso de la revolución venezolana.

La misión, en Venezuela, es parte del discurso populista para instaurar el régimen neopatrimonialista. Luis Bravo Jáuregui, uno de nuestros principales especialistas en el tema educativo, ha expresado que "Las misiones en general y las educativas en particular, son un deliberado y ampliamente publicitado intento para hacer que más venezolanos traspasen la línea funesta que demarca la pobreza del bienestar personal, la inclusión de la exclusión, articuladas a los anhelos sentidos de igualdad social y política a que aspiran las mayorías, interpretadas por el discurso político de la igualdad irrestricta y sin límites, más allá de la lucha permanente contra los factores internos y externos que conspiran contra la felicidad del pueblo venezolano".[162] Pero, agrega este autor, dado que "Las misiones se presentan, desde el gobierno, como una dádiva del Presidente, para saldar una deuda en términos de acreditación y dinero contante y sonante, o por intermedio de créditos, tierras o cualquier otro bien material al cual la gente, que poco tiene, aspira inmediatamente", de allí se sigue que "las Misiones no son, en esencia, un problema técnico o político-educativo, son un negocio de conveniencia política, un problema de sostenimiento del poder o de ampliación de su legitimidad por intermedio de acciones de alta rentabilidad en términos de votos o adhesiones en el mercado de la controversia democrática por el poder de gobierno, son un asunto político para hacer política-política, o política pura para conservar o ampliar la detención del poder, en su más cruda acepción". Por ello, las misiones "Quieren ser un instrumento rápido de inclusión social y terminan siendo una política social de largo plazo de dudosa factura frente a sus expectativas declaradas".[163]

Al prolongarse en el tiempo, las misiones pasan a ser estructuras paralelas a instituciones públicas que tienen asignada por ley la prestación de los servicios a que ellas se refieren. En tal sentido, señala Bravo Jáuregui, "El gran cambio radica en que se utiliza una estrategia distinta a la tradicional, se recurre a instituciones fuera del sistema o que no es su labor primigenia la asignada. La misión Robinson es liderizada por el INCE por delegación de la Presidencia como operativo cívico-militar...La misión Rivas se le asigna a la empresa estatal petrolera PDVSA y a la empresa eléctrica nacional (Cadafe), en lo que corresponde a los roles esenciales de liderazgo y ejecución. La misión Sucre, destinada a universalizar la escuela superior, resulta ambigua pues a veces corre a cargo del Ministerio de Educación Superior y otras a la recién creada Universidad Bolivariana de Venezuela, antes Universidad Popular Bolivariana".[164] La desvinculación de la actividad de las misiones con la de los servicios tradicionales (los que los franceses llaman "administración de gestión") impide la planificación del sector en su conjunto, genera incoherencias y dispendio de recursos y repercute negativamente en la calidad de los servicios. No obstante, esas figuras siguen dando dividendos políticos, hasta que llega la caída de los precios del petróleo.

---

[162] Luis Bravo Jáuregui: *La educación en tiempos de Chávez*, Los libros de El Nacional, Caracas, 2006, pp. 105 y 106.
[163] *Idem*, pp. 114, 116 y 119.
[164] *Idem*, p. 113.

2. Las misiones y la prestación de servicios de salud

Al mismo tiempo que se fortalecía la misión Barrio Adentro, los hospitales públicos declinaban: secciones y pabellones cerrados durante años, mientras se realizaban unas interminables remodelaciones con unos costos descomunales, médicos bien preparados que no pueden cubrir sus gastos con sueldos cercanos al salario mínimo y que buscan mejores condiciones de trabajo en el exterior, creciente escasez de equipos, medicinas y materiales, que no se producen en el país ni hay asignación de divisas para importarlos.

Con la llegada del año 2014, la situación caótica de los servicios de salud se acentúa: la mayoría de los hospitales públicos muestran su planta física en ruinas por escasez de mantenimiento; los equipos médicos dañados y sin posibilidades de repararlos, por obsolescencia, por ausencia de mantenimiento o por falta de divisas; "escasez de medicinas que llega al 90% y de insumos médicos al 80%, falta de insumos de aseo, la mayoría de los quirófanos paralizados por encontrarse dañados los aparatos de aire acondicionado. En Venezuela hay alrededor de 40.000 personas esperando para ser intervenidas quirúrgicamente en hospitales, pacientes con enfermedades hematológicas que tienen que esperar hasta seis meses para que les hagan el correspondiente estudio para la medición del progreso de leucemias, se carece de agujas de biopsia para aspirar médula ósea, no hay posibilidad de diagnosticar enfermedades hemato-oncológicas".[165] Para ese año se producen en Venezuela epidemias como el dengue y la chicungunya, que sorprendió al gobierno sin haber tomado previsiones (aún sencillas como la fumigación masiva y la compra de medicinas como el acetaminofén, en buen estado), que afectan a grandes sectores de la población y ante lo cual el gobierno se niega a reconocer la situación y a publicar las estadísticas.

Por las situaciones señaladas, a las cuales no podemos referirnos con detalle, Venezuela ha incumplido las metas del milenio, a pesar de que el país ha dispuesto del capital humano para hacerlo y de que los ingresos de la renta de hidrocarburos, de haber sido bien utilizados, han podido convertir a nuestro país en un ejemplo para el mundo. En efecto, los 189 países miembros de la Organización de Naciones Unidas fijaron en el año 2000 los llamados Objetivos de Desarrollo del Milenio, también conocidos como los Objetivos del Milenio (ODM), que son ocho propósitos de desarrollo humano, conforme a los cuales se comprometieron a, por lo menos, reducir a la mitad, para fines de 2015, los indicadores que exis-

---

[165] http://cronicasvenezuela.com/2014/10/21/la-salud-en-terapia-intensiva-por-humberto-marcano-rodriguez-r-e-f-l-e-x-i-o-n-e-s-d-e-m-o-c-r-a-ti-c-a-s/

tían en 1990 y que afectaban la calidad de vida de sus habitantes. Tres de los ocho objetivos del milenio se refieren al ámbito de la salud: mejoramiento de la salud materna, reducción de la mortalidad de los niños menores de 5 años de edad y combate del VIH/sida, la malaria y otras enfermedades. "En las tres áreas Venezuela tuvo retrocesos que no le permitirán cumplir con el acuerdo mundial", concluye la investigación realizada por la periodista Lissette Cardona.[166] "La tasa de mortalidad materna debía disminuir en 75% en el lapso fijado. Para 1990 la tasa era de 58,9 por cada 100.000 nacidos vivos, equivalente a 338 muertes. Aunque la tasa de 2014 no se puede calcular porque Min Salud no publica los datos de natalidad desde 2009, los datos del último Boletín Epidemiológico del ente precisan que hasta el 1 de noviembre de 2014 se habían producido 331 decesos, apenas 7 menos que hace 25 años, aunque aún restaban en esa fecha 8 semanas para el cierre del 2014". Por otra parte, "En 2010 fallecieron 5.945 bebés antes de cumplir un año de edad. En 2011 hubo 5.878, en 2012 hubo 7009. En 2013 murieron 7.304 niños, y hasta el 1 de noviembre de 2014, se contaron 6.454 decesos, un total de 148 muertes más que las registradas hasta la misma fecha de 2013". Agrega el Informe al que nos referimos que "En el control de la malaria también hubo un retroceso. En el Informe Mundial de Paludismo de 2014, la ONU señala que Venezuela tiene 18% de los casos de la región y que es el único país que no logró controlar la enfermedad. Al finalizar 1990, año base para los ODM, en el país se habían contado 46.910 casos de paludismo, en el año 2000 hubo 29.000 afectados. Sin embargo, según el Boletín de Salud Ambiental, con datos hasta el 13 de diciembre de 2014, van 85.868 casos acumulados…El análisis de la situación del control de las infecciones y muertes por VIH tampoco es alentador. De acuerdo con el informe del gobierno a Onusida en 2014, la prevalencia en personas de 15 años de edad y más aumentó de 0,47%, en 2004, a 0,56%, en 2013. Señalan que entre 2002 y 2011 ocurrieron 15.914 muertes, es decir, 59% del total de muertes de personas con el síndrome desde el primer reporte en 1983"[167].

Por otra parte, los servicios de salud se encuentran en terapia intensiva, dice el gobernador de Miranda Henrique Capriles: "Hoy nuestro pueblo se ve obligado a recorrer farmacia tras farmacia con la esperanza de conseguir, en esa injusta peregrinación, la medicina que alivie su malestar, mejore su salud o cure su patología. Vitaminas no hay, así como tampoco se consiguen antialérgicos, antibióticos, antipiréticos y analgésicos como

---

[166] Lissette Cardona: "Indicadores en salud advierten fracaso", El Nacional, Caracas, 4 de enero de 2015. http://www.el-nacional.com/sociedad/Indicadores-salud-advierten-fracaso_0_549545146.html

[167] *Idem*

el acetaminofén, necesario para la fiebre, el dolor moderado y para calmar los síntomas que presentan los pacientes con dengue clásico o chikungunya, que hoy tenemos en nuestra Venezuela...Quedó claro, con esas nefastas declaraciones, que para este gobierno el deplorable estado de los 302 hospitales y 4.618 ambulatorios que hay en nuestra Venezuela, no es una alarma. Así como tampoco lo es la falta de insumos y equipos médicos, los homicidios ocurridos en las emergencias o quirófanos de algunos centros asistenciales, ni la migración de lo más valioso que tiene un país, que es su recurso humano. Nos referimos a los médicos, enfermeras, bioanalistas y otros profesionales de la salud que se han ido de nuestra Venezuela buscando no solo oportunidades, sino mejores condiciones laborales".[168] El Universal, de su lado, informa el 19 de enero de 2015 que "Los primeros días de enero agarraron al Hospital J.M. de Los Ríos sin inyectadoras, obturadores, yelcos, epamin (medicamento para la epilepsia) y clorotrimetrón (para la rinitis). Además, remodelaciones incompletas afectan su operatividad...El área de cirugía plástica no está aceptando quemados porque la van a remodelar". Asimismo, dice la información, "Para el Hospital Universitario de Caracas (HUC) 2015 arrancó con el cierre del Servicio de Cirugía Cardiovascular por falta de insumos y medicamentos y hay 800 personas esperando intervención cardíaca. Entre noviembre y diciembre, al menos trece personas hospitalizadas en esta área fallecieron esperando operación, según el oncólogo José Manuel Olivares...El laboratorio del HUC funciona a medias por la ausencia de reactivos, no hay antibióticos y desde que comenzó el año no se han podido realizar cirugías pediátricas por falta de insumos, mientras los médicos del Hospital siguen siendo objeto de asaltos.[169] Se intentó conocer la versión del director del HUC, José Miguel España, pero no fue posible".[170] En este mismo informe María Yanes, presidenta de la Red de Sociedades Científicas, recordó que "el antiguo Pérez de León de Petare recibió 2015 con un cartel en la entrada donde se leía: 'No hay médicos de ninguna especialidad'. Hace más de un mes sus dos quirófanos están inactivos por falta de médicos e insumos. Solo hay tres traumatólogos y un pediatra. El hospital de El Algodonal repite el drama de la mayoría de los centros de salud. El suministro de insumos no se hace de forma regular. En la Maternidad de este hospital no está funcionado el quirófano por remodelación, además el déficit de personal en las áreas de Anestesiología, Pediatría y Neonatología afecta la operatividad del centro." Por otra parte, Yanes plantea que urge asignar un

---

[168] http://www.2001.com.ve/con-la-gente/capriles--la-salud-en-venezuela-esta-en-terapia-intensiva.html

[169] http://noticiasdiarias.com.ve/2015/01/siguen-los-asaltos-medicos-en-el-hospital-clinico/

[170] http://www.eluniversal.com/caracas/150119/2015-arranca-con-falta-de-personal-y-material-medico

presupuesto acorde con las necesidades de cada hospital y "resaltó que el Presupuesto aprobado para la Salud en 2015 es deficiente: Bs 54 mil millones, lo que equivale a 1.6% del PIB, cuando la OMS establece que un país debe invertir entre 6 y 8 por ciento de su PIB en Salud. Precisó que faltan más de 35 mil rubros en insumos médicos quirúrgicos y que hay un déficit de 70% de medicamentos en el Distrito Capital". Los más afectados, dice, son los pacientes cardiovasculares, asmáticos y oncológicos.

La prensa del 30/1/2015 reseña que "La escasez de insumos hospitalarios abarca el 80% de los ítems de uso cotidiano e incluso se están reutilizando marcapasos cardíacos donados por familiares de fallecidos, dijo el director ejecutivo de la Asociación Venezolana de Clínicas y Hospitales (AVCH)".[171]

3. El derecho a la educación

Sobre los servicios de educación el investigador Luis Bravo Jáuregui advirtió que "pese a los anuncios gubernamentales sobre aumento de la matrícula estudiantil, la primaria es el nivel de mayor precariedad institucional, pues muestra una dinámica de escolarización estancada". En 14 años, la tasa de matriculación escolar en primaria en Venezuela ha aumentado solo 1,2%, mientras que en las regiones en desarrollo el aumento promedio de esa tasa ha sido de 7%, según el informe 2014 de la ONU sobre los Objetivos de Desarrollo del Milenio. De acuerdo al Informe "La escolaridad en Venezuela 2014", elaborado por Memoria Educativa Venezolana, para el año escolar 2012-2013, 3.124.975 niños estaban escolarizados, mientras que aún 7,8% se encontraba fuera del sistema escolar, es decir 264.369 menores.[172] Por otra parte, según las Memorias y Cuentas del ME, en 16 años, 63.425 niños menos se inscribieron para comenzar la etapa básica, en tanto que la Encuesta Nacional de Juventud, realizada en 2013 por el Instituto de Investigaciones Económicas y Sociales de la Universidad Católica Andrés Bello a 4.500 hogares de todo el país, reveló que 4% de los jóvenes entre 15 y 29 años no culminó la primaria.[173] Según el gobierno nacional en su Informe "Cumpliendo las metas del milenio", el Estado ha desarrollado acciones para fortalecer la capacidad de aprendizaje y promover la escolaridad a través del Programa de Alimentación Escolar (PAE). No obstante, para

---

[171] http://www.lapatilla.com/site/2015/01/30/se-agrava-escasez-de-insumos-hospitalarios-reutilizan-marcapasos/

[172] Andrea Montilla K: "Poco avance en enseñanza primaria universal", El Nacional, Caracas, 4 de enero de 2015, http://www.el-nacional.com/sociedad/avance-ense nanza-primaria-universal_0_549545148.html

[173] *Idem.*

2015, el PAE atenderá 31.396 niños menos que en el año anterior, según el presupuesto educativo de 2015.

Diversos problemas afectan a los servicios de educación en Venezuela. De un lado, la pobreza de las condiciones laborales de los maestros, según se detalla en un estudio de Andrea Montilla para El Nacional. "La precariedad de los salarios de los maestros impulsa el abandono de las aulas en favor de la economía informal o de aventurarse en el exterior. Un docente I gana 5.556 bolívares mensuales, mientras que un docente VI (con estudios de cuarto nivel y más de 25 años de experiencia) devenga 8.235 bolívares, según datos de la Federación Venezolana de Maestros. A ello se suma el deterioro del Instituto de Previsión y Asistencia Social del Personal del Ministerio de Educación y las fallas de atención del seguro HCM del ME, que además solo cubre 50.000 bolívares, precisó el presidente de la FVM, Orlando Alzuru".[174] Ecuador y Colombia han adoptado políticas de captación de recursos humanos de Venezuela, especialmente en el área de la docencia, y a estos efectos les ofrecen remuneraciones que son tres, cuatro o cinco veces lo que ganan en el país. "El departamento de Idiomas del Instituto Pedagógico de Caracas –de donde salieron en promedio 217 profesores de Inglés y 5 de Francés al año entre 2009 y 2012– ha sido uno de los más golpeados por el éxodo de educadores. Aunque no se contabiliza la cantidad de jóvenes que han abandonado el país recientemente, el jefe del departamento, David Durán, aseguró que una importante proporción de sus egresados ha migrado a países latinoamericanos, como Colombia, Ecuador y Chile" se dice en el estudio citado. Asimismo, "Cada vez es más frecuente la llegada de solicitudes de cartas de recomendación y reconocimientos de estudios a la Escuela de Educación de la Universidad Católica Andrés Bello. Son de estudiantes o recién egresados interesados en ejercer su profesión en el extranjero. El director de la escuela, José Juárez, dice que al menos nueve educadores graduados de las menciones de Física y Matemática ya están residenciados en España, trabajando en su área de conocimiento, pues por ser egresados de la UCAB obtienen la homologación inmediata de su título para el país europeo". Lo mismo pasa con los egresados de las carreras científicas que se cursan en Universidades autónomas de Venezuela y en Universidades experimentales de prestigio del país.

Por otra parte, en la materia educativa el gobierno ha tenido, sobre todo en los últimos años, una política explícita de adoctrinamiento de los estudiantes en las escuelas públicas, organizada por especialistas cubanos.

---

[174] http://www.el-nacional.com/sociedad/Precariedad-carrera-docente-migra cion-maestros_0_532146958.html

Dice un diario español en abril de 2914 que "El Gobierno venezolano encargó el año pasado a Cuba más de veinte millones de libros de texto que forman parte de la Colección Bicentenaria y del sistema escolar nacional. Además imprimió la actual Constitución de 1999 ilustrada para los escolares, en cuya portada aparece Hugo Chávez como el autor de la misma".[175] En efecto, en la educación pública se promueve el culto a Chávez, y en el preescolar se obliga a los niños a colorear las imágenes del «comandante supremo». "Leonardo Carvajal, profesor de la Universidad Católica Andrés Bello, indicó a ABC que es «inaceptable» que los nuevos textos escolares presenten a Chávez al mismo nivel y a veces superior que al libertador Bolívar, considerado como el «padre de la patria». Se dice en esta noticia que "Para *Venezuela Awareness*, una Organización no Gubernamental que vela por los derechos humanos y la preservación de las libertades democráticas en el país, los libros tienen un alto contenido de ideología socialista mezclada con el contenido didáctico. La presidenta de esta ONG, Patricia Andrade, asegura que los textos «contienen una alta carga de doctrina ideológica del socialismo». «Los libros llevan a eliminar el pensamiento crítico de los niños y a crear las bases para el adoctrinamiento hacia una ideología única, que es la ideología de la Revolución Bolivariana», agregó Andrade". Por otra parte, los libros, que utilizan para enseñar matemáticas con ejemplos que invocan el socialismo están plagados de errores históricos, por el afán del gobierno de reescribir la historia bajo la óptica de la lucha de clases y el rechazo a los Estados Unidos, tal como lo han denunciado historiadores connotados como Elías Pino Iturrieta, al referirse a la versión de que bolívar fue amamantado por una criolla cubana, lo cual no es cierto.[176]

La situación de la educación superior ameritaría un capítulo aparte. Nos hemos referido antes al acoso incesante del gobierno a las Universidades autónomas, entre las que incluimos a todas las Universidades que eligen sus autoridades, y a la infracción del principio de la autonomía universitaria, elevada a rango de garantía institucional en Constitución de 1999", pero hay otros aspectos que deberían ser analizados. A pesar de que en la Constitución se proclama que "Toda persona se tiene derecho a una educación integral de calidad..." (art. 182), el gobierno ha abierto programas masivos para formar médicos integrales comunitarios (la primera cohorte ingresó a 18.000 bachilleres). Especialistas en el área y docentes de larga experiencia en ciencias de la salud han visto con preocu-

---

[175] http://www.abc.es/internacional/20140428/abci-cuba-imparte-doctrina-marxista-201404271906.html

[176] http://noticiasvenezuela.info/2014/04/35-millones-de-libros-imparten-doctrina-marxista-cubana-en-escuelas-venezolanas/

pación este experimento de masificación educativa que no cuenta con laboratorios, acceso a las prácticas, material de apoyo docente de calidad, relación directa profesor-alumno y personal docente calificado y lo consideran más que el intento de dar respuesta eficiente a las necesidades de los habitantes del país, una estrategia populista de bajo presupuesto para satisfacer aspiraciones de las familias de menores recursos de tener un hijo "doctor". Destacados académicos de la UCV han advertido que los programas de esta carrera son improvisados, que los profesores son extranjeros, de calificación docente no reconocida, que el gobierno no aceptó la asesorías de las Universidades con facultades de medicina para la programación académica y que el gobierno ha reservado los puestos de trabajo en los ambulatorios rurales para los egresados de estos programas, con exclusión de los médicos de las facultades de medicina. En el documento de los académicos a que nos referimos se concluye en que "La Universidad Central de Venezuela se solidariza con las miles de familias cuyos hijos cursan y aspiran al título de Médico Integral Comunitario, y les ofrece, a través de estrategias previamente acordadas con este conglomerado de venezolanos, el análisis y evaluación detallada de la información que les fuera impartida y la búsqueda de posibles soluciones académicas".[177] Ahora bien, el programa está en marcha, no queda sino evaluar sus resultados para emitir una opinión definitiva, pero entretanto no podemos dejar de señalar el perjuicio que le causa al país la emigración de personas formadas en nuestras buenas Universidades por la ausencia de condiciones para llevar una vida segura, que ofrezca posibilidades de mantener una familia y de permitir el libre desenvolvimiento de la personalidad.

En fecha reciente el gobierno ha acometido una de sus fechorías más dañinas para el futuro del país. El 16 de diciembre de 2014, el Ministro para Educación Universitaria, Ciencia y Tecnología presentó al Consejo Nacional de Universidades (CNU), sin conocimiento previo de los rectores, un proyecto de normas para el ingreso de nuevos estudiantes en las Universidades Nacionales, en el que se establecen como variables para la admisión: el 50% de acuerdo al promedio de las notas de los cuatro primeros años de bachillerato; el 30% de acuerdo a la situación socioeconómica del aspirante, para favorecer a los más pobres; el 15% según la ubicación territorial del solicitante y el 5% según las actividades del estudiante en su comunidad. Estas normas, aprobadas por mayoría de integrantes del CNU, además de que usurpa atribuciones de los Consejos Universitarios, pues la Ley de Universidades en su artículo 26,9 les da competencia para "Fijar el número de alumnos para el primer año y determinar los procedimientos de selección de aspirantes...", viola la au-

---

[177] http://ucvnoticias.ucv.ve/?p=126

tonomía universitaria consagrada en el artículo 109 de la Constitución y desconoce normas del máximo rango, contenidas en la Constitución y en Tratados Internacionales, relacionadas con el servicio público de educación, en las que se establece el mérito académico como único criterio de ingreso a la educación superior, y sobre los derechos de los estudiantes, particularmente la garantía de que "Toda persona tiene derecho a una educación integral, de calidad, permanente, en igualdad de condiciones y oportunidades, sin más limitaciones que las derivadas de sus aptitudes, vocación y aspiraciones" (art. 103 de la Constitución). Con base en los nuevos criterios, en la segunda quincena del mes de mayo de 2015, el Ministro mencionado envió a las Universidades autónomas el archivo digital con la lista de los bachilleres asignados por carreras a cada Universidad, en el cual se evidenció que numerosos estudiantes con las máximas calificaciones había sido excluidos del ingreso a la Universidad pública, por el solo hecho de provenir de colegios privados, sin estudiar los sacrificios que había hecho la familia respectiva para costear esos estudios. La situación fue particularmente injusta para los estudiantes con trayectoria de excelencia que aspiraban a ingresar en la carrera de Medicina, la cual solo se imparte en Universidades públicas. Estas disposiciones, que consagran lo que la gente califica como un "Dakazo académico" con vista a las elecciones parlamentarias de diciembre, han sido demandadas de nulidad ante los tribunales competentes, pero no se alientan esperanzas de lograr una sentencia acorde con el ordenamiento legal y constitucional, dado el sometimiento al régimen de los jueces del país.

4. El derecho a un nivel de vida adecuado

Aun cuando en la Constitución de 1999 se incluye un elenco impresionante de derechos de las personas, no hay una referencia específica al derecho a un nivel de vida adecuado (como no sea para la población campesina en el artículo 306) como sí lo hay en la Declaración Universal de los Derechos Humanos, aprobada por la Asamblea General de las Naciones Unidas el 10 de diciembre de 1948 en París, en cuyo artículo 25, inciso 1, se expresa que "Toda persona tiene derecho a un nivel de vida adecuado que le asegure, así como a su familia, la salud y el bienestar, y en especial la alimentación, el vestido, la vivienda, la asistencia médica y los servicios sociales necesarios; tiene asimismo derecho a los seguros en caso de desempleo, enfermedad, invalidez, viudez, vejez u otros casos de pérdida de sus medios de subsistencia por circunstancias independientes de su voluntad". El derecho a un nivel de vida adecuado implica la obligación del Estado de luchar contra la pobreza y de garantizar, entre otros, el derecho a la alimentación.

1.1 La lucha contra la pobreza

En el aspecto que el gobierno ha publicitado más como es el de la reducción de la pobreza, la situación es la siguiente: aparentemente Venezuela había cumplido con uno de los Objetivos del Milenio de la Organización de las Naciones Unidas en 2006: reducir la pobreza extrema a la mitad de la existente en el año 1990, cuando se ubicaba en 24%. Nueve años antes de que se cumpliera el plazo, el índice se ubicó en 11,1% y continuó descendiendo hasta 7,1% en 2012. Esas son las cifras aportadas por el gobierno nacional en el informe Metas del Milenio 2012. No obstante, "en tan solo un año se encendieron las alarmas. Números aportados por el Instituto Nacional de Estadística revelaron que en 2013 el indicador de pobreza extrema se incrementó a 9,8%, lo que se traduce en que 733.000 venezolanos pasaron a vivir con menos de un dólar diario (según estándares internacionales). Lo que se logró a mediados de la década pasada, podría revertirse".[178] Según la Comisión Económica para América Latina y el Caribe (CEPAL), "en Venezuela, la tasa de pobreza aumentó 6,7 puntos porcentuales entre 2012 y 2013 (del 25,4% al 32,1%) y la tasa de indigencia 2,7 puntos porcentuales (del 7,1% al 9,8%) en el mismo período, según el informe Panorama Social de América Latina 2014, que incluye cifras por países hasta el 2013 y generales para la región hasta 2014".[179] Dice este Informe que, en la región, el año 2014 "terminó con un 28% de los latinoamericanos viviendo en situación de pobreza, unos 167 millones de personas, apenas 0,1 puntos porcentuales menos que en 2013". Resulta insólito que, con la riqueza que ha administrado el gobierno, el índice de pobreza de Venezuela (32,1%) en 2013 sea superior al promedio de América Latina y el Caribe (28%), teniendo en cuenta que, para ese momento, los precios del petróleo se cotizaban en muy altas cotas. Esta situación de incremento de la pobreza se debe a que no ha habido realmente una política del gobierno de solventar esta situación, por lo cual las personas de menores recursos son particularmente vulnerables a los efectos de la inflación y del desabastecimiento o escasez de productos de primera necesidad, que son los que tienen mayor incidencia en el presupuesto de los más pobres. El país no produce lo necesario para atender en un porcentaje significativo a sus necesidades y las posibilidades de importar lo requerido se cierran cada vez más por la disminución de la disponibilidad de divisas del gobierno, el cual debe destinar una fuerte cantidad para el pago de la deuda. Por ello, se disminuyen las posibilidades de importar, entre otros rubros, alimentos y bienes de limpieza para el hogar y arreglo personal, los cuales a veces se consiguen con notables sobrepre-

---

[178] http://www.el-nacional.com/sociedad/logros-reduccion-pobreza-disiparon_ _549545150.html

[179] http://m.eluniversal.com/economia/150126/cepal-pobreza-en-venezuela-au mento-67-entre-2012-y-2013

cios en el mercado negro. Según cifras del Centro de Documentación y Análisis Social de la Federación Venezolana de Maestros (Cendas), el precio de la Canasta Básica Familiar para cinco personas subió a Bs. 35.124 en el mes de marzo del 2015,[180] y en el mes de mayo ascendió a 42.86,91, lo que significa que se requieren 6,4 salarios mínimos para adquirirla.[181] Ahora bien, la estrategia neopopulista criolla para mantenerse en el poder implica que se destinan importantes recursos para las personas de escasos recursos, que son la mayoría en el país, pero dentro de ciertos límites. Claramente lo expresó el Ministro de Educación, Héctor Rodríguez, cuando al referirse a la campaña para la erradicación de la pobreza dijo: "no es que vamos a sacar a la gente de la pobreza para llevarlas a la clase media y que pretendan ser escuálidos."[182] En el mismo sentido, en una entrevista que le hizo la periodista Carla Angola al General Guaicaipuro Lameda, un oficial de los más brillantes como estudiante en la Academia Militar y como cursante de postgrado en los Estados Unidos, este expresó que en una oportunidad, siendo Presidente de PDVSA en el gobierno de Chávez, tenía pautada una reunión del Presidente con otros altos funcionarios, y en la antesala de la oficina presidencial en Miraflores conversó con Jorge Giordani, le comunicó algunas observaciones sobre la política económica del gobierno y le dijo que "Si en verdad queremos acabar con la pobreza, es imprescindible que se genere riqueza y que se diseñen mecanismos adecuados para que su distribución sea justa y equitativa, y eso tampoco lo veo". Ante esto, Lameda expresa que Giordani le había dicho: "Mire, General, usted todavía no ha comprendido la revolución. Se lo explico: Esta revolución se propone hacer un cambio cultural en el país, cambiarle a la gente la forma de pensar y de vivir, y esos cambios sólo se pueden hacer desde el poder. Así que lo primero es mantenerse en el poder para hacer el cambio. El piso político nos lo da la gente pobre: ellos son los que votan por nosotros, por eso el discurso de la defensa de los pobres. Así que, LOS POBRES TENDRÁN QUE SEGUIR SIENDO POBRES, LOS NECESITAMOS ASÍ, hasta que logremos hacer la transformación cultural. Luego podremos hablar de economía, de generación y de distribución de riqueza. Entretanto, hay que mantenerlos pobres y con esperanza". Ese proceso, le dijo Giordani a Lameda, duraría por lo menos treinta años.[183] La estrategia para mantenerse en poder por largo tiempo es de origen cubano. En la entrevista a que nos referimos le

---

[180] http://www.laverdad.com/economia/73607-canasta-basica-alcanzo-los-bs-35-124-en-marzo.html

[181] http://www.el-nacional.com/economia/Canasta-Basica-Familiar-aumento-Bs_0_651534906.html

[182] El Universal, 25 de febrero de 2014

[183] Léase la entrevista completa en: http://saladeinfo.wordpress.com/2013/02/13/los-pobres-tendran-que-seguir-siendo-pobres-los-necesitamos-asi/

dijo Lameda a Carla Angola: "En la conversación que sostuve con Fidel me dijo de manera clara y sin rodeos: 'Para mantenernos, necesitamos unos 4.000 millones de dólares al año. Más de eso 'estorba', la gente empieza a vivir bien y se acaba el discurso de la pobreza".

1.2   El derecho a la alimentación

Entre los derechos sociales garantizados por nuestra Constitución no se menciona el derecho a la alimentación, pero en el Capítulo sobre el Régimen Socioeconómico y la Función del Estado en la Economía de la Ley Fundamental que nos rige se declara que:

> El Estado promoverá la agricultura sustentable como base estratégica del desarrollo rural integral, a fin de garantizar la seguridad alimentaria de la población; entendida como la disponibilidad suficiente y estable de alimentos en el ámbito nacional y el acceso oportuno y permanente a éstos por parte del público consumidor. La seguridad alimentaria se alcanzará desarrollando y privilegiando la producción agropecuaria interna, entendiéndose como tal la proveniente de las actividades agrícola, pecuaria, pesquera y acuícola. La producción de alimentos es de interés nacional y fundamental para el desarrollo económico y social de la Nación. A tales fines, el Estado dictará las medidas de orden financiero, comercial, transferencia tecnológica, tenencia de la tierra, infraestructura, capacitación de mano de obra y otras que fueran necesarias para alcanzar niveles estratégicos de autoabastecimiento. Además, promoverá las acciones en el marco de la economía nacional e internacional para compensar las desventajas propias de la actividad agrícola (art. 305).

El problema de Venezuela no es el de la falta de declaraciones sobre los derechos sino que las actuaciones del Estado no se encaminan al cumplimiento de esos propósitos, y a menudo están orientadas precisamente a todo lo contrario. Tampoco nos han faltado leyes, porque el 14 de marzo de 2008 el Presidente de la República dictó el Decreto con Rango, Valor y Fuerza de Ley Orgánica de Seguridad y Soberanía Agroalimentaria, pero las medidas del régimen contra los productores agropecuarios, las ocupaciones de fundos sin contraprestación, la confiscación de la principal empresa de asesoría y financiamiento al servicio de los sembradores, como era "Agroisleña", el fracaso de los organismos públicos que han tratado de suplir las funciones de las empresas privadas en ese ámbito, la evidente improductividad en que han caído las haciendas ocupadas por el gobierno o invadidas por pobladores con el apoyo del régimen, la ausencia o insuficiencia de créditos para los productores y la escasez de divisas para importar insumos, son causas importantes de la inseguridad alimentaria del país. Pero lo principal es la política expresamente asumida por el gobierno de debilitar a los productores nacionales mediante la importación de los alimentos. Como si fuera una hazaña, el Ministro de Petróleo y Minería y Presidente de PDVSA, Rafael Ramírez, anunciaba en octubre de 2013 que "Para resolver dos problemas que nos están afectando mucho, que es el tema del desabastecimiento y tiene una importante presión inflacionaria, estamos preparando una ofensiva, una cosa masiva de importación de alimentos". Por su parte, el profesor de la UCV y experto en la materia agroalimentaria Carlos Machado Allison ha expresado que "en Venezuela no se cumplen ninguno de los elementos para la seguridad alimentaria, por el contrario, considera que todos los componentes de la seguridad alimentaria están amenazados". Esos componentes, según el profesor Machado, han sido definidos por la Organización de las Naciones Unidas para la Agricultura y la Alimentación (FAO) como "disponibilidad de alimentos en cantidad suficiente; acceso a ellos, que las personas cuenten con recursos para adquirirlos; utilización biológica de los alimentos que generen valor nutricional; y estabilidad que permita tener acceso adecuado en todo momento". Y agrega que "En el país la seguridad alimentaria se ha sustentado en una política de importaciones masivas, a las que se destinan miles de millones de dólares anuales para garantizar una oferta que cubra la demanda, que en la actualidad luce insuficiente".[184] Por otra parte, "El gobierno controla el abastecimiento de alimentos a partir de su ideología socialista", afirmó Tomás Socías, asesor y ex presidente de la Cámara Venezolana de la Industria de Alimentos. Agregó que "con la liquidación de las divisas el Ejecutivo domina la entrega de insumos para los agricultores. También fija los precios que pagará a los productores del campo por su cosecha, y el que cancelará el consumidor para llevar el alimento a la mesa. Igualmente regula los precios y las ganancias de las empresas. Además, distribuye los alimentos a sus redes Pdval, Mercal y Bicentenario y suprime el despacho a las zonas de su elección con la Guía Única de Movilización de la Superintendencia Nacional Agroalimentaria. El requisito es indispensable para la distribución de los alimentos. El especialista aseguró que con la no emisión 'provocan desabastecimiento de los productos básicos en los destinos que no consideran adecuados, es decir, los contrarios a su ideología'".[185] El experto agrícola Rodrigo Agudo ha afirmado a principios de 2015 que "El presupuesto del Ministerio de Alimentación está enfocado en las necesidades de importación y no en lo que los productores agrícolas requieren para cultivar. El año pasado, la

---

[184] http://www.eluniversal.com/economia/141013/venezuela-incumple-elementos-de-la-seguridad-alimentaria

[185] http://www.el-nacional.com/economia/Gobierno-distribuye-ideologicamente alimentos_0_558544263.html

Comisión de Finanzas de la Asamblea Nacional aprobó créditos adicionales por 22,4 millardos de bolívares (3,5 millardos de dólares) para la compra de alimentos".

En el excelente estudio realizado por un grupo de especialistas venezolanos para las Naciones Unidas sobre "El Derecho a la alimentación en Venezuela", se deja constancia de que "Entre las fábricas o industrias adquiridas por el Estado podemos mencionar: Industrias DIANA, Lácteos Los Andes, Cargil (aceite, arroz, harina, pasta, azúcar, café, leche, margarina, levadura), Molinos Nacionales (Monaca), Agroisleña (Agropatria), red de supermercados CADA (Red de Abastos Bicentenario), sólo por mencionar algunos casos, al pasar al Estado han disminuido su producción en más de un 50%". Asimismo se dice en este estudio que "En el año 2010, en PDVAL MERCAL, incautaron 130 millones de kilos de alimentos descompuestos, dispuestos en contenedores los cuales llegan al país sin un manejo adecuado en la conservación e higiene de los mismos. Además, se ha reportado la presencia de alimentos contaminados o descompuestos que son distribuidos a las escuelas, los cuales son fuente de intoxicaciones alimentarias, que con frecuencia son reportadas por los medios de comunicación, ya que no hay acceso a la información oficial al respecto".[186]

Por otra parte, según cifras oficiales, "El consumo de carne de res cayó 13% entre 2012 y 2014 y el de pollo 9%. Según informe del Instituto Nacional de Estadística (INE) en el primer semestre de 2012 el consumo diario per cápita de carne de res era de 51,64 gramos y en el mismo periodo de 2014 el consumo bajó a 44,62 gramos...La caída en el consumo también se manifiesta en la carne de pollo y pescado: si en el 2012 el venezolano consumía en promedio 81,83 gramos diarios de pollo, en 2014 la cantidad bajó a 74,23 gramos, según se indica en la Encuesta de Seguimiento al Consumo de Alimentos del INE...En el caso del pescado, en 2012 cada venezolano podía acceder a 28,35 gramos, y en 2014 consumió en promedio 24 gramos de pescado fresco". En esta información se agrega que "El análisis de consumo de alimentos que hace el organismo refiere que la adquisición de carne por estrato social disminuye aún más en el sector pobre de la población: el quintil número cinco que agrupa al estrado D y E consumía 50 gramos diarios de carne de res en 2012. Dos años después este sector de la población consume 45 gramos de esta proteína".[187]

---

[186] Ver: http://anales.fundacionbengoa.org/ediciones/2012/2/?i=art4
[187] http://runrun.es/la-economia/182175/las-10-noticias-economicas-mas-importantes-de-hoy-19-de-enero.html

Esta situación se produce en períodos de la mayor bonanza de ingresos (años 2012-2013), en que el gobierno ha dispuesto la transferencia de dinero a los grupos de menores recursos, sobre todo a los partidarios del régimen, pero en una gran medida ese dinero es inorgánico, es el producto de una decisión impuesta al Banco Central de Venezuela de imprimir billetes sin respaldo para saldar deudas internas del gobierno, lo que ha ocasionado un alza descontrolada de los precios, sobre todo de los alimentos. Los beneficiarios de esos recursos lo saben y tratan de adquirir bienes durables para proteger su valor adquisitivo, pero esa es cada vez más una misión imposible. No hay en el mercado oferta de casas o apartamentos, ni de automóviles, ni de electrodomésticos, ni de dólares. Cuando examinamos el efecto "Dakazo", generado por la presencia de miles de personas pretendiendo comprar electrodomésticos, estimulados por la exhortación del Presidente de la República, ese fenómeno lo que hace es revelar la angustia de los poseedores de billetes inorgánicos. Agotados o inexistentes esos productos, la gente en situación de vulnerabilidad económica se vuelca hacia la compra de alimentos de cierta duración de los que habitualmente se consumen por las familias (enlatados como atún, sobre todo) y de artículos de aseo y arreglo personal que cada vez son más escasos, lo que origina inmensas colas en los establecimientos de la Misión Alimentación, las cuales se extienden luego a los supermercados y abastos privados, cuando llega la información de que los productos desaparecidos han llegado, lo que generalmente ocurre por cortos lapsos. En un rasgo de lo que María Gloria Trocello llama el "cinismo republicano", el gobernador de Anzoátegui Aristóbulo Istúriz declara el 21 de enero de 2015 "que las colas en los establecimientos comerciales están basadas en dos razones, la primera se refiere a una 'guerra psicológica' y añadió que 'el que no tiene plata no va a hacer cola. Todo el que hace cola es porque tiene rial'. En segundo lugar indicó que los venezolanos pasan horas en filas porque el producto se encuentra en existencia".[188]

Desvinculado de todo conocimiento de la realidad, el presidente Maduro había manifestado a mediados de 2013 que "La Misión Alimentación cubre 61% de la población, con Mercal, Mercalito, Mercal Obrero, que va a llegar a todas y todos los trabajadores del país y ahora el Mercal Casa por Casa, que va a llevar el mercado completo para su familia, le va a llegar a su casa, además de Abastos Bicentenarios que llega a buena parte

---

[188] http://www.eluniversal.com/nacional-y-politica/150121/aristobulo-isturiz-todo-el-que-hace-cola-es-porque-tiene-dinero

de la clase media venezolana con productos de calidad".[189] Sería interesante saber lo que piensan las personas que pasan jornadas completas para comprar Harina Pan, leche en polvo o pañales para sus bebés, que deben levantarse muy de madrugada o pasar la noche en una cola para adquirir esos productos, o que se ven sometidos a que les marquen un número en el brazo para tener acceso a tales bienes, de la promesa del primer mandatario de llevarle el mercado completo a su casa!

5. El derecho a la vivienda

Una de las innovaciones de la Constitución de 1999 fue la de incorporar en su texto que "Toda persona tiene derecho a una vivienda adecuada, segura, cómoda, higiénica, con servicios básicos esenciales que incluyan un hábitat que humanice las relaciones familiares, vecinales y comunitarias. La satisfacción progresiva de este derecho es obligación compartida entre los ciudadanos y ciudadanas y el Estado en todos sus ámbitos" (art. 82). Pero aún sin estar consagrado como derecho constitucional, en Venezuela, desde hace muchos años ha habido preocupación en los gobiernos por contribuir a solucionar la carencia de viviendas adecuadas que ha afectado a las familias de menores recursos. En este sentido, puede citarse que en 1928 el general Juan Vicente Gómez creó con ese fin el Banco Obrero, el primer instituto autónomo del país, que fue transformado en el Instituto Nacional de la Vivienda (INAVI) en el primer gobierno de Carlos Andrés Pérez; que la obra de Isaías Medida Angarita ha quedado patentizada en el conjunto residencial de El Silencio, obra del eximio arquitecto Carlos Raúl Villanueva; la de Pérez Jiménez en los edificios del 23 de enero, también de Villanueva, y en muchos otros; que es frecuente encontrar en las ciudades importantes del país un "Barrio Obrero"; que son muy abundantes las viviendas rurales construidas desde 1945 a todo lo largo de la geografía nacional, por la actuación de la dirección de Malariología y Saneamiento Ambiental del Ministerio de Sanidad y Asistencia Social; que Caldera hizo de la construcción de 100.000 viviendas por año el aspecto central de su programa de gobierno y que puso su mayor empeño en cumplirlo, a pesar de dificultades financieras y de obstáculos políticos, y que ese propósito fue continuado por los gobiernos siguientes. En 1958 se creó la banca hipotecaria y se autorizó la emisión de cédulas hipotecarias, lo que le dio un gran impulso a la compra de viviendas por personas de ingresos medios y bajos, lo cual era posible por el precio accesible de los inmuebles y por el alto valor adquisitivo de los sueldos, una situación muy diferente a la actual. En los años siguientes los gobiernos

---

[189] http://www.vtv.gob.ve/articulos/2013/06/20/vision-humanista-del-comandante-supremo-consolida-la-soberania-alimentaria-del-pueblo-venezolano-5187.html

otorgaron importantes estímulos para la construcción de "viviendas de interés social". No puede negarse que bajo el gobierno de Chávez la solución del problema de vivienda de los más vulnerables económicamente ha estado en sus prioridades, y que a estos fines creó la Misión Vivienda y luego la Gran Misión Vivienda. Pero entre la obra del régimen autoritario y la de democracia hay importantes diferencias que es necesario destacar.

1. Desde el punto de vista cuantitativo, la construcción de viviendas en la democracia ha sido muy superior a la que se realizó en el autoritarismo. En el estudio que hace el arquitecto Edgar Jaua y que aparece publicado en el libro *Del Pacto de Punto Fijo al Pacto de la Habana* se utiliza un índice que me parece adecuado para hacer las comparaciones: determinar en cada caso el número de viviendas construidas por 1.000 habitantes cada año, conforme a los resultados publicados por la Cámara de la Construcción, el organismo que tenía esa responsabilidad.[190] De allí resultan las siguientes cifras durante la etapa democrática, expresadas en el índice mencionado: en el gobierno de Rómulo Betancourt: 1,80; de Raúl Leoni: 3,76; de Rafael Caldera: 5,43; de Carlos Andrés Pérez: 5,18; de Luis Herrera Campins: 5,43; de Jaime Lusinchi: 4,45; de Carlos Andrés Pérez II: 3,39; de Rafael Caldera II: 3,27. En los primeros años del régimen chavista (1999-2003): 0,83; en el lapso del 2004 al 2012, el gobierno asume las estadísticas de vivienda, y las pone a cargo del Banco Central de Venezuela, y crea la Gran Misión Vivienda con el siguiente resultado oficial: 2,24 por cada mil habitantes. Con posterioridad al estudio a que nos referimos, la prensa informa lo siguiente: "Según los datos que publica el Ministerio de la Vivienda, Pdvsa y los entes ejecutores del área, al cierre de febrero de 2014, culminaron 3.354 viviendas, 70% menos que en el mismo período de 2013 cuando se concluyeron 11.200 soluciones. Aunque las autoridades destacan que desde que arrancó la Misión Vivienda en 2011 se han fabricado más de 551.000 casas, entre 2013 y lo que va de 2014 la construcción ha perdido impulso, lo cual ha incidido en los resultados generales del sector".[191] Por otra parte, se informa que "En ese comportamiento que muestra la producción de unidades habitacionales uno de los factores que más ha impactado ha sido la menor disponibilidad de materiales como cemento, cabillas y agregados. Esas fallas en el suministro de insumos responden a la caída en la producción de las empresas estatales y a las dificultades en la distribución...Los constructores priva-

---

[190] Edgar Jaua: "Viviendas y Urbanismo. Construcción anual de viviendas", en José Curiel (coord.): *Del Pacto de Punto Fijo al Pacto de la Habana, op. cit*, pp. 193 y ss.

[191] http://www.eluniversal.com/economia/140306/70-retrocede-construccion-de-la-gran-mision-vivienda

dos han indicado que actualmente el sector está paralizado no solo por la falta de insumos sino también por la menor inyección de recursos".[192] Sobre el malabarismo de las cifras del gobierno, el ex Decano de la Facultad de Arquitectura, Marcos Negrón, escribe que "señalaba hace pocos días la Cámara Inmobiliaria que, al anunciar la entrega de la vivienda 600.000 para el 14 de agosto (2014), Nicolás Maduro reconocía que apenas han cumplido con el 13% de la meta del año. De acuerdo a las cifras oficiales que ya se verá cuan poco confiables son, entre 2011 y 2013 se habrían entregado 547.936 viviendas, de modo que si estas se restan de las 600.000 supuestamente entregadas hasta el jueves pasado, resulta que durante el curso del año apenas se habrían entregado 52.064 de las 400.000 prometidas para 2014".[193]

2. Las viviendas que construye la Gran Misión Vivienda, en su mayoría, no están precedidas de una planificación urbana, ni toman en cuentas las variables urbanas fundamentales, ni la disponibilidad de servicios públicos (agua, luz, teléfonos, gas, entre otros). Los edificios generalmente no cuentan con estacionamientos, para abaratar los costos y porque se considera que los revolucionarios no deben tener automóvil.

3. Los proyectos casi siempre son hechos en el extranjero y a menudo tienen un estilo "soviético". La construcción la realizan frecuentemente empresas extranjeras, con personal de esos países, y en ese aspecto informa la prensa que "Más de 20.000 trabajadores chinos fueron traídos de ese país hace un año como parte del convenio con Venezuela para la construcción de proyectos residenciales, que forma parte de la Gran Misión Vivienda, en 4 estados. Sin embargo, no se rigen por las leyes laborales de Venezuela, sino de China. La jornada laboral abarca hasta 14 horas todos los días de la semana, afirmaron venezolanos que laboran en las oficinas y en las obras urbanísticas. Los que construyen Ciudad Tiuna viven en el fuerte militar homónimo en Caracas no están autorizados a salir de ahí. Tienen un comedor con cocinero asiático y deben hacer sus compras en el Instituto de Previsión Social de la Fuerza Armada Nacional, advirtieron las fuentes que prefirieron el anonimato".[194] La oficialista Agencia Venezolana de Noticias (AVN) ha comunicado que "El plan para impulsar al sector construcción en Venezuela también convoca a empresas internacionales, por lo que en esta feria convergen 17 países como China, Turquía, España, Cuba, Ecuador y Colombia, que cuentan con 39 corporacio-

---

[192] http://confirmado.com.ve/70-retrocede-construccion-de-la-gran-mision-vivienda/
[193] El Universal, 20 de agosto de 2014, p. 1-6.
[194] http://www.el-nacional.com/economia/Trabajadores-laboran-diarias-Mision-Vivienda_0_114589737.html

nes destinadas al suministro de materiales y prestación de servicios para el área industrial y de fabricación de viviendas".[195] Como se ve, poca o ninguna participación tienen los arquitectos, los ingenieros, los constructores y los obreros criollos en esta actividad.

4. Los adjudicatarios no adquieren la propiedad de la vivienda, y ello por diversas razones. Por una parte porque los edificios los construyen muchas veces en terrenos confiscados y "no es posible otorgar legitimidad registral del inmueble si el vecino, en ocasiones ni el Estado, es propietario del suelo donde se levantan las torres. Sin la posesión legítima de la parcela es imposible elaborar el Documento de Condominio para determinar la propiedad individual y su alícuota, áreas comunes, fondos de mantenimiento y operatividad, etcétera".[196]

Por la otra, porque la adjudicación de viviendas se hace con criterio partidista, para ganar adeptos para el gobierno y ese derecho de uso, que no puede ser vendido ni trasmitido en herencia ni cedido en forma alguna, puede ser revocado a las personas que no mantengan la lealtad a la revolución. En tal sentido, el presidente de la Cámara Inmobiliaria de Venezuela, Aquiles Martini, expresa que "La otra vez escuché a un funcionario diciendo que cómo era posible que había gente a la que se le estaba dando viviendas y estaban votando por la oposición" y alerta sobre la politización de este requerimiento frente a los procesos electorales venideros: "Vienen las elecciones, se está jugando con la necesidad de un pueblo que no tiene vivienda. El gobierno juega con la necesidad de quienes no tienen posibilidad de una vivienda digna", lamentó.[197]

SECCIÓN QUINTA: LA PROFUNDIZACIÓN DE LA CRISIS

Al asumir Maduro el cargo de presidente se comprometió a seguir el legado de Chávez lo que significaba mantener las políticas que el régimen había implantado. Pero para el momento de la transición por la ausencia absoluta de Chávez, ya los efectos negativos de esa orientación se notaban claramente en la sociedad y el Estado.

---

[195] http://www.avn.info.ve/contenido/empresas-nacionales-y-extranjeras-contri buyen-al-abastecimiento-insumos-para-viviendas
[196] http://www.eluniversal.com/opinion/141117/viviendas-sin-propietarios-imp
[197] http://diariodecaracas.com/politica/martini-se-esta-jugando-electoralmente-el-tema-la-vivienda

A. LA CRISIS ECONÓMICA

La crisis económica que afecta al país tiene dos ámbitos, uno estructural y otro terminal.

a) LA CRISIS ESTRUCTURAL

La crisis estructural comienza a gestarse desde que el gobierno de Chávez se inicia, como consecuencia de las políticas económicas que se adoptan, aún cuando sus efectos no se sienten sino algún tiempo después. Entre 2009 y 2010 sufrimos una caída de PIB nacional y originalmente se pensó que era causada por la disminución de los precios del petróleo que se había producido en esos años por la crisis que la presidenta de Argentina había llamado *Efecto Jazz*, porque se había originado en los Estados Unidos y se había extendido por todo el mundo, a diferencia de crisis anteriores. Pero desde el tercer trimestre de 2010 los precios del crudo comenzaron a elevarse y llegaron en los años siguientes a su máximo histórico, y sin embargo, luego de un ligero repunte de los índices económicos en 2012, la crisis se hizo más pronunciada en casi todos los aspectos.

1. Venezuela raspada en economía

De acuerdo a las cifras que aporta la Comisión Económica para América Latina y el Caribe (CEPAL), en el *Balance Preliminar de las Economías de América Latina y el Caribe*,[198] Venezuela ocupó en el 2013 el último puesto de la región en crecimiento económico con apenas un 1,2% de incremento del Producto Interno Bruto (PIB), la mitad del crecimiento promedio de América Latina. Tal cifra arrojaría una caída del PIB por habitante del -0,3% en el año indicado, con relación al año anterior. Dice el documento de CEPAL que "Las manufacturas fueron afectadas por la falta de divisas para la importación de insumos y la construcción se contrajo debido a la menor inversión pública y la falta de materiales. Solo la construcción de oficinas y centros comerciales aumentó, como resultado de la inversión de empresas multinacionales que hace varios años no pueden repatriar sus ganancias". El déficit fiscal real en ese año fue del 20%, el mayor de la región, la deuda externa se cuadruplicó entre 2005 y 2014 y disminuyeron las importaciones del país, incluso las de servicios profesionales provenientes de Cuba. La producción de petróleo decreció de un promedio de 3,3 millones de barriles diarios en 1999 a 2,5 millones de barriles diarios en 2013.[199] Dado que las exportaciones de petróleo repre-

---

[198] http://www.cepal.org/es/publicaciones/balance-preliminar-de-las-economias-de-america-latina-y-el-caribe-2013

[199] http://m.eluniversal.com/opinion/131223/crisis-economica-venezolana

sentan el 98% de los ingresos de divisas del país, era necesario aumentar las exportaciones no tradicionales, pero estas se contraen. Para compensar esta disminución de ingresos, el Banco Central de Venezuela imprime billetes sin respaldo, lo que hace que la inflación ese año cierre con una tasa del 56,2%, la más alta del mundo; la tasa de desempleo se ubicó en 7,9, superior al promedio de América Latina (6,3); por la alta tasa de inflación los salarios reales cayeron durante los primeros tres trimestres un promedio de 4,8% interanual (4,4 en el sector privado y 5,7 en el sector público); y el instituto emisor suspendió la publicación de los índices de escasez.[200]

2. Razones de la crisis estructural

Venezuela estaba en una profunda crisis económica antes de la disminución vertiginosa del precio del petróleo, que nada tenía que ver con la crisis global, y ello se debe a diversas circunstancias, como son las siguientes:

1.1 Las empresas privadas comienzan a disminuir sensiblemente su producción cuando se inicia el desconocimiento de los derechos de propiedad y se producen las ocupaciones y confiscaciones; cuando se empiezan a dictar leyes restrictivas y punitivas sobre la economía, generalmente mediante decretos leyes, que se imponen sin participación alguna de los interesados, productores y consumidores, y cuyo texto no se conoce hasta que aparece publicado, muchas veces con retardo, en la Gaceta Oficial.

1.2 La introducción del control de cambios, con el propósito principal de ejercer un control político sobre las empresas y las personas, produce un manejo del signo monetario que cada vez se hace más irracional y muestra su incapacidad para detener la pérdida de poder adquisitivo de la moneda. Se aplica una multiplicidad de cambios, varios de ellos oficiales a precios que reflejan diferentes niveles de subsidio, y un cambio libre o paralelo, que al principio estaba prohibido siquiera mencionar y que luego se debe tolerar. Ese cambio paralelo muestra el valor real de la moneda y se separa cada vez más de los cambios oficiales. El control de cambio que se ha establecido en Venezuela produce una distorsión total de la economía, desestimula la inversión e induce a la corrupción.

1.3 En el más puro neopatrimonialismo, el presidente Chávez decide manejar la Hacienda Pública como si fuera su patrimonio personal y, a estos efectos, ordena la constitución de fondos paralelos que se movilizan por su exclusiva voluntad, sin control alguno.

---

[200] http://www.el-nacional.com/economia/Inflacion-cierra-alta_0_328167301.html

1.4 En lo que respecta a los servicios públicos y a las empresas del Estado, la ineficacia comienza a sentirse desde los primeros tiempos cuando se decide la partidización del aparato público ("Pdvsa es roja rojita") y se otorga la primera prioridad a la compra de votos y al clientelismo en sus múltiples fases. La utilización de los dineros públicos para financiar la actividad electoral del partido es un hecho notorio, pero llega a un nivel tal de gravedad que ha puesto en peligro la estabilidad financiera del Estado y del país, lo cual había sido puesto de relieve en la carta que el exministro Giordani le dirigió a Maduro del 18 de junio de 2014.

1.5 Se desprecia la necesidad de tener personas capacitadas para hacer funcionar las organizaciones públicas, sobre todo en los niveles superiores de estas, pues el sistema de mérito es considerado una palabra impronunciable en el ámbito del Estado.

1.6 Se manejan los recursos públicos sin ningún tipo de control, alegre e irresponsablemente, sin planificación y sin honestidad; se regalan elevadas sumas de dinero o miles de barriles de petróleo a otros países para obtener el apoyo en el concierto internacional; se incurre en endeudamientos innecesarios y desquiciados que, en ocasiones, no se registran como deuda sino como inversión (caso del Fondo Chino), todo lo cual no solo pesa duramente sobre el presupuesto al calcular el servicio de la deuda y sobre los ingresos petroleros, pues el crudo se utiliza como medio de pago, sino que, además, pone en peligro la independencia y seguridad de la nación; se dejan de cumplir normas elementales de control y se desconocen imperativos constitucionales y legales que imponen fortalecer un fondo de reserva en los momentos en que los precios del petróleo alcanzas sus cotas más altas.

1.7 El Estado ocupa medios de comunicación, o los compra, y criminaliza la libre expresión del pensamiento y el derecho de protestar pacíficamente y sin armas, para impedir la crítica al mal funcionamiento de sus instituciones y la denuncia sobre los hechos de corrupción, y también esconde las estadísticas que evidencian el rumbo desquiciado que ha tomado el país.

Por todos estas circunstancias, se instala en el país una crisis económica de carácter estructural que se oculta durante un tiempo por los elevados precios del petróleo, que afecta al principio a diversas empresas privadas, pero que progresivamente, por la elevación de los niveles de inflación, se extiende a todos los sectores y lesiona particularmente a las familias de menores recursos. En este último aspecto basta con señalar que, para mediados de 2014, según estudios del Centro de Documentación y Análisis Social del Magisterio (Cendas), tal como antes expresamos, una familia venezolana de cinco personas necesitaba 6,2 salarios mínimos para cubrir el costo de artículos y servicios de la llamada "cesta básica", y las colas se hacen interminables para adquirir artículos de consumo masivo –cuando los hay–especialmente alimentos y artículos de limpieza y arreglo personal, todo lo cual se hace peor en el primer semestre de 2015.

b) LA CRISIS TERMINAL

La noción de crisis terminal fue introducida en Venezuela por el sociólogo y analista político Heinz Dieterich, creador del concepto de "Socialismo del siglo XXI", quien fue inspirador y asesor del presidente Chávez y quien en su artículo *"2015: ¿Último año de gobierno chavista?"*, publicado en la página web de Aporrea el 20/01/2015, afirmó que "La crisis económica de Venezuela se ha convertido en una crisis política terminal para el gobierno de Maduro. Maduro perderá las elecciones parlamentarias de este año y saldrá a más tardar en 2016 del poder, sea por referéndum revocatorio, renuncia o intervención militar. Es prácticamente imposible que el oficialismo revierta este escenario"[201] Por otra parte, escribe Dieterich que "La troika Maduro-Cabello-Arreaza se mantiene sobre mentiras y bayonetas. Pero, las mentiras ("guerra económica") ya sólo convencen al 20% de la población y el tiempo de las bayonetas se acaba".

La crisis terminal a la que se refiere Dieterich habría comenzado cuando a la crisis estructural se agregan las consecuencias de la pronunciada y progresiva disminución del precio del petróleo en el mercado mundial y, consiguientemente, de la cesta venezolana, a partir de la segunda quincena de julio de 2014. Así, con respecto a la cesta nacional, de un precio promedio del barril de crudo de 98,08 dólares en el año 2012 (con una cesta OPEP de $ 105,90), cae a 38,82 en la última semana de enero de 2015 (con un promedio de la cesta OPEP de 43,56), según informaciones oficiales del Ministerio del Poder Popular de Petróleo y Minería.[202] Esta disminución de los precios internacionales del petróleo se produce por la desaceleración del crecimiento de la economía mundial y por la recuperación de los Estados Unidos como productor de petróleo, gracias a la aplicación de nuevas tecnologías, por lo cual ese país está exportando crudos de primera calidad, después de 40 años sin hacerlo. El costo de extracción de petróleo y gas que está haciendo Estados Unidos por la técnica de la fracturación hidráulica (fracking), que tiene un costo elevado (se calcula a $ 60 el barril), hace pensar que, en el mediano plazo, el precio del crudo en los mercados internacionales se estabilizará entre 65 y 70 dólares, pero el país se encuentra en una situación que no le permite esperar tranquilamente que ello ocurra, como sí pueden hacerlo los países que disponen de

---

[201] http://www.aporrea.org/actualidad/a201309.html
[202] http://www.menpet.gob.ve/secciones.php?option=view&idS=45

reservas financieras, como Noruega o Kazakhstan, que acumularon varios años de exportaciones de petróleo en sus respectivos fondos soberanos, o los que el precio de extracción de su petróleo tiene un costo muy inferior al nuestro, como Arabia Saudita y otros países del Golfo Pérsico, y que están más interesados en conservar o ampliar mercados que en luchar por una disminución de los precios del crudo. En nuestro caso, el petróleo tiene un costo elevado debido sobre todo a que actualmente 115.000 personas hacen el trabajo que en 1999 ejecutaban 42.000 empleados y obreros, con la observación de que estos tenían una productividad y una producción mucho mayor.

Por otra parte, a la disminución de los precios del petróleo se agrega la rebaja en el monto de las exportaciones de nuestra principal fuente de divisas durante el año 2014, según un reporte preliminar del Ministerio del Petróleo que reseña la prensa nacional. Los envíos a Asia, el principal mercado del país, cayeron un 8,3% para situarse en 853.000 barriles por día, a América del Norte la rebaja fue de 837.000 bpd, un 4,8% menos, y también son menores las exportaciones bajo condiciones favorables a los aliados regionales, tanto a Cuba como a los países beneficiados por Petrocaribe, aunque no se conocieron detalles en este aspecto. De igual manera, han disminuido las actividades de refinación, lo cual se atribuye, como en el caso anterior, a fallas en el mantenimiento y a la insuficiencia de la inversión requerida para mantener productivos los pozos maduros y las refina-rías funcionando a plena capacidad.[203]

Aunque con menor significación económica, también han declinado las exportaciones de acero y aluminio, debido a que la producción en estos rubros, durante el 2014, ha retrocedido a los niveles de hace tres décadas. En este aspecto, señala la Agencia Reuters que "Desde su renacionalización en 2008, cuando el Gobierno del fallecido Hugo Chávez le compró la mayoría accionaria al consorcio internacional Ternium, la producción de Sidor ha caído año tras año. Actualmente, la acería, ubicada en el suroriental estado Bolívar, opera al 31 por ciento de su capacidad instalada de 5 millones de toneladas anuales".[204] Por lo demás, las exportaciones no tradicionales solo representan el 2% de las divisas que recibe el país.

1. No hay divisas para pagar la deuda

Venezuela no está en condiciones de aguantar hasta el repunte de los precios del petróleo que se espera –en forma limitada– para el mediano

---

[203] http://www.lapatilla.com/site/2015/03/24/exportaciones-petroleras-de-Pdvsa-a-asia-y-america-cayeron-en-2014/

[204] http://mx.reuters.com/article/topNews/idMXL2N0WP12O20150323

plazo porque el nivel de gasto actual y los compromisos previstos para el país en el corto y mediano plazo son tan elevados, que ni siquiera con un barril a 100 dólares se podrían honrar debidamente. En particular, entre esos compromisos tenemos los pagos para la amortización de la deuda externa que se vencen en este año y en el próximo y las necesidades de recursos para pagar la deuda interna y para equilibrar el presupuesto, que para este año tiene un déficit de casi una tercera parte. Adicionalmente, Venezuela ha tenido que importar petróleo ligero como un diluente para hacer comercial su crudo pesado, dado que la falta de inversiones por PDVSA ha venido reduciendo la producción nacional, en un alto volumen, al crudo pesado de la Faja, lo cual significa erogaciones de divisas que antes no se hacían.

Pero a la situación actual, de por sí grave, se une como factor adicional el que, a comienzos de octubre de 2014, el tribunal arbitral del Centro Internacional de Arreglo de Diferencias Relativas a Inversiones (Ciadi) sentenció que Venezuela debe indemnizar a la petrolera Exxon Mobil con 1,6 millardos de dólares "por la expropiación de sus inversiones en el Proyecto Cerro Negro" y también por "la expropiación de sus inversiones en el Proyecto La Ceiba". Si bien esta suma, nada pequeña, está por debajo de la cantidad que muchos estimaban, dado el monto de la demanda, lo más grave es que posteriormente se han producida nuevas sentencias arbitrales, entre ellas las que disponen que el país debe cancelarle a la minera canadiense Gold Reserve 740,3 millones de dólares por la expropiación de dos proyectos auríferos en el Estado Bolívar; al operador aeroportuario chileno IDC y a su socio suizo Flughafen Zürich 33 millones; a la empresa Owens Illinois, 455 millones, y a la empresa de servicios petroleros Tidewater, 46,4 millones y que se esperan nuevas decisiones arbitrales sobre más de veinte casos que aun cursan ante el CIADI, el más importante de los cuales se refiere a la demanda por 31 millardos de dólares que ha interpuesto la empresa petrolera Conoco Philips por la expropiación en 2007 de su participación en los proyectos de crudo pesado Petrozuata y Hamaca en la faja petrolífera del Orinoco. De estos casos pueden resultar condenas a pagar cantidades muy por encima de las reservas operativas en divisas con que cuenta el país, que se agregarían a los pagos ingentes que debe realizar Venezuela para solventar la cuantiosa deuda que nos agobia, pues de lo contrario caería en el temido "default" (impago).[205]

Según el economista Luis Oliveros "la deuda pública externa al 31-03-2012 es de $95.554 millones y que si le sumamos lo contratado (más lo

---

[205] http://www.el-nacional.com/economia/Venezuela-millardos-ultimos-fallos-Ciadi_0_599940121.html

que pudiera entrar en estos últimos 5 meses) en este año por Pdvsa, Fondo Chino y la República ese número pudiera estar terminando el año en torno a los $109.000 millones. Adicionalmente tenemos que agregarle unos $52.000 millones de deuda interna (recordar la nueva aprobación para aumentar el techo del endeudamiento) y otros $50.000 millones entre nacionalizaciones no canceladas, arbitrajes pendientes, cuentas por pagar de Pdvsa a contratistas y dividendos no pagados a las empresas mixtas. En total estaríamos hablando de más de $212.000 millones".[206] Afirma el mencionado economista que "Venezuela deberá cancelar aproximadamente 12.000 millones de dólares (en el 2015), unos 10.000 millones en 2016 y cerca de 14.000 millones de dólares en 2017".[207] Por su parte, el catedrático de Finanzas y Mercado de Capitales José Ignacio Guariño informó que "La República deberá desembolsar 52 mil 136 millones de dólares desde 2015 y hasta el año 2019 en el pago del vencimientos de los bonos PDVSA y Soberanos".[208]

En todo caso, de acuerdo a informaciones del Banco Central, Venezuela ha emitido bonos de la deuda pública en divisas, incluyendo bonos de la República (bonos soberanos), bonos de PDVSA y bonos de Elecar por un monto en euros equivalentes, al finalizar el primer trimestre de 2015, a US $ 135.054.268.800,00, de los cuales hay que pagar este año la suma de US $ 10.389.209.142,50. A esta cifra hay que agregar las otras fuentes de deuda en divisas ya mencionadas y, además, la deuda con los importadores por divisas autorizadas mas no liquidadas y de servicios ya prestados como los que corresponden a las líneas aéreas. En cuanto concierne a la deuda interna de PDVSA (pagaré al BCV denominado en bolívares), "al cierre de diciembre de 2014 estaba en 674,7 millardos de bolívares, lo que implicó un crecimiento de la deuda de 65%, según las cifras oficiales del instituto emisor", y a este respecto Orlando Ochoa sostiene que el BCV le pagó a PSVSA parte de su pagaré con las acciones de las empresas que producen oro en Guayana. "Esa es una operación contable para tratar de saldar la deuda de la petrolera con el Banco Central, pero no es una ganancia real sino artificial". Por lo de-

---

[206] http://www.abcdelasemana.com/2012/08/17/cuanto-es-la-deuda-de-cada-venezolano/

[207] http://digitaldenoticias.com/venezuela/gobierno-venezolano-paga-1562-millones-de-d%C3%B3lares-por-el-vencimiento-de-deuda-soberana

[208] http://m.eluniversal.com/economia/150322/el-pais-debe-pagar-52-mil-millones-en-bonos-hasta-2019

más, dice José Guerra que "79% de los ingresos financieros registrados por PDVSA vienen de la devaluación de la moneda".[209]

2. La búsqueda de las divisas

Con este panorama se inicia el año 2015. Ante la sequía de divisas, el Presidente Maduro realizó durante el mes de enero un viaje por China, Rusia, Arabia Saudita y Qatar, entre otros países, con dos objetivos: por una parte, para negociar una disminución de la producción de petróleo para tratar de subir los precios, como años antes había hecho la OPEP; por la otra, para solicitar préstamos por, al menos, 16.000 millones de dólares para hacer frente a los vencimientos de la deuda y garantizar el funcionamiento del Estado.[210] Pero no tuvo el éxito que el gobierno esperaba, en primer lugar, porque los países productores de petróleo del Golfo Pérsico están más interesados en conservar mercados que en aumentar precios y, en segundo lugar, porque China no mostró interés en otorgar dinero fresco al gobierno venezolano, dada la baja capacidad y el poco interés demostrado por este para administrar recursos en forma razonable. No obstante, el gobierno, según anuncios oficiales, recibió la promesa de nuevas inversiones en el país con el mecanismo del Fondo Chino.

Ante esta situación, el gobierno ha acudido a diversos mecanismos para obtener la liquidez en divisas requerida para hacer frente a los compromisos de pago más próximos, ha pretendido justificar la situación del país con el señalamiento de una guerra económica que habría afectado la economía y las finanzas nacionales y ha iniciado reformas internas para aumentar el ingreso de bolívares al gobierno.

1.1 En el último trimestre del 2014 el gobierno manifestó su interés en vender la empresa CITGO, propiedad de PDVSA y establecida en los Estados Unidos, lo cual tampoco está en el Plan de la Patria ni en el legado de Chávez. Una decisión en este sentido sería muy inconveniente para Venezuela porque se limitarían las posibilidades de colocar en el exterior el petróleo pesado que estamos produciendo, dado que CITGO posee refinerías especialmente diseñadas para procesar el crudo venezolano. Aún así, se ha especulado que el gobierno perseguiría, por una parte, obtener la ansiada liquidez para el pago de la deuda, y por la otra, sustraer un activo importante de la posibilidad de ser embargado por deudas de la República que pudieran originarse de sentencias del CIADI. Ante las reacciones

---

[209] http://www.el-nacional.com/economia/Pdvsa-ingresos-financiando-venta-crudo_0_620937952.html

[210] http://www.el-nacional.com/economia/Maduro-regreso-internacional-manos-vacias_0_557344454.html

negativas que ha suscitado en Venezuela esta posibilidad, el gobierno considera otras opciones para obtener dinero de CITGO, sin descartar la venta de la empresa, aunque las ofertas recibidas han estado por debajo de los precios esperados.

1.2 A fines de enero de 2015 la prensa informa que República Dominicana pagó 1.933 millones de dólares a PDVSA para cancelar la deuda que tenía con la estatal venezolana por una década de envíos de crudo en condiciones favorables, con lo que había obtenido un descuento de casi la mitad de la factura.[211] En el marco del Acuerdo de Cooperación Energético suscrito el 29 de junio de 2005 con 14 países del Caribe (hoy incrementados a 18), se formó Petrocaribe como acuerdo de integración regional, en el cual Venezuela suministra petróleo que debe ser pagado en un plazo de 23 años, con un año de gracia y con un interés del 1% anual. Por ese concepto, República Dominicana había acumulado deuda con Venezuela por 4.027 millones de dólares, los cuales canceló casi totalmente (98%) al pagar la suma indicada, lo que significó para ese país un 52% de descuento de la deuda. Venezuela, por su parte, obtuvo una liquidez inmediata para afrontar parcialmente el pago de compromisos pendientes en dólares. Informa la prensa que una operación similar se estaría negociando para la cancelación de la deuda de Jamaica por igual concepto, conforme a la política definida por el gobierno de recibir menos dinero pero tenerlo de inmediato para satisfacer su sed de liquidez.[212] En realidad, lo que persigue Venezuela es convertir los créditos que tiene contra la República Dominicana, Jamaica y otros países, en títulos que podrían ser vendidos a inversionistas internacionales con el fin de obtener divisas.[213]

1.3 El diario El Universal informa el 10/3/2015 que "El Banco Central de Venezuela (BCV) está negociando el canje de parte de sus reservas internacionales en oro por cerca de 1.500 millones de dólares, dijeron a Reuters fuentes gubernamentales con conocimiento de la operación...La operación comprendería un 'swap', o contrato de canje, por unas 1,4 millones de onzas troy de oro por un período de cuatro años. Al término de ese lapso, el oro monetario volvería a las arcas venezolanas, dijo una fuente del instituto emisor...Las negociaciones siguen en desarrollo, dijo la fuente, que no quiso que se mencionara su nombre por no estar autori-

---

[211] http://www.eluniversal.com/economia/150130/republica-dominicana-cance la-con-descuento-de-52-su-deuda-con-venezuel

[212] http://www.elmundo.com.ve/noticias/petroleo/Pdvsa/reuters--venezuela-bus ca-transformar-parte-de-la-d.aspx

[212] http://www.notimerica.com/economia/noticia-venezuela-busca-transformar-parte-deuda-petrocaribe-dinero-fresco-analista-20141204202244.html

zado a hablar con la prensa...Se estaba trabajando para concretar esa operación entre mediados y finales de abril, dijo una segunda fuente cercana al ministerio de Finanzas, que también solicitó el anonimato".[214] Esta operación es un contrato de préstamo con garantía de prenda sin desplazamiento y en términos coloquiales significa "empeñar" oro monetario de la República por un tiempo determinado, vencido el cual se rescata la prenda previo el pago de una suma de dinero convenida. En todo caso, existe el riesgo de que si el país no dispone de la suma estipulada para el rescate, pierde el oro, que forma parte de las reservas internacionales. El 24/4/2015, fuentes extraoficiales informaron que la operación de swap se había concretado por 1.000 millones de dólares.[215]

1.4 El 21 de enero de 2015, el diario Wall Street Journal revela que el gobierno de Venezuela habría cancelado, por ahora, la venta de la empresa Venezuela's Citgo Petroleum Corp, para, en su lugar, determinar que la empresa emita deuda por 2.500 millones de dólares. El objetivo sería proveer de divisas al país para atender a necesidades urgentes en esta materia, tal como lo corroboró la agencia de noticia Reuters.[216]

1.5 Según la Agencia Reuters, una alta fuente de la estatal PDVSA le habría informado que "El Gobierno de Venezuela está negociando con el Banco de Desarrollo de China para recibir este año préstamos por 10 mil millones de dólares...Los primeros 5 mil millones de dólares llegarían en abril, después de que se firme este mes la renovación de un tramo del millonario fondo que ambos países alimentan para financiar proyectos en Venezuela, apuntó la fuente, que no está autorizada a hablar públicamente del tema" Por otra parte, se informa que Venezuela negocia también un "préstamo especial" por otros 5 mil millones de dólares a firmar en junio, que China entregará con la condición de que los recursos financien proyectos petroleros de PDVSA".[217] Con esta inversión, PDVSA podría rehabilitar campos maduros y estaría en capacidad de remitir a China el petróleo para cancelar las obligaciones del Fondo Chino, que ascienden, antes de los nuevos préstamos, a 45.000 millones de dólares. El 24/4/2015 el gobierno anunció que el gobierno recibió 5.000 millones de dólares al

---

[214] http://www.eluniversal.com/economia/150310/aseguran-que-venezuela-nego cia-canje de-oro-para-obtener-dolares

[215] http://www.2001.com.ve/en-la-agenda/95554/venezuela-obtiene--1-000-mi llones-canjeando-oro.html

[216] http://www.dinero.com.ve/din/destacados/wall-street-journal-citgo-ya-no-se-vende-se-endeuda

[217] http://www.entornointeligente.com/articulo/5374876/VENEZUELA-Reuters-Gobierno-negocia-con-China-prestamos-por-USD-10-mil-millones-190320 15

firmarse la renovación de un tramo con el Fondo Chino, pero no indicó el destino de esos fondos.

1.6 La prensa informa de diversas iniciativas que el gobierno ha realizado o adelanta para obtener nuevos ingresos de divisas: "En lo que va de año ha hecho 2 retiros de los derechos especiales de giro, depositados en el Fondo Monetario Internacional, uno por 383 millones de dólares y otro por 1,5 millardos"; la empresa Ecoanalítica estima "que en los próximos meses se van a recibir 800 millones de dólares de la CAF y del Banco Interamericano de Desarrollo"; se informa de "la venta de la refinería Chalmette en Estados Unidos, que poseía PDVSA en sociedad con Exxon. La transacción se hizo con PBF Energy Inc., por 322 millones de dólares (de los cuales a Venezuela le corresponde la mitad). La operación debe ser aprobada por los organismos regulatorios estadounidenses" y que "Otros 5 millardos vendrán de la petrolera rusa Rosneft; a cambio Rosneft busca incrementar su participación en la empresa mixta Petromonagas, en la que tiene 16,7%, publicó Reuters la semana pasada. Estos últimos montos no se han concretado aún".[218]

1.7 El 26 de marzo de 2015, Venezuela pagó un bono de 1.000 millones de euros, el primero de varios vencimientos de deuda que le toca enfrentar este año, escribió en su cuenta de tuitter el Ministro de Economía y Finanzas, Rodolfo Marco Torres. "El funcionario explicó que el país, además del principal, canceló el lunes 70 millones de euros en pago de intereses a los tenedores del Eurobono 2015".[219] El titular del despacho mencionado escribió, además, que "El gobierno bolivariano cumple todos sus compromisos nacionales e internacionales".

No obstante, es oportuno señalar que los mecanismos usados en los últimos meses por el gobierno para agenciarse de divisas son ingresos no recurrentes, son fuentes que se agotan al ser usadas y que no se repiten. De modo que, en un corto o mediano plazo, y salvo que se produzca un aumento milagroso de la renta petrolera, será cada vez más difícil para el régimen honrar los compromisos en moneda extranjera.

3. La búsqueda de bolívares

El presupuesto de la República para el año 2015 fue aprobado por la Asamblea Nacional con un barril de petróleo estimado en 60 dólares. En los primeros meses del año el precio de venta del crudo estuvo muy por

---

[218] http://www.el-nacional.com/economia/gobierno-cubierto-cuarto-necesidades-divisas_0_651535070.html

[219] http://www.eluniversal.com/economia/150316/venezuela-cumple-con-primer-vencimiento-de-deuda-de-2015

debajo de esta cifra y las posibilidades de que el promedio del año esté en ese monto son prácticamente nulas. En realidad, durante muchos años se han aprobado presupuestos con esa estimación de ingresos, en el entendido de que los recursos a percibirse serían mucho mayores y de que el gobierno podría disponer de esos excedentes con la mayor discrecionalidad. A las partidas que resultaran insuficientes en el transcurso del ejercicio fiscal, se les otorgarían los recursos requeridos por vía de créditos adicionales. Así por ejemplo, a las Universidades se les otorgó para el presupuesto del 2015, en promedio, una suma equivalente a la tercera parta de lo solicitado, con la promesa de que luego vendrían los créditos adicionales. Pero este año la situación es diferente: no solamente está muy alejada la posibilidad de obtener recursos adicionales, sino que, incluso, habrá serias dificultades para entregar las sumas aprobadas.[220] El gobierno ha caído en cuenta de que requiere de muchos más bolívares que los previstos para el año para hacer funcionar la maquinaria del Estado, para atender los compromisos derivados de los programas sociales, para honrar los vencimientos de la deuda interna, entre otros. Por esta razón, el gobierno ha comenzado a instrumentar mecanismos para succionar de la sociedad una mayor cantidad de bolívares.

Por experiencia de períodos anteriores al de los altos precios del crudo, sabemos que cuando voceros del gobierno empiezan a referirse al precio miserable que se paga en este país por un litro de gasolina, en comparación con lo que cuesta un litro de coca-cola o de agua mineral, es porque se aproxima un aumento de la gasolina. Así ha pasado aquí en los últimos meses y sin embargo el incremento no se ha producido por temor a la reacción, que pudiera ser violenta, de los grupos de menores recursos ante el efecto desencadenante que tiene una medida de esta naturaleza, no solamente en el precio del transporte de bienes y de personas sino en todos los aspectos. Son muy diversos los sondeos que ha realizado el gobierno sobre el apoyo que tendría un aumento de la gasolina, medida que, por supuesto, no está prevista en el Plan de la Patria. Surgen dudas y la medida se pospone. Ya no se trata de una manera de buscar mayor racionalidad a los procesos económicos y de evitar la fuga al exterior de un producto fuertemente subsidiado, sino de atender urgentes necesidades de la Tesorería, lo que revela la gravedad de la crisis que Dieterich denomina terminal. Ante esta situación, el gobierno busca llevar a la opinión pública la idea de que esta crisis no es el producto de políticas erradas sino que el país está acosado por una guerra económica desatada desde el exterior, como parte de un golpe de Estado que se fragua con complicidad de factores internos de derecha. Pero aún así, el gobierno no se ha limitado a de-

---

[220] http://www.eluniversal.com/nacional-y-politica/141213/consideran-irrresponsable-mantener-presupuesto-en-60-dolares-el-barril

nunciar esa conspiración, sino que ha iniciado medidas de reestructuración económica de carácter correctivo, a las cuales luego me referiré.

4. La "guerra económica"

Como antecedente de este concepto observamos que el 2 de junio de 2010 "El presidente Hugo Chávez se declaró en 'guerra económica' contra la burguesía, incluyendo a Fedecámaras y Consecomercio, así como a las Empresas Polar".[221] En sentido inverso, el 22 de diciembre de 2013, a su regreso de un viaje a Cuba, donde tuvo una larga entrevista con Fidel Castro, Maduro denunció que el país estaba siendo objeto de una guerra con la finalidad de desestabilizar a su gobierno. "Esta guerra económica se decidió en la Casa Blanca. Eso formó parte de los factores de poder en Estados Unidos creyendo que había llegado el momento de destruir a la Revolución Bolivariana" dijo, y agregó: "Tengo los nombres de quienes fraguaron en la sede del Ejecutivo en Washington la estrategia de 'guerra económica' con ese fin, añadió Maduro, aunque se abstuvo de revelarlos...Fue gente del Departamento del Tesoro y el Departamento de Estado, y hubo una persona que estuvo en la reunión que alertó al Gobierno de Venezuela y lo hizo 'con tiempo', se limitó a reseñar"[222] En esta declaración, Maduro expresó que "tal 'guerra' incluyó, entre otros aspectos, buscar incrementar el desabastecimiento, la especulación y el encarecimiento de los productos de consumo masivo y de la paridad cambiaria de 6,30 bolívares por dólar del mercado oficial, que ha llegado a multiplicarse por diez en el mercado paralelo ilegal".

En los meses posteriores, y sobre todo en el último trimestre de 2014, a medida que los efectos de las políticas económicas del gobierno afectan más a la población consumidora, las denuncias sobre la guerra económica que supuestamente adelanta "el imperio" con la burguesía nacional, se hacen más insistentes. En enero de 2015, desde Argelia en su viaje en busca de recursos, Maduro denunció que "sectores de la derecha están intentando llevar a cabo un golpe económico gestado desde febrero [del año] pasado para desestabilizar el país"[223], con lo cual vinculó las protestas estudiantiles con el golpe de Estado y la guerra económica. A continuación, desde todos los sectores del régimen, se ha orquestado una campaña en el sentido indicado por el Presidente, y son numerosos los artícu-

---

[221] http://www.eluniversal.com/2010/06/02/eco_ava_chavez-declara-guer02A 3953371

[222] http://www.noticierodigital.com/2013/12/maduro-la-guerra-economica-se-decidio-en-la-casa-blanca/

[223] http://www.telesurtv.net/news/Maduro-Hay-un-golpe-economico-en-Venezuela-y-lo-derrotaremos-20150113-0027.html

los, instructivos y declaraciones de personeros del oficialismo que buscan alertar sobre "las claves de la guerra económica", tal como puede verse en Internet. El régimen pretende abonar su tesis de fuerzas poderosas que han planificado el deterioro de las condiciones económica de la sociedad, pero, como es lógico, hay otras perspectivas sobre el asunto. Para Luis Pedro España, por ejemplo, "La madre del desabastecimiento es el control de precios, pero su padre es la persecución al productor. Cada vez que se amenaza e insulta al productor se desestimula la posibilidad, ya claramente remota, de que ingrese un nuevo empresario al mercado nacional. Cada vez que se penaliza con cárcel y multas estrambóticas, lo que en otras (la mayoría, si no todas las economías del mundo) queda a la decisión de la curva de demanda o a su moderación por la aparición de competidores que ven en las apetencias de otros la oportunidad propia, en nuestro caso, pasa a ser reprimenda pública o envío de fiscales, tribunales y un piquete de la Guardia Nacional".[224] En definitiva, el tema se ha politizado: por una parte, el discurso populista que sostiene que vivimos en el mejor de los mundos posibles, de la otra, la realidad de la vida cotidiana que indica a la gente que su calidad de vida se ha deteriorado y que cada vez será peor, de continuar las cosas como van. En esta contienda, las encuestas definen de qué lado se inclina la balanza, y las mediciones de opinión pública, desde hace varios meses, vienen señalando en forma consistente el deseo mayoritario de los habitantes de la República por un cambio de gobernantes.

5. Las medidas del gobierno contra la supuesta guerra económica

Cuando asumió el cargo de Presidente de la República, Maduro tuvo la oportunidad de introducir cambios de fondo en la política económica para intentar revertir los efectos negativos que había generado el modelo político y económico instaurado por Chávez, pero sin embargo no lo hizo. Por una parte, porque su investidura derivaba de la voluntad de su comandante, por lo que un cambio en su legado sería considerado una traición a su padre político, Chávez, y a su abuelo, Fidel Castro. Por la otra, y sobre todo, por la situación de los grupos oficialistas en el seno del gobierno, donde facciones opuestas a Maduro podrían utilizar el cambio de políticas para intentar desplazarlo del poder. En todo caso, Maduro decidió seguir adelante con el modelo económico chavista y endurecer la represión para tratar de mantener el control del país. De allí que, durante casi dos años, el gobierno de Maduro se mantuvo anunciando medidas económicas reiteradamente pospuestas, hasta que la situación lo ha obligado a asumir algunas decisiones, las cuales sin embargo no van al meollo de la situación: en primer lugar, para enfrentar la

---

[224] http://www.elmundo.com.ve/firmas/luis-pedro-espana-n-/las-leyes-de-la-guerra-economica.aspx#ixzz3WZBI3183

pretendida guerra económica; en segundo lugar, para obtener mayor cantidad de bolívares y para disminuir el gasto de divisas.

Tan equivocadas las medidas como las supuestas causas que las provocaron, el gobierno ha considerado idóneas para enfrentar la pretendida guerra económica las siguientes: instalación de 20.000 captahuellas o sistema biométrico de identificación, para impedir que determinados compradores de productos escasos los adquieran con fines de reventa, llamado coloquialmente "el bachaqueo"; fijación de un día de la semana para que cada persona pueda hacer sus compras de productos regulados con el mismo propósito, fijación y controles de precios, sanciones a empresas y, en algunos casos ocupación de sus establecimientos, encarcelamientos de empresarios, prohibición a las empresas de fabricar productos diferentes a los tradicionales, controles del comercio en las fronteras, como la instalación de "chips" en los automóviles para limitar el consumo de gasolina, lo cual ha ocurrido en los Estados Táchira y Zulia.

Estas decisiones para contrarrestar una inexistente guerra económica se han convertido en una guerra contra las empresas y contra los consumidores. Con respecto a estos últimos, han configurado una especie de "cartilla de racionamiento" para los habitantes del país, actúan sobre los efectos, agravando las causas, y constituyen una verdadera agresión a los ciudadanos, cuya vida, día a día, se hace más insufrible.

6. Reformas para obtener más bolívares

Ante la caída de los precios del petróleo, se hace evidente que, en poco tiempo, escasearán los bolívares requeridos para el funcionamiento del Estado y para el mantenimiento de las políticas sociales y el reparto de dinero con fines partidistas. Como respuesta, el gobierno ha acudido a medidas tributarias y a medidas cambiarias, además de incrementar el endeudamiento público.

En el primer aspecto, Maduro aprobó el 18 de noviembre de 2014 reformas de la Ley de Impuesto Sobre la Renta (ISLR) y del Impuesto del Valor Agregado (IVA), del Código Orgánico Tributario, de la Ley de Impuestos sobre Cigarrillos y Manufactura del Tabaco, y de la Ley de Impuestos sobre el Alcohol y las Especies Alcohólicas. A este respecto, expresó el Presidente que "Calculamos que producto de estas reformas puntuales vamos a obtener en 2015, según las estimaciones, 150.000 millones de bolívares extraordinarios (por recaudación de impuestos), para responder por los derechos sociales y económicos del pueblo".[225]

---

[225] http://www.avn.info.ve/contenido/maduro-presentar%C3%A1-ante-propuestas-para-profundizar-revoluci%C3%B3n-fiscal-y-tributaria

Por otra parte, el control de cambios "para evitar la fuga de capitales" establecido por el gobierno el 5/2/2003, el tercero en la historia de Venezuela, no trajo estabilidad para nuestro signo monetario, el cual se ha devaluado muchas veces y ha sido objeto de una diversidad de equivalencias monetarias.

1.1 Partiendo en esa fecha (2003) de un cambio de 1.600 bolívares por dólar norteamericano, que con la reconversión monetaria pasó a ser de Bs. 1,60, al año siguiente se fijó en Bs. 1,92 por dólar y fue establecido en 2005 en Bs. 2,15, oportunidad en que se promulgó la Ley contra los Ilícitos Cambiarios, la cual fue modificada en diciembre de 2007 para prohibir toda información sobre la cotización del llamado "dólar permuta", "dólar negro", "dólar libre" o "dólar paralelo".

1.2 Luego de la recesión que golpeó a la economía en 2009, a partir de 2010 el gobierno hizo otra devaluación, a través del mecanismo de establecer dos tipos de cambio, siguiendo el ejemplo del régimen de cambio diferenciales (Recadi) establecido en el gobierno de Lusinchi: uno a Bs. 2,60 por dólar para sectores "prioritarios" y otro a 4,30, para todos los demás sectores. Ese mismo año, Chávez modificó la Ley contra ilícitos cambiarios, estableció que la única institución competente en el cambio de divisas sería el BCV e ilegalizó las casas de bolsa y sociedades de corretaje que atendían al mercado permuta. Asimismo, se creó el Sistema de Transacciones con Títulos en Moneda Extranjera (Sitme), para permitir la compra y venta en bolívares de deuda pública denominada en divisas, con una tasa de cambio de Bs. 5,30 por dólar.

1.3 El 30 de diciembre de ese año, el cambio se unificó en Bs. 4,30, lo que significó una devaluación al dejar los productos prioritarios de importarse a Bs. 2,60 por dólar.

1.4 El 13/2/2013 se aumentó la tasa de cambio a 6,30 bolívares por dólar, lo cual constituyó una importante devaluación del bolívar, y se anunció la eliminación del Sitme. Unas horas antes, Maduro había denunciado que golpistas pretendían atacar el Palacio de Miraflores con un avión tucano, traído desde el exterior, pero con siglas venezolanas. Con ello, Maduro habría seguido el ejemplo de su mentor, Hugo Chávez, quien denunciaba atentados y golpes de Estado en un promedio de dos por mes, para distraer a los venezolanos de situaciones incómodas, según comentaristas políticos.[226]

---

[226] http://la-tabla.blogspot.com/2015/02/super-tucano-para-golpe-en-venezuela-lo.html

1.5 El 18 de marzo siguiente se creó el Sistema Complementario de Divisas (Sicad), para asignar las divisas mediante un extraño sistema de subastas, donde no ganaba el que ofrecía el cambio más alto, el cual generalmente estaba por el orden de Bs. 12. El 11 de febrero de ese año se creó el Sicad II, para compra y venta de dólares mediante bancos y casas de cambio, que pretendía sustituir el dólar paralelo y en el cual podían participar personas naturales y jurídicas, en operaciones de compra por un mínimo de 1.000 dólares, a una tasa que se fijaba diariamente y se publicaba en la página web del BCV. El 21/11/2013 se creó por decreto ley el Centro Nacional de Comercio Exterior (Cencoex), adscrito a la Vicepresidencia de la República, para desarrollar la política nacional de administración de divisas (en lo que sustituye a Cadivi, el cual se elimina), la política nacional de exportaciones, de importaciones, de inversiones extranjeras y de inversiones en el exterior.

1.6 Todos estos mecanismos no tenían otro objeto que el de ajustar la paridad cambiaria con reconocimiento parcial del proceso inflacionario y obtener mayor cantidad de bolívares para el gobierno. De modo que, al mismo tiempo que la devaluación se adecuaba al proceso inflacionario, contribuía a profundizar este, excepto en el cambio de Bs 6,30 por dólar, que se mantenía para los "gastos prioritarios", concepto este que cada vez se reducía más. Por ejemplo, la tasa de Bs. 6,30 por dólar que se aplicaba para los dólares de viajeros, a partir del 24 de enero de 2014 pasó a regirse por la tasa Sicad, de Bs. 12 por dólar, lo cual significó una devaluación de nuestro signo monetario. Así estaban las cosas cuando se produjo la baja brusca del precio del petróleo en los mercados mundiales, a partir de junio de 2014, lo cual obligó al gobierno a hacer ajustes para cambiar las divisas que recibía por la venta del principal (y casi único) producto de exportación por una mayor cantidad de bolívares, y, al mismo tiempo, desestimular la adquisición de divisas por los particulares, cada vez más escasas. Esos ajustes, al momento de escribir las presentes reflexiones, son los siguientes:

1.7 El 31 de enero de 2015, con ocasión de presentar su mensaje anual a la Asamblea Nacional, el Presidente de la República anunció una reestructuración del régimen cambiario. En este tema expresó que se mantendrían tres mercados: el primero, administrado por el Cencoex a la tasa fijada de Bs 6,30, y que se aplicaría sólo para rubros esenciales, como alimentos y salud, lo que significa que quedaron fuera de esta tasa las asignaciones para estudiantes, viajeros y remesas familiares, las cuales pasarían a la tasa Sicad; el segundo, resultaría de la fusión del Sicad I y del Sicad II; el tercero, mediante una especie de mercado permuta de divisas que operaría a través del mercado de valores, es decir, a través de la banca y las bolsas públicas y privadas.[227]

1.8 En desarrollo de estos anuncios, el 19 de febrero siguiente se suscribe el convenio cambiario N° 33, en el cual se establecen las *Normas que regirán las operaciones de divisas en el sistema financiero nacional*, en las cuales se regulan, por ejemplo, la venta de dólares al menudeo por las instituciones bancarias y las condiciones para que los bancos microfinancieros participen en el mercado de divisas. Dos días después arranca el Sistema Marginal de Divisas (Simadi), el cual pretende desplazar el mercado paralelo, pues en su primer día tuvo una cotización de 170,03 bolívares por dólar, casi 27 veces más que la tasa vigente de Bs. 6,30 por dólar usada para alimentos y medicinas.[228]

Estas medidas expresan el propósito del régimen de obtener cada vez más bolívares por las divisas que percibe por la renta petrolera. Así, "Ecoanalítica estima que se han percibido en promedio 5,3 puntos del producto interno bruto (PIB) por cada devaluación llevada a cabo durante todo el periodo de implementación del control de cambios, lo que considera también los escenarios en los que, a pesar de mantenerse fija la tasa oficial, se emplearon mecanismos alternativos que permitieron al Estado vender divisas a una tasa de cambio superior. Los ingresos por devaluación han representado durante los últimos cinco años (incluyendo 2014) dos veces el subsidio a la gasolina o, lo que es lo mismo, más de tres veces el servicio de deuda; esto da una idea del peso que esta medida tiene sobre los ingresos fiscales".[229]

Pero cuando se examinan las reformas cambiarias en Venezuela, más importante que conocer el régimen jurídico es saber la cantidad de divisas que se ofrecen en el mercado financiero, pues el régimen, ante la brusca disminución de la disponibilidad de divisas por la caída del precio del petróleo, ha reducido drásticamente la asignación de dólares para la importación de los rubros que tienen la tasa de Bs. 6,30, lo que explica las dificultades que padece la población para conseguir alimentos y medicinas, dado que la producción nacional es insignificante. En cuanto al cupo de divisas que pueden solicitar los viajeros y los que se asignan para las compras electrónicas en el exterior, se han hecho sucesivas disminuciones

---

[227] http://prodavinci.com/blogs/conozca-las-implicaciones-legales-de-la-anunciada-reforma-cambiaria-por-jose-ignacio-hernandez-g/

[228] http://www.el-nacional.com/economia/Cronologia-Tasas-cambiarias-devaluaciones_0_574142621.html

[229] Guillermo García N. en: http://www.eluniversal.com/opinion/150412/una-nueva-devaluacion-del-bolivar

en enero, febrero y abril de 2015. En la última de ellas, determinada en la Providencia N° 011 del Cencoex, mediante la cual se establecen los requisitos, controles y trámites para la solicitud de autorización de adquisición de divisas destinadas al pago de consumos en el exterior, se acentúan las condiciones restrictivas para los viajeros y se dispone que sólo podrán hacerse las solicitudes por medio de la banca pública. Para las compras electrónicas en el exterior se dispuso que se mantendría el cupo de 300 dólares anuales, los cuales se fraccionarían para compras de 100 dólares cada cuatro meses,[230] pero luego esta última condición fue revocada. En todo caso, la posibilidad de adquirir divisas en el mercado controlado por los particulares para compras electrónicas y viajes disminuyó entre 2003 y el primer trimestre de 2015 en un 65%,[231] y se espera que en el corto y mediano plazo el sistema se haga más restrictivo, mientras que a mediados de abril de este último año, un dólar podía adquirirse en el mercado paralelo por encima de los 250 bolívares, y ese precio subió a 450 bolívares en la tercera semana de junio.

El gobierno trata de ahorrar lo más posible en el uso de las divisas, pero no lo hace con respecto a los gastos superfluos o no necesarios: viajes al exterior de numerosas y nutridas delegaciones, consumos suntuarios de funcionarios, adquisición de armamento, transferencias a otros gobiernos con fines de relaciones públicas, por ejemplo. La restricción de divisas se hace para aspectos que siempre habían sido considerados indispensables, como las asignaciones para los estudiantes que cursan estudios en el exterior, aún cuando lo hagan en las áreas prioritarias definidas por el gobierno. En este caso no se trata se supresión de becas, sino que les niegan la adquisición de divisas a los estudiantes que las solicitan para pagarlas con sus ahorros y esta situación pone en evidencia el carácter neopatrimonialista del régimen: el gobierno se declara dueño absoluto de las divisas que pertenecen al Estado, es decir, a todos los venezolanos, y hace de ellas uso discrecional en función de los intereses económicos y políticos que determina el primer mandatario. La situación del mercado de divisas la expresa a finales de marzo de 2015 el columnista de opinión Herbert Hudde al señalar que "hace mes y medio había dólares a 6,30, a 12, a 50, y a 220 en el paralelo, y ahora los tenemos a 6,30 y 12 (pero no hay), a 190 (que tampoco se consiguen), y a cerca de 250 en el paralelo".[232] Al momento

---

[230] http://www.correodelorinoco.gob.ve/nacionales/cencoex-publica-nueva-providencia-para-adquisicion-divisas-destinadas-a-pagos-exterior/

[231] http://www.el-nacional.com/economia/cupos-viajeros-electronico-cayeron-mitad_0_611938992.html

[232] http://m.eluniversal.com/opinion/150331/simadi-sicad-y-cencoex-otro-fracaso-mas

de revisar este escrito (segunda quincena de junio de 2015), el cambio paralelo se aproxima a los 500 bolívares por dólar.

Por otra parte, la avidez del régimen por incrementar los recursos a su libre disposición lo llevará pronto a incrementar más aún la presión tributaria sobre los habitantes del país. En este sentido, circulan noticias sobre la recreación del impuesto al débito bancario, lo cual, si bien no está confirmado, tampoco es descartable, aunque los efectos negativos sobre los procesos económicos de una medida de esta naturaleza ya han sido comprobados.

B. LA CRISIS INSTITUCIONAL Y MORAL

En su sentido más amplio, el país se ha visto cada vez más inmerso en una crisis inédita de sus instituciones, tanto públicas como privadas. El Derecho como conjunto de instituciones reglas ha dejado de servir como instrumento para resolver los conflictos en la sociedad y su rol ha sido usurpado por los intereses políticos y económicos, entendidos estos en su expresión menos noble. De allí que en una situación de controversias, es imposible saber previamente cuál será la parte que tenga la razón por la sola aplicación de las normas jurídicas. Es que en realidad no existe Derecho. Si nos vamos al ordenamiento supremo del Estado y de la sociedad, encontramos que la Constitución dice una cosa pero lo que se aplica en las situaciones concretas es otra muy diferente. Los ejemplos sobran: la proclamada separación y la autonomía de los poderes, tan recalcada en la Ley Fundamental, ha pasado a ser una fantasía, totalmente divorciada de la realidad; las garantías de los derechos humanos son meras formalidades que no se aplican; el grupo gobernante actúa por las vías de hecho, incluso apelando a la violencia desnuda, tal como se hacía en los regímenes dictatoriales más tenebrosos que hemos tenido en nuestra accidentada historia. Para tener una idea global y con detalle de cómo se ha producido el proceso de abandono del ordenamiento jurídico vigente y su sustitución por decisiones desvinculadas de las normas formalmente establecidas recomendamos leer el libro reciente del profesor Allan R. Brewer-Carías titulado *La descontitucionalización, desjuridificación y desdemocratización de Venezuela*.[233]

Para las profesoras de la Universidad de Carabobo Marie Picard de Orsini y Judith Useche, utilizando categorías de análisis de Peter Waldmann sobre el Estado anómico,[234] apuntan que "La expresión se refiere a una situación de desorganización moral, donde no hay un orden normativo

---

[233] Editorial Jurídica Venezolana, Caracas 2014.
[234] Peter Waldman: *El Estado anómico, seguridad pública y vida cotidiana en América Latina,* Madrid 2006.

sólido y eficaz, compartido por la mayoría de los miembros de una sociedad o donde el orden normativo está desajustado, fuera de lugar, incluso en oposición al orden las prácticas y relaciones existentes". Venezuela no escapa a esa realidad, agregan, de allí que hemos pasado de la constitucionalización a la desconstitucionalización, del Estado descentralizado al Estado centralizado y que el Estado comunal anula a la descentralización y al Estado democrático y social de Derecho y de justicia.[235]

Las instituciones del Estado, desde la cúspide de los poderes hasta los organismos administrativos que se relacionan con la vida cotidiana de las personas, se ven todas afectadas por esta situación de carencia de un Estado de Derecho. Ello se traduce en incapacidad del aparato público para i) Asegurar el funcionamiento de los servicios públicos; para garantizar el respeto a los derechos humanos, entre ellos, el derecho a la vida, a la integridad y seguridad de las personas y los bienes, al acceso a la justicia y al debido proceso, a la libertad de expresión; ii) Establecer un sistema económico donde los proventos derivados del trabajo honesto sean suficientes para llevar una vida decente y cómoda, aunque sea modesta; iii) Permitir el libre desenvolvimiento de la personalidad, realizar actividades profesionales, artísticas, educativas, económicas, disfrutar del tiempo libre, tener esperanzas en un futuro mejor, que sea un aliciente para permanecer en el país.

La crisis institucional producto de un modelo político y económico que desconoce las reglas de la convivencia social y que convierte la permanencia en el poder de un grupo de gobernantes como el principal objetivo a lograr, se traduce también, por supuesto, en una crisis moral. El sistema neopatrimonialista, conforme al cual se borran los linderos entre los bienes y los dineros públicos y los que pertenecen a los gobernantes a título particular, habilita al equipo que controla los poderes públicos para apropiarse de los recursos del Estado y para realizar toda clase de negocios ilícitos que los dotan de fortunas inconmensurables, lo cual sirve de ejemplo a servidores públicos de menor rango para obtener enriquecimientos de menor cuantía al margen de ley. Esto significa que la deshonestidad va impregnando progresivamente al aparato público y al sistema político en todos sus niveles, lo que produce ineficacia en la gestión de los servicios públicos.

Pero tal vez el mayor daño que se le ha hecho al país es la destrucción de valores en la población, sobre todo entre los sectores más vulne-

---

[235] Marie Picard de Orsini y Judith Useche: "Del Estado Democrático y social de derecho y de justicia al Estado comunal: El Estado anómico", en Jesús M. Casal y María Gabriela de Cuevas (coord.): *Desafíos de la República en la Venezuela de hoy, Memoria del XI Congreso Venezolano de Derecho Constitucional*, Fundación Konrad Adenauer y UCAB, Caracas, 2013.

rables, como los del trabajo honesto, la solidaridad interpersonal por encima de banderías políticas, el respeto a la propiedad ajena y a las reglas de la convivencia armoniosa.

C. LA CRISIS POLÍTICA

En un régimen democrático, la sustitución de un grupo político gobernante que no ha cumplido las expectativas de la sociedad que le otorgó el mandato para conducir las riendas del Estado, por otro que haya sabido ganarse la confianza de los electores, es lo normal y corriente. En el caso venezolano, la posibilidad de efectuar ese tránsito en forma pacífica, por la vía electoral, genera una crisis política.

a) CRISIS POR LA POSIBILIDAD DE CAMBIOS DE GOBERNANTES

Es cierto que, conforme al ordenamiento constitucional y legal, existen las previsiones para el cambio de gobernantes al vencimiento del período establecido, o antes, pero diversas circunstancias indican que no existe en el régimen la disposición de entregar el poder en forma pacífica, cuando los electores le retiren la confianza al momento de producirse el proceso comicial que así lo determine.

En primer lugar, ya nos referimos antes a las expresiones de Chávez, al ser electo para cumplir su primer período de gobierno, cuando manifestaba que su gobierno duraría hasta el 2021 y luego lo extendía hasta el 2030, a pesar de que la Constitución en ese momento sólo permitía una reelección, lo que significaba que lo máximo que podría estar en la jefatura del Estado, en forma continua, sería hasta el 2012.

En segundo lugar, la aprobación de la Enmienda de la Constitución que permitía la reelección sucesiva sin límite, fue entendida por Chávez como que se le estaba dando una autorización para gobernar en forma vitalicia y hereditaria, por lo que reiteradamente expresaba que ¡No volverán! Para no insistir en este aspecto, basta con citar el discurso de Chávez el 27/2/2011, cuando en cadena nacional de radio y televisión exclamó: "¡No volverán, ni en elecciones ni por otra vía que inventen o les inventen sus amos del Pentágono o del Comando Sur!".[236]

En tercer lugar, la idea que tienen los personeros del régimen sobre el valor de la Constitución, que se entiende como un documento que puede ser contradicho por la legislación o por decisiones políticas, según con-

---

[236] http://www.eluniversal.com/2011/02/28/chavez-no-volveran-al-poder-ni-en-elecciones-ni-por-otra-via

venga a los propósitos del oficialismo, nos ha permitido afirmar que Venezuela no tiene Constitución, tal como lo documentamos en la Tercera Parte de este escrito.

En un estado sin Constitución como el que existe en Venezuela no hay separación de poderes ni tienen vigencia los derechos políticos de los ciudadanos, como tampoco los otros derechos. Por esta circunstancia, el Poder Electoral, apoyado por la Asamblea Nacional y el Poder Judicial, dispone lo necesario para que el régimen no pueda perder elecciones y para que los actos electorales no sean revisados cuando se recurre contra ellos por fraude. De igual manera, el Consejo Nacional Electoral introduce en Venezuela, para las elecciones parlamentarias de 2010, las técnicas del *guerrymandering,* conforme a las cuales se diseñan los circuitos electorales con la expresa intención de favorecer la opción del gobierno,[237] y modifica sin base técnica, para las elecciones de diputados a la Asamblea Nacional, los índices poblacionales de la República con el propósito de aumentar el número de diputados en las zonas donde hay probabilidades de éxito de la opción oficialista y de disminuir dicho número en zonas donde el triunfo de la oposición se da por descontado.[238] Por otra parte, para impedir que se conozca el debilitamiento electoral de los partidarios del régimen, el CNE impide las elecciones en los colegios profesionales ante la sucesión de derrotas que ha sufrido el oficialismo, y la Sala Electoral suspende las elecciones en las Universidades autónomas.

No obstante todas esas situaciones, los opositores al gobierno agrupados en la Mesa de la Unidad Democrática (MUD) definieron como estrategia para producir cambios en el régimen buscar el triunfo en las elecciones que deberían realizarse, a más tardar en diciembre de 2015, para renovar los integrantes de la Asamblea Nacional. De acuerdo a los procedimientos usuales, la convocatoria a elecciones y la publicación del cronograma electoral donde se fija el día de los comicios se debía hacer, por lo menos, con un año de anticipación, pero el CNE se demoró en adoptar la decisión, sin ninguna base técnica. La oposición había anunciado que la escogencia de sus candidatos se haría por consenso y, subsidiariamente, por elecciones primarias abiertas, pero la falta de convocatoria y la determinación sobre las eventuales modificaciones en los circuitos electorales impedía ese proceso. Ante las especulaciones de que los podrían ser fija-

---

[237] Véase mi artículo "El Sistema Electoral en la Ley Orgánica de Procesos Electorales", en Juan Miguel Matheus (coord.): *Ley Orgánica de Procesos Electorales*, Editorial Jurídica Venezolana y Universidad Monteávila, Caracas, 2010, pp. 13 y ss.

[238] http://m.eluniversal.com/nacional-y-politica/150414/circuitos-opositores-escogeran-menos-diputados

das para el mes de septiembre, la oposición decidió realizar sus elecciones primarias el 17 de mayo en los circuitos donde no se hubiera alcanzado consenso, y el PSUV el 28 de junio siguiente. En la fecha indicada tuvieron lugar las primarias de la oposición en 33 circuitos nominales, sin incidentes que lamentar, con una nutrida asistencia. El 23 de mayo de 2015, Leopoldo López, en su prisión de Ramo Verde, inició una huelga de hambre para presionar la liberación de los presos políticos y para que el CNE fijara la fecha de las elecciones. El 23 de junio el CNE determinó que los comicios se realizarían el 6 de diciembre siguiente, y Leopoldo López levantó su huelga de hambre que había durado 30 días.

De todos modos, como un adelanto de la crisis que genera en Venezuela una elección parlamentaria, que en un país civilizado tiene el carácter de actividad rutinaria, el presidente Maduro expresó el 7 de junio de 2015, en una alocución en la emisora estatal VTV, ante la posibilidad de resultados adversos para el gobierno, que "Si fracasara la revolución bolivariana y el imperialismo toma el control del país, que se preparen para un tiempo de masacre y muerte".[239] Posteriormente, el 23 del mismo mes, durante una actividad en el teatro Teresa Carreño de los precandidatos oficialistas a la Asamblea Nacional, Maduro amenazó de nuevo: "Si la derecha tomara la AN, sucederían cosas muy graves, en este país se desataría un proceso de confrontación de calle". Y luego aseguró que sería el primero en lanzarse a las calles, si la oposición ganara las elecciones parlamentarias.[240]

Analistas políticos independientes estiman que estas manifestaciones del primer mandatario son reveladoras de una situación de debilidad del régimen. Pero entretanto, la mayoría de rectores del CNE continúa con su labor de mejorar el escenario para los oficialistas. La última de las maniobras en tal sentido, por ahora, lo constituyó la promulgación de un "Reglamento Especial" anunciado por la presidenta del CNE el 24 de junio pasado, después de que la MUD había dado a conocer las candidaturas de la oposición definidas mediante consenso o por primarias, en el cual se estableció que para las elecciones parlamentarias a realizarse las postulaciones de mujeres debían alcanzar, por lo menos, el 40% de los escaños a elegir, tanto en el voto lista como en los circuitos nominales. Coincidimos con los señalamientos de que tal reglamento es inconstitucional porque si bien el CNE tiene importantes competencias en cuanto a los procedimien-

---

[239] http://www.abc.es/internacional/20150606/abci-maduro-amenazas-violencia-201506060253.html

[240] http://elreporterodigital.com.ve/index.php/2015/06/23/maduro-si-la-derecha-gana-yo-sere-el-primero-en-lanzarme-a-las-calles/

tos electorales no puede establecer requisitos para las postulaciones, dado que los derechos políticos garantizados por la Constitución sólo pueden ser regulados por ley. Pero además, nuestra Constitución no permite que se cambien las reglas del juego electoral en forma intempestiva, y a tal fin establece que "La ley que regule los procesos electorales no podrá modificarse en forma alguna en el lapso comprendido entre el día de la elección y los seis meses anteriores a la misma" (art. 298). Por ello, y porque el CNE que tiene a su cargo la tutela de los procesos de primarias nunca mencionó la posibilidad de establecer una norma como la señalada, ha quedado evidenciado que el retraso del órgano electoral en anunciar la fecha de las elecciones tenía como propósito impulsar a la MUD a anunciar sus candidaturas, obtenidas a través de laboriosas jornadas para lograr consensos y de efectuadas las elecciones primarias en 33 circuitos, para luego, cuando faltaban menos de seis meses para las elecciones, anunciar el "Reglamento Especial", que obliga a rehacer el cuadro de postulaciones de la oposición, convencida la alianza opositora de que el Poder Judicial, que siempre cohonesta las manipulaciones del régimen, nunca declararía la inconstitucionalidad de tal acto. Esa actuación no afecta a la definición de las postulaciones del oficialismo, las cuales tienen fijada una fecha posterior para su definición, en la cual rigen relaciones de supra y subordinación y no de consenso.

El domingo 28/6/2015 se realizaron las primarias del oficialismo, para escoger la mitad de los cargos a postular. La prensa destacó las declaraciones de funcionarios públicos y de dirigentes sindicales que denuncia que el gobierno está obligando a los empleados públicos a concurrir a votar en las elecciones primarias. "Froilán Barrios, del Frente Autónomo de Defensa del Empleo, el Salario y el Sindicato, aseveró que el chavismo teme una baja concurrencia de su militancia en la elección, en la cual participan inscritos y no inscritos en el partido, de allí la intimidación a los empleados públicos"; y asimismo "Pedro Arturo Moreno, directivo de la Confederación de Trabajadores de Venezuela, añadió que afiliados a la Federación Unitaria Nacional de Empleados Públicos se han quejado de los mensajes de texto y correos electrónicos que han recibido y en los que son instados a votar porque tienen una lista con sus nombres".[241] El alcalde del Municipio Libertador, Jorge Rodríguez, negó la veracidad de estas afirmaciones, no obstante, el Presidente de la República declaró que "Está quedando, ustedes saben, el registro electoral de todos los que participan en este proceso. Tenemos esa ventaja. Sabemos quién vota, quién no vo-

---

[241] http://venezuelanew.com/bajo-presion-el-gobierno-amenaza-con-despedir-a-empleados-publicos-si-no-votan-en-primarias-del-psuv-el-domingo/#ixzz3eGVt2rY6

ta".²⁴² Los opositores, por su parte, muestran fotos de mesas electorales vacías o con poco público.

De todos modos, para las parlamentarias de diciembre las encuestas siguen dando a la oposición una ventaja sobre el oficialismo que excede del 20% de la intención de voto, por lo que mucha gente de la oposición se pregunta si, ante este panorama, la actuación reciente del gobierno de adoptar medidas unilaterales que innovan en el tema de los diferendos limítrofes que el país mantiene con Guyana y con Colombia, después de tantos años sin haber defendido la integridad territorial del país, no tiene otro propósito que el de crear una situación prebélica para el momento de las elecciones, con fundamento en la cual el gobierno pudiera ordenar la suspensión de esas elecciones, las cuales sabe de antemano perdidas en circunstancias normales.

b) LA PARTIDIZACIÓN DE LA FUERZA ARMADA

Pero tal vez lo más preocupante en este panorama es la partidización de la Fuerza Armada Nacional, que obtuvo luz verde de la Sala Constitucional,²⁴³ tal como lo comentamos al analizar *"Un nuevo papel para la Fuerza Armada distante del que le asigna la Constitución"*, en la tercera parte de este libro. Con esta base, los altos mandos militares, o su mayoría, consideran que el país está inmerso en una guerra contra el imperialismo y la burguesía y que es necesario defender las posiciones políticas oficialistas en todos los escenarios. En este aspecto, el general Vladimir Padrino López, entonces Jefe del Comando Estratégico Operacional de la Fuerza Armada Nacional Bolivariana (CeoFanb), durante su intervención en el foro "Conjura Mediática contra Venezuela", efectuado el 7/6/2014 y transmitido por Venezolana de Televisión, aseguró "que parte de la estrategia de la guerra de cuarta generación contra el Gobierno de Nicolás Maduro incluyó el intento de dividir y desprestigiar a los militares venezolanos".²⁴⁴ El mismo oficial, en el discurso de orden pronunciado con ocasión de conmemorarse un aniversario de la firma del Acta de la Independencia (julio de 2014),²⁴⁵ expresó lo siguiente:

---

[242] http://www.eluniversal.com/nacional-y-politica/150628/maduro-vamos-a-tener-acceso-al-listado-de-personas-que-han-votado

[243] Sentencia N° 651 de la Sala Constitucional del 11/6/2014

[244] http://www.laverdad.com/politica/53806-padrino-lopez-solo-dos-gnb-estan-implicados-en-violacion-de-ddhh.html

[245] http://www.correodelorinoco.gob.ve/caracas/lea-discurso-orden-pronunciado-por-general-jefe-vladimir-padrino-lopez-an/

Lo voy a decir con mucha responsabilidad, atendiendo a la ética y atendiendo a la gran política: ¡Esta Fuerza Armada Nacional Bolivariana es chavista! (Aplausos).

(Corean consignas)

¿Saben por qué lo digo? Lo repito con toda responsabilidad, porque Chávez no es un partido político, Chávez no es una entelequia. Chávez es una doctrina militar, política, económica. ¡Eso es Chávez! (Aplausos).

(Corean consignas)

En este acto, el general Padrino López, después de arengar a sus compañeros de armas diciendo "Seamos como Bolívar, seamos como Chávez", concluyó su discurso con las consignas que se han hecho obligatorias para la Fuerza Armada Nacional:

¡Independencia y libertad! ¡Independencia y revolución! ¡Independencia y Patria Socialista! ¡Chávez Vive! (¡La lucha sigue!)

¡Independencia y Patria Socialista! (¡Viviremos y venceremos!) ¡Venceremos!

Pocos meses después el oficial mencionado, por sus méritos profesionales, fue ascendido al cargo de Ministro de la Defensa, sin dejar el cargo de Jefe del CeoFanb. En la condición de ministro es el superior jerárquico del Plan República, programa de la Fuerza Armada Nacional que tiene la responsabilidad de velar por el orden en las mesas electorales y prestar colaboración al Poder Electoral en el transporte y almacenamiento del material electoral, entre otros aspectos.

c) LA OPINIÓN DEL PAÍS

De acuerdo a los sondeos de opinión realizados por empresas especializadas, existe un rechazo en la sociedad venezolana hacia las políticas del gobierno que han traído inseguridad a las personas y a los bienes, que han ocasionado ruina a las empresas y han deteriorado el nivel de vida de los habitantes del país, lo cual se traduce en que, al menos, tres de cada cuatro venezolanos son partidarios de un cambio radical de esas políticas, e incluso de un cambio de los titulares del Poder Público. Es más, muchos ciudadanos piensan que la fecha de fines del 2019, cuando deban celebrarse las elecciones presidenciales, luce muy lejana para iniciar un nuevo gobierno que lidere el proceso de cambio en el país y han expresado enfáticamente que Maduro debe renunciar a la presidencia de la República para que, con un nuevo proceso electoral, se permita la posibilidad de un cambio en la conducción de la cosa pública. Ante estas propuestas, el gobierno ha intensificado la represión contra los opositores radicales por considerar que se trata de una estrategia encaminada a promover un golpe de Estado. Otra opción que se ha manejado es la de la convocatoria a una asamblea nacional constituyente, en la cual se defina la orientación del Estado y se disponga la realización de nuevas elecciones para los organismos electivos del Poder Público. Esta idea no ha concitado el apoyo general de la oposición ni tendría sentido mientras el Poder Electoral siga plegado a los lineamientos del gobierno.

d) LAS EVIDENCIAS DE CORRUPCIÓN

A las circunstancias expuestas se unen informaciones publicadas en medios internacionales sobre enormes depósitos de divisas de venezolanos en bancos del exterior. Según información que se conoció en febrero de 2015 por el Consorcio Internacional de Periodistas de Investigación (ICIJ) "Venezuela es el tercer país con más depósitos en dólares en la filial que tiene el banco HSBC de Ginebra en Suiza". Luego se supo que esos depósitos, por más de 12.000 millones de dólares que no estaban reflejados en la contabilidad fiscal, habían sido hechos entre 2006 y 2007 y correspondían en su mayor parte al Banco del Tesoro, representando por el Ministro de la Banca Pública, Rodolfo Marco Torres y por Alejandro Andrade".[246] En el mismo mes, "Altos cargos de los Gobiernos de Venezuela de la etapa en que Hugo Chávez era presidente figuran entre los clientes de Banco Madrid cuyas cuentas despiertan sospechas por blanqueo de capitales, según un extracto del informe al que ha tenido acceso EL PAÍS, elaborado por la Comisión de Prevención de Blanqueo de Capitales e Infracciones Monetarias (Sepblac), presidida por el secretario de Estado de Economía, Íñigo Fernández de Mesa".[247] La columna de Nelson Bocaranda *Runrunes* trajo al mes siguiente la primicia de que "El Gobierno de Andorra intervino BPA luego de recibir un alerta del Departamento del Tesoro de Estados Unidos, con base a *un informe realizado por la Red de Investigaciones de Delitos Financieros (FitCen)*. La investigación concluyó que el BPA (Banca Privada de Andorra), entidad que opera fuera de Estados Unidos, constituye 'una preocupación primaria en el lavado de dinero' proveniente del crimen organizado, corrupción, trata de personas y lavado de dinero basado en el comercio y el fraude", y que "En el rastreo realizado por el FinCen se detectó una red venezolana de lavado de dinero (Third-Party Money Launderers-TPML) que basó sus operaciones en BPA Andorra 'para depositar el producto de la corrupción pública. Esta red de lavado de dinero trabajó en estrecha colaboración con los funcionarios de alto rango del gobierno de Venezuela, agentes residentes en

---

[246] http://www.eluniversal.com/nacional-y-politica/150210/venezuela-es-el-tercer-pais-con-mas-dolares-depositados-en-el-hsbc-sui

[247] EL PAÍS http://ift.tt/1MTIsLD

Panamá, y un abogado de Andorra para establecer empresas fantasmas panameñas', dice el informe del Departamento del Tesoro...El documento explica que esta red de lavado de dinero es propietaria de más de un centenar de empresas ficticias y participó en una amplia variedad de negocios con fines de lucro ilícito. Estaba bien conectada con funcionarios del gobierno venezolano y se basó en varios métodos para mover fondos, incluidos los contratos falsos, préstamos caracterizados erróneamente, sobre y subfacturación y otros esquemas de lavado de dinero". Asimismo se señala que "Entre los involucrados con la organización de lavado de dinero estarían algunos venezolanos que tienen vínculos familiares con un ex alto ejecutivo de la estatal petrolera, quien ha desempeñado importantes cargos en los gobiernos de Nicolás Maduro y Hugo Chávez".[248]

A estos hechos se unen denuncias de diverso tipo, como los fraudes cometidos por el Banco Peravia de República Dominicana en la cual aparecen involucrados varios venezolanos. En efecto "La República Dominicana formalizó hace dos semanas una orden de captura contra tres venezolanos que encabezaban el Banco Peravia de ese país...Pero en lo que se ha vuelto una novela que llega por entregas, en Santo Domingo ahora confirman que entre los afectados también figura una lista de casi 100 personas y organizaciones venezolanas, en las que destaca el organismo que dirige Nelson Merentes". En este sentido se informa que "El BCV giró 3.591.000 dólares al Banco Peravia de Dominicana, como parte de un pago inicial para importar una decena de vehículos blindados que se diluyeron entre varios de los fondos que ahora buscan las autoridades de República Dominicana".[249]

Estos hechos, que la prensa califica como "la danza de los millones de dólares", por sus vinculaciones con venezolanos relacionados con altos funcionarios de gobierno y por la participación de entes públicos del país, restan autoridad al régimen para exigir a los ciudadanos que soporten las duras condiciones que les impone el devenir económico y dejan de pertenecer exclusivamente al ámbito de la economía para hacerse parte de la crisis política.

De gran repercusión política fue la información de las agencias de noticias France-Presse (AFP), EFE y Reuters que publica el Wall Street Journal en su edición del 18/5/2015, sobre las investigaciones que adelan-

---

[248] runrun.es/la-economia/economia/192662/detectan-dinero-de-funcionarios-y-empresarios-venezolanos-en-3-bancos-investigados-por-lavado-de-capitales.html

[249] http://elsiglo.com.ve/2015/03/15/bcv-perdio-3-5-millones-por-fraude-de-banco-peravia/

ta el gobierno norteamericano con relación a funcionarios venezolanos presuntamente implicados en actividades de narcotráfico y legitimación de capitales. Esta noticia, reseñada por el diario ABC de España y comentada por más de 90 medios del mundo, fue reproducida en nuestro país por el diario El Nacional, el semanario Tal Cual y el medio digital La Patilla. Por este hecho, el ciudadano Diosdado Cabello introdujo el 23 de abril siguiente acusación privada por la presunta comisión del delito de difamación agravada continuada contra los directivos, editores, redactores y accionistas de esos medios. Según se dice en la demanda, "Salazar [Leamsy] denuncia que el presidente de la Asamblea Nacional es el cabecilla del cártel de los Soles y por tanto operador del narcoestado en que Chávez convirtió a Venezuela…y vincula a Cuba en la protección y asistencia de algunas rutas de narcotráfico que parten de Caracas y se dirigen a E.E.U.U.". El 4 de mayo la demanda fue admitida y el mismo día el tribunal decretó prohibición de salida del país y presentación periódica contra los 22 acusados por Diosdado Cabello.

e) VIOLENCIA DEL GOBIERNO Y DE PARTICULARES

En ese ambiente, el gobierno endurece su política y se separa cada vez más del ordenamiento jurídico, mientras la violencia cunde en el país. Al cumplirse un año de las manifestaciones estudiantiles que se habían iniciado el 12 de febrero de 2014, se producen nuevas protestas de los jóvenes y arrecia la represión. El 17 de febrero aparecen los cadáveres de José Domingo Frías Pinto (22) y Alejandro García Donis (20), estudiantes de la Universidad de los Andes (ULA), atados de manos y con impactos de bala en la cabeza, y quienes habían participado en manifestaciones. El 19 de febrero se encontró el cuerpo en descomposición de Jhon Barreto, estudiante de la UNET – Táchira y manifestante, con un balazo en la cabeza. El 21 de febrero fueron encontrados los cadáveres de Luis Aranyi García y Yamir Tovar con heridas de bala en la cabeza y en el cuerpo, quienes durante el día anterior habían participado en manifestaciones, habían visitado el altar de Basil Da Costa en Parque Carabobo y habían estado en un *pancartazo* en la Plaza Altamira. Ambos amigos habían sido presuntamente detenidos por un colectivo del 23 de enero, cuando se dirigían a sus casas en esta zona, y antes habían recibido amenazas de esos grupos, según revelan familiares.[250] La *Revista Zeta* comenta que "La aparición en una semana de cinco estudiantes asesinados en distintos lugares del país con tiros en la cabeza, después de haber estado, presuntamen-

---

[250] http://runrun.es/nacional/190404/el-ultimo-dia-de-yamir-tovar-en-4-estaciones.html;
http://www.maduradas.com/el-pais-en-alerta-maxima-aparecen-otros-estudiantes asesinados-en-extranas-circunstancias/

te, en manifestaciones de protesta...llama la atención por la uniformidad del procedimiento. Sin que hubiera terminado la semana, ocurre el 25 de febrero la represión con armas de fuego de los estudiantes en la Universidad de los Andes (ULA), dejando a seis estudiantes heridos".[251] A estos asesinatos se refirió, con su particular humor negro, el embajador de Venezuela ante la OEA, Roy Chaderton, durante un programa en el canal oficialista VTV, la noche del lunes 9 de marzo de 2015, al expresar que "Una bala por la cabeza de un escuálido pasa rápido y suena hueco".[252]

El 19 de febrero es detenido Antonio Ledezma, Alcalde Metropolitano de Caracas, en su oficina particular, en circunstancias que revelan un trato desconsiderado y violento y una infracción a las normas sobre el debido proceso. Ledezma es internado en una celda del Sebin y luego trasladado a la prisión militar de Ramo Verde.[253] Las informaciones sobre la causa de la detención aluden a sus ideas políticas, pero en su programa de Televisión, Diosdado Cabello habla de una presunto golpe de Estado en el que estarían involucrados unos militares en una llamada "operación Jericó", "muestra parte del material incautado a los efectivos militares detenidos, incluyendo uniformes militares, computadores portátiles, fusiles de asalto y mapas hallados en los computadores, que se refieren a los 'objetivos tácticos' que iban a ser atacados usando aviones Tucano de procedencia extranjera", pero no establece la relación de Ledezma con esos hechos.[254] Del tema de los tucanos no se ha vuelto a hablar.

El 25 de febrero, en momentos en que se realizaba una protesta en San Cristóbal, un integrante de la Policía Nacional del Táchira asesina de un tiro en la cabeza a Kluihbert Roa, estudiante de 14 años que salía del colegio Agustín Codazzi, donde estudiaba, "armado con un morral de libros de clase". Para justificar el horrendo hecho, Maduro expresó que estos jóvenes habrían sido captados por una secta de derecha, y que "en Venezuela está prohibida la represión con armas de fuego[255]. El padre del joven

---

[251] *Revista Zeta*, 27 de febrero al 5 de marzo de 2015, p. 3.

[252] http://www.venezuelaaldia.com/2015/03/roy-chaderton-una-bala-en-la-cabeza-de-un-escualido-pasa-rapido-y-suena-hueco-video/

[253] http://globovision.com/video-muestra-detencion-de-antonio-ledezma/

[254] http://albaciudad.org/wp/index.php/2015/02/en-fotos-cabello-y-rodriguez-mostraron-evidencias-incautadas-a-golpistas-detenidos-y-revelaron-sus-nombres/

[255] http://www.lapatilla.com/site/2015/02/25/esta-es-la-secta-de-derecha-a-la-que-pertenecia-kluiberth-roa-foto/

refuta a Maduro y demuestra que Kluihbert no participaba en la manifestación y que a la organización a la que pertenecía era a los *Boy Scouts*.[256]

El 12 de marzo, después de un año en prisión, acaba con su vida el exaviador Rodolfo González en su celda del Sebin. Según familiares del occiso, González se encontraba en un estado psicológico de desesperación por las amenazas de trasladarlo a la cárcel de Yare, después de casi un año detenido a raíz del allanamiento que hizo la policía en su casa de habitación, con fundamento en la delación que habría hecho contra él un "patriota cooperante", por ser un supuesto líder de las manifestaciones.[257] La figura del "patriota cooperante" había sido establecida por la policía política del régimen (el Sebin), a partir de su creación en junio de 2010. Estas personas, que se organizan en redes y son coloquialmente llamados "soplones" o "sapos", hacen las denuncias pero no aparecen en los expedientes. "Una fuente interna señaló que son pocos los informantes que actúan solamente por convicción política. La mayoría obtiene dinero a cambio de los datos que aporta. Los fondos entregados a Contrainteligencia para tales pagos son de la partida de 'gastos de seguridad de la nación'",[258] es decir, "partida secreta".

El 18 de marzo informa la prensa que los abogados de Alcalde Metropolitano Antonio Ledezma habían pedido a la Fiscal General de la República que separara de este caso a la fiscal Katherine Harrington, debido "a las gestiones adelantadas por la Fiscal Harrington cuando pidió a Rodolfo González, bautizado por el Gobierno de Maduro como El Aviador, recientemente fallecido en una celda del Sebin, que 'delatara' al Alcalde Metropolitano Antonio Ledezma a cambio de beneficios procesales, según lo reveló a la prensa Joel García, ex abogado del piloto muerto".[259] Menos de tres semanas después, la fiscal Harrinton fue designada por el Presidente de la República como viceministra del Sistema Integrado de Investigación Penal del Ministerio de Relaciones Interiores, Justicia y Paz.

---

[256] http://elimpulso.com/articulo/padre-de-kluivert-roa-responde-a-maduro

[257] http://www.eluniversal.com/nacional-y-politica/150313/fallece-en-celda-del-sebin-rodolfo-gonzalez-detenido-por-manifestacion

[258] http://www.el-nacional.com/politica/Redes-patriotas-cooperantes-formaron-partir_0_406159585.html

[259] http://www.eluniversal.com/nacional-y-politica/150318/abogados-de-ledezma-solicitan-relevar-a-fiscal-harrington-del-caso

f) **BANDAS DE DELINCUENTES MONOPOLIZAN LA VIOLENCIA EN LAS LLAMADAS "ZONAS DE PAZ"**

En la Tercera Parte de estas consideraciones nos habíamos referido a casos de renuncia del Estado al monopolio de la violencia legítima a favor de colectivos y grupos paramilitares promovidos por el régimen y que coinciden con los objetivos de este. Sin que estas situaciones dejaran de presentarse, el panorama ha empeorado por fenómenos que se presentan con otras características, como son la formación de bandas de delincuentes que asumen el monopolio de la violencia en las llamadas "zonas de paz", que se formaron desde inicios del gobierno de Maduro.

Estudios preliminares indican que "Las zonas de paz fueron creadas en septiembre del año 2013 a partir de un estudio de incidencia delictiva que hizo el gobierno nacional, de donde surgió el plan A Toda Vida Venezuela como parte del programa Paz y Vida, impulsado por el fallecido presidente Hugo Chávez. Desde el viceministerio de Política Interior y Seguridad del Ministerio de Interior, Justicia y Paz, se dictaron medidas para que, en los espacios asignados, el control de todo lo relacionado con la actividad diaria que tuviera cierta importancia lo llevaran las propias comunidades. En principio, se instalaron en 79 municipios priorizados, es decir, en aquellos sectores del país en donde el índice de criminalidad era más alto, entre ellos los estados Miranda y Aragua".[260] Informa El Universal que "Para que se garantice la sana convivencia en las Zonas de Paz, ningún organismo de seguridad puede ingresar a realizar rondas de patrullaje. Solo visitan la zona cuando hay algún fallecido por arma de fuego. Principalmente el Cicpc llega a retirar el cadáver y se va".[261]

No obstante, esas zonas de paz devinieron en centros de delincuencia, sobre lo cual el gobierno no ha informado a la opinión pública. La prensa señala, como ejemplo de la manera como se produce esa transformación, el caso del caserío El Delirio cerca de San José de Barlovento, donde el viceministro de Política Interior, José Vicente Rangel Ávalos, anunció que tres bandas delictivas depusieron sus armas y "cambiaron su estilo de vida". Informa la prensa que "Ciertamente lo cambiaron, pues una de ellas, que hace vida en el caserío El Delirio (San José de Barlovento), recibió un micro crédito del Gobierno Nacional una vez que entregaron sus armas. Canjearon algunos revólveres y armas automáticas por 'beneficios'. Con el dinero, según indicaron fuentes policiales, los maleantes compraron siete fusiles AK-45 y una camioneta. Ahora se dedican a la

---

[260] http://www.el-nacional.com/opinion/editorial/Zonas-paz_19_630726922.html
[261] http://www.eluniversal.com/sucesos/150514/violencia-y-criminalidad-en-las-zonas-de-paz

industria del secuestro en el eje de Barlovento y ciudades cercanas. Incluso han llegado a Caracas, dijeron los efectivos".[262] Se ha sabido que "Un informe confidencial de la Guardia Nacional Bolivariana (GNB), que se filtró a finales del año pasado y al que tuvo acceso El Tiempo, indica que solo en el Eje Barlovento hay 29 zonas de paz (una de ellas Cumbo) que abarca una superficie de 5.236 kilómetros cuadrados. Detalla también que el programa impacta, directa e indirectamente, a más de 820 mil ciudadanos... '¿Zona de paz? Cumbo es zona de muerte, zona roja. Allí están los cuerpos. A algunos los matan, a otros los matan y los acerruchan', refirió una fuente que solicitó el anonimato por miedo a represalias".[263] La creación de las zonas de paz en el Estado Miranda no es informada a la Gobernación de dicho Estado, según revelan fuentes regionales.

En una de esas zonas de paz, en la Urbanización Lomas de Guadalupe, en Ocumare del Tuy, perteneciente a la Gran Misión Vivienda Venezuela, mientras se celebraba un cumpleaños se presentaron sujetos encapuchados y dispararon a los presentes, de lo cual resultaron diez personas muertas. Reseña la prensa que tras la masacre de Ocumare, en el mes de abril pasado, desde la dirección nacional del Cicpc se envió un comunicado a todas las subdelegaciones del organismo cuyo texto reza: "Se les recuerda a los Jefes de Coordinaciones, Direcciones Operativas, REDIP, Delegaciones, Sub-Delegaciones, Ejes y Bloques de Búsqueda, para que informen e instruyan oportuna y fehacientemente a todo su personal, sobre todo el policial, para que eviten efectuar procedimientos en Urbanismos, Infraestructuras, Canchas y Sitios Deportivos que funjan o estén bajo la denominación de 'Espacios de Paz'. Motiva la presente, por cuanto dichos espacios de pacificación forman parte de Políticas Gubernamentales del Ejecutivo Nacional, desarrolladas dentro de Planes Estratégicos bajo la rectoría y vigilancia por parte de altos comisionados del Estado, que hacen socioestudios y análisis en estos espacios, y cuando ocurren procedimientos se quejan alegando que estamos interfiriendo con sus acciones, por lo cual es imperativo que todos tengamos presente qué espacio mantiene este fuero y dadas las circunstancias, notificar de manera precisa a la Superioridad y Sala Situacional". El Universal comenta que "Los delincuentes se habían apropiado del módulo policial de la zona, así como dictaron leyes de convivencia a su antojo. Vecinos y comerciantes debían cancelar cuotas dia-

---

[262] http://www.eluniversal.com/sucesos/131103/zonas-de-paz-tienen-su-toque-hamponil

[263] http://eltiempo.com.ve/venezuela/hampa/zona-de-paz-este-pueblo-es-zona-de-muerte-zona-roja/184305

rias para garantizar la 'seguridad'. Los habitantes son el testimonio fiel, aunque no se identifiquen por miedo".[264]

Los venezolanos tomaron conciencia de lo que está ocurriendo con las "zonas de paz", sobre todo, con los sucesos del Barrio San Vicente, cerca de Maracay, el 12 y 13 de mayo de 2015, cuando se produjo una verdadera batalla campal entre la policía y los delincuentes que duró muchas horas. Para pacificar la zona fue necesario que intervinieran más de 2.000 agentes del orden público.[265] Se ha expresado que "La crisis de seguridad en el estado Aragua guarda una relación directa con la cárcel de Tocorón, que tiene capacidad para 650 reclusos, pero en la actualidad hay aproximadamente 10.000 presos: estamos hablando de más de 1.000% de hacinamiento. Allí los reos andan de su cuenta. Desde allí se planean y ejecutan todas estas acciones delictivas, que de alguna manera el gobierno regional [de Aragua] apoya al no buscar solución efectiva al problema".[266]

En Caracas, zonas como la Cota 905 se han convertido en verdaderos "territorios sin ley", donde no se permite la entrada de las fuerzas de seguridad del Estado y, en caso de violación de los convenios con el gobierno, los delincuentes rechazan con violencia las intromisiones y queman las patrullas policiales.[267] Es interesante destacar que en esos barrios se han producido acuerdos entre las bandas delictivas para enfrentar en conjunto a la policía. En todos estos casos, hay el aspecto común de que el programa se origina en iniciativas del gobierno nacional de dejar el mantenimiento del orden público en manos de grupos de pobladores, como parte del discurso populista, y que la situación se escapa de control, todo lo cual agrega nuevas fuentes de violencia y de impunidad a la grave situación que padecen los venezolanos.

En la madrugada del 11 de febrero, en los Dos Caminos, "un grupo de 10 delincuentes que intentaban un secuestro fueron enfrentados por la policía del municipio Sucre. Los antisociales respondieron utilizando fusi-

---

[264] http://www.eluniversal.com/sucesos/150514/violencia-y-criminalidad-en-las-zonas-de-paz-imp

[265] San Vicente http://www.el-nacional.com/sucesos/Ultimaron-delincuentes-operativo-San-Vicente_0_627537402.html

[266] https://www.google.co.ve/#q=La+crisis+de+seguridad+en+el+estado+Aragua+guarda+una+relaci%C3%B3n+directa+con+la+c%C3%A1rcel+de+Tocor%C3%B3n%2C+que+tiene+capacidad+para+650+reclusos%2C+pero+en+la+actualidad+

[267] http://www.eluniversal.com/sucesos/150621/hampones-hieren-a-dos-pnb-y-queman-una-patrulla-en-la-cota-905

les AK47 y granadas".[268] En este sentido, destaca la prensa que "En algunos casos estos grupos criminales cuentan con un poder de fuego superior al que poseen la mayoría de los cuerpos policiales, ya que utilizan armas de guerra en la ejecución de sus fechorías; mientras que las policías municipales y estadales de todo el país solo pueden usar pistolas 9 mm y una escopeta de calibre 12 mm por cada 10 funcionarios, según lo establece la resolución N° 17.350 del Ministerio de Defensa de fecha 13 de febrero de 2011 (*Gaceta Oficial* N° 39.627)".[269]

Según cálculos del abogado criminalista Fermín Mármol García –informa El Universal– "en la actualidad existen en Venezuela al menos 72 mil individuos que tienen como oficio la comisión de delitos", y que "la gran mayoría integra una banda criminal o forma parte de un 'micro Estado', que son agrupaciones delictivas que funcionan como un 'Estado paralelo' dentro del Estado venezolano. Se les considera así porque tienen los tres componentes fundamentales de cualquier nación: un 'territorio' que dominan, una 'población' que someten y un 'poder' dado por las armas." Entre esos *microestados*, además de las zonas de paz, se incluyen los colectivos armados, el pranato carcelario, las megabandas, los seudo sindicatos de la construcción y las Fuerzas Bolivarianas de Liberación.

El gobierno no ha manifestado su opinión sobre los efectos perversos que ha producido su programa de crear las "zonas de paz", ni ha expresado su disposición de introducir correctivos en esta materia. Antes por el contrario, la creación del despacho del Viceministro o Viceministra de Asuntos para la Paz, adscrito al Despacho del Presidente de la República, tal como se informa en la *Gaceta Oficial* N° 40.680, del 11/6/2015, hace suponer la intención de sustraer el programa a que nos referimos del Ministerio de Interior, Justicia y Paz para colocarlo en estrecha vinculación con la Presidencia de la República, con el fin de fortalecerlo.[270]

g) AUMENTO DE LA TENSIÓN INTERNACIONAL Y LA PRESIÓN DE GOBIERNOS EXTRANJEROS Y DE PERSONALIDADES CONTRA EL DE VENEZUELA

Como antecedente debemos decir que el 30/7/2014, el Departamento de Estado de los Estados Unidos anunció la revocación de visados a 24 altos cargos y funcionarios de Venezuela por estar, presuntamente, involucrados en violaciones de los derechos humanos y la represión de protes-

---

[268] http://www.larazon.net/2015/02/11/delincuentes-se-enfrentan-polisucre-en-los-dos-caminos-con-fusiles-ak47-y-granadas/#sthash.qmTGn62k.dpuf

[269] http://m.eluniversal.com/nacional-y-politica/150614/micro-estados-del-delito

[270] http://www.antv.gob.ve/m9/ns_noticias_antv.asp?id=60520

tas de grupos opositores.[271] El 6 de diciembre siguiente, Maduro acusa al personal de la embajada estadounidense en Caracas de actuar con un "intervencionismo" que "comienza a ser intolerable", y dice que la relación con EEUU está bajo revisión. Tres días después, el Senado de EE.UU. aprueba un proyecto de ley que permite la suspensión de visas y la congelación de los activos en Estados Unidos de algunos funcionarios venezolanos, el cual fue aprobado con modificaciones por la Cámara de Representantes el 10 de diciembre siguiente. El 14 de diciembre "Maduro dice que ha deseado romper 'todas' las relaciones con Estados Unidos y cerrar las embajadas y consulados, pero que se frena por 'sabiduría chavista'". El 18 de ese mes Obama firma las sanciones aprobadas por el Congreso contra funcionarios venezolanos considerados responsables de violaciones a derechos humanos en Venezuela. El 1 de febrero "Maduro asegura que Biden ha anunciado a presidentes y primeros ministros de países caribeños que se encuentra en marcha un plan para derrocarlo", ante lo cual agrega Maduro que "ha pedido al secretario general de la Unasur, Ernesto Samper, que asuma una iniciativa diplomática para buscar un mecanismo de diálogo con el Gobierno de Estados Unidos".

El 24/2/2015, el Secretado de Estado norteamericano John Kerry pide al Gobierno de Venezuela liberar a todos los "prisioneros políticos" y abandonar el "viejo guión" que le lleva a culpar a Estados Unidos de intentos de golpe de Estado "que no existen". El último de ese mes Maduro ordena a Estados Unidos reducir de inmediato el alrededor del centenar de funcionarios diplomáticos de su embajada en Caracas a niveles similares a la veintena que mantiene su Gobierno en Washington, y anuncia que se requerirá visado a todos los estadounidenses que visiten Venezuela. También anuncia sanciones contra el expresidente estadounidense George W. Bush, el senador republicano Marco Rubio y la congresista Ileana Ros-Lehtinen, entre otros. El 9 de marzo siguiente, se dice en un comunicado difundido por el gobierno de los Estados Unidos que "Hoy el Presidente Obama emitió una nueva orden presidencial al declarar una emergencia nacional con respecto a la amenaza inusual y extraordinaria a la seguridad nacional y política exterior de Estados Unidos planteada por la situación en Venezuela".[272] La acción ejecutiva ordenó la suspensión de visas y la congelación de activos en territorio estadounidense de siete funcionarios militares y policiales venezolanos.

---

[271] En esta parte hemos seguido la cronología publicada en http://www.eluniversal.com/nacional-y-politica/150309/principales-desencuentros-en-la-relacion-entre-estados-unidos-y-venezu

[272] http://www.telesurtv.net/news/Obama-implementa-sanciones-contra-Venezuela-20150309-0029.html

Con el lema "¡Obama deroga el decreto ya!", Maduro inicia una campaña nacional de recolección de firmas contra el acto del presidente Barack Obama que declaró a Venezuela una amenaza extraordinaria para la seguridad nacional estadounidense. En la noche del jueves 10 de abril de 2015, Maduro consignó ante la VII Cumbre de las Américas que estaba por iniciarse en Panamá, según dijo, 13 millones de firmas recolectadas, cuya autenticidad habría sido certificada, en unas pocas horas, por el Consejo Nacional Electoral. En todo caso, el aspecto principal que copó la atención mundial de esta Cumbre fue el encuentro entre Barak Obama y Raúl Castro, quienes el 17 de diciembre anterior habían anunciado, en forma simultánea, el inicio de un proceso para restablecer relaciones diplomáticas y normalizar sus vínculos. Al mismo tiempo, Cuba había liberado al contratista estadounidense Alan Gross, detenido en la isla, mientras que Estados Unidos, a cambio, dejó en libertad a tres agentes cubanos de inteligencia que purgaban largas sentencias por espionaje.[273]

En la misma Cumbre fue dado a conocer el documento suscrito por 26 ex Jefes de Estado y de Gobierno Iberoamericanos, agrupados en la Iniciativa Democrática de España y las Américas (IDEA), en el cual se afirma, entre otros aspectos, que "La severa crisis democrática e institucional, económica y social que afecta a Venezuela y a todos los venezolanos no admite sino soluciones negociadas y sería irresponsable y hasta criminal reducirla o desfigurarla, en su origen y efectos, a una suerte de confrontación entre el gobierno de Nicolás Maduro y el llamado imperialismo norteamericano, o atribuirla a la mera caída de los ingresos petroleros".[274] A este documento se adhirió Felipe González, ex Presidente del Gobierno de España, quien anteriormente se había ofrecido para defender a Leopoldo López y a Antonio Ledezma, quienes están encarcelados por sus opiniones políticas. Posteriormente se solidarizaron con esta declaración once ex Jefes de Estado y de Gobierno Iberoamericanos.

La Cumbre concluyó sin que Maduro hubiera obtenido una declaratoria de condena contra el decreto de Obama.

Con posterioridad, los parlamentos de España, Chile y Colombia aprobaron, por amplia mayoría y con participación de todas las fuerzas políticas en cada caso –con excepción de la extrema izquierda–, resoluciones en las que criticaron la situación de los derechos humanos en Venezuela y

---

[273] http://notihoy.com/cronologia-de-las-relaciones-entre-estados-unidos-y-cuba/

[274] Ver el texto completo de la declaración en: http://www.2001.com.ve/en-la-agenda/94229/declaracion-de-panama-de-los-ex-jefes-de-estado-y-de-gobierno.html

exigieron la liberación de los presos políticos en el país. La reacción de Maduro, sobre todo contra España, ha sido desorbitada y las relaciones entre ambos países ha alcanzado un grado de tensión sin precedentes.[275] Por su parte, los 28 Ministros de Relaciones Exteriores de la Unión Europea, reunidos el 20 de abril de 2005, expresaron su preocupación por la situación de los derechos humanos en Venezuela y manifestaron su solicitud de que se liberen los presos políticos.[276]

El 21/4/2015, la Asamblea Nacional aprobó un acuerdo propuesto por el Partido Comunista en el que declaraba como persona no grata al expresidente del Gobierno español, Felipe González, quien supuestamente pretendía interferir en los asuntos internos de Venezuela, y ese mismo día también hizo igual declaratoria Nicolás Maduro. Este acto se fundamentó en que Felipe González había manifestado en el mes de marzo anterior que se uniría a la defensa de los opositores venezolanos Leopoldo López y Antonio Ledezma, actualmente privados de libertad por supuestos delitos políticos y que a este ofrecimiento se habían adherido el exgobernante brasileño Fernando Henrique Cardoso, el abogado canadiense Irwin Cotler.y los expresidentes Alejandro Toledo de Perú y Luis Alberto Lacalle, de Uruguay. Asimismo, se solidarizaron con Felipe González por haber sido declarado *persona non grata* por su empeño en luchar por la libertad de los presos políticos en Venezuela los expresidentes Fernando Henrique Cardoso (Brasil), Ricardo Lagos (Chile), Julio María Sanguinetti (Uruguay).y Vicente Fox (México).

Ante el anuncio de Felipe González de su proyecto de venir a Caracas en el mes de mayo a ejercer "funciones técnicas" en la defensa de Leopoldo López y Antonio Ledezma, la Fiscal General de la República, Luisa Ortega Díaz, había declarado que es "improponible" que los expresidentes de España y Perú, Felipe González y Alejandro Toledo, respectivamente, pretendan ejercer en Venezuela, en condición de "consultores técnicos", funciones jurídicas en defensa de Leopoldo López y Antonio Ledezma, acusados por conspiración.[277]

El 30/4/2015, la agencia de noticias EFE informa que "26 exmandatarios miembros del Club de Madrid pidieron la puesta en libertad de oposi-

---

[275] http://www.diariolasamericas.com/4848_venezuela/3054478_video-senado-co lombia-tambien-exige-liberacion-presos-politicos-venezuela.html

[276] http://www.efectococuyo.com/efecto-cocuyo/politikom/union-europea-pide-liberacion-de-presos-politicos-y-celebracion-de-parlamentarias-2/

[277] http://www.ultimasnoticias.com.ve/noticias/actualidad/politica/es-improponi ble-que-gonzalez-y-toledo-ejerzan-func.aspx#ixzz3YTp0nYPa

tores venezolanos, a la vez que respaldaron al expresidente del Gobierno español Felipe González en su empeño de trabajar en la defensa legal de aquellos...En una carta abierta, doce expresidentes latinoamericanos, diez exgobernantes europeos, dos africanos y dos asiáticos, miembros todos ellos del Club de Madrid, manifiestan su 'profunda preocupación por la difícil situación social, económica y política por la que atraviesa Venezuela'...Los signatarios de la declaración piden que una representación del Club de Madrid pueda estar presente en el juicio oral a [Leopoldo] López, previsto para los días 17, 18 y 19 de mayo y de otras personas y líderes políticos que estén en análoga situación". Entre los firmantes de la carta abierta, que también piden la libertad plena para Antonio Ledezma y los demás presos políticos, están los expresidentes de Brasil, Fernando Henrique Cardoso; Uruguay, Luis Alberto Lacalle; Colombia, Andrés Pastrana; de Chile, Sebastián Piñera, Eduardo Frei y Ricardo Lagos; de Uruguay, Julio María Sanguinetti; de México, Vicente Fox y de Costa Rica, Óscar Arias.[278]

Las presiones internacionales se intensificaron a raíz de la decisión del gobierno nacional de no permitir que Felipe González, quien había llegado al país el 7 de junio, visitara a los dirigentes políticos presos y que ni siquiera pudiera asistir como público a la presentación de Leopoldo López. Después de dos días en el país, González salió hacia Colombia en un avión militar puesto a su disposición por el presidente de ese país. Una delegación de senadores de Brasil que había venido el 18 de junio de 2015 con el propósito de constatar la situación de los presos políticos en Venezuela, no pudo subir a Caracas desde Maiquetía por obstáculos en la autopista, presuntamente organizada por partidarios del oficialismo, pero negada por el gobierno. En cambio, una delegación de senadores oficialistas de Brasil llegó a Caracas el 25 de junio y pudo reunirse, sin ningún tipo de obstáculo, con políticos del gobierno y la oposición, pero no visitó a los presos políticos para constatar las condiciones de reclusión.

h) LA CRISIS ECONÓMICA SE TRANSFORMA EN CRISIS POLÍTICA

En medio de la crisis económica, el gobierno hace más difíciles las condiciones de vida de las personas al endurecer las exigencias del control de cambio y al disminuir las divisas que asigna para la importación de productos básicos para los consumidores, al tiempo que el dólar paralelo se dispara en una forma nunca antes vista; la inflación aumenta el 21 por

---

[278] http://www.el-nacional.com/mundo/Club-Madrid-libertad-politicos-venezolanos_0_619738031.html

ciento entre enero y febrero de 2015[279] y el Fondo Monetario Internacional estima que "el país cerraría con una contracción del 7% de su producto interno bruto y un déficit fiscal del 20% este año".[280]

Pero la economía se agrava día a día y las cifras asequibles muestran el desmoronamiento del modelo político y económico implantado en Venezuela. El 29/4/2015, el diario El Universal, en su edición digital, informa que "Las reservas internacionales de Venezuela registraron su nivel más bajo en casi 12 años al cerrar por debajo de 19.000 millones de dólares, lo que según analistas refleja la caída de los ingresos petroleros del país. El Banco Central de Venezuela (BCV) informó este miércoles que las reservas internacionales se ubicaron en 18.985 millones de dólares al 27 de abril, una baja de 14% respecto a los 22.076 millones que se contaban a principios de 2015" y que "Desde abril de 2013, cuando Maduro asumió el poder, las reservas internacionales de Venezuela han caído 28%, pues en ese entonces sumaban 26.376 millones de dólares". "A partir de abril se siente con mucha más fuerza la baja del precio del petróleo", señaló a la AFP el economista Asdrúbal Oliveros, director de la consultora Ecoanalítica, al explicar que la factura petrolera se cobra con atraso". Asimismo "el venezolano padece una escasez de dos de cada tres alimentos, medicinas y bienes básicos", según consultoras privadas. El director de la consultora Econométrica, Henkel García, advierte que "el consumo (de productos básicos) se está sosteniendo con quema de inventarios, y no habría problemas si se repusieran, pero eso parece que no está ocurriendo a un ritmo suficiente", debido a una entrega intermitente de divisas. "Aunado a ello las industrias y comercios difícilmente pueden optar por obtener divisas en el mercado negro, pues allí el precio –de 286 bolívares por dólar este miércoles, más de 45 veces la tasa oficial– imposibilita cubrir costos de producción de productos con precios controlados por el gobierno".[281]

No obstante lo anterior, el temor del gobierno a un estallido social ante posibles medidas correctivas del gobierno hace decir al presidente Maduro que "no estoy apurado con el tema de la gasolina".[282] Para tener idea de lo

---

[279] http://www.lapatilla.com/site/2015/04/04/inflacion-acumula-21-por-ciento-entre-enero-y-febrero/

[280] http://www.elmundo.com.ve/noticias/economia/politicas-publicas/gobierno-recibe--5-000-millones-por-nuevo-prestamo.aspx

[281] http://m.eluniversal.com/economia/150429/reservas-internacionales-caen-a-su-nivel-mas-bajo-en-casi-12-anos

[282] http://www.notiminuto.com/noticia/presidente-maduro-no-estoy-apurado-con-el-tema-de-la-gasolina/

que esto significa, hay que tener presente que "un litro de gasolina de 95 octanos cuesta actualmente 0,097 bolívares"[283] y que, traducido ese valor en dólares al precio del mercado libre, que es el único que realmente se consigue, equivale a que con un dólar se pueden comprar en el país ¡¡¡96 galones de gasolina!!!

En este contexto de desperdicio de energía y de políticas económicas absurdas, "el vicepresidente de la República, Jorge Arreaza y el ministro de Energía, Jesse Chacón, anunciaron una serie de medidas para garantizar el uso eficiente de la energía eléctrica debido al incremento de la demanda (de 16 MW a 18 MW), causada por la ola de calor que azota al país. En contacto con el canal Venezolana de Televisión (VTV), Arreaza indicó que con la finalidad de bajar los niveles de consumo, la administración pública implementará, con excepciones, un nuevo horario de trabajo. Desde la 7:30 am hasta la 1:00 pm de forma corrida".[284] En todo caso, desde antes, el país viene sufriendo de cortes de electricidad, sobre todo en el interior, que se producen en ocasiones varias veces en un día o que duran varios días.[285]

El 21/4/2006 Maduro anunció al país, y sobre todo a los trabajadores, que "Tengo una habilitante en mi mano y la voy a utilizar contundentemente para protegerlos para provocar el revolcón económico que hay que provocar" y adelantó que "está trabajando junto al Estado Mayor en un 'plan especial' que develará el primero de mayo – Día del Trabajador".[286] Llegado el día, el revolcón económico anunciado resultó el parto de los montes: el Presidente se limitó a anunciar un aumento del 30% del salario mínimo, "el cual será fraccionado en dos partes: la primera será un aumento de 20% que se hará efectiva a partir del día de hoy, mientras que la segunda será de un 10% que se hará efectiva a partir del 1 de julio". Con este aumento del 30%, el salario mínimo pasará de bolívares 5.634,47, anunciado en enero de este año, a una cifra de bolívares 7.324,8.[287] Esta medida causó decepción y protestas en el país, aún entre los partidarios

---

[283] http://www.elmundo.com.ve/noticias/economia/politicas-publicas/datos-claves-sobre-el-precio-de-la-gasolina-en-ven.aspx

[284] http://eltiempo.com.ve/venezuela/servicios/gobierno-anuncio-planes-para-ahorrar-electricidad-en-el-pais/179879

[285] http://www.soberania.org/2015/04/30/retraso-de-obras-y-la-insuficiente-capacidad-termoelectrica-obligan-nuevo-racionamiento/

[286] http://www.eluniversal.com/economia/150421/presidente-promete-un-revol con-economico-para-el-dia-del-trabajador

[287] http://www.eluniversal.com/economia/150501/maduro-anuncio-aumentos-de-30-del-salario-minimo-y-pensiones

del gobierno, pues "con el aumento del 30% totalizado, si se toma como referencia el precio del dólar Simadi, según su última jornada en la cual cerró en 198,31 bolívares, por día trabajado, un venezolano solo gana 1,22 dólares. Sin embargo, si se utiliza el precio del **dólar paralelo, se gana diario 0,87 dólares**... A pesar de este aumento, **el salario mínimo del venezolano sigue siendo el más bajo de la región**".[288]

SECCIÓN SEXTA: CONSIDERACIONES FINALES

Ante la evidencia de que las políticas implantadas en Venezuela desde 1999 han traído la ruina para el país, de que no ofrecen posibilidades para la vigencia de los derechos humanos y de que impiden el libre desenvolvimiento de la personalidad de los ciudadanos, sobre todo de los jóvenes, de que la utopía ha pasado a ser una distopía, porque la sociedad venezolana se parece cada vez más a la que describe George Orwell en su novela *1984*, la conclusión obligada es la de que ese modelo hay que cambiarlo. Por otra parte, en forma reiterada, Nicolás Maduro ha manifestado su disposición de mantener la orientación del gobierno que ha recibido de su predecesor e incluso su intención de profundizarla (¡Vamos a radicalizar la Revolución!, dijo el 13/4/2015[289]), lo cual hace avizorar que estamos ante las puertas de un conflicto político. No podemos decir la forma ni la oportunidad en que el desenlace se producirá, ni tampoco anticipar los grupos sobre los que recaerá principalmente el relevo para conducir el país, pero consideramos necesario que, desde ya, se entable en Venezuela una discusión sobre el perfil que debe tener el nuevo gobierno y sobre la estrategia de desarrollo que el país debe adoptar hacia el futuro.

Una revisión de la evolución del Estado y del sistema político, de la sociedad y de las decisiones fundamentales que han determinado el rumbo del país, al menos desde 1958, se hace indispensable para obtener lecciones que puedan ayudarnos a fijar la hoja de ruta de Venezuela hacia el futuro próximo, para evitar errores y avanzar sin retrocesos. La tarea no es sencilla, porque no se trata de crear un país nuevo sino de partir de lo que tenemos, de lo que hemos hecho y de lo que hemos dejado de hacer. La sociedad venezolana no se parece a ninguna otra, tiene sus características y sus exigencias propias y ningún modelo externo puede calzar en nuestra situación.

---

[288] http://www.maduradas.com/una-burla-aun-con-aumento-del-salario-minino-venezolanos-ganan-menos-de-un-dolar-al-dia/#ixzz3Z5ts0j00

[289] http://www.el-nacional.com/politica/Maduro-Vamos-radicalizar-revolucion_0_609539217.html

Las presentes consideraciones no tienen como propósito proponer un programa de gobierno para el país, sino expresar que, cualquiera que sea el que se establezca, existen unas orientaciones que deben estar presentes en el programa global de reformas que es necesario emprender y que se fundamentan en unos principios que se han decantado por la experiencia y la lógica y que deben ser atendidos para colocar al país en la ruta correcta del progreso, y a ellos nos vamos a referir sucintamente.

A. LA REFORMA POLÍTICA

Como primera medida, en Venezuela es necesario restablecer el orden democrático. Para ello hay que comenzar por implantar un talante de respeto y consideración hacia todos los sectores del país, los que han estado excluidos y los que han promovido el proyecto político fracasado. Hay que permitir que la tradicional cordialidad y simpatía de los venezolanos encuentre la forma de expresarse, y ello se logra de inmediato al proscribirse el discurso populista que ha dividido la sociedad en dos polos irreconciliables. Desde el poder no se deberá más insultar y agredir a los opositores y se devolverá a la Nación la propiedad de sus símbolos, de su historia y de sus palabras. En este último aspecto hay que recordar la lección que nos daba el profesor Ángel Rosenblat con esta parábola:

> Hace unos dos mil quinientos años, Tsen Lu dijo a Confucio:
>
> El Príncipe de Wei se propone confiaros el gobierno. ¿Cuál será la primera medida que tomaría el Maestro?
>
> Confucio respondió:
>
> - Restablecer la significación verdadera de los nombres.
>
> La propiedad de las palabras implica un orden moral y político. Los sabios han atribuido a cada realidad una designación y los nombres deben conformarse entre sí y realizarse en la acción. Otro discípulo le preguntó cuál era el principio del buen gobierno, y Confucio respondió:
>
> - Que el Príncipe sea Príncipe, el ministro, ministro; el padre, padre; y el hijo, hijo.[290]

Entre las palabras cuya significación hay que restablecer está el de la participación. Hay que redefinir los objetivos del país mediante una real participación de los venezolanos y ejecutarlos en la misma forma, a través de una articulación de esos objetivos en una forma que concilie los intereses de los diferentes sectores con el bien nacional. Este propósito puede lograrse mediante la aplicación de la Constitución vigente. La Ley Fun-

---

[290] Ángel Rosenblat: *Sentido mágico de la palabra*, Universidad Central de Venezuela, Ediciones de la Biblioteca, Caracas, 1977, p. 38.

damental que nos rige no consagra un sistema dictatorial ni neopatrimonialista, ni es excluyente de sectores sociales, antes por el contrario, regula un régimen de libertades, unos derechos humanos, una separación de poderes, unos controles sobre los gobernantes, un esquema de gobierno descentralizado, que simplemente hay que aplicar. Aquí, como en todo lo demás, hay que devolver el verdadero sentido de las palabras.

Lo anterior no significa que la Constitución sea perfecta. Hay que restablecer el verdadero sentido de lo que significa "gobierno alternativo" que es un principio constitucional vigente, y hay que reflexionar, por ejemplo, sobre la conveniencia o inconveniencia de mantener el sistema parlamentario unicameral, sobre algunas de las prerrogativas que se atribuyen al Presidente, como el ascenso de los militares de alta graduación sin consultar a la representación popular y la creación, supresión y modificación de los ministerios por decreto presidencial. Pero eso puede hacerse sin apuro, recordemos que por tres años, entre enero de 1958 y enero de 1961, nuestro país estuvo gobernado democráticamente con una Constitución perezjimenista, mientras serenamente se discutía sobre las instituciones que debía tener el nuevo régimen. Porque para gobernar democráticamente lo primero que hay que tener es un talante democrático. En sentido inverso, con una Constitución democrática puede instaurarse la peor de las dictaduras.

B. LA REFORMA ECONÓMICA Y SOCIAL

En primer lugar, es necesario definir una estrategia de desarrollo económico y social, tomando en consideración el peso que tiene el petróleo en nuestra economía, aunque se prevé que, al igual que en el resto del mundo, su importancia relativa irá en descenso. En efecto, la necesidad de utilizar fuentes limpias de energía para contener la contaminación del planeta y el calentamiento global ya se está reflejando en las estadísticas que dan cuenta del creciente incremento de la producción de biocombustibles y de energía eólica y solar en los países más avanzados, para sustituir el uso de combustibles fósiles. Más ahora, con el angustiado llamado que hace el Papa Francisco en su encíclica *Laudeatum si'* sobre nel cuidado de la casa común, dada a conocer el 24/5/2015, que expresa "la preocupación de unir a toda la familia humana en la búsqueda de un desarrollo sostenible e integral". Así pues, el modelo de desarrollo que el país debe comenzar a delinear para el futuro no se puede basar solamente en la utilización inteligente de la renta petrolera, sino en la profundización de la educación de los venezolanos en forma tal que nos permita desenvolvernos con provecho en la sociedad del conocimiento que se está imponiendo en los países de mayor calidad de vida del planeta.

Mientras ese nuevo modelo se instaura en el país, cualquier programa económico-social y político debe partir de criterios claros, democráticamente establecidos, sobre la distribución de la renta petrolera, partiendo del aserto de Diego Bautista Urbaneja de que la sociedad venezolana desde hace muchas décadas, ha devenido en "una sociedad de reclamadores de renta".[291] En este aspecto, la experiencia reciente nos enseña sobre las ineficiencias y peligros que entraña un orden político monocéntrico como el que hemos tenido, en que una persona se ha convertido en distribuidora de la renta, porque generalmente esa persona tiene como objetivo, antes que el bien común, asegurarse su permanencia en el poder. Ahora está claro que tenía mayor racionalidad, y produjo mejores beneficios, el sistema de conciliación de intereses que se practicó en la etapa democrática que comenzó en 1958, el cual consistió en un mecanismo pluralista de participación que debe ser ampliado y perfeccionado, mientras el tema de la distribución de la renta siga siendo un reclamo en la sociedad venezolana. Afortunadamente, en las últimas décadas se ha formado en el país y fuera de él un grupo grande de economistas venezolanos de alto nivel, con una visión planetaria de los instrumentos de su especialidad, y de profesionales de distintas ramas que tienen conceptos que aportar en la definición de los programas económicos, que están dispuestos a prestar su colaboración en esta tarea. Un ejemplo de ello es el consenso que permitió a 60 de los más importantes economistas del país elaborar un documento con el título de "*La emergencia económica de Venezuela y la necesidad de una nueva política económica en 2015*",[292] que circuló en la segunda quincena de enero de 2015 y que es conveniente consultar para definir las medidas que deben ser adoptadas a corto plazo para ayudar a corregir el rumbo de la economía nacional. En cualquier caso, las decisiones de ajuste que habrán de adoptarse deberán estar precedidas de medidas compensatorias efectivas para no hacer más angustiosa la situación de los pobladores más desguarnecidos.

En el aspecto social, los documentos más importantes y actualizados sobre la forma como se ejercen, o se dejan de ejercer, los derechos sociales consagrados en la Constitución los encontramos en los informes presentados en los Foros de la Universidad Simón Bolívar realizados los días 12 de marzo y 22 de abril de 2015, obtenidos del proyecto *Análisis de Condiciones de Vida de la Población Venezolana 2014*. Este proyecto

---

[291] Diego Bautista Urbaneja: *La renta y el reclamo, ensayo sobre petróleo y economía política en Venezuela*, Editorial Alfa, Caracas, 2013, p. XVII

[292] Puede leerse el texto completo de este documento en: http://prodavinci.com/2015/01/22/actualidad/60-economistas-se-pronuncian-sobre-la-crisis-economica-en-venezuela-monitorprodavinci/

había surgido de la preocupación compartida por la Universidad Católica Andrés Bello, la Universidad Central de Venezuela y la Universidad Simón Bolívar frente a la falta de información pública adecuada y oportuna que permitiera conocer cuál es la situación social del país en los tiempos que corren. A estos fines se constituyeron en abril de 2014 grupos de trabajo con investigadores de las Universidades, los cuales realizaron encuestas, investigaciones y discusiones y presentaron sus conclusiones sobre los siguientes aspectos:

1. las condiciones de la vivienda y los servicios;
2. la vulnerabilidad físico-ambiental;
3. la seguridad personal;
4. la salud;
5. la nutrición y alimentación;
6. la educación;
7. el trabajo;
8. las pensiones; y,
9. los programas sociales-misiones.[293]

Con un poco más de tiempo, será necesario que, mediante un proceso de consultas entre los representantes del Poder Público y los sectores económicos, laborales y de la sociedad organizada, se pueda definir un Plan de Desarrollo Económico y Social de la Nación, que sea un verdadero plan y no un manifiesto populista, en el cual, en el marco de una visión prospectiva del país, se establezcan las orientaciones que debe seguir Venezuela en el mediano plazo. El horizonte prospectivo al que aludimos no se refiere exclusivamente, y ni siquiera principalmente, a las políticas económicas, sino que debe ser la expresión de una concepción del hombre, que respete sus ansias de libertad y de autorrealización, y de la sociedad, donde la iniciativa privada debe tener la posibilidad de manifestar su capacidad creadora, dentro de los límites definidos por las leyes democráticamente establecidas para permitir y promover la convivencia social y el progreso sustentable de la nación.

C. LA REFORMA INSTITUCIONAL

Es necesario emprender una reforma que consistiría en aplicar el texto constitucional en cuanto consagra un Estado de Derecho y de justicia, descentralizado, participativo, con unos poderes orgánica y funcionalmente separados y un gobierno alternativo, en el que se salvaguarde la vigen-

---

[293] http://www.rectorado.usb.ve/vida/vida2014

cia de los derechos humanos y se controle la actuación de los gobernantes. Pero además, hay que modificar las leyes que se han promulgado bajo el régimen autoritario que se separan del texto constitucional, y consagrar la existencia de unos servicios públicos eficientes, que garanticen la seguridad de las personas y de los bienes, la justicia y la promoción económica, social, cultural y ética de los habitantes de la República, sin discriminaciones.

En estos aspectos consideramos ejemplar la iniciativa de los profesores y estudiantes de la Universidad Católica Andrés Bello, quienes el 15/4/2015 se reunieron en el evento "Construyendo la institucionalidad democrática", en el cual se elaboraron propuestas sobre pluralismo, participación, Derechos Humanos y Estado de Derecho. El coordinador del foro, profesor Jesús María Casal, expuso en esta oportunidad que "No se trata de un retorno a una institucionalidad anterior, no se trata tampoco de la negación ciega del pasado ni del presente, sino de ir al futuro en una visión de acumulación histórica y de reorientación de lo que podamos observar que pueda estar en contradicción con los principios democráticos que estamos exponiendo",[294] orientación esta con la que coincidimos plenamente.

Iniciativas como esta deben realizarse en todo el país para que el esquema institucional de Venezuela responda a las reales aspiraciones del conglomerado social y, al mismo tiempo, sea un factor de progreso para el país. Considero que hay dos aspectos trascendentes que exigen una reflexión particular y bien documentada para definir unos conceptos precisamente delineados: En primer lugar, sobre la forma del Estado Venezolano. ¿Es que realmente los venezolanos quieren tener un Estado federal? ¿Saben lo que eso significa? Para pronunciarse sobre este aspecto hay que conocer el contenido de la expresión federalismo, para darle su verdadero sentido, y tener información sobre la influencia que esa idea ha tenido en nuestro devenir constitucional. Guzmán Banco sabía bien lo que significaba el federalismo, y en el discurso de elogio de la Constitución, pronunciado al poner en vigencia la reforma constitucional el 27 de mayo de 1874, expresó lo siguiente:

> Esta Constitución verdaderamente plantea y consigna los principios esenciales del federalismo, que podrían resumirse así:
>
> a) Sólo las entidades políticas que concurren a la formación del poder federal, son las únicas autónomas en su origen.

---

[294] http://www.eluniversal.com/nacional-y-politica/150421/ucab-piensa-la-democracia-rescatando-lo-positivo-del-presente-y-del-pa-imp

b) El poder federal está constituido por las delegaciones que han hecho esas entidades, principio del cual se derivan las siguientes conclusiones: las atribuciones delegadas son de carácter taxativo; los Estados conservan por tanto en toda su plenitud, la soberanía no delegada; en la duda de si una atribución corresponde a uno u otro poder, debe estarse por el principio de la facultad retenida y

c) Las atribuciones delegadas deben ser exclusivamente las que respondan al interés común de las provincias, y por tanto éstas deben conservar la mayor suma de poder.[295]

No obstante, Guzmán Blanco, uno de los principales sostenedores de la aplicación del federalismo en Venezuela y líder de la Revolución Federal, fue el verdadero iniciador del centralismo en el país, El 15 de noviembre del año anterior, vigente la Constitución federal de 1864, había dictado un decreto conforme al cual "todas las minas son propiedad del Estado en que se encuentren y su administración corre a cargo del Ejecutivo Federal", con lo cual resultaba modificada la Constitución y se lesionaba gravemente la forma federal del Estado en el aspecto financiero. Entre nosotros, en diversos momentos de nuestra historia, para mantener la ficción del federalismo, se ha expresado en forma socarrona que "en Venezuela, el federalismo es un sentimiento". Pues no, el verdadero sentido de la palabra federalismo es que se refiere a una forma de Estado y tenemos que decidir si la queremos o no.

El otro aspecto sobre el cual hay que reflexionar en profundidad y adoptar una decisión es sobre el sometimiento del componente militar al poder civil. En la actualidad, lo que dispone la Constitución y lo que ocurre en la realidad es la demostración de una total esquizofrenia institucional. El tema es delicado pero solo puede resolverse de la misma manera como se hace en los países civilizados: hay que devolver el sentido a las palabras consagradas en el texto constitucional y aplicar sus normas tal como fueron sancionadas por el pueblo en el referendo del 15 de agosto de 1999, hasta tanto no se modifiquen conforme al ordenamiento constitucional.

De acuerdo a lo expuesto, lo que está planteado en Venezuela no es devolver la historia para restaurar situaciones anteriores sino implantar y mantener un verdadero régimen democrático en el cual el pueblo decida sobre el futuro que desea para el país.

Caracas, julio de 2015

---

[295] Pablo Ruggieri Parra: *Derecho Constitucional Venezolano: Estudio histórico-jurídico*, Editorial Cecilio Acosta, Caracas, 1944, p. 25.

ÍNDICE

INTRODUCCIÓN 19

PRIMERA PARTE
EL ESTADO VENEZOLANO
BAJO LA CONSTITUCIÓN DE 1961

SECCIÓN PRIMERA:
EL MARCO CONSTITUCIONAL

A. ANTECEDENTES 24
B. FORMACIÓN Y CONTENIDO DE LA CONSTITUCIÓN DE 1961.. 28
 a) CUESTIONES JURÍDICAS PREVIAS, PREPARACIÓN Y DISCUSIÓN DEL PROYECTO 28
 b) RASGOS FUNDAMENTALES DE LA CONSTITUCIÓN DE 1961 31

SECCIÓN SEGUNDA:
LOS PERÍODOS DE GOBIERNO
BAJO LA CONSTITUCIÓN DE 1961

A. RÓMULO BETANCOURT Y EL COMIENZO DE LA REPÚBLICA CIVIL 37
B. RAÚL LEONI Y EL ENTENDIMIENTO NACIONAL 42
C. CALDERA, MONOPARTIDISMO Y PACIFICACIÓN 47
D. CARLOS ANDRÉS PÉREZ, ABUNDANCIA Y DISCRECIONALIDAD 53
E. LUIS HERRERA CAMPINS, NUEVA ABUNDANCIA Y NUEVA CRISIS 59

F. JAIME LUSINCHI, EL PACTO SOCIAL COMO CONSIGNA 63
G. CARLOS ANDRÉS PÉREZ II, VIRAJE Y CRISIS 67
H. RAMÓN J. VELÁSQUEZ, INTERINARIA DE OCHO MESES 80
I. RAFAEL CALDERA II, EL FIN DE UNA ÉPOCA 82

SECCIÓN TERCERA:
EVOLUCIÓN DE LAS INSTITUCIONES PÚBLICAS
BAJO LA CONSTITUCIÓN DE 1961

A. LA CREACIÓN DE UNA INSTITUCIONALIDAD PARA LA DEMOCRACIA 89

   a) ORGANIZACIÓN Y MODERNIZACIÓN DE LA ADMINISTRACIÓN PÚBLICA 90

      1. La Planificación del desarrollo económico y social 90

      2. La Reforma Administrativa 91

         2.1 El régimen de los funcionarios públicos 91

         2.2 La planificación de las estructuras, los sistemas y los procedimientos 92

      3. La regionalización del desarrollo 93

      4. La modernización de la Hacienda Pública 94

      5. La nueva concepción del Municipio 95

   b) EL CONTROL SOBRE EL ESTADO Y LA ADMINISTRACIÓN PÚBLICA 96

   c) EL DESARROLLO DE LA INFRAESTRUCTURA, DE LOS SERVICIOS PÚBLICOS Y EL RESPETO A LOS DERECHOS HUMANOS 98

   d) EL DESARROLLO DE GUAYANA 100

   e) EL DESARROLLO DE LA DEMOCRACIA 102

B. LAS REFORMAS SOBREVENIDAS 104

   a) LA REFORMA ELECTORAL FRENTE A LA "PARTIDOCRACIA" 104

b) EL PROCESO DE REFORMA DEL ESTADO, LA DESCENTRALIZACIÓN 106
c) LA EVOLUCIÓN DE LA ECONOMÍA 112
d) ENMIENDAS A LA CONSTITUCIÓN Y PROYECTOS DE REFORMA 114

SEGUNDA PARTE
EL ESTADO BAJO LA CONSTITUCIÓN DE 1999

SECCIÓN PRIMERA:
LOS ANTECEDENTES 123

SECCIÓN SEGUNDA:
FORMACIÓN Y CONTENIDO DE LA CONSTITUCIÓN DE 1999

A. EL PROCESO DE FORMACIÓN DE LA CONSTITUCIÓN DE 1999 127
   a) CUESTIONES PREVIAS 127
   b) EL DEBATE CONSTITUYENTE 131
   c) APRECIACIÓN SOBRE EL PROCESO CONSTITUYENTE 139
B. CONTENIDO GENERAL Y ORIENTACIÓN DE LA CONSTITUCIÓN DE 1999 141
   a) EL RÉGIMEN DE LAS GARANTÍAS CONSTITUCIONALES 142
   b) LA ORGANIZACIÓN DEL PODER PÚBLICO 148
      1. El Poder Público Nacional 149
         1.1 El Poder Legislativo Nacional 149
         1.2 El Poder Ejecutivo Nacional 150
         1.3 El Poder Judicial 150
         1.4 El Poder Ciudadano 152
         1.5 El Poder Electoral 152
      2. El Poder Público Estadal 153
      3. El Poder Público Municipal 154

SECCIÓN TERCERA:
LOS PERÍODOS DEL RÉGIMEN AUTOCRÁTICO

A. EL PERÍODO "TRANSITORIO" 157
B. EL PRIMER PERÍODO DE CHÁVEZ (2000-2007) 159
    a) CONTROVERSIAS POR EL DECRETO 1011 159
    b) LA ACTUACIÓN DEL GOBIERNO EN LA ECONOMÍA Y LOS 48 DECRETOS LEYES 161
    c) EL PARO DEL 10 DE DICIEMBRE DEL 2001 163
    d) INICIO DE LA CONFRONTACIÓN CON LA IGLESIA ... 165
    e) AMENAZAS A LOS MEDIOS DE COMUNICACIÓN 165
    f) PROTESTAS DE LA OPOSICIÓN 167
    g) CRISIS EN LA INDUSTRIA PETROLERA, NUEVOS PAROS Y MANIFESTACIONES 167
    h) PARO NACIONAL Y APOYO DE GERENTES Y TRABAJADORES DE LA INDUSTRIA PETROLERA AL PARO 169
    i) LOS HECHOS DE ABRIL DE 2002, SALIDA Y REGRESO DE CHÁVEZ A LA PRESIDENCIA 170
    j) NUEVAS PROTESTAS Y UN NUEVO PARO NACIONAL 173
    k) UN PROYECTO DE REFERENDO CONSULTIVO COMO SALIDA A LA CRISIS 174
    l) EL REFERENDO REVOCATORIO PRESIDENCIAL 175
    m) USO DE LAS MISIONES Y DE LOS FONDOS PARAPRESUPUESTARIOS 178
    n) CONFUSIÓN ENTRE LA FUNCIÓN PÚBLICA Y LA FUNCIÓN PARTIDISTA 181
    o) EL USO DE "LAS MOROCHAS" Y ABSTENCIÓN DE LA OPOSICIÓN EN LAS ELECCIONES PARLAMENTARIAS DE 2005 184
    p) MÁS ENFRENTAMIENTOS Y FIN DEL PERÍODO 187
    g) LAS OBRA PÚBLICAS DEL GOBIERNO EN EL SEPTENIO 188

C. SEGUNDO PERÍODO DE CHÁVEZ (2007-2013) 189
   a) LOS MOTORES CONSTITUYENTES 190
   b) LA LEY HABILITANTE DE 2007 191
   c) EL PROYECTO DE REFORMA CONSTITUCIONAL 193
      1. El Estado Socialista 196
      2. Una nueva geografía del poder para centralizar el Estado 201
         2.1 Las estructuras paralelas 201
         2.2 Los órganos territoriales del Poder Popular 202
         2.3 Centralismo y menoscabo de Estados y Municipios.. .. 203
      3. El Estado personalista 204
   d) LAS ACTUACIONES DEL GOBIERNO PARA IMPONER LA FALLIDA REFORMA CONSTITUCIONAL 207
      1. Las actuaciones inmediatas post-referendo 207
      2. El Paquete de los 26 decretos leyes 211
         2.1 Inconstitucionalidad de los decretos leyes 212
         2.2 El carácter centralizante de los decretos leyes 212
            i) El debilitamiento de las empresas privadas 213
            ii) Se crea la ilusión de participación y se introducen modos de intercambio superados por el progreso 214
            iii) Se aprueban nuevas normas de rango legal y se reforman leyes para incrementar los poderes presidenciales para manejar recursos públicos........... 215
            iv) Se potencia el centralismo con reformas al régimen jurídico de la Administración Pública 215
         2.3 Se lesiona el principio de responsabilidad de los funcionarios públicos 217
         2.4 La Fuerza Armada Nacional se define como una institución al servicio de los designios del Presidente 217
      3. La enmienda Constitucional para establecer la reelegibilidad sucesiva ilimitada 219

e) LA ACELERACIÓN DEL PROCESO DE CONCENTRACIÓN DE PODERES EN EL PRESIDENTE 220

    1. El desmantelamiento del Distrito Metropolitano de Caracas 220

    2. Todas las propiedades a disposición del Presidente 223

    3. La ideologización forzada de los venezolanos 224

    4. La manipulación del sistema electoral 226

D. EL PERFIL DE CHÁVEZ Y DE SU GOBIERNO A LA MITAD DE SU SEGUNDO PERÍODO 230

E. CRISIS ECONÓMICA Y SOCIALISMO 234

TERCERA PARTE
EL ESTADO VENEZOLANO SIN CONSTITUCIÓN

SECCIÓN PRIMERA: INTRODUCCIÓN 237

SECCIÓN SEGUNDA: EL ESTADO COMUNAL

A. LA FIGURA DE LOS CONSEJOS COMUNALES 238

    a) ANTECEDENTES 239

    b) REGULACIÓN INICIAL DE LOS CONSEJOS COMUNALES 242

    c) RÉGIMEN FINANCIERO INICIAL DE LOS CONSEJOS COMUNALES 245

B. EL ESTADO COMUNAL EN EL PROYECTO DE REFORMA CONSTITUCIONAL DE 2007 249

C. EL PAQUETE DE LEYES SOBRE EL ESTADO COMUNAL 251

    a) LOS PRINCIPIOS 256

        1. Sobre la fundamentación del Estado Comunal 256

        2. El socialismo 257

        3. La participación y la descentralización 259

    b) LOS ÓRGANOS DEL ESTADO COMUNAL 260

c) LAS RELACIONES DEL PODER POPULAR CON EL PODER PÚBLICO 263

SECCIÓN TERCERA:
EL FUNCIONAMIENTO DEL ESTADO VENEZOLANO EN SITUACIÓN DE CARENCIA DE CONSTITUCIÓN

A. EL RÉGIMEN DE LA SUCESIÓN PRESIDENCIAL 269

a) LOS ANTECEDENTES 269

1. La situación de salud del Presidente 269
2. La escogencia del candidato de la oposición 271
3. La campaña electoral y la elección presidencial 272
4. Las obras públicas en el segundo período de Chávez 275

b) AGRAVAMIENTO DE LA SALUD DEL PRESIDENTE, ¿FALTA TEMPORAL O ABSOLUTA? 276

c) CUESTIONES JURÍDICAS RELACIONADAS CON LA SUCESIÓN PRESIDENCIAL 278

1. ¿Quién es el primer mandatario de Venezuela a partir del 9 de diciembre de 2012? 278
2. Interrogantes sobre la persona que ejercería la titularidad de la Presidencia 281

d) LA ELECCIÓN PRESIDENCIAL DE 2013 291

1. El resultado de la elección 292
2. Capriles pide la nulidad de las elecciones ante la Sala Electoral 293

   2.1 Denuncias sobre hechos anteriores al acto de votación 294
   2.2 Denuncias sobre hechos durante el acto de votación 295
   2.3 Actos posteriores a las votaciones 295

3. Sentencia de la Sala Constitucional y denuncia ante la Comisión Interamericana de Derechos Humanos (CIDH) 296

B. EL GOBIERNO DE NICOLÁS MADURO 297

a) EL PLAN DE LA PATRIA 298

b) ASPECTOS RESALTANTES EN EL INICIO DE LA GESTIÓN DE MADURO 302

1. Participación abusiva en la campaña electoral para las elecciones municipales 302

   1.1. El acompañamiento presidencial a los candidatos del gobierno 302

   1.2 El Dakazo 303

   1.3 Resultados electorales 303

2. Inseguridad personal y protesta estudiantil 304
3. Los intentos de diálogo 309
4. La censura a la prensa y las agresiones a periodistas 310
5. Acoso y destitución de diputados 312
6. Hostigamiento al Gobernador del Estado Miranda y acoso y encarcelamiento de Alcaldes 317
7. ¿Renuncia el gobierno al monopolio de la violencia legítima? 319
8. Un nuevo papel para la Fuerza Armada distante del que le asigna la Constitución 324
9. Crisis económica, protesta y represión 328

CUARTA PARTE
LAS TRANSFORMACIONES RECIENTES DEL ESTADO

SECCIÓN PRIMERA:
LOS CAMBIOS EN EL MODELO POLÍTICO

A. LOS OBJETIVOS 330

   a) DEFINICIÓN DE LOS OBJETIVOS 330

   1. Los objetivos en la etapa democrática 330
   2. Los objetivos en el régimen autoritario 333

   b) LAS FORMAS DE ARTICULAR LOS OBJETIVOS 338

   1. El sistema de conciliación de intereses en el régimen democrático 338
   2. El populismo autoritario en el régimen chavista 339

B. REVOLUCIÓN Y DERECHO 349

a) LA NOCIÓN DE REVOLUCIÓN 349

b) LA AUSENCIA DE SUJECIÓN DE LA REVOLUCIÓN AL ORDEN JURÍDICO 351

SECCIÓN SEGUNDA: EL MODELO ECONÓMICO DEL RÉGIMEN

A. LOS ANTECEDENTES 356

B. EL SOCIALISMO PETROLERO 359

SECCIÓN TERCERA: LAS TRANSFORMACIONES EN LOS PRINCIPIOS FUNDAMENTALES, EN LA ESTRUCTURA Y EN EL FUNCIONAMIENTO DEL ESTADO

A. LOS PRINCIPIOS FUNDAMENTALES DE LA CONSTITUCIÓN 369

   a) SOBRE LOS PRINCIPIOS DE INDEPENDENCIA, SOBERANÍA E INTEGRIDAD TERRITORIAL DE LA REPÚBLICA 370

   b) SOBRE LOS PRINCIPIOS DE IGUALDAD, JUSTICIA, LIBERTAD, SOLIDARIDAD, DEMOCRACIA, ÉTICA Y PLURALISMO POLÍTICO 370

   c) SOBRE EL PRINCIPIO DEL ESTADO FEDERAL DESCENTRALIZADO 371

   d) SOBRE EL PRINCIPIO DEL GOBIERNO ALTERNATIVO 373

B. LAS TRANSFORMACIONES EN LA ESTRUCTURA Y FUNCIONAMIENTO DEL ESTADO 375

   a) LA UNIFICACIÓN DE LOS PODERES 376

   b) LA DEJACIÓN DE COMPETENCIAS POR LA ASAMBLEA NACIONAL 382

   c) EL PODER JUDICIAL COMO INSTRUMENTO DE "LA REVOLUCIÓN" 385

   d) EL FIN DE LA AUTONOMÍA DEL BANCO CENTRAL DE VENEZUELA 392

   e) LA MILITARIZACIÓN DEL ESTADO 393

f) LAS TRANSFORMACIONES DE LA ADMINISTRACIÓN PÚBLICA 401

g) EL ACOSO CONTRA LAS UNIVERSIDADES AUTÓNOMAS 406

h) OTRAS INSTITUCIONES AUTÓNOMAS HOSTIGADAS POR EL GOBIERNO 408

i) EL RÉGIMEN DE LA HACIENDA PÚBLICA 412

   1. Antecedentes 412

   2. El régimen de los ingresos públicos 415

   3. El régimen del gasto público 420

   4. Las reservas internacionales 424

j) LA INEFICIENCIA DEL APARATO PÚBLICO 427

SECCIÓN CUARTA:
LAS TRANSFORMACIONES EN LA MANERA
COMO SE EJERCEN LOS DERECHOS HUMANOS

A. DERECHOS Y GARANTÍAS CONTENIDOS EN LAS DISPOSICIONES GENERALES DEL TÍTULO III DE LA CONSTITUCIÓN 435

   a) DERECHO DE TODAS LAS PERSONAS AL LIBRE DESENVOLVIMIENTO DE LA PERSONALIDAD 435

   b) PROHIBICIÓN DE DISCRIMINACIONES Y LA GARANTÍA DE LA IGUALDAD 436

   c) EL DERECHO DE ACCESO A LA JUSTICIA 437

   d) EL AMPARO PARA GARANTIZAR LA VIGENCIA DE DERECHOS CONSTITUCIONALES 438

   e) DERECHO A DIRIGIR PETICIONES O QUEJAS Y A PEDIR AMPARO SOBRE DERECHOS HUMANOS A LOS ORGANISMOS INTERNACIONALES 439

B. DERECHOS CIVILES 444

   a) INVIOLABILIDAD DEL DERECHO A LA VIDA, A LA INTEGRIDAD Y A LA SEGURIDAD PERSONALES 444

   b) LIBERTAD DE PENSAMIENTO Y EXPRESIÓN 450

   c) DERECHO AL DEBIDO PROCESO 455

C. DERECHOS POLÍTICOS Y A LA PARTICIPACIÓN EN LA VIDA PÚBLICA 457

    a) DERECHO A ELEGIR Y SER ELEGIDO EN ELECCIONES AUTÉNTICAS 458

    b) DERECHO A DESEMPEÑAR LAS FUNCIONES PÚBLICAS PARA LAS CUALES SE HA SIDO ELECTO 460

    c) DERECHO A MANIFESTAR PACÍFICAMENTE Y SIN ARMAS 461

D. DERECHOS SOCIALES Y ECONÓMICOS 464

    a) LOS DERECHOS ECONÓMICOS 465

    b) LOS DERECHOS SOCIALES 468

        1. Las misiones y los derechos sociales 468

        2. Las misiones y la prestación de servicios de salud 472

        3. El derecho a la educación 475

        4. El derecho a un nivel de vida adecuado 479

            1.1 La lucha contra la pobreza 480

            1.2 El derecho a la alimentación 482

        5. El derecho a la vivienda 486

SECCIÓN QUINTA:
LA PROFUNDIZACIÓN DE LA CRISIS

A. LA CRISIS ECONÓMICA 490

    a) LA CRISIS ESTRUCTURAL 490

        1. Venezuela raspada en economía 490

        2. Razones de la crisis estructural 491

    b) LA CRISIS TERMINAL 493

        1. No hay divisas para pagar la deuda 494

        2. La búsqueda de las divisas 497

        3. La búsqueda de bolívares 500

        4. La "guerra económica" 502

		5. Las medidas del gobierno contra la supuesta guerra económica	503

		6. Reformas para obtener más bolívares	504
B.	LA CRISIS INSTITUCIONAL Y MORAL		509
C.	LA CRISIS POLÍTICA		511
	a) CRISIS POR LA POSIBILIDAD DE CAMBIOS DE GOBERNANTES		511
	b) LA PARTIDIZACIÓN DE LA FUERZA ARMADA		515
	c) LA OPINIÓN DEL PAÍS		516
	d) LAS EVIDENCIAS DE CORRUPCIÓN		517
	e) VIOLENCIA DEL GOBIERNO Y DE PARTICULARES ..		519
	f) BANDAS DE DELINCUENTES MONOPOLIZAN LA VIOLENCIA EN LAS LLAMADAS "ZONAS DE PAZ" ...		522
	g) AUMENTO DE LA TENSIÓN INTERNACIONAL Y LA PRESIÓN DE GOBIERNOS EXTRANJEROS Y DE PERSONALIDADES CONTRA EL DE VENEZUELA		525
	h) LA CRISIS ECONÓMICA SE TRANSFORMA EN CRISIS POLÍTICA		529

SECCIÓN SEXTA: CONSIDERACIONES FINALES

A.	LA REFORMA POLÍTICA	533
B.	LA REFORMA ECONÓMICA Y SOCIAL	534
C.	LA REFORMA INSTITUCIONAL	536

www.ingramcontent.com/pod-product-compliance
Lightning Source LLC
Chambersburg PA
CBHW021812300426
44114CB00009BA/137